今の大ヒットはこれだ!!

2023年度版

専用ホームページ
http://www.mrpartner.co.jp/daihit2023/

エネルギーを
守って
笑顔で過ごす
毎日を
家族
友人関係
職場

『エネルギー・バンパイア』は"いい人の仮面"をかぶって心のやさしい人を狙う!!

5人に1人いる?!

『エネルギー・バンパイア』の餌食に何度もなってきた著者がエネルギーの守り方を教えます。

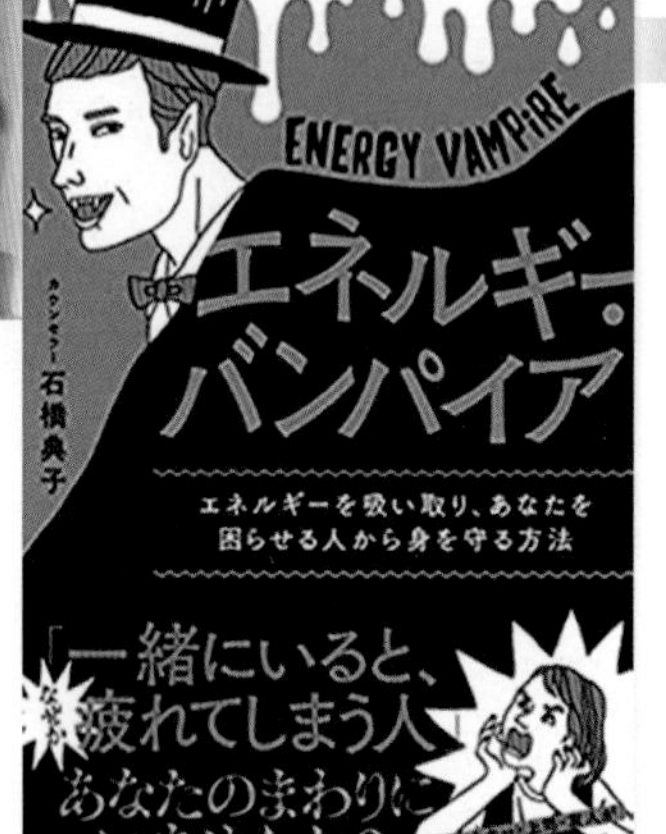
ENERGY VAMPIRE
エネルギー・バンパイア
カウンセラー 石橋典子
エネルギーを吸い取り、あなたを困らせる人から身を守る方法
「一緒にいると、疲れてしまう人」あなたのまわりにいませんか?

『エネルギー・バンパイア』
現代書林刊 定価 1,540円(税込)

いじめや嫌がらせをする人、パワハラやセクハラをする人、相手の時間やお金を無駄にする人、そんな人たちが『エネルギー・バンパイヤ』。目には見えないが、それぞれが持つ「エネルギー」を吸い取るその恐ろしい存在に気づき、他の人とは区別して付き合う必要がある。特に繊細な方が餌食となりやすい。心と体は密接しているので、共倒れさせられる前に対処が必要。エネルギーを守る力を身に付けた専門家がカウンセラーの石橋さん。著書も大人気。気になることがある方はぜひご相談を。

主宰 石橋典子さん

元々インストラクターとしてピラティスレッスンを行っていたが、クライアントからの要望でカウンセリングのみのセッションを開始。コロナ禍にニーズが増えたカウンセリング業務に専念するため、2021年末に11年続けたピラティスレッスンを終了。カウンセラーとしての活動は8年目。

NORIKO ISHIBASHI
いしばしのりこ

TEL/080-4096-5858 E-mail/n.ishibashi58@gmail.com
東京都渋谷区神宮前2 INSIDE
https://noriko-stone.com/
Youtube INSIDE ヒプノシス 音声ファイル 検索

2023年度版 今の大ヒットはこれだ!! ≪目次≫

CONTENTS

2023年度版
今の大ヒットはこれだ!!

本誌掲載の商品に関しましては、特別な表記がない限り、すべて税込価格となっております。

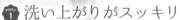

1

頼れる専門家を見つけよう!

**困った時に相談できる専門家や
様々な問題を解決してくれる専門家は
今の時代に欠かせない。
いざとなった時に頼れる専門家を。**

代表取締役社長
野々下亮 さん

20代で横浜の貿易会社に入社し、数年勤務して退職し、飲食店の経営などを手がけた後、2006年に産業機械の移設などを手がける会社を設立。2013年に中古プレス機械の輸出を開始、2020年『株式会社NTR』を設立、代表取締役社長に就任。

途上国に日本製中古プレス機械を輸出 調達から設置まで自社一貫体制を構築

インドに営業拠点開設 意欲的に働く環境整備

「世界中のモノづくりを剛性に優れ、精度の高い日本製の中古機械で支えたい」

近代化、工業化が進む発展途上国のメーカーにプレス機械を中心とする中古機械を輸出する専門商社、『株式会社NTR』代表取締役社長の野々下亮さんの思いだ。偶然出会った機械の貿易輸出業の社長と働く中でアジアの国々を回り、日本製中古機械に対する需要が高いことを知って事業化に着手、ユーザーが求める機械の探索から輸送、設置、メンテナンスまで自社で完遂する一貫体制とインドに営業拠点を構築、事業を成長軌道に乗せた。

「中古機械の輸出事業は、中古機械をめぐる二つの状況に着目したものです。一つは、技術発展によって新しい産業機械が次々に登場し、日本の産業を支えてきた数多くの機械が引退を余儀なくされていることです。もう一つは、東南アジアをはじめとする発展途上国では急速に工業化が進み、日本で不要になった工業機械の需要が高まっていることです。日本製の機械は信頼性が高く、中古であっても適切な整備やしっかりと手入れをすることで十分に性能を発揮するうえに、新品の

株式会社 **NTR**
エヌティーアール

03-6658-4019
住 東京都墨田区石原4-14-7 アルクビル2F
https://ntr-japan.com/

機械を買うより大幅に安く、コスト削減にもつながるからです。ここには中古機械をめぐる需要と供給が明確に存在し、それをマッチングさせることで社会に貢献できると考えました」

一貫体制による事業は周到なプロセスで進められる。

「当社では、注文されたユーザー様と直接打合せし、機械の使用目的や希望する機械の種類、製造工程などをお聞きし、設置予定場所の下見をいたします。その上で当社の在庫と中古機械市場から希望の機械を探し出し、見積もり価格と納期を迅速に案内します。購入が決定されれば、当社と提携している専門業者と共に機械のある工場に出向き、解体して運び出します。一つの機械がちょっとしたマンション程度の大きさがあるものもあり、その場合は船に積むことができるサイズまで3ヵ月から半年ほどの日時を掛けて解体します。輸出するための各種手続きを行い、船で輸送し、ユーザー様の工場に搬入します。工場内で組み立てて設置し、メンテナンスを施した上で動作確認まで行い、安心して機械を使用できるよう責任を持って対応させていただきます」

「住友重機械製5000トンプレス」、「NKK製油圧1000トンプレス」、「アイダ製鍛造プレス」、「日本製鋼所製450トン電動射出成形機」、「コマツ産機製パワープレ」。同社がこれまでこのプロセスを経て納入したプレス機械の一端だ。在庫の機械には、「コマツ産機製の冷間鍛造800トンL2Cトランスファー」などがある。

中古機械でもプレス機械に重きを置いているのは、需要が多いからだ。

「プレス加工は、日本が誇るものづくり技術の一つ。そのためのプレス機械は、金属の板材を金型に挟み、強い力をかけることで製品を成形します。加工速度が速く、同じ部品の大量生産に向いています。多彩なプレス機械を組み合わせることで、複雑なカタチの成形もできます。自動車業界をはじめ世界中で広く使われていますが、日本製は丈夫さや機能で人気が高いのです。マシンには、自動プレス機械、高速精密プレス機械、順送り加工で使われるダイイングマシン、複数の金型で自動プレスするトランスファープレスなど、動力源も機械、液圧、サーボモータ、油圧サーボモータなど様々なタイプがあり、ユーザー様のご希望の機種を探しだし、調達します。また、老朽化したプレス機械のメンテナンスや法令点検、不要になっ

た設備の撤去やレイアウト変更などについても、工事の経験豊富な営業スタッフと協力会社と現場で調査し、安全性と低コストに重点を置いて計画的に行います。物流効率化、コスト削減、確実な搬送、施工が当社の強みだと思っています」

野々下さんは、21歳ごろに横浜の貿易会社に入社し、数年勤務したものの、普通に月給をもらって働くことにやり甲斐を見いだせなくなって退職。資金を貯めた後に飲食店の経営などを手がけた。その最中、住まいを探すために行った不動産会社で機械の貿易輸出業を営む社長と出会ったことが転機になった。

「その社長さんこそが後に私の師匠のような存在となる方でした。声をかけていただいたことがきっかけで、一緒に働かせていただくことになったのです。海外貿易業だったことから、台湾や韓国、インドを中心に回らせていただき、様々な人と知り合うことができました。そうした人との縁を得て自分の手で事業を行うようになり、現在の『NTR』へとつながっていきました」

野々下さんは、2006年に産業機械の移設などを手がける会社を設立。2013年には中古プレス機械の輸出に乗り出し、2019年にインドのチェンナイに営業所を開き、2020年に『NTR』を設立してプレス機械の輸出を本格化させた。

現在は国内に7人、インドに営業担当のみの5人の従業員を擁して事業進めているが、野々下さんが40代、副社長2人が70代、専務が40代と年齢幅が広い構成だ。野々下さんは、年長の投員たちへの尊敬の念が強く、「副社長や専務の知識と経験は素晴らしく、決して手放せない存在」と評価する。

役員報酬や給料は、自身がどのような貢献を果たすかを提案し、その貢献に対して自身が考える額を申告する自已申告制を採用し、成績と合わせて額を決定しているのも特長だ。

「役員報酬や給料を私が一方的に決めることはありません。その部分は居心地の良い会社となっているところもあり、逆にプレッシャーなっている面もあるかもしれません。自分が言ったことには自分で責任を取らなければいけませんし、自ら考える力が必要になりますから。私自身は、社長として仕事をしているという意識はなく、一プレーヤーの営業マンとして仕事をすることを常に念頭に置いています。また、私は現場仕事も好きなので、工具を持って、機械の解体などの現場にも行きます。作業の多くは提携している業者さんに任せる形ですが、大事な部分は自分たちの目で確認作業を行うよう努めています」

野々下さんは、大学で生物関係を学んだことから、今後は地域の高齢者が働くことができる新たなスタイルの農業関係の事業も構想する。

「当社は、お客様に喜んで頂く為には、満足して頂く為にはどうすればいいのかを常に考えて実行してまいりました。今後も、社員が一丸となって、社会に貢献すべく常に成長、進化する会社を目指していきたいと思っています」

（ライター／斎藤紘）

世界のものづくりを中古機械で支えたい

NTRは、世界中に販売網をもつ、大型プレス機に強い中古機械の専門商社。
国内外のネットワークを駆使して、フットワーク軽く、
機会の調達から販売、据付、試運転まで一貫で行います。
世界中のモノづくりを、中古機械で支えたい。
お客様に最適なプレス機を、調達し設置することをお約束いたします。

「一般社団法人やさしいあかりでつなぐ地方創生ネットワーク」に加盟

会長
菱沼博之 さん

祖父や父親が経営者で早くから独立心を抱く。自衛隊を除隊した21歳の時から父親の仕事を手伝いながら建設業のノウハウを磨き、24歳で独立。『ライフ建設』、『ライフ興産』、『ライフ開発』、『ニシオカリース』で構成する『ライフグループ』会長。

災害時に公的機能を維持する電源に太陽光発電設備と蓄電池の活用を提言

足元から課題を直視し行政に行動変容を促す

「価値のある新たな事業に多額の税金を投入することも必要だが、前方だけでなく、足元も見て、やり残していることはないかを真剣に考え、今すべきことを実行に移すことも大事だ」

傘下に4事業会社を擁し、栃木県真岡市を拠点に暮らしや経済活動に欠かせないインフラに関わる約20の事業を展開する『ライフグループ』会長の菱沼博之さんは、国内外の街づくりや土地開発、電源開発など38件もの案件のコンサルティングを現在進行形で行っているほど頼りされる経営者だ。社会の状況や技術開発の動向を見極め、住みやすい街づくりに何が必要か、優先順位や費用対効果を考えて提言するスタンスを貫き、様々な事業の経験から発する言葉は政策を担う行政に行動変容を促す直言にもなるものだ。1923年（大正12年）9月1日に発生した関東大震災にちなんで制定された防災の日を念頭に、「今すべきこと」として菱沼さんが実行を促すのが、太陽光発電と蓄電池を組み合わせた地域の公共機関の電源ネットワークの形成だ。同グループは、太陽光や風力、水力など再生可能エネルギーを利用した発電所造るうえで必要な不動産、測量調査、設計、土木、建設、保守管理など

株式会社 **ライフ建設**
ライフけんせつ

0285-81-7916
lifeconstruction@themis.ocn.ne.jp
㊟ 栃木県真岡市西田井1129-2
http://life-group-global.com/

有限会社ライフ興産　㊟ 栃木県芳賀郡益子町大字益子3312-1

株式会社ニシオカリース　㊟ 栃木県真岡市西田井字東原1144-8

株式会社ライフ開発　㊟ 栃木県真岡市西田井東原11-1

一貫体制で完結させる「太陽光・風力・水力発電トータルプランナー事業」を展開。太陽光発電については、国内外から高機能高性能の太陽光パネルなどの発電設備を調達し、国内各地で年に２００から３００ヵ所で設置工事を行ってきた。この事業に取り組む中で、菱沼さんは、太陽光発電が防災に生かされていないことに疑問を感じてきたといい、そこから生まれた構想だ。その疑問の背景になったのは、「平成27年9月関東・東北豪雨」に関する消防庁のリポートだ。この中で、「豪雨の影響により地方公共団体の庁舎で停電が発生したため、その災害対策機能に支障が生じる事例が発生した。一般に、発災後72時間を経過すると要救助者の生存率が大きく下がるといわれており、72時間は外部からの供給なしに非常用電源を稼動できるよう、あらかじめ燃料等を備蓄しておくことが望ましい」と指摘されていた。

「太陽光発電といえば、限りある化石燃料の代替エネルギーや再生可能なエネルギー、地球温暖化対策、売電による収益などの観点からその利点が語られるのが一般的です。また、太陽光発電システムは、太陽電池モジュールや周辺機器、分電盤に破損がなければ発電は可能であり、停電時に自立運転を行う機能も備えていることから導入した住宅や施設個々

の停電対策になることも強調されます。それらも大事なことに違いありませんが、地震や台風、豪風などが毎年のように起こり、大規模な停電が発生する自然災害大国のこの国で災害発生時に災害状況の把握や人命救助、救援物資の調達などの機能を担う公的機関の電源確保にその利点を生かす観点からの議論ないことに疑問を感じていました」

菱沼さんが描く地域の公共機関の電源ネットワークの形成は、大規模発電所の電力供給に頼らず、コミュニティでエネルギー供給源と消費施設を持ち地産地消を目指す小規模なエネルギーネットワーク、マイクログリッドの災害版ともいうべきもので、災害時に機能を失うことが許されない役所や警察、消防、病院などの公的機関に限定して太陽光発電システムと蓄電池を利用した電源のネットワークを形成し、情報通信技術で稼働を管理して災害に備え、災害発生時には24時間体制で公的機能の維持に電気を供給するというものだ。

「昼間に太陽光発電システムで発電した電気を蓄える蓄電池の性能は、大きく向上しています。これまで分散型電源だった各公的機関の蓄電池を送電時に電気ロスがないように限定した範囲内でしっかりしたケーブルによる送電網を形成して連系させれば、非常時の電源として有効に使用することが

菱沼会長と国子夫人、そして伏見宮殿下（右）。

できるでしょう。こうした体制が整えば、安心して暮らせる、住みやすい街になると思っています」

菱沼さんがコンサルティングを進める案件は、国内では大学跡地を利用して病院に電力を供給するメガソーラー基地の建設や高速道路のインターチェンジ近くでの物流拠点の構築、道の駅の建設、海外ではアジアの発展途上国の道路や学校の建設など大型プロジェクトがずらりと並ぶ。こうしたプロジェクトには、海外の大手企業や投資ファンドなどもからんでいるが、その顔ぶれには菱沼さん個人の努力で培った政府の要人や企業の幹部などとの人脈の広さが反映されている。

『ライフグループ』は、『株式会社ライフ建設』を中核に『ライフ興産』『ライフ開発』『ニシオカリース』を加えた4社で構成。『ライフ建設』は、専任技術者として1級土木管理施工技士の国家資格保有者など技術スタッフが約70人在籍し、発注者から直接工事を請け負う元請け業者として1件の建設工事につき合計額が4000万円以上の工事を下請に出すことができる特定建設業の許可も得ている。グループ全体で重機138台、車両55台、重機を運ぶトレーラーなど大型運搬車9台、杭打機、破砕機、草刈機、水中ポンプ、発電機など保有している。4社で展開する事業は職種のデパートといわれるほど多種多様で、「太陽光・風力・水力発電トータルプランナー事業」のほか、「土木工事」「建築工事」「上下水道工事」「外構工事」「解体工事」「建設残土処理事業」「産業廃棄物の運搬及び処理事業」「重機・車両リース」「山林立木の伐採」「建設資材の運搬」「木材チップの製造販売」「医療機器の賃貸」「不動産の売買・賃貸・管理・仲介・保有・運用」「土石採取」など約20項目にものぼる。菱沼さんは、これらの事業を通して地域経済を支えてきただけでなく、社会貢献することも重視。例えば、土石採取した後の窪地に溜まった雨水を近隣の灌漑用水として利用してもらうために排水路をつくって耕作地に流したり、土木工事に使う重機を活用して降雪時にスクールゾーンの除雪を行ったりしているのはその好例だ。また社の敷地の一部は、地域のイベントの器材置き場やごみ集積場に利用されている。

「当社が目指してきたのは、住みやすい街づくりです。そのために何をなすべきかを考えて事業を展開し、ボランティア的な活動にも力を入れてきました。翻って行政についていえば、限られた予算で選択と集中が求めれる時代、前例主義を排して、安心して暮らせるためにやり残したことはないかもう一度見直すことが必要だと思っています」

（ライター／斎藤紘）

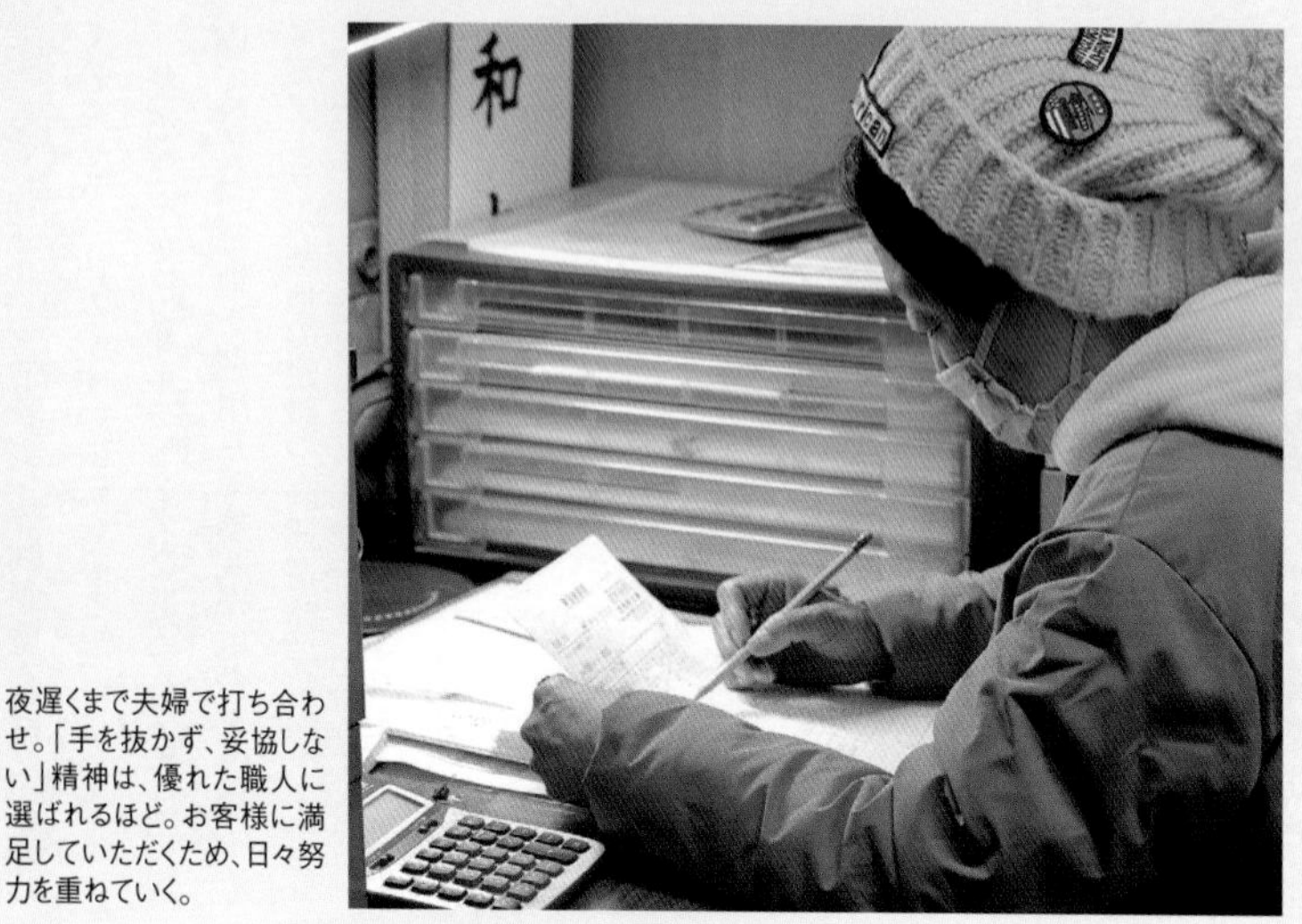

夜遅くまで夫婦で打ち合わせ。「手を抜かず、妥協しない」精神は、優れた職人に選ばれるほど。お客様に満足していただくため、日々努力を重ねていく。

代表取締役
宍戸信照 さん

神奈川県出身。『有限会社信和土建』を創建した父親の「仕事は見て覚えろ。ワザは盗むもの」という教えを胸に経験を積み、27歳のとき事業を継承。仲間の職人たちと協力し合い施工。基礎工事の配筋マイスター、転圧マイスター。

「ズレ」を許容しない 型枠の施工を徹底

重要なのは設計図通りの工事

神奈川県相模原で長年にわたって基礎工事を手がけている『有限会社信和土建』は、細部にまでこだわった正確で妥協のない施工に定評がある。年間を通して工事依頼が絶えない実力と実績を兼ね備えた建設会社として地元の神奈川県相模原市では有名な存在だ。

基礎工事とは、簡単にいえば、建物の形状に合わせて穴を掘り、そこに砂利を敷き詰めて下地を作り、その上に鉄筋を組んでコンクリートを流して形成して建物の土台を作る工事のこと。工事が終われば見えなくなってしまうが、建物の重さや地震の揺れを地盤に伝え建物の一部分だけ沈んで傾いてしまう不同沈下を防いでくれる地盤と建物をつなぐ重要な役割を果たしている。この基礎工事がしっかりしていなければ、大きな事故につながることもあるといい、まさに建物の基礎を担う極めて重要な工事だ。

有限会社 **信和土建**
しんわどけん

042-763-4443
㊟ 神奈川県相模原市中央区田名7165-13

2020年、工務店グランプリ『匠』受賞。

『信和土建』は、第三者住宅検査機関のホームリサーチ社が卓越した技術を持つ職人を顕彰する制度では最高位の三ツ星の転圧マイスターと配筋マイスターの称号を与えられ、全国工務店グランプリで「匠の盾」も受賞。建物の安定性、耐久性、耐震性に関わる土台造りが正しく行われているかといった基礎工事の理想形を日々追求し、工程一つひとつで発揮される正確さと完成度の高さは、文字通り「匠の技」。今回は、そんな同社の代表取締役を務める宍戸信照さんに鉄筋を組む際の「ズレ」について伺った。

一口に鉄筋を組むといっても、設計、鉄筋の配置、型枠の組み立て、コンクリートの打設、そして硬化と取り外しなど数多くの工程を経ている。そして、実際に鉄筋を組む際に大きなズレの要因となってしまうのが「型枠のズレ」だという。型枠とは、コンクリートを流し込む際に使用される仮設の枠組みのこと。型枠を正確に組むのは当然なのだが、施工中には型枠の位置が微妙にズレたり、歪んだりすることも日常茶飯事。また、人が歩いたりすることでも微妙なズレが生じてしまうという。

「常にチェックしながら元の位置に直しておかないとダメなんです。どんどんズレていってしまう。大きい建物だと5㎜とか1㎝のズレは許容範囲ではあるけどそれを放っておいてしまってはどんどんズレが大きくなっていってしまう。たとえ5㎜のズレでも下で5㎜か上で5㎜かでもズレの大きさは変わってきてしまう。下で5㎜ズレていたとしたら上のズレはそれ以上ズレていることになる。なのでうちでは基本的に許容範囲のズレでも直す。設計は守るようにしているんです」

こうした㎜単位の細部へのこだわりや設計図通りの工事を徹底することが基礎工事では重要なのだという。さらに今回はコンクリートの壁でよく見る丸い穴、「ピーコン穴」と「ピーコン」の役割についても教えてもらった。「ピーコン穴」とは「ピーコン」と呼ばれる金具を取り外した跡のこと。この「ピーコン」は型枠を固定するために必要なものだといい、「セパレーター」という型枠同士を固定する金具と一緒に使用される。コンクリート打設後に、型枠などを取り除くと「ピーコン穴」ができ、この「ピーコン穴」をモルタルで塞ぐことでコンクリートの壁でよく見る丸い窪みになるのだという。「ピーコン」の役割は主に二つ。型枠を固定する役割と壁の厚みを一定に保つ役割だ。

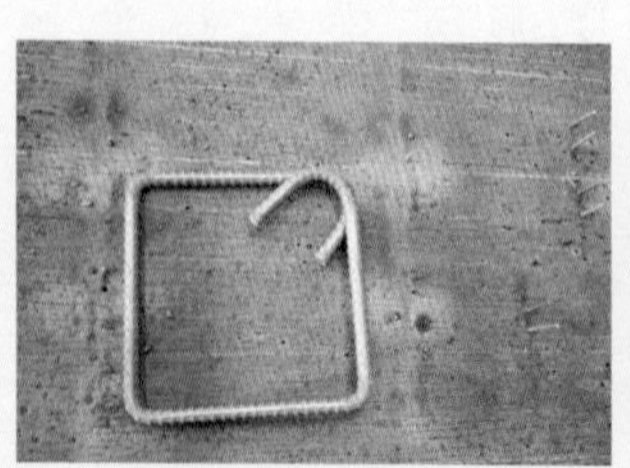
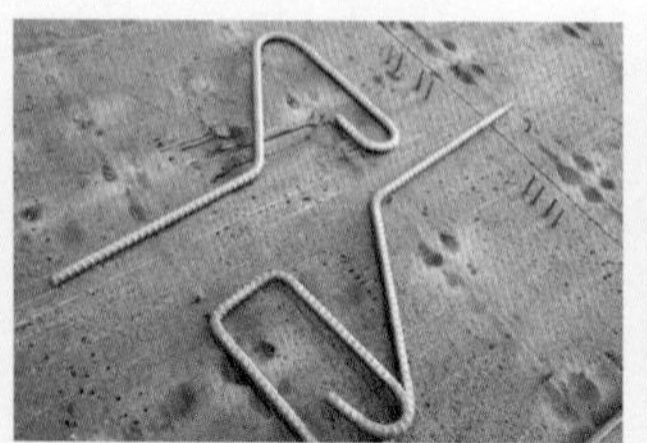
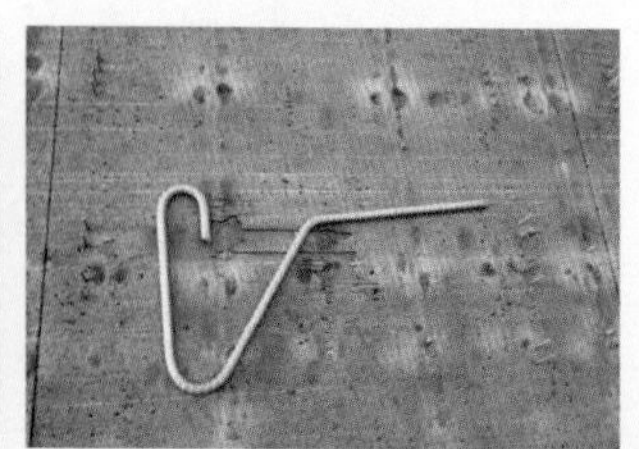

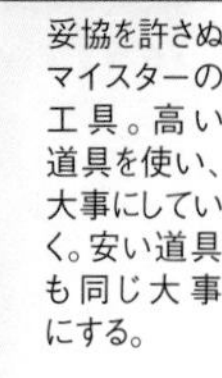

妥協を許さぬマイスターの工具。高い道具を使い、大事にしていく。安い道具も同じ大事にする。

「馬筋」

「コンクリートの側圧は、数トンというものすごい圧力がかかっているため、型枠の強度を保つには必要不可欠なんです」

また、モルタル処理もただ単に埋めているだけではない理由があるという。

「セパレーターは鉄製なので屋外で雨にあたると錆びてしまう。また壁を貫通しているわけなので、そのまま放置してしまうと雨水などが伝わって、漏水の原因にもなってしまう。錆の防止や止水のためにもモルタル処理が必要なんです」

コンクリートを日常の生活の中で見ていても目にすることが多い「ピーコン穴」だが、その裏には数多くの理由や緻密な工事の過程があるというから驚きだ。今回紹介した「ズレ」を許容しない姿勢やピーコン穴のモルタル処理などどんな工事においても確かな技術力で確実にやってのけるのが同社の強み。そしてその技術力とどんな工事も気を抜かず丁寧にやり抜くという姿勢が多くの人から信頼を獲得する基礎工事へと繋がっている。

（ライター／長谷川望）

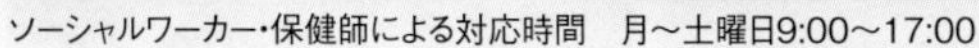
ソーシャルワーカー・保健師による対応時間　月～土曜日9:00～17:00

院長
中尾達也 さん

広島大学医学部卒。2014年『新東京病院』副院長兼心臓血管外科主任部長。三学会構成心臓血管外科専門医。三学会構成心臓血管外科専門医認定機構修練指導医。日本冠疾患学会評議員。腹部、胸部ステントグラフト実施医。

医療人の理想を求めて坂を上り続ける 病院長に上り詰めた後も揺るがぬ信念

国内外で手術法を研究 技術の海外普及に尽力

開院から27年、千葉県松戸市で地上7階建ての新病院として再スタートしてから11年になる『医療法人社団誠馨会新東京病院』は、21の診療科と病床430床、手術室9室、1000人超のスタッフを擁する国内有数の医療機関だ。この巨大組織を統括する院長に2023年6月、心臓血管外科医の中尾達也さんが就任した。広島大学医学部を卒業後、国内外の様々な病院を経て2009年に『新東京病院』に入職してから心臓血管外科主任部長、副院長兼務へと昇格し、頂点に達した足跡から浮かび上がるのは立志伝中の人物という言葉だ。

志を立てて努力と精進を重ね、成功を収めた人を意味するこの言葉が、明治時代、天空に輝く雲のような理想を追い求めた青春群像を描いた司馬遼太郎の歴史小説「坂の上の雲」に因み、医療人として上るべき坂をScience（科学）、Art（技術）、Humanity（人間性）の三つを追求することと定め、一歩一歩、理想に向かって上ってきた中尾さんの半生と重なるからだ。

医療法人社団 誠馨会 **新東京病院**
しんとうきょうびょういん

047-711-8700
㊟ 千葉県松戸市和名ヶ谷1271
http://www.shin-tokyohospital.or.jp/

医療法人社団 誠馨会
新東京病院

中尾さんは、医学生時代、「目の前で倒れた人を助けられる医師になりたい」と救命救急医を目指していたが、卒業後は大学病院の第一外科に入局、心臓外科の道に進んだ。第一外科では関連病院で心臓血管外科、一般消化器外科、小児外科すべてを経験することが求められ、石川県立中央病院や呉市の中国労災病院やJA広島総合病院などで経験を重ねた。この過程で教えを受けたJA広島総合病院の川上恭司・心臓血管外科部長は中尾さんの最初の恩師になった。全動脈グラフトバイパス手術を世界で初めて成功させた医師だ。

「川上先生から心臓外科医としての心構えや身につけなければいけない基本的技術のほか、患者さんやその家族にどのように接するかなどの振る舞いを教えていただきました。先生に出会ったことは心臓外科として生きていくための大きなモチベーションになりました」

川上部長の指導の下で仕上げた冠状動脈バイパス手術に関する論文は1993年、米国の心臓血管外科専門医学雑誌に掲載され、国際レビューの最初の実績になった。

その後、中尾さんは、広島大学病院第一外科から米ニューヨークのアルバート・アインシュタイン医科大学に派遣され、経食道心エコーの臨床研究に携わった。胃カメラのように口から食道に超音波内視鏡を入れ、心臓を食道から観察する検査法。これに関する臨床応用の論文が評価され、医学本の執筆を依頼されたこともある。また、医科大学の附属病院のモンテフィオーレ病院で、橈骨(とうこつ)動脈グラフトを使った冠動脈バイパス手術で有名なリチャード・ブロードマン博士と出会い、指導を受け、中尾さんは今でも恩師と慕う。

米国で2年半過ごした後、帰国した中尾さんはその後、オーストラリアに留学、同国で最初に心臓手術を行ったロイヤル・プリンス・アルフレッド病院で2年間、心臓胸部外科医師として働き、技術を磨いた。この最中に被爆者だった父親が広島赤十字原爆病院で激しい闘病の末に亡くなり、看取ることが出来なかった悲しい経験をしている。

弓部＋下行大動脈手術の変遷

『オープンステントグラフト』図

	1980年代	1990年代	2000年以降
手技	正中切開＋左開胸	Elephant Trunk	Open Stent Graft
特徴	侵襲大	2期的手術が7割必要	手術が1回で済む 可能性が高い

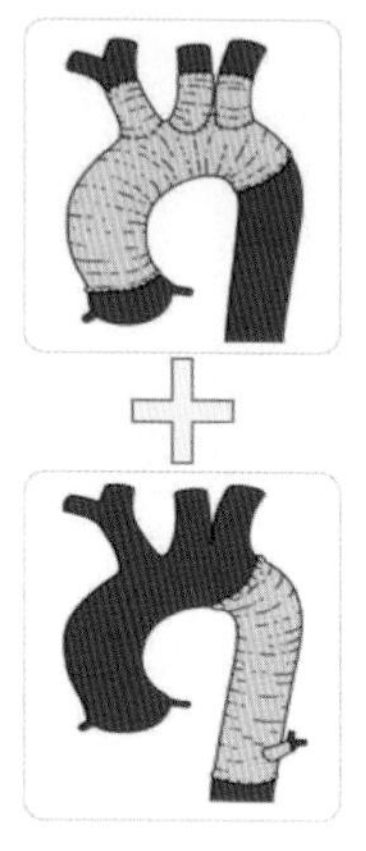

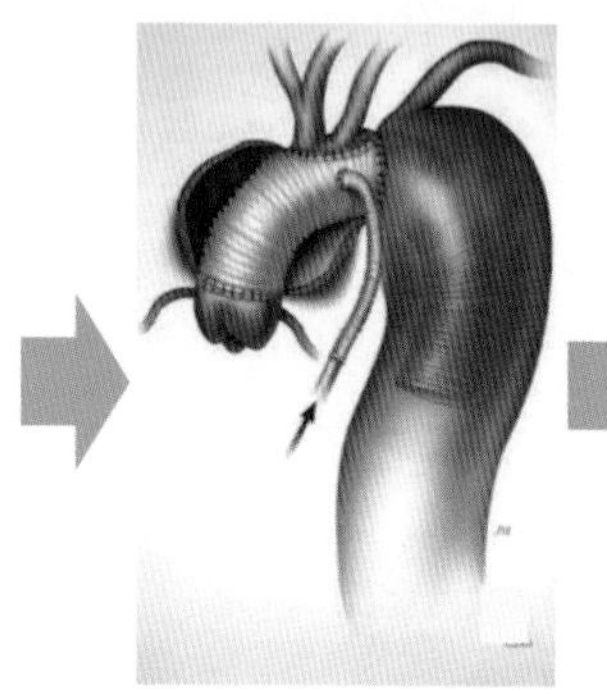

Elephant Trunk

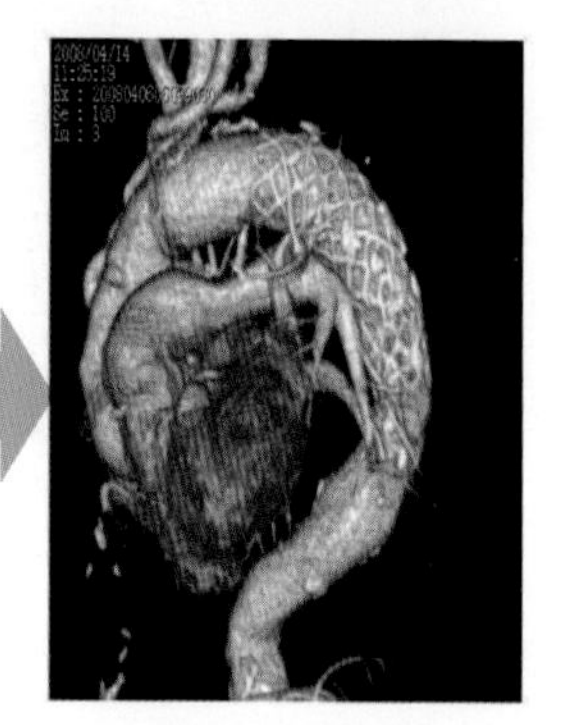

Open Stent Graft
(Frozen Elephant Trunk)

帰国してJA広島総合病院で勤務した後、『新東京病院』の心臓外科に移った中尾さんは、心臓血管にかかわる様々な疾患の手術の施行症例を重ね、2014年に心臓血管外科主任部長に就任した。心臓血管外科は右胃大網動脈を使用した冠動脈バイパス手術を世界で初めて開発した医師や天皇陛下の冠動脈バイパス手術を施行した医師など国内外屈指の名医が歴代部長を務めた名門診療科。

中尾さんがここで特に力を入れたのが『オープンステントグラフクグラフト法』による大動脈瘤の手術治療。大動脈瘤は心臓から全身に血液を送る大動脈にコブができ、破裂すると生命の危機につながる疾患だ。

「オープンステントグラフトは日本発の医療技術で、胸を開けて患部の血管にステントグラフトという金属製の骨組みに支えられた人工血管を挿入する方法です。直視出来るので患部にステントグラフトを確実に留置でき、手術時間の短縮化につながり、傷口も小さくて済む低侵襲な手術法です」

二カ国版
「命かがやいて
被爆セーラー服のなみだ」
東信堂刊

英語版のタイトル
「Surviving the A-bomb
Before and After My Tears
Appeard in Life Magazine」

著書「いのちを救い、
縁を繋ぐ生き方
心臓血管外科医が次代
へ伝えたいメッセージ」
現代書林刊

中尾さんは、「この手術法を海外へ普及させることはとても意義がある」と考え、2015年から台湾の病院を皮切りに国境の垣根を越えた普及活動を開始。台湾に自ら出向いたり、医師を日本に招いたりして実地指導したほか、アジア・パシフィック大動脈外科学会研究会や香港や豪州の医師も参加した国際大動脈シンポジウムをオンラインで開催するなどその活動は多岐にわたる。

この術式を解説したイタリアでのプレゼンテーションは最優秀賞に選ばれ、オンラインで世界に配信する価値のある学術資料としてイタリア血管外科学会に承認されたほか、世界的に権威のあるイタリアのオンライン医学雑誌に世界中から寄せられる論文を掲載に値するかどうか判断するレビューアーにも任命された。さらに、2022年10月からは香港の世界的な医学系学術出版社から招かれて編集委員に就任した。

医療技術を深める研鑽と臨床経験、国際派医師としての活動を重ねながら前進し、院長まで上り詰めた中尾さん。医師として通常の診療に携わるだけでなく、組織運営にもその実力を生かすことになるが、病院と連携しながら医療体制を支える外部機関との関係も重視する。その一つが、予防、急性期医療、回復期医療、慢性期医療、在宅医療、介護事業までをICTでつなぎ、シームレスな地域医療連携モデルを目指す「セコム医療システム株式会社」だ。

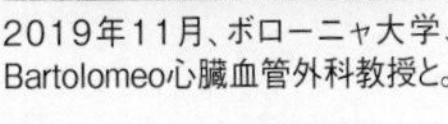

2022年4月、大動脈に関する国際シンポジウムのオンライン。

2019年11月、ボローニャ大学、Bartolomeo心臓血管外科教授と。

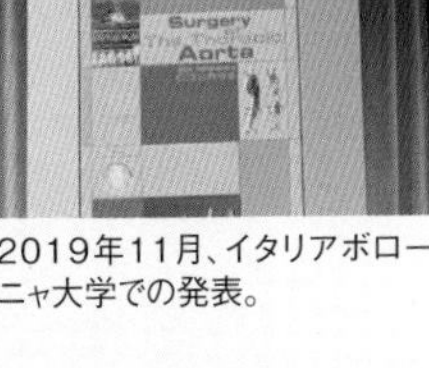

2019年11月、イタリアボローニャ大学での発表。

「セコム、SECOMはセキュリティとコミュニケーション。その活動は、患者さんや医療従事者はもとより、出会った様々な人たちと対話を通じて縁を繋ぎ、命を守るために力を尽くすことを大事にしてきた私の理念と重なるのです。同社との連携で医療体制をさらに充実させていきたいと考えています」

Science、Art、Humanityを追求しながら坂を上がってきた中尾さんには、もう一つ信念がある。「人生という『道』の真ん中を歩いて行くこと」。寄り道をせず、うまい話に乗らず、損得勘定に囚われず、信じた道の真ん中をひたすら実直に歩いていくことだ。その信念に従ってきた中尾さんには、院長就任は到達点ではなく、通過点のようだ。

「今でと違った重い責任を背負いながら、これからも天空に輝く雲のような理想を求めて、一歩一歩、坂を上っていくのです」

（ライター／斎藤紘）

さつまいもほり

理事長 兼 園長
山本良一 さん
関西学院大社会学部社会福祉・社会学コース卒。大阪市中央児童相談所で児童福祉司として活躍。1976年、「社会福祉法人弘法会」理事長、「大東わかば保育園」園長。大東市児童福祉審議会委員、花園大学非常勤講師などを歴任。

あそびを通じて園児の成長を支える積極的保育を実践して半世紀が目前

思い出に深く残る行事 あそびが学びに進化

「おもいでのアルバム」。幼稚園の園長２人が作詞作曲した卒園式の定番曲だ。春夏秋冬、１年の間に起こった出来事を思い出し、卒園して小学校１年生になる様子を歌ったこの曲を絵に描いたように、子どもたちの胸に思い出を刻み、成長を見守ってきたのが幼保連携型認定こども園『大東わかば保育園』だ。１９７６年５月に開園した園長山本良一さんは、「積極的保育」という独自の保育理論の下、信頼、安心と共に感動を重視しながら、楽しい「あそび」を通して成長していける保育を実践、２０２６年の開園50周年に向けて前進していく決意だ。

山本さんの「積極的保育」は「現実的な諸問題にとらわれずに、子どもの力を信じて伸ばしていくことを第一に考え、安心、信頼、感動を重視して保育に取り組むこと」だ。この中で重視するのが「あそび」で、「自分で考え、意欲的にとりくみ、人の気持ちを思いやることができる子どもになるよう、すべての行動、活動をあそびととらえ、その楽しいあそびを通して成長していける保育を職員全体で取り組んでいく」ことを保育方針に掲げる。

社会福祉法人 弘法会 認定こども園 **大東わかば保育園**
だいとうわかばほいくえん
072-878-4121
㊟ 大阪府大東市北条1-21-36
http://www.eonet.ne.jp/~wakaba-hoikuen/

餅つき、獅子舞、節分、七夕星まつり、夏まつりハロウィン、クリスマス会、いもほり、焼きいも大会、プラネタリウム見学、お泊り保育、運動会、おもしろ運動会、親子遠足、海遊館行き、作品展、生活発表会、飯盛山登山、お別れ遠足…。同園が行ってきた主な行事だ。コロナ禍では縮小したり、出来なかったりしたものもあるが、こうした行事が子どもたちに思い出として刻まれ、成長の糧になっていく。

「積極的にこころを豊かにするものとして感動があります。様々な行事は、園や大人のためのものとしてではなく、子どもにとってどのような意味があるか、どのような気持ちを味わうのか、どのような力を伸ばしたか、そしてともだちとの関係や先生との関係を深めることができたか、が意識されて取り組まれます。運動会や生活発表会などの行事の1回1回の練習も単なる当日に向けての練習ではなく、子どもたちにとっては、そのつど意味のある遊びとなるようにということも意識されています。子どもたちがいきいき、のびのびと動き、自分のことばで話し、自分たちのアイデアも出すことができるものになって、見る人に大きな感動を与えるものになっています。子どもたちも見る人が感動しているのを感じて自分た

クリスマス会

作品展

ちも感動し、自信を持つのです」

山本さんは「あそびを深めることが学びにつながる」という考えを持ち、行事もそれに沿うものだが、さらに「あそび」自体に焦点を合わせて取り入れたのが「自由あそび」と「合同あそび」だ。

「自由遊び」は、木製遊具、砂場、うんてい、アルプスが配置された約350㎡の園庭で、年齢ごとにクラス分けした保育とは別に、午前8時半〜9時半、午後4時前〜4時半の2回、1歳児から5歳児までが一緒に遊ぶ。昼食後も1、2歳児、3〜5歳児の順に園庭で遊び回る。

「少子化、核家族化、働く母親の増加、テレビゲームの普及、遊び場の不足など子どもを取り巻く環境は大きく変わり、子どもだけで自由に遊ぶことが少なくなってしまったうえに、子どもが巻き込まれる事故や事件もあり、子どもだけで家の外で遊ばせることに社会全体が消極的になっています。こうした傾向は子どもの成長にいいはずはなく、子どもたちが気持ちの向くままに遊ぶ時間を持つことは大切だと考えて導入したのが自由あそびの時間です。年齢の壁を越えて自由に入り乱れて遊ぶと、自然に友達との遊び方を学んだり、危険を察知して避ける力を身に付けたりして、自分を伸ばすことに意欲的な子どもが

うんどう会（2020年10月開催）

育っていくのがわかります。何気ない遊びが学びに進化していくのです。自由遊び時間の間、園長や保育士、職員は子どもたちの中で、なるべく干渉しない姿勢で見守るようにしています。1歳児、2歳児が給食後に園庭に出て遊ぶ保育園は公立、民間ともほとんどないと認識しています」

「合同あそび」は、運動会では複数クラスの子どもたちが園庭で繰り広げる野外劇として、また生活発表会では4～5歳児クラスの創作劇として年齢を超えて子どものアイデアを取り入れながら、日常のあそびの延長で年間を通して繰り広げられる取り組みだ。3月中旬ころから内容をどのようにしようかという話し合いが始まるという。

「先生が何冊もの絵本や童話を参考にテーマとストーリーのあらすじを決め、子どもたちや先生の動き、用具の出し入れのタイミングや配置などが綿密に検討され、台本を作り、それに沿って、全クラスや各クラスで何回も練習の合同あそびを繰り返します。9月初旬頃には子どもたちはストーリーを大体理解し流れに沿って動けるようになりますが、ストーリーの理解が進むにつれ、年長クラスの子どもたちからはどんどんアイデアが出されるようになり、ストーリーが膨らんだり、変化したりしていきます。『合同あそび』は、準備するプロセスそのものが子どもたちを大きく成長させますし、言葉やストーリーを理解する力も伸び、年齢の壁を越えて絆も強まります」

最新刊「保育に、哲学を! 一人ひとりの子どもを深く見つめる、真の保育とは?」幻冬舎刊

これまでに数々の本を出版。

絶賛発売中!!

こうした「あそび」や行事を通じて成長した5歳児を送る2023年3月の卒園式。コロナ禍で出席者をしぼったことから、山本さんは式全体をDVDに収め、出席できなかった祖父母などに贈ったという。

その式で、山本さんは、コロナ禍での苦労などにも触れながら、よく遊び、いろいろな経験をして成長した子どもたちの努力を称え、小学校という新たな環境でも頑張るよう促し、保護者や地域社会の協力に感謝の言葉を述べた。保護者代表は入園から各クラスの先生たちの熱心な取り組みや思い出を語り、子どもたちの成長を温かく見守ってくれたことに感謝する言葉を述べた。在園児が送る言葉、卒園児が答辞の言葉を皆で元気よく声を合わせて述べた後、最後に「おもいでのアルバム」を歌った。

「いつのことだか思いだしてごらん　あんなことこんなことあったでしょう　うれしかったことおもしろかったこと　いつになっても忘れない　一年じゅうを思いだしてごらん」

（ライター／斎藤紘）

休憩できるオープンテラス 憩いの場。 ㊡ 不定休

オーナー
香心華心明（こうしんげしんめい）さん

鑑定歴33年、件数は4万4千件以上。お祓い・祈祷・事件捜査・企業鑑定・各種講座・各種ヒーリングセッション・全国出張鑑定や講演会、神域ガイドツアーを催行のほか、ラジオ番組MC出演やYouTube配信などでも活躍経歴あり。

進むべき道を示す霊聴鑑定に全国から訪れる 多種多様な希少パワーストーンも販売

霊媒師家系に生まれる ヒーリング療法も実施

古都鎌倉の寺社に囲まれ、霊気を感じさせる環境の中に、パワーストーン専門店『心愛導』がある。店内に踏み入れた客は、約400種類もの天然石の原石や天然石で作られた装飾品に目を見張る。オーナー香心華心明さんが長年かけて国内外から集めたり、自ら製作したりしたものだ。その心明さんにはもう一つの顔がある。霊聴鑑定だ。対面方式で行うカウンセリングや鑑定が苦境に立たされたコロナ禍でも逆に相談者が増えたというほどの人気ぶりだ。相談者の守護霊の言葉から進むべき道を示し、行動変容に導くという独創的な鑑定方法が支持される理由だ。

心明さんは、先祖などの霊をあの世から呼び出し、自身に憑依（ひょうい）させ、その言葉を自らの口を通して伝える口寄せを行うイタコの血筋を引く母親と、霊獣として信仰される龍神のエネルギーでお祓いをする祈祷師系の父親の下で生まれ、少年期に自身の霊聴・霊視能力に気づき、鑑定師として歩み出したという経歴も持つ。

心愛導
ここあどう

✆ 0467-27-4564 ✆ 090-4509-7676
✉ kokoadou.heartful@gmail.com
㊟ 神奈川県鎌倉市二階堂22-1
https://r.goope.jp/kokoadou/

『心愛導』での霊聴鑑定は、受付段階から始まる。

「まず申込書に個人情報や相談したい内容を書いていただきますが、店舗に入ってきたときからの眼の動きなど表情から性格を判断することができます。私が鑑定室に入り、鑑定の準備段階として霊聴を用いて申込書の内容や表情などから判断したその時点での相談者の性格を便箋に書いた後、相談者を鑑定室にお呼びし、書いた性格を読み上げ、違いがないか確認し、鑑定に入ります。鑑定では相談者の守護霊と繋がり、相談者の現在の状況やそれから成る未来と、優先すべきアドバイスをお聞きします。その情報を元に通訳者としてお話しさせていただくのですが、その言葉、つまり守護霊の啓示は私自身の耳でも初めて聞きくもので、私自身の気づきにもなり、助言に新たな視点を加えることができるのです。一般的な占いは、占術を用いて現れた情報を元に統計に従って結果を判定しますが、霊聴鑑定では統計に基づくデータや占術を用いることはありません。何故なら、相談者ご自身が歩まれている人生を読み解くために必要なのは、ある課題を通過することのみに限られているからです。当方の霊聴鑑定のプロセスは、この観点に立って考えたものです。鑑定結果は、自宅に帰ってからも確認できるよう封筒に入れてお渡しします」

相談内容は恋愛、交際、結婚、出産、復縁、仕事、天職、適職、開業、転職、健康、病気、不妊治療、寿命、金運、トラブル、財産分与、裁判問題、土地、引越しなど多岐にわたるが、今の仕事を辞めるべきか否かの相談では、職場の人間関係、仕事との適性、スキルアップの可能性、次の仕事への転職の見通し、稼働可能な年齢などについて、守護霊の啓示に基づいて助言する。
霊聴鑑定は対面方式のほか、iPhone同士で音声通話やビデオ電話ができるFaceTimeやLINEビデオ通話、TV電話などのメディアを使った鑑定や出張鑑定も可能だ。相談は国内在住者だけでなく、海外に住む日本人や外国人からも来るという。

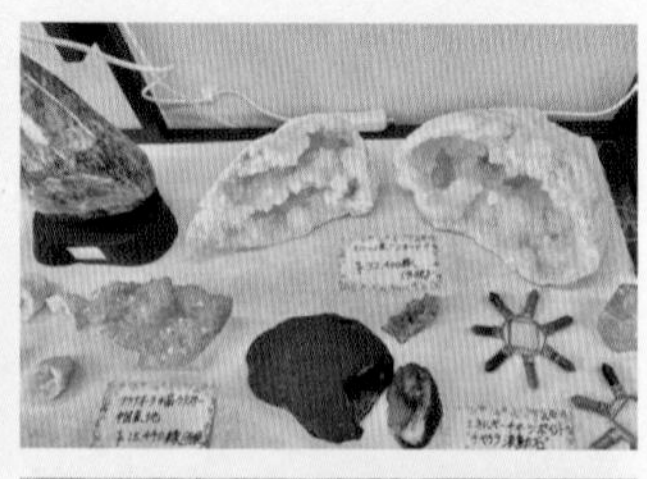

『心愛導』では、霊聴鑑定のほかにもヒーリング療法や祈祷、神域ガイドツアーなども行っている。

「ヒプノセラピーヒーリングセッションともいう催眠療法では、相談者ご自身の抱えるトラウマといった心の傷や精神的疾患を、その要因となる時分へ年齢を遡っていただき、ご自身では踏み込むことができない潜在的精神の領域からどういったことが引き金となったのか、今世に引き継がれた因果や使命、後悔、他者との繋がりを把握し、今世の自分に悪影響を及ぼす要因を見つめ、自分自身の未来を改善していただくための退行睡眠、前世療法を行っています。チャクラヒーリング療法はチャクラ石を使い、人間の七つのチャクラスポットに適応する石を置き、祈祷を交えたオリジナルのチャクラヒーリングで波動調整と活性を行い、全身のチャクラを整えて元気にします。レイキヒーリング療法は手当療法、ハンドヒーリングとも呼ばれ、自然の健康的な心身に回復するための療法で、免疫力や自然治癒力の向上、体調不良や睡眠障害、筋肉疾患、神経性疾患、偏頭痛、不妊治療、体の痛みなどの緩和、心身ストレス性障害の改善などの効果が期待できます」

心明さんは、パワーストーンを用いたオーダーメイド品も作製する。

「オーダーメイド作製では、ご購入者の性格やソウルカラー、現在の心境、抱えている悩み、健康状態や現存の未来を視させていただいた上で、その方のサポートとなる最適なパワーストーンを選石し、作製します。プレゼント用のパワーストーンも、贈られる方の近影の写真があれば同様に視させていただいて作製します。すべてのパワーストーンを丁寧に浄化したのち、石たち本来の振動や波動が活き活きと伸びやかになるよう氣入れをさせていただいています」

心明さんが霊聴鑑定などを業として本格化させたのは2011年に徳島で始めたパワーストーンの販売や人生相談から。その後、天の声に導かれるように大阪・岸和田、堺、阪南、奈良、横浜へと2、3年ごとに拠点を変え、2022年6月に鎌倉に移ってオープンし、『心愛導』を開いた。

「私は霊媒師家系で生まれ、幼少の頃から沢山の不可思議な体験をしてきました。母の命に関わる難病が遺伝したのか、原因不明の病気になり左半身が動かず、車椅子生活をしていたり、2歳の時にサウナビルの7階の非常階段から2階まで落下し、たまたま階段を上ってきたスタッフの方にキャッチされ、頭蓋骨陥没骨折をしたもののギリギリの所で一命を取り留めたり、交通事故に何度も遭ったりしました。こんな数奇な体験が相談者の気持ちに寄り添い、自分自身の事のように考え、より良いアドバイスをする姿勢にも表れているのではないかと思っています」

『心愛導』は、菅原道真公を御祭神とする荏柄（えがら）天神社と後醍醐天皇皇子の護良親王を主祭神とする鎌倉宮の参道が重なる場所に位置し、鶴岡八幡宮にも近い。店舗にはオープンテラスや無料の休憩所、バスの待合所もある。また、ラジオ番組やYouTubeで情報を発信する心明さんの様々な活動から浮かび上がるのは、多くの人に生きる力と癒しを与えたいという強い思いだ。

（ライター／斎藤紘）

愛せる母・スピリチュアルクリニック 脳神経外科・疼痛緩和内科
生体エネルギー療法＋催眠療法を実施できる脳神経外科医師によるスピリチュアルクリニックです

院長
白石俊隆 さん

愛媛大学医学部卒。15年間、愛媛県立新居浜病院で勤務し、脳死臓器移植にも携わる。2017年独立、開院。医学博士。日本脳神経血管内治療学会認定専門医。American Board of Hypnotherapy（ABH）認定ヒプノセラピスト。

多数の事例を聞く 生体エネルギー療法&催眠療法

脳神経外科医師による 魂にフォーカスした診療

「ステージ4で医者からはもう死を待つことしかできないといわれた癌が治った」「早すぎる陣痛で分娩室に入ったが、遠隔エネルギー療法で陣痛が治まり希望通りの日に生まれた」「治らないと思っていた卵アレルギーや猫アレルギーが1回の診療で効果」など、信じられないようなことも。それが愛媛県松山市の『愛せる母・スピリチュアルクリニック』。脳神経外科医師による生体エネルギー療法+催眠療法を受けられるスピリチュアルクリニックだ。

院長の白石俊隆さんは、勤務医時代、1000例超の脳神経外科手術を経験した医学博士の学位を持つ日本脳神経外科学会認定専門医。様々な事例を診る中で、西洋医学の限界を感じていた。そして2014年、あるきっかけでエネルギー療法と催眠療法に出会う。感銘を受けた白石さんは、外科医師としての知識と経験にスピリチュアルなパワーを取り入れた診療を始めた。

白石さんの診療のコンセプトは、「病は氣（＝エネルギー）から」。

「急性の病気以外は、ほとんど病院で治らないんです。ごまかしているだけ。痛いところがあればそこに効く薬を出す、まるで臭いものに蓋をするかのよ

愛せる母・スピリチュアルクリニック
あいせるぼ・スピリチュアルクリニック

089-993-8490
info@clinic.icerbo.com
㊟ 愛媛県松山市朝生田町6-5-36
https://clinic.icerbo.com/
公式ブログ https://tamashiitherapy.com/

こちらからも
検索できます。

診察室3

団体(5〜6人)での花粉症ヒーリングなどの催眠セッションや私の講義・セミナーあるいは、本写真の如く光と音のシャワーによるヒーリングにも使用。

診療室紹介ビデオ
https://www.icerbo.com/cyfons/cf/iz7z

診察室2　催眠療法の個人セッション。

診察室1　初診とエネルギー治療。

うに。手術をして、レントゲンでは治っているように見えても根本的には治っていないんです。また悪くなります。人間は、『肉体』『心』『魂』からなっているので、『肉体』だけにフォーカスした治療を行っても決して病気はよくなりませんし、薬をいくら飲ませても治癒しません。一見改善するのは、〝症状〟のみでありそれを通常、『対症療法』と呼びます」

　白石さんが行うのは、魂にフォーカスしたエネルギーによる本当の治癒療法。クリニックでは生体エネルギー療法+催眠療法を行っているが、基本的に扱うのはエネルギーのみだという。少し違いをご紹介していこう。

　生体エネルギー療法は、宇宙や大自然のエネルギーを受け取り、手のひらから放出して、患者さんの生体エネルギーの流れやバランスを整えたり、筋肉の筋緊張を解きほぐしたりする療法といわれるもの。基本的にはこの生体エネルギー療法で、西洋医学では治せない病や正体不明の不調、生まれつきのアレルギー、発達障害や鬱などメンタル的な面までケアしていく。

　また、催眠療法は、心理学と精神医学に立脚した科学的な療法といわれている。同院で行うのは、生体エネルギー療法で症状がなかなか改善しなかった時。「なぜ癌になったのか」「なぜ猫アレルギーなの

か」「なぜ慢性的な肩こりや腰痛に悩まされているのか」「なぜ生きていることが辛いのか」など、症状の原因を突き詰め、魂の声に気づかせる。具体的には催眠に誘導し、目的に関連のある場所や時に戻って行くという体験を通して、なぜその現状になったのかを知ることで、エネルギーを高めて改善へ導く。

「エネルギーの器があると考えてください。そこに穴があるとエネルギーは漏れて、少なくなっていく。生体エネルギー療法は、手をかざしてその器に新たなエネルギーを注入する。針ほどの小さな穴だと、フレッシュなエネルギーがたくさん入ると自然に閉じていきます。これが、1回の診療で治るパターン。でも、穴が大きいとエネルギーを入れてもすぐにまた抜けていく。そんな時は催眠療法を行い、穴の修復作業を行うのです。自分で開けた穴を自分で修復すると、もうその穴は開きません。しかし、初めから穴を治さないと決めて(カルマを解消するために)生まれてくる様な人もおられます。そう言った人は催眠療法でもうまくいかないこともあるのです」

白石さんが考えるのは、「本人の魂が望まないことは起こらない」ということ。これは末期癌の方などの事例にもよくあるという。

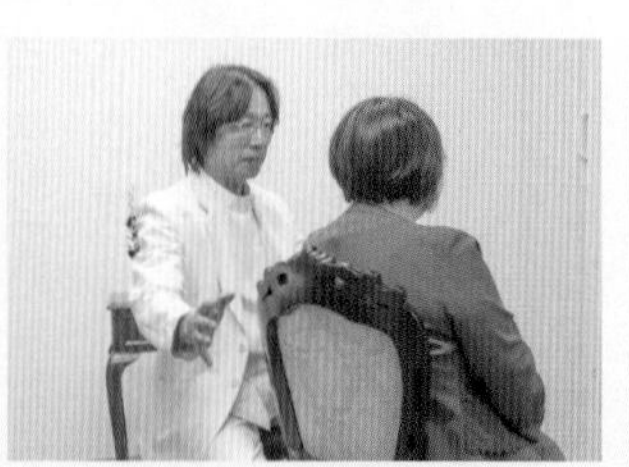

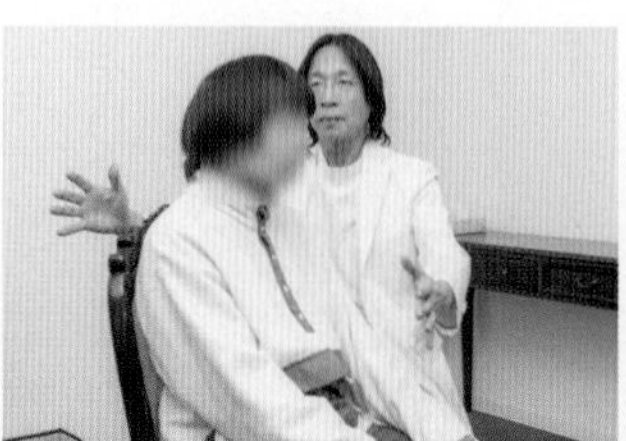

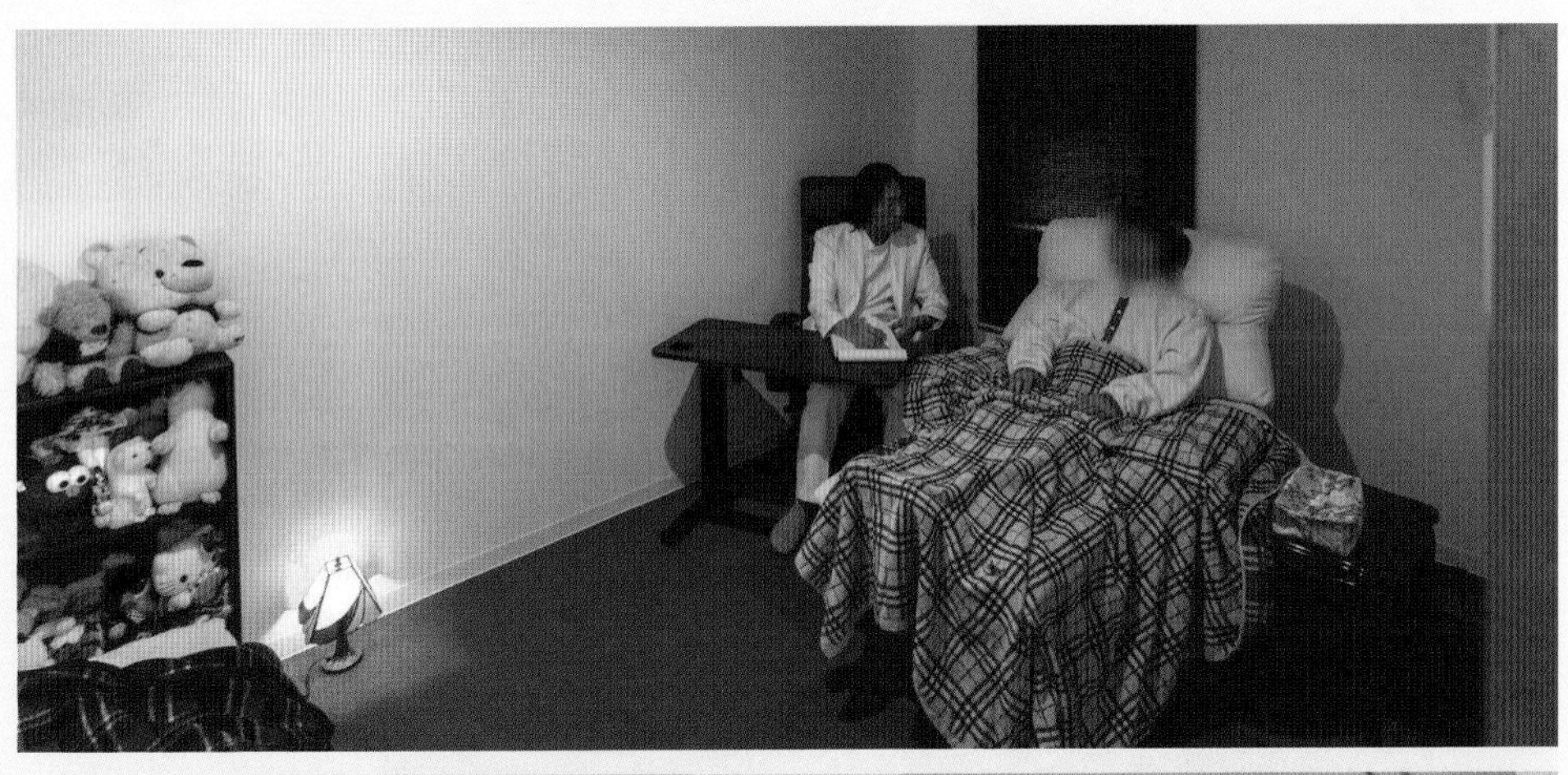

「余命を宣言された方は、もう頭の中が死への恐れでいっぱいになり、希望や未来が見えなくなっていきます。魂がその方向に動くので、本当に死んでいく。でも、死は怖いものではないのです。輪廻転生というのは本当のことなのです。今生でやり残したことはまた次の生で達成するために生まれ変わらなければなりません。クリニックにいらした方には、〝僕も死にますよ。もしかしたら明日交通事故で僕が先に死ぬかもしれないですし〟と話し、エネルギーを入れてあげます。それでも改善しない場合は催眠療法で、なぜ癌になったのかを探ります。癌は幼少期に種を蒔いている人が多いです。その原因がわかることで現状を認め、スッとエネルギーを高めることができるようになります。どうせ死ぬなら今を楽しんでおこうと、死ぬことを恐れなくなった方は癌が消えていくのです」

ここに掲載しきれない実際の事例は、公式ブログに多数掲載されている。

「僕も医者だから嘘はいえないです。医師法、薬師法があるから誇張表現はしてはいけない。そして掲載しているものはすべて患者さんに了承をもらい、一緒に読んでもらっています。患者さんからのコメントも1ミリも違わないよう気をつけて書いています」

（ライター／播磨杏）

建設用石材、砕石販売
砕石などの材料販売も承っております

宅地造成ならお任せください
施工の大小を問わずあらゆる造成工事から舗装工事を承ります

代表取締役社長
坂巻美代子 さん

土木工事を担う夫と結婚。1982年、土木施工管理技士の国家資格取得。1986年に『株式会社開発工業』を設立後、経理などの管理部門を担当。1999年、夫は会長になり、代表取締役社長の重責を担う。夫は2012年に他界。

人・建機一対派遣体制で活躍する
環境配慮型の建機を積極的に導入

環境管理の業務を全う
夫が確立した路線堅持

ゼネコンが元請けになった土木工事に必要な建機一式と共にオペレーターや作業員を本州各地の現場に派遣して工事を完遂する。『株式会社開発工業』の社長坂巻美代子さんが長年堅持してきた「人・建機一対派遣体制」だ。保有する建機は約50台、原則5年サイクルで更新し、これまで導入した建機は200台を超えるが、土木施工管理技士の国家資格を持つ坂巻さんは新機種を導入する際は、機能や性能だけでなく、現場の周辺環境に負荷をかけない機種かを見極めて選定する。資材置き場と駐機場がある第三事業所には、ブルドーザーや油圧ショベル、ローラー、破砕機、ダンプトラック、重機を運ぶトレーラーなどが並ぶ。GPS全地球測位システムなどのITC情報通信技術や環境に優しいエコ運転機能を搭載した最新鋭のブルドーザーや旋回装置を電気駆動化するシステムを搭載し、大幅な燃費低減効果によってCO2の排出も抑制されるハイブリッド油圧ショベルやトップクラスの超低騒音を達成した機種もある。

「当社は建機と技術者、オペレーターを自社で提供し、現場の施工性と機動性を最大化できるの

株式会社 **開発工業**
かいはつこうぎょう

046-241-3364
info@kaihatsu-kogyo
㊟ 神奈川県厚木市下荻野863-2
http://kaihatsu-kogyo.co.jp/

○砕石などの販売運搬
RC-40をはじめ、様々な砕石を要望に応じて対応。

○舗装工事
戸建駐車場舗装工事から高速道路まで幅広く対応。

○宅地造成工事
"使われ易い"会社を目指して自己主張せず、お客様の要望に柔軟に対応。

が強みですが、土地を造成する土木工事は環境に影響を与えますし、建機は自動車に比べ大型で重いため稼働にケタ違いのパワーが必要であり、工法も機種も環境配慮型でなければ、時代が求める環境保全の要請に応えることや、国、公団などの公共事業を担う大手ゼネコンの厳しい条件もクリアすることできないのです。当社は、環境に配慮した工事を社是とし、進化する土木技術を取り入れながら、時代の要請に応えるよう努力を重ねてきました」

同社は、1973年に坂巻さんの夫が創業した会社。坂巻さんはその業務を支えるため、女性の受験がまだ珍しかった時代に土木施工管理技士の資格を取得した。その業務は施工管理に止まらず、工事によって出る産業廃棄物の徹底管理や工事が周辺環境に及ぼさないようにする環境対策や汚染防止策などの環境管理にも及び、坂巻さんはその司令塔として業務を全うしてきた。坂巻さんはまた、夫が確立した「人・建機一対派遣体制」を夫が早世し、経営を引き継いだ1999年以降も堅持。その評価は、受注業務の8割がゼネコンからの仕事という業績に表れている。大型の建機がずらりと並ぶ駐機場の壮観は、その象徴だ。

（ライター／斎藤紘）

シリコーンの機能性と可能性を追求し
様々な問題解決に挑む

代表取締役
倉田公一 さん

日本大学卒。大手筆記具メーカーに20年勤務の後、2012年『株式会社クラタ・テクノシステム』に入社。2022年9月代表取締役に就任。

防水性や防食性に優れたシリコーン塗料で老朽化したインフラの長寿命化に貢献

塗布の作業効率が高く構造物の劣化進行抑制

高度経済成長期に集中的に整備された道路橋やトンネル、河川管理施設、港湾施設などのインフラが耐用年数の目安といわれる50年を経過し出し、老朽化が社会的課題になる中、金属やコンクリート製の構造物の耐久性を飛躍的に高めるメンテナンス用の特殊塗料を開発し、インフラの長寿命化に貢献しているのが『株式会社クラタ・テクノシステム』だ。二代目代表取締役の倉田公一さんは、創業から22年の歴史の中で蓄積された技術と知見を基盤に特殊塗料の可能性と機能性を追求していく決意だ。

同社の製品の代表格が２０１１年に開発したシリコーン樹脂塗料『バッファーコート』。

「高い防水性、防食性、耐候性を兼ね備えたシリコーン樹脂１００％の塗料で、良好な付着性を発揮し、伸び率は３５０％から４００％の追従性を持ち、弾性塗膜を形成します。Si-Oの結合によって極めて劣化しにくいのが特長です。金属、コンクリートどちらにもコーティングでき、沿岸部のコンクリートや鉄部の保護のほか、化学プラントの配管設備やタンクの防錆にも効果が期待できます」

コンクリート構造物の長期保護で活躍するのが

株式会社 クラタ・テクノシステム

03-3926-4010
info@kurata-techno.com
㊟ 東京都練馬区高松4-21-17
https://www.kurata-techno.com/

CSP事業部
06-6829-7200
㊟ 大阪府大阪市淀川区西中島3-18-9
新大阪日大ビル601

シリコーン100%樹脂塗料
BUFFER Coat
バッファーコート

紫外線解離エネルギー
411KJ/mol

バッファーコートNS
シロキサン結合エネルギー
444KJ/mol

シラン系表面含浸材
Deep in Silane
ディープインシラン

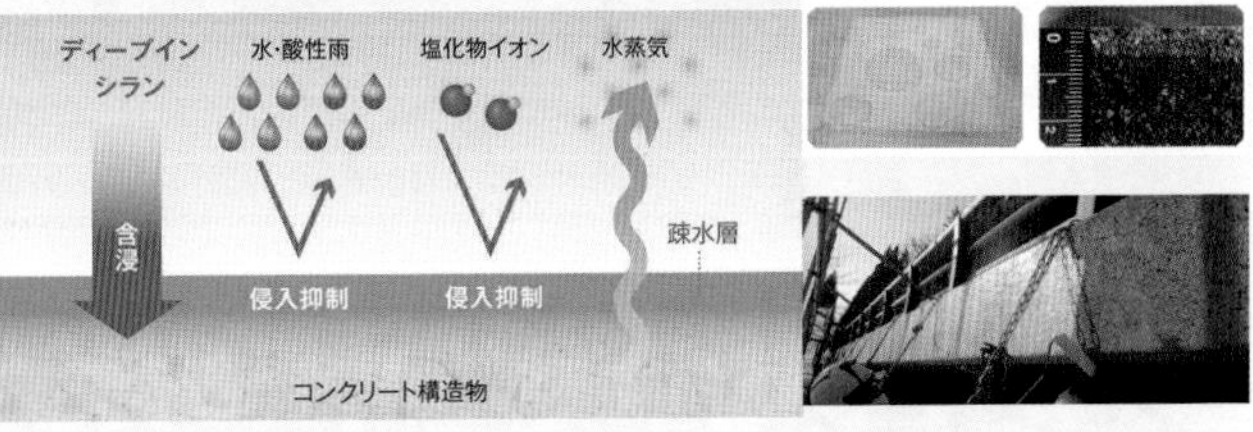

無溶剤型シラン系含浸材
Penetrant Silane
ペネトラントシラン

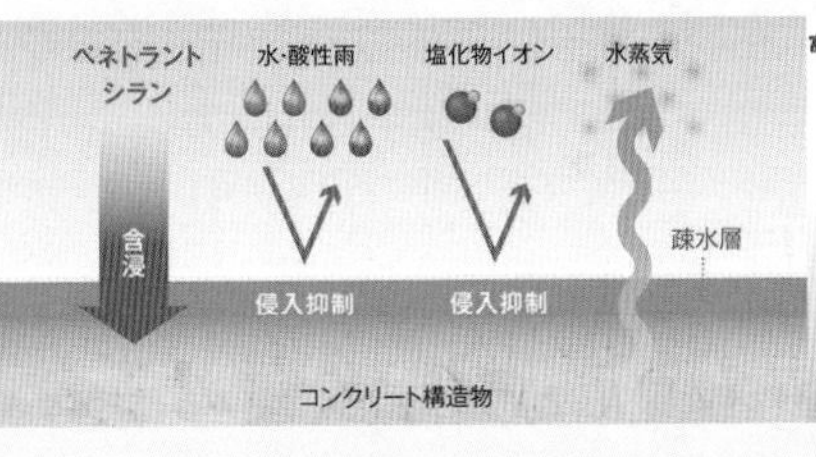

2015年発売のシラン系コンクリート表面含浸材『ディープインシラン』だ。

「クリーム状なので上向き面、垂直面へも容易に塗布できます。コンクリート構造物に深く含浸し、長鎖炭化水素基の疎水層を形成し、劣化因子である水分、塩化物イオンなど外部からの劣化要因の侵入を抑制します。水蒸気は透過するので内部の水分を調整します。1回の施工で標準塗布量を塗布でき、作業効率が高い機能性コーティング材で、コンクリート構造物の劣化進行を抑制し、長寿命化を実現します」

2023年4月には、『ディープインシラン』と同じ機能を持ち、0℃以下でも施工可能な無溶剤型シラン系コンクリート表面含浸材『ペネトラントシラン』を発売した。

「『ペネトラントシラン』を塗布した後、耐候性に優れた『バッファーコートNS』を塗布すると、防錆性、耐候性、撥水性、柔軟性、水蒸気透過性のある塗膜が得られることが中日本ハイウェイ・エンジニアリング名古屋株式会社との共同研究で明らかになりました」

三つの塗料とも国土交通省の建新技術情報提供システムNETISに登録されている。

（ライター／斎藤紘）

代表取締役
大髙悦裕 さん

1995年産業用無人ヘリコプターのオペレーター・指導員資格取得。2001年「ヤマハスカイテック」入社。2007年「JAXA」の専任パイロット。2010年無人航空機運用・開発の個人事業開始。2013年法人化して『株式会社シーズプロジェクト』設立。

時代を切り拓くドローンの空撮技術 インフラの点検や測量で社会に貢献

操縦運用のパイオニア 高価値高画質映像提供

空の産業革命といわれるほど様々な分野に大きな影響を与えている無人航空機ドローン。その開発、操縦、運用に先駆的に取り組み、ドローンオペレーションのパイオニアといわれるのが『株式会社シーズプロジェクト』代表の大髙悦裕さんだ。ドローン操縦は35年超の経験があり、その業務は、高解像度カメラを搭載したドローンによるインフラ構造物の点検、測量、地形や形状のスキャン、映画などの空撮協力、社内ドローンの運用・管理のコンサルティングなど多岐にわたる。中でも社会貢献度が大きいのが、非GPS環境に対応したドローン『HoverMap』の活用だ。

「『HoverMap』は、位置特定と環境地図作成を同時に行うSLAMシステムを搭載したドローンで、自動の衝突防止機能が装備され、GPSの測位や方位センサーを使うことなく自律安定飛行し、広範囲に及ぶ地形や建物の内部、外部の形状をスキャンして3Dデータを作成することができます。橋梁や砂防ダム、トンネル、煙突などのインフラ点検、防災上の観点からの地形の点検、建設現場の危険個所の点検、工場の大型プラントの点検などで活躍します。『HoverMap』による測量で得た地形の3

株式会社 **シーズプロジェクト**

054-204-6560
otaka-yse@fuji.tnc.ne.jp
㊟ 静岡県静岡市駿河区南安倍3-13-5
https://seeds-pro.co.jp/

『HoverMap』による大規模工場の3Dスキャン。屋内外の細部から高所まで3Dデータの構築可。

『HoverMap』によるトンネル3Dスキャン。屋内外の細部まで3Dデータの構築可。

Dデジタルデータは国土の有効活用や都市計画にも役立ちます」

もう一つ、技術の高さを示すのが『8K空撮』だ。

「現行ハイビジョンの16倍の画素数のハイクオリティカメラを搭載したドローンによる空撮です。空撮における8K映像は、大画面での視聴が前提であったり、高精細ゆえに機体の僅かな揺れや微振動が映像に影響しますが、当社では、8Kカメラ、電子制御の映像ブレ補正装置ジンバル、無人航空機体の3点を保有し、テストフライトを重ね、調整を行うことで、お客様のニーズに応える安定したブレのない滑らかな『8K空撮』が可能です」

高精細カメラを搭載したドローンによる撮影技術は、ドラマやドキュメンタリー、情報・教育番組、CM、映画などの制作、学術調査などにも生かされる。

「撮影現場のロケーション、天候など様々な撮影環境での状況の変化を察知し、多角的な視野と思考による判断に従い、ドローン機体と撮影機材を起動性と機動力を生かして運用することで、他では得られない価値の映像を安全に提供することができます」

様々な産業分野で活用されるドローン。大高さんの経験と専門知識、技術が生かされるシーンも広がっていく。

（ライター／斎藤紘）

毎年恒例の東京ベイヒルトンにての忘年会。

代表取締役会長
佐々木雄太 さん

調理師の専門学校を卒業後、18歳から約5年間、飲食店やホテルで調理師として働く。23歳の時に解体業界に転じ、解体工事会社数社で経験を重ねた後、解体業の新たな姿を目指して30歳で独立し、2015年『株式会社DSK』を設立。

仕事に誇り持つ解体のプロ集団を形成
働きやすい環境整備など経営努力結実

徹底した社員教育奏功 マイナスイメージ払拭

10人でスタートした会社を創業から8年で社員約60人、協力会社も含めると約200人という規模まで成長させた経営者がいる。総合解体業『株式会社DSK』代表取締役会長の佐々木雄太さん。人材育成と社員の人格形成に力を入れ、福利厚生や作業着、道具に至るまで社員が仕事に誇りを持てる環境作りに取り組んできた経営努力の成果で、建築施工管理技士や建設機械施工管理技士の国家資格、解体作業、特定化学物質作業、石綿作業、足場組立作業などの作業主任者を含め多数の資格保有者を擁するプロ集団として成長軌道を歩み続けている。

「解体業は、スクラップアンドビルドという社会の循環の中でなくてはならない大切な職業でありながら、危険、荒っぽいといった負のイメージが強く、これを払拭したいという思いを強く持ち続けてきました。労働環境の改善に加え、社員一人ひとりが会社の顔であり、営業マンであるという自覚を持ってもらうため、社会人としてのモラルやマナー、言葉使い、礼儀に関して厳しく指導してきた結果、社員が解体という職業に誇りを持って定着し、採用拡大にもつながったのです」

株式会社 **DSK**
ディーエスケー

047-318-9988
kaitaidsk@hotmail.com
㊟ 千葉県市川市高谷2-21-40
https://www.kaitaidsk.com/

こちらからも
検索できます。

「解体工事」

「改修工事」

「斫り工事」

「アスベスト除去工事」

同社の仕事は、解体工事、斫(はつ)り工事、アスベスト工事が3本柱。東京都、千葉県を中心に関東全域から工事依頼が絶えない。

「解体工事は、主な取引先より委託を受け、鉄筋コンクリート造解体、鉄筋・鉄骨コンクリート造解体、木造解体、構造物などを除いた内装のみの内装解体、アスベストが使用された建物の解体に伴うアスベスト工事、アセチレンなどのガスを用いて鋼板を切断するガス溶断等を行っています。看板撤去などの特殊解体工事にも対応しています。斫り工事は、解体工事現場や改修工事現場などでコンクリート製品を削ったり、壊したり、穴をあけたりといった作業全般を行います。アスベスト除去工事は、アスベストの検体採取、分析から各諸官庁への書類申請、そして除去工事から産業廃棄物の処理搬出まで一貫して行っています。若いながらも豊富な経験を積んでいるスペシャリストが各事業部のトップや現場の最前線にいることが当社の強みです」

佐々木さんの前職は、飲食店やホテルでの調理師。23歳の時に新たな挑戦として解体業界に転じ、技術とノウハウを得て30歳で独立、起業。仕事の品質と顧客満足度を高めながら前進し続ける。

(ライター/斎藤紘)

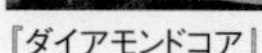

『ダイアモンドコア』

代表取締役
徳丸浩樹 さん

2016年に個人事業として「DAI企画」創業、2021年に法人化を果たし、代表取締役に就任。『ダイアモンドコア』『ウォルソー』『ワイヤーソー』が主力業務。発注元の予算やニーズに合わせて作業工程を選択。

ダイヤモンド工具を使った特殊工法 コンクリート構造物の切断に高評価

複雑形状の切断も可能 作業効率の向上に注力

2016年創業の『株式会社DAI企画』は、コンクリート構造物を対象に配管配線用の穴を開けたり、耐震工事のために切断したりする特殊な工事の確かな仕事ぶりが発注元の建築・土木工事会社に高く評価され、急成長している会社だ。工事で使うのは、世界で一番硬い石といわれるダイヤモンドの粒子を固着させた特殊工具。職人を牽引して作業に当たる代表取締役の徳丸浩樹さんが業務で重視するのは、作業の安全性、無駄な作業をしないことによるコストダウン、作業効率の向上だ。

工法は三つある。その一つが『ダイアモンドコア』。

「工業用ダイヤモンドを多数埋め込んだダイヤモンドビットという刃物でコンクリートの壁や床に穴をあける工事です。電気や空調設備などのケーブルや配水管の穴を明ける作業でよく用いられる工法です。専用のノミなど使って人力で削る斫り(はつり)工事に比べ、穿孔精度に優れており、騒音やホコリなどの公害を最小限に抑え、短時間で施工することができます」

切断精度が要求される改修や耐震工事などに用いられる工法が『ウォルソー』だ。

「刃の部分にダイヤモンドの粒子を使用した非常に

株式会社 **DAI企画**
ダイきかく

06-7710-5417
diamondcore@daikikaku.com
㊟ 大阪府大阪市大正区千島3-15-5
https://www.daikikaku.com/

『ウォルソー』

『ワイヤーソー』

「酔っぱらいスタンドぴぃーちゃん!!」
☎ 06-4977-7455 ㊟ 大阪府大阪市大正区小林西1-2-11
㊢ 17:00〜23:00 ㊡ 日曜日・祝日

硬度の高い切削工具であるダイヤモンドブレードを使用し、コンクリート構造物の壁の切断を行います。予定切断線に沿ってレールを設置してレールにマシンをセットし、レールの上を走行しながら躯体を切断していきます。切断面の凹凸が少なく、短時間で綺麗で正確な切断が可能です。エンジンカッターと違って排ガスなども発生しないので室内工事に最適です」

曲面状の構造物の切断で威力を発揮するのが『ワイヤーソー』だ。

「ピアノ線にダイヤモンド砥粒を固定したダイヤモンドワイヤーを用いて、高速回転させながら切断対象物にワイヤーを巻きつけ切断する工事です。ワイヤーは柔軟性に優れ、切断面の形状に合わせて切断できます。また、曲面状の構造物や大規模な鉄筋コンクリート構造物、自重の大きい躯体や人が接近できない構造物の切断に威力を発揮します」

発注元の予算やニーズに合わせて作業工程を選択するなど細かいフォローが評判になり、業績を伸ばして2021年には法人化を果たした。

徳丸さんは、本業とは別に副業として2022年12月に立ち飲みの「酔っぱらいスタンドぴぃーちゃん」を開店。棚にズラリと並んだこだわりのお酒を楽しめると大好評でリピーターが増える一方だ。

（ライター／斎藤紘）

代表取締役
松井貴博 さん

工業高校を卒業後、製造業でのキャリアや工場長として製造管理などを経て『有限会社中央技研』入社。入社後は動力プレス機械特定自主検査を手掛け、機械の修理や溶接、塗装など頼まれたことは何でも対応する姿勢が高い評価を得ている。

ものづくり産業を支える 動力プレス機械特定自主検査

確かな技術と実績で 県外からの依頼も多い

ものづくりのまち、新潟県燕市に本拠地を置く『有限会社中央技研』は、動力プレス機械特定自主検査を主軸に手掛ける企業。数多くのものづくり企業を下支えする同社は、県外からの依頼も多く寄せられ、信頼の厚い企業として多くの方々から支持されている。日本が誇るものづくり技術の一つである「プレス加工」を行うための機械である動力プレス機械。労働安全衛生法には、動力プレス機械を使用するためには年1回以上、有資格者による動力プレス機械特定自主検査を行わなければならないとの規定が定められている。この検査を行っていないとプレス機を使用中に事故や災害が発生した場合、改善命令、操業停止命令等の行政処分を受けることになってしまうという。そういった背景もあり、同社では様々な企業に赴き、確かな技術と豊富なノウハウを以て検査を行っている。動力プレス機械特定自主検査では、プレス機の安全性に関するチェックや機械の性能試験、動力プレス機械の各部位における作動状態など多岐に渡る。これらの検査を厳正に行うことで業務における品質向上や作業員の安全確保につなげている。また機械特定自主検査の実施はもちろんだが、日頃からの機械のケアが動力プレス機械の故

有限会社 **中央技研**
ちゅうおうぎけん

0256-93-5729
cyuougiken@gmail.com
㊟ 新潟県燕市吉田西太田1165-1

人としての三種を重んじており、一つはうつわの器、二つ目は義理人情の義、そして三つ目は技術の技を大事に、ものづくりに対して真摯に努めている。

人としての三種

❶うつわの ―― 器
❷義理人情の ―― 義
❸技術の ―― 技

障を未然に防いだり、長く稼働させることにつながるという。例えば、安全装置の点検。動力プレス機械には安全装置が備わっており、この安全装置を定期的に点検することで正常な作動の確認や故障の早期発見にもつながる。また十分なスペースを確保し、障害物や人が近づかないようにするなど作業環境を整えたり、作業後の清掃も機械の故障の防止には大事になってくるという。このように動力プレス機械特定自主検査だけではなく日々のアドバイスも含めた手厚い対応で信頼を獲得している。代表取締役の松井貴博さんの人柄も同社が熱い信頼を寄せられる理由の一つ。公私共に多趣味だという松井さんは、特に車やバイクは自ら修理も行うほど。休日には遠方まで出かけては現地の美味しいものを食べ、現地で必ず友だちを作り、羽目をハズしているのだという。でも本当のところは恥ずかしがり屋さんで冗談好きのオヤジという憎めないキャラクターが、修理を頼みたい、あれこれと相談に乗ってもらいたいと仕事に繋がっているのだろう。ものづくりのまちである新潟県燕市では、動力プレス機械特定自主検査のニーズは多い。そんな中同社は、松井さんが掲げる「できるところまではやり切る」ことを信念にこれまでの実績とともに技術やノウハウを次世代に伝えながらものづくり産業を支え続けていく。

（ライター／長谷川望）

路面下空洞調査

代表取締役社長
長谷川俊彦 さん

東京理科大学卒。機雷の探査技術を日本で最初に開発した理学博士渡邊健氏を慕い、同氏が1979年に創業した『大和探査技術株式会社』に1980年入社、2007年四代目代表取締役社長に就任。ベトナムとシンガポールに駐在事務所開設。

地中の様々な情報を物理探査で可視化 建設土木や防災など多様な分野で貢献

様々な測定原理を利用 視野に「SDGs」への貢献

「理学の知識を工学に応用した技術、物理探査をもって社会の安心、安全に貢献する企業として社会的使命を果たす」

総合地質コンサルタントとして44年の歴史を刻む『大和探査技術株式会社』四代目代表取締役社長の長谷川俊彦さんは、同社のこの経営理念を先進的な探査技術の導入によって具体化し、建設土木工事、防災対策、環境保全、資源探査、考古学調査など幅広い分野で貢献できる体制を築き上げた経営者だ。

「日本の主要都市は、氷河期後に堆積した新しく柔らかい地盤の上に形成されているところが多いため、雨が降れば洪水が起こり、地震が発生すると、液状化、建物の倒壊といった災害が起きたりします。ビルを建て、橋を架け、トンネルを掘るにしても、基礎となる地盤の安定性に問題がないかを見極めなければ工事を始めることはできません。しかし、地盤の状況については地表からでは見ることができません。地面の下にどんな可能性があるのか、どんな課題を抱えているのか、地中に隠されている様々な情報を調査して明らかにする必要があります。当社では物理探査という手法を武器に、見えないところを広範囲で調

大和探査技術 株式会社
だいわたんさぎじゅつ
03-5633-8080
㊟ 東京都江東区東陽5-10-4
https://www.daiwatansa.co.jp/

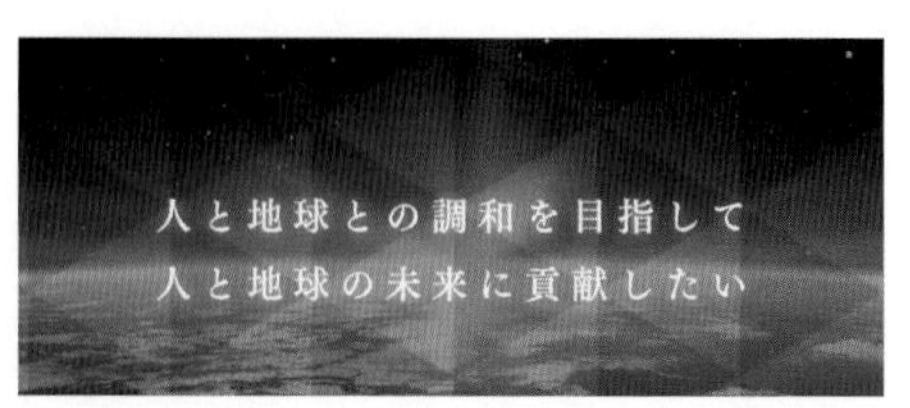

人と地球との調和を目指して
人と地球の未来に貢献したい

海上磁気探査

物理検層

不発弾探査（金属探査）

査することを可能にします」

物理探査は、人間の目では直接見ることのできない地中を様々なセンサーを利用して可視化する技術だ。

「物理探査には、測定原理が異なる様々な方法があります。人工の地震波である弾性波を利用する弾性波探査、地中を流れる電流の流れやすさを測定する電気探査、電磁場の変動を利用する電磁探査、地磁気によって誘導された磁気異常を利用する磁気探査、地下の密度の違いによって生じた重力異常を利用する重力探査、電磁波の反射応答を利用する地中レーダ探査、ガンマ線を測定して地下の破砕部分を検知する放射能探査、地下の温度を測定する地温探査などがその代表例ですが、当社で弾性波探査、重力探査、浅層反射法探査、常時微動測定、電気探査、電磁波探査、地震探査反射法、ジオトモグラフィ、表面波探査、地中レーダ、VSP鉛直地震探査、放射能探査、地温探査、物理検層などが可能です」

長谷川さんは、北海道から沖縄まで17の支店、営業所を展開。海外では、ベトナムとシンガポールに拠点を構え、各地域特有の探査ニーズに迅速な対応ができる業務体制を構築した。

「これからはグローバルな視点に立ち、蓄積してきた技術でSDGsにも貢献していきたいと思っています」

（ライター／斎藤紘）

代表
堀内勇示 さん

1980年代に父、堀内斉が「堀内貴石」の屋号で創業。1992年「堀内貴石」入社。1995年頃、最初のレーザー機を導入。2019年12月、屋号を『レーザープロ』に変更。現在に至る。

芸術的なレーザー加工に光る技術力
商品価値高めると多様な注文相次ぐ

四つの機種を使い分け図案や文字などを施す

レーザー光を対象物に照射し、商品や贈答品、各種部品（パーツ）に素材の種類に関係なく、図案や文字、ロゴなどを彫刻やマーキング、切り抜きを施すレーザー加工で存在感を高めているのが『レーザープロ』代表の堀内勇示さんだ。芸術的な仕上がりの美しさから「商品の付加価値を高める」と評判になり、仕事量は増える一方だ。加工に使うレーザー機は、光の波長によって加工できる素材が異なるため、CO2レーザー機、YVO4レーザー機、UVレーザー機の3種類を使い分ける。それに研磨材を吹き付けて加工するサンドブラスト機も適宜使って加工する。対象となる素材は金属、ガラス、セラミック、プラスチック、アクリル、木材、本革、合皮、陶器、布、紙など多岐にわたる。

「加工のご依頼も様々で、木の表札、アクリル看板、ステンレス・スプーンとフォーク、タンブラー、ガラスコップ、銅カップ、陶器マグカップ、万年筆、ボールペン、Bluetooth イヤホン、革財布、紙化粧箱などはその一端です。最近では県外の方にお祝い事の贈答品として贈る山梨県産の一升瓶ワインに祝いのメッセージを彫刻して喜ばれています」

堀内さんは、父が創業した「堀内貴石」に入社

レーザープロ

055-235-1532
090-3339-3425
info@laserpro.jp
㊟ 山梨県甲府市砂田町12-23
https://laserpro.jp/

こちらからも
検索できます。

レーザー機

工房（2F）

ステンレス・タンブラー

ステンレス・マグボトル

マグカップ

一升瓶ワイン

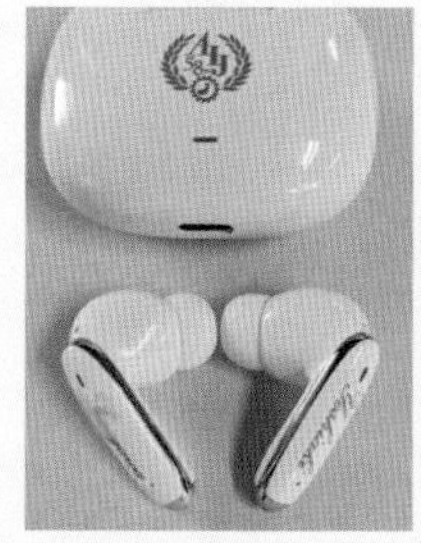
Bluetoothイヤホン

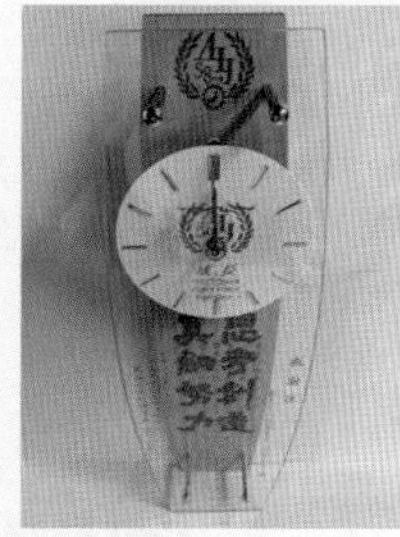
掛け時計

革ジャン

iPhone

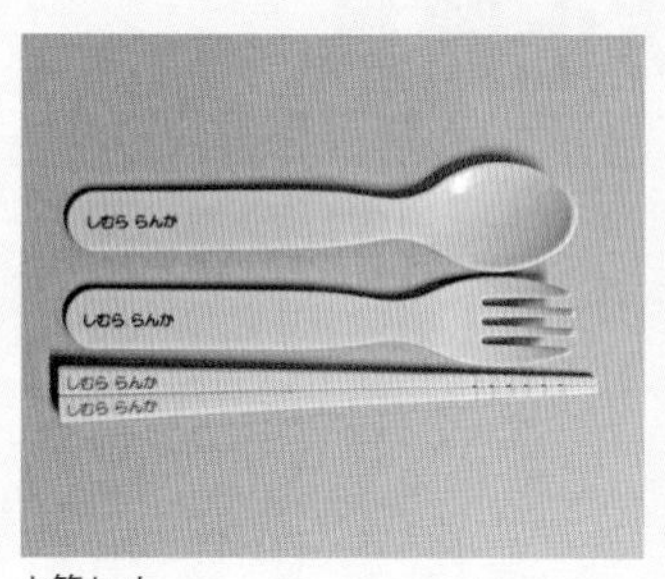

お箸セット

ボールペン

化粧箱

し、水晶などの天然石製品を手掛けていた約28年前、日本に輸入され始めたレーザー機と出合い、「開運・厄除けの意味がある水晶に縁起の良い文字や絵を彫刻できたら面白いのでは」と導入に踏み切り、「石に彫刻」をキャッチフレーズに始めたのがレーザー加工だ。その後、流量計メーカーからガラス管への目盛り彫刻を請け負ったことを機にレーザー加工の専門工房にシフト、2019年に屋号を『レーザープロ』に変えた。

「お客様からお預かりした材料や商品に支給されたデザインやイメージデータを使用した委託加工が多いですが、要望があればオーダーグッズの企画、制作も行います。趣旨とご予算に応じて、どんなものが制作できるかご提案します。どこにでもある既製品(例えば100円均一商品)を利用することで低予算での制作も可能です。このレーザー加工されたものは、印刷と違い、洗浄しても熱を加えても消えることはありません。まずはお気軽にお問い合わせください」

山梨の地場産業である宝飾関係の会社からの依頼で、ダイヤモンドにマーキング、真珠に彫刻を施すレーザー加工の試作にも成功、その加工技術と芸術的センスを活かすシーンは広がる一方だ。

(ライター/斎藤紘)

代表
遠藤高史 さん

大手輸入車ディーラーで整備士をしたり、運送会社に勤めたりした後、結婚を機に、義父が1970年に創業した『有限会社明石設備』に入り、約15年前、二代目社長に就任。土木工事、管工事、アイデア商品開発などの事業を展開。

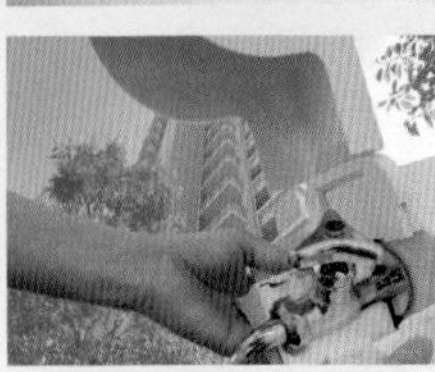

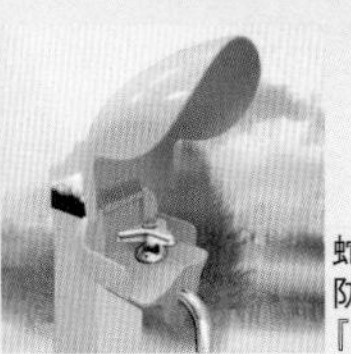

蛇口凍結防止カバー『でるモン』

経営の未来を支えるアイデア商品 事業の柱になった蛇口凍結防止器具

視野に厳しい経営環境 主軸の設備工事にも力

「誰かのお困りごとを解決するアイデア商品の開発が好き」という自身の天性に従って開発した製品が企業業績を支える主力事業の一つになった経営者がいる。『有限会社明石設備』二代目代表の遠藤高史さん。その製品、蛇口凍結防止カバー「でるモン」は、同社が設備工事を手がけた保育園の関係者から冬季に水道の蛇口が凍結して苦労していることについて相談されたのをきっかけに開発したものだ。

「水道管の凍結を防ぐためにタオルを巻いたり、凍結したら電熱ヒーターで溶かしたり苦労しますが、その苦労を解消するのが『でるモン』です。工具を使わず、ワンタッチで取り付けることができ、しかも経済的です」

遠藤さんは保育園から相談を受けた後、3Dプリンタを購入し、使い方やプログラミングも一から勉強して試作品を作り、金型会社と形状について何回も擦り合わせて完成させたという。遠藤さんはさらに、『でるモン』を事業の柱にするため、量産体制を整えた上で、専門のオンラインショップも立ち上げた。保育園や幼稚園の水飲み場、マンションベランダの蛇口、工事現場の仮設水道、住宅の庭先

有限会社 **明石設備**
あかしせつび

049-262-3982
akashi-setsubi@tbp.t-com.ne.jp
㊟ 埼玉県ふじみ野市桜ヶ丘1-15-29
https://dellmon.jp/

や車庫などの水栓柱蛇口などに採用されるなど売り上げを伸ばしているという。

同社は、遠藤さんの義父が1980年に立ち上げた会社。建築設備工事の請負を主軸にマンション建設や老人施設、幼児施設、住宅建設などの工事で前進してきた。遠藤さんは大手輸入車ディーラーで整備士をしたり運送会社に勤めたりした後、結婚を機に経営を承継した。アイデア商品の開発に力を入れるは、経営環境も考えてのことだ。

「建設業界は、深刻な人手不足や材料の高騰など厳しい経営環境の中にあます。加えて、少子高齢化がこのまま進むと、十数年後には3軒に1軒が空き家になるとも言われ、空調や給水給湯設備などの工事の需要も落ち込み、仕事量が減っていくでしょう。そのような厳しい未来を生きていくには、新たに事業の柱になる仕事が必要と思いついたのがアイデア商品の開発です」

遠藤さんはこれまで、外出先で簡単に温かいミルクが飲める哺乳瓶やコンパクトエアコンなども開発してきたが、『でるモン』は商業ベースに乗ったアイデア商品の第1号だ。

「これからも設備工事と、人のためになるアイデア商品の事業を二本柱に厳しい経営環境を乗り切っていきたいと思っています」

（ライター／斎藤紘）

「仕事は断らず、必ず届ける」がモットー。

代表取締役
島田誠 さん

1990年創業『豊商運輸株式会社』の代表取締役に2016年に就任。一般貨物自動車運送事業、産業廃棄物収集運搬業を事業内容に北陸から関東、関西、中部、甲信方面へ鋼材や紙、木材、スクラップなど多様な品目の運搬業務を展開。

物流業界の2024年問題の課題指摘 対策に対等合併による経営規模拡大

物流維持で示す使命感 労働環境改善にも注力

「遠くまで荷物を運ばなければならない地方の運送業によっては深刻な問題です。緩和策を待つしかありませんが、それまでは経営努力で乗り越えていかなければならないと思っています」

働き方方改革に伴う労働基準法の改正で2024年4月からドライバーの時間外労働時間が年間960時間に規制される物流・運送業界の2024年問題を危惧しながら、対策の重要性を指摘しているのが富山県を拠点に長距離運送業務などを展開する『豊商運輸株式会社』代表取締役の島田誠さんだ。その対策の象徴が同業者との対等合併による経営規模の拡大だ。

「時間外労働時間の規制が始まると、例えば富山から関東圏への輸送が2日から3日にしたり、翌日配達を翌々日配達にしたりしなければならないといった事態が予想されます。輸送時間は変わりませんから、労働時間が減れば、その分をカバーする人員が必要なりますが、人手不足が続いている上、軽油の高騰や最低賃金の引き上げなどコスト上昇の圧力が強まっている中で人員を増やすことは容易ではありません。運送量が30%減るといった試算もあり、売上が頭打ちになるこ

豊商運輸 株式会社
とよしょううんゆ

076-472-5048
toyoshounyu@piano.ocn.ne.jp
㊟ 富山県中新川郡上市町放士ケ瀬新45-1
http://www.jltoyama.or.jp/union/toyosyou.html
http://ryugi.blog.shinobi.jp/

有限会社佑和
✆ 076-466-4888 ㊟ 富山県富山市婦中町中名2106

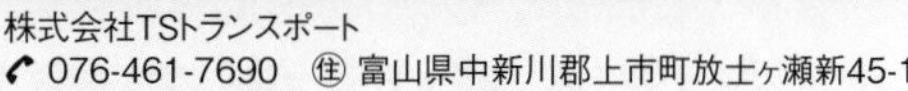
株式会社TSトランスポート
✆ 076-461-7690 ㊟ 富山県中新川郡上市町放士ヶ瀬新45-1

労働環境の整備と業界内の協力も重視。

1990年創業、多品目の運搬業務を展開。

とも懸念されます。こうした厳しい環境の中で存亡の危機に直面する業者も出てくるでしょう。２０２４年問題が様々な課題をはらんでいることを国会で議論し、緩和策を考えていただきたいと思っていがますが、法律は施行されますし、法律は守らなければなりません。なんとか知恵を絞っていかなければと思っています」

同社は現在、ドライバーが約40人、車両が43台体制で運営しているが、島田さんは２０２１年に同業者をＭ&Ａで買収し、グループ化したほか２０２３年には他の会社と対等合併、さらにこの２社と合併して経営規模を拡大して２０２４年問題を乗り越えていく考えだ。

「サプライチェーンを支える物流を維持、発展させていくのが当社の使命であり、時代の要請に応えてドライバーの労働環境も改善していかなくてはなりません。その課題の対策として考えたのが企業間の対等合併です。当社は、富山県内の運送業者18社で形成し、情報交換しながら協力し合う富山ネットワーク協同組合に加盟していますので、同じく加盟している経営者も含め、志を同じくする同業者同士で膝詰めで話し合い、この状況を克服するための最善の経営形態を追求していきたいと思っています」

（ライター／斎藤紘）

代表取締役
口町裕昭 さん

学業終了後、大手運送会社に約6年間勤務。28歳の時起業、飲食店経営などを経て、2014年『株式会社アイズクリエーション』を設立。IT関係事業、電気関連事業、投資、海外での鉱物輸出入関係など事業展開、2018年に現運送事業を開始。

お客様への感謝の気持ちを大切に元気な挨拶をモットーに躍進する運送会社

運送業の醍醐味はお客様からの感謝されること

大手運送会社に2001年に入社して約6年働き、そこで培った運送業を一人から始め、現在は65名もの陣容にして業績を伸ばし続けているのが『株式会社アイズクリエーション』代表取締役の口町裕昭さんだ。

2014年に設立し、ITビジネスからスタートして電気関係の事業、投資、海外での鉱物輸出入事業を行っていたが、現在は雇用されていた時代に経験した運送業にシフトチェンジする。

「運送業は、私にとって天職と思っています。現在は大手運送業の業務委託で東京・千葉・茨城・宮城と業務範囲を拡大し、ゆくゆくは全国に拠点を置きたいと考えております。前職の人と人とのつながりがあってこそ現在があり、感謝しているとともに今後も人との出会いを大切に拠点を広げていきたいと思います」

また人材の採用に関しては、人とのつながりを大切にしてきた口町さんの人望より2023年の2月まではほぼ紹介によるものだという。

「面接はわたしが一人やってますがコロナ禍の頃はリモートでも行っていました。やる気のある人、元気な人、そして何より挨拶ができる人。当た

株式会社 **アイズクリエーション**

03-6228-5517
kuchimachi@eye-c.jp
㊟ 東京都中央区銀座6-3-6 栄ビル5F
http://eyes-c.jp/

り前のことですが、それがお客様とのコミュニケーションの要と思います。中には、初めのうちは意思疎通が難しいお客様もいらしゃいます。忙しいお客様や話すのが苦手なお客様など様々ではありますが、毎回配達時に〝元気な挨拶〟をするうちに次第に打ち解けてくださり、逆にご挨拶をされて声をかけて下さることがあった時は本当に嬉しかったです。〝ありがとう〟というたった一言の感謝がとても嬉しく、その言葉を頂けることが、運送会社の醍醐味だと感じています」

2024年問題に対して、将来的に100名体制を目標を軸に働く人の収入面の確保と人材の育成に力を入れ、自社の倉庫を確保して将来的には一般貨物事業も視野に入れて、事業拡大することで働きやすい環境・職場が提供ができるようにと考えている。

「この仕事は、もちろん時間に追われることもありますし、それを遂行することも大切ですが、プロのドライバーとしての心構えは何よりも安全第一であること。どんな状況・障害に出会っても安全第一に考え、笑顔と挨拶を常日頃から心掛けて行くことが会社のモットーとし、これからも躍進していきます」

（ライター／上野なるみ）

新旧スカイラインGT-Rが並ぶ。「ハコスカ」がまぶしい。

総合建設業

車両販売・整備業
カーショップ「ル ガラージュ」
㊟ 山口県山口市阿知須7930-5
0836-66-3026

代表取締役会長
齊藤賢二 さん

自動車関連会社に就職し、道路公団に転職。さらに、興味を抱いていた建築関係に携わろうと資格を取得し、1989年に総合建設業『株式会社トータルホーム山口』を設立。車両販売・整備業に業容を拡大し、カーショップ「ル ガラージュ」運営。現在、代表取締役会長。

2Fのギャラリー「Le ciel ピカソ」

廃タイヤの植木鉢で緑のまちづくり Jリーグクラブとの連携で鉢を寄贈「SDGs」に貢献

タイヤ反転技術を開発 ホイールなしの花台も

廃タイヤを再利用した植木鉢で緑の街づくりに貢献。擦り切れた産業廃棄物からはイメージしづらい活動が山口市で進んでいる。この植木鉢、『株式会社トータルホーム山口』代表取締役会長の齊藤賢二さんが特許技術で開発した環境にやさしい『エコ鉢くん』（商標登録済）。同社がオフィシャルパートナーとしてサポートするJリーグ加盟のプロサッカークラブ「レノファ山口」が同社の協力を得て、最大2鉢ずつを希望する山口市内の幼稚園や保育園に無償で寄贈いているのがその活動だ。この活動、同クラブの「環境に配慮したスタジアム運営や植林活動など、環境問題解決のための独自の取り組み」の一環で、レノファカラーのオレンジに塗装され、サッカーボールが描かれたレノファ仕様の『エコ鉢くん』と特製の『エコ鉢くん』ステッカーも寄贈する。

同社は、総合建設業と車両販売・整備のカーショップ『ル・ガラージュ』を運営しているが、車両部門で年間1200本近く出る廃タイヤの処分が課題だった。この廃タイヤを再利用して何か作れないものかと社内で検討を重ね、エコ製品に絞った。しかし、タイヤの外観がそのままの状態

株式会社 **トータルホーム山口**
トータルホームやまぐち

083-920-2612
info@totalhome-y.jp
㊟ 山口県山口市阿知須7930-5
http://www.totalhome-y.jp/

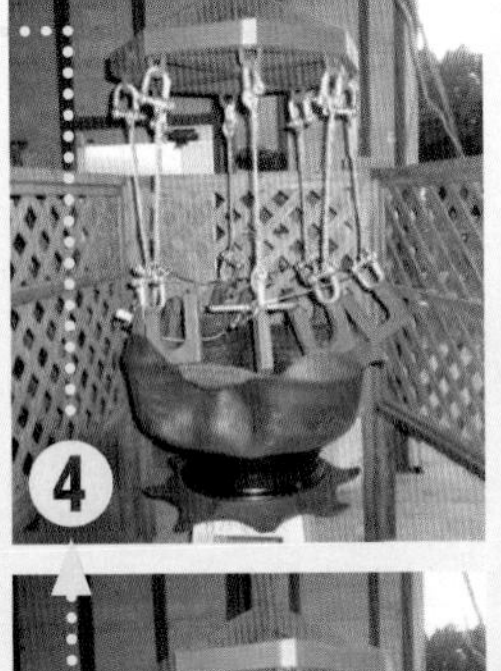

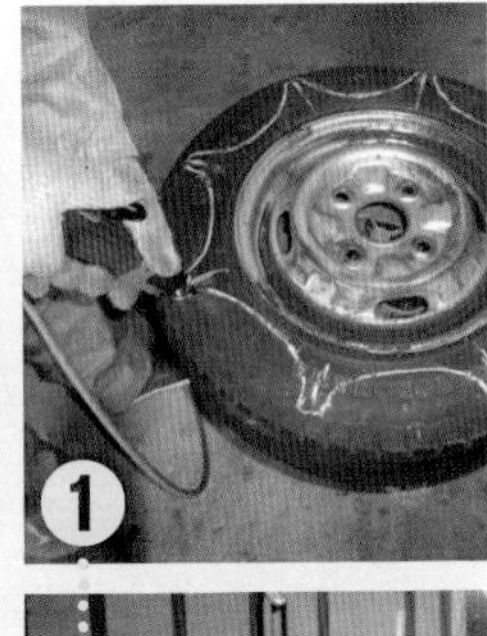

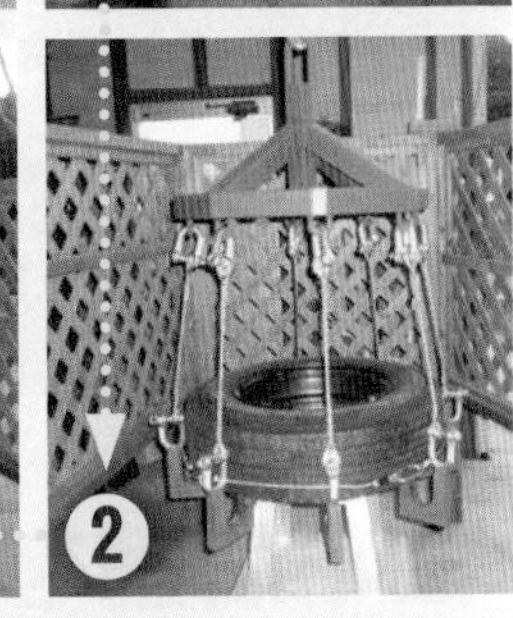

『エコ鉢くん』　『えこなちゃん』

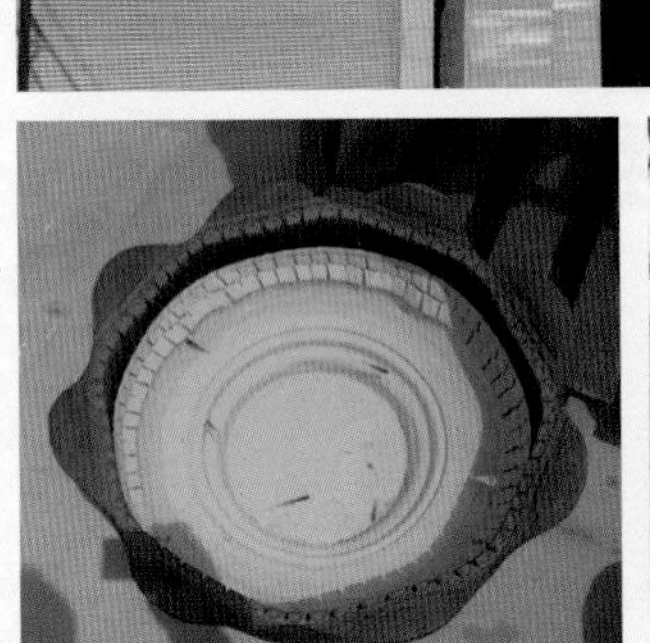

『めだかのお宿』

『やんちゃくん』

鶴のオブジェ

で残っていると用途が限定されてしまうため、同社は技術開発を進め、2012年にゴム部分を短時間で容易に反転させるとともに、製造コストを安くすることが可能な「廃タイヤ加工方法及びそれに用いる廃タイヤ加工装置」を発明し、特許を取得した。建築資材を運ぶクレーンでタイヤを吊り上げて反転させる方法で、ホイール部分を固定する載置台や特殊な金具などで構成、三人がかりで1時間かかっていた作業が10分でできるようになった。さらにタイヤに切り込みを入れ、ホイールを土台にした可愛らしい花びら型の『エコ鉢くん』を完成させた。その後、タイヤのみで作り、軽量で移動、移設が容易な花台『やんちゃくん』も開発した。いずれも山口県認定リサイクル製品として認定されているが、同社は山口市内で不法投棄され、山口市環境衛生課が収集した廃タイヤを買い受けて製品化する社会貢献活動も行っている。

齊藤会長は、仕事以外でも地域の人たちに喜ばれる活動にも力を入れ、阿知須営業所TOTALビルにJリーグクラブのユニフォームなど展示した「Jリーグお宝コーナー」やピカソの石版画や油絵専門のギャラリー「Le Ciel（ル・シエル）ピカソ」を開設した。

（ライター／斎藤紘）

桃の花に囲まれた住宅。

代表取締役
千丸剛央 さん

大阪建設専門学校卒。大阪や和歌山の工務店で勤務を経て、2000年に独立、『seed建築士事務所』設立。二級建築士。日本耐震防災事業団耐震プランナー、和歌山県認定木造住宅耐震診断士、地震被災建物応急危険度判定士。

住宅店舗を美しくリノベーション 施主の夢叶える快適性機能性追求

省エネのECO住宅実現 耐震性診断活動も実施

桃の花に囲まれた美しさを家からも望めることができ、桃の花と合うようにシンプルで白い外壁にした住宅。空間を広く使い、居心地の良さと清潔感を出したニューヨーク・ブルックリン様式のレストラン…。『株式会社seed建築士事務所』代表取締役の千丸剛央さんが設計し、建築した建物の一端だ。施主と綿密にコミュニケーションを取り、性格や嗜好、希望などを見極め、環境、立地条件、風習風土も考慮に入れながら、住宅、店舗の空間全体をプロデュースする設計スタイルで施主に笑顔をもたらしてきた。

「私たちは建物という種を植え、施主様がその種を育てて大きな木にしてゆく。そんな願いを込めて施工しています」

この言葉通り、住宅のリノベーションでは、「住み始めてから」を大切にした思いやりのある空間デザインにこだわり、ライフスタイルに合わせ、機能的な収納や設備なども含め住む愉しさを実現する。店舗設計では、その空間で働く人も、その空間に来る顧客もワクワクするような空間づくりに徹する。千丸さんは、工事に当たって省エネも重視。「太陽光が差し込み、風が流れる

株式会社 **seed建築士事務所**
シードけんちくしじむしょ

✆ 0736-62-7226
✉ info@sprinkle-seed.com
㊟ 和歌山県岩出市山129
http://www.sprinkle-seed.com/

お洒落なレストラン。

家づくり」をコンセプトに、高断熱で夏は涼しく、冬は暖かいECO住宅でエネルギー消費を減らすほか、太陽光発電を利用して蓄電した電力を生活に生かして消費電力を減らす工夫でも喜ばれている。もう一点、千丸さんはLowコストも追求する。施主の予算内で断熱性や耐火性、耐久性、耐震性、遮音性など建物の機能をしっかり確保した高品質な住まいを実現するだけでなく、資金の借入が必要な時は、ファイナンシャルプランナーや税理士、公認会計士など提携する外部ブレインを紹介する。

同社の業務はこれらに止まらない。キッチンやトイレ、洗面台、システムバスなどの水回りリノベーション、壁紙やクロス、フローリング、クッションフロアの張替えなどの内装リノベーション、壁や門、塀の外装リノベーションでも実績を重ねてきた。

さらに、千丸さんは、ドローンを使っての調査や計測、和歌山県木造住宅耐震診断士、和歌山県地震被災建物応急危険度判定士などの資格も持ち、住宅や店舗の耐震性を診断したり、地震発生後に被災建築物を調査し、危険性を速やかに判定して人命に係る二次的災害を防止したりする活動も行う。

（ライター／斎藤紘）

金杉台団地モデルルーム。新築業者である同社が行うリノベーションは上辺だけではなく、給排水管をすべて交換することで、50年物のRC住宅を以後の50年間も安心して住むことができるように仕上げる。

代表取締役
小林正朋 さん

2017年『RevePlannig株式会社』設立、代表取締役に就任。2級建築士。2級施工管理技士。東京中心に関東圏、北海道で、建設全般一式工事、建築全般の設計業務、建築全般のコンサルタント業務などの事業を展開。

築古公団団地をリノベーションで再生 価値を高める独自のプロジェクト始動

住む人のニーズに対応 人生設計まで含め提案

高度経済成長期に全国で建てられた団地の老朽化が課題になる中、千葉県船橋市の丘陵地を切り開いて1971年につくられた大規模な公団住宅、金杉台団地で、建築設計・施工会社『Reve Plannig 株式会社』が始めた『金杉台団地リノベーションプロジェクト』が団地再生のビジネスモデルとして注目される。代表取締役の小林正朋さんが考えた事業スキームは、住む人の人生設計まで視野に入れた周到なものだ。同プロジェクトは、同団地管理組合が2021年に大規模リフォームを認めたことを受け、立地や環境などから同団地を対象に始めたものだ。1000万円かけてリノベーションしたモデルルームから再生の姿が浮かび上がる。

「金杉台団地は、住む方のニーズに合わせて思い切ったリノベーションができる可能性が大きいと判断しました。住む人と建築家が一緒に考えながら好きな部屋を作るというコンセプトのもと、モデルルームには、スマホで鍵の開閉ができ、音声で点滅ができる照明、アイランドキッチンに食器洗い機まで入れました。壁掛けテレビにできるように壁も厚くし、テレワークに対応するための個別の仕事部屋まで作りました。窓はすべて二重サッシで、

断熱や遮音性の向上が期待できます」

販売価格にもなる1000万円はという額にも意味があるという。

「この団地で販売されている部屋は、200万円から300万円が相場ですから高く感じられるかもしれませんが、リノベーションで価値は飛躍的に高まります。1000万円の費用を掛けたとしても、月々の返済額は4万円台になるように設計し、15年間のローン返済を組めるようにしています。10年後、子どもが大きくなるころには手狭になるでしょうから、一戸建てに移り住んで、ここは賃貸で貸す。その賃貸料をローン返済に充てていくと15年後にはこの物件が自分の資産となります。賃貸をそのまま続ければ、戸建てローンの返済も少しは楽になるでしょう。また、耐震診断済みで住宅ローンの他『フラット35』も組めます」

同社は、注文住宅をはじめテナント、店舗、アパート、グループホームなどを設計から建築まで一貫して行っているほか、住宅やテナント、アパートのリフォームやリノベーション、家や店舗などを建てる前の資金計画、土地活用や土地の相続などのコンサルタント業務、アパート運営を計画段階からサポートするアパート経営コンサルティングまで幅広く展開している。

（ライター／斎藤紘）

代表取締役
黒澤英路 さん

東北学院大学卒。卒業後に父親と同じ銀行員になり、約18年間勤める中で支店長代理も経験。約10年間、不動産融資に携わった経験を生かし、「プロフィットグループ」に入り、2018年に『株式会社プロフィット企画』を設立。

街づくりに貢献する不動産投資推進 空き地活用し事業用建物を建て賃貸

自社と街の発展を両立 グループの情報網活用

時代のニーズを読み取り、グループ企業の情報ネットワークを活用し、不動産投資によって街づくりに貢献する土地開発で存在感を高めているのが『株式会社プロフィット企画』代表取締役の黒澤英路さんだ。空き地や古い建物を解体した後の土地に事業用の建物を自社で建てて事業体に賃貸してインカムゲインを得、一定期間後に売却してキャピタルゲインを得るサイクルを繰り返しながら街の発展を図るのが事業のスキーム。そこに活かされているのが、元銀行マンとしての経験と知見だ。黒澤さんは銀行員時代、不動産融資に長く携わる中で、不動産事業などを多角的に展開する「プロフィットグループ」の白石俊一会長と出会い、グループ企業に入社、2018年に『プロフィット企画』を設立。その中核事業として構築したのが不動産投資と街づくりを両立させる事業スキームだ。

「不動産投資というとマンション経営などが中心ですが、当社の事業は空き地の活用によって街づくりに貢献する点に特長があります。グループの情報網で得た空き地の立地、周辺環境を見極め、そこに相応しい事業を考え、運営する事業

株式会社 **プロフィット企画**
プロフィットきかく

022-347-3618
profitbill@mxl.alpha-web.ne.jp
㊟ 宮城県仙台市泉区泉中央3-36-6-3F
https://www.profit2018.com/

不動産投資活動を積極的に行っている。

土地開発に関する総合サポート。

プロフィットグループが手掛ける不動産の一部

商業施設

学生寮

店舗

学生寮

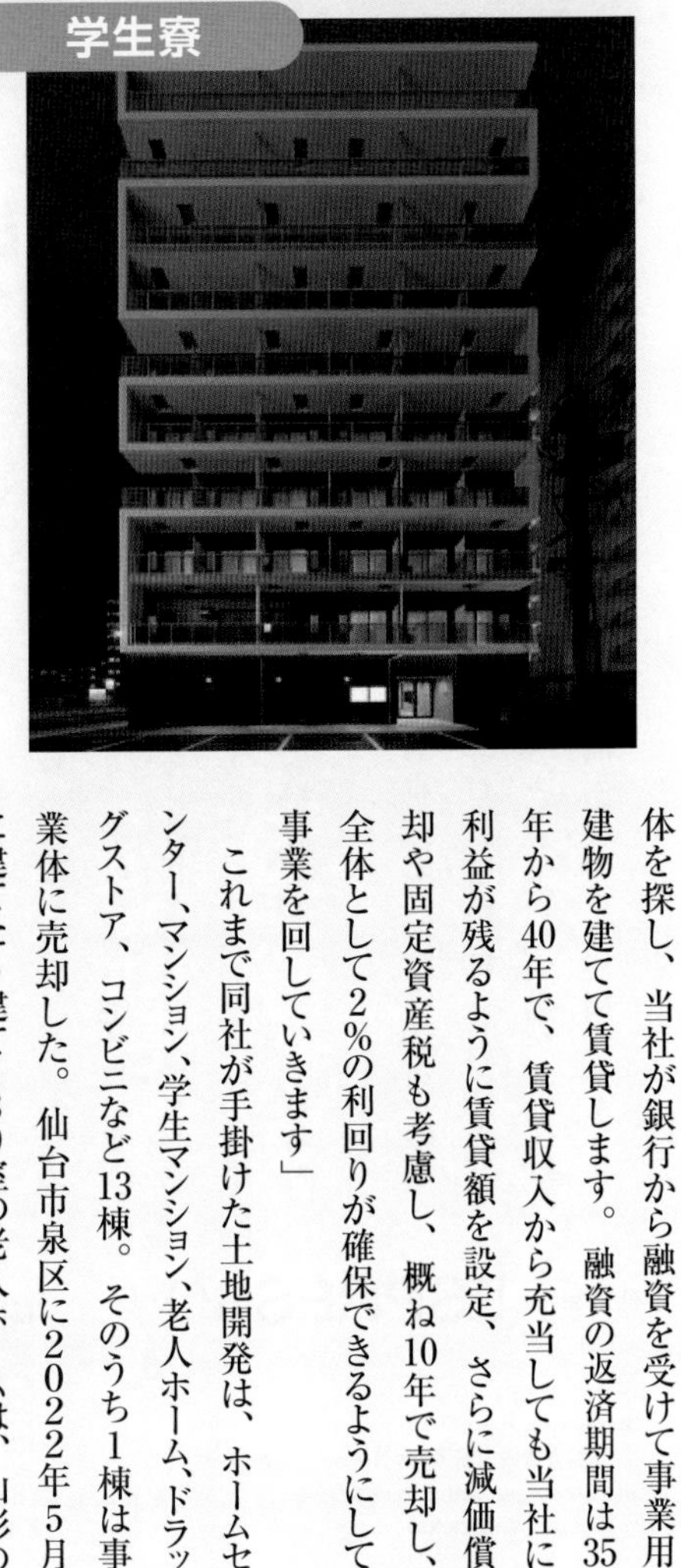

福祉施設

体を探し、当社が銀行から融資を受けて事業用建物を建てて賃貸します。融資の返済期間は35年から40年で、賃貸収入から充当しても当社に利益が残るように賃貸額を設定、さらに減価償却や固定資産税も考慮し、概ね10年で売却し、全体として2％の利回りが確保できるようにして事業を回していきます」

これまで同社が手掛けた土地開発は、ホームセンター、マンション、学生マンション、老人ホーム、ドラッグストア、コンビニなど13棟。そのうち1棟は事業体に売却した。仙台市泉区に2022年5月に建てた5建て130室の老人ホームは、山形のスーパーが撤退した後の跡地を利用したものだ。

「どの土地にどんな物件があれば地域が豊かになるのか、よりよい循環が生まれるのかを日々模索しています。高齢化が進むこれからの時代は高齢者施設の需要が一層高まっていくでしょうし、少子化で子どもは減っていっても、大学進学率は60％に近づき、学生寮も必要になっていきます。私がこれまでの社会人人生で培った知識と経験、人とのご縁を最大限に活かし、そうした時代のニーズに応えながら、地域を元気にする街づくりに寄与していきたいと思っています」

（ライター／斎藤紘）

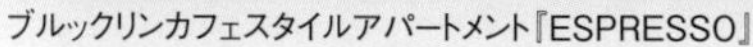
ブルックリンカフェスタイルアパートメント『ESPRESSO』

代表取締役
牛田寛千(かんじ)さん

不動産企画コンサルタントとして、コンセプト型賃貸物件『エスプレッソ』でファンとなった入居者の集客から賃貸事業の企画提案、施工まで行う。不動産企画コンサルタント、宅地建物取引士。

フェッテムサロン『 Litu(リツ) 』と『ESPRESSO』のプロジェクト

素敵な空間『ESPRESSO』で女性のためのフェムテックサロン

サロン型賃貸住宅で人気の『ESPRESSO』は、話題のフェムテックサロン『Litu（リツ）』と提携し、建物の中に女性のためのフェムテックサロンをオープンさせた。これまで、女性に人気の隠れ家サロンとして、ネイル、アイラッシュなどの自宅サロンの成功例はあるがそれにプラスして女性が明るく元気になれるようフェムテックサロンを併設する。「魔法の椅子」という強化マシンを導入、骨盤底筋群のトレーニングスタジオとしてスタートした。

もともと『ESPRESSO』は、ブルックリンカフェスタイルをコンセプトとする賃貸アパートだが、コンセプトがカッコよく暮らしたいというファンのために創りあげられており、そのため自宅サロンを開きたいという女性たちに評判となっていた。お洒落な内装で、そのままサロンとしてもすぐに利用できるため、開業費も掛けずにオープンできるという特長がある。

愛知県清須市にある『ESPRESSO 清須』の1階にあるフェムテックサロン『Litu』は3月にオープンして間もないが、はやくも予約が殺到している。やはり、女性の人にいえないような悩みが多く、なかでも「夜中に何度もトイレに起きる」、「ゆる

株式会社 **ESPRESSO**
エスプレッソ

☎ 0120-358-505
✉ lan@lan-c.jp
㊟ 愛知県清須市新清洲1-4-6 セゾン新清洲101
http://espresso-apartment.com/
@espresso.fanclub

ESPRESSO
FANCLUB HP

サロン開業
支援HP

LINE

youtube
「エスプレッソはニュースだ!」

ESPRESSO SALON オシャレなお部屋の隠れ家サロン

プライベートサロン Delima（デリマ）

フェムテックサロン Litu（リツ）

ネイルサロン Rutora（ルトラ）

アイラッシュサロン Ruana（ルアナ）

みで尿が漏れる」、「お尻がたるんできた」などの悩みが多いようだ。この「魔法の椅子」で骨盤底筋群を鍛えられた方の口コミは多く、知り合いに紹介をしたくなるという情報のシェアが起きている。『ESPRESSO』は、これからも女性のためのフェムケアとともにお洒落なサロン型賃貸という素敵な空間をつくり、頑張る女性の応援をしていく。

　最近では、サロン希望者の業種に広がりがでており、ネイル、アイラッシュ、リラクゼーション、メイクアップスタジオなど多岐にわたる。そのため利用されるお客様も、いろいろなサロンがあって楽しいとか、ほかのサロンのことも気になっている人がいるので、オリジナルのサロン広告があるといいなどの声が上がっているようだ。今後も、『ESPRESSO』は、輝く女性を応援するためにサロン開業支援として、トライアルサロンで開業支援のバックアップをしていく。

　フェムテックサロン『Litu』大森南店（東京・ESPRESSO 大森南）、新清洲店（愛知・ESPRESSO 新清洲）、稲沢店（愛知・ESPRESSO 稲沢）、小牧店（愛知・ESPRESSO 小牧）にオープン予定。

（ライター／斎藤紘）

代表取締役
出井光 さん

幼少期に自宅を建てる工事の工程を見て大工職人にあこがれる。大手ハウスメーカーの資材製造工場で勤務した後、25歳で工務店に移り、2年半ほど修業し、2020年に独立、『株式会社光建築』を設立、代表取締役に就任。

施主の思いに寄り添うリフォーム 高度の技術と知識で新築にも対応

完成形体感の空間開設 顧客満足度最大化追求

ユーザーが真に求めるものかをどうかを確認できる試着、試食、試飲などと同じように、住宅リフォームの完成形を事前に確認できる場が埼玉県羽生市にある。『株式会社光建築』代表取締役の出井光さんが開設した日本初の「リフォーム体感ショールーム」。施主が描いたイメージと完成後の姿に齟齬をきたさないようにするもので、顧客満足度の最大化を追求する出井さんの経営意思が伝わる試みだ。顧客目線に徹したその姿勢と高度の建築技術、素材に関する幅広い知識が評判になり、リフォームだけでなく、戸建て住宅の新築依頼も舞い込むほどだ。

「居住空間は素材のカタログや画像データを基に頭で考えた場合と実際にその中に立った場合とでは、広さなどに対する感覚が異なります。話し合いだけでリフォームすると、その感覚の違いから意向に沿わないことも起こりえます。この課題を解決するために完成形を体感してもらう仮想現実空間が『リフォーム体感ショールーム』です」

ショールームには8畳と6畳の2部屋があり、施主から聞いた理想像に沿って床材や壁紙などの素材を揃え、出井さん自らリフォームを実演、施

株式会社 **光建築**
ひかるけんちく

0485-01-7183
info@hikaru-kenchiku.jp
㊟ 埼玉県羽生市南5-3995
https://hikaru-kenchiku.jp/

工プロセスをみることもできる。

出井さんは幼少期から大工職人に憧れ、大手ハウスノーカーの工場で資材などの製品製造を手掛けた後、工務店で修業を重ね、これらの過程で培った建築技術と資材の知識を活かして独立。リフォームに軸足を置いて事業を進めてきた。リフォームは、住宅や集合住宅、店舗の内装、水回り、外壁、屋根、クロスやフローリングの張り替えなど多岐にわたるが、和室の洋室への転換も可能だ。木造住宅の柱や梁などの主要な構造材を組み立てる建て方工事と室内装飾を仕上げる造作工事に精通しているのが強みだ。

「多くの大工仕事に携わってきた少数精鋭の職人が伝統的な技術やノウハウ、の知識を動員して現代の建築様式、ライフスタイルに沿い、デザインや機能性にもこだわり、見た目と性能を兼ね備えた魅力的なリフォームを実現します。資材の品質や特徴に精通したプロが施工しますので、仕上がりの美しさにも満足していただけると思います」

今後はリフォーム、新築を二本柱に事業を進めていく方針だが、建築会社から依頼があれば建て方工事や造作工事に職人を派遣するほか、雨漏りの修繕など小さな工事にも対応する。

（ライター／斎藤紘）

代表取締役
吉田里美 さん

2012年『株式会社アンプラ』に入社。経理を担当した後、取締役として先代社長を補佐。社長他界後、2021年6月、経営を承継。2022年、地域の健康課題に即した取組や従業員の健康増進の取組が評価され、健康経営優良法人に認定。

契約数増えるトータルクリーニング 創業者の遺志を継ぎ成長軌道を牽引

多様な業務を一社完遂 健康経営優良法人認定

不特定多数の人が出入りする商業施設やホテル、病院などの清掃に止まらず、衛生設備機器の管理や害虫駆除まで一括で請け負う業界では異例の『トータルクリーニングシステム』で業績を大きく伸ばしているのが大阪・浪速区の『株式会社アンプラ』だ。2021年6月から経営を担う二代目代表取締役の吉田里美さんは、安心できる環境が求められるウィズコロナ時代の要請に応え、このシステムを確立しながら早世した創業者の遺志をしっかり受け継ぎ、業務の質を高めていく決意だ。『トータルクリーニングシステム』がカバーする業務は文字通りトータルだ。飲食店を例に挙げれば、客席床や厨房床、厨房フード、窓や・出入り口のガラス、埋設管排管、排気ダクト、グリーストラップなどの清掃、空調機や冷蔵庫のメンテナンス、貯水槽や汚水槽点検清掃と水質検査、ゴキブリやネズミ、家ダニなどの害虫駆除、抗菌施工など広範囲にわたる。抗菌施工は清掃後に、『バイオプロテクト5000c』という特殊な薬剤を使って行う。静電スプレーで薬剤を噴霧、固着させ、新型コロナウイルスを含む18種類の細菌やウイルスを90日以上にわたり消滅させることができる。施工済ステッカーも発行する。

株式会社 アンプラ

06-6644-9191
info@anpura.jp
㊟ 大阪府大阪市浪速区敷津西2-1-5 アリタビル大国3F
https://anpura.net/

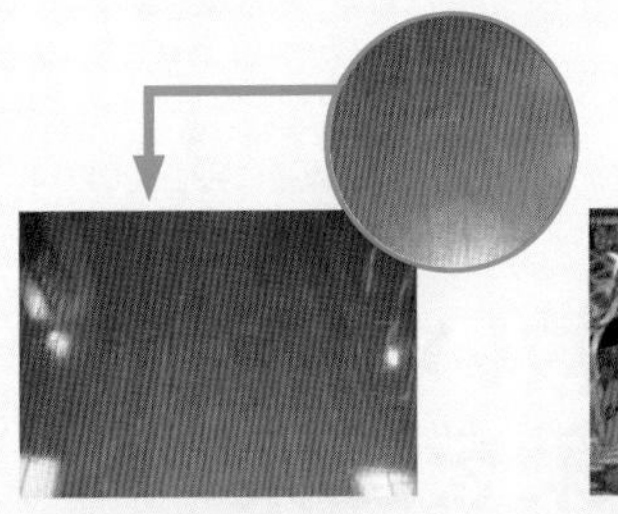

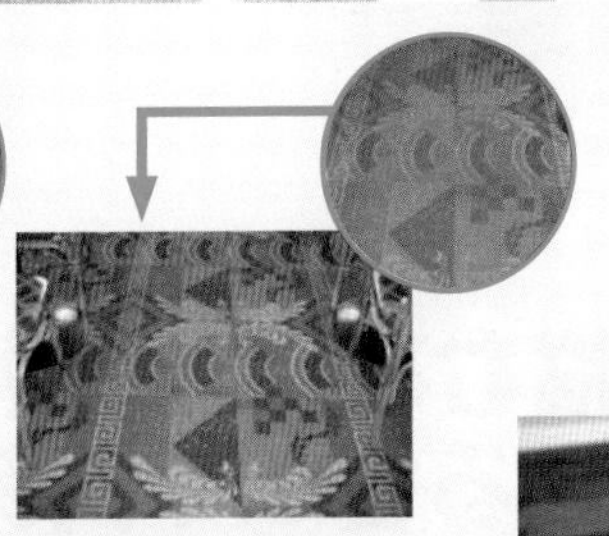

「大阪エヴェッサ」チャリティーパートナー

EVESSA
CHARITY
OSAKA EVESSA SDGs Action
私たちは大阪エヴェッサ チャリティパートナーです

「これらの業務をそれぞれの専門業者に依頼するとなると、手配が面倒で大きなコストがかかりますが、このシステムは、お客様と年間管理契約を結んで月ごとの管理計画に沿って業務を進めますので、お客様は手間が省け、安心して本来の仕事に専念できるうえに、コストも大幅に抑えることができます。特定の業務にしぼった年間管理契約も可能です。当社が支持されるのは、先代がつないでくれたお客様との絆と、このシステムがもたらす数々のメリットが広く認められたからだと思っています」

同社が年間管理契約を結んだ事業所は、コンビニチェーン、ショッピングモール、ホテル、建設会社、商業ビル会社、映画館、児童施設、学習塾、神社、駐車場会社など多様な業種に広がっている。同社はまた、経済産業省から従業員の健康増進の取り組みが優良と認められた健康経営優良法人に認定されているほか、プロバスケットボールBリーグの「大阪エヴェッサ」のチャリティーパートナーにもなっている。2022年8月には、浪速区内の公立中学校3校に「バスケットボール」12球を寄贈し、当時の松井大阪市長から感謝状を贈られている。2023年も小学校への「バスケットボール」、中学校への「ビブス」の寄贈が決まっている。

（ライター／斎藤紘）

年間 **約10%** のエネルギーコスト抑制！

※弊社ご提案平均値

No.	メニュー名	年間抑制金額	投資金額	年間削減CO2排出量[kg]
運-1	電気料金抑制	¥111,096	¥0	0
運-2	最大需要電力抑制	¥20,000	¥0	計算できず
運-3	照明点灯時間適正化	¥500	¥0	12.5
運-4	空調運用適正化	¥43,372	¥0	1019.6
運-5	水道料金維持に対する取り組み	¥0	¥0	0

省エネルギーメニュー例

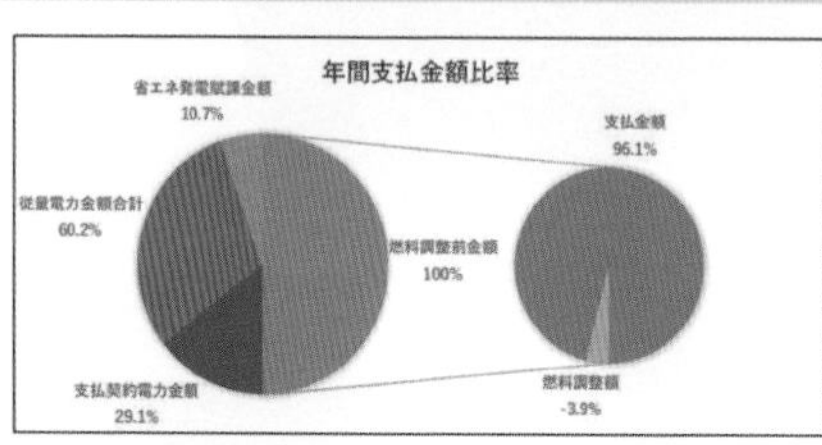

電気料金支払内訳グラフ例

代表
大政和之 さん

東京都立工業高等専門学校（現東京都立産業技術高等専門学校）機械工学科卒。大手建築設備機器メーカーの下請け企業に入社、自動制御による省エネルギー対策立案などの業務を経験後に独立、2020年『エコロマジック』を設立。

膨らむ電気代に悩む事業所に救いの手
既存の設備でできる省エネ対策を提案

最大需要電気抑制など 報酬は削減費用の半分

原油などの資源価格の高騰で電気料金の値上げが続き、帝国データバンクが2023年4月に実施した企業アンケートで、負担した電気料金は1年で約4割も増えた一方、価格転嫁ができず、経営が圧迫されている実態が浮かび上がった。こうした状況下、新規の省エネルギー設備を導入せず、既存の設備で取り組める省エネルギー対策のコンサルティングで注目度を高めているのが『エコロマジック』代表の大政和之さんだ。削減できたコストの50%を報酬として受け取る異例の料金システムも事業所のコスト削減に寄与する。

大政さんのコンサルティングの対象は、中小規模のオフィスをはじめ、ビル、病院、工場、学校などの電気、ガス、上下水道、原油などで、目指すのは光熱費などのエネルギーコストの抑制、温室効果ガス、CO_2排出量の削減が基本だが、現下の電気料金の高騰を背景に支持されているのが事業体の経営を圧迫する電気料金を抑制する対策だ。ピーク使用電力を抑制することで年間の電気料金を大幅に抑制できる最大需要電気抑制、照明のLED化などによって適正な照明運用を図ることで昼夜問わず電気料金を抑制できる

エコロマジック

✆ 080-9816-1291
✉ ecolomagicmain@ecolomagic.com
㊟ 東京都葛飾区高砂5-13-8
https://ecolomagic.jp/

“トータルエネルギーコスト抑制コンサルティング”について

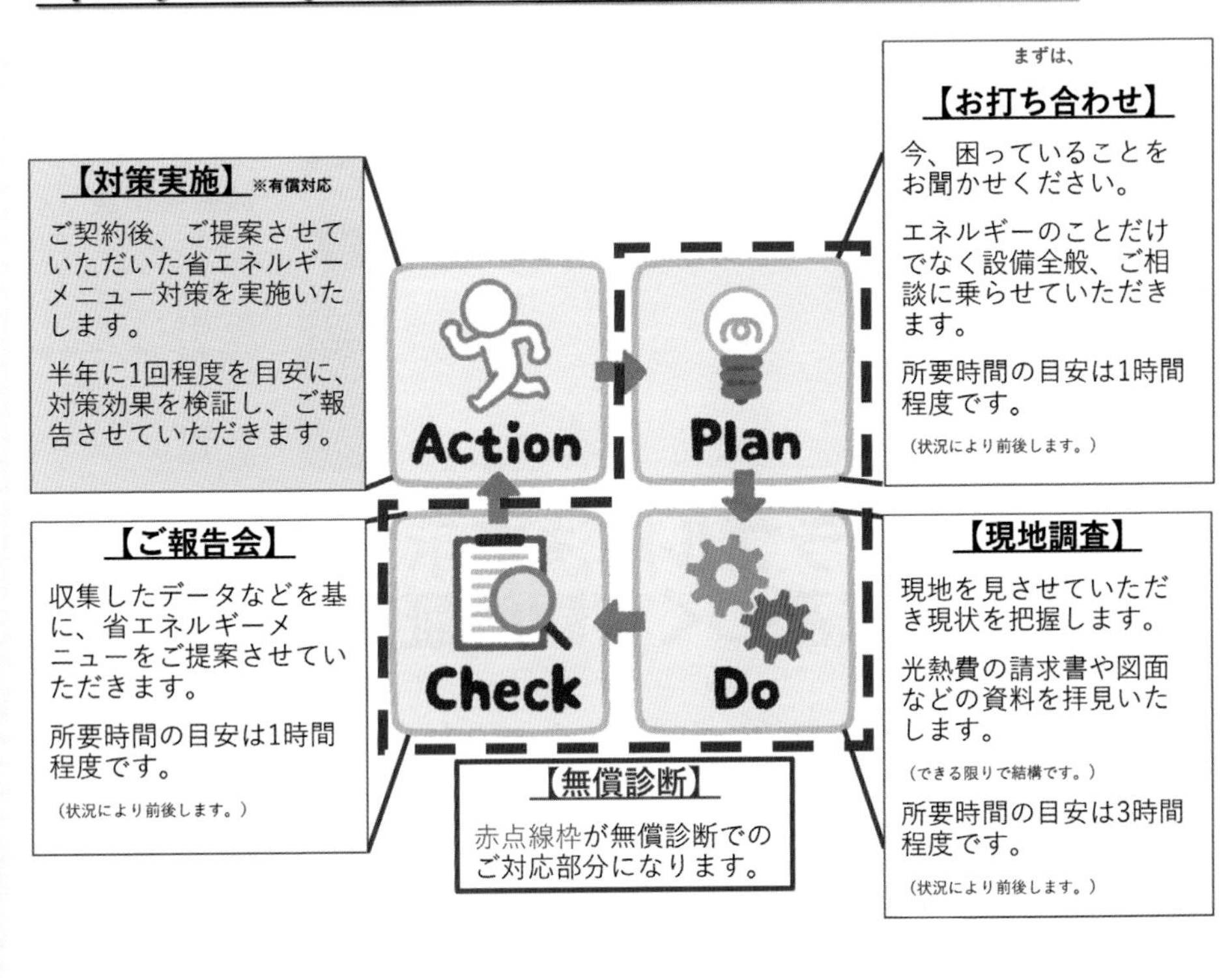

まずは、
【お打ち合わせ】
今、困っていることをお聞かせください。
エネルギーのことだけでなく設備全般、ご相談に乗らせていただきます。
所要時間の目安は1時間程度です。
（状況により前後します。）
【対策実施】※有償対応
ご契約後、ご提案させていただいた省エネルギーメニュー対策を実施いたします。
半年に1回程度を目安に、対策効果を検証し、ご報告させていただきます。
Action
Plan
Check
Do
【ご報告会】
収集したデータなどを基に、省エネルギーメニューをご提案させていただきます。
所要時間の目安は1時間程度です。
（状況により前後します。）
【現地調査】
現地を見させていただき現状を把握します。
光熱費の請求書や図面などの資料を拝見いたします。
（できる限りで結構です。）
所要時間の目安は3時間程度です。
（状況により前後します。）
【無償診断】
赤点線枠が無償診断でのご対応部分になります。

照明点灯時間適正化、電力負荷が大きい空調の設定温度や湿度、外気冷房、駐車場給排気ファン、全熱交換器などの制御によって電気料金を抑制する空調運用適正化などはその代表例だ。

「現場調査から省エネルギー効果の計算、省エネルギー対策の実施、効果検証まで全て当社で実施しています。費用をかければ、より効果的な省エネルギー対策に臨めるのは当然ですが、厳しい経営環境を考えれば、既存の設備で対策に取り組むことが重要になります。また、既存の設備で取り組めるため、これらの対策で室内環境が劇的に変化する心配もありません。省エネルギー対策を図れない建物はほとんどないというのが当社の考えです」

独自の料金システムも支持される理由だ。省エネルギーコンサルティングでは料金が予め決まっているのが一般的だが、大政さんは診断と省エネルギープランから年間のコスト削減額をシミュレーションで予測し、年間削減予定金額の最大50%を報酬として得る方法を採用した。大政さんはこのほか、上下水道についても、水道条例などで上下水道料金の減免措置が講じられる施設での減免措置や補助金、助成金などの活用でコストを抑制することも可能だ。

（ライター／斎藤紘）

みなさまの大切な財産
土地や建物の
調査・測量から登記のご相談
どんどん鹿児島

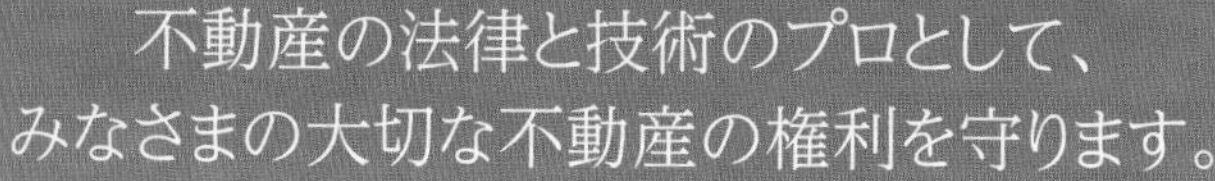

不動産の法律と技術のプロとして、
みなさまの大切な不動産の権利を守ります。

代表
放生会正美 さん

名古屋の夜間大学で土木を専攻。卒業後、建設会社の現場監督を務めたもの業務に馴染めず、新しい仕事を模索する中で土地家屋調査士に着目、十数年がかりで資格を取得。4年ほど実務経験を積み、2003年、事務所を設立。

土地家屋のトラブル解決で示す才覚
精緻な測量に基づく客観的証拠重視

信頼性支える国家資格
境界争いに的確な対応

土地家屋調査士、測量士、1級土木施工管理技士の国家資格を併せ持つ『放生会不動産調査事務所』代表の放生会正美さんは、土地や家屋をめぐるトラブルの解決で頼りにされる不動産の総合病院的な存在だ。現地での状況調査や精緻な測量などに基づく第三者の客観的な視点で解決に導く姿勢が支持される理由だ。

「土地をめぐるトラブルで多いのが、土地の売却、住宅の増築、塀や垣根の新設などの際に隣接地との境界が明確でないために起きる境界争いです。屋根や庭木の越境でも起こることがあります。境界標や境界を示す明確な資料がない場合には、境界の位置を示すための公的な資料である法務局備え付けの公図をチェックし、現地調査や測量で実際の占有状態と公法上の境界との違いを確認し、証拠に基づいて解決に導いていきます」

このプロセスを経ても解決しない場合は境界確定訴訟になるが、放生会さんは土地の境界を巡る民間紛争解決手続きを弁護士との共同受任を条件に行うことができる法務省認定のADR認定土地家屋調査士の資格も持ち、代理人の責務を果たすが、訴訟は長期化する可能性があり、放生

放生会不動産調査事務所
ほうじょうえふどうさんちょうさじむしょ

✆ 099-296-8282
✉ houjyoue@info.email.ne.jp
㊟ 鹿児島県鹿児島市広木2-3-27-1F
https://houjyoue-web.net/

ほうじょうえ
放生会不動産調査事務所
土地分筆・地目変更・建物新築登記等

土地を兄弟で分けたい
土地分筆登記とは、登記記録上1つの土地を数筆の土地に分割する登記のことです。

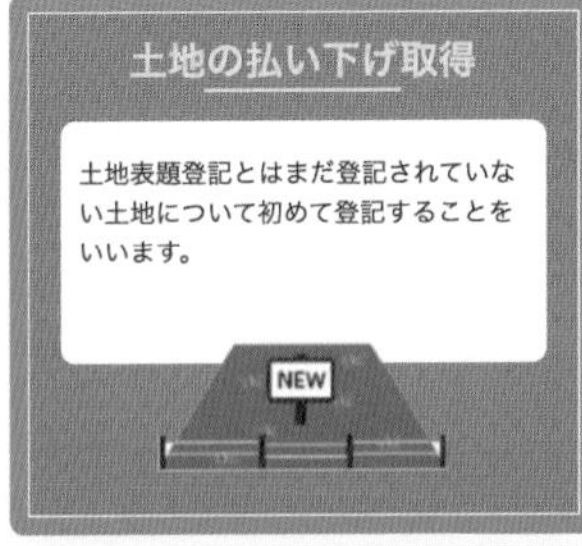

土地の払い下げ取得
土地表題登記とはまだ登記されていない土地について初めて登記することをいいます。
NEW

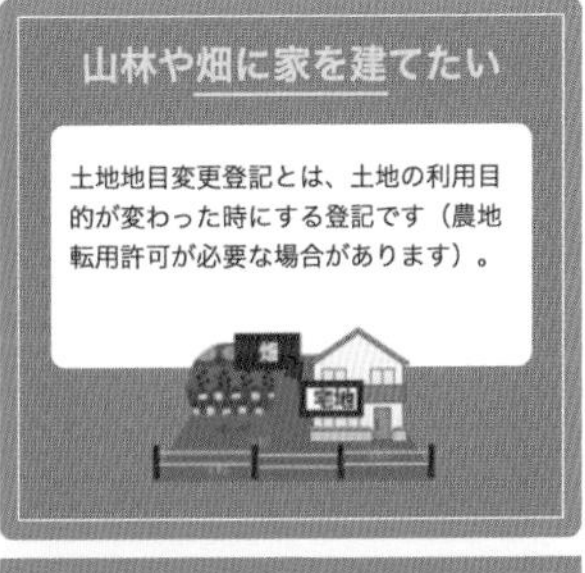

山林や畑に家を建てたい
土地地目変更登記とは、土地の利用目的が変わった時にする登記です（農地転用許可が必要な場合があります）。
畑
宅地

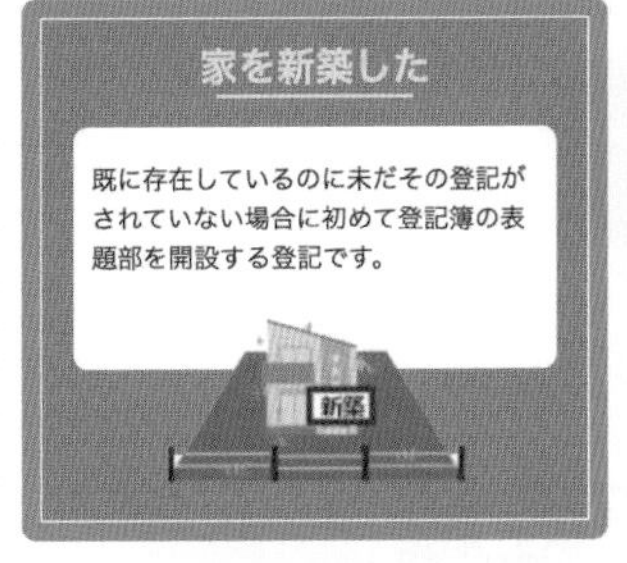

家を新築した
既に存在しているのに未だその登記がされていない場合に初めて登記簿の表題部を開設する登記です。
新築

増築で2階建てにした
建物を増築することによって床面積が増えたり、建物の用途を変更した時にする登記です。
増築

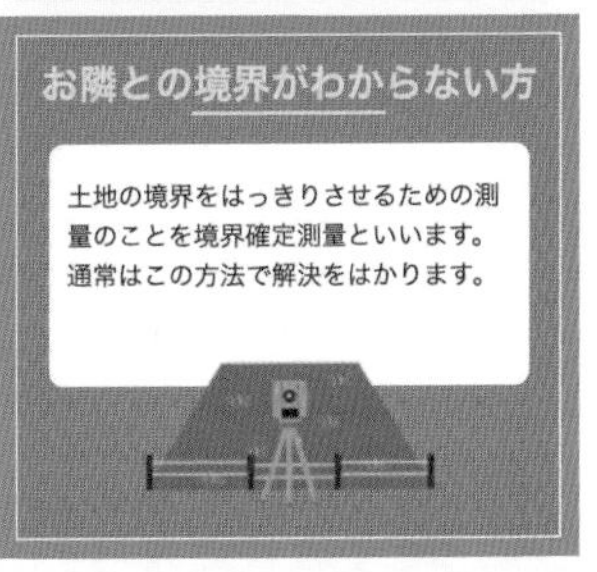

お隣との境界がわからない方
土地の境界をはっきりさせるための測量のことを境界確定測量といいます。通常はこの方法で解決をはかります。

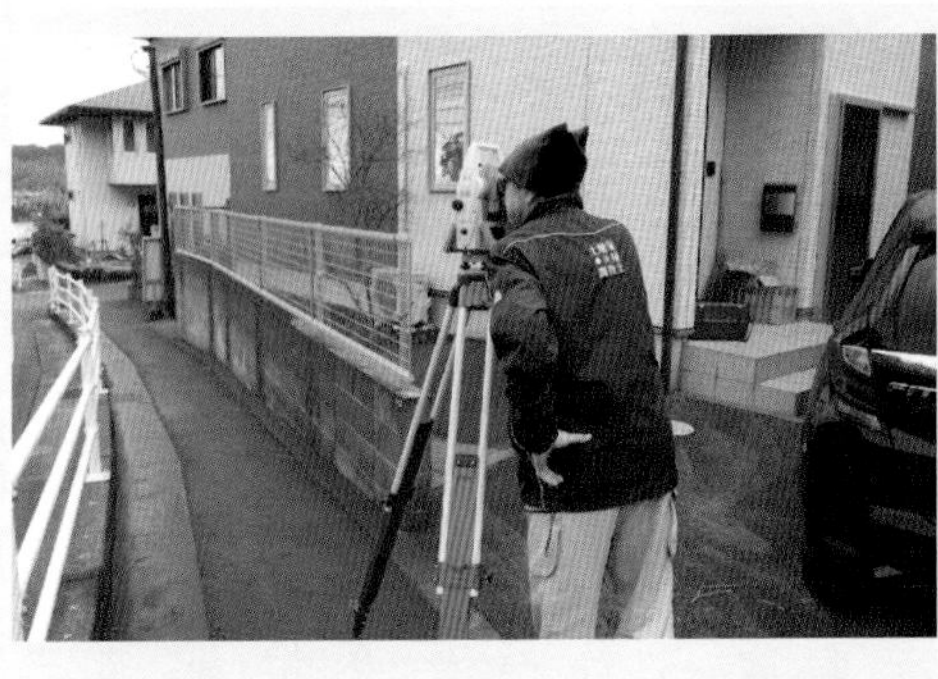

会さんは2006年から施行された筆界特定制度の利用も選択肢として挙げる。

「筆界特定制度は、法務局が筆界調査委員による調査を行い、隣接土地所有者双方から意見を聴取した上で、土地境界を特定するもので、境界確定訴訟を提起するのと比べ短期間に土地境界問題を解決する手段です。訴訟にしろ、筆界特定制度にしろ、費用がかかりますので、当事務所では、現場での状況確認と正確な測量で解決できるよう最大限努力するのはいうまでもありません」

このほか、購入した土地が崖地に隣接し、土砂災害防止法などの法令上、建物の建築が制限されたり、道路に接する敷地が2mに満たず、建築基準法で建物の建築ができなかったりといったトラブルもあるといい、こうしたケースの相談でも放生会さんは測量や写真撮影による証拠を示し、不動産会社などに善処を求めるなど解決に力を注ぐ。

「土地家屋のトラブルの解決で重要なのは、面積や形状、高低差などの正確な測量による公正な証拠です。測量技術は進化していますし、ドローンを活用した正確な俯瞰図も可能になりました。国家資格の技術と知識を活かし、トラブル解決に寄与していきたいと思っています」（ライター／斎藤紘）

火災保険のエキスパート!

代表
中村幸一 さん

宮大工だった祖父の代から続く創業80年の『なかむら工務店』代表。二級建築施工管理技士、測量士の国家資格保有。木材加工、型枠支保工、アーク溶接、建築鉄骨組立など多様な技能を持つ。

家族がもっと仲良くなるリフォーム
あなたの人生の長い時間を過ごす家だから
毎日ワクワクして過ごせるような
リフォームを目指しています

火災保険利用し家主の負担を軽減
自然災害による家屋の傷みを修理

傷みを調べ保険金請求
台風被災地で奉仕活動

リフォームを主軸に建物の修理なども手がける『なかむら工務店』代表の中村幸一さんは、自然災害による家屋の傷みを火災保険を利用して家主の負担を軽減して修理し、喜ばれている建築家だ。建築物の調査ができる二級建築施工管理技士の国家資格を持ち、家主などから修理の相談があれば、家屋をつぶさに調べ、消防署の罹災証明書など保険金請求に必要な書類を揃えて保険会社に請求するまで全プロセスをサポートする。下りた保険金で修理した家屋は年間20棟にものぼる。

「火災保険は、住宅の様々なリスクを総合的に補償する住宅総合保険とベーシックな補償の住宅火災保険に大きく分かれますが、老朽化で雨漏りした場合などを除き、いずれも自然災害による建物の損傷にも適用され、修理を保険金で賄うことができるのです。台風や竜巻で瓦が飛んでしまった場合などの風災による損害、ひょうや雪による損害、雷が屋根に落ちて瓦が吹き飛んだり、穴があいてしまったりする落雷による損害、洪水で床上浸水して建物が損傷してしまうなどの水災による損害などが補償対象になります。損害

なかむら工務店
なかむらこうむてん

☎ 03-3392-6300
✉ kouichi0817@sirius.ocn.ne.jp
㊟ 東京都杉並区成田東5-6-13

火災保険で屋根、外壁をキレイにできた建物と高橋さん親子。

小さいひび割れ、かべの変色だけでも、まずお気軽にお問い合わせ下さい。

2019年、台風15号の被害を受けた鋸南町で消防隊と一緒にシート掛け作業を行う中村幸一さん。
（写真:上・下ともに水色のシャツが中村さん）。

額が20万以上であることなどが請求の条件です」

中村さんは、家主などから家屋の修理の相談を受けると建物を調査し、火災保険の対象になる自然災害による傷みと判断すると、保険金請求の申請を促し、被害の程度がわかる写真や画像データ、修理見積書などを作成し、保険金請求の手続きに進む。そのサポートの全容がわかるケースがある。ある地域の神社の雨漏りの修理だ。雨漏りがひどいが資金に余裕がないとの相談を受け、火災保険が使えないか調べ、社務所で230万円、本殿で180万円、神楽殿で500万円の保険金が下り、それを使って修理したという。下りる保険金は平均で戸建で120万円、アパートで220万円、ビルで1050万円にもなるという。

中村さんは、建築業者の依頼で損害保険の鑑定を引き受けたのを機に保険の仕組みを徹底的に研究し、業務に生かしてきたが、火災保険を利用した個別の家屋修理だけでなく、東日本大震災や台風をはじめとする大規模な自然災害で被害を受けた被災地の復旧にボランティアとして積極的に参加し、専門分野である建築物の被災状況の調査や補修活動でも社会に貢献してきた。

（ライター／斎藤紘）

法人のお客様へ向けて、案件ごとにご相談いただく「スポット契約」と、定額で一定の法的サービスを提供する「顧問契約」を用意している。

所長
髙井英城 さん

明治大学法学部卒。2006年、司法試験合格。2008年、髙井佳江子法律事務所に入所し、債権回収、交通事故、医療事件、企業法務、離婚、相続、刑事事件、少年事件を担当。2019年、独立し、『横浜弁天通法律事務所』開設。

緻密な状況分析で不利な立場を逆転
依頼人の気持ちに沿う周到な弁護活動

象徴は交通事故の対応
離婚や相続も的確解決

交通事故に強い弁護士。『横浜弁天通法律事務所』所長の髙井英城さんのキャッチフレーズだ。が、実は離婚や男女トラブル、遺産相続、刑事事件、少年事件、医療事故、事業上のトラブルなどの多く難問も解決に導いてきた全方位の実力派だ。これらに共通するのは、依頼人が求めるものの的確な把握、徹底した調査に基づく状況分析、これらを総合した最善の着地点に向けた論理の構築という周到なプロセスだ。

依頼人が置かれた不利な状況を逆転させた交通事故案件はその象徴だ。バイクで走行中に自ら転倒した自損事故として刑事事件も不起訴になり、相手方に対して起こした訴訟で、後続車両のドライブレコーダーの画像で相手車両の危険運転を詳細に主張して和解で約2千万円を勝ち取ったケース、赤信号待ちで停車中の車に追突し、100%依頼人に過失があるとされた事故では、実況見分調書によって相手方の無理な進路変更後の停車による追突事故と認めさせ約50万円を得たケース、交通事故で頸椎捻挫の傷害を負いながら、自賠責保険の後遺障害等級認定は非該当された依頼人の後遺障害を証明して約400万円を得た

横浜弁天通法律事務所
よこはまべんてんどおりほうりつじむしょ

☎ 045-681-3837
✉ info@yokohama-bentendori.com
㊟ 神奈川県 横浜市中区弁天通2-25　関内キャピタルビル504
https://yokohama-bentendori.com/

依頼を受けるにあたり、依頼者の話を良く聞きだけでなく、気持ちを感じ取って最適な解決策を考え抜くことを心がけているという。

JR関内駅より徒歩約8分。
みなとみらい線日本大通り駅より徒歩約5分。

ケースなどはその代表例だ。

「交通事故で人身損害を請求する時は、カルテや診断書などの医学的な面が問題になってきます。交通事件と医療事件を長年やってきましたので、医学的な問題も踏まえた上で助言できますし、相手方が医師の意見書を出してきたとしても、その信ぴょう性や反論すべきポイントを的確に捉えることもできます」

離婚案件では、親権、財産分与求、養育費、慰謝料などについて依頼人の気持ちやその後の人生も考えて請求内容を話し合うが、養育費が支払われないことによる子どもの貧困が家族の不幸の連鎖につながることを重視、調停委員や裁判官に適切な対応を求めて来た。

髙井さんは、依頼人の気持ちに寄り添う姿勢との関連で、AI人工知能にっても一家言を持つ。

「法律の分野でも契約書のチェックをAIがするような時代になってきていますし、米国では簡単な交通事件に関してはAI弁護士が対応していると聞いています。しかし、人の気持ちを理解することは簡単にはできません。人の気持ちは千差万別です。AI時代でもご依頼人の気持ちを汲み取り、その気持ちに沿った法的サービスを提供することが益々重要になってくると思っています」（ライター／斎藤紘）

所長・弁理士
藤田考晴 さん

東京工業大学工学部卒。同大学大学院理工学研究科修了。株式会社デンソーの基礎研究所で研究に従事後、大手特許事務所に入所。1998年、弁理士資格取得。約8年の実務経験を経て、2003年『オリーブ国際特許事務所』設立。

知的財産権侵害対策で示す専門性 侵害予防調査など重層的な対応進言

毎年約百件の民事事件 特許無効審判の請求も

テレビドラマ「それってパクリじゃないですか?」は、特許や実用新案、商標、意匠などの知的財産権を真正面から取り上げた初のケースだ。ストーリーのキーワードは知的財産権侵害。その現状や対策の基本について、知的財産の専門家である弁理士の国家資格を持つ『オリーブ国際特許事務所』所長の藤田考晴さんにお聞きした。

―知的財産権侵害は頻繁に起きているのでしょうか。

「知的財産権侵害とは、法令で保護されている知的財産にかかわる権利を権利者に無断で業として実施することですが、特許権や商標権を中心に侵害案件が増え、損害賠償求など知的財産権をめぐる民事事件は毎年100件前後起きています。特許庁は、今後より広範な産業分野で情報技術が活用され、多くの技術分野で一製品中の特許の数は飛躍的に増大し、権利関係が錯綜しやすくなることから、訴訟として顕在化しないものを含む知財紛争処理のためのコストの増大が見込まれると指摘していて、権利侵害には一層注意が必要になるでしょう」

オリーブ国際特許事務所
オリーブこくさいとっきょじむしょ

☎ 045-640-3253
✉ olive@olive-pat.com
㊟ 神奈川県横浜市西区みなとみらい2-2-1 横浜ランドマークタワー37F
http://www.olive-pat.com/

—どのような対策が必要なのでしょうか。

「技術や製品の開発の段階から他者の保有する権利を侵害するかどうかを確認する侵害予防調査がまず重要です。特許の場合、発明の内容を表すインデックスである特許分類などをキーとして自社技術と同じ分野の特許の有無を調べ、抽出された特許権と自社技術とを対比させ、侵害のおそれがあるか否かを検討するのです。特許庁は出願した技術が他社の権利を侵害しているかについては判断しないので、自社でこの作業をしなければなりませんが、専門知識が必要であり、弁理士などの専門家に依頼することをお勧めします」

—競合するとみられる特許があった場合の対策は。

「自社事業の障害となる他社特許が発見されたり、権利侵害の警告状が他社から来たりした場合、まずは本当に侵害となるのかを判断します。そして、侵害の可能性が高い場合には、設計変更などで侵害回避が可能か検討し、回避が困難な場合は他社の特許権を無効化できないかを検討することになります。その判断のための資料や実際の無効化の手続きで必要になる資料の調査を無効資料調査といいます。これに基づいて、他社の特許が無効である理由を主張して証拠を提出し、特許庁で審理してもらうのが特許無効審判の請求です。請求が認められた場合はその特許権は遡って消滅しますが、高度な技術と戦略性が必要となります。特許庁の統計によりますと、2021年に請求された特許無効審判は106件で、うち請求が成立したのは17件でした」

（ライター／斎藤紘）

人生の様々なシーンで
最高のアドバイザーであり続けます。

代表取締役
篠原秀昭 さん

日本大学法学部卒。大手不動産会社、大手ハウスメーカーで通算約32年間一貫して建設・不動産関連業務に従事。2018年『株式会社ファーロ』設立。ファイナンシャルプランナー。宅地建物取引士、上級心理カウンセラー。

スピード対応を重視するコンサル
個人を対象に相続対策などで助言

空き家問題は重要課題
新築リフォームも専門

「どんなベストな提案も、時を逃せば愚策となる」

灯台を意味するイタリア語を社名にした『株式会社ファーロ』代表取締役の篠原秀昭さんが個人に特化したコンサルティング事業で重視するのが「スピード対応」だ。相続対策、不動産、建築、リフォーム、保険などの相談に応じ、時の法制度などを視野に入れながら、迅速に最善の着地点に導いていくが、説得力を支えるのは大手不動産会社やハウスメーカーでの経験、ファイナンシャルプランナーや宅地建物取引士、相続診断士、上級心理カウンセラー、身上監護アドバイザーなどの資格に裏付けられた知見だ。

力を入れるテーマの一つが空き家問題だ。「総務省の住宅・土地統計調査によれば、空き家の総数はこの20年で1・8倍になり、戸建て住宅の空き家は220万戸にものぼります。2023年3月に閣議決定された空き家対策特別措置法の改正案では、管理不全空き家に指定されると固定資産税課税標準額が最大6分の1まで減額される住宅用地特例を受けられなくなり、固定資産税が3～6倍に上がってしまいます。空き家を相続した方などは速やかに対応を考えなくてはなりません。ご相談があれば、所有者や家屋の状況を見極め、火災保

株式会社 **ファーロ**

03-6281-6082
h_shinohara_faro@yahoo.co.jp
㊟ 東京都中央区日本橋室町1-2-6 日本橋大栄ビル7F
https://www.office-faro.net/

こちらからも
検索できます。

相続は人生の集大成です。
「資産」と「思い」を笑顔で引継ぎましょう。

家は、人生そのものです。
理想の住まいを実現します。

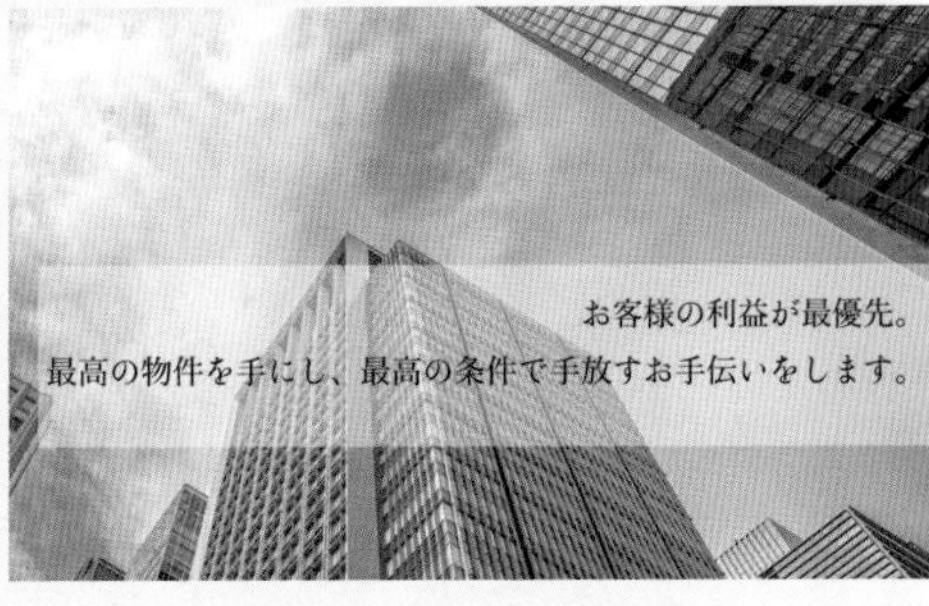

お客様の利益が最優先。
最高の物件を手にし、最高の条件で手放すお手伝いをします。

険を活用した修繕、売却、リフォームによる賃貸経営、建物解体後の平地の活用、近隣の方への譲渡など様々な選択肢から最善の解決策を考えて提案します」

コンサルティングの分野は幅広く、「相続対策」のコンサルティングでは相続税の節税、生前贈与、小規模宅地の特例を利用した自宅の建替え、アパートやマンション経営、土地の利用区分変更、生命保険の活用など、「不動産売買・投資」では、テレワークが可能な郊外の広い家への移転、離始に伴う不動産の売却に際して、住宅ローンや共有名義の問題解決、高収益安定物件の取得など、「建築」では住宅や賃貸マンション、ビル建設などのプランニングや建設業者選択、価格交渉、施工チェックなど、「リフォーム・リニューアル」ではフルリフォームや空き家のレストランへの変更、空きビルのクリニックの変更など利用目的をチェンジしたリニューアルなど多岐にわたる。

「サラリーマンの時は、お客様にベストな提案をしたくても、勤務する会社の方針や指示に従わざるを得ず、いろいろと制約がありましたが、独立後(会社設立)してから、現在のコンサルティングは、どこにも縛られず、ベストと思われる提案を考え、お客様の人生をより明るくすることができると思っています」

(ライター/斎藤紘)

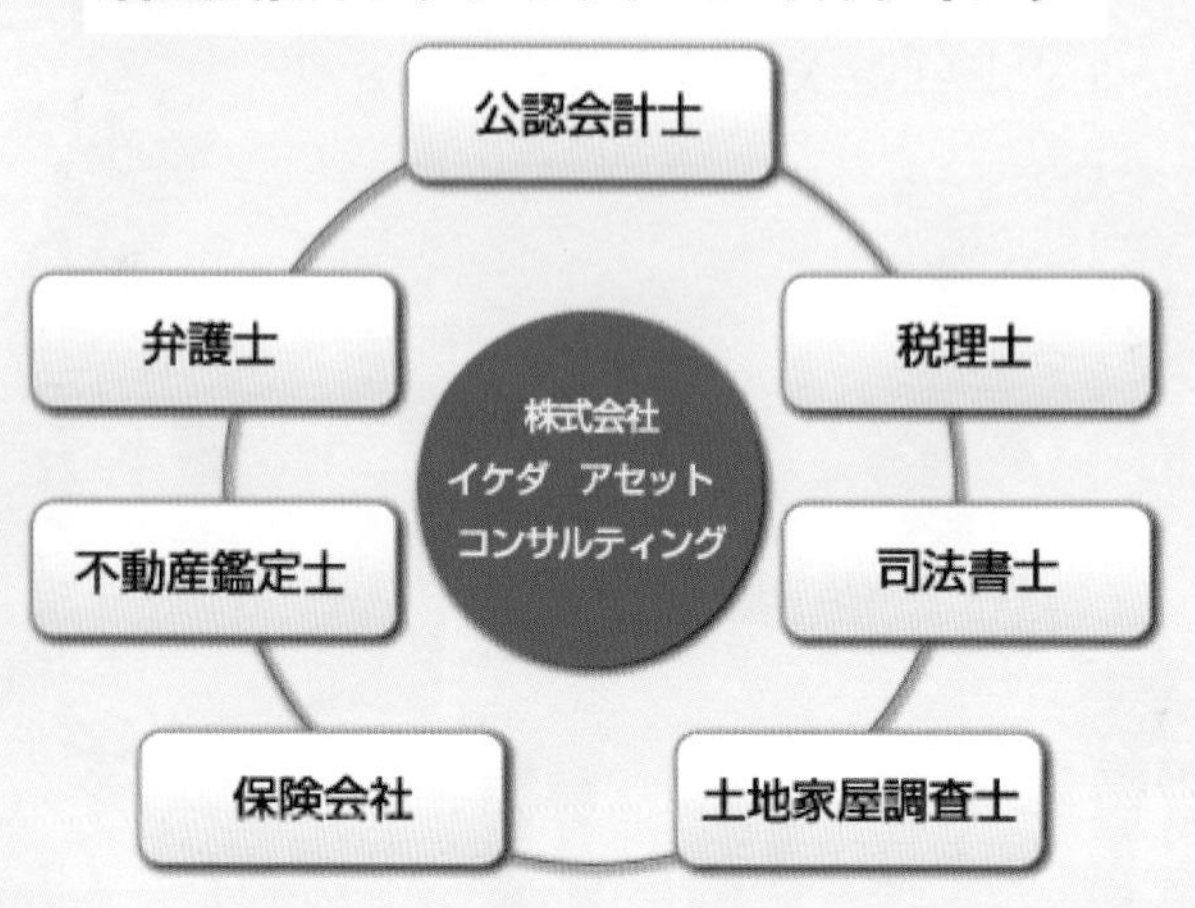

代表
池田幸弘 さん

中小企業の取締役、「新日本有限責任」監査法人、「船井総研系」の財産コンサルティング企業、税理士法人勤務を経て、『池田幸弘公認会計士事務所』の開設及び『株式会社イケダアセットコンサルティング』を設立。東京税理士会研修会講師、日本公認会計士協会、税務第一委員会委員長、市川市市政戦略委員を歴任。

相続・事業承継の専門病院の先生的存在 多岐にわたる課題をワンストップで解決

四つの専門資格生かし 最善最適な着地点に導く

相続や事業承継には、財産や税金などのお金の問題、税制や会社法などの法律の問題、煩瑣な行政手続きなどクリアすべき課題が数多くあるが、『池田幸弘公認会計士事務所』代表の池田幸弘さんは最難関の公認会計士のほか税理士、行政書士の国家資格、相続診断士の民間資格を併せ持ち、これらの課題をワンストップで処理できる稀有な存在だ。相続・事業承継の難問を最善の着地点に導く手法は多角的、重層的だ。

池田さんは、一般の税務会計を内科の分野、相続や事業承継は外科手術の分野との認識で、相続・事業承継の専門病院の先生ともいえる実力派だ。

「事業承継では、財産権と経営権を同時に考えていく必要があります。財産権には税法の知識、経営権には会社法の知識が必須で、保険、不動産、金融などの知識も求められます。当事務所では、ご相談があれば、株式の保有状況、後継者の有無、株主の数などを含めた事業の状況やご家族の状況、社長のお気持ちを踏まえた現状を把握します。加えて決算書などの資料から株価を試算し、事業承継対策に必要な問題を洗い出します。その上で、税務面と法務面の両視点から会社の状況に応じた

池田幸弘公認会計士事務所
いけだゆきひろこうにんかいけいしじむしょ

03-5335-7981
ikeda@ike-cpa.jp
㊟ 東京都杉並区荻窪5-16-14 カパラビル8F
http://ike-cpa.jp/

こちらからも
検索できます。

セミナー風景

税理士会支部研修会

オーダーメイドの事前提案型のコンサルティングをさせて頂きます。その際、カラフルで視覚的にも見やすい図やイラストを多く用いた資料をお示しし、難しい専門用語は極力使わず、分かりやすくご説明します」

相続対策では、生前対策を重視する。

「相続対策は大きく分けると、争族対策、納税資金の確保、節税対策、認知症対策の四つがありますが、生前から対策を行っておくことで、希望通り残すべき財産を次世代に無理なく承継することが可能となります。当事務所では、相続対策の対象者にどのような財産があり、相続税がどの程度かかるのかを試算し、具体的にどのような生前対策があり、どの程度の税金の軽減効果があるのかをシミュレーションし、それぞれの対策のメリットとデメリットをご報告します。2次相続、3次相続を踏まえた対策も可能です。生前対策は税額が安くなるだけでは、意味がありません。親族間で争いのないような最適解を考えていきます」

池田さんの業務エリアは全国区で、その実力は他の士業といわれる専門家や保険会社、金融機関などから事業承継に関して助言を求められることや専門家向けのセミナーの講師を200件超務めたことからも伝わる。

（ライター／斎藤紘）

研修時風景。

書籍も好評。

代表
高橋良昌さん
駒澤大学法学部卒。川崎市の健康診断専門機関、封筒メーカー勤務を経て1998年、独立開業。行政書士、社会保険労務士。元東金労働基準監督署相談員。中小企業福祉事業団常任幹事社労士。貨物運行管理者。

中小企業の人手不足対策支援に注力
労働市場の変化視野に求人策を立案

研修で企業風土を改革
最善の人事制度も構築

社会保険労務士と行政書士の国家資格を併せ持つ『N・T人事法務サポート』代表の髙橋良昌さんが、企業経営のヒト、モノ、カネの3要素のうちヒトに関するエキスパートとして今最も力を入れているのが人手不足で悩む中小企業のサポートだ。働き方や求職者の多様化など労働市場の変化について経営者に認識を促し、人材を採用しやすい会社づくりから採用実務まで包括的に支援する。

「中小企業の最大の経営課題は人手不足です。労働力人口の減少が背景にありますが、目先の仕事に追われ、求人に割く時間も資金にも余裕がなく、求人体制が整っていない企業が多く見受けられます。加えて、労働市場も大きく変化し、単純に今までのような雇用の考えでは人材を確保することは難しくなっています。外国人や70歳台の雇用も必要になってくるし、働き方改革の同一労働同一賃金の原則でパートの方に交通費や賞与を出すのは当たり前という前提で社内改革を進めていく必要もあります。こうした状況を経営者の方に認識して頂きながら、人材確保のために最善を尽くします」

人材確保に向けた対策は重層的だ。

N·T人事法務サポート
エヌ・ティじんじほうむサポート

047-451-4864
y-takahashi@jinjihoumu.com
㊟ 千葉県習志野市津田沼5-5-21 大和ビル3F
http://www.jinjihoumu.com/
https://ntplanning.jp/

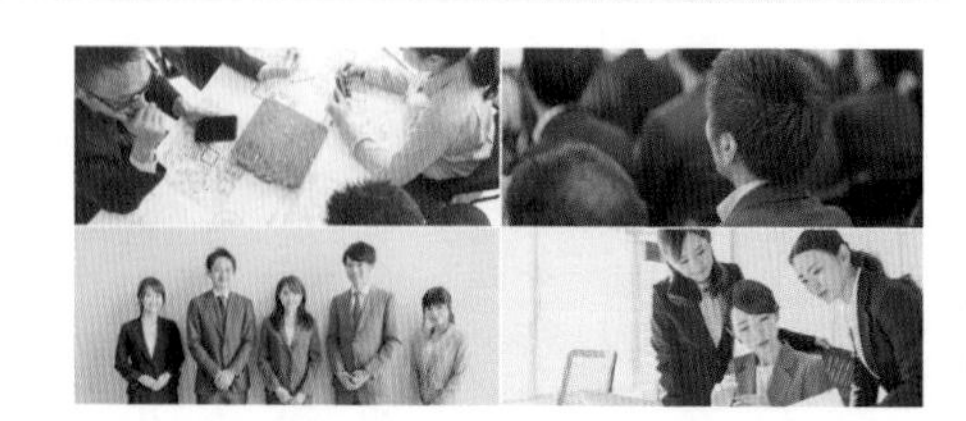

「褒め言葉カード」を使った研修風景。

「中小企業の総務人事部門の社外顧問という立ち位置で、何故人材が集まらないか社内の課題を洗い出したうえで、多様化する働き方を念頭に柔軟に休日が取得できる勤務体制や福利厚生の整備など経営者と共に改善策を考えていきます。次に求職者が最初に目にする求人票を作成します。企業の強みと成長するための方向を明確にしてその実現に必要な人材を求めていることを示すと同時に福利厚生の利点をアピールできるよう作成します。求職者の人物評価や業務との適性を見極める面接もサポートします。採用後は定着のための研修を行いますが、新規採用者だけでなく、経営者などの幹部も対象に、コミュニケーション力の向上などを通じて企業風土の改革も目指します」

髙橋さんは、社員の定着、社員の成長、業績向上、賃金の上昇という経営の好循環を生み出す人事制度の構築や高齢年齢者、障がい者、母子家庭の母親などを労働者として雇用すれば得られる特定就職困難者雇用開発助成金の申請も支援する。

独立開業して25年、ダブルライセンスが裏付ける幅広い知見を生かした対応が評判になり、顧問先は運送業、建設業、介護事業を中心に様々な業種に広がっている。

（ライター／斎藤紘）

様々な保険でライフスタイルに合わせ提案。

代表取締役
荒井将貴 さん
証券会社勤務で社会人スタート。その後、外資系生命保険会社からヘッドハンティングされ、転職。七年間ほど営業職に従事し、管理職として約三年間、人材育成や採用を担当する。2021年『オールドルーキー株式会社』設立。

優秀な人には再現性があるを信念に ミドル・シニア世代に活躍の場を提供

現代版の金の卵に着目 フラットな職場を実現

「日本のミドルとシニアを仕事で元気にする」

高齢化時代に打って付けのミッションを掲げ、組織内では新人扱いになるが、人生や仕事では経験豊かなオールドルーキーに活躍の場を提供するユニークな人事制度で注目度を高めているのが、生命保険と損害保険など複数の保険会社を取り扱う乗合代理店『オールドルーキー株式会社』の社長荒井将貴さんだ。昭和の高度経済成長を支えた若年労働者を金の卵というが、ミドル、シニア世代を箔を付けた現代の金の卵と捉えたともいえる発想の斬新さが注目される理由だ。外資系生命保険会社で採用育成管理職を経験した荒井さんが、ミドルとシニアの挑戦を支える企業を作りたいと同社を立ち上げたのは2021年。採用の第一弾として、同年12月から2022年1月にかけて、定年が延びても待遇に不満があり、有利な条件で再就職の道を探る40歳以上の業界未経験者を条件に人材募集サイトで募集し、応募した126人の中から自衛隊のパイロット、大手光学機器メーカーのエンジニア、世界最大の食品メーカーの社員の3人を採用した。

「仕事で結果を出してきた方に共通しているのは、商材と売り方の理解が早いこと、同年代の人脈や

オールドルーキー 株式会社

Old Rookie

☎ 03-5432-9277
✉ HPのお問い合わせフォームより
㊟ 東京都世田谷区太子堂1-12-35 アンビエンス世田谷203
https://old-rookie.co.jp/

40〜50代のミドルクラスを育成。経験豊富なプロフェッショナルたち。

ネットワークなどベースマーケットを持っている方や保険に関心を抱いている方が多いこと、お客様に商品の必要性を売るニーズ喚起力とお客様の気持ちに寄り添いご契約まで伴走するクロージング力に秀でていることです。結果として営業上の数字を残すことができるのです。つまり、優秀な人には再現性があるというのが私の考えです」

採用された3人は、指導教官役を務める30代の上司の下で1ヵ月間座学で保険につい学び、その後は上司と一緒にOJT方式で実務経験を重ねた後、独り立ちし、荒井さんの見立て通り業績に貢献しているという。

「労働力人口の減少で国も高齢者雇用に力を入れていますが、仕事で結果を出してきたミドル、シニア世代の希望に叶う労働環境が整っているとはいえないのが現状です。当社は年齢に関係なくフラットな状態で業務に専念できる労働環境を整え、業務で活躍することが予測できる前職時代の実績を重視し、第二の人生に可能性を求める早期退職者に門戸をさらに開いていきたいと思っています」

人は元気だから仕事をするのではなく、仕事をするから元気になる。オールドルーキーに活躍の場を提供する人事制度に込めた荒井さんの人生哲学だ。

（ライター／斎藤紘）

和で魅せる
『和』モダンのデザイン力でブランディング
企業や商品をより良く見せるデザイン

代表
丸山泰輔 さん

愛知県立旭丘高校美術科卒。名古屋造形短期大学プロダクトデザイン課卒。大手自動車メーカーでミニバンなどのスタイリング、インテリアデザインに従事。退職後、広告代理店のディレクターとして活躍。1999年独立、起業。

集客売上増につながる独創的デザイン ブランドを際立たせる芸術的なセンス

国際的な舞台でも活躍 揮毫で和モダンを演出

消費者や取引先に自社の商品やサービス、企業自体の独自性と魅力を認識させるブランディング、そのブランドをアピールし、購買へと誘導するプロモーションを芸術的センスとデザイン力で成功に導き、様々な業界から高い評価を得ているクリエイティブディレクターがいる。愛知県名古屋を拠点に活動する『アートコンサルタント丸山事務所』の代表丸山泰輔さん。大手自動車メーカーでミニバンなどのスタイリングやインテリアデザインに従事し、退職後、広告代理店で各種商品企画のディレクターとして活躍した経験が豊かな発想力と作品の信頼性を支える基盤だ。

「ブランディングといっても企業ブランディング、商品ブランディング、地域ブランディングなど様々な種類があり、誰が誰に対して行うのかによっても手法や表現が変わってきます。アピールしたい価値と対象を見極め、集客、売上増につながる効果的なプロモーションに役立つオリジナリティに富んだ魅力的なデザインを考えていきます」

丸山さんがこれまで手がけた仕事は、パッケージ、看板、イルミネーション、壁面広告やランドスケープのデザイン、地域テーマパークの機関誌編

アートコンサルタント丸山事務所
アートコンサルタントまるやまじむしょ

☎ 090-3467-6649
✉ tai1115@zm.commufa.jp
㊟ 愛知県名古屋市守山区廿軒屋1-8ヴィルヌーヴ103
http://www.art-maruyama.com/
https://eranos-japan.com/

「2015愛知都市緑化フェア屋内展示ディレクター」

「愛知県立高校和太鼓部法被デザイン」

「2018メッセナゴヤ ブースデザイン」

「トラック広告デザイン施工」

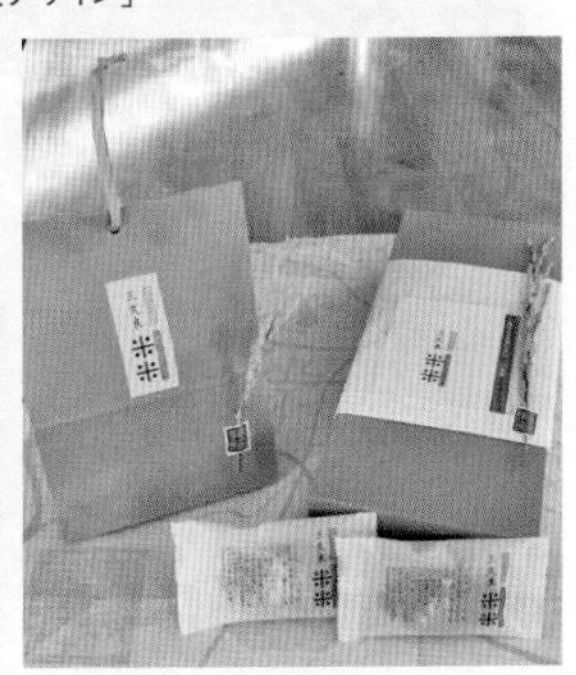

「和菓子店ブランディング」

集まで多岐にわたる。名古屋に伝わる伝統芸能、尾張漫才を演ずる芸能団体の衣装をデザインしたこともある。また、花卉（かき）業界との関りが深く、花や植物のイベントブースや販売用のオリジナルワゴン、仲卸組合のエプロンなどのデザインも手がけた。イベントブースのデザイン、設計は評価が高く、オランダやドイツなどの世界最大級の花卉見本市への花卉業界出展のためのディレクター、2015都市緑化フェア愛知屋内展示総合ディレクターを務めたほどだ。

異彩を放つのが揮毫と墨絵に彩色を施す水彩画による「和で魅せる」デザイン。筆や墨、和の素材を使った絵や書を生かした和菓子のパッケージ、料亭の看板、お品書き、祭半纏、前掛けなどを制作、美しく洗練された和モダンの雰囲気と人の手による温かさ、優しさが共存したデザインは見る者の感性をくすぐる。

「お客様のニーズに合わせて文字を書くところが書家と違うところです。モノの魅力を最大限に引き出す文字を考えるのが私の仕事です」

その実力が認められ、名古屋の老舗和菓子店のブランディングマネージャーや東京・銀座の老舗デパートの進物専用毛筆担当も務める。

（ライター／斎藤紘）

MBAの仲間とブランディング研究会。

クライアントとの打ち合わせ。

代表
宮内博明 さん

山梨大学工学部卒。科研製薬入社。KAKEN USA、KAKEN Europeで活躍。2014年、立教大学大学院で経営学修士MBAの学位取得。2016年、科研製薬を定年退職。2018年、金融人材・企業経営アドバイザー認定。中小企業診断士として独立。

ドローン大学卒業式。

中小企業経営者のブレイン的存在
事業承継や経営戦略の課題を解決

軽快かつ鮮やかな対応
ドローン補助金申請も

中小企業診断士の国家資格と経営学修士MBAの学位を持つ『宮内コンサルタント』代表の宮内博明さんにはもう一つ特技がある。タップダンスだ。中小企業の経営者のブレインとなって経営上の課題を解決に導くプロセスは、タップダンスのステップと同様、軽快で鮮やかだ。

「経営で何に苦労され、どこに課題を感じているのかを明らかにし、経営者様に気づきを与え、それぞれの事業で思い描く将来の姿を実現するために逆算して戦略を立てていきます」

宮内さんのコンサルティングの基本スタンスだ。今、特に力を入れているのが少子高齢化に伴って行き詰る事業承継のサポート。

「日本の中小企業の多くは深刻な後継者不足に直面しています。事業承継では、事前の準備がとても大切です。後継者の経営力を磨くためにはどう育成すべきか、後継経営体制にどのように移行させていくか、など事業承継に関する経営課題は多岐にわたります。後継経営体制も親族への承継、従業員や外部関係者への承継、M&Aによる事業譲渡などの選択肢があり、経営状態を見極めた上で最適解を見出し、事業承継がスムーズにいくよう全力で応援します」

宮内コンサルタント
みやうちコンサルタント

✆ 090-9290-6930
✉ hmiyau@aol.com
㊟ 千葉県長生郡一宮町東浪見8629
https://www.hmiyau.com/

立教会MBAの仲間たちと。

ゼミ仲間と。

山梨大学時代の友人と。

ヨーロッパ出張時。

近所のトマト農園にて勉強会。

農業研究会参加。

人口減少に伴う市場縮小という厳しい経済環境の中で生き残りを図る中小企業のマーケティング支援もコンサルティングの柱だ。

「市場が縮小し、競争も激しくなっていく中で何を作ったらよいか、どこに売ったらよいか迷っている中小企業が少なくありません。ご相談があれば、商品展開、販売経路、売上、利益の推移など現状の確認から始め、市場の分析、ターゲット市場の見極め、顧客の設定、売上や費用、利益の計画作成、販促プランの作成、行動計画の作成と進め、実行の進捗状況を確認していきます」

宮内さんは、急速に活躍のシーンが広がる無人航空機ドローンに関するコンサルティングも行う。自身、ドローン大学校で飛行技術を学び、日本UAS産業振興協議会の無人航空機操縦技能証明書と安全運航管理者証明証も取得している。

「ドローンを利用した新たなビジネスの展開を支援することのみならず、中小企業が抱えている課題を解決することを目的に経済産業省ではものづくり補助金や事業再構築補助金、IT補助金、小規模持続化補助金など様々な補助金制度を設けています。その申請をサポートし、伴走しながら新たなビジネス展開を支援していきたいと思っています」

（ライター／斎藤紘）

『ソロプレナー養成プログラム』（企業向け） 120分×5回　詳しくはお問い合わせを。

CEO
内藤裕治 さん

日本で工学部、米国でMBAを卒業。日本企業に25年間勤務した後、米国で脱サラ起業。以来13年間、海外技術コンサルタントとして日本企業のイノベーションを支援。2022年に日本に拠点を移し、『株式会社テクノスケープ』を設立。

社員教育で教える起業セミナー「ソロプレナー」
〜スモールビジネスは副業の選択肢になる〜

社員が起業マインドをもつことで
ジョブ型雇用や成果主義への移行を加速させる

自分のもつ能力を使って複数の仕事を掛け持ちでやる個人のことを「ソロプレナー」という。10年ほど前にシリコンバレーで使われはじめた言葉だ。その言葉が生まれたアメリカで経営コンサルタントとしてその実情をつぶさに見てきたのが『株式会社テクノスケープ』CEOの内藤裕治さんだ。同社が提供する「ソロプレナー養成プログラム」がいま注目されている。

『テクノスケープ』が提唱する「ソロプレナー」は、社員個人がスキルや能力を向上させることで、企業としての生産性を向上させるというコンセプトだ。内藤さんは長年海外から日本を見てきて、競争力が低下している日本企業を復活させたいという思いを強く持つようになったという。その手助けになればと、企業向けの社員教育として「ソロプレナー養成プログラム」を始めた。企業の立場から見ると、ジョブ型雇用や成果主義への移行のために必要な社員教育でもある。

「副業で起業するということは、小さいけれど事業を経営するということです。そこで利益を出すためには、自分の能力やスキルをさらに高めることと経営者のマインドをもつ必要があります。高めた能力を会社の業務にフィードバックすることで生産性を

株式会社 テクノスケープ

080-4452-0011
info@technoscape.co.jp
㊟ 東京都千代田区九段南1-5-6 りそな九段ビル5F
https://www.technoscape.co.jp/

こちらからも
検索できます。

セミナーは、スモールビジネスのコンセプトから経営ノウハウまで網羅

17年間にわたる米国での活動は、日本企業のイノベーション支援

向上させ、社員も会社もWin-Winの関係を築くことができます」

セミナーは、2021年に出版したeブック「ソロプレナーという働き方～サラリーマンが副業で始める個人事業」の内容に沿って行われる。それに加えて、宿題と受講者のピッチや、講師自身の体験としての「サラリーマンとは違う心構え」など多彩な内容になっている。すべての講義が終わったときに、自分のビジネスプランができあがっているという構成もユニークだ。

内藤さんは、20代のときに米国でMBAの学位を取得。帰国後、日本のメーカーで25年間研究開発に従事した。駐在員として再び渡米したのは2000年代半ばで、世界から最新技術を日本企業に導入する仕事で活躍。その後、脱サラして米国で独立し、コンサルタント会社を設立した。

以来、カリフォルニア州を拠点に、10年以上にわたり日本企業のイノベーションを支援してきた。その内容は、半導体や通信、材料、センサー、電気自動車、IoT、ドローン、メタバースなど幅広い分野をカバーしている。同社は、『ソロプレナー養成プログラム』のほか、クライアント企業の求めに応じて、米国を中心に世界の新技術の調査やイノベーション支援なども提供している。

（ライター／田中裕也）

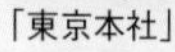
「東京本社」

代表取締役
宇佐美彰規 さん

人材サービス業界で活躍後、経験を活かして2015年『ジョブズコンストラクション』設立、代表取締役に就任。有料職業紹介事業許可、労働者派遣事業許可、特定募集情報等提供事業許可を得て人材供給、就業支援事業展開。

業種を建設・医療・介護・保育に特化し オーダーメイド型人材供給・就業支援

独自事業スキーム構築 四つの求人サイト運営

業種を建設、医療、介護、保育に特化した人材供給、就業支援事業で求人事業所と求職者双方から支持されているのが『株式会社ジョブズコンストラクション』だ。人材の量的確保よりも、求めるスキルと活かしたいスキルを綿密なコンサルティングでマッチングさせることに重きを置いた質的オーダーメイド型人材サービスの提供という代表取締役の宇佐美彰規さんが構築した事業スキームが支持される理由だ。同社は現在、土木施工管理や建築施工管理など専門性の高い業務の求人求職をサポートする「施工管理人材バンク」、建設業未経験者からベテランまで求職を支援する地域密着型の「施工管理ワークス」、看護師や保健師、助産師、介護職などの就業を支援する「メディカルジョブズ」、保育士の転職を支援する「キッズジョブズ」の四つの人材サービスサイトを運営している。

「当社の最大の特長は、人材紹介の専門知識を持ったコンサルタントが多く在籍し、建設会社や医療機関、保育園などの責任者などとの情報交換を通して得た各業界の情報を活かして、求職者が希望する条件に合った最適な就業場所をご提案できることが一つ。もう一つは、徹底的に求職者の未来に寄り添う

株式会社 **ジョブズコンストラクション**

03-5577-8000
info@jobs-c.com
㊟ 東京都千代田区神田小川町2-3-13 M&Cビル8F
https://www.jobs-c.com/

こちらからも
検索できます。

「大阪支社」☎ 06-6347-0300
㊟ 大阪府大阪市北区曽根崎新地2-6-21 GUILDビル4F

「メディカルジョブズ」https://medical-jobs.co.jp/　「キッズジョブズ」https://www.kids-jobs.com/
「施工管理ワークス」https://www.sk-works.jp/　「施工管理人材バンク」https://sk-bank.jp/

個々人のスキルとキャリアに応じたオーダーメイド型のサービスです。コンサルティングで想定している未来についてお聞きし、成長に繋がるアドバイスをするのですが、この取り組みは求職者にとっての価値を高めるだけでなく、企業にとっても高い人材を獲得することができるという利点に繋がっていると思っています」

求職者支援はこれに止まらず、面接対策、履歴書の書き方、給与交渉までカバーし、就業先の選定から納得の就業先が見つかるまで手厚くサポートする。こうした濃密なサービスが評価され、サイトを利用した求人求職は増える一方だ。

「当社のサービスをご利用頂いている企業は日本を代表するような会社がほとんどです。良い人材を供給できれば、会社の規模に関わらず、評価して頂けるのです」

宇佐美さんは、事業を推進する上で職場環境も重視する。

「スタッフ一人ひとりの意見を取り入れ、より良い環境で仕事ができる様に努めています。一緒に働く仲間を大切にすることで、求職者、求人者を大切にできると考えているからです」

同社の事業拠点は東京本社と大阪支社だが、今後、有用な人材を確保しながら全国に支社を展開していく計画だ。

（ライター／斎藤紘）

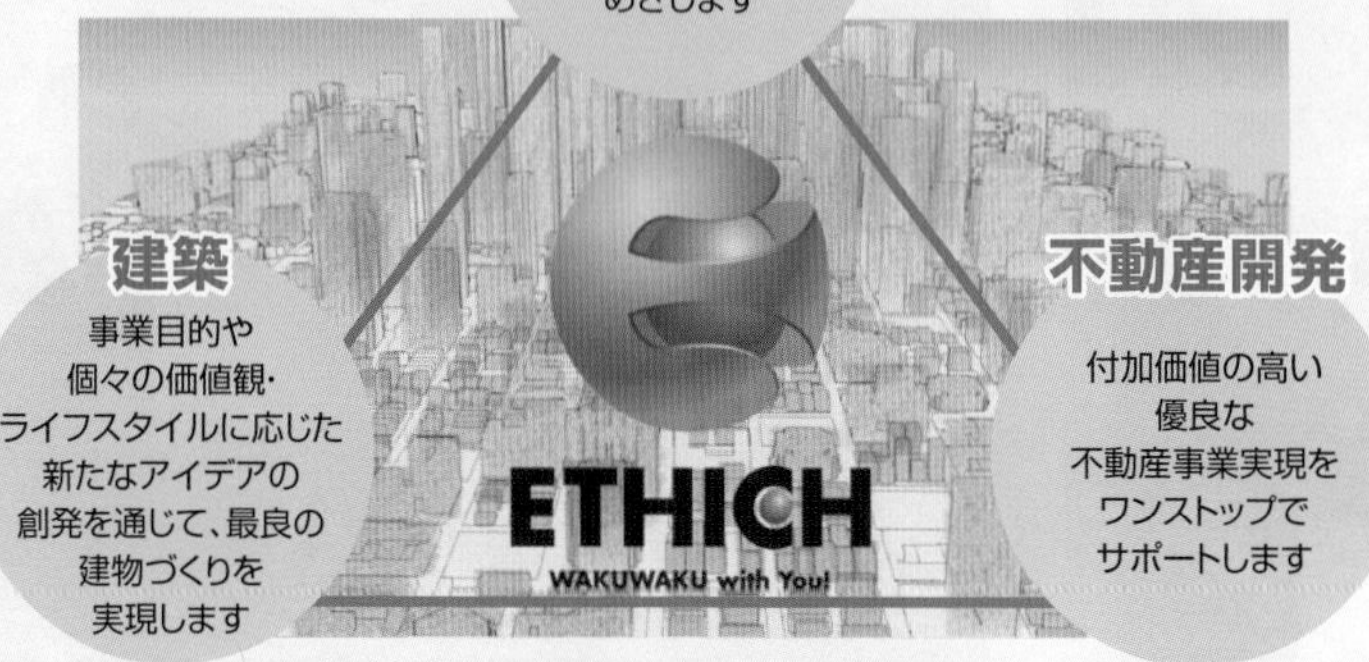
まちづくり
産学官連携を
通じて
まちと人の
活性化を
めざします
最強のプロが
寄り添って
課題を解決し
最良の
プロジェクト実現を
コーディネートします
建築
事業目的や
個々の価値観・
ライフスタイルに応じた
新たなアイデアの
創発を通じて、最良の
建物づくりを
実現します
不動産開発
付加価値の高い
優良な
不動産事業実現を
ワンストップで
サポートします
ETHICH
WAKUWAKU with You!

代表取締役
初谷賢一 さん

中央大学法学部、埼玉大学経済学部社会環境設計学科で環境問題や都市計画を学び、明治大学院ガバナンス研究科で公共政策を研究する。大手不動産ディベロッパーのグループCRE戦略リーダー、小売業界最大手企業の不動産開発責任者、IT系大手事業会社のスマートシティ開発の責任者などを経て2022年に独立起業。

建築〜まちづくりの全プロセスをサポート 大規模不動産開発の経験を社会に還元

構想時のコンサルから切れ目のない支援実施

不動産開発に事業として投資をするディベロッパーとは一線を画し、企業や行政の都市開発やまちづくり、投資家への不動産開発プロジェクトを対象に、構想段階のコンサルティングから事業推進のコーディネート、不動産企画、設計、建設までクライアントに寄り添い、全プロセスをワンストップでサポートするビジネスモデルを提唱し、注目度を高めているのが『エシック株式会社』代表取締役の初谷賢一さんだ。国内の名だたる超王手企業で25年にわたり大規模不動産開発やスマートシティ事業などに携わり、その豊富な経験を社会に還元する道に進んだ異色の経営者だ。

「最新の建築技術やICTなどの科学技術を積極的に活用しつつも、歴史や風土、伝統文化など関係する事象やステークホルダーに対して調和を重んじ、一人ひとりが豊かで活き活きと暮らせるより良い環境を創り出していきたい」

この経営理念に沿って進める事業は、建築設計・デザインを主業務に同時に立ち上げた一級建築士事務所『アトリエ・ハッチ合同会社』との両輪で行い、プロジェクトの全プロセスをカバーする。

エシック 株式会社

03-5843-3732
info@ethich.com
㊟ 東京都豊島区目白3-4-12
初谷ビル4F
http://ethich.com/

スタジオ
㊟ 東京都豊島区目白3-13-2 アロマビル2F
大阪支社
㊟ 大阪府大阪市淀川区宮原1-19-10
新大阪エクセルビル1001

WAKUWAKU with You!
ETHICH

こちらからも
検索できます。

アトリエ・ハッチ一級建築士事務所

03-6303-1996
hatch@atelier-hatch.com
㊟東京都豊島区目白2-5-3
パティオ目白C号棟
https://atelier-hatch.com/

こちらからも
検索できます。

例えば、投資家の不動産開発プロジェクトに資するバリューチェーンは次の通りだ。事業用地の紹介から始まり、建築のボリュームの検討や収支計画の策定を行う「事業企画」、金融機関の選定や融資申請用資料の作成、折衝を支援する「ファイナンス」、最適なプランニングと実施設計を行う「建築設計」、建設会社の選定や発注を行う「コンストラクションマネジメント」、品質や工程管理を徹底して実際に建築する「建設」、不動産の賃貸を支援し、確実な客付けを行う「リーシング」、中長期の建物の保証を確保する「保険」、資産の維持保全を行う「管理」、高いキャピタルゲインを誘導する「売却」まで、親切で切れ目のないサポートが強みだ。

初谷さんは、まちづくりに関わる仕事に就きたいとの思いから企業で働きながら大学の社会環境設計学科や公共政策大学院で研究に励み、大手通信系の総合ディベロッパーでグループ全体のCRE(企業不動産)戦略のビジョンリーダーや数多くの都市再開発事業のプロジェクトマネージャーを務めたほか、小売業界最大手に引き抜かれ、デパートやショッピングセンター等の商業施設開発などに従事したり、IT系大手事業会社でも巨大スマートシティ開発のプロジェクトの立ち上げに責任者として携わった経験を持つ。この中で培われた社会的意義のある事業スキームの企画力、プロの力を結集し、Win-Winの関係を成立させるフォーメーション構築力、全工程をリードすることで関係者全員のシナジー効果を創出するプロジェクトマネジメント力がそれぞれの事業に投影される。

初谷さんは、まちづくりや不動産開発のサポートやマネジメントを通じて、プロジェクトに関わる全ての関係者のワクワクを醸成し、みんなにとっての〝楽しい未来〟をデザインをする会社にしていきたい考えだ。

「お客様に寄り添い、良きナビゲーターとなって、〝ウキウキ・ドキドキ・ワクワク〟の楽しく胸おどる未来をクリエイトするゴールを共に目指していきたと思っています」

（ライター／斎藤紘）

「レンタルガレージサービス」
GARAGE1 月額 57,000円(税別)～ ※新車価格 1,000万までの車両
GARAGE2 月額 77,000円(税別)～ ※新車価格 2,000万までの車両
GARAGE3 月額 97,000円(税別)～ ※新車価格 2,000万以上の車両
お客様の仕様やご都合に合わせた各プランあり。ご相談下さい。

代表取締役
加藤公治 さん

自動車が好きで、中学生の頃から自動車関係の仕事を目指す。高校卒業後、自動車整備の専門学校に進み、自動車整備士の資格を取得。国産車や輸入車のディーラー、中古輸入車販売会社を経て2018年『株式会社Resort Garage』設立。

万全のセキュリティ対策で 高級車を守るレンタルガレージ

愛車の受け渡しは バレーパーキングで対応

『株式会社 ResortGarage』代表取締役の加藤公治さんが手がける『レンタルガレージサービス』は、高級外車オーナーに向けた異色のサービス。国内有数の観光地である伊豆・箱根の玄関口に当たる静岡県沼津市の沼津インターチェンジに隣接したガレージに高級車を保管し、セキュリティ対策やメンテナンス、自動車管理賠償責任保険の補償なども提供してくれる。

車を預けるガレージは、完全クローズのセキュリティ対策を講じたガレージ。ガレージ内にはシャッタセンサーや空間センター、カメラなどを配置しセンサーの警報が鳴ると警備会社の警備員が駆け付けてけくれる。さらに車を管理している間に生じた損壊、紛失、盗取、詐取などの事故を補償する自動車管理賠償責任保険への加入もしているなど警備会社と提携して万全の体制で運営している。

標準サービスとして、日常点検のほか、月一回のシャンプー手洗い洗車、タイヤ空気圧調整、ホイールナット増締めを行う。オプションサービスでは、6カ月点検相当の日常点検PACKや12カ月点検、車検などの定期点検、バッテリー保全にエ

株式会社 Resort Garage
リゾートガレージ

055-939-7190
kato@resort-garage.jp
㊟ 静岡県沼津市岡宮1392-1
https://resort-garage.jp/

『Resort Garage』の本社。
テラスのある庭園を一般開放。

ここが憩いの場となるよう、バーベキューもできる。今後、オープンテラスの「カフェ&ドッグラン」もOPEN。

ンジンオイル交換などのメンテナンスのほか、PCを用いた車両診断機も完備されているので、車両トラブルが生じても安心。預けている愛車を乗車する場合は、日程を予約。同社のスタッフが保管ガレージから車を出し、フロントまで回送してくれる。使用後は、フロントへ駐車すれば同社スタッフがガレージに回送してくれるバレーパーキングと同様の仕組みを採用。料金は、車の新車価格に応じて三つのグレードが設定されている。

「高級外車を購入すると、盗難やいたずらに遭わないかなどの不安から、ご自宅には置きたくないというお客様もいらっしゃいます。そうした場合に役立つのがレンタルガレージサービスです。メンテナンスなどのサービスに加え、インターチェンジもすぐ目の前で、そのまま伊豆や箱根へ行ける立地も評価していただいています」

実際の利用者の中には複数台の車を所有し、日常使いの車と趣味の車を使い分けている方も多く、趣味の車に乗りたくなった際に同店へ来る方もいるという。複数台の車の管理や自宅ガレージのセキュリティなどの不安を抱えるカーオーナーにとって理想的なサービスだ。

（ライター／長谷川望）

代表
金川琉惺 さん

自動車会社や大手重工会社に勤めた後、『SECRET BASE 58』を設立。住宅リフォーム職人の父の技術を活かし、軽トラックの荷台に脱着可能なキャンピングカーを製造。低価格で高品質な製品で幅広い層から支持される。屋号は、大好きな沖縄の国道58号から。

世界に一つだけのトラキャンを完全受注生産で製作・販売

冷暖房や水回りを整備した居住性の高さが魅力

カスタムカーというと市販車のエンジンを載せ替えたりチューンナップしたり、空力パーツを取り付けたり、あるいは足回りを強化したりと、とかく速く走るためであったり装飾的なものと思われがちだが、最近では市販車をユーザーそれぞれの使用目的に特化した改装をする人も増えているという。昨今のアウトドアブームも相まって、夢のキャンピングカーを使い勝手良く、安価に手に入れたいという人たちに注目されているのが『SECRETBASE58』だ。代表の金川琉惺さんは、トラキャンと呼ばれる軽トラの荷台に居住用のキャンピングシェルを積載したキャンピングカーを製作・販売している。

燃費が良い、価格が安い、税金が安いといった優れた経済性と市町村道などの細い道路や狭い駐車スペースでも取り回しがラクな使いやすさで日本の自動車事情に適した軽トラックの荷台を活用。培ってきた住宅リフォームと自動車鈑金塗装の技術を活かし、「シェル」と呼ばれる用途に応じた居住空間をオリジナルで製作した。キャンピングカーやキッチンカー、移動事務所など利用用途は様々。シェル内に水回りを設けたり、冷暖房空

SECRET BASE 58
シークレット ベース ごじゅうはち

090-3281-0058
secret-base-58@docomo.ne.jp
㊟ 兵庫県加古川市東神吉町天下原52
https://secretbase58.com/
@secretbase58

こちらからも検索できます。

LINE

完全受注生産、世界に一つだけ!!

ライフスタイルや目的に沿った大きさ、形、色、内装、設備など細部に渡るこだわりもじっくりと相談、ベストな一台を提供してくれる。

調設備を備えることも可能だ。シェルには、居住空間として使うために壁・床・天井のすべてに住居用の断熱材を使用。にも関わらず、室内は見た目以上に広く、室内で立ったり足を伸ばして寝ることにも不自由しない。シェルの外壁には、遮熱性にも優れている「ガルバリウム鋼板」を採用。カラーバリエーションも約65種類と豊富で好みの外壁に彩ることができる。使用素材は、基本的に住居で使われるものが多く、居住性の高さは同種のカスタマイズの中でも群を抜く。

シェルは取り外すことも可能なので、使用しない時は普通の軽トラックとして活用できる。設備など細部に渡って顧客一人ひとりの要望をじっくりと聞き入れ、価格も専用車を購入することで普通車でカスタムするのに比べても格段に安く「世界に一つしかない」唯一無二の一台を作り上げてくれる。

同社ではYouTube公式チャンネルも開設しており、様々な情報を発信中。全国のオリジナルキャンピングカーのオーナー紹介では、一台一台全く違う仕上がりで各オーナーさんのこだわりが見れると好評だ。

（ライター／長谷川望）

代表取締役
河原敏雄 さん

自転車店を営む家庭で育ち、学業終了後家業に。父親の交通事故がきっかけで、子どもたちの通学用ヘルメットを開発。全国各地で普及活動を行う。

軽くて丈夫で通気性が良くムレない
高性能&デザインの自転車用ヘルメット

子どもも大人も努力義務
命を守るヘルメット

2023年4月より、自転車に乗る際のヘルメット着用が法律で努力義務となった。そこで紹介したいのが子どもヘルメットのパイオニア『株式会社カワハラ』。通学用ヘルメット全国納入実績36年連続のトップブランドだ。

高い耐衝撃性を誇る樹脂素材「ポリカーボネート樹脂(PC)」を使用することで軽くて丈夫。帽子のように気軽に使えて、首への負担が少なく疲れない。また、外から空気を取り込み、内部の熱気を逃がしやすくした構造で、通気性が良くムレない。汗をかきやすい夏でも快適に使える。中のスポンジが洗えるので、常に清潔に保つことができるのもポイントだ。

そしてヘルメットとして何より大事なのが安全性。カワハラのヘルメットは、日本国内での安全基準であるSGマーク認定商品。耐衝撃テストやストラップの引き裂きテスト、色の変化テストなど、海外より厳しい日本の安全基準テストをクリアした本格モデルだ。

株式会社 **カワハラ**

086-255-1112
info@kawaharahelmet.com
㊟ 岡山県岡山市北区万成西町1-19
http://www.kawaharahelmet.com/kaishaannai.htm

ホームページ

子供ヘルメットのパイオニア
(株)カワハラ

4月1日から
法律で着用が
努力義務に
なりました。
動画

『カワハラヘルメット』
（カラー／ホワイト、
ブラック、ダークブラウン、
グレー、ネイビー）
サイズ／61㎝

「ヘルメットをしているかいないかで、転倒した時のリスクが大きく変わる」

それを訴え続けているのが代表取締役の河原敏雄さん。父が交通事故に遭った際に、偶然寒さ対策で被っていたヘルメットのおかげで命が助かった。それをきっかけにヘルメットの製造・開発に着手。金形から自作し、製造会社に持ち込むところから始まり、普及させるために全国を巡ったという。通学中のヘルメット着用が普及した後も、下校して遊びに行く際は被っていない子どもを多く見かけたために試行錯誤で改良を重ねた。そして現在の「軽くて丈夫、そして蒸れずに快適」な『カワハラヘルメット』が完成した。

機能性だけではなく、多彩なカラー、デザインでファッショナブルなアイテムも展開。サイクリングやスポーツに特化したヘルメットも揃う。子どもに被らせるのはもちろん、2023年からは大人も被ることに努めなくてはならない。河原さんの想いと魂のこもったヘルメットで命を守ろう。

（ライター／播磨杏）

群馬県内最大の高等教育拠点。

著書
「素人の大学づくり:研究者から学園理事長へ、学園の改革はこうして始まった」IN通信社刊

理事長
須藤賢一 さん

北海道大学大学院農学研究科博士課程修了。農学博士。農林水産省森林総合研究所成分利用研究室室長。カナダ・サスカチュワン大学化学工学科で研究。『学校法人群馬健康福祉大学』理事長。群馬県私立大学協会会長。

学びを通して自利利他の精神を涵養
社会貢献できる人材育成に情熱傾注

食と農に専門的な視点
地域貢献の体制も整備

「人の喜びを自分の喜びとする自利利他の心」『学校法人高崎健康福祉大学』理事長の須藤賢一さんが大事にしてきた建学の精神だ。健康福祉、保健医療、薬学、人間発達、農学の5学部8学科と大学院での教育、その成果を生かす仕事や社会的活動でこの精神を貫き、「人を愛する心と人に信頼される豊かな人間性」を身につけ、「人類の健康と福祉に貢献する」人材へと成長してほしいとの思いを込めたものだ。須藤さんは、農学博士としての研究者から大学経営者に転じ、2001年『高崎健康福祉大学』を開学した。卒業生は、管理栄養士や社会福祉士、精神保健福祉士、診療情報管理士、保育士、幼稚園教諭、小中学校教諭、看護師、理学療法士、薬剤師などになって社会で活躍。健康福祉学部医療情報学科は、健康・医療に関する専門的知識や先端的情報技術を修得し、病院経営の改善や医療の質向上に資するデータ解析などの分野で貢献する人材を輩出してきた。2019年には、群馬県内では初となる農学部を開設したが、掲げた理念は人類の未来を見据えた遠大なものだ。

「食と農は、人類の生存と健康の基盤となる重要

高崎健康福祉大学
たかさきけんこうふくしだいがく

027-352-1290
㊟ 群馬県高崎市中大類町37-1
http://www.takasaki-u.ac.jp/

なテーマです。世界を見渡せば、今後ますます人口増加と食糧不足が大きな問題になっていきます。その一方で、日本は人口減少社会が進み、我が国の農業は離農者が増え、担い手不足が顕在化しています。農学部では、ロボット技術やICTを活用して超省力、高品質生産を実現する農業水産省提唱のスマート農業を担う人材やアグリビジネスに精通し、農業生産工程管理のできる人材など新しい時代の農業の担い手を育てていきたいと思っています」

須藤さんは地域貢献を重視し、2006年にはいち早く「ボランティア・市民活動支援センター」を設置したほか、2014年には地域住民の健康維持のためにと内科、整形外科、リハビリテーション科を擁する「附属クリニック」を開設。また、農学部に食と農の視点で県やJA、農業法人、企業などと連携する「地域連携室」を設けるなど、地域貢献を具体化する体制も整備してきた。また、学生スポーツにも力を入れ、付属の高崎高等学校野球部が春夏の甲子園大会に何度も出場したことに「生徒がいっぱい努力して成果を上げてくれたことに感動しました」と語っている。須藤さんは、長年にわたるこうした私学振興の功績が認められ、2021年秋の叙勲で旭日中綬章を受章した。

（ライター／斎藤紘）

代表
榎波明範 さん

1993年より大手学習塾の講師を務め、1999年より福井市内で『秀明学院 花堂教室』を独立開校。2004年に『花月教室 清水GH分室』、2007年に『清水教室（在田町）』も開校した。

小学生 週一回コース
授業料 6,600円　教材代 3,300円など。
中学生 週一回コース
授業料 8,800円　教材代 6,600円など。

秀明学院
SYUMEI GAKUIN

独自開発の学習ソフトで学習能力向上 オンライン指導と対面指導の相乗効果

家庭で宿題教室で解説 無駄を省いて授業効率化

IT全盛時代にあって、学習塾の進化を強く印象づけたのが福井市の個別指導学習塾『家庭学習支援センター秀明学院』塾長の榎波明範さんの取り組みだ。約10年前にPCを利用した学習ソフト『j-works』を開発。さらに学習成績をネットを介して把握できるようにしたクラウド版も開発し、学習管理システムLearning Management System（LMS）が可能になった。オンライン指導と対面指導の相乗効果で主体的な学びの習慣化、個に応じた学習の最適化、個々の学習上の困難の克服を目指し、学習能力と成績の向上につなげてきた。同学習塾は小学5年生から高校生が対象で、週1回コースから週3回コースまである。指導教科は英語、数学、国語、理科、社会。英語と数学のオンライン指導に利用しているのがクラウド型『j-works』だ。中学数学の場合、各学年6単元から成り、1単元は基礎、応用各4項目計8項目で構成。1項目ごとに解説と演習問題が用意され、解説は静止画と音声の紙芝居形式。理解度をチェックしながら進行する。演習問題は各項目4問〜7問。答えの成績を保存し、ミスした問題のみ繰り返し学習することもで

家庭学習支援センター **秀明学院**
しゅうめいがくいん

090-2098-3052
enami@syumei.jp
㊟ 福井県福井市在田町13-1
https://syumei-gakuin.com/

特別演習（春・夏・冬季）

きる。クラウド版は、家庭での学習の進捗状況をインターネットを通じて榎波さんが正確に把握することができるようにしたものだ。

「学習塾ではペーパーによる宿題が一般的ですが、この方式だと教室で解答の正誤をチェックしてから解説しますので、時間が無駄になります。クラウド型『j-works』による指導では、授業前にPCで問題を解いてもらうことによって、どの問題のどの過程でつまずいたのかを事前に把握し、教室では解説から入ることができるため効率的に弱点を克服することができるのです」

『j-works』によって学習するには、マイクロソフト社のアプリケーションソフトOfficeを搭載したwindowsパソコンが必要だが、榎波さんは、『j-works』をインストールしたノートパソコンを無料で塾生に提供している。また、他の個別指導の学習塾のIT化に協力するため、クラウド型以前の『j-works』を教室での学習指導に利用できるようフリーウェアとして公開もしている。

さらに榎波さんは、豪雪地帯である福井県の地域の特性も考え、塾生が通塾する手間を省き、保護者にとっても送り迎えの負担を減らせることができるオンラインのみの学習指導にも対応する。

（ライター／斎藤紘）

内科、外科、整形外科、小児科、肛門科、呼吸器科、消化器科、循環器科、脳神経外科、眼科、皮膚科、泌尿器科、リハビリテーション科、歯科、透析センター、薬剤科、放射線科、臨床検査科、栄養科などチーム医療で構成。

理事長・院長・関西医大臨床教授
野尻眞 さん

1975年関西医科大学卒。岐阜大学医学部附属病院や公立病院で勤務医を経験後、父親が創立した『白川病院』に入職。1980年に理事長、1982年に院長に就任。日本外科学会専門医、日本消化器外科学会、日本温泉気候物理医学会認定温泉医、日本東洋医学会専門医、日本園芸療法学会副理事長。

採血でがん発症のリスクがわかる検査導入 地域医療福祉への貢献で日本医師会功労賞受賞

目指すがん死亡者減少 現代の赤ひげ的な存在

「地域のみな様の健康と生命を守る」を理念に、岐阜県白川町に全国でも珍しい医療・福祉を融合させた理想郷「しらとぴあ」を形成した『白川病院』理事長・院長の野尻眞さんが、「がんで亡くなる人を減らしたい」と新しいがんリスクスクリーニング検査「メタロ・バランス(Metallo-balance)」を導入した。短時間の血液検査でがん発症の可能性を判別し、早期治療につなげる取り組みだ。

「メタロ・バランス検査は、血液中の亜鉛やナトリウムなど17種の微量元素濃度を測定し、健康な人とがんである人の微量元素濃度のバランスの違いを統計学的手法で解析し、がんである確率を4段階の数値で示します。数値は高いほど、がんであるリスクが高いことを意味します。がんの有無を直接調べ診断する検査ではありませんので、確定診断のためにはCTやMRIなどによる画像診断や細胞を調べる生検などが必要となりますが、自覚症状が出る前より早い段階でのがんの発見、早期治療につながる検査法ですので、多くの方に受けていただきたいと思っています」

先進的な医療技術や検査法を積極的に導入しながら地域住民の健康維持に心血を注ぐ野尻さんの

医療法人 **白水会 白川病院**
はくすいかい しらかわびょういん

0574-72-2222
shirakawahp5770@yahoo.co.jp
住 岐阜県加茂郡白川町坂ノ東5770
http://www.shirakawahp.com/

こちらからも
検索できます

「ぎおんしだれ」

しらとぴあ soft 発展・躍進

『地域のみな様の健康と生命を守る』

厚労省(厚生省)
1. 医療 4大死因 診断・治療
2. 保健 レインボーステップ 予防・検診 ─ 病気
3. 福祉 ──── 扶助・介護

・三位一体：ゆきぐに大和病院黒岩卓夫院長
"愛情は降る星のごとく" 祖父のいとこ尾崎秀実

4. 健康 ──── 増進・寿命 ──→ 元気
・健康の駅、スポーツ大会 健康寿命

国交省(建設省)
5. α. 住宅 ─── 生活・在宅
β. 地域 ─── 創成・貢献

百日草 健遊館

・上杉鷹山：「成せば為る・・・」
明和高校の前身・尾張藩明倫堂の初代校長 細井平洲の弟子

「淡墨桜」

「なんじゃもんじゃの木」

「園芸療法の庭」

医師としての使命は、無医村だった故郷の旅館の一室で1946年に開業した父親から受け継いだものだ。1980年に『白川病院』を承継した後、医療体制の拡充に努め、13の診療科と病床124床を擁するケアミックスの医療セクターを中心に、ヘルパーステーション、地域包括支援センター、在宅介護支援センター、デイケアセンター、高齢者住宅などから成る『しらとぴあ』を形成した。がん対策に熱心で、腫瘍になる前段階の遺伝子レベルで判定できるマイクロアレイ血液検査・PSA前立腺がんを岐阜県で最初に導入したり、長年にわたるがん検診で白川町の女性の大腸がんの死亡率を3分の1まで減らす実績をあげたりしてきた。野尻さんのこうした功績が認められ、2023年3月、長年地域医療の現場を支えている医師を顕彰する第11回「日本医師会 赤ひげ大賞」で全国15人の功労賞受賞者の一人に選ばれ、秋篠宮皇嗣同妃両殿下や首相も出席した表彰式で祝福を受けた。10月には、岐阜放送から地域医療のメッカとして60分のテレビ枠で放送予定だ。

「最高の診療は、医師と患者さんの限りない信頼と深い愛情の上に築かれる」

ローマ皇帝の典医Dr.ガレンの言葉を座右の銘とする現代の赤ひげ、野尻さんの地域貢献は深まる一方だ。

(ライター／斎藤紘)

一緒に 幸せなゴールへ
いつでも寄り添う
マレッジプロデュースパートナー

代表
末松裕 さん

大学卒業後、電気メーカーに就職し、35年間勤務。その中でコーチングに面白みを感じ、結婚情報サービス業界へ転身。2022年『H.S.マリッジプロデュースアソシエーション』設立。自身の経験も活かし婚活をサポート。

婚活サポートに三つのプラン用意
恋愛で苦労した自身の経験生かす

周到な支援のスキーム
膨大な会員データ活用

内閣府が未婚者3322人を対象に実施した少子化施策の点検、評価のための意向調査で、結婚していない理由として最も多かったのが「適当な相手にめぐり合わないから」というもので、男性55・4%、女性58・8%にものぼった。婚活の難しさが伝わる数字だが、こうした状況下で婚活中の男女、特に婚活に悩みを抱える人たちから頼りにされているのが会員制結婚相談所『H.S.マリッジプロデュース アソシエーション』代表の末松裕さんだ。失恋、婚約破綻を経て結婚相談所の協力で幸せな結婚に辿り着いた自身の経験を活かした周到な支援スキームが支持される理由だ。相談の流れは、HPの無料相談フォームや電話で問い合せすると、面談かZoomやLINEを利用したオンラインで無料カウンセリングを行い、入会手続き、プロフィール作成、写真撮影と進む。その先に希望に沿って選べる三つのサポートプランが用意されているのが特長だ。

「短期集中で結果を出したい方向けのサービスで、すべてのサポートを私がマンツーマンでサポートする『プレミアムプラン』、ご自身のペースで相手を探し、お見合いを行っていきたい方に適した『スタンダードプラン』、交際に抵抗がなく、ご自身で婚活を進

H.S.マリッジプロデュースアソシエーション
エイチ．エス．マリッジプロデュースアソシエーション

090-7806-9750
dreamake2002@gmail.com
㈭ 東京都大田区池上7-2-7 インキュベーションハウス池上
https://hs-marriage.jp/

こちらからも
検索できます。

＼ プレミアムプラン ／

すべてのサポートをマンツーマンで
サポートするサービス。

＼ スタンダードプラン ／

お客様自身のペースで相手を探し、
お見合いを行い、ゴールまでサポート
するプラン。

＼ ライトプラン ／

お客様自身で、
婚活を進められるプラン。

プレミア

入会金
110,000円（税込）
月会費
22,000円（税込）
成婚料
275,000円（税込）

スタンダード

入会金
110,000円（税込）
月会費
17,500円（税込）
成婚料
220,000円（税込）

ライト

入会金
110,000円（税込）
月会費
11,000円（税込）
成婚料
192,500円（税込）

められる方向けの『ライトプラン』の３つプランがあり、ご自身が理想とする婚活に合わせてお選びいただけます」

いずれのプランもカウンセリングによって、あなたにあった最適な婚活提案書を提出、お相手探しからお見合いのセッティング、お見合い結果の取り次ぎ、交際開始、成婚まで、一貫してあなたに寄り添った丁寧かつ親身になったトータル婚活サービスを提供。同社は、全国の結婚相談者が加盟する日本最大級の結婚相談所ネットワークに加盟、会員データや最新のお見合いシステム、さらには最新のＡＩを導入したＡＩマッチングで、理想の婚活パートナーと出会えるチャンスを最大限に高められるのも強みだ。

末松さんは、「バツイチで一人暮らし、子どもは元妻が面倒みている」「コミュニケーションの取り方がわからない」「自分に自信がない」「両親の離婚にトラウマが有り、結婚にいいイメージがない」といった悩みや問題を抱えた人たちにも親身に寄り添い、成婚へと導く。

「私自身も恋愛では長年苦労してきましたから、その経験もお伝えしながら、最後まで会員様に寄り添ったサポートをしていきたいと思っています」

（ライター／斎藤紘）

2022年10月「サルバベルカント・オペラ・ガラ・コンサート」より。

代表
峯川知子 さん

イタリア・オペラの真髄追求を目的にローマに留学。オペラ界の巨匠や劇場ピアニストなどから学び、2019年、アントニオ・サルバドーリ直伝のオペラ歌唱法を広めるため一般社団法人を設立。東久邇宮記念賞及び文化褒賞を受賞。

オペラのプロの演奏家や歌手を育成
イタリアから指導者招き全国で展開

目標はコンサート開催
ファンの増加にも期待

イタリア発祥の舞台芸術オペラのプロの演奏家や歌手を国内で育成するプロジェクトが2023年秋から本格始動する。企画したのは、日本のオペラ界を牽引する『一般社団法人サルバベルカント・アソシエーション・ジャパン』代表の峯川知子さん。イタリアから指揮者や歌手を招き、全国からオペラ好きのプロの演奏家や歌手を集めて指導し、本場並みのオペラコンサート開催を目指す取り組み。華麗さゆえにクラシック音楽の中でも特に敷居が高いといわれるオペラだが、声の芸術の雰囲気を身近に感じてもらいたいとの思いが背景にある。計画では、イタリアのオペラ界で貴重な伝統テクニックの継承者バリトンのロベルト・ボルトルッツィ氏と若手指揮者の逸材デメートリオ・モリッカ氏、それに歌手の譜読みや発音矯正の手助けをしたり、練習の伴奏をしたりするオペラ公演には欠かせないコレペティトールでもある峯川さんが指導役になって、オペラ独特の演奏法や歌唱法を指導する。練習会場は、各地の公民館などを利用する。演目は、ピエトロ・マスカーニ氏が作曲した一幕物のオペラ「カヴァレリア・ルスティカーナ」。田舎の騎士道といった意味の作品やルッジェーロ・レオンカヴァッロ作曲「道化師」二幕物のオペラ。二つはヴァリズモオペラの代表作で通常の半分の

一般社団法人 **サルバベルカント・アソシエーション・ジャパン**

☎ 03-6427-2995
✉ salvabelcanto.info@gmail.com
㊟ 東京都渋谷区東1-26-30 渋谷イーストビル5F
https://salvabelcanto.or.jp/

「teatro pergolesi ペルゴレージ劇場」

デメートリオ・モリッカ氏によるリハーサル風景。

長さで、ヴァリズモならではの劇的な表現で飽きない。演奏家にとっては技巧的に難しい部類に入る。峯川さんは、このプロジェクトのテストケースとして、2022年東京と大阪でプロの演奏家や歌手合わせて約50人を一週間指導、コンサートを開いた。デメートリオ・モリッカ氏とロベルト・ボルトルッツィ氏は、ビザの関係で間に合わず、練習期間Zoomを使って指導した。奇跡的に本番に間に合い、コンサートでは、オペラ好きの落語家、鈴々舎馬るこさんが演奏前にストーリーを解説、観客から「声の芸術に集中できた」との感想が聞かれたという。このテストケースの成功体験がプロ育成プロジェクトを全国展開する企画に結びついた。

「オーケストラ全体でなく、オペラに関心のある演奏家や歌手の方に個人として集まってもらい、本場のオペラの伝統的な技法を学んでいただきたいと思っています。本場の音楽をコンサートで披露すれば、オペラのファンがもっと増えていくのではないかと期待しています」

峯川さんは、イタリアで世界三大バリトンの一人、故アントニオ・サルバドーリ氏から、唯一歌唱テクニックを継承したほか、ペルゴレージ劇場のコレペティでロッシーニ音楽院の教授カルロ・モルガンティ氏の内弟子としてオペラ公演に携わったり、世界的指揮者エンリケ・マッツォーラ氏のアシスタントピアニストを務めたりした経験を持つ。

（ライター／斎藤紘）

『オンラインフラメンコBSV』

代表
小野栄子 さん

28歳でフラメンコに出会いスペインに3年間留学。帰国後オーディションに合格、プロになる。セビジャーナスの作詞作曲。手話を着けた踊りなど自由な表現を行う。500人の有資格者「ボイスマルシェ」では「仕事力・自己実現」の人気カウンセラーでもある。

未経験者でも安心して楽しめる動画教材『100円 フラメンコ・エクササイズ』

100円でフラメンコを体験
親切すぎる動画教材

「フラメンコを通じて美と健康と生命力を貴方に」という思いで、代表の小野栄子さんがはじめたのが、『オンラインフラメンコBSV』。オンラインで、世界中どこからでも気軽にフラメンコを楽しめる動画教材『フラメンコ・エクササイズ』を提供している。購入すると、好きな時に何度でも繰り返し観ることができるので、オンラインジムなどに入会したが、時間が合わせられず活用できなかったという人も安心。

レッスン動画は瞑想による心身の調整からスタートし、「腕の軌道の作り方」、「手首と手の動かし方」「腕と手の外回し・内回し」「上半身のストレッチ」「肩・肘・手首・手の運動方法」「腰の動かし方」と初心者でも分かりやすいよう一つひとつ丁寧に教えてくれる。

一つの動画は2分半~7分程度で、最初から最後まで通しても40分程度。テーマごとに分けられているので、難しかったところは何度も繰り返したりと、自分のペースでじっくり取り組める。動画のナビゲーターは、フラメンコ歴23年以上の小野さん。ダンス経験がない人でも取り組めるよう、優しく丁寧に構成されている。プロの動きを繰り

Online Flamenco **BSV**
ビーエスブイ

オンラインフラメンコ BSV　検索

本誌をご覧頂いた方1000名に動画教材をプレゼントします。HPの「お問合せ」より「氏名+フラメンコエクササイズ希望」と連絡下さい。

100円フラメンコ・エクササイズ

Instagram

返して真似することで、自然と身体に馴染んでいくという。

驚きなのが、税込み100円という価格。コロナ渦に自分のために創った毎日できるエクササイズを多くの人に届けたい！という想いがあるという。動画教材購入者限定で、毎週日曜日の朝、facebookにて行うライブ講座も受講可能。講座の締めで踊るセビジャーナスの曲が毎回違うので楽しめる。その時に見れなくても翌土曜日までアーカイブで見られるのも嬉しい。教材の効果は、瞑想で幸せホルモンが分泌されリラックス。スローな動きで自律神経が整い、ストレスや、肩こり解消になる。後半は活性化を促す動きで、姿勢がよくなったり、ダイエットにもぴったりだ。

香川生まれの小野さんはダンス経験がなく、プロとなるには遅い28歳でフラメンコに出会った。留学の時に掲げた目標は、「フラメンコを通じて美と健康と生命力を伝えられる教え手になる！」こと。そんな彼女の『フラメンコ・エクササイズ』なら、初心者や身体の硬い人も安心だ。

「今さら始めるのは遅い？なんてことはなし！思い立った日がスタート地点。『フラメンコ・エクササイズ』で美と健康と生命力を手に入れましょう」

（ライター／播磨杏）

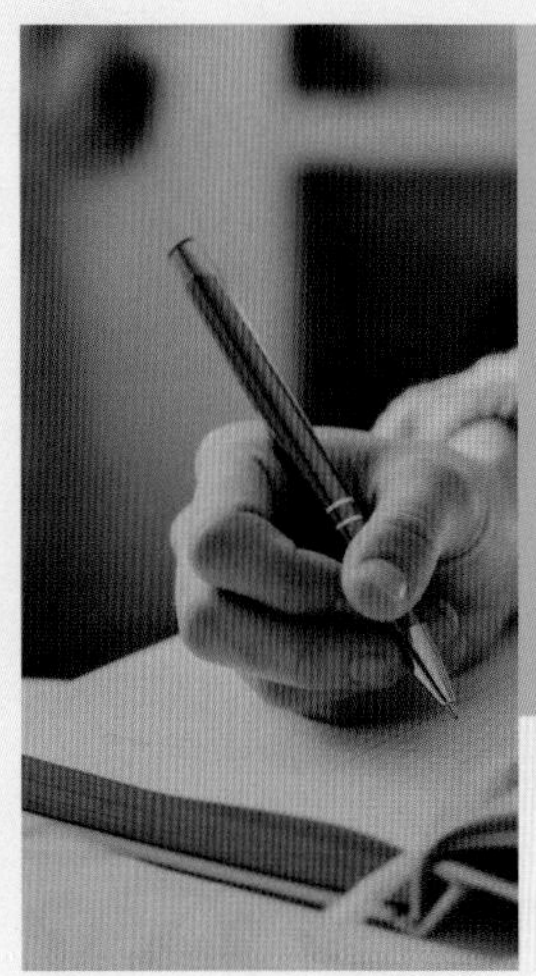

ペン１本あれば、英文はスラスラ読める

奇跡を起こす ワン・ペン・メソッド® 英語コーチング

Natsuko Fukui

代表
福井なつ子 さん

金融専門誌の編集者を経てカナダに3年間留学。帰国後からビジネスコンサルタントとして人材育成を開始。15年以上の実務経験を積む。英語による海外企業研修の実績も多数。人材育成の指導経験と確かな実績。

『ワン・ペン・メソッド® TOEICコーチングプログラム』最短3ヵ月

たった3ヵ月で英語力が飛躍する ペン1本を使った『ワン・ペン・メソッド®』英語学習法

ミラクルを起こす学習方で TOEIC200点UP実績多数

英語が読めない・書けないで困っている方に、新感覚の学習メソッドがある。それが『福井なつ子 英語コーチング』の『ワン・ペン・メソッド®』。最短3ヵ月で英語力向上を叶えるトレーニング方法として考案された独自の英語学習メソッドだ。ペンと紙だけで行うトレーニングなのに、リーディング・ライティング・スピーキング・リスニングすべてが驚くほど向上するのが、この学習方法の特長。数ヵ月ヶ月続けるだけで「これまで、読んでいても、ぼんやりとしか意味がわからなかった英文が、素早く明確にわかるようになった」「一度、不合格だった国立大学の大学院入試の英語科目が、たった2ヵ月の英語コーチングで、二度目の受験で合格点に到達。晴れて大学院生になれた」「3ヵ月でTOEICスコアが685点から865点にUPした」など喜びと驚きの声が多数。実際の方法は、ペン1本で英語長文の構造を分析し、大切な品詞をマーキングしていくだけ。7種類のマークを使い分けることで正確に英文を読むスキルが身につくという。一般的なスラッシュリーディング指導では、結局のところ英文をきちんと読めるようになりづらい、という課題をクリアし、なめらかでスムーズなリーディングスキルを習得できる。

福井なつ子 英語コーチング
ふくいなつこ えいごコーチング

✉ info.globaria@gmail.com
http://eng.globalcareer.work/
@832clmgd　@ecoach777（毎日更新中）

こちらからも
検索できます。

英語コーチングは、オンラインで行っているので、全国どこからでも受講可能。マンツーマン形式に加えて、グループコーチング形式で学びを深めるレッスンも開催。

コーチングの流れは、まず最初に英語学習者（クライアント）と相談しながら、目標達成のための最適なカリキュラムを一緒に作成する。TOEICの点数を上げたい、リスニングの不安をなくしたい、ネイティブのようにきれいな発音で英語がネイティブのようなきれいな発音を身につけたい、仕事やレポート作成などで論文を読んだり書いたりしなければならないなど、受講生の悩みや目標は様々。リーディングだけではなく、リスニング、スピーキング、発音矯正なども取り入れて、一人ひとりに合わせたカリキュラムを提案してもらえる。「英語を勉強したい・し直したい」と思っているけれど何から始めてよいか分からない方も気軽に相談を。1週間から10日に一度の対面（オンライン）セッションで、質問や分かりにくかった点を解決。学習面だけではなく、心理学をベースとしたコーチング・カウンセリングの手法を用いて、英語学習に対する不安やつまづきを解消し、メンタル面もサポートしてくれるのが魅力だ。さらに毎日のメールサポートで学習進歩の確認や英文添削などを実施。すぐに添削してもらえることで、日々の学習が習慣化できる。

無料で60分の体験セッションが受講可能。このセッションだけで英語力が上がったという声も。まずはWEBサイトからお問い合わせを。（ライター／播磨杏）

代表取締役
石田えこ さん

幼少期より狩猟家である父と一緒に山に入り、野生の猪や鹿に触れ合ってきた。自身も狩猟免許を持つ狩猟家で、ジビエの魅力を発信するために、妹のあんさんと郷土肉料理『やりばんが』を開店。

㊖ 11:00〜22:00（LO21:30） ㊡ 水曜日

肉の旨みを引き出す肉料理の匠の技 ジビエ料理など多彩なバリエーション

狩猟免許を持つ経営者 料理研究家の妹とのコラボ

肉好きを魅了してやまない店が兵庫県三田市にある。店名を反対から読むと応援メッセージになる『郷土肉料理やりばんが』。狩猟免許を持つ代表取締役の石田えこさんと調理を受け持つ妹で料理研究家でもある副社長の石田あんさんのコラボで提供される料理は、素材が持つ旨みを極限まで引き出す匠の技の結晶だ。牛や豚、鶏の料理だけでなく、猪、鹿などのジビエ料理に力を入れているのが特長で、極上の味を求めるリピーターが後を絶たない。石田えこさんは、全国に猟師のネットワークを持つ。石田あんさんは、海外での経験から子どものころから食に興味を持ち、料理の腕を磨いていくなかで様々な食材を調理してきた。中でも高タンパクで低カロリーのジビエに注目し、調理法を考えてきた。肉の旨みを引き出す象徴的なメニューがある。和牛のホルモンとバラ肉を贅沢に使用したオリジナルの『ばんが鍋』。水を使わず、肉ともやしや白菜、人参の野菜の水分に八丁味噌を加えて煮込んだもので、肉の柔らかい食感と濃厚なスープが絶妙なハーモニーを奏でる。最後の一滴までスープを堪能する客も多く、満足感に笑みがこぼれる。黒毛和牛や豚、地鶏の単品

郷土肉料理 **やりばんが**

✆ 079-509-0143
✉ info@yaribanga.com
㊟ 兵庫県三田市大原713-1
https://yaribanga.com/

代表取締役副社長
石田あん さん

海外生活の影響で幼少期から食に興味を持つ。世界各国で様々な料理に触れ合うなか、食材を見直す中で高タンパクで低カロリーなジビエに注目。「心とカラダに美味しいレシピ」を提案する料理研究家。

『ばんが鍋』
一人前
1,500円（税込）

『鳥釜飯』800円（税込）

『ロースト猪』80g 1,250円
『やりばんが』オリジナル。ジビエ初心者の方にもオススメの一品。

『A5ランクサーロインステーキコース』3,900円（税込）
『黒毛和牛赤身肉ステーキコース』1,600円（税込）

や黒毛和牛のコース料理に劣らず人気なのが、美味しい肉を腹いっぱい食べてほしいとの思いが伝わるランチメニューの『ミックスグリルランチ』。豚バラステーキ、グリルチキン、和牛ハンバーグ、和牛赤身肉ステーキの4種類の肉料理に焼き野菜、お代わり自由なご飯、サラダ、スープがついて１１００円という安さ。地元の方にも愛される逸品だ。提供されている和牛ハンバーグは、あふれ出る肉汁が食欲を刺激し、スープも鶏のダシが利いて味わい深い。使用する野菜は、すべて無農薬で育てた自社製のもの。ジビエ料理に使う猪や鹿の肉は、石田えこさんが全国の猟師のネットワークを通じて仕入れる。メニューは、ロースト猪や鹿ローステーキのなどジビエ初心者にも好評。大自然の中で育った天然物ならではの野趣に富むジビエの味を満喫できる。店舗の外観は古民家風、店舗内はレトロな雰囲気で、掘りごたつ式の座敷席や完全個室もある。また、系列の『郷土肉料理やりばんが』のお持ち帰り専門店『揚娘（あげっこ）』では、から揚げプレーン、和牛のミンチカツやビーフカツ、コロッケ、ハニーマスタードチキン、国産ローストンカツなどがテイクアウトできる。また協賛の大型ＢＢＱ場も近日公開とのことで、今後の展開が楽しみなお店である。

（ライター／山根由佳）

感謝・信頼・愛
ファスティングを文化にする！
健康がすべてではない。
しかし、健康を失うとすべてを失う！
ファスティングであなたとご家族の健康をトータルサポート
全身の細胞をリセットする！
内面からキレイなカラダを創るファスティング
Professional Fasting Meister

代表
渡辺正明 さん

分子整合医学美容食育協会認定プロフェッショナル・ファスティングマイスター、健康美容食育士、杏林予防医学研究所・細胞環境デザイン学認定講師、国土交通大臣登録公認不動産コンサルティングマスター。

予防医学で細胞から元気に！ 心も体も幸せに導く体質改善ダイエット！

予防医学的アプローチで専用ミネラルドリンクを推奨

古くから宗教的行為や民間療法として行われてきた断食(ファスティング)を、予防医学的アプローチで心身の幸せを追求する方法として指導しているのが『ファスティングマイスター学院横浜とつか支部』代表の渡辺正明さんだ。一般社団法人分子整合医学美容食育協会認定の「プロフェッショナル・ファスティングマイスター」、同協会認定の「健康美容食育士」でもある健康・美容・食育のスペシャリスト。専用の高品質発酵ドリンクで必須ミネラルを補給しながら進める「ミネラルファスティング」でダイエットや体質改善に導く。

「近年、ダイエットやデトックス、アンチエイジングといった美容目的で行われることも多い断食には苦行のイメージがありますが、ファスティング用に開発された専用ドリンクを使えば3日から10日ぐらいの断食は全くつらくありません。いくつか注意事項はありますが、それ以外は普段通りの生活を送ることができます。当支部では、受講者様の食事や生活習慣をAIで分析し、体質や目的に応じて標準的な3日間の断食期間を長くしたり短くしたり、細かくサポートします」

渡辺さんが推奨する発酵ドリンクは、分子整合医学美容食育協会特別顧問の山田豊文・杏林予防医学研究所所長が監修したファスティング用ドリンク『MANAプレ

ファスティングマイスター学院 横浜とつか支部
ファスティングマイスターがくいん
090-7887-4277（健康道渡辺横浜事務所）
masawata01@gmail.com
㊟ 神奈川県横浜市戸塚区吉田町778-9-401
https://fastingmeister.com/

詳細情報はこちら。

LINE

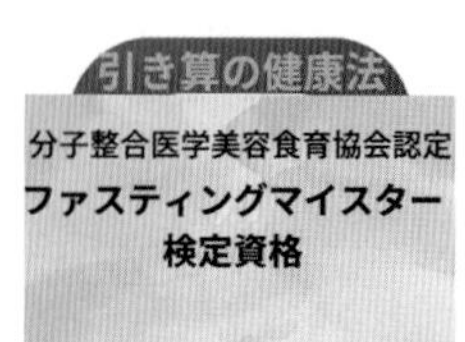

引き算の健康法
分子整合医学美容食育協会認定
ファスティングマイスター
検定資格

リバウンドしない
半日ファスティング
スペシャル
ドリンクセット
半日ファスティングなら毎日継続できる！
安心の定額制
1食あたり ¥378-
¥11,340/月（税込）

『半日ファスティングセット』 定期購入 月額 11,340円（税込）

『書籍「成功男の超断食術」著書解説! ファスティング実践基礎講座』（オンライン講座） 1,000円（税込）

『マナ酵素』
『オーガニックヘンププロテインMANAWA』

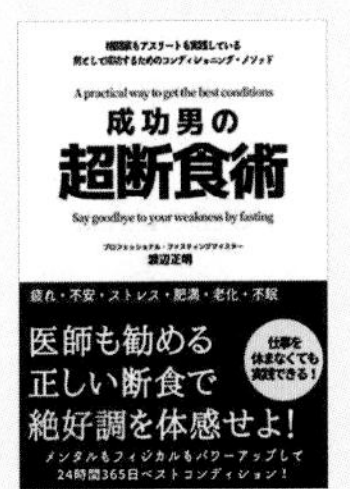

著書
「成功男の超断食術」

詳細情報は
こちら。

ファスティングセットの実践

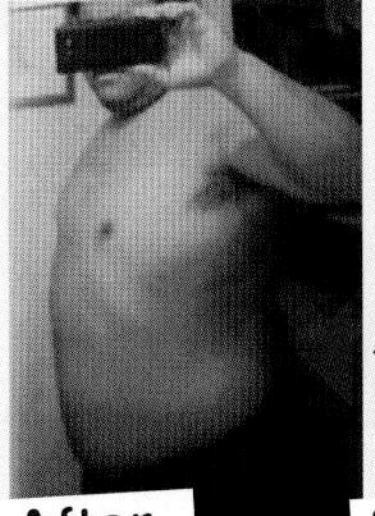

ミアム』。

自生する野草、パパイヤ、野菜、ハーブなどを発酵、熟成させたエキスとマグネシウムやカルニチンなどの栄養素、約50種の乳酸菌などを配合した従来のドリンクに、四つの有効成分（醗酵ザクロ・亜鉛・ポリアミン・菊の葉エキス（ルテオリン））を追加した美容・アンチエイジング・免疫力アップにフォーカスし100％原液のドリンクだ。

渡辺さんは、「ゆるやかなファスティング方法」、略して「ゆるファス」も提唱する。日常の食生活を洋食から和食ベースに変え、一日当たり1～1・5食を摂ってストレスなく続けられる断食法だ。

渡辺さんは、格闘空手の選手として活躍した後に、ミネラル栄養学の権威で細胞環境デザイン学を提唱する山田所長の「ミネラルファスティング」を知り、直接指導を受けた。実践したところ、長年苦しんでいた花粉症がほとんどなくなるなどの効果があったことからファスティングに惹かれ、同協会で指導資格を取得。2019年には「ミネラルファスティング」の方法などを詳しく解説した著書「成功男の超断食術」を刊行。さらに、ファスティングを中心に食育や身体操法（セルフ整体）、冥想呼吸法を組み合わせた総合的な健康法を「和伝健康道」と名付け、オンラインでも『和伝健康道ミネラルファスティング基礎講座』を提供。予防医学のアプローチに基づいた心身の健康促進をサポートしている。

（ライター／斎藤紘）

『カウンセリング』60分 5,500円（税込） 『コーチング』60分 8,800円（税込）
学生割引あり。小中学生は無料。

代表
庄野晴美 さん

鬱病と診断された過去や親の介護経験などから得た知識、心理学を学んで得た知識を活かし、「楽に生きられること」をもっと多くの方に伝えたい、などの想いからカウンセラーとコーチングの資格を取得し、会社を設立。

喫茶店感覚で立ち寄れる兵庫のカウンセリングサロン

女性の立場を深く理解する妻・母・嫁としての経験

心に寄り添うカウンセリングで評価の高い『株式会社 COCOHARELISS』は、海外では出勤前や仕事帰りに、気軽に立ち寄る場所。代表の庄野晴美さんも「喫茶店に行くような感覚で訪れてほしい」という思いで2020年10月にサロンを設立した。

夫婦関係、恋愛、結婚、姑関係、子育て、人間関係などお悩みはなんでも相談可能。しっかりと耳を傾け、一緒に解決策を探してくれる。自分の性格を変えたい、転職したい、子どもの引きこもりをなんとかしたい、自分の病気を理解したい、離婚したい、親との関係を改善したい、不倫をやめられないなどのお悩みから、うつ病の認知行動療法、トラウマ、心的外傷の問題（EMDR）など、人に話しづらいことも優しく受け止めてくれる。

庄野さんは24歳で結婚し、三人の子どもを育ててきた。結婚してから25年以上、妻・母・嫁の役割を務め、幾多の辛い経験や試練も乗り越えてきたという。自身が鬱病だと診断されたり、親の介護で悩んだことも。そんな経験を乗り越えられたからこそ、「周りの人の役に立ちたい、一人で抱え込まないでほしい、楽に生きられること

株式会社 COCOHARELISS
ココハレリス

090-8797-5580
cocohareliss5580@gmail.com
㊟ 兵庫県伊丹市緑が丘1-324
https://cocohareliss.com/

こちらからも
検索できます。

「企業セミナー」

を伝えたい」とカウンセラーとコーチングの資格を取得。豊富な実体験に基づくカウンセリングで「安心して話せる」と評判が高い。心理学にも精通し、なんともいえない穏やかな雰囲気で包み込むように癒してくれる。

また、夢や目標を実現するためのコーチングセッションも人気が高い。一人ひとりの心に寄り添い、特性を見出して成功への行動を具体的に提案。社員教育コーチングなど企業の人材育成などにも関わっている。２０２３年度に入り、企業まるごとコーチングプランを作成し、企業へ人材育成のプログラム・管理者育成セミナー・全社員対象のコーチングを実施している。カウンセリング・コーチングは対面だけではなく、Ｚｏｏｍでも可能。全国から相談することができる。

その高い評判から、設立から3年にも関わらず、メディアや雑誌からも注目され、様々な媒体からインタビューを受けている。

「生きていると悩みはつきないもの。そんな時、抱え込まずに話を聞いてもらうだけで心が軽くなります。ぜひ、立ち寄ってみて下さい」

（ライター／播磨杏）

望診家
鈴木ゆかり さん

西洋占星術と東洋医学の望診を掛け合わせた『アストロ望診®』創始者として、望診法を普及する講座などを開催。個人向けの『アストロ望診®カウンセリング』や『メタトロン波動測定カウンセリング』も承っている。

私らしい人生へ 体・心・魂の美しさを磨くスクール

プロも目指せる 東洋・西洋医学を生かした望診法

「私らしい食事法や生き方に目覚め、私らしい人生を送ること」を提唱する『日本望診ビューティスクール』。「望診法」とは東洋医学の四診の一つで、肌トラブルなど体に現れた症状から、内臓の不調を読み解き、どのような食事によってどの臓器が弱っているのかを導きだすもの。その望診法に西洋占星術を組み合わせて確立されたのが、『アストロ望診®』。望診家の鈴木ゆかりさんが生み出したオリジナルメソッドだ。東洋医学と西洋医学を融合させることで、多角的な視点からアプローチでき、効率的に体質改善を叶えられる。

『日本望診ビューティスクール』は、その『アストロ望診®』を学び、プロを目指せるオンラインスクール。肌という目で見てわかる望診だからこそ、オンラインでも心身の健康についてアプローチが可能。ホームケアを学ぶ1年制とプロとしてビジネス展開までを学ぶ3年制から選べる。

1年次では、自分と家族の健康を守る知識と技術を学ぶ。望診の基礎となる東洋医学、マクロビオティックや薬膳、望診の心と体への応用などから、免疫学や解剖学、エネルギー代謝学など体の機能や構造について、現代医学的な知識までを

日本望診ビューティスクール 株式会社 東方美人
にほんぼうしんビューティスクール

03-6380-5527
info@japanboshinbeautyschool.com
㊟ 東京都新宿区新宿1-3-8 YKB新宿御苑701
https://japanboshinbeautyschool.com/

幅広く身につける。また、アトピー性皮膚炎との向き合い方、脱ステへの長期的な取り組み方なども学ぶ、濃い1年になっている。

2年次では医療占星術、アーユルヴェーダ、チャクラ、蜂蜜療法などの伝統医療や自然療法、栄養学にも知識を深める。また、クライアントの本当の不調の意味を客観的に把握し、的確なアドバイスができるようカウンセリングスキルも磨いていく。

3年次では、専門家として人に教えるスキルや事業化していくためのビジネスマインドや集客、財務など経営を学んでいく。総合的に一生の仕事にしていけるよう、サポートしてくれるのだ。卒業後もビジネスサポートを行ってくれるので心強い。

オンライン授業は毎月2回。そしてチューター制度で学びをフォローアップしてくれるので、不安や疑問を残さずモチベーションも保てる。さらに専門家を迎えた課外授業なども開催。望診の精度は、多くの人の顔を見ることでアップするので、グループワークなども行い、実践へ繋げていく。また、講義録画は好きな時間・好きな場所で視聴することができるので、自由な学習スタイルで効率よく受講可能だ。

（ライター／播磨杏）

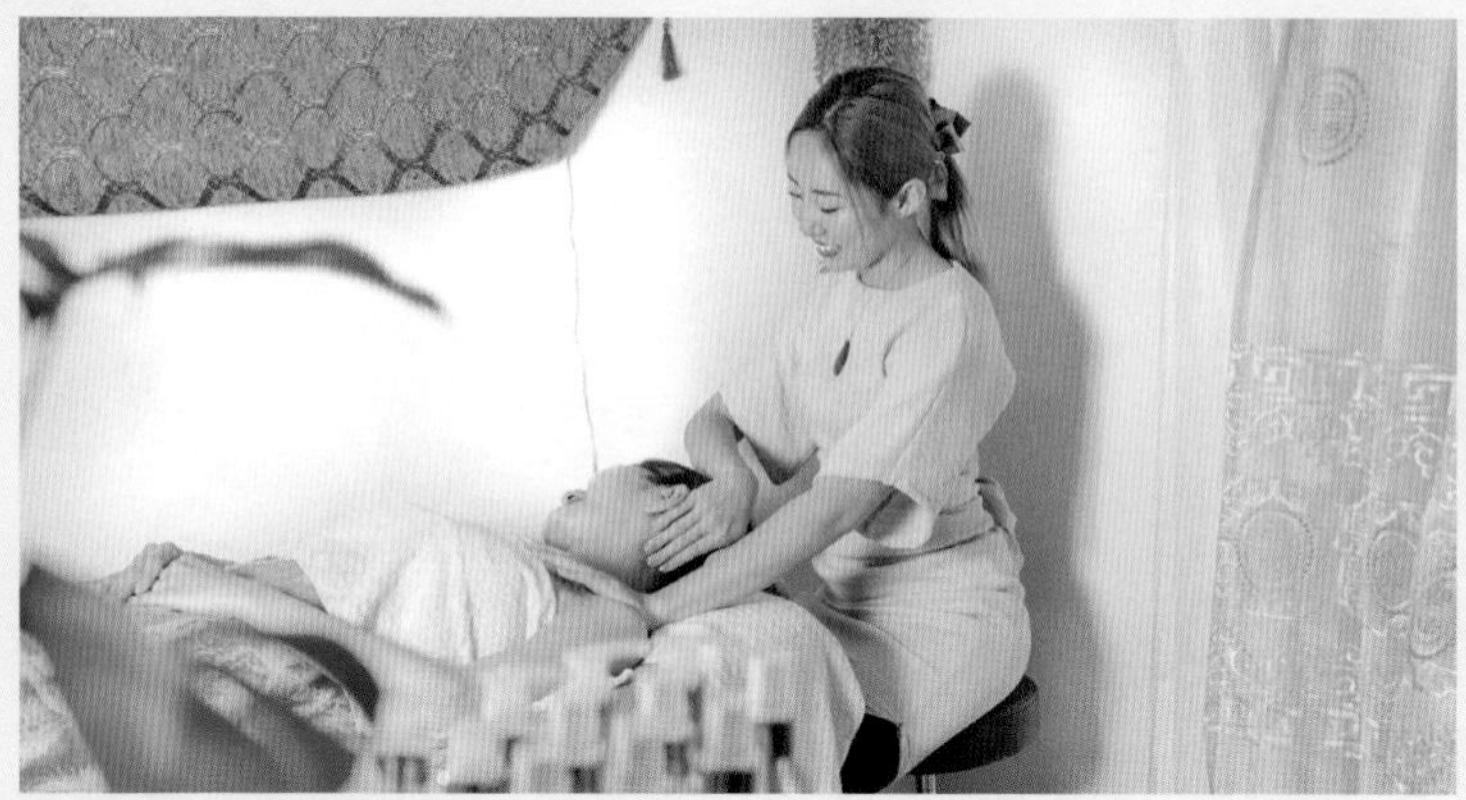

「あの日を境に人生が大きく変わる」
『覚醒鑑定』60分 23,000円（税込）
『魂カウンセリング』初回 60分 18,000円（税込） リピート 60分 16,000円（税込）
『アリーシアフェイシャル®頭蓋量子力学セラピー』 120分（小顔矯正、腸マッサージ、炭酸パック付き）
20,000円（税込）

主宰
LANA さん
ご縁あるお客様、一人ひとりの人生を共に歩むような、魂の紐解きを大事にしているため、予約枠を限っている。お待ちいただけるご理解のある方のみ、お問い合わせくださいとのこと。この記事を読んでくださった人たちと出逢えるのが楽しみだと話す。

世界で評価されるセラピーで幸せ溢れる人生へ好転

癒しで覚醒運命を切り拓き魂震わせる自分らしい人生へ

琉球覚醒鑑定師のLANAさんが運営するサロンは、日本だけでなく海外からも予約が殺到している人気サロン。オンラインでも受けられる覚醒鑑定の予約待ちは、3ヵ月でこれから益々予約が取りずらくなるのは必至。経営者はもちろん、プロスポーツ選手や芸能関係者などもお忍びで来るほどの実力だという。

『アリーシアフェイシャル®』は、フェイシャルエステと量子力学セラピーを組み合わせたLANAさんが10年の経験を経て発案されたエネルギーセラピー技術で、予約待ちはなんと4ヵ月。施術前にお客様に合ったオイルを選択し、デコルテマッサージやヘッドマッサージ、小顔調整、エネルギー調整、そして生コラーゲンに塗布直前に調合する生炭酸パックなどこだわりが感じられる施術を90分のオールハンドエステで行う。顔の変化やエネルギーの変化による感動の声が寄せられ、リピーターも多い。

また、2名からであれば『アリーシアフェイシャル®』の技術スクールを全国で開催しており、手が離せない子育て中のママ世代から賞賛の声多数あるという。

琉球覚醒鑑定師 LANA

りゅうきゅうかくせいかんていし ラナ

lanamoana1002@gmail.com
住 京都府京都市右京区西院春日町27
https://lit.link/lanamoana/
@lanayoga__hawaii
@977enjzn

毎日Instagram にて有料級情報配信中！ 稼ぐ女は愛され上手】【癒しで覚醒運命を切り拓く】がテーマ。才能開花したい方は要チェック◎

Instagram

ホームページ

さらに、シャーマンやヒーラーを目指す人たちが学びにくるスクールも運営中。初級講座やアドバンスコースなど、エネルギーの扱いやセルフラブを高めるスキルを身につけることができるコースを複数展開している。

LANAさんは、多才な経験を持つシャーマンであり、メンタルカウンセリングの資格も保有。パートナーシップの問題にも対応できるなどその手厚いサポートを求めて、沖縄シャーマン文化の代表のユタさん(霊能者)たちやアメリカから学びにくる生徒さんもいるのだという。YouTube チャンネル「琉球シャーマンLANA」も運営しており、波動の整え方や量子力学エステなど幅広い情報を発信。波動の整え方やQAコーナー、宮古島のVlogなどバラエティ豊かな動画 の数々は一見の価値あり。講演会や企業への講演依頼も受け付けている。

お客様一人ひとりの人生を大切にし、魂の紐解きを行っているLANAさん。その活動は日本を明るく豊かにすることを目指しており、将来的には社団法人の設立や精神回復施設へのサポート活動も考えているという。

(ライター/長谷川望)

お悩みや問題、
解決できないままくるしんでいませんか？

霊視鑑定 天龍

占いの館 Dahlia

除霊・霊視鑑定
四柱推命
姓名判断
タロット

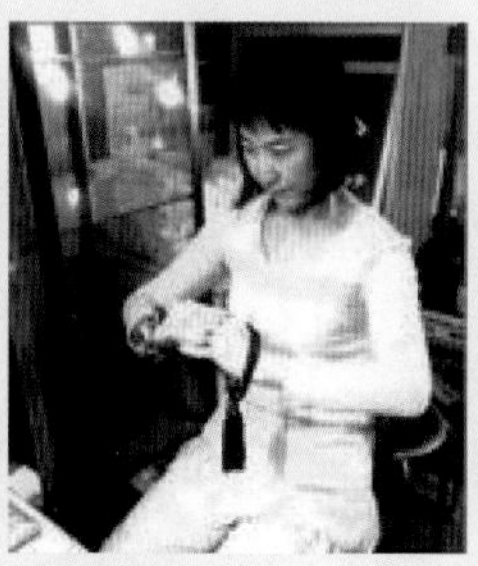

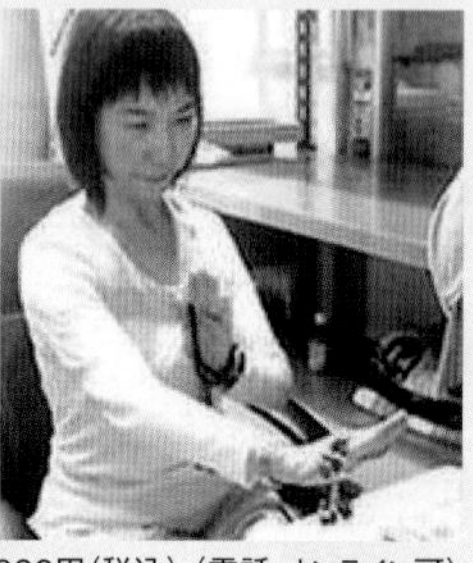

『霊視鑑定（除霊・交霊・悩み相談）』1時間 5,000円（税込） 2度目～ 3,000円（税込）（電話・オンライン可）

代表
天龍知裕（ちひろ）さん

38歳まで霊視の世界とは無縁だったが、霊視鑑定で徳川家財宝等のテレビ番組に出演した故伊藤良子氏に師事し、霊視が可能になる。8人の鑑定士を擁する『霊視鑑定 天龍 占いの館Dahlia』を代表として運営。手相占いやタロット占いも可能。

心を楽にする霊視鑑定
解決策を導き出し、希望へ誘う

4冊の著書を刊行する実力派女性霊能者の館

悩み・苦しみを抱えた相談者の霊を霊能力で読み取り、どう行動し、解決していくべきなのかを示す霊視鑑定のプロとして注目なのが『霊視鑑定 天龍 占いの館Dahli』代表の天龍知裕さん。霊視鑑定以外にも除霊、交霊、降霊、手相、タロットなど様々な力を駆使して、相談者に明るい希望を与える活動をしている。

「霊視鑑定は、相談者の話を聞きながら進めていきます。その間に五智如来様、十六大菩薩様のお力で除霊・浄霊を行い、私の方へ祟り神様や悪霊をお預かりしてご供養いたします。続けて守りを強くして頂く説明や、現実にどうして行けばよいかを霊視しながら解答をだしていきます。邪魔するものがなくなるだけでも心は随分と楽になります。解決策が出ると希望がお持ちになれます。そして、最後に相手の方の体がもっとよくなる為に、真言神咒を読経させて頂き（梵語で神様の名を呼びます）神様の印を結び、神様方にたくさんお越し頂くお願いをします。気功をして頂き、スッキリして頂いて終了です」

仕事や恋愛、家庭、人間関係の悩み、大きな選択を迫られている時や、理由の分からない身体の不調に悩まされている時など、相談者の思いは様々。どんな小さな悩みでも、天龍さんがしっかり耳を傾け、霊と

霊視鑑定 天龍　占いの館Dahlia
れいしかんてい てんりゅう　うらないのやかたダリア

090-6432-6572
㊟ 兵庫県明石市天文町1-2-3
https://www.tenryu-chihiro.com/

霊視鑑定 天龍 占いの館 Dahlia

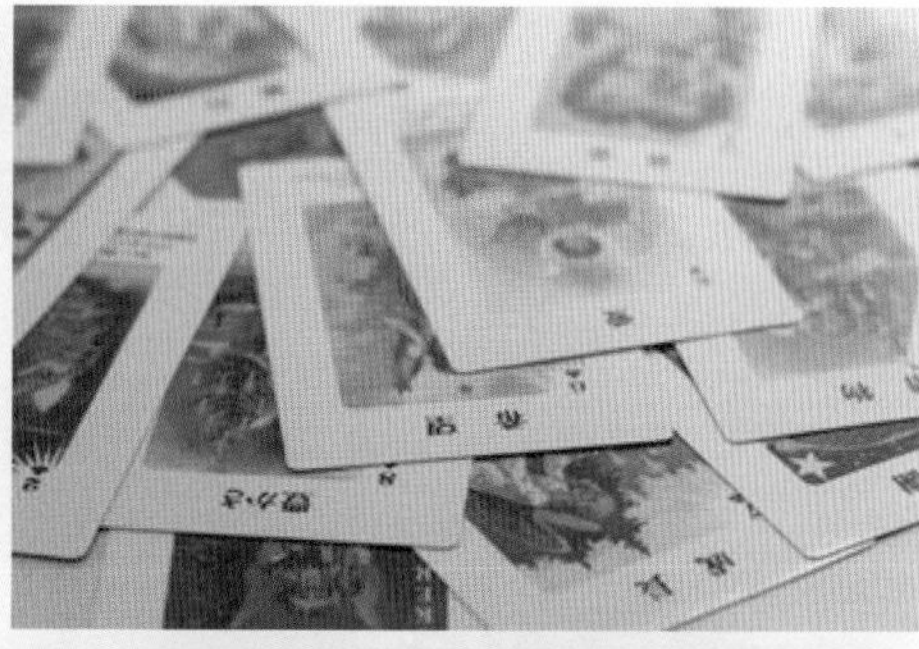

著書紹介
『幸せを求めて』1,650円(税込)
『天の神様vs地獄の神様』1,430円(税込)
『宇宙の真理で未来は希望の光』1,430円(税込)
『この世で天国 あの世で天国』1,375円(税込)

交信しながら解決へ導いてくれる。希望があれば霊気治療も行う。不調がある部分、気になる部分に天龍さんが手をかざし、治してもらえるようお願いをしてくれる。人によって効果は異なるが、症状をよくしてもらえることが多いという。対面だけではなく、オンラインでの鑑定・除霊・御祈祷・御供養も可能。全国から依頼が後を絶たない。

天龍さんはあるきっかけでTVにもよく出演していた著名な女性霊能力者に出会い、従事したことで霊視が可能に。5年間修行を積んだ後、広島市で「龍登(りゅうと)」として活躍し、現在の兵庫県に移った。その長い経験と豊富な知識を活かし、これまでに4冊の著書を刊行。代表作は『幸せを求めて』。霊的な視点で魂の意味、魔界や神様との関わりを知ることで、可能性に溢れた今世に改めて気づくことができるようになる。本当の幸せの意味を理解できる、貴重な一冊だ。霊視以外にも、手相・姓名判断・四柱推命・タロットなどの占いも行う。天龍さんが選び抜いた有能な鑑定士が揃い、悩みに合わせて相談が可能。

「一人でもたくさんの人が、明るく楽しく生活して幸せになって頂きたいと思っています。普通に暮らせることの素晴らしさ、感謝の心を大きく感じて頂き、益々良い流れをお作り頂くお手伝いができればと願います」

(ライター／播磨杏)

『相談』30分 5,000円(税込)　60分 10,000円(税込)
『四柱推命鑑定』お試し15分 3,000円(税込)　30分 5,000円(税込)　60分 10,000円(税込)

代表
萃輝(すいき)さん

母親は身体が弱く、3歳から児童養護施設で生活。幼い頃から霊感が強く、困った時もあったが、先祖たちの力を借りて調整できるようにもなったといい、そんな時に『鳥海流四柱推命』に出会い、鑑定師、神原仙六として活躍。現在は『四柱推命』の講師としても活動。

『四柱推命』応用の中小企業コンサル好評 鑑定で人材の適性見極め配置先見出す

業務適正化の課題解決 占い喫茶店開店も計画

中国の陰陽五行説から派生し、膨大な過去のデータを元にして鑑定する統計学的観点に基づいた占い『四柱推命』を応用した異色の企業コンサルティングで評判なのが『合同会社翠輝』代表で『四柱推命』の講師でもある萃輝さんだ。中小企業を対象に、『四柱推命』の鑑定で社員一人ひとりの適性を見極め、それにふさわしい人材育成法や人材配置をアドバイスし、企業が成長軌道に乗るために必要な業務の適正化の課題を解決に導く人間本位のコンサルティングだ。

「陰陽五行説をもとにして、人生の運命を観察するための手段である『四柱推命』を中小企業の経営判断に役立てるというのが当相談所の企業コンサルティングの特長です。使う『四柱推命』は東洋占星術研究家鳥海伯萃先生が考案した『鳥海流四柱推命』。『四柱推命』は年柱、月柱、日柱、時刻柱の四つの柱で占いますが、『鳥海流四柱推命』は年柱、月柱、日柱の三つの柱で鑑定します。年柱とは0～29歳の間で親や先祖、上司や社会との関係を表し、月柱は30～59歳の間で仕事や組織を表し、日柱とは60歳からとしてプライベートや性格を表し、それらをもとにそれぞれの年代や性格などを含めて鑑定します」

合同会社 **翠輝**
すいき

080-7706-6072
llc.suiiki.konsaru@gmail.com(企業コンサル)
llc.suiiki.uranai@gmail.com(個人占い)
㊟ 和歌山県御坊市湯川町丸山38-6
https://kanbarasenroku.com/

こちらからも
検索できます。

企業コンサルティングでは、企業にとっての理想の人材像を確立するところから逆算する形で始める。

「仕事に取り組む上で社員に求めるマインドや技能の程度などを具体的にリストアップしていきます。その上で、必要な研修や教育機会を調整することになりますが、人材の適性を見極める必要はどうしても生じます。そのために活用するのが『四柱推命』による適性判断です。適性を正しく把握することで、社員は自分の得意を社内で生かしていくことができるようになり、社員一人ひとりの個性に合った配置先を見出すこともサポートしていきます。人材配置の変更をすることで、新入社員を雇うことなく組織全体の能力分布を適正化、活性化できますし、積み上がった経験を配分し直すことで多様性のある組織作りを図ることも可能になります」

萃輝さんは、先祖が出雲大社の神官、曽祖父がキリスト教の宣教師という家系に生まれ、幼い頃から霊感が強く、『鳥海流四柱推命』に出会ったのをきっかけに『鳥海流四柱推命』鑑定師として活動を始めた。フードコーディネーター、料理人、介護士として働いた経験もあり、このたび、萃輝さんお手製の特別メニュー料理と占いをセットにした和風喫茶「翡翠庵（ひすいあん）」もはじめている。

（ライター／斎藤紘）

「神社の境内の朝日と神社猫宇宙」

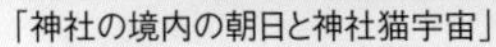

「大黒天、恵比寿」

主宰
渡辺照予 さん

過去に「他人軸」で生き悩んでいたところ、潜在意識と繋がる「瞑想」に出逢い、魂の望む幸せに気づく。自身のように〝他人軸〟で苦しんでいる人が、本来の自分に戻るための手助けをしたいという思いで現在の活動を開始。

［他人軸］から解放されて 自由で幸せな人生に導く

瞑想で気づく本来の自分 笑顔あふれる毎日へ

他人の視線が気になって仕方がない、自分が満足することよりも、誰かからの評価が一番。それが「他人軸」な生き方。〝「他人軸」で生きるのはもう卒業！「自分軸」で、軽やかに幸せな人生を送りたい！〟そんな方にご紹介したいのが愛と光の使者、スピリチュアルヒーラー渡辺照予さん。高次元のエネルギーとつながる瞑想、浄化・浄霊、遠隔ヒーリング、オラクルカードリーディングなどで、ストレスから解放され、自由に楽しく生きられるように導いてくれる。中でも、潜在意識と繋がる瞑想では、魂の本当の望みや、自分の価値に気づくことができるそう。また、負のエネルギーが浄化されることで、心から軽やかに前向きな気持ちになれる。「他人の評価よりも自分の満足度を優先できるようになった」「ありのままの自分を受け入れるようになった」との声が多く上がっている。

「私自身も、「他人によく思われたい」という気持ちが抜けない「他人軸」の時代がありましたが、瞑想と出会って本当の意味で生きることの喜びに目覚めました。自分の魂の望む幸せに気づいたら、本当の笑顔で毎日を送れるようになりました」

スピリチュアルヒーラー **渡辺照予**
わたなべてるよ

090-7798-3827
terasuamaneku111@gmail.com
㊟ 福島県伊達市月舘町上手渡玉久保19-2
https://profile.ameba.jp/ameba/reiya369
TikTok @teruyoterasu　@teruyoterasu33

公式LINE登録者には、毎月15日に無料で遠隔ヒーリングをプレゼント。

「満月」

「宿に差し込む
朝日に起こされて」

「大きな龍神様」

「朝日を浴びて」

「街灯」

「神社の鳥居の前」

「背後からのお日様」

『もやもや解消、エネルギーチャージ』（45分×2）6,600円（税込）　『心を整え、あなたの魅力UP瞑想』（30分）3,300円（税込）など。

また、オラクルカードリーディングでは、自分の知りたいことについてのヒントが得られるという。仕事や恋愛、家族関係などの悩みはもちろん、結婚や離婚、起業や転職など大きな選択を迫られているときにぴったりだ。

渡辺さんのブログでは、「神仏の愛を受けて自分軸で軽やかに生きるあなたを応援」してくれる記事が日々アップされている。「面倒だけどやらなければいけない時」「仕事に対しての考え」など、読むだけで心がフッと軽くなったり楽になる内容満載。

「生命・心・魂は、目には見えないので普段は意識しないが誰もが生まれ持ったもの。それをどう使い、どう磨いていくかで人生が変わっていく」というのが渡辺さんの根本となる考え。そして人生の中の決断はすべて「自分が自分らしくいられるかどうか」だけを意識して選び取っていけばいいという。

高次元の光と繋がる渡辺さんの力を借りて、〝自分らしく生きて笑顔あふれる毎日〟へシフトしていってみてはどうだろうか。（ライター／播磨杏）

個人や自営業の方々を応援する『全国助け愛♡プロジェクト®の活動』。

代表取締役会長
田野井美奈子 さん

『全国助け愛♡プロジェクト®』創始者。インターネットラジオ「ゆめのたね」パーソナリティ。全国800番組中リスナーランキング1位。「SDGs」活動の一部とパーパス経営のパイオニア。自らの成功ノウハウを無償で提供している。全国から感謝と感動の声が続出。

新時代のプラットフォーム『全国助け愛♡プロジェクト®』スタッフ募集

大ヒットしている「助け愛」一人ひとりの心に寄り添う新常識のライフスタイルの提案

脳と心の癒しエステサロン、ヒーリングやカウンセリングが大好評。お肌だけでなく心も潤い「将来の不安がなくなった」「今まで以上に自分に更に自信が持てた」「自分も人のお役に立ててよかった」などと口コミが広がり、全国から現在も相談や問い合わせが絶えない。

代表の田野井美奈子さんは、携帯電話もない時代23歳のときに当時安泰の職業だと思われていた銀行員を辞める決断に至った。表向きは順風満帆であったが、実際にはプライベートとのギャップに苦しんでいた。ある勉強会でこの先どんどん貧富の差が激しくなることを知った不安感から、怪我や病気で急に働けなくなったり、大切な人に何かあってそばに寄り添いたい、そんなときのためにお金が入る仕組みを作ろうと今でいうFire（早期リタイア）を勇気を出して決断したそうだ。

人を大切にしながらありとあらゆる職業を通して、営業、マーケティング、コンサルティング、ブランディング能力を知らず知らずのうちに身につけることが出来ていた、自分の中に宝を得た『棚ぼた人生』。35年前から『綺麗事を綺麗にする』考え方を貫くことで、波瀾万丈ありながら紆余曲折を経て、風の時代が来

Remercier 株式会社　〜感謝する〜
ルメルシェ

080-7972-8369
remetasu369@gmail.com
㊟ 神奈川県横浜市瀬谷区五貫目町10-1 マークスプリングスメゾンB313
https://www.remercier369.net/

ホームページ

公式LINE

【全国の皆さまの声】

ゆめ たね
過去も感謝に変え
誰にでも幸せになる権利はある
by Venus369

物価高や値上げによって苦しくなっていく世の中経済的逆境から若者を救う救世主登場!(千葉20代男性)

惜しみない無償の愛で全てを包み込み、どんな人にもチャンスがあると教えてくれる場所です(神奈川40代女性元美容師)

職場でパワハラに遭い人間不信になったが、やっと自分らしくいられる場所が見つかりました(神奈川50代元看護師)

人も動物も笑顔に(大阪40代女性/保護猫活動家)

誰かの笑顔のため動物の命を守る(埼玉40代女性)

お一人お一人を大切に心に寄り添って下さり、安心できる居場所(栃木30代女性看護師)

ルメルシェで不安をなくし夢を持ちずっと青春して行こう!!(埼玉60代女性)

全国の方々に勇気と希望を与えてくれている経済と精神のバランスが取れる場(岡山60代女性自営業)

「起きることには意味がある」「自分次第」「出逢いは必然」そういうふうに感じ取れる自分になれた(神奈川50代女性)

自分らしくいられる(東京20代女性)

自分らしく人間成長させていただき心の声を言葉にすることが出来るようになれました(千葉50代女性)

美奈子先生との出会いで諦めずに向き合ってくださったおかげで自分との向き合い方がわかり人との向き合い方がわかるようになりストレスがなくなりました(岐阜40代女性)

他人のことをその人本人より諦めない(東京30代女性)

田野井美奈子さんとのご縁からルメルシェの環境で学ばせて貰い本当にやりたいことが見つかった。将来のお金の不安や孤独感がなくなった。(東京30代男性元フレンチシェフ現主夫)

家族のように思い合える仲間と社会貢献ができるLGBTQ+フレンドリー。(神奈川40代女性)

真剣に向き合ってくださる田野井美奈子さんに救われました(東京40代男性元SE)

超高齢化社会がくる現実、心豊かに経済と精神のバランスが整えられる環境。備えあれば憂いなし(東京40代女性)

自分の人生なんてこんな感じ…と諦めていたけれど、ルメルシェと言う環境に出会って、諦めなくていい!変えられると希望が持てた(岡山60代女性元飲食店経営)

田野井美奈子さんからお仕事やギター(音楽)を通して、人の在り方や心の在り方を学ばせて頂いてから、本当の人生の豊かさを知りました(東京30代男性元プロギタリスト)

る前から先駆けて唯一無二の『助け愛』を実現し全国に感動の輪を広げている。絶えず人を信じきる本気の仲間への想いが故に、ついて来られない仲間も沢山いたことが苦しく、ネガティブな自分との戦いでもあった。

そんな中でも田野井さんを信じ支えてくれるご主人でもある相談役の田野井浩一さんをはじめ『助け愛』の想いに共感・共鳴し誠実に真っ直ぐ伝え続けてきてくれた仲間たちのおかげで綺麗事を綺麗にやり遂げ、形を築き上げてきた事実がある。「その仲間たちの素晴らしさを皆さまに伝え続けていきたい。そして仲間を本気で純粋に想う同志で『助け愛』を通して出会う方々を本当に全力で大切にさせていただきます」と熱く語る姿が輝いていた。(ライター/彩未)

❶さらに詳しく知りたい方
❷ボランティアに興味のある方
❸経済面を充実させたい方
❹美容モデルになりたい方

QRコードから
その他相談、お問い合わせ。

『グループホームぬくもりのさと』

代表
野田直裕 さん

法政大学経済学部卒。アパレル会社で東京の百貨店中心に営業を三年間経験。父親の会社でテキスタイルデザイナーとして勤務後、不動産管理業界を経て、2018年、『合同会社やさしい』設立、障がい者グループホーム事業に着手。

実践に役立つ北欧型福祉運営研修開始
障がい者福祉ビレッジ形成方法を伝授

空き家で住環境を整備
ITで職員の待遇向上

福祉先進国北欧をモデルに精神障がい者の職と住を支える国内初の「福祉ビレッジ」を形成した『合同会社やさしい』代表の野田直裕さんが、2022年障がい者福祉教育を事業に掲げる「株式会社ぬくもりの泉」を立ち上げ、ビレッジ形成のノウハウをオンラインで伝授する「北欧型福祉運営研修」を開始した。障がい者が増加傾向にあり、それに伴って障がい者福祉サービスの需要も高まっていることを背景に、幸福度の高い北欧型の事業スキームへの賛同者、実践者を増やし、ビレッジの輪を広げていく考えだ。「福祉ビレッジ」は、定員が4人の五つのグループホームと就労継続支援B型作業所から成り、グループホームは空き家を利用したのが特長。2022年12月には、作業所近くに精神科クリニックが進出、「住」「職」「医」がワンストップで叶う環境が整い、野田さんが目指す「障がい者の人生をトータルにサポート」する体制ができあがった。「北欧型福祉運営研修」は、北欧型福祉の基本を解説する初級コースと「福祉ビレッジ」を形成するためのエリア選定、物件選定、スタート前準備、マネージメントなど実践のノウハウを教示する中級コースから成り、

合同会社 **やさしい**

0569-59-3737
info@nukumorigroup.jp
㊟ 愛知県半田市花園町6-27-6 メゾンドK 2D
https://nukumorigroup.jp/

人にやさしく“自分”らしく。

人に寄り添い、共に生きる。

窓から見える竹林。

『グループホームぬくもりのさと』親しみやすい民家の中で心おだやかに過ごすことができる。

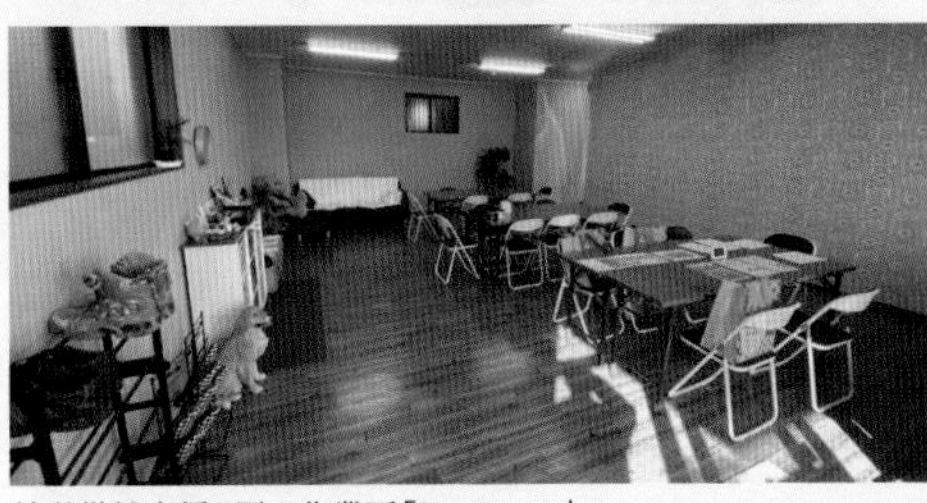

就労継続支援B型の作業所「シャルール」

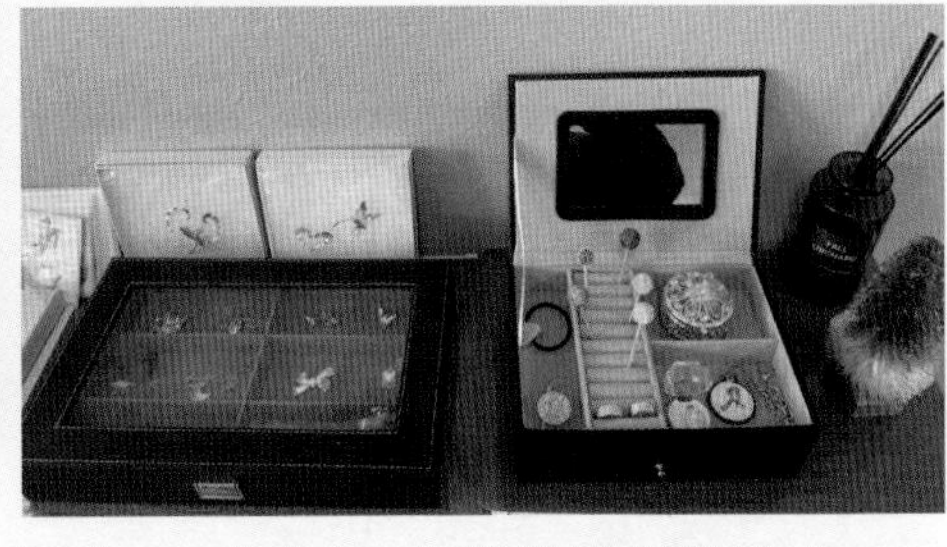

野田さんが講師となって会議アプリZoomで行う。

「障がい者福祉施設運営の最大の課題は、スタッフの給料が安く、離職してしまうことです。当社は、総務や経理などの事務をITで行い、そこで浮いた人件費をスタッフの給料やボーナスに還元しているほか、勤務を2交代制にして労働の負担を軽減しました。グループホームの入居者の世話をするスタッフは40人いますが、スタッフの定着につながるマネージメントの工夫も持続可能な運営に役立つと思っています」

空き家の活用は、事業スキームの要となるものだ。

「障がい者グループホームを運営するにあたり、物件は切っても切り離せない要素です。空き家の割合は年々増えていて、空き家の買取相場は市場価格の70％程度となる事が一般的なため、安価で手に入れることが可能です。当社のグループホームはいずれも空き家だった築古戸建て住宅を借りてリフォームした新しい住空間で、心おだやかに過ごすことができます」

開業後の運営方法など実体験に基づく研修で野田さんが目指すのは、障がい者、スタッフ、事業者、地域社会がすべて幸せになる福祉体制だ。

（ライター／斎藤紘）

すべてのゑんをあなたに

代表社員
稲葉知宏 さん

高校で電気科で学ぶも、人助けをする仕事への強い思いから介護業界を志望し、福祉系大学に進学。卒業後は有料老人ホームやデイサービス施設などで約20年勤務。2022年に独立し、『合同会社一言之信』設立、デイサービス運営。

新発想のデイサービス施設が登場 ラグジュアリーな空間で自由に過ごす

価値観の変化を見極め 大人の隠れ家的な施設

自宅で生活を送りながら介護を受けたいという要介護の高齢者を対象に日帰りの介護サービス(デイサービス)を提供する通所介護事業所のイメージを大きく変えたと評判になっているのが、東京・足立区西保木間のデザイナーズマンション1階にある『サービスゑんドゥジュール』だ。カフェやホテルのラウンジのようなラグジュアリーな雰囲気を持つ空間を形成、利用者に好きなことだけを自由に楽しんでもらう独自の運営方針が評判の理由だ。運営する「合同会社一言之信」代表社員の稲葉知宏さんが「既存の介護施設にはない雰囲気の施設をつくりたい」との思いを形にしたものだ。

稲葉さんは、福祉系大学を卒業後、約20年、有料老人ホームやデイサービス施設などに勤務巣の中で、時代の変化とともに利用者の趣向や価値観が変わっていくことを実感、既存の介護業界の考え方のままで対応できるのかと疑問を持つようになり、理想とする施設が見つからなかったため、自身で開業することを思い立ち、2022年3月に開業したのが大人の隠れ家的な『サービスゑんドゥジュール』だ。一言でも言ったことは必ず守

サービスゑんドゥジュール 合同会社 一言之信

✆ 03-5851-8351
✉ serviceendejour@gmail.com
㊟ 東京都足立区西保木間3-23-14
https://www.ichigennoshin.com/

すべてのゑんをあなたに
宴 居心地のよい空間
縁 個性の調和
円 自分にしかできないこと
延 人生に、リタイアはない

ることを意味する四字熟語の社名通りの行動だ。

「介護とはこうあるべきという価値観を押し付けたり、通り一遍の介護を行ったりするのではなく、利用者様一人ひとりの個性にあったサポートを行うことが、真に寄り添った介護なのではないかと考えました。近年は、いわゆる団塊の世代が後期高齢者となる75歳以上を迎えるようになり、高度成長期以降、生活水準が向上したり、趣味や娯楽も多様化したりする中で生活を送ってこられた方々に対し、ご満足いただけるようなサービスを提供するために、特別感のあるラグジュアリーな空間をつりました」

運営で重視するのが視覚、聴覚、嗅覚、味覚、触覚の五感で心に癒しを感じることができる工夫だ。視覚はラグジュアリーな空間がもたらす高級感、聴覚は耳に優しいBGM、嗅覚は入浴介護で使う入浴剤や室内で微かに香るアロマ、味覚はおいしい食事、触覚は囲碁将棋、ボードゲームなどのリクリエーションで満たす。利用者に決められたタイムスケジュールを押し付けるようなことはせず、自分の好きなことだけを楽しんでもらえるような自由な運営にこだわり、利用者が新たな生きがいを見つけるためのサポートに徹する。

（ライター／斎藤紘）

選択肢が溢れた
楽しい日常のイメージ。

理事長・本部長
戸山文洋 さん

帝京科学大学大学院博士後期課程で人間工学、生理心理学の見地からアニマルセラピーを研究、満期退学。父親が理事長を務める『社会福祉法人五葉会』に入り、理事・本部長に就任。2020年より現職。大学での講義、研究会での公演など教育活動にも注力。

コロナ禍でも高齢者に笑顔もたらす 動物なしのアニマルセラピーの創意

高齢者福祉の理想追求 地域貢献の活動も構想

3ヵ所の特別養護老人ホームとデイサービスなどの在宅系サービスで400人超の高齢者の生活を支える『社会福祉法人五葉会』理事長の戸山文洋さんは、明確なコンセプトの下、革新的な高齢者福祉サービスを実践してきた気鋭の経営者だ。

その象徴が介護介入で趣味や嗜好を取り戻すことを支援する「アクティビティケア」。密の回避が求められたコロナ禍でも創意工夫で活動を継続し、高齢者に笑顔をもたらしてきた。

「アクティビティケア」は、法人内に各領域の有資格者を配置したレクリエーション支援の専門部署を設け、音楽や園芸、手工芸などの活動を支援する活動。視察した福祉大国スウェーデンの介護施設の「楽しい生活ありき、それに必要な介護を」という運営方針に触発されて考えたものだ。

「アニマルセラピー」はその一環で、大学院での生理心理学の見地からのアニマルセラピーの研究の成果を反映させたものだ。

「普段のアニマルセラピーの日は犬と触れ合ってもらいますが、ソーシャルディスタンスは守りながら、心の距離は近くにと考えて取り入れたのが趣味の活動とアニマルセラピーのコラボです。犬がいる

社会福祉法人 **五葉会**
ごようかい

048-682-1122
info@goyoukai.or.jp
㊟ 埼玉県さいたま市見沼区大和田町2-1260 トヤマビル301
http://www.goyoukai.or.jp/

セラピー犬、大集合。

相談役の父親との共著
「特別養護老人ホームは『理念』で生き残る」
幻冬舎刊

手工芸

動物介在活動

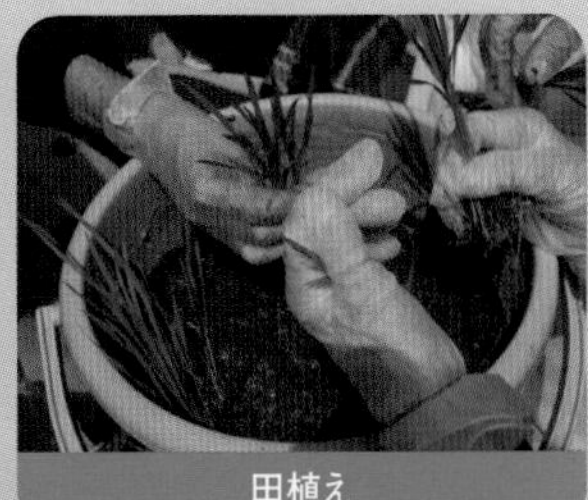

田植え

音楽療法

足浴

庭園散歩

餅つき

「緑水苑指扇」定員120人
㊟ さいたま市西区指扇1570-2

「緑水苑与野」定員100人
㊟ さいたま市中央区大戸1-33-12

「見沼緑水苑」定員53人
㊟ さいたま市見沼区大和田町2-336

とハンドリングするスタッフなども必要になって密になりますので、犬なしで、犬たちに食べさせるクッキーを焼いたり、マフラーを編んだりしてもらったのです。犬との触れ合いはありませんが、犬のためにという母性がモチベーションになり、いつもの活動と違った喜びを感じて笑顔が絶えませんでした」

　高齢者福祉サービスのあるべき姿を追求し続ける戸山さんの試みの一端だが、アフターコロナのシームレスな試みとして犬に子守歌などの歌を歌うことで、口腔体操効果を狙い、誤嚥を予防することも構想する。さらには認知症が増えていく地域にも目を向け、音楽療法や犬のしつけ教室、ピアノレッスンなど『五葉会』でのアクティビティケアの取り組みを情報発信でアピールし、地域に広めていくことも視野に入れる。

「人口減少にともなって高齢者の割合が高まっていく時代は、人生経験豊かな人たちの割合が増えていくことを意味し、高齢者福祉サービスに対するニーズも多様化していくと考えています。今後は、老人ホームの枠に止まらず、地域貢献も念頭に置きながら、創意と工夫によって多様化するニーズに応えていきたいと思っています」

（ライター／斎藤紘）

100㎜〜600㎜の大型機械部品や樹脂なども加工可能なNC旋盤。

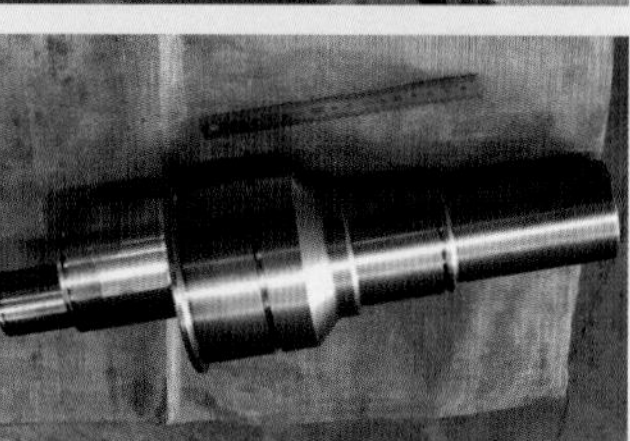

旋盤・各種金属加工可能。

代表
須崎健太 さん

1970年創業の『須崎製作所』二代目代表。大型機械部品加工、異形物加工、金属・非鉄・樹脂部品加工、製缶物加工、精密加工などの旋盤加工、焼き入れ後仕上げや精密仕上げなど金属加工全般に対応可能な生産体制を維持。

コンピュータ制御で高精度旋盤加工
産業機械の部品から異形物まで製作

少ロット多品種に対応 設備投資で効率を向上

シャフト、ノズル、ボルト、フランジ。大型機械を構成する回転体の形状の部品が次々に作られていく。旋盤加工で半世紀の歴史を刻む『須崎製作所』の工場だ。二代目代表須崎健太さんは、様々な業種から絶え間なく来る加工依頼に対応するために設備投資による作業効率の向上に努め、現在、工作機械の中心になっているのはコンピュータ数値制御（Numerical Control）装置を組み込んだNC旋盤だ。

「機械の部品となる金属素材を回転させて削る旋盤加工は、外径加工、内径加工、端面加工、ネジ加工、溝加工、穴加工など様々ですが、発注元企業様の設計通りに仕上げるには、工作機械の絶対位置精度が重要であり、数値制御はそれを実現する上で優れたメカニズムです。産業機械の進化とともに多様化する旋盤加工のニーズに最新の技術と当社伝統の小ロット多品種加工体制で応えていきたいと思っています」

同社は、大型機械部品のほか、異形物、金属や非鉄、樹脂部品などの製作、焼き入れ後仕上げや精密仕上げなどにも対応している。

（ライター／斎藤紘）

須崎製作所
すざきせいさくしょ

☎ 06-6757-6158
✉ suzaki.ss@outlook.com
㊟ 大阪府大阪市生野区巽西2-10-6
https://suzaki-ss.jp/

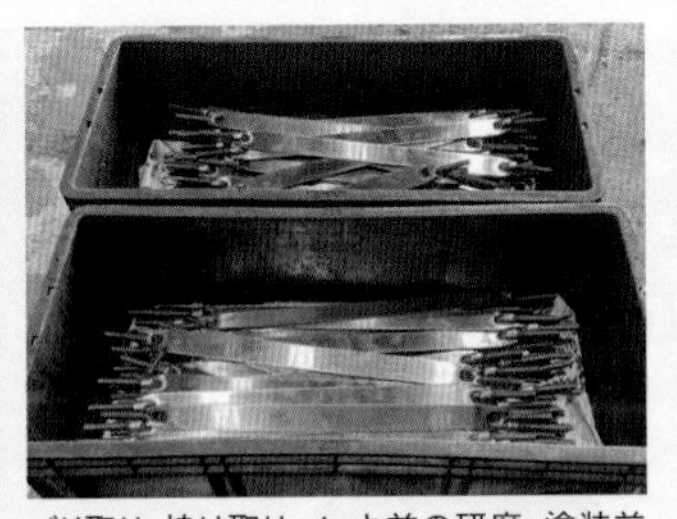

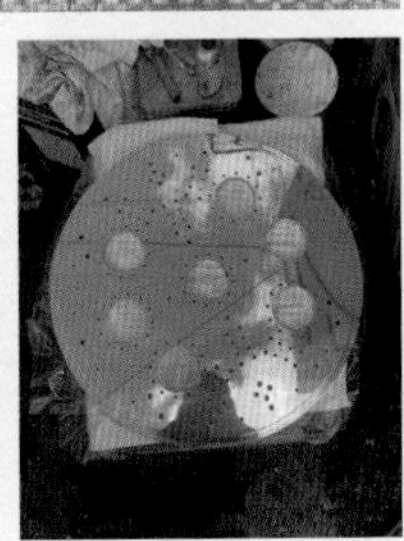

バリ取り、焼け取り、メッキ前の研磨、塗装前の研磨、アルマイト前の研磨にも対応。

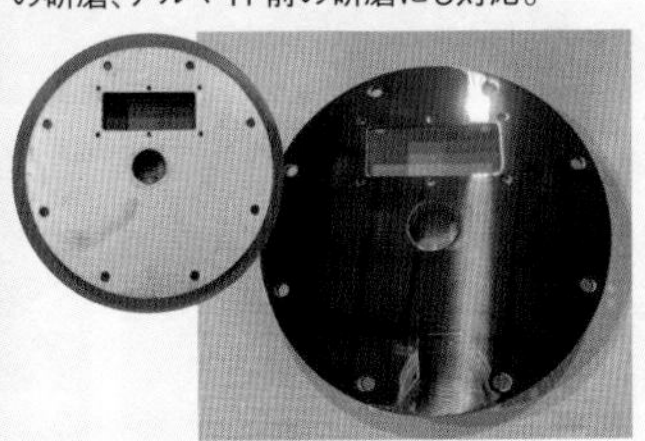

代表
山本高元 さん

研磨業の会社で20年以上経験を積み、2019年に独立し、『令和研磨』を設立、代表取締役に就任。バフ研磨を中心に、バリ取り、焼け取り、メッキ前の研磨、塗装前の研磨、アルマイト前の研磨などでも実績を重ねる。

バフ研磨に光る高度の技術力 金属製品の表面を美しく仕上げ

一点モノ量産品問わず短い納期にも対応可能

金属製品の価値を左右する表面の精度や見た目の美しさを実現する研磨加工で発注元から高い評価を得ているのが『令和研磨』代表の山本高元さんだ。バフと呼ばれる円盤状の研磨道具に研磨剤を塗布し、高速回転させながら鉄やステンレス、アルミ、真鍮、銅などでできた機械部品などを磨き上げるバフ研磨は匠の技といえる完成度だ。山本さんが独立起業したのは2019年だが、研磨歴20年超の技術者。バフ研磨には鏡面に近い光沢を持つが、ややすじが残り、建材や厨房器具の研磨に使う「400番」、連続した研磨目を持った仕上げになる建材向きの「ヘアラインH.L」、鏡に近い仕上げで建材、装飾用、反射鏡に使う「鏡面仕上げ」の3種あり、いずれでも高い技術力を示す。

「研磨は一点モノから小ロット、大ロットの量産品、試作品まで対応できます。短い納期でも18時以降のご依頼もお受けいたします。事務所や工場に研磨機械を持参して研磨作業をすることも可能です」

技術力だけでなく、フレキシブルな対応も信頼される理由だ。

（ライター／斎藤紘）

令和研磨
れいわけんま

072-978-8811
reiwa.kenma@gmail.com
住 大阪府藤井寺市大井2-5-10
https://reiwa-kenma.jp/

こちらからも検索できます。

プラント配管工事のスペシャリスト
全国各所の配管工事を請け負います
足場工事、製管工事も承ります

代表
東正之 さん

フィリピンで生まれ、すぐに日本へ戻る。高校卒業後管工事業、とび・土工工事業などの建設業に関わり、2018年『株式会社東工業』を設立。人との繋がりを大切にしながら事業を展開。若い人材育成にも力を入れる。

従業員一人ひとりを大切に育成
時代を担う若き社長

安全第一で命を守る
化学プラント配管工事

石油化学プラント配管工事を中心に、溶接工事や鍛冶工事、とび・土木工事まで幅広く手掛けている『株式会社東工業』。石油化学プラント配管工事とは、化学工場や食品工場、製鉄所などで使用される配管の製作や取り付けを行う工事のこと。石油やガス、化学薬品などの有害物質や可燃性物質を扱う工場の場合、配管に不備があると有害物質が漏れ、人体に影響を及ぼすことがある。火災や爆発事故を起こす原因にもなるため、工場で扱う物質に適した配管を選ばなければならない。さらに、配管工事後の点検やメンテナンスなど徹底した品質管理と安全管理も欠かせない。

代表の東正之さんはまだ20代後半と若い。従業員として活躍する社員も20代～30代の若手が中心となっており、積極的に若い人材に投資して真摯に寄り添っている。若い人が入って来ないと多くの経営者が嘆く中で、「従業員一人ひとりを大切にする」をモットーに若い人材の育成や支援に積極的に取り組み、働きやすい環境づくりを心がけることで「SDGs」にも貢献する。

（ライター／彩未）

株式会社 **東工業**
ひがしこうぎょう

0299-95-7418
0104.masayuki@higashi-kogyo.jp
㊟ 茨城県鹿嶋市長栖1879-244
https://www.higashi-kogyo.jp/

株式会社東工業

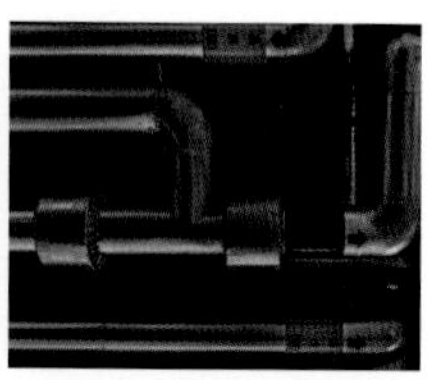

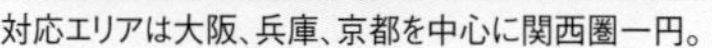

対応エリアは大阪、兵庫、京都を中心に関西圏一円。

新入社員
上川友哉 さん

2000年生まれ。『BB株式会社』期待のホープ。学生時代はサッカーに打ち込み、日々ハードな練習に耐え根性を活かして、仕事にも失敗を恐れず前向きにチャレンジし成長していきたい。趣味は体力づくり。学生時代はスポーツと無縁だったが、最近は脚の伸びた綺麗な開脚ができるように練習している。

携帯電話基地局の整備に使命感 5G対応の施工技術も習得し前進

社長の指導で技術学ぶ チームの新戦力に成長

「携帯電話基地局は、生活に無くてはならないインフラ設備。その整備にかかる仕事もエッセンシャルワークで、遣り甲斐があります」

大手通信キャリアの基地局の設置や改修工事などを手がける『BB株式会社』新入社員、期待のホープの上川友哉さんは、作業手順や技術などを身に着ける中で仕事に対する使命感を膨らませている。

「道路沿いやビルの屋上など街中のいたるところに設置されている携帯電話の基地局の新設や増設、更新、保守メンテナンスなどの工事が当社の仕事。高速大容量で多数同時接続が可能な5G第5世代移動通信システムの商用サービスが2020年春からスタートし、新たな基地局の設置工事や既存の基地局のバージョンアップの工事が増えています。5Gは、4Gの電波よりも届きにくい性質を持っていますが、それに対応できる新たな施工技術も習得し、チームの力になれたと思っています」

同社は、基地局アンテナの鉄塔タイプ、ビル設置タイプ、小型基地タイプ、屋内アンテナタイプのいずれにも対応できる技術力を持つ。

（ライター／斎藤紘）

BB 株式会社
ビービー

06-6625-5082
info@bb-ins.co.jp
㊟ 大阪府大阪市阿倍野区阿倍野筋1-43 あべのハルカス31F-Regus内
https://bb-ins.co.jp/

代表取締役
豊島潔 さん

日本工業大学大学院修了。大学院時代から仕事を手伝っていた設計事務所に就職、住宅建築、歴史的建造物の復旧、現場監理などの経験を積んだ後、父親が創業した『株式会社豊島工務店』に入り、経営を承継。一級建築士、木造住宅耐震診断士。

住まいの問題、困っていること、ご相談を。

住宅リフォームに光る周到な手順 木材を重用し安らぎの住環境形成

バリアフリー化に対応 申請手続きもサポート

規模や種類を問わず住宅万般の工事に対応する『株式会社豊島工務店』で依頼が増えているのがリフォームだ。二代目社長で一級建築士の豊島潔さんの専門知識を活かした周到な作業プロセスが信頼の基盤だ。

「リフォームでは、既存の図面から新築当時の設計意図を汲み取り、改築後の新たな空間の形状やボリュームをイメージします。それを分かりやすい図面に落とし込んで職人に伝え、高い精度でコストを予測します。これによって施主様が納得し満足のいく施工できるのです」

建材には「木の家は安らぎを与え、情緒を安定させ、長生きにも寄与する」として木を重用するのも特長だ。玄関ドアには高木の米松、フローリングには楢や桧、階段は杉、柱は杉の丸太といった具合だ。高齢化に伴って増えているのが住宅のバリアフリー化だ。高齢化が加速する時代に高齢者が暮らしやすい住環境整備のニーズに応えるもで、保険加入者は上限20万円の住宅改修費用の1割を負担するだけで済む介護保険制度を利用し、役所への申請手続きもサポートする。

（ライター／斎藤紘）

株式会社 **豊島工務店**
とよしまこうむてん

03-3720-1606
kt0002@nifty.com
㊟ 東京都世田谷区奥沢4-24-13
http://www.37201606.com/

代表取締役
古竹竜一 さん

学業修了後、大手自動車メーカーのディーラーに就職、営業マンとして7年間勤める。化成品や建材などを取り扱う一部上場のメーカーに移り、建材部門で14年間勤め、2021年独立、『アイディールガーデン株式会社』設立。

『理想のお庭』を作るという意味の社名『アイディールガーデン』。どんな小さなことでも気軽にお問い合わせを。

外構・造園・内装左官工事で示す技術力 施工に光るデザイン性と機能性の両立

設計含め一貫体制強み 安らぎ与える庭づくり

壁面にモルタルを塗り付け、固まるまでにナイフで削ったり、ブラシで叩いたりして、まるで本物の石やレンガを積んだように見せるインテリアのいらない内装。外構工事やエクステリア工事、内装左官工事、造園工事を手がける『アイディールガーデン株式会社』代表取締役古竹竜一さんの技術力の高さを示す一例だ。設計から提案、施工まで対応できる自社一貫体制を強みに香川県一円から入る工事依頼に応えている。

「外構・エクステリアは、景観とのバランスも考慮したデザイン性と、防犯性やセキュリティを維持、向上させる機能性にこだわって施工します。内装左官工事では漆喰や珪藻土、シラスなど体や環境に優しく、調湿力も長けた天然素材を使用し、快適な室内環境を実現します。造園工事では、心のやすらぎと癒しをもたらすお庭の役割を考えながら、隅々まで生命力に満ちあふれたお庭を造り、維持いたします」

古竹さんは、大手自動車ディーラーを経て化成品や建材を取り扱う一部上場のメーカーで活躍、その知識を活かして独立し起業した。

（ライター／斎藤紘）

アイディールガーデン 株式会社

087-814-3220
ideal garden.20210118@gmail.com
㊟ 香川県高松市由良町905-4
https://ideal-garden2021.com/

『占い館 Balangan』

『SHIENA studio』

CEO/Designer
後藤恒介 さん
東京造形大学卒。2016年内装設計施工一部上場企業入社。2022年、同窓の三人で『株式会社Discord』設立。光を使い作品を製作。店舗、商業空間における内装設計、意匠設計、店舗総合プロデュース、グラフィック作成。

『あづま家』

『EXSTION 新宿歌舞伎町タワー』

三人のデザイナーが個性を生かし唯一無二の洗練された商空間演出

1から空間づくり可能 内外装を芸術的空間に

社名が不協和音を意味する『株式会社 Discord』は、東京造形大学出身で得意分野が異なる三人のインテリアデザイナーによる独創的な商業空間の演出で躍進している会社だ。三人はCEOの後藤恒介さん、宇都宮啓人さん、伊東亮さん。インテリアデザイン業界で経験を積んだ後、「学んだ知識が異なる三人の不協和音で発想が柔軟になる」と計画通り起業。各々がアート作品の個展も開き、表現者として個性に磨きをかけている。

「場所や空間全体を作品として表現するアートをインスタレーションといいますが、当社のデザイナーはそのノウハウに精通しているのが強みです。コンセプチュアルなオフィスから、ハイグレードなホテル、今風のカフェテイストの美容室やサロン、フォトスタジオ、学習塾など既存の商空間のイメージに捉われない個性的な内装設計とインテリアを提案してきました。家具や設備なども含めてトータルでのプロデュースを行っているため、一からの空間づくりにも対応可能です」

同社は、ロゴやポスター、制服などのデザインも手がけている。

（ライター／斎藤紘）

株式会社 Discord
ディスコード

03-6453-4292
info@discord.co.jp
㊟ 東京都世田谷区野沢2-14-4 MUプレイス1stB
http://discord.co.jp/
@discord__co.ltd

代表
瀧中聡 さん

二級技能士。21年超の大工職人歴。静岡県中部地域を中心に、水回りリフォーム、内装工事、外構工事、外壁塗装、耐震工事、中古住宅リノベーション、土地・不動産の有効活用コンサルティングなどの事業を展開。

住宅の資産価値を高める大工職人 イナバ物置の設置サービスも開始

空きスペースの活用策 施工の規模問わず対応

内外装の美観や設備の機能を一新し、住宅の資産価値を高めるリフォームや外構工事、外壁塗装、クロス張り替え、水回りなどの内装工事で実績を重ねる『秋建築』の代表瀧中聡さんが、新たな事業として稲葉製作所(本社東京)製のイナバ物置の設置サービスを開始した。

「稲葉製作所、オフィス家具や物置の主要メーカー。イナバ物置は、100人乗っても大丈夫のCMで知られ、耐久性に優れた物置です。300種類以上のラインナップがありますが、当社はご自宅や会社の空きスペースの有効活用策として、家屋や庭の景観などに合う製品を選んで頂ければ、運搬から組み立て、設置までの全作業を一貫して行います」

二級建築大工技能士の国家資格と大工職人として20数年の経験を持つ瀧中さん。本業では、キッチンや浴室、トイレなどの水まわりの改良、壁のクロスやフローリングの汚れや剥がれの改修、外壁の塗替えやタイル貼り、ガレージや門扉の設置、ポストや表札の取り付けなど施工規模の大小を問わず対応し、確かな仕事ぶりで信頼を集めてきた。

(ライター/斎藤紘)

秋建築
あきけんちく

080-2612-4064
daikusan.no.04510@gmail.com
㊟ 静岡県静岡市清水区港南町18-38
https://akikentiku.com/

こちらからも
検索できます。

こちらからも
検索できます。

【新事業】イナバ製物置の設置サービス

代表
井手和江 さん
ライフデザインナビゲーター™
空間デザイン心理士®プロ
インテリアコーディネーター
福祉住環境コーディネーター
収納プランナー
アートライフスタイリスト
整理収納アドバイザー
勾玉セラピスト講師

住まいと心を整える 女性によるインテリアコーディネートスタジオ

住まいと心を変えて人生好転！ 気の流れの良い空間は幸せいっぱい

住まいと心を整え、心地良い毎日へ導く『スタジオ・イランカラプテ』。インテリアコーディネーターであり、「空間デザイン心理士®」である代表の井手和江さんは、30年間で約3000件の実績を持ち、現在はリフォーム工事、インテリアコーディネート、アートの選び方の相談を請け負っている。依頼者家族の心の奥にある潜在意識の望みをヒアリングし、空間デザイン心理学に基づいたプランを作成。自然素材を使った安全性の高い健康住宅を提案して、前向きに幸せを感じる住まいづくりをサポートする。また、家族の暮らし方に合わせた収納づくりもアドバイス。スッキリ整った空間は気の流れがよくなり、家族が和気あいあいと笑顔が増えるという。同時に心が豊かになるアートのある暮らしも提案。知識を活かして、アート選びもお手伝い。「勾玉セラピー」では、心のトラウマや不安などを取り除き、自己肯定感を高めていくことで、本来の自分を取り戻し、理想へと近づける。また、オルゴナイトの美しい勾玉の製作販売も行う。勾玉は、高いマイナスイオンを放出し、電磁波をカットしてくれるので、身につけるだけで自分自身がパワースポットになる。

（ライター／播磨杏）

スタジオ **イランカラプテ**

✆ 080-3471-6521
✉ orengi0727@gmail.com
㊟ 神奈川県横浜市保土ヶ谷区
https://irankarapute.com/

勾玉オルゴナイトを使用。

専務取締役・COO
照井僚 さん

2021年岩手県北上市に『株式会社INVEST-EIGHT』を設立し、不動産コンサルティングサービスを開始。2022年本社を現在のさくらPORTオフィスへ移転し、新築業務、住宅改修業務なども手掛けている。

建物に新たなコンテンツを付与して不動産投資でよりよい未来へ

不動産投資のその先へ

『株式会社 INVEST-EIGHT』は、「不動産の可能性を追求」、「未来を切り拓く」を理念に不動産投資や土地活用相談などの不動産投資コンサルティング業に力を入れている。

専務取締役の照井僚さんより、会社員時代に築いた豊富な経験と深い知識をもとに、その土地が持つ最大のパワーを出せるよう的確にアドバイスを受けられる。近年、日本でも投資がスタンダードになりつつあるなかで、投資は利益を産むこともあるが、やり方とタイミング次第では大きな失敗につながることも。不動産投資の場合、税金や法律、事業計画の組み方に専門知識が必要になるため、初心者が一人で行うのは難しく、リスクを減らすためにも不動産投資コンサルティングに相談することが望ましい。

不動産の持つパワーは人生を左右するほど大きい。近隣市場や金融動向、賃貸マーケットの市場情報などを踏まえたうえで、どのように活用すればよりよい未来に繋がるかを提案する。

「『INVEST-EIGHT』は、不動産投資のその先をお見せします」

（ライター／彩未）

株式会社 INVEST-EIGHT
インベストエイト

0197-62-6326
info@invest-eight.co.jp
㊟ 岩手県北上市川岸1-1-20 さくらPORTオフィス2F-1
https://invest-eight.co.jp/

RACUHO

代表取締役社長
高山茂満 さん

2009年設立『株式会社ラクーンレント』代表取締役社長。東証プライム上場企業であるラクーンホールディングスのグループ会社であり、グループ内で保有する膨大なデータと技術を背景に、家賃保証業において独自の商品開発に取り組んでいる。

保証会社の保証範囲を超える費用を補填
家主の悩みに応える業界初の支援策

原状回復費など賃貸関係の費用を広くカバー
賃貸人の意思だけで簡単に利用可能

『株式会社ラクーンレント』が2022年12月に提供を開始した補填型家賃保証サービス『RACUHO（ラクホ）』が好評だ。賃貸物件の家賃が払えなくなった入居者に代わって立て替え払いする家賃保証会社の保証ではまかないきれない費用をカバーするもので、賃借人や保証会社に知られることなく賃貸人が独自に契約できるのが特長。賃貸人の悩みや不安を背景に、代表取締役社長の高山茂満さんが主導して構築した業界初の保証スキームだ。

「最近の賃貸物件では、家賃保証会社の利用を義務付けるケースが一般的ですが、保証範囲が狭いなどといった不安を抱えている賃貸人は少なくありません。その不安を解消するのが『RACUHO』なのです」

賃料、原状回復費用、残置物撤去費用、更新料、訴訟費用、早期解約違約金、解約予告義務違反金など賃貸関係の費用に幅広く補填することができ、既存の保証契約を切り替えずに保証を手厚くできる。更に保証会社や連帯保証人がいない場合にも利用できる。限度額に応じた四つのプランがあり、審査書類不要で契約手続きも簡単だ。

（ライター／斎藤紘）

株式会社 ラクーンレント

ra((oon RENT

03-5340-7861
yachin@raccoon-rent.jp
㊟ 東京都中央区日本橋蛎殻町1-14-14
https://rent.raccoon.ne.jp/

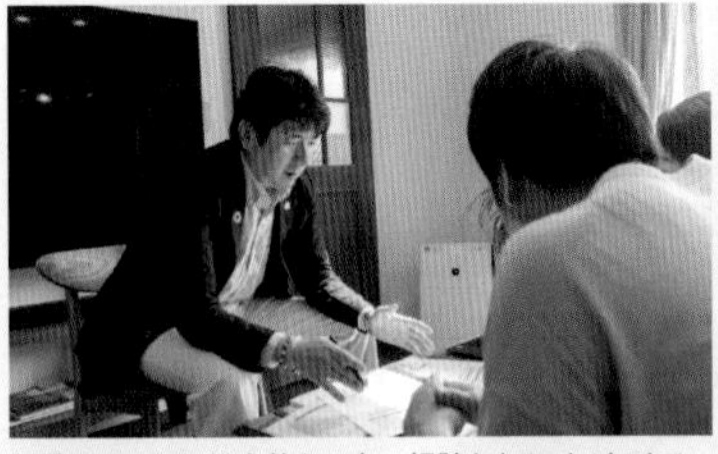

保険だけでなく、総合的なお金の相談をすることができる。　将来の不安を減らすことをサポート。

代表
久保田豊 さん
東京都立大学法学部卒。1992年から法律事務所でパラリーガル（法律事務専門補助者）として25年勤務。2018年「久保田行政書士事務所」を開業。行政書士、二級ファイナンシャルプランナー技能士、宅地建物取引士。

講演会やセミナーも開催。

お金に関する老後の不安を一括解消 保険見直しや資産運用など幅広く助言

様々な資格を生かした ワンストップ対応強み

少子化と長寿化が同時に進み、老後に関する様々な調査で年金や収入などお金に関して不安を感じる人が増える時代、保険やライフプラン、資産運用、投資信託、住宅ローン、土地活用、相続などに関する相談をワンストップで対応し、支持されているのが『あんしんライフプラン相談室』代表の久保田豊さんだ。行政書士、二級ファイナンシャルプランナー技能士、マンション投資アナリスト、宅地建物取引士などの資格に裏付けられた専門知識が助言の信頼性を支える基盤だ。

「お金に関することは、信頼できる一人にまとめてご相談される事をお勧めします。例えば、資産運用やローンについて検討されている場合、保険にかけられる予算とその他の予算を勘案して提案ができるからです。当相談所はお金に関するよろず相談所として活動していますので、お金に関する悩み事についてまとめてのご相談は大歓迎です」

相談の多い保険の見直しも保険会社の代理人ではないので、中立的立場から最善の保険を提案することができるのが久保田さんの強みだ。

（ライター／斎藤紘）

あんしんライフプラン相談室

あんしんライフプランそうだんしつ

090-6474-7485
southgate777yutak@gmail.com
㊟ 熊本県玉名郡南関町大字上長田666-4
https://kubotagyouseisyoshi.com/
https://kubotagyouseisyoshi.net/ （あんしんライフプラン相談室）

骨董品買取から実家荷物整理まで
「売りたい」「処分したい」など何でも相談を

代表取締役
岡田正勝 さん

2003年古物・骨董商として、1945年に創業した「岡田商店」の二代目店主に就任。2005年『有限会社岡田商店』に改組し、代表取締役に就任。新しい店舗として『ギャラリーななくさ』を開店。

確かな鑑定力と共に信頼を集める引越しや遺品整理での骨董品買取

距離数量を問わず対応 大学会報誌に広告掲載

東京・八雲の『ギャラリーななくさ』で国内外の現代美術や古美術、骨董の買取販売を手がける「有限会社岡田商店」代表取締役の岡田正勝さんは、確かな鑑定力だけでなく、引越しや遺品整理、断捨離の家に足を運び、優れた品々を仕分けて買い取る営業姿勢でも信頼を集めてきた経営者だ。

「慌ただしく行われる引っ越しや遺品の処分などでは、必要なもの以外は回収業者に有料で処分してもらう例が少なくありません。しかし、その中に高価買取ができるものや高価買取は難しくても引き取りなどで回収費用を軽減できるものが多々あります。そのような場で仕分けを手伝い、査定させて頂いています。また、今のうちに整理の目途を付けたいので評価だけはしておきたい、生活のダウンサイジングを図るので家財を整理したい、遠方の実家の整理を任せたい、といったご要望にも距離、数量の多少を問わず対応することも可能です」

岡田さんは、都内の大学の会報誌に広告を掲載、それを見た地方出身の卒業生からの依頼で実家の骨董品の買取にも対応しているという。

（ライター／斎藤紘）

ギャラリー **ななくさ**　有限会社 岡田商店

03-3717-0564
info@nanakusa.cc
㊟ 東京都目黒区八雲1-5-2
https://www.nanakusa.cc/

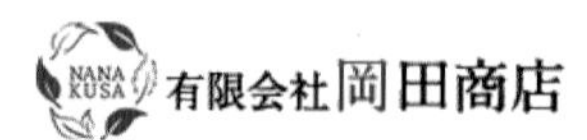

こちらからも
検索できます。

代表
鶴田由規夫 さん

1990年鶴田保険事務所創業。1999年、インターネットによる自動車保険通販システムを旧・日本火災海上株式会社と共同開発。2006年『株式会社イージスワン』設立。保険代理業、システム開発・販売などの事業を展開。

一般貨物自動車運送事業者向け
基幹システム

AEGISAPP
UNSOGYO

基本サービス利用料:年間 600,000円
(管理部門向けライセンス:5ライセンス付)
初期設定料金:980,000円～
※「ビークルアシストAPI」通信費(動態情報用)、「B.PROカーナビ」、ETC装置及び左記取付費用が別途発生
特許第6936500号　特許第6961193号
特許第7072299号

物流2024年問題のソリューション 運送業業務をデジタル化し効率化

運送業界のDXを実現 インボイス制度に対応

働き方改革関連法でトラックドライバーの時間外労働の上限規制が始まる物流業界の2024年問題のソリューションとして注目されるのが『株式会社イージスワン』代表取締役の鶴田由規夫さんが開発したクラウドシステム『AEGISAPP運送業®』だ。運送業における受注データ作成から車両・ドライバー手配、運行計画、自動日報作成、運賃計算、請求業務に到るまですべてをデジタル化し、クラウド上で一括管理できるシステムだ。

「運送業界ではドライバーの労働環境を2024年までに改善しなければなりません。いかに業務効率をあげて労働時間を減らし、賃金を上げるかが求められています。そういった背景もあり、業界を変えるソリューションが必要とされていました。『AEGISAPP運送業®』は、物流のDXを実現し、その要請に応えることができる唯一のシステムです」

『AEGISAPP運送業®』は、2018年に登場して以降、経営分析機能や運行計画書作成機能など新たな機能を加えながら進化、運賃計算では2023年10月から導入される消費税のインボイス制度にも対応する。

(ライター／斎藤紘)

株式会社 イージスワン

03-3261-0861
info@aegisapp.net
㊟ 東京都千代田区麹町4-3-4-3F
https://unsogyo.aegisapp.net/

こちらからも
検索できます。

代表
大野俊次 さん

関東運輸局認証の自動車整備工を運営する『ウィルコーポレーション』代表。自動車整備士。車検、法定点検、車検、整備、修理、板金、塗装、パーツ・カー用品販売取付、輸入車・国産車新車販売、中古車販売買取など実施。

カーライフの始まりから終わりまで寄り添ってくれるカーディーラー

様々な国々の車を購入からメンテナンスなどサポート

栃木県足利市で新車・中古車の販売・買取、さらに修理・板金塗装まで、国産車・外車問わず車のことなら何でも任せられるのが『ウィルコーポレーション』。代表取締役の大野俊次さんは、長年の信頼関係により構築されたメーカー、ディーラーとのネットワークにより様々な車を比較・検討、オプションについても社外品も含めアドバイス。新車も中古車も安心して購入できる。買取も車種、年式、走行距離を問わず、経験に裏打ちされた確かな目で丁寧な見積りで、納得の高価買取を実現している。

また、外国車の修理・整備に定評がある整備工場として、多くの外車ユーザーからの信頼も厚い。その秘密は、外国車用コンピューターテスターにより多種多様な車種にもきめ細やかに対応できること。そして代表の大野さんをはじめとする経験豊富な熟練の整備技師の手腕によるところだ。もちろん、販売・修理後にユーザーの手元に届けた車のアフターフォローもバッチリ。メンテナンスも含めてしっかりとサポートしてくれる。

(ライター/今井淳二)

ウィルコーポレーション

0284-70-0668
tohno@k4.dion.ne.jp
㊟ 栃木県足利市借宿町1-1-18
https://www.will-car.com/

SDGs12（持続可能な無消費と生産）
SDGs13（気候変動）　SDGs15（陸上資源）

CO、HC、NOxとPM2.5の大幅な削減により、Euro6をクリア! SDGs13
長期にわたる良好なエンジンコンディションの維持! SDGs12
20万㎞ごとに一度のメンテナンスで継続使用可能 SDGs12
オイル寿命が延命! SDGs12
ろ紙不使用 SDGs15
ユーザーメリット大! 環境負荷の大きな軽減! SDGs12

『PECS MARK-IV』
下記写真はSPIN ONタイプのカット写真、その他種類は、濾紙だけを交換するインナータイプ（カートリッジタイプ）、センターボルト方式など各種あります。ガソリン・軽油・プロパン他燃料の種類は問いません。
※用途：自動車・産業車両・発電機その他。
『PECS MARK-IV DIESEL』
適合機種：各種ディーゼル車、船舶、産業車両、産業機械などその他。
『PECS 3P-N for BIKE』　適合機種：各種バイク、マリンスポーツエンジンなど（カートリッジ式タイプに装着可能）。
オイルフィルターと互換性があるうえ、一部の車両を除き、走行距離20万㎞ごとのメンテナンスで継続使用が可能。

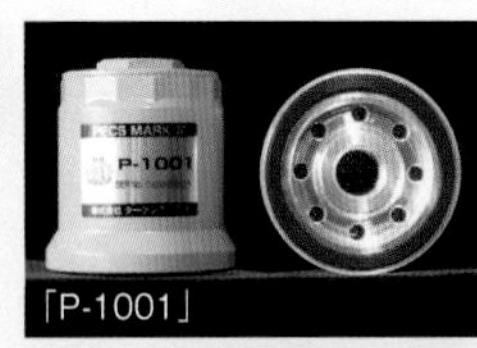

「P-1001」

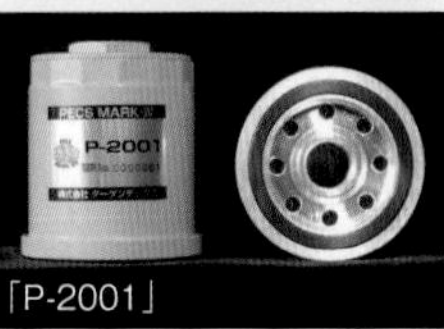

「P-2001」

「P-2002」

代表取締役
中村幸司 さん

日本大学工学部機械工学科卒。大手自動車関連会社で技術課にて知識を習得。独立して、1991年『株式会社ターゲンテックス』設立。磁性粉体の除去法を発明し、西独などで特許取得。ブラジル地球サミット国際環境機器展に招待参加。2005年度には日本大学大学院工学研究科非常勤講師。

特許技術でタイの大気汚染を軽減
自動車オイル劣化予防装置普及目指す

JICAがテストを支援
事業化に向け準備進む

大気汚染の原因になる自動車排気中の公害ガスを抑制する『株式会社ターゲンテックス』代表取締役の中村幸司さん発明の無交換式オイル劣化予防装置『PECS MARK-IV（ペックスマークⅣ）』をタイで普及させるプロジェクトが大きく前進した。JICAの支援の下、バンコクの公共バスとトラックに装着したテストで良好な結果が出たことから、ビジネス化に向けた準備が着々と進む。

『PECS』は、永久磁石でエンジンオイル中の微細鉄粉を吸着、微小粒子状物質PM2・5の原因になるカーボンの析出を抑制し、温室効果ガスを大幅に削減する次世代型オイルフィルターだ。

JICAは、この装置がタイに対し見込まれる成果として、大気汚染物質を低減、妊婦、児童をはじめとするバンコク市民の健康被害の軽減、自動車の燃費の改善、CO_2など温室効果ガス排出量の削減などに貢献することを挙げた。

「事業に関わる企業が、『PECS』のコアの磁石を日本で製造、タイで『PECS』を組み立てて販売するビジネスモデルの構築に向けて準備を進めています」と中村さん。国際貢献事業の実現は目前に迫っているようだ。

（ライター／斎藤紘）

株式会社　ターゲンテックス

03-3326-7081
ttpecs@tagen-tecs.co.jp
㊟ 東京都世田谷区南烏山5-1-13
http://www.tagen-tecs.co.jp/

PECS MARK-IV 種類　（乗用車）

型式	ネジ径	ガスケット径
P-1001	UNF3/4-16	71×61
P-2001	UNF3/4-16	62×52
P-2002	M20P1.5	62×52

代表
池田徳治 さん

父親が創業した骨董、古物商時代から約百年続く『池田哲男商店』の三代目代表。非鉄金属を扱っていた二代目代表の長兄の他界後、経営を担い、業容を各種金属スクラップの直接買取に転じ、得意先を開拓し、業績を伸ばす。

アニメランドをYou Tubeで発信 構想実現に向けて世界の支持集める

初のテーマパーク構想 著作権者の参加も期待

「世界の人々に笑顔を」をコンセプトに自ら描いた『大阪アニメランド王国』構想の実現を訴える『池田哲男商店』代表の池田徳治さんがオンライン動画共有プラットフォームYou Tubeで構想の全体像を発信する計画に着手した。同社のマスコットキャラクターのカエルを案内役に、クールジャパンの象徴であるアニメを基調としたテーマパークを構成する様々なランドを紹介、実現への支持を集める計画だ。

『アニメランド王国』構想は、グルメランドやフラワーランド、ペットランド、温泉ランドなど世代を超えて楽しめる様々なエリアの展開やアニメのバーチャル映像を楽しむような空間の創設も想定、特別府民債による資金計画、候補地、アクセス方法までも示したものだ。

「世界で人気の日本のアニメのテーマパークが無いのは、もったいないとの発想で描いた構想です。世界に発信する動画には様々なアニメも登場しますが、著作権のことは考えずに、著作者の方たちにもボランティアで参加していただけたら大きな力になると思っています」

（ライター／斎藤紘）

池田哲男商店
いけだてつおしょうてん

✆ 06-6681-3311
✉ 大阪府大阪市住之江区御崎7-8-26
http://ikedatetsuo.jp/

- スナックランド
- ペットランド
- 海遊ランド
- アジアランド
- フラワーランド
- グルメランド
- 職業体験ランド
- 家電ランド
- 医療施設
- カジノランド
- スポーツランド

超高湿度冷蔵庫『ケルビン』は、2冷却装置により安定して低温と高湿度を保つことができる。例えば、くりの保存温度はマイナス3℃～1℃で乾燥しやすく、目減りによる収穫量減少が起き品質の低下が考えられる。『リバース工業』開発の加湿器は、マイナス3℃での加湿が可能なので貯蔵中の目減りが少なく熟成ができる。（加湿器は実用新案特許）

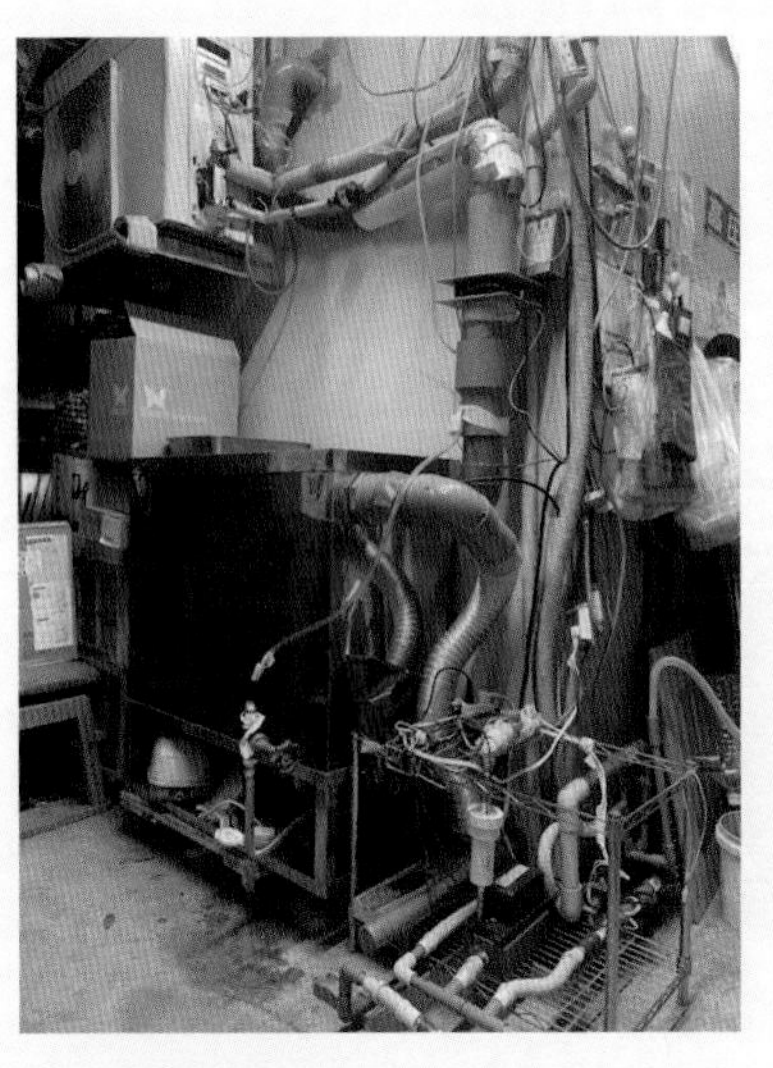

代表取締役
龍川昌外 さん

飲食店やレストランなどの業務用冷凍冷蔵設備の開発、製造を手掛ける。大手メーカーも技術的に開発を敬遠する超高湿度冷蔵庫の開発に取り組み、独自の技術力で『ケルビン』を開発。

野菜や果物の長期保存と低温熟成を叶える夢の冷蔵庫

出荷をコントロール 農作物の生産家から絶賛

水菜やレタスなどの葉物は数ヵ月いきいき、じゃがいもなどは1～2年は美味しく保てるという『リバース工業株式会社』代表取締役の龍川昌外さんが開発した最先端の超高湿度冷蔵庫『ケルビン』。庫内の温度を2度、湿度を98％A.V.に保持することにより、野菜や果物の長期保存を可能に。品質を保つだけではなく、同時に熟成もできる。収穫直後のメロンなら低温障害を起こすことなく20日で熟成が可能だという。

通常の冷蔵庫は、霜取りのため温度を上げてデフロストを行い、また冷却するというサイクルを繰り返すため、上昇する温度で鮮度が落ちてしまう。同製品は、2冷却器交互デフロストで冷却し続けて安定した低温を保つので作物は鮮度を保ったまま保存、じっくりと低温熟成されることで甘みや旨味も増していく。開発のきっかけは、「地元の美味しい梨をできるだけ長く味わえるようにしたい」という思いから。出荷がコントロールできることから野菜や果物の生産農家から多大な支持を受けているだけではなく、『ケルビン』の技術を応用したワインセラーは良い熟成をもたらすと喜ばれている。

（ライター／播磨杏）

リバース工業 株式会社

リバースこうぎょう

047-336-4817
m.tatsukawa@docomonet.jp
㊟ 千葉県市川市八幡1-9-17
http://masato810.blogspot.jp/
http://reversekogyo.com/

秘密がつまっている『ケルビン』の中。

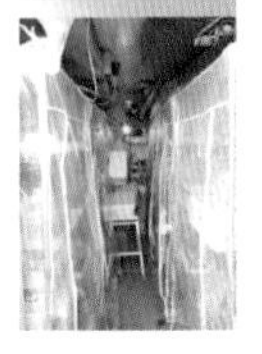

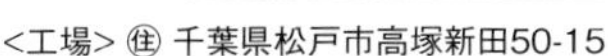

<工場> ㊟ 千葉県松戸市高塚新田50-15

IT Solution Partner
技と心で社会へ貢献するITソリューション・パートナー

事業内容

情報処理システム　基幹業務・WebAP開発

・社会保険システムの開発、保守

情報処理システム　基盤設計、構築保守

・労災関連システム基盤の保守運用
・官業事務共通システムの保守運用

プロジェクトマネジメント支援

・損害保険システムPMO

システム運用設計、保守

・ポイント管理システムの設計、保守
・クラウド関連サポートセンタの運用

代表取締役
向中野雅経 さん

フリーのエンジニアとして活躍後、2009年『株式会社エモーショナル』の代表取締役に就任。情報処理システムの基盤設計、構築、運用、保守、プロジェクトマネジメント支援、クラウドサポートセンター運用などを実施。

IT頭脳集団の力結集し業績を牽引
ブレインストーミングで最適解追求

一騎当千のITエンジニアが集結した『株式会社エモーショナル』は、企業や行政庁のプロジェクト推進のためのシステムやソフトの開発、運用、保守などで実績を重ねるITサービスの総合商社だ。「技と心で社会貢献」を経営理念に掲げる代表取締役の向中野雅経さんは、発注元から与えられた課題について、スタッフ間のブレインストーミングを通して最適解を求める経営スタイルを貫き、成長軌道を進む会社を牽引してきた。

スタッフ指名の依頼も視野に地域経済活性化

「当社の一番の強みは、少数のエンジニア集団なので風通しが良いことです。私から具体的な仕事の指示は出さず、問いかけから示し、考えうる選択肢を各自が出してそれを一緒に判断していくという進め方をしています。また、当社のメンバーを知っているお客様も少なくなく、特定のタスクにメンバーを指名してのご依頼も多いのも特長です」

同社は企業や行政庁だけでなく、大手システムインテグレーターからの仕事が多いことでも実力が伝わる。向中野さんは今後、地方企業のIT化をサポートして経済活性化に貢献することも視野に入れる。

（ライター／斎藤紘）

株式会社 エモーショナル

☎ 03-6436-5863
✉ otoiawase@emo-r.co.jp
㊟ 東京都港区三田3-4-18 二葉ビル401
https://emo-r.co.jp/

「しなやかな、強さで。」弁護士としての緻密で論理的な強さでsupport。

所長
武本夕香子 さん

京都大学大学院法学研究科修士課程卒。1996年、弁護士登録。2001年『ウェリタス法律事務所』設立。兵庫県弁護士会会長や日本弁護士連合会常務理事を歴任。現在、兵庫県医療審議会委員、兵庫庫県感染症審査協議会委員。

弁護活動に光る女性ならではの視点
依頼者に寄り添って最適解を追求

離婚や相続などに対応
医師を守る活動も重視

「女性ならではの視点ときめ細かな対応で、依頼者の方の人生に親身に寄り添います」

在籍する三人の弁護士も事務スタッフもすべて女性という『ウェリタス法律事務所』所長の武本夕香子さんの基本スタンスだ。扱う案件は、相続・遺言、離婚・DV、交通事故、破産、債務整理など広範囲に及ぶが、女性の依頼人が多いのが特長だ。

「依頼者様の目指す目標が経済的利益なのか、社会正義なのか、その他なのか、依頼者様と一緒になって考え、その目標を達成するために如何なる手続きがあり、どのようなリスクが存在しうるのか、メリット、デメリットを総合的に判断し、依頼者様の自己決定権を尊重しながら、最善の着地点に導いていきます」

特に相談が多いのは、遺言、相続、離婚に関する案件という。

「家族内、親族間の争いは、人生最大の危機と言っても過言ではありません。この問題に直面した人々が不幸のどん底に落ちないよう的確な法的サービスを提供し、幸せになってもらいたいと思っています」

（ライター／斎藤紘）

ウェリタス法律事務所
ウェリタスほうりつじむしょ

072-787-8010
takemoto@veritas-law.jp
㊟ 兵庫県伊丹市南本町2-4-6 コバコンスビル2F
https://www.veritas-law.jp/

こちらからも
検索できます。

優良危機管理認定マーク

危機管理が備わった安全で安心できる企業・団体と評価された事業所が使用できるマーク、それが『優良危機管理認定マーク』です。

危機管理診断士

危機管理診断士は危機管理の責任者として自身の所属する企業・団体の様々な危機管理事象への備えを診断することができます。

TrePrimo

代表取締役
本間実 さん

関東信越国税局勤務後、各税務署で「上席国税調査官」として国難調査事務などを歴任。『株式会社TrePrimo』や「あのん会計事務所」など複数の事業を運営し、個人・法人問わず、お金に関する事業を幅広く手掛ける。

元国税職員の視点から日本初の「危機管理事業」を大きく展開

「備えある社会の実現」を通し日本の未来を守る！

国税出身の本間実さんが代表取締役を務め、最先端の経営支援を展開する『株式会社 TrePrimo』。日本初の危機管理の礎となる「危機管理のカタチ」をつくることを目指し、危機管理の普及啓発事業を推進している。

危機管理事業は、日本危機管理協会の策定する危機管理を普及啓発する優良企業・団体に対して付与される「優良危機管理認定マーク」と危機管理体制を診断する専門家「危機管理診断士」の育成を通じて、日本全国に「危機管理」の意識を拡げ、普及啓発していく事業。事件や事故、災害など企業活動に深刻な影響を与えるリスクへの対処方法をあらかじめ検討しておくことによって被害を最小限に抑え、危機から速やかに脱出するための安全対策を構築することを目的とする。

危機管理のスペシャリストとして、あらゆる危機管理に関する提案を行うとともに、安心・安全な未来の実現を目指している。（ライター／彩未）

株式会社 TrePrimo
トレプリモ

090-6932-0147
info@treprimo.co.jp
㊟ 群馬県伊勢崎市上諏訪町2111-6
http://www.treprimo.co.jp/

こちらからも
検索できます。

危機管理のカタチ

危機管理診断士
優良危機管理認定マーク

GLOBAL WELL-BEING
海外でも日本語の支援が
受けられる
開発的カウンセリングと
企業内メンタルヘルス支援

『対面またはオンラインによる心理カウンセリング・コーチング』『異文化環境でのキャリア実践子育て・発達支援』など。

代表
淵上美恵 さん

公認心理師。日本ビジネス心理学会常任理事。学び&遊びを育てる会副代表。オランダ心理学会心理士(*NIP)。一般社団法人日本公認心理師協会会員。アムステルダム日本人学校スクールカウンセラー。認定発達障害児支援士(日本発達障害支援協議会認定)。

海外で心のケアを受けるなら グローバルな専門家に

海外在住組織心理専門家、心理カウンセラー 世界中から相談可能

「海外にいながら、日本人の心理カウンセリングを受けたい」

『Global Well-being』では、オランダを拠点に海外駐在員、留学生など海外在住者への心理カウンセリングを日本語で行い、心の支援をしている。代表の淵上美恵さんは、グローバルなキャリア構築支援と海外在住者のメンタルヘルスケア、子ども発達障害支援を行う公認心理師・カウンセラー。自身の経験からメンタルヘルスケアへの対応方法は国によって異なり、日本人のメンタルに適応しないことも多いと痛感。心理カウンセリングには、日本を深く理解した専門家による日本語の支援が必要だと考え、同社のサービスを始めた。呼吸法と自立訓練を取り入れたマインドフルネスカウンセリングや発達障害カウンセリング、不登校などのお子様と家族へのカウンセリングなどどんなお悩みも解決へ導く。海外生活で多い職場問題には、ビジネス心理学(HRM含む)や組織心理学、組織開発(OD)、行動科学マネジメントの視点は特に専門分野。カウンセリングは対面のほか、オンラインでも可能なので、世界中どこにいても受けられる。

(ライター/播磨杏)

Global Well-being
グローバル - ウェルビーイング

✉ info@globalwellbeing.nl
㊟ オランダアムステルダム近郊
https://www.globalwellbeing.nl/
@global_wellbeing_offical
@440jagfe

「医療通訳アカデミー東京」

代表理事
川口雄暉 さん

2010年、健康栄養食品製造販売を手がける「株式会社国際美健総合研究所」設立。さらに美容に関する製品の企画・製造・販売会社「TAKAKI BEAUTY」を設立。『一般社団法人日本先進医療科学推進協会』代表理事。

生命と直結する言葉の壁を視野に
医療現場で活躍する医療通訳育成

医療観光の誘致が激化
通訳アカデミーを運営

「株式会社国際美健総合研究所」代表取締役の川口雄暉さんが代表理事を務める『一般社団法人日本先進医療科学推進協会(JAMSPA)』は、東京・新宿早稲田で「医療通訳アカデミー東京」を運営。外国人の受診者を受け入れている医療機関が求めている質の高い医療通訳人材の育成に力を入れている。

「グローバル化の波は医療分野にも押し寄せ、アジア諸国における医療観光の誘致競争は国策として激しさを増しています。日本でも既に多くの医療機関で外国人患者の受け入れを始めていますが、医療現場における言葉の壁は健康や生命と直結するだけに極めて重大な課題であり、今後、医療通訳者、メディカルコミュニケーター、バイリンガルスタッフのニーズが増えていくのは確実です。当協会ではそのニーズに応え、医療従事者や介護、栄養保健スタッフも含め語学力を生かして大きな役割を担える人材を育てていきたいと思っています」

『日本先進医療科学推進協会』は、日本の先進医療の国際展開に関する事業や医療技術の研究開発などを支援する活動を行っている。

(ライター/斎藤紘)

一般社団法人 **日本先進医療科学推進協会**
にほんせんしんいりょうかがくすいしんきょうかい

03-6271-0719
info@jamspa.or.jp
㊟ 東京都新宿区西早稲田2-20-15
https://www.jamspa.or.jp/

株式会社 国際美健総合研究所
03-6271-0719
info@jamspa.or.jp
㊟ 東京都中央区銀座6-14-8
http://biken-lab.jp.net/

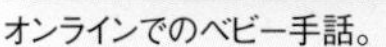

オンラインでのベビー手話。

産後ケアご飯。

院長・助産師
梅原あまね さん

日本赤十字社助産師学校卒業。日本赤十字社医療センターで新生児未熟児室、褥棟、産科外来勤務。「鎌倉市医師会立産科診療所ティアラかまくら」にて、妊娠中から産後1ヵ月までのお母さんと赤ちゃんのケア全般、両親学級、母乳外来、栄養教室講師などを経験。

産前産後のママをサポート 笑顔で進める楽しい子育てを

経験豊富な助産師 妊娠・子育てはお任せ

「赤ちゃんとお母さんの笑顔が増えるように」との想いで妊娠中から産後、子育てまでをトータルでケアしている『あまね助産院』。陣痛と闘うのではなく味方にする方法、育児が「負担」にならないようにするための考え方などを学ぶ「両親学級」、母乳を早く十分に出すための方法や乳頭混乱、ミルクに関しての知識を学ぶ「母乳育児準備クラス」で妊婦さんをサポート。院長の梅原あまねさんが大切にしている「子供は親を選んで生れてくる」という概念を学ぶ「胎教クラス」も評判だ。お腹の赤ちゃんには意志、意識、記憶があるという胎内記憶についてやお腹の赤ちゃんとのコミュニケーションの取り方など学ぶことで子育てを楽しみながら始められる。産後は母乳や育児の相談、ベビーマッサージやセラピー、まだ言葉が話せない赤ちゃんと手話を使ってコミュニケーションをとっていくクラスも実施。さらに、「自分に良い食べ物」を知る事は、幸せにつながるという考えから、中医学（東洋医学）に基づく薬膳、山内メソッド（鎌倉薬膳アカデミー）、食育についてのクラスも開催。ご妊娠中の方も産後のお母さんも、気軽に訪れられる居場所だ。

（ライター／播磨杏）

あまね助産院
あまねじょさんいん

080-8041-8962
bundon219@nifty.com
㊟ 神奈川県鎌倉市
https://www4.hp-ez.com/hp/amane27usmid/
http://lit.link/withbebylove/

こちらからも
検索できます。

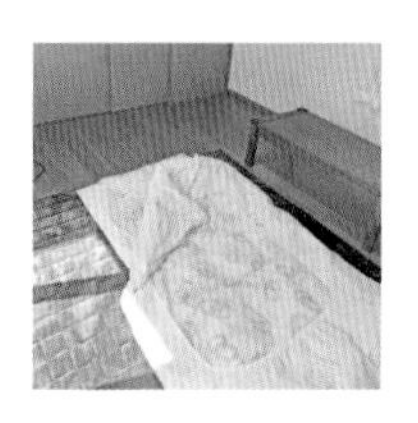

代表取締役
中嶋太陽 さん

少年期にドイツ・ハンブルクで過ごす。大手ECモールの企業にてWebマーケティング業務などを経験後、フリーランスとして活動。Web制作会社の代表社員を経て、2022年『株式会社フロッグワークス』設立。

地方企業の9割が課題を抱えるIT化を支援
進展する社会のデジタル化と経済活性化を目指す

地域経済の活性化を目指し
地方企業のDX化を支援

コロナ禍は未曽有のわざわいではあったが、個人や企業のデジタル化が急速に進展するきっかけとなった一方で多くの地方企業の9割がIT化に関する課題を抱えてしまった。そのような、中小企業や零細企業を対象に業務のIT化支援で頼りにされているのが『株式会社フロッグワークス』代表取締役の中嶋太陽さんだ。

「物価上昇やコロナによる営業停止、取引先の倒産などで、地方の企業は大きなダメージを受けました。しかしながら、地方の中小・零細企業をDX化することで、まだまだ可能性が眠っていると思います。まだまだ多くの課題はあるかと思いますが、弊社の力でピンチをチャンスに変えるお手伝いができればと思っています」

『フロッグワークス』は、DX化に伴うソフトの導入支援や教育・サポート、広告に必要なWEBサイトの制作やテキストのライティング、広告の運用方法など、顧客にとって価値あるコンテンツを提供することで最近注目を集めている企業である。

（ライター／山根由佳）

株式会社 **フロッグワークス**

025-556-6185
info@frogworks.co.jp
㊟ 新潟県糸魚川市大字桂677-1
https://frogworks.co.jp/

こちらからも
検索できます。

数々の案件を担当！

『「働かないおじさん」を活かす適材適所の法則』書籍購入特典用LPページデザイン・制作、オンライン座談会申し込みフォーム制作など。

「フードリボンプロジェクト」の活動に協賛し、デザインの一部を担当。

SNS訴求用の画像デザイン制作（実績多数）

代表
嶋﨑亜希子 さん

バンタンデザイン研究所ファッション学部卒。子ども服会社で3年、キャラクター雑貨会社で8年、物販会社で10年、ファッションデザイナーやWEBデザイナー、グラフィックデザイナー、プランナーとして活躍後、独立。

中小企業のECサイト構築を支援 主婦が在宅でできるIT業務も指導

培った経験生かして前進 主婦を自社戦力に育成

わいわい議論していけば閃きが生まれる、そんなニュアンスを社名に込めた『わちゃわちゃぱっかーん合同会社』代表の嶋﨑亜希子さんは、培ったスキルと経験を着実に仕事に結びつけ、自身の可能性を広げてきた気鋭のWEBデザイナーだ。2023年5月から始動した新規事業は、業務のIT化に後れを取る中小企業や在宅での仕事を求める主婦を支援する事業だ。

「ネットショップを始めたいがどうしたらいいかわからない、コロナ禍で商品が売れなくなったといった中小企業を対象にIT補助金を活用してECサイトの構築と運用を支援することが一つ。それと、働きに出たいが子どもが小さくてできない主婦にWEBデザインやネットショップ運営のスキルをお教えする講座を開き、受講者に在宅で当社の仕事を手伝ってもらい、ECサイト構築の対象となる事業所を増やしていきたいと思っています」

嶋﨑さんは、定款にオンライン教室やイベント企画や商品開発など様々な事業を掲げ、「この先何をするかは出逢いとひらめき次第で変わっていきます」とも語り、スキルを生かして業容を広げていく考えだ。

（ライター／斎藤紘）

わちゃわちゃぱっかーん 合同会社

070-2392-3319
info@wachapaka.com
㊟ 埼玉県さいたま市南区別所5-15-2
https://wachapaka.com/

生徒さんが900人以上の実績。

主宰
あっきーパパ さん

一児のパパ 。高卒で就職し、数々のビジネスで失敗、借金だけが残る。その後結婚して父となり、家族のため物販を開始。安定して月50万円稼ぎ、借金を返済して脱サラ。物販&情報発信で月収460万円と家族時間を手に入れる。

脱サラして在宅ワーク スキル不要&家族の時間も

物販のプロが教える簡単ノウハウで副業も

子は親の背中を見て育つ。子どもに妥協する人生を教えないために。そんな思いを胸に、月50万円以上の安定収入を確保できるようになり、脱サラして物販ノウハウを教える『あっきーパパさん』。数々のビジネスに失敗して借金もつくったが、物販で稼げるようになり、借金も返済し、憂鬱だった通勤電車ともお別れした。現在は、自身で培った物販ノウハウを約900名以上の人に教えるプロフェッショナルとしてスクールを開講し、『〝ゼロ〟から始める物販脱サラ術』を広く指導している。あっきーパパさんのノウハウは再現性が高く、初心者でもきちんと行動すれば、成果が出るのが特長。しかも自宅でできるので、家族との時間も好きなだけ確保できるのが強みだ。「明日から仕事だから」「仕事行きたくない」そんな思いもしなくてよくなり、自分の好きな時に仕事できる。頑張った分だけ収入増え、会社員の給料も3ヵ月で超えられる。気になる人、副業を探している人は挑戦してみてほしい。

（ライター／村田泰子）

あっきーパパ

@akky_papa.merukari
@akpapa_family

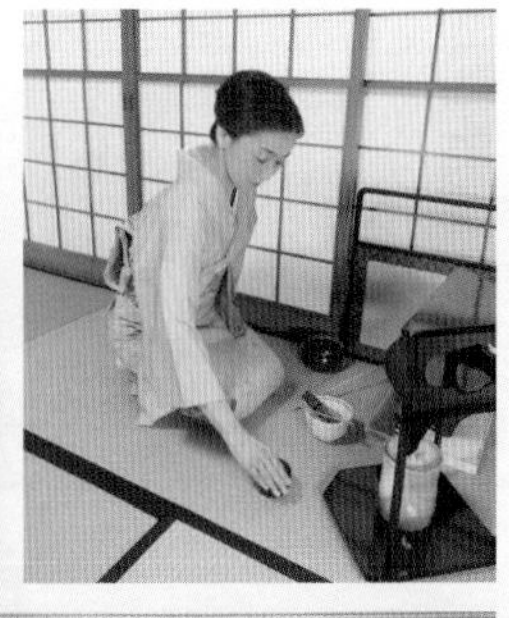

講師
柴田宗桂 さん

茶道/表千家講師
着物/着装士
作法/奥伝・Master of the business manners

『茶道体験』90分 1,650円(税込)

浜名湖のほとりで茶道体験
優雅な気持ちで暮らしも豊かに

着物での所作も学べる女性としての魅力UP

表千家教授の母と表千家講師の娘で営む、静岡県・浜松の『茶道・着付け教室 樹庵』。伝統的な本式の茶事、初心者も安心して参加できるカジュアルな茶道を学べる大人のお稽古場だ。

同教室が多くの女性から評価される理由の一つは、茶室の空間。大きな窓から望む庭には四季折々の草花が咲き誇り、季節の移ろいを感じられる非日常な空間。その緑の背景には壮大な浜名湖が。美しい自然を愛でながらお茶をたてていると自然と朗らかな気持ちとなり、心からリフレッシュできる。

講師親子の人柄も魅力。お稽古では、初心者も経験者も一人ひとりに合わせたレベルで丁寧に優しく指導。お点前だけではなく、濡れ灰作りや灰形、水屋の準備など裏作業も学べる。時にユーモアを交えながらの和やかな雰囲気で、日本の伝統「茶道」をしっかりと身につけることができる。

また、「ヨガ×茶道」や、ピアノと茶道を組み合わせたお茶会「新緑五月茶会〜ピアノの音色と共に」などのイベントも開催。自家製無農薬野菜を使った料理を共に楽しむ「朝茶事」も人気だ。

(ライター/播磨杏)

茶道・着付け教室 **樹庵**
いつきあん

✉ itukian.omotesenke@gmail.com
㊟ 静岡県浜松市西区雄踏町宇布見9891-1
https://adult-education-school-2107.business.site/

代表
井上さゆり さん

食と暮らしの専門家、健美食料理家。2021年に健美食料理サロン【LAÉSSE】を設立。現在毎月リピート率9割を超える人気サロンに。「食事が変われば人生が変わる」ことを伝えるため、幅広く活動中!お手軽簡単にこだわった健美食レシピは、忙しい女性から大人気!料理が好きになり、自信に満ちた女性を増やしている。

『健美女子サロン』1ヵ月 6,800円(税込) 『健美ライト』1ヵ月 4,200円(税込)など。

暮らしにときめき!日常に彩り!
健康と美容を叶え、あなたの人生を輝くものに…

忙しくても、初心者でも大丈夫!
食の学びで輝く毎日に…

『LAÉSSE』は、心身の健康と美容を叶える料理を学ぶ実践型オンラインサロン。季節に合わせた料理の作り方と、その月の心地よい過ごし方をトータルで学び、暮らしの豊かさを高めていく。月に3回、心と身体に届けたいと開発された「健美食レシピ」が登場し、サロン入会後はグルテン・白砂糖・化学調味料・乳製品フリーの過去レシピ110種類以上を自由に閲覧し、早速実践できる。「どうしてこの調味料を使うのか」「どうしてこの食材を使うのか」「どうしてこの調理法なのか」すべてに意味があり、無駄のないレシピは、検索サイトでは決して手に入らない希少価値がある。毎週金曜日の「健美ラジオ」では、暦を読み解き、季節に沿った心地よい暮らしの秘訣を伝授。自然環境の変化により、身体と心の状態はどのようになっているのかを紐解き、心地よい生活のための具体的な行動、食べた方がいいものなどを学ぶ。受講者からは体重マイナス9キロ、自然妊娠、摂食障害克服、花粉症や乾燥肌の改善など嬉しい声が多く届いている。「健康でキレイになりたい」「家族を幸せにしたい」そんなあなたに。食の学びは、一生ものの財産だ。

(ライター/播磨杏)

健美会料理サロン **【LAÉSSE】**
ラエッセ

✉ laesse.sayuri@gmail.com
https://laesse-sayuri.com/
@sayuri_inoue.laesse
https://note.com/laesse_sayuri/n/na5072bb4c221

子どもたちにも食を伝えています

◉食育講師として、子どもたちに「ほんものの食」を伝える活動。

◉子どもが主体的に学べる、体感できる!

子どものお料理教室という習い事
【LAÉSSE】キッズクラブも2023年6月から始動。

自らの小学校教諭の経験を生かし、独自の展開と手法の元、食育や料理の大切さを伝えている。子育てママから大人気!

代表
小林誠子 さん

関西のフォトスタジオに4年間勤務し、2016年に独立。2018年より山梨県に移り住み、都留市にて家族4人暮らし。

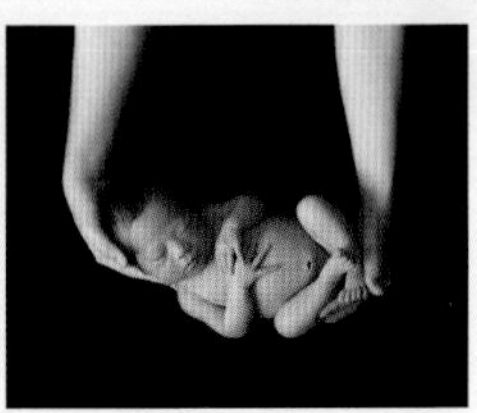

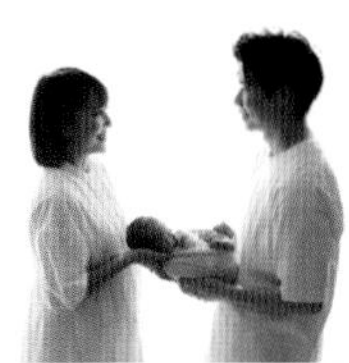

『ニューボーンフォト』2パターン12カット 44,000円(税込)　4パターン20カット 60,500円(税込)
6パターン30カット 77,000円(税込)　※土日祝料金 +5,000円(税込)

妊娠・出産の想い出を形に ニューボーンフォト撮影

「今」を切り取る特別な時間 愛に溢れた記念写真

山梨県都留市を拠点に、県内各地でニューボーンフォトの出張撮影を行う『DOSSO Photography』は、「今」しかない貴重な一瞬を形にするフォトグラファーだ。お客様宅の一室でセットを組み、新生児を撮影してくれる。好みのポーズや色、雰囲気などを事前に伝えておくことで衣装や小物なども用意してくれるので、予約時にメールで打ち合わせをしたら、あとは自宅で待つだけ。

コンセプトは、「生花を使った季節感を感じられるスタイリングと、何度も見返したくなる写真」。フォトグラファー自身も出産を経験しているので話しやすく、あかちゃんにもよく理解があるのでスムーズに撮影ができる。プランによっては、家族、兄弟との撮影も可能。

「撮影自体がご家族にとって幸せな時間になるように」という思いで撮影される写真は、どれも愛に溢れ、まさに幸せを切り抜いたかのような仕上がりだ。

山梨県都留市・大月市・西桂町・富士吉田市は出張料無料。その他地域は相談を。

（ライター／播磨杏）

DOSSO Photography
ドッソ フォトグラフィー

080-3091-4319
住 山梨県都留市
http://dossophotography.com/
@dossophotography

Instagram

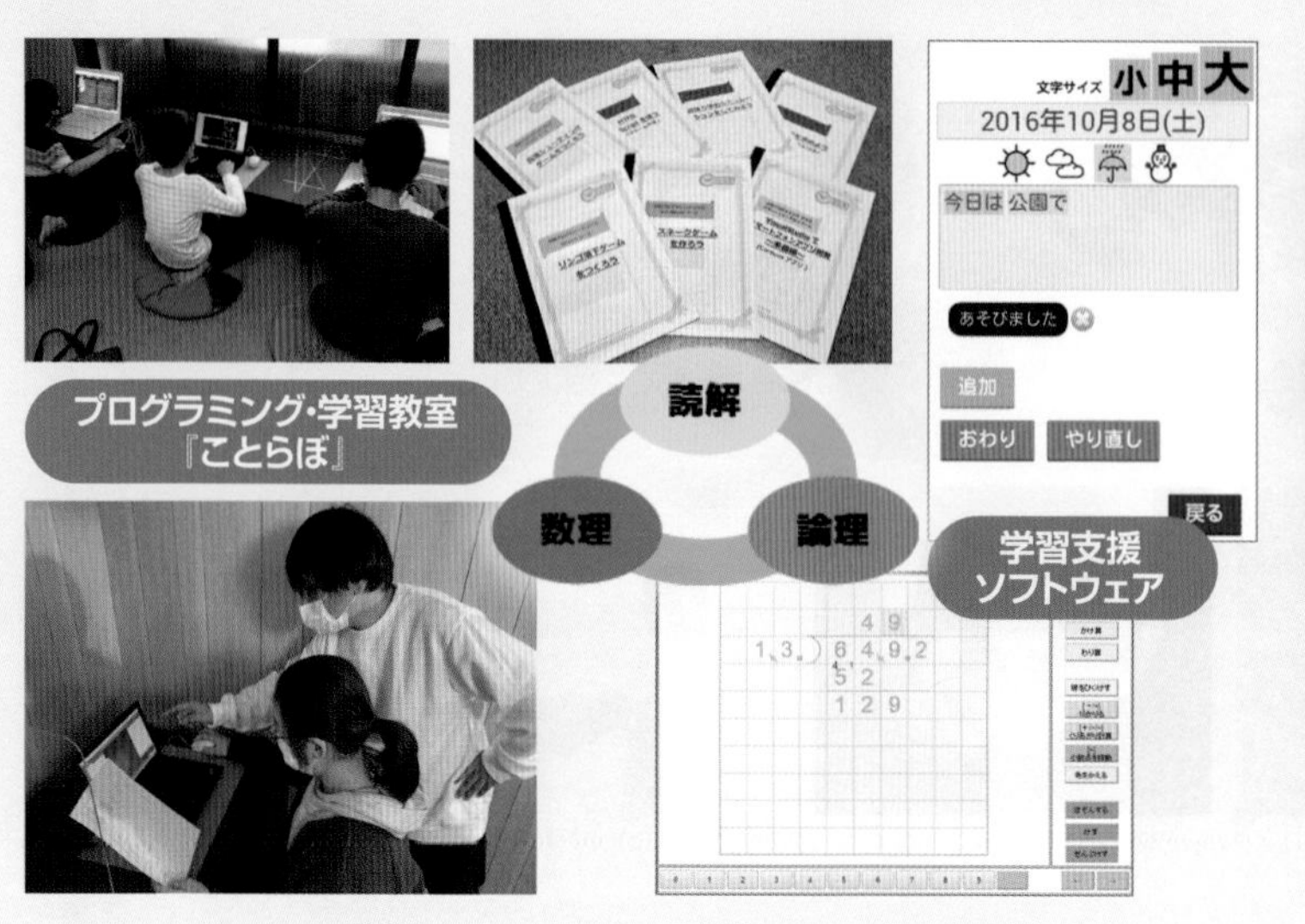

代表
堀田雅夫 さん

富山県出身。「オリンタルエンヂニアリング株式会社」「横河電機株式会社」で制御設備や制御機器の開発、事業企画・マネジメントなどに従事。2016年『ことつむぎ』を設立。プログラミング・学習教室『ことらぼ』を開校。

様々な個性に寄り添う教育
自分の考えを育むプログラミング学習

正しく読み・考え・表現する
エンジニアが教える身につくプログラミング

「すべての子どもへ同じ学びと未来へつながる学びを」を理念に、『ことつむぎ』代表の堀田雅夫さん。『ことつむぎ』では、学習面や情緒面など課題を抱える子どもを対象とした支援ソフトウェアの研究開発、および初心者から本格派まで学べるプログラミング教室と読解力を身につけ学習効果につなげていく学習教室を展開している。プログラミング教室に通う年齢層は、小学生から高校生までと幅広く、ソフトウェア開発やマネジメントの経験を活かした手作りのオリジナル教材で個々に合わせたプログラミング教育を行っている。子どもたちは、寺子屋のような柔らかな雰囲気の中で学んでいる。それぞれ思い思いの発想で自由にプログラミングを書くため、途中で行き詰まるのは日常茶飯事。柔軟な論理的思考力を活かして子どもたちが何をしようとしているのかを正しく理解し、正解へのヒントを示す。それぞれの特性や学ぶ目標、理解度や進み方は様々。子どもたち一人ひとりに寄り添った指導を心がける。

「プログラミングを通じて、読み・考え・表現する、楽しさの中からしっかり身につく力を学ぶ。そんな学び舎で有り続けたいと考えています」

（ライター／彩未）

ことつむぎ

080-8422-0836
info@cototsumugi.pinoko.jp
㊟ 東京都西東京市田無町2-9-6野崎ビル406
https://cototsumugi.com/

田無校・三鷹校・小平校

しっかりやり切れる1コマ90分
2〜8回／月コースより選択

通塾日は自由に設定可能。
初心者から本格派を目指すお子様まで、多数幅広く参加中
理解度に応じてステップアップすることができ、深く長く学べる点が大きな特長。

子育て中の方でも子ども連れで来訪しやすいように設計されたオフィス。

代表
真田愛美 さん

2児を持つシングルマザー。離婚や死産・流産、子どもの発達障害・自閉症・多動性障害など様々な体験の中、周りに助けられたことからカウンセラーへ。壮絶な経験をを乗り越えたからこその真摯な対応で、あらゆる相談に乗っている。

子育てや恋愛の悩みに真摯に対応 経験豊富なカウンセラー

身体の健康より心の健康のほうが大事

子育てや恋愛をメインに、お悩みを真心こめて受け止めてくれるのが宮崎市の『カウンセリングサロンテラス』。失恋・不倫・浮気・性に関する内容などはお任せだ。2児のシングルマザーであり、多くの子育て、恋愛相談を受け付けてきた代表でカウンセラーの真田愛美さんがしっかりサポート。真田さんは、自分の子どもが発達障害や自閉症を持っていたことで、発達障害や精神的な勉強を懸命に取り組み続けた。その結果、資格をとった経緯があり、同じ悩みを持つ方の辛さが身にしみて理解できるという。「話す＝悩みを手放す」をモットーに、望まない妊娠など人に話しにくいことも話しやすい雰囲気で、真摯に相談に乗ってくれる。カウンセラー自身の経験も活かして的確なアドバイスをくれるので、話すだけで前向きになり、いつのまにか悩みが消えていく。どうすればいいのかを一方的に指導するのではなく、一緒に気持ちの整理をして、心の疲れを癒していこうというスタイルだ。カウンセリングは男性のお悩みにも対応。「奥様の気持ちや、子育てへの参加の仕方がわからない」「恋愛がうまくいかない」など男性ならではの悩みも相談できる。

（ライター／播磨杏）

カウンセリングサロン **テラス**

090-8124-0126
terrace0106@gmail.com
住 宮崎県宮崎市花ヶ島町瀬々町1255 山本第二マンション201
https://terrace-2023.com/

代表
Nao さん

美容師歴16年。個人サロンをオープンしお客様と密に接する事で、髪の毛だけでなく体や心のケアも必要だと感じ、ヘアメニューだけでないトータルケアサロンとして展開。癒やし効果の高い脳の断捨離と言われるアクセス・バーズや心のカウンセリングも人気。

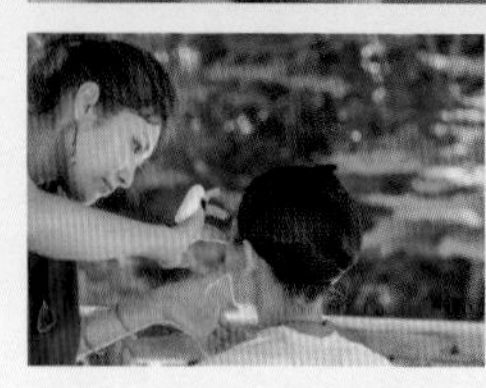

『エネルギーワーク』
（アクセス・バーズ、その他ボディプロセス）
各60分 8,000円（税込）
90分 10,000円（税込）
『ヘアメニュー』
カット 5,000円（税込）
カラー 9,000円（税込）～

外側だけでなく内側から美しく 他にない髪・心・体のトータルケアサロン

今での枠を飛び越え 本来の自分に出逢える美容室

髪と心と体のケアサロン『ikoisalon melo』は、「自由と健康で心豊かな魂へ戻すお手伝い」をテーマにしている完全予約制のプライベートサロンだ。美容室を運営する中で様々な経験をし、本当の美しさ・健康・豊かさは「外側だけでなく、内側から整えることが重要」だと気づいたという代表のNaoさん。そこで、髪だけではなく心と体もケアする、他にはないスタイルのサロンとして再スタートさせた。子どもの頃から、自分は周りと少し違う感覚を持っていると感じていたが「ちゃんとしなくちゃ」という思いで本当の気持ちに蓋をしてきた。自身もヒーリングに出会い、常識や思い込みから解放され、長年自分を苦しめていた常識や思い込みから解放されたという。そんな実体験から相談者の心に寄り添うヒーリングで評価が高い。お話しセッションのような気軽なカウンセリングで、さりげない会話の中から嘘のない本当の自分が見つかり前に進む勇気をくれる。着つけやフェイシャルエステなどの美容メニューも幅広いが、心から整えることで健康にも繋がり美しくなれる稀有なサロン。自宅やレンタルスペースへの訪問も出張も可能だ。

（ライター／播磨杏）

ikoisalon melo

イコイサロン メロ

☎ 0852-33-7019
㊟ 島根県松江市八雲町東岩坂914-12
https://ikoisalon-melo.com/
Instagram @nao.s_melo
LINE @beg2433h

LINE

Instagram

『リンパドレナージュ』
75分 7,500円(税込)

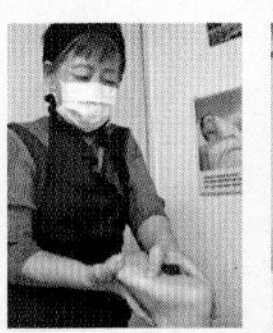

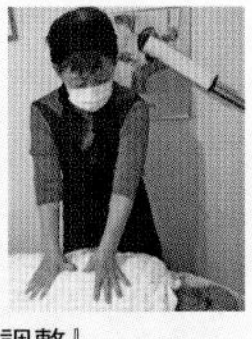

『腹膜リース+美容調整』
90分 12,000円(税込)
『フェイシャルW炭酸コース』
70分 7,000円(税込)など。

オーナー
東雅子 さん

日本エステティック協会認定エステティシャン。アロマ環境協会アロマテラピー検定一級。お客様と一緒に楽しみながら美を追求。女性の美しさを内面と外面の両方からアプローチすることを目指している。

『もみほぐし』

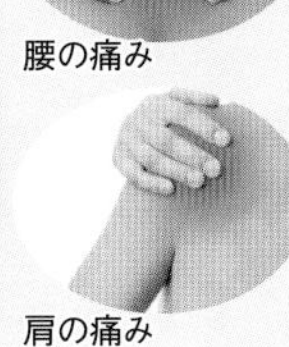

腰の痛み

肩の痛み

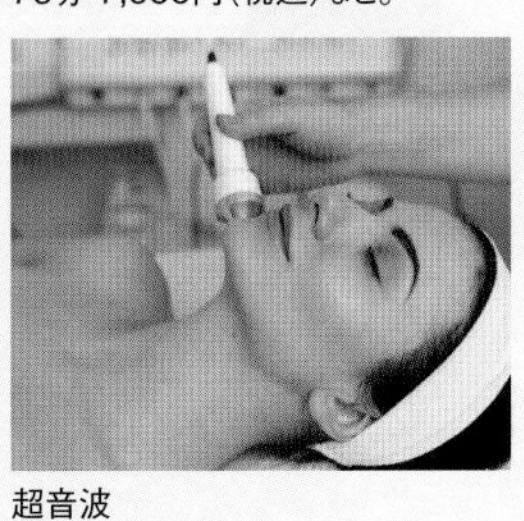

超音波

ボデイだけでなく心の悩みにも 専門的に寄り添ってくれるエステサロン

確かな実力を誇る 明るく優しいオーナーの手技

日々仕事や家事、子育てなどで忙しい女性たちが、心身ともに癒され輝きが増すと評判の『エステサロンサロン Angel』。オーナーエステティシャン東雅子さんの施術は、心と体の両方からアプローチし女性を全身くまなく美しく導いてくれる。

メニューは、お客様の気分・お肌の状況に合わせたオーダーメイドの『フェイシャル』、筋膜は刺激を与えると硬くなる為、刺激を与えずに優しく伸ばす『筋膜リリース』、気功や東洋医学をもとに、軽く叩くだけで痛みが取れる不思議な『美容調整』、30種類のアロマから「お好きな香りを」自分で選べる『リンパドレナージュ』など。

また、人間の脳の特性に基づき、悩みの原因を探り解決方法を探し、心理的ダメージの軽減に役立つアメリカ発の手法『ニューロン・ランゲージ・プログラム(NLP)の資格も持ち、体の状態を東さんと相談しながら決められるのも魅力だ。心の疲れが体の疲れに繋がるので、隅々まで綺麗になれる。

(ライター/髙田千浪)

エステサロン Angel
エンジェル

0586-85-8858
beauty_salon_angel@yahoo.co.jp
㊟ 愛知県一宮市新生2-7-4 コーポあゆ201
http://www.angel-hand.com/

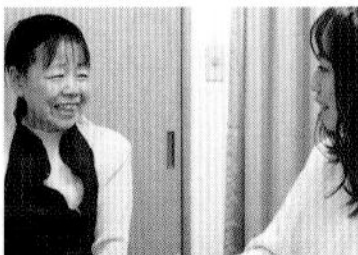

『ニューロン・ランゲージ・プログラム(NLP)』でストレスや悩みも解消。

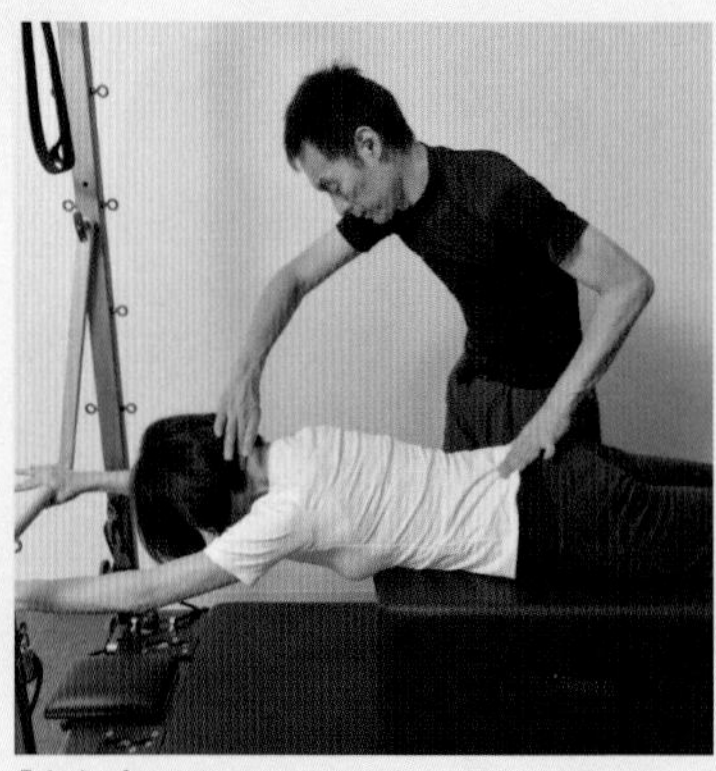

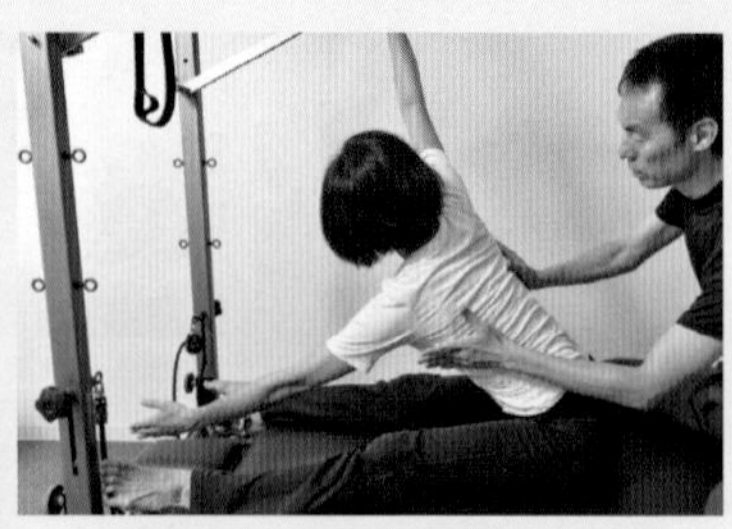

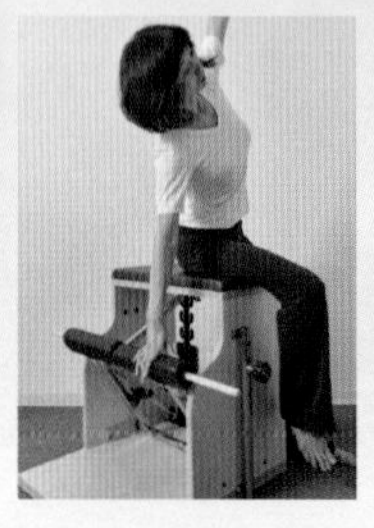

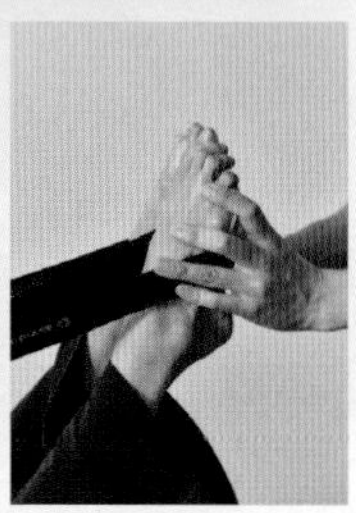

『完全プライベートセッション』
1回 75分 12,000円（税込）
『おふたりでのマットプライベート』
75分 おひとり様 6,000円（税込）
『オンラインプライベート』
60分 8,000円（税込）

代表
黒木場博幸 さん

理学療法士。病院でリハビリ治療に従事。PNFとPilatesの理念・哲学をベースに施術を行い、武道（特に空手道）の方への身体調整としての「ピラティス」も行っている。

理学療法×ピラティス ケガ予防・機能向上をサポート

身体に合わせた個別メニュー 無理なく動かす

現役の理学療法士として病院で慢性疾患やスポーツ障害に悩む患者様の治療やリハビリに従事しながら、運動生理学・解剖学などの医学的視点を生かしてピラティストレーナーとしても活躍する『StudioGait』代表の黒木場博幸さん。

健康促進やリラクゼーションのイメージが強いピラティスだが、インナーマッスルを鍛えて体幹を安定させ、柔軟性を高めるとケガの予防や機能改善、身体のパフォーマンス能力の向上なども期待できる。ケガや術後のリハビリ、ダイエット、スポーツ大会に向けた体力づくりなど利用者の目的は幅広いという。これまで病院で出会った幅広い年代や様々な状況の患者さんと向き合ってきた経験があるからこそ、一人ひとりの身体の状態をしっかりと把握し、身体の状況や目的にあったサポートが提案できるという黒木場さん。

「大切なのは、正しい身体の動かし方を身につけること。無理なく身体を動かし続けていれば身体機能が改善に向かい、コンディションも維持できます」

身体が健康であれば、より人生が楽しくなることを伝え続けている。

（ライター／彩未）

Studio Gait
スタジオ ゲイト

080-9072-1501
studiogait2017@gmail.com
㊟ 東京都中央区築地7-16-3 クラウン築地
http://studiogait.com/

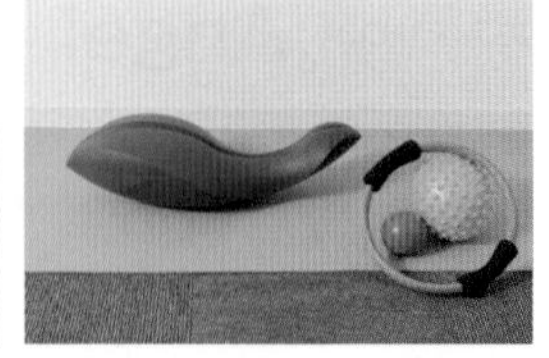

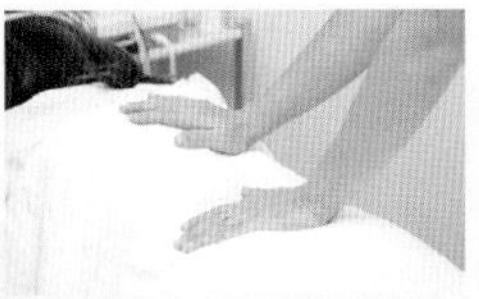

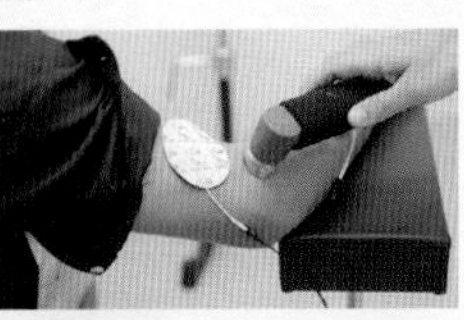

院長
小倉貴裕 さん

開智高校野球部卒業。柏市野球連盟理事ビザール所属。流山市少年野球連盟カージナルスコーチ担当。施術後に自然と“笑顔”になれるようなサービスを提供することを大切にしている。痛みやしびれの原因だけでなく、症状周辺までのアプローチも心がけている。

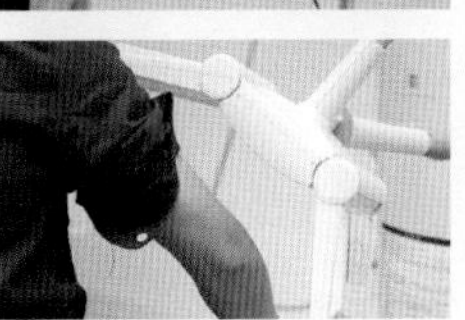

<初検料・はじめての方> 1割負担 440円（税込）　2割負担 760円（税込）　3割負担 1,080円（税込）
<2回目以降> 1割負担 210円（税込）　2割負担 340円（税込）　3割負担 480円（税込）

痛みやしびれを根源から改善に導く手技療法や最新機器を使った治療法

原因探り最適施術選択 様々な治療機器を導入

『小倉整骨院』は、柔道整復師の国家資格を持つ小倉貴裕院長の柔道整復術による手技療法や最新の治療機器を用いた治療で肩こりや腰痛・ぎっくり腰、手足のしびれ、スポーツや交通事故によるけがなどを根源から改善に導き、声価を高めてきた治療院だ。

院長の小倉貴裕さんは、来院した一人ひとりの症状や生活習慣について詳しくヒアリングし、目視や手で症状の根本原因を探り、最適な施術方針を決定する。

手技療法では、症状の原因となりやすい筋肉のこりや骨盤の歪みを改善する。治療機器を使った治療法には、超音波と電流の二つの刺激が慢性的な症状の原因に効果的にはたらきかける「超音波コンビネーション」、乱れた神経を調整して痛みを改善する「干渉波」、痛みを抑制する物質の分泌に作用する「低周波パルス」、温熱療法の「マイクロ波」などがある。また、リラクゼーション効果の高い「ウォーターベッド」も使用している。

（ライター／斎藤紘）

小倉整骨院
おぐらせいこついん

04-7155-5611
HPのメールフォームよりお問い合わせ下さい
㊟ 千葉県流山市駒木台284-11
https://ogura-seikotsu.site/

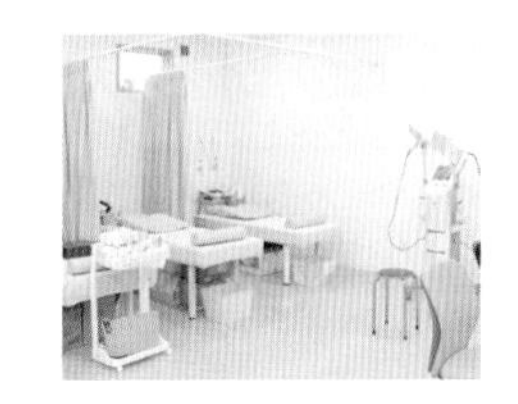

一次診療から二次診療まで幅広く対応。飼い主さんの話を聞いたうえで、コミュニケーションに時間をかけ診療。

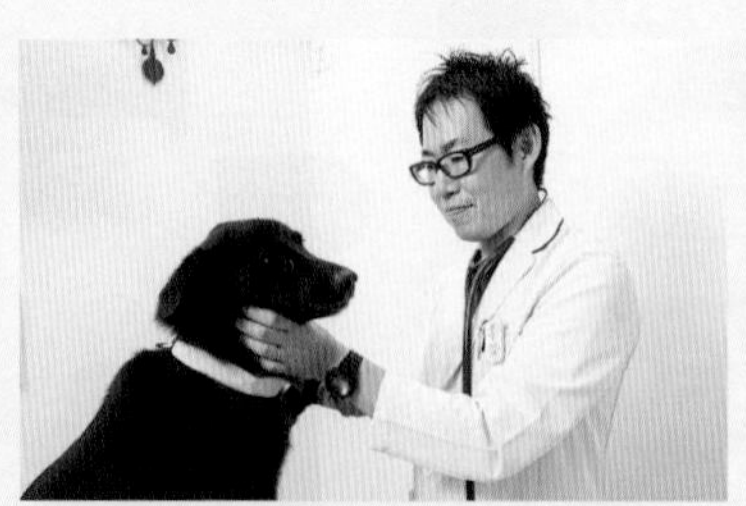

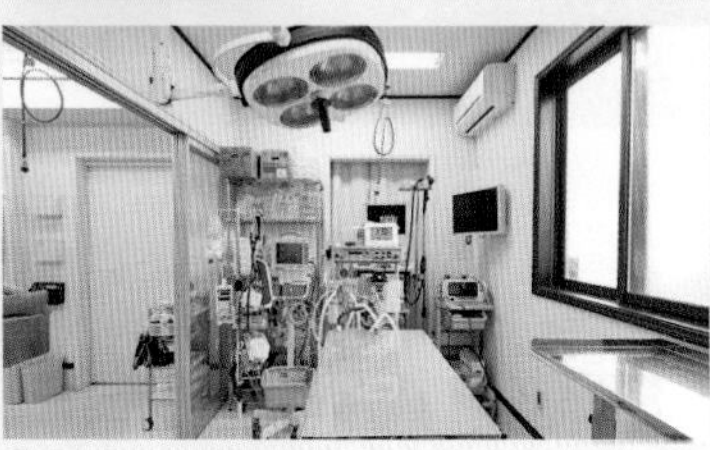

㊟ 8:50〜11:30　15:50〜18:30
㊡ 木曜日・祝日・日曜日午後

院長
長哲 さん

栃木県の中核動物病院としてより良い獣医療の提供や、夜間救急や災害施設として飼い主様や動物たちを守りたいとの想いから『ちょう動物病院』を開院。近隣への地域貢献にも積極的で獣医療と地域の発展に尽力している。

ホームドクターから専門的な治療まで幅広い診療に対応

栃木県内では数少ない夜間救急診療も可能

栃木県下野市の『ちょう動物病院』は、犬、猫や様々な動物の診療を行っている。院長の長哲さんをはじめとするスタッフ全員が、国家資格を保有し、ホームドクターから専門的な治療まで幅広い診療に対応。特に心臓や腎臓の治療においては、優れた専門知識と技術を駆使し、高品質な医療の提供を心掛けている。近隣の動物病院との連携も行っており、より総合的なケアを目指している。

また、栃木県内では数少ない夜間救急診療も可能で、かかりつけの方には24時間対応をしてくれるのも安心。WEB予約システムも導入しており、スマートフォンなどで受付が可能。混雑を避けたり、院内の待ち時間の緩和を可能にしている。

同院では、地域貢献にも積極的で栃木県を動物達の住みやすい街にするため、獣医師会や学校飼育、愛護センター講習での講師など、獣医療と地域の発展に尽力している。

（ライター／長谷川望）

ちょう動物病院
ちょうどうぶつびょういん

0285-38-8309
cho-animal-hospital@outlook.jp
㊟ 栃木県下野市駅東7-1-31
https://www.cho-animal-hospital.com/

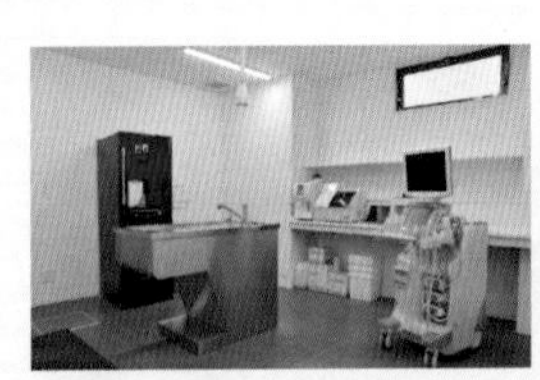
処置室

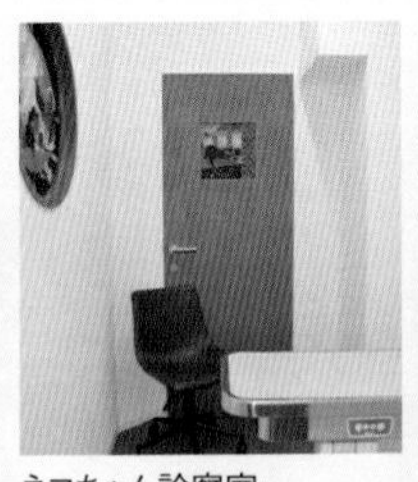
ネコちゃん診察室

ワンちゃん診察室

キャットウォークと看板猫。

院長
杉下翔太 さん
幼少期から小型犬を飼うなど動物に囲まれて育つ。現在は中型犬・大型犬・猫と生活。動物たちとの生活でいろいろなカタチを模索し、共に歩む暮らしのお手伝いができるようにと、『動物ノ病院かれん』を開院。

㊟ ＜通常診療＞
9:00〜12:00　16:00〜20:00
＜完全予約診療＞
8:00〜9:00　12:00〜16:00
㊡ 火曜日・月曜日午後

テーラーメイド医療で ペットとご家族に最適な治療を模索

一般医療から高度な治療まで幅広く診療を行う

東京都の祐天寺・学芸大学エリアにある『動物ノ病院かれん』は、ペットの健康管理や病気治療を行う認定医が在籍している獣医療施設。院長の杉下翔太さんは、犬や猫を対象にした一般医療から高度な治療まで幅広く取り扱い、家族と同じ目線で悩みや不安を解消してくれる診療で信頼が厚い。診察室や待合室は、犬猫専用を用意し、ペットたちがリラックスできるように配慮。また、触れ合いを大切にし、おやつを用意するなどペットたちが病院でストレスを感じないよう工夫しているという。

実際の治療にあたっては、ペットの体質や性格、ご家族の生活スタイルに合った治療方針を複数の選択肢から決めていくテーラーメイド医療を行い、ペットとご家族のことを考えた最適な治療法を模索してくれる。また、保護団体と協力しての保護犬や保護猫の預かりや処置・治療、里親募集なども行っている。

ペットと飼い主さんが共に安心して治療を受けられる動物病院として、多くのペットたちの健康管理に貢献している。

（ライター／長谷川望）

動物ノ病院かれん
どうぶつのびょういんかれん

✆ 03-6412-8224
✉ kato@resort-garage.jp
㊟ 東京都目黒区中央町1-2-3
https://ah-curren.jp/

院長
渡邉武史 さん

北里大学卒業。2018年開院。犬猫をはじめとするペットの日常的な健康診断や予防接種などさまざまな治療を行う。犬猫の口腔外科認定医として、歯石除去や歯茎の治療など歯周病ケアにも専門的な知識で治療にあたる。

わんちゃん診察室

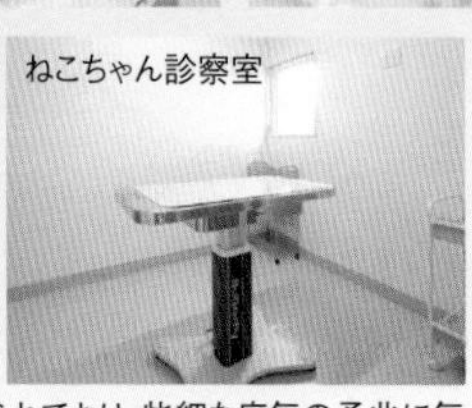
ねこちゃん診察室

犬や猫は「痛みを隠す動物」と考えられており、些細な病気の予兆に気づいてあげることは大切。

ペットと家族の心に寄り添い支える動物病院

相談から難しい治療まで頼れるうちの子の主治医

一緒に暮らすペットの健康管理は、家族やパートナーとして重要なこと。どんな些細なことも心配な飼い主の気持ちに配慮してくれる『はる動物病院』の院長渡邉武史さんは、飼い主の気持ちに寄り添い、一緒に治るまで診療およびサポートをしてくれる。一般診療からワクチン接種、去勢避妊手術や難しい手術も安心して任せられる。

同院は、ヨーロッパ小動物歯科口腔外科認定医(GPcert)として、ペットによく見られる口腔内のトラブルについて信頼できる治療ができるのが特長。また、手術機器には、個人の動物病院では珍しい血管シーリングシステム(リガシュア)を導入し、出血の際に痛みを軽減しながら止血ができるなどペット思いの治療を目指している。

また、歯周病外来を設けているので歯茎が腫れているなどの症状があったら、ぜひ相談を。ペットホテルも併設しており、旅行などのときもはる動物病院なら心強い。院内はソフトな色合いに統一されたおちついた雰囲気で、病院が嫌い、苦手なペットたちもゆったりできる空間になっている。

(ライター/村田泰子)

はる動物病院
はるどうぶつびょういん

025-385-7834
t-wat@train.ocn.ne.jp
㊟ 新潟県新潟市東区中野山7-4-2
http://haru-animalhospital.com/

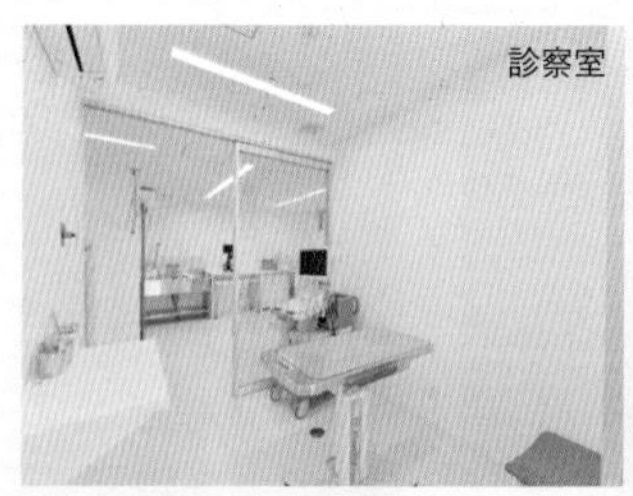
診察室

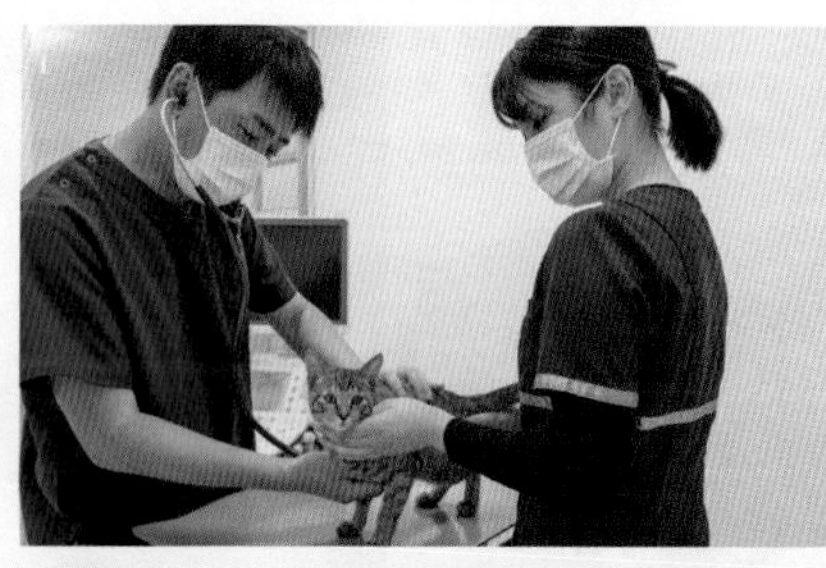

院長
成田博繁 さん

兵庫県明石市生まれ。都内の動物病院や兵庫県県内の動物病院を経て、2019年2月に『明石ほんまち動物病院』を開業。ペットはもちろん、飼い主さんとの会話を大切にしている。

待合室

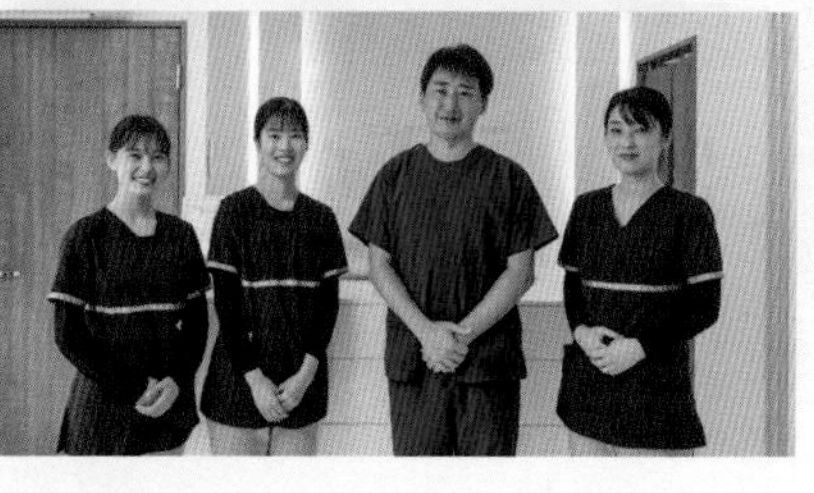

㊡ 9:30～12:30　16:00～19:00
㊡ 日曜日・祝日・木曜日午後

動物の健康を守る 立ち寄りやすい動物病院

明るい雰囲気で ペットも入りやすい

兵庫県明石市の『明石ほんまち動物病院』は、2019年2月に開業した動物病院。明石港のそばにある海色の建物が印象的だ。犬猫を対象に健康診断といった日頃の検診から慢性疾患への専門的な処置など、動物たちの健康を多方面からサポートしている。

院長の成田博繁さんは、普段の何気ない会話から小さな予兆を発見できるかもしれないと対話を大切にした診察を心がけており、飼い主さんたちから好評を得ている。また、国際基準で認定された病院に贈られる「キャットフレンドリークリニック」にも認定。より専門性の高い猫の知識と質の高い猫医療を提供している。

明るい雰囲気が特長で処置室はガラス張りでペットの処置が見えるオープンな作り。飼い主さんもペットも安心して処置を受けることができる。何気ないお散歩の途中やトリミングなど日々の生活の中でふらっと立ち寄りやすい病院だ。

兵庫県明石市の動物たちの健康を守る、地元からの信頼も厚い動物病院だ。

（ライター／長谷川望）

明石ほんまち動物病院

あかしほんまちどうぶつびょういん

☎ 078-915-1217
㊟ 兵庫県明石市本町2-8-8
https://www.akashi-honmachi-ah.com/

明石ほんまち 動物病院

『モーニングコーチング』(1日10分×20回) 38,700円(税込) 電話、Skype、Zoomを利用。

代表
井能崇博 さん

2002年からコーチング・研修を開始、2万5千人以上の個人に実施。2011年『ABCトレーニング』設立。ナポレオン・ヒル財団認定マスタートレーナー、JIPCC認定エグゼクティブ・コーチ、米国NLP協会マスタープラクティショナー。

活動的な一日のスタートに有効な朝の10分間を使ったコーチング好評

オンラインなどで実施 目標達成の癖付け可能

「一日のキックオフとして自然にパワフルなモチベーション形成を実現」

個人の自己実現や法人研修で実績を重ねる『ABCトレーニング』のコーチングサービスの中で好評なのが代表の井能崇博さんが考案した『モーニングコーチング』だ。毎日の活動を始める前の朝に10分間、電話やオンラインで行うコーチングで、目標達成の癖付けができるようになったり、自信と熱意が身についたりする効果があるという。

「経験豊富なコーチ陣による独自のアプローチと科学的根拠に基づく効果的な方法によるモーニングコーチングは、活動的な一日のスタートのために大きなリソースになる可能性を持っています。ついつい自分のペースに流されそうになる傾向がある朝に、第三者からの働きかけを受けることで、1日の行動基準を高めることができます」

『モーニングコーチング』は、個人だけでなく、グループコーチングも可能で、早起きや目標達成に必要なスキルを身につけるなど利用者のニーズに合ったプログラムを選ぶことができるという。

(ライター/斎藤紘)

ABCトレーニング
エービーシートレーニング

050-5881-3673
info@abc-training.jp
(会員サイトへ3ヵ月無料ご招待! 「本を見た」とメールを下さい)
㊟ 東京都港区南青山5-17-2 シドニービル502
https://www.abc-training.jp/

こちらからも
検索できます。

代表
町田奈穂 さん

公認心理師、臨床心理士による支援者支援専門オンラインカウンセリングセンター。支援者の立場や状況を理解し、充実した毎日を送るためのカウンセリングサービスを提供している。

『B PLAN 50分カウンセリング』 8,000円（税込）
『初回90分カウンセリング』 12,000円（税込）
『CBT-I（認知行動療法）コース』（50分×7回） 66,000円（税込）

支援者を支援する
オンラインカウンセリングセンター

専門知識を持つカウンセラー
心の健康をサポート

『大阪カウンセリングセンター Bellflower』は、支援者支援専門オンラインカウンセリングセンター。子育てや介護、病気の家族を側で支えている人や保育・教育・医療現場で働く人、部下を持つ会社員といった「他者に力を貸して支え助ける人」を支援者と呼び、そういった方々へのサポートを目的に設立。カウンセラーは、全員公認心理師、臨床心理士のため相談者一人ひとりに対して的確にサポートしてくれるので安心だ。また、進路や就職といったキャリアに関する、より専門的かつ具体的な悩みにもキャリアコンサルタントによる相談が可能。カウンセリングも完全予約制のオンラインカウンセリングなので、自身のスケジュールに合わせて調整できる。

2023年4月からは、不眠症に対する認知行動療法（CBT-i）コースもスタート。全7回のプログラムで、受講者の方々も「短期間で効果を実感できる」と好評。専門知識を持ったカウンセラーがあなたの心の健康をサポートし、笑顔が続く毎日を手に入れる手伝いをしてくれる。

（ライター／長谷川望）

大阪カウンセリングセンター Bellflower
ベルフラワー

072-800-8880
info@counseling-bellflower.com
https://counseling-bellflower.com/
@counseling_bellflower
@bellflower

遠藤 久恵の
`出張´カウンセリング・コーチング

あなたのココロとからだ、必ず元気にします！
お悩みを抱えている
教育関係でのお悩み、お困り解消いたします！
特に教育関係者の皆さん
是非ご相談下さい。

※出張対面、カウンセリングルームにて、
電話、オンライン、メールでもOK！

必ず、本来のあなたを取り戻せます！
お陰様でお客様との繋がりが増えております！

主宰
遠藤久恵 さん

2016年「誰もが自分らしくあり、穏やかな時間、楽しい時間を過ごしてほしい」との思いで、カウンセラーとして活動を開始。潜在的な力を引き出し、今までとは違う自分の見方や考え方を生み出すコーチングも好評。

「笑顔に」「元気に」「やる気に」。

悩みは一人で抱えないで「共に乗り越えていきましょう」

経営者からも支持 38年間の教職経験が活きる

高等学校の教員として38年間勤めたカウンセラー遠藤久恵さんによるカウンセリング・コーチングが受けられるカウンセリングルームが『Office with a Smile』。「今を変えたい」「周りの人の目が気になりすぎる」「自信が持てない」といったメンタル的な悩みから、人間関係、恋愛、子育て、仕事、どんなことでも経験豊富な上級心理カウンセラーの遠藤さんが、思考を紐解き、解決・改善への道を一緒に考え、新たな笑顔の結びへと導いてくれる。

遠藤さんが大切にしているのは信頼関係。カウンセリングだけではなく、マッサージなどを組み合わせ、心身をサポートする場合もあるという。また、コーチング事業も展開中。管理職まで務めた38年間の教員経験から得た知識は、教育関係者はもちろん、経営者、サラリーマン、主婦などからも大好評。自宅や指定のカフェなどへの出張、電話やメールでのご相談も可能だ。

話しにくい内容も言葉にするだけで気持ちが軽くなることも多い。教育関係でお悩みの方にも特にオススメだ。

（ライター／播磨杏）

Office with a Smile
オフィス ウィズ ア スマイル

070-4218-6664
with-a-smile1@outlook.jp
㊟ 東京都世田谷区奥沢7-17-17-A
https://www.with-a-smile.net/

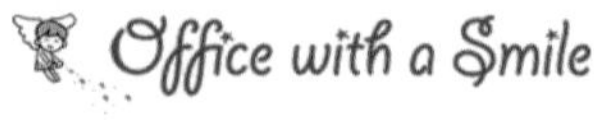

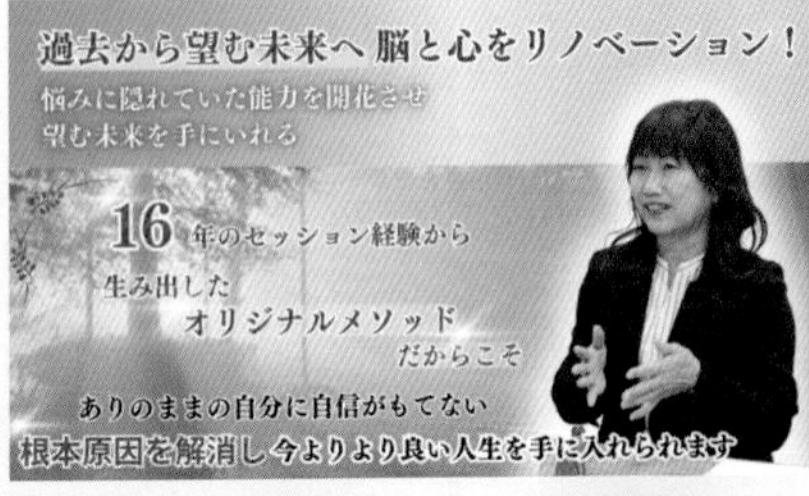

過去から望む未来へ 脳と心をリノベーション！
悩みに隠れていた能力を開花させ
望む未来を手にいれる
16年のセッション経験から
生み出した
オリジナルメソッド
だからこそ
ありのままの自分に自信がもてない
根本原因を解消し今よりより良い人生を手に入れられます

メンタルケアトレーナー
中村茉那（まな）さん

20年前から自分探しのためにセミナージプシーを繰り返していたが、その時出会ったメソッドから望む未来を引き寄せるためのコーチングセッション『Mana's Method』を考案。

『体験セッション』5,500円（税込）「まずは体感して下さい」

リモートセッションで全国どこからでも受けられる。

悩みを解消し隠れた能力を開花 望む未来へ導く

脳と心をリノベーション 潜在意識にコミット

過去から未来へ脳と心をリノベーションし、悩みに隠れていた能力を開花させ、望む未来を手に入れる。そんな願いを叶えるのが『Mana's Method』。「自分では理解できない無意識の影響を、見える形にして解消する」セッションを受けられる。代表でメンタルトレーナーの中村茉那さんが、16年間のセッション経験から考案した『Mana's Method』により、無意識のプログラミングを書き換えることで、波動が変わり、心から望む未来の現実化に導く。

無意識の根本原因を解消するだけで、頑張る必要も努力する必要もなく、なりたい自分へ向かっていけるのだという。すべてがOne on Oneのコーチングセッション。一人ひとりの今の状況や目標から、望む未来へ最短でシフトするプログラムを組んでいく。「自己否定が強く無気力だったのに、夢が見つかり合格率20%の資格試験に受かった」「ありのままの自分、本質の自分が見つかり自信がもてるようになったことで結婚できた」「無意識な思考が変わったことで、人とも仕事ともいい繋がりが生まれ、毎日が楽しくなった」など、喜びの声多数。体験セッションでは、気づきを得られ、現状を把握し、最適なセッションを提案してくれる。（ライター／播磨杏）

Mana's Method
マナズ メソッド

050-8888-6076
info@mana-8.com
㊟ セッションルーム　長野県伊那市／千葉県千葉市
https://mana-8.com/
@mana_method　@6kv8196p

過去から望む未来へ脳と心をリノベーション！

意識の可能性を引き出し
心豊かに望む未来を現実化する

またダメだった…を卒業
魂源力発揮プログラム
体験会受付中
体験個別セッション
60～90分
22,222円(税込)
ご予約はHPへ

主宰
岡田奈子 さん

心理セラピスト。魂の覚醒講座講師。DNAシフトセラピスト履修。3千以上の人間関係・仕事等の悩み解決・自信UP・顧客が増え売上UPなど。宇宙の法則・哲学等を研究し望みを具現化する成功メソッドと宇宙源エネルギーを開発。

今度こそ、心ときめく人生をたのしむ！ 努力では越えられない壁を突破する【好転法】

過酷な人生を歩んだから悩みに寄り添える

「努力が報われない原因、魂のネガティブな思い込みや感情を浄化し成功体験を積むことで、望む人生にシフトできる」と語るセラピストNACOさん。新時代の宇宙の法則と生命哲学・心理学・脳科学・行動学を基調としたセッションと、望みを実現する思考と行動が身につく魂源力発揮プログラムを提唱している。DV、いじめ、パワハラ、激務、重病、家族の借金返済など過酷な人生に潰れそうに。そこで出会ったのが潜在意識の書換えと真の宇宙の法則。40年間の苦痛の呪縛から解放され、超えられなかった壁を突破し人生が大きく変わったという。辛い経験をしてきたからこそ相談者の気持ちが理解でき、悩みの本当の根源を特定できる。現状を変える為の学びを腑に落とし心のブロックを外し行動してこそ、確実な効果を実現。講座ではセッション＋望みを具現化する法則と実践、脳科学を元にしたネガティブ思考矯正、潜在能力・生きがい覚醒、チャクラ解放法・宇宙源エネルギーヒーリングを伝授。努力が報われない、成果が認められない、人生が楽しくない、変わりたい！そんな方も魂が悦ぶ、光輝く人生へと導いてくれる。

（ライター／播磨杏）

Excellent LOTUS
エクセレント ロータス

✉ dna-sueko@mikousa.jp
https://exlotus.hp.peraichi.com/

こちらからも
検索できます。

『四柱推命カード』

代表
伊藤めぐみ さん

フラワー装飾、式場装花、装飾空間コーディネートなどで活躍。2022年より台湾にて風水・四柱推命鑑定士ルオ先生の教えを日本人第一号として認定取得。日本初の『四柱推命カード』を導入。2023年4月『風水×四柱推命を学ぶすくーる』を開講。

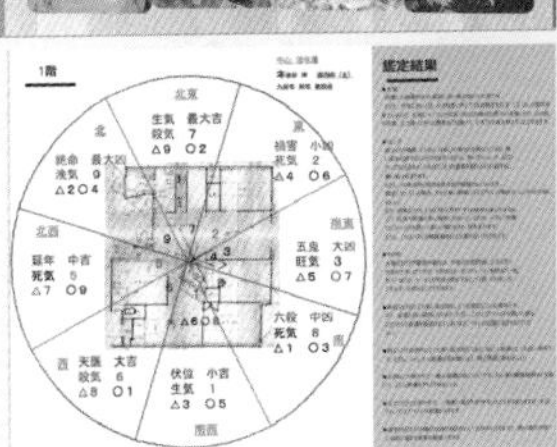

風水鑑定書事例

『クスリ絵』
伊藤さんの風水の氣の整え方は、クスリ絵などをアイテムとして使用。安価で効果の出るアイテム。

禾寅創新學院
禾寅八字命理 講師
職能鑑定合格證書
茲證明 伊藤めぐみ 君
於2023年1月1日至2023年12月31日止，
參加禾寅創新學院「八字命理講師培訓班」之課程，
經鑑定考試合格，特頒此證。
身分證號：
出生日期：　發證日期：
禾寅創新學院 院長：
禾寅創新學院 執行長：

日本初第一号「職能鑑定合格證書」

基礎から学ぶ風水と『四柱推命』初心者歓迎のスクール

すぐ使えて効果の出る風水と本格台湾四柱推命

初心者でも、風水と『四柱推命』を同時に学べるのが「インディーヴ」の『風水×四柱推命を学ぶすくーる』。すぐに使えて効果の出る風水、陰陽五行の基礎から始める本格台湾『四柱推命』、現状を確認する『四柱推命カード』などオリジナルのカリキュラムで、幅広く学びながら運気を上昇させていけるスクールだ。講師は、25年間空間コーディネーター、インテリア風水鑑定士として活躍する代表の伊藤めぐみさん。本場台湾で1年間、四柱推命鑑定士の教えをマンツーマンで受講。日本人第1号として認定された経験と知識の持ち主。『四柱推命カード』を使って現在の状況を推命し、アドバイスしていくという技法を伝授された日本人は、現在伊藤さんのみだという。本物の風水、『四柱推命』を多くの人に伝えたいとの思いでスクールを開講。アットホームにLINEでいつでも質問できるところ、理解できるまで徹底的にフォローしてもらえるところ、そしてリーズナブルな価格設定が魅力だ。現状に悩んでいる方、幸せになりたい方、何かを学びたい方、今の生活に風水と『四柱推命』の知識を取り入れてみては。説明会も開催している。

（ライター／播磨杏）

インディーヴ **風水×四柱推命を学ぶすくーる**
ふうすい×しちゅうすいめいをまなぶすくーる

054-285-3133
shizuoka@indive.jp
㊟ 静岡県静岡市駿河区有東
https://indive-shizuoka.com/

LINE

主宰
比羅 さん

現在74歳。少女時代、老人宅で行われた占いに行ったのが、この世界との出会い。「門馬寛明」著「西洋占星術」の本との出会いにより占いの世界へ陶酔。鑑定歴40年以上、3万人を超える実績を誇り、あらゆる悩みに力を差し伸べている。

『総合鑑定』1時間 18,000円（税込） 悩みの解決に具体的なアドバイスを行う。

人気鑑定家・特異な魂と真摯な言葉で幸せな人生へ導く

婚活も起業・開運名刺 引っ越しなども相談できる

恋愛や人間関係、家族のこと、新規事業や経営などビジネスのことまで、お悩みの方は鑑定歴40年以上の比羅さんにご相談してみては。これまでの鑑定実績は3万人以上。東京婚活場で5400人以上の鑑定を行ったり、リピーターに男性会社経営者が多いのもその幅広い実力を裏付ける。

比羅さんが行う、生年月日・手相・カードの三つの観点から見ていく鑑定。オンラインセッションでは、生年月日から本当の自分を知り、どう切り開いていけばいいのかをじっくりと紐解いてくれる。電話セッションでは、相談者の悩みを聞き、具体的な直感的アドバイスをくれるクイック鑑定。時間がなくても自分の悩みにアドバイスが欲しい方にぴったりな窓口だ。また、言葉21枚+ひと休みカード1枚の『覚醒カード』もオススメ。比羅さんが相談者の人生に気づきをもたらし、本来の自分に目覚め、より早くより良き人生を歩んでいけるように作成してくれた導きのカードだ。魂がこもった言葉の一つひとつに、助けられ、人生が好転したという声が多い。住居や店舗用の引越し、新規開店時の家相鑑定も評判。

（ライター／播磨杏）

比羅
ヴィラ

080-5205-5550
smartplanet108@gmail.com
住 山梨県甲府市大和町1-21
https://villa555.shop/（STOREs）
YouTube ヴィラ・アモンデ 検索

こちらからも
検索できます。

全ては今ここにあり

Villa

個人鑑定/事業鑑定/名刺鑑定/家相
smartplanet108@gmail.com
☎：080-5205-5550

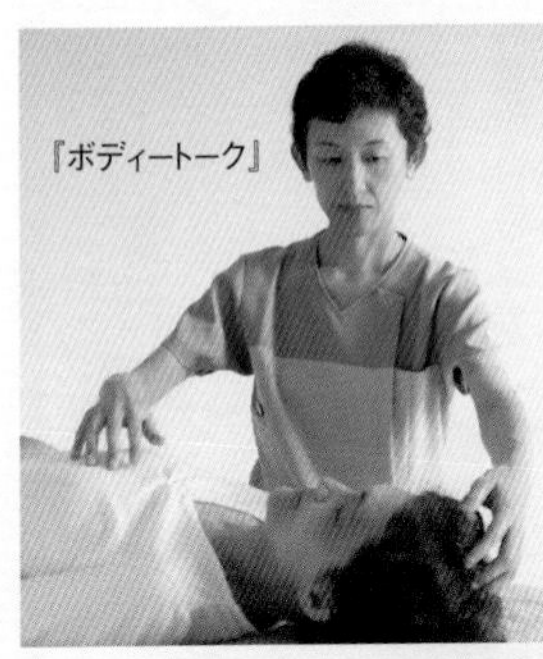
『ボディートーク』

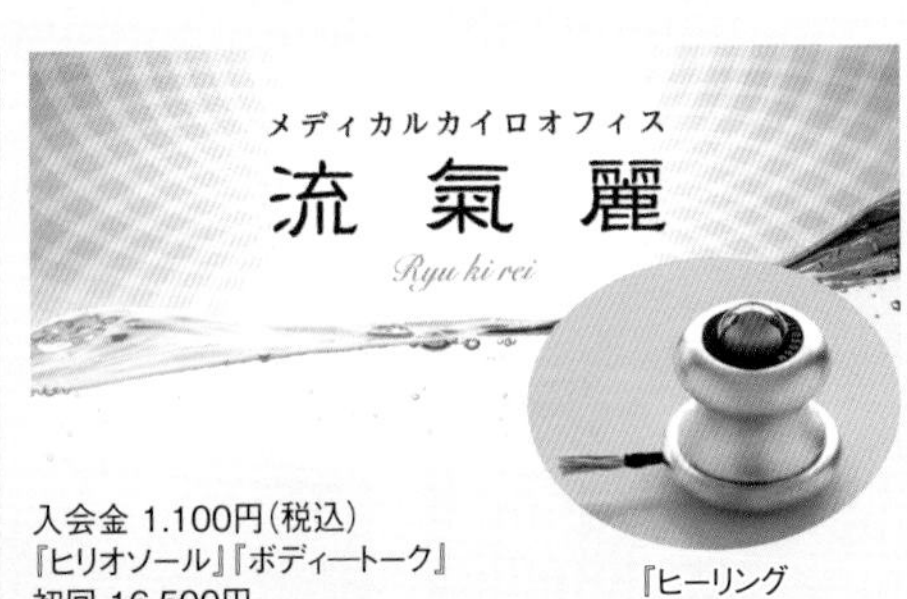

『ヒーリング
デバイスCS60』

代表
河田素子 さん

薬剤師として働く中で、薬では治らない不調を痛感。太極拳や予防医学を学び、呼吸や姿勢・自然治癒力に着目。運動指導、波動療法などの様々な方法で、心身を整える活動を行っている。

入会金 1.100円(税込)
『ヒリオソール』『ボディートーク』
初回 16,500円
それぞれ1セッション 11,000円
(約1時間、初回はヒアリングに時間がかかるため、約1時間30分)
『感情解放メソッド』1時間 11,000円(税込)～
『波動調整』2時間 22000円(税込)
短時間の場合 30分 5,500円(税込)～
『ヒーリングデバイスCS60』
全身施術:スタンダード(80分) 11,000円(税込)
全身施術:丸ごと丁寧に(100分) 14,000円(税込)
※予約時に希望をお伝え下さい。(『CS60』以外オンライン可能)

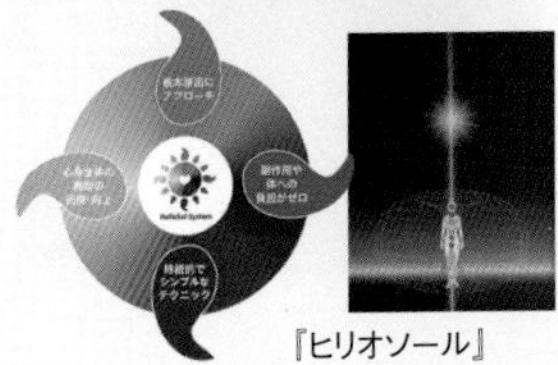
『ヒリオソール』

薬に頼らず自然治癒力を高め 体とエネルギーを整えるオフィス

体の芯から健康に 心も軽く、快適な毎日へ

薬に頼りすぎる生活から抜け出し、自然治癒力を引き出して、本来の自分を生きられるようにサポートする『メディカルカイロオフィス流氣麗』。肩こり、腰痛だけではなく、自律神経の乱れから、頭痛や月経(生理)痛、体のだるさなど様々な不調を感じる現代。代表の河田素子さんは、女性を元気にするため、心と体のバランスを取り、心身ともに軽く快適な毎日へと導いてくれる。

細胞から不要なものを取り除くイメージで行う『ヒーリングデバイスCS60』や潜在意識レベル、カルマなど自分では気づけないところの原因を突き止め、絶対的存在(宇宙意識)からダウンロードする『ヒリオソール』のセッションは単独でも可能だが、組み合わせた方は人間関係が良くなったり、長年の痒みが消えたりと驚いている。気づくと変わることから、考え方・捉え方の癖に気づいて解放する『感情解放メソッド』も不思議！と受けた方は話される。

「病気や不調はこれまでの生活や考え方から起きているかもしれません。肉体はもちろん、エネルギー的に溜まったものも取り除いて身軽になる総合的なオフィスと思って下さい」

オフィスのメニュー(オンラインも可能)を組み合わせて行う混合コースは変化が速いと好評だ。

(ライター／播磨杏)

メディカルカイロオフィス 流氣麗
りゅうきれい
080-8695-2969
ryukirei7@gmail.com
㊟ 青森県青森市緑1-7-11 メゾン悠B
https://peraichi.com/landing_pages/view/ryukirei/
@motoko.567 @735kgjij

こちらからも
検索できます。

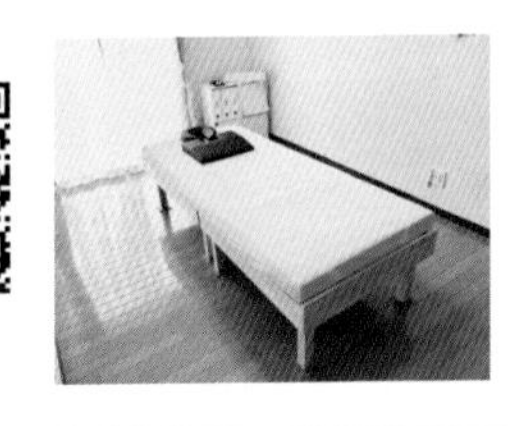

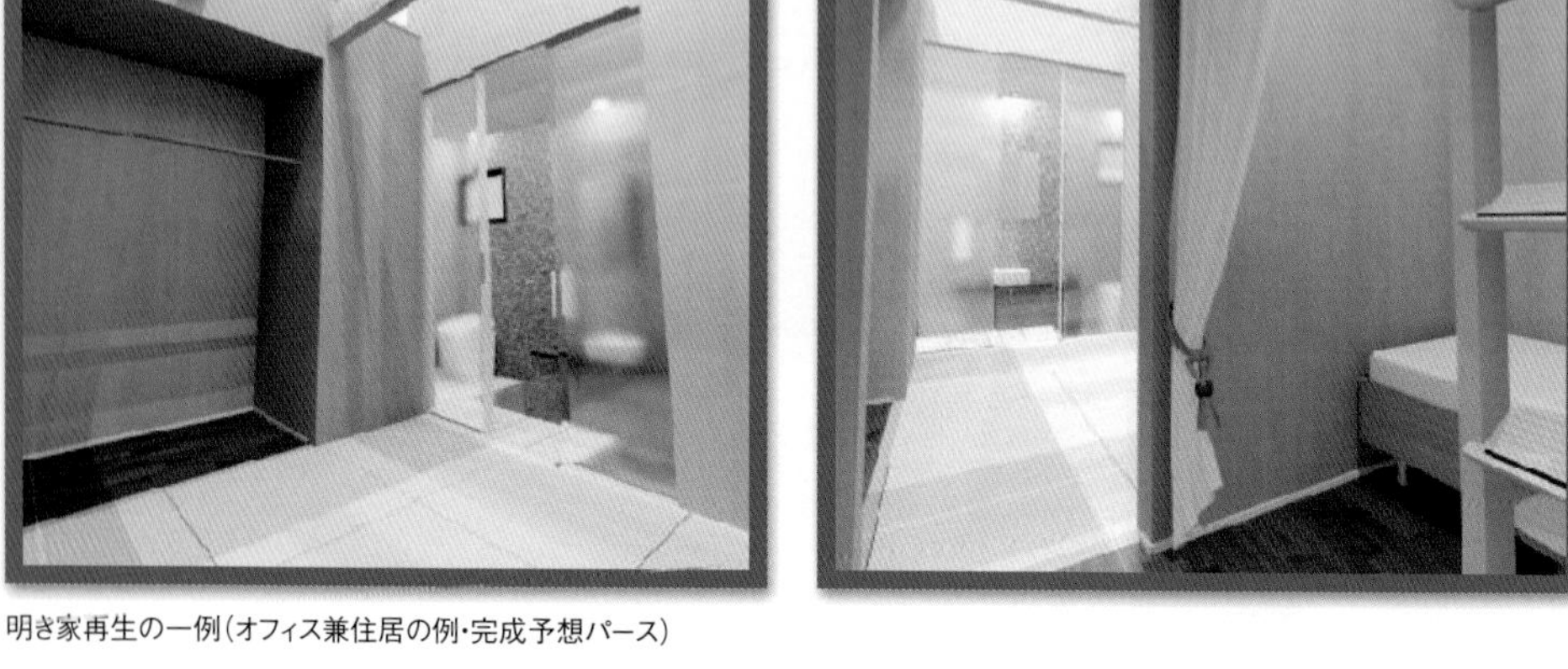

明き家再生の一例（オフィス兼住居の例・完成予想パース）

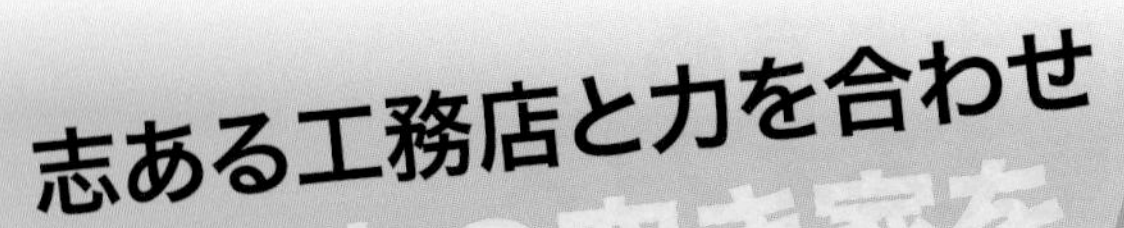

志ある工務店と力を合わせ

日本中の空き家を解決したい

土地物件オーナー

賃借人

投資家

経営理念は
HAPPYなわたしたちだから社会をHAPPYにできる

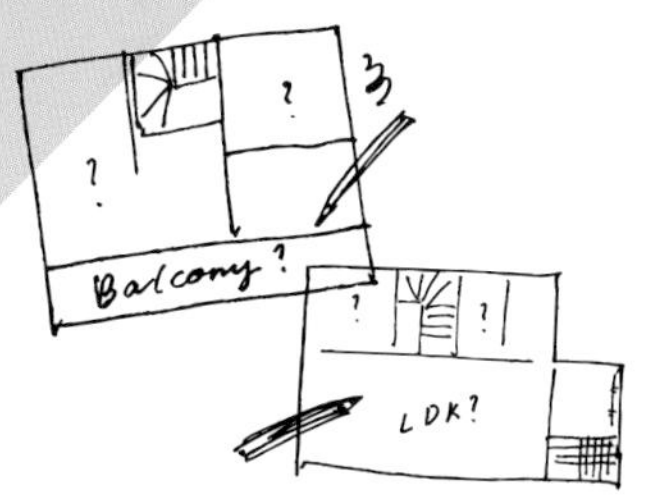

「家を建てない工務店」創業65年の工務店の想い

技術を磨き続けていたら、こうなりました！
C値ってなに？
C値 0.35の例
当社が建てた2階建住宅の例
53.4坪
たったこんだけ！
C値とは
床面積1㎡あたりの建物の隙間を表した数値です。
この数値が小さいほど
気密性に優れています。
高気密
高断熱
のお家ってスゴイじゃない…
建てた後の
「住まい方」まで考える

4000軒の
お客様を
知っています
新築4000棟超の
豊富な実績と経験！
提案力には
自信が
あります！
ワガママなご相談
大歓迎です！
『関西工務店』基準の
技術力

「創業65年で4000棟以上の住宅を作り続けてきた『関西工務店』は、2026年より家を建てない工務店となります」

家を建てない工務店とは、住宅ストックを増やさない工務店のこと。日本の空き家のうち「賃貸用」「販売用」「別荘等」を除いた「その他の空き家」は総住宅数の約5.6%（平成30年）となっておりその割合は年々増えている。今後の世帯数減少を考えると空き家は年々増えていくことが容易に予想できるのに今までのように際限なく新築を建て続けて良いのか。そのように考えるようになった。

「私たちは『空き家』を希望を込めて『明き家』と呼び、明き家の改良・建て替えによる再生を使命とします」

「土地物件オーナー」「賃借人」「投資家」を結びつけ、明き家を有効に活用し再生する。『明き家』を資産価値の高い賃貸物件とし、利用者が必要なタイミングで使える優良ストックとして将来は全国各地に展開。

「同じ志の工務店・投資家・仲介業者からのメッセージをお待ちしています」

耳つぼダイエット
カウンセラー KAYAさん
ダイエットをメインに、「食生活改善」「生活習慣改善」「美容など健康からなる豊かさや内側からなる美」をサポート。この仕事を通して、自立したい女性を応援している。

看板を出さない「自宅兼サロン」にしていることもポイント。「「ダイエットサロン」という看板があると人の目が気になり、入りにくいと思うので」という心遣いが嬉しい。しっかりとしたダイエット結果が出せると口コミで評判が広がっている。

@kaya_gravity33

5年後、10年後の健康へ意識と体質を導く

京都の耳つぼ痩身サロン『beauty SALON gravity（サロン グラビティー）』では、「痩せて変わりたい」という思いを後押ししたいという思いで、一人ひとりに合わせたカウンセリングで「なりたい理想の姿」に近づけられるように親身にサポート。プロによる本格派の耳つぼは、個人差に合わせて最適な刺激に調節するテクニックを駆使。耳つぼ施術をし、体質や食生活をチェックしてもらい、栄養バランスや生活習慣についても適切なアドバイスをもらえるので、痩せたあともリバウンドしない習慣作りを身に付けられる。

講座は、毎月開催中。

beauty SALON gravity

京都府京都市北区北野東紅梅町　TEL.090-7356-8344　✉ kaya.lovepower.1124@icloud.com

霊視ヒーリングで治癒力を向上

話せない
愛犬・愛猫の
不調に
寄り添う

Briller 静岡県浜松市（詳細は予約時に）

https://briller-s.com/

エナジーヒーラー友里嘉さんによる「アニマルエナジーヒーリング」を行うサロン『Briller』。霊視で愛犬・愛猫の気持ちの状態を視ていき、必要な部位に必要なパワーを入れ、不調の改善や症状緩和のサポートを行う。エネルギーの状態を整えることで、自然治癒力が向上。股関節の動き、食欲不振、歩行困難、便秘などが改善したり、表情が明るくなったりするという。言葉を発さない動物だからこそ、本当の原因や症状が分からず獣医では治せないこともある。そんな時は、ご相談を。

友里嘉さん

犬の訓練士でもあり、鑑定士でもあるエナジーヒーラー。霊感・霊視・カウンセリングに加え、動物限定の『アニマルエナジーヒーリング』を行っている。『遠隔ヒーリング』も可能。

@briller.yurika

Instagramでは、施術中の様子などと共に様々な事例を紹介。愛犬・愛猫の不調にお悩みの方は、まずチェックしてみて。フォロワー限定割引などあり。

Healing Menu

『初回対面・遠隔ヒーリング』
13,000円（税込）
『2回目以降対面・遠隔ケアヒーリング』
30分 5,000円（税込）
60分 10,000円（税込）など。
（※キャンペーン価格）

続・千田明の歴史散歩道
京の大覚寺を訪ねて

大覚寺表門

式台玄関前の嵯峨菊。左から御所綿、鈴虫、嵯峨野の桜

式台玄関

嵯峨菊

宸殿正面と左近の梅。江戸時代後水尾天皇より下賜された寝殿造りで徳川秀忠の娘東福門院和子が御殿として使用していたもの。内部の襖絵も素晴らしい。

今回は、京都嵐山北嵯峨の真言宗大覚寺派の嵯峨天皇の別荘であった大覚寺を訪ねることとしました。

桓武天皇が早良親王（長岡京にて謀反を企てたとして流罪にしましたが冤罪として食事を取らず死に至った）の怨霊を恐れ、長岡京より平安京に遷都しました。後に第一皇子の平城天皇が即位しましたが、病弱であったため、3年程で第二皇子であった嵯峨天皇に皇位を譲りました。しかし、妃よりその母の藤原薬子を寵愛し、平城京に遷都しようとした折り、天皇が拒否したために薬子の変が発生しましたが、坂上田村麻呂により鎮圧されました。

薬子は自害、平城上皇は早良親王の件もあり死は免れましたが、事後は弘仁文化が栄え、漢詩や中国文化を取り入れ、空海・最澄の平安仏教を奨励されて安定した時代を築いた天皇で、后は橘嘉智子（檀林皇后：深く仏教に帰依し、帷子の辻の地名にもなった）です。

村雨の廊下。刀を振り下ろされないように天井を低くしている。

五大堂と勅使門と石舞台。五大堂は本堂で不動明王を中心に五大明王を祀る、春秋には霊宝館で公開されている。

村雨の廊下と正寝殿。

株式会社 GNR
相談役 千田明 さん
2011年5月に電気工事業、電気通信工事業を業務とする『株式会社GNR』を設立。現在は退任し、相談役として在席。

大覚寺は、嵯峨天皇の離宮仙洞嵯峨院跡で皇子系の恒貞親王が出家され開祖となり、事後、後嵯峨・亀山・後宇多天皇が門跡(住職)となり、明治まで皇統が門跡を務められた格式が高く、現在も有栖川・高松宮家とも縁がある寺院であるとともに室町時代に大覚寺派と持明院派に分かれ争い、南朝が三種の神器を北朝に返した場所でもあります。

また、嵯峨天皇を開祖とする華道嵯峨御流(さがごりゅう)の地でもあり、大沢池に自生する嵯峨菊を手折りして花瓶に挿されたことが発祥とされ、「花を生くるものは宜しく之を以て範とすべし」といわれて華道を奨められ、現代に至っています。

心経前殿と安井堂。

心経前殿(御影堂)。弘法大師・嵯峨天皇・後宇多天皇尊像をお祀りしている。

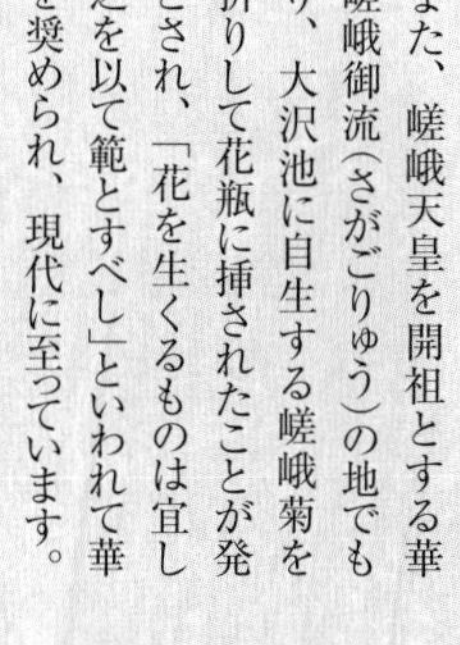

五大堂より大沢池を見る。

大沢池と池舞台。

大沢池の石仏群。白川石で作成された素朴なつくりの阿弥陀仏と地蔵尊。(平安時代の作と思われる)

閼伽堂付近紅葉。

名古曽の滝跡。滝の音は 耐えて久しく なりぬれど 名こそ流れて なほ聞こえけれ」と藤原公任が歌った滝跡。

天神島より心経宝塔を見る。

菊ヶ島。嵯峨菊が自生していたとされる島。

大沢池ビューポイントより大覚寺と鴨の群れを見る。

大沢池は日本最古の庭池といわれ、中国の洞庭湖を模して遍照寺山を借景に作られました。

小倉百人一首55番の大納言公任(藤原)が「滝の音は 耐えて久しくなりぬれど 名こそ流れて なほ聞こえけれ」(訳/滝音が聞こえなくなってからずいぶん長い年月がたちましたが、その素晴らしい評判は今もなお広く世間に伝わっています)で有名な名古曽の滝跡があり、平安の文化人が大沢の池をこよなく愛したようで、一見する価値があります。時代劇の舞台にも時々使われますが、日本最古の池庭といわれる大沢池の眺めは素晴らしいものです。

大覚寺を由来を簡単に案内しましたが、後は写真で感じて頂きたいと思い、筆をおきます。

2 美味しい食と いってみたいスポット

美味しいものや楽しめるスポットは
人々を幸せにしてくれる。
幸せをより求めて
美味しいものやオススメの
スポットを探そう。

WATAGUMO
bean there

『パンケーキパフェ watagumo～カッサータ風』

こだわりの素材を使った極上スイーツをお届け

『菓子工房 bean there』は、東京三軒茶屋の自家製チョコレート菓子専門店。素材と味にこだわった自家製スイーツをバラエティ豊かに展開している。オススメは、『パンケーキパフェ watagumo ～カッサータ風』と『ガトーヴァンリーショコラ』。

『パンケーキパフェ watagumo』は、まるで綿雲に乗ってワクワクと心を躍らせる夢を見ているような、とても贅沢な体験ができるスイーツ。パンケーキとパフェの魅力を両方楽しめる同店オリジナルの商品で、パフェに使われる「カッサータ」「パウンドケーキ」「パンケーキ」「ナッツのキャラメリーゼ」「ガトーショコラ」はどれも自家製。素材にこだわり抜いた美味しさが特長だ。一口食べると、思わず「おいしい!」と感嘆してしまう、程よい甘さと豊かな食感。濃厚でありながら胃もたれせず、誰もがペロリと完食できる味わいは、老若男女を問わず大人気。コーンフレークなどの硬いものは入っておらず、最後までふわふわの食感を堪能できる。

楽しく美しい色合いも素晴らしく、見た目・味・満足感の三拍子揃ったスイーツだ。甘酸っぱい香りと風味がたまらない「ミルキーストロベリー」やトロピカル

一日のほっこりした時間に
ささくれた気持ちの癒しに。

bean there

こちらからも
検索
できます。

新商品『パンケーキバーガー Flip 'n' Fry』も宅配デザートで人気。

菓子工房 bean there

ビーン ゼアー

03-5787-6339 ✉ info@beanthere.co.jp
㊟ 東京都世田谷区三軒茶屋1-32-8 プラティーク三軒茶屋301
https://beanthere.co.jp/

『ガトーヴァンリーショコラ』

な風味が溢れるマンゴーを贅沢に使った「マンゴーデイライト」、ピーチの爽やかでみずみずしい風味が広がる「ブリーズピーチ」など全9種を展開中。豊かな味わいと見た目の美しさを兼ね備えた上質なスイーツを楽しんでみてはいかがだろうか。

また、『グラスケーキ』や『パンケーキバーガー Flip'n'Fry』のお取り寄せ通販といったラインアップも充実。ぜひ、ホームページより選んでご賞味を。

『ガトーヴァンリーショコラ』は、食べた瞬間から苦さ・うまみ・ほんのりした甘さがハーモニーを奏で、今までにない感覚が口の中に押し寄せる大人のためのガトーショコラ。グルテンフリー&香料・乳化剤無添加と素材にもこだわり抜いた極上のスイーツだ。毎日少しずつ変化する味が特長で、お届けから1週間、ワインの深い味、フルーティな味、そしてコクのあるチーズのような味へと変わっていくという。その変化に合わせて楽しみめるのがトッピング。岩塩やナッツ、コンフィチュール、生クリーム、アイスクリーム、バナナなど、お好みに合わせてお召し上がりいただける。また、ミルクチョコレートとアーモンドプードルをベースとした「ワイン粕デザートカカオ」や「酒粕」がチョコレートのうまみを引き出す「ガトー酒ショコラ ハイカカオ78%酒粕×にごり酒」といったラインナップも。

(ライター/長谷川望)

『ラザニア』2～3人前 アルミパック（オーブン用）1,620円（税込）
※レンジ用は紙パックになります。

『ラザニア』
3～4人前 3,780円（税込）　6～8人前 7,000円（税込）

自宅で楽しむこだわり素材の自家製ラザニア

完全オリジナルレシピで丁寧に手作りしたラザニアを届けてくれる『ラザニアの宅配便キキ』。

自家製のミートソースには、こだわり抜いた国産黒毛和牛と愛知県産の豚をたっぷりと贅沢に使用。冷凍ラザニアはコストの安いホワイトソースが多めになっていることが多いが、『キキ』のラザニアには、肉の旨味をしっかり感じる自家製ミートソースがたっぷり。本当に美味しいものを作りたいという柴田さんの思いがこもっている。

オリジナル生地のパスタは、国産小麦を100％使用。通常のラザニアより厚く仕上げられているので、もちもちで食べ応え抜群。噛み締めるほどに小麦の旨味を感じられる。チーズも最高級品質のものをたっぷりと使用。温めると、とろーりとろけ出すチーズの濃厚な美味しさと香りに、ついスプーンが止まらなくなる。

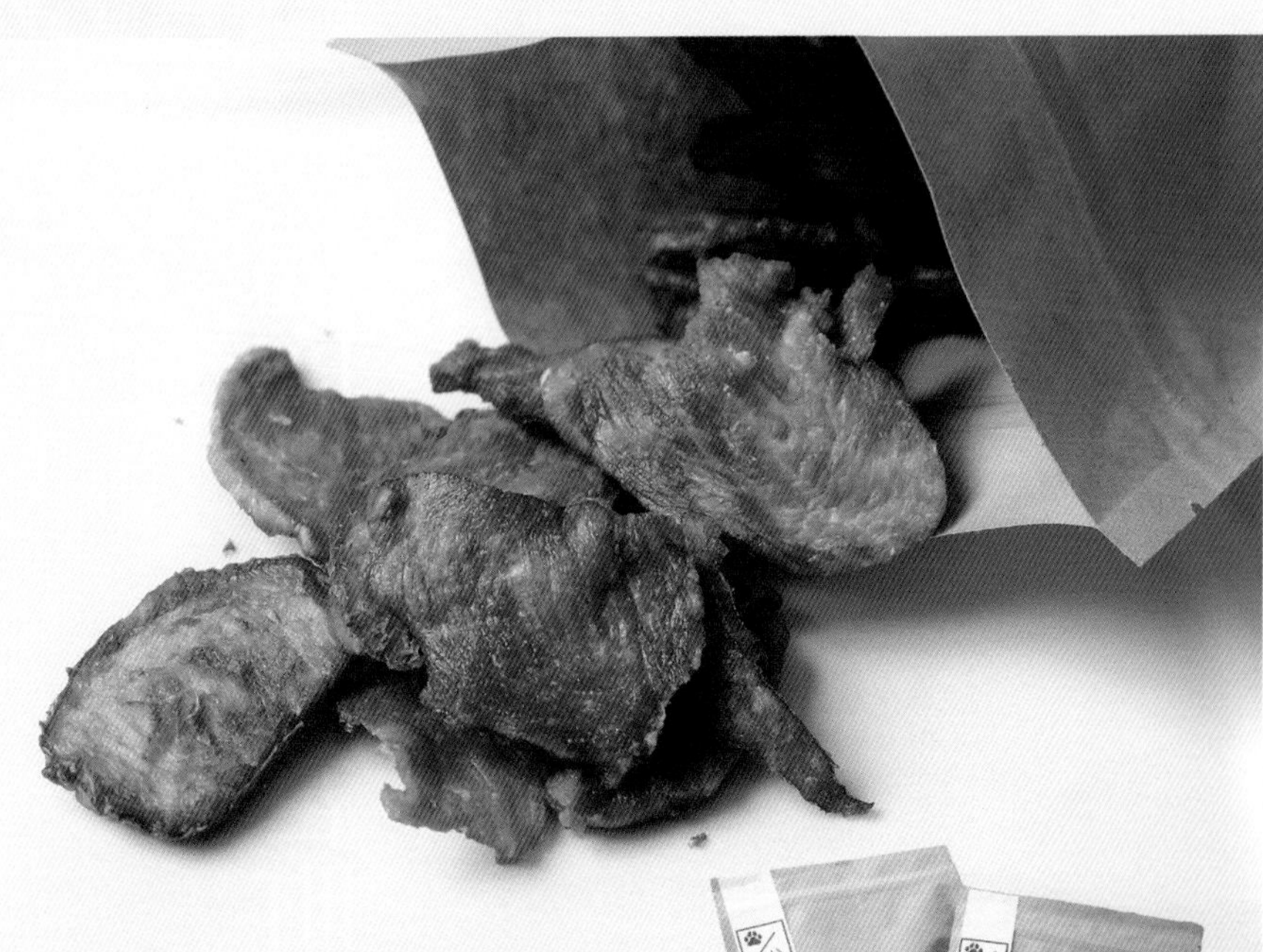

※食べ過ぎに注意して下さい。

ラザニアの宅配便 キキ

ラザニアのたくはいびん キキ

✆ 0561-86-7035 ✉ info@lasagna.jp
㊟ 愛知県瀬戸市品野町5-27
https://kiki.lasagna.jp/

『ハルのおやつ』
1袋50g（生むね肉500g使用）
1,000円（税込）
4袋 4,000円（税込）
（4袋購入の場合、送料無料）

器ごと真空パックに入った状態で冷凍されたまま届くので、自宅のオーブンか電子レンジで温めるだけで、できたて熱々の手作りラザニアが完成。アレンジとして、さらに上からとろけるチーズを乗せて、より濃厚にするのもいい。辛いものが好きな方は、タバスコを。辛さと酸味は、濃厚なラザニアと相性抜群で、一味違った美味しさを楽しめる。種類は、1～2人前、2～3人前、3～4人前の2種類。3～4人前を選ぶと瀬戸焼の器を使用して届けてくれる。自分へのご褒美にはもちろん、誕生日会や女子会、クリスマスなどパーティーにもぴったりだ。味、ボリューム共に満足度の高い逸品で、他では味わえないラザニアは、その時々で使える食材は変わることがあるため、常にアレンジを工夫しているという。

また、愛犬家向けのメニューとして国産鶏肉100%犬用ジャーキー『ハルのおやつ』も販売中。柴田さん自身が、愛犬ハルのために精肉店の鶏むね肉を使って作った犬用おやつが評判を呼んだことがきっかけで生まれたメニュー。わんちゃん同伴レストランにも並んでいる。不要なものは入っておらず、人間も食べられる美味しさだ。

（ライター／播磨杏）

「あまおう」といえば福岡県。
福岡県のいちご発祥は新宮町です。
福岡県・新宮町です。
しんぐうまち
新宮町はココです
福岡
佐賀
大分
長崎
熊本

ふるさと納税品が人気の新宮町から九州福岡の味をお届け

福岡市の北西に位置し、市のベッドタウンとして発展している『新宮町』。人口約3万2000人、2010年からの5年間での人口増加率が日本一。博多・天神への交通アクセスの良さもありながら、海・山・川と豊かな自然と調和の取れた都市部の町として「福岡県の住み心地ランキング2021」では第3位。特に若い移住者も増えている今、注目の町だ。

より暮らしやすい、地域に根ざしたまちづくりのため、子育て支援をはじめとする様々な施策も積極的に実施。その財源の重要な一つとなっているのが全国の支援者から寄付を募るふるさと納税。『新宮町』は、バラエティに富んだ返礼品で人気の自治体の一つだ。また、玄界灘に浮かぶ相島(あいのしま)は、猫の楽園としてCNN世界6大ネコ島に選ばれている。

魚種豊富な玄界灘に面した海、国指定の特別天然記念物クスノキの原生林が生い茂る立花山など山海に囲まれた土地柄、返礼品には地元の海産物や農産物も豊富だが、中でもオススメなのがみずみずしい「いちご」。福岡県でいちごといえば同県でしか生産されていない『博多あまおう』。実は『新宮町』は福岡県で一番初

福岡・博多の味
『博多一口餃子』
80個入
（40個入×2P）
寄付金額
5,000円

人気No.1獲得謝礼品★限定品★
『博多あまおう』（約1,080g）
（先行受付／2024年1月以降発送）寄付金額 10,000円

『うなぎの蒲焼3尾』（計1,000g前後）
寄付金額 10,000円

累計70万個
突破記念!
『どーんと3kg!
4種ハンバーグ
セット』
（150g×20個）
寄付金額
10,000円

一般社団法人 新宮町おもてなし協会

しんぐうまちおもてなしきょうかい

☎ 092-410-0199　✉ frusato@town.shingu.fukuoka.jp
㊟ 福岡県糟屋郡新宮町緑ケ浜1-1-1
https://www.town.shingu.fukuoka.jp/

めにいちごが栽培された土地。もちろん同町でも『博多あまおう』を生産しており、ダントツ一番人気の返礼品。

他にもパリッとジューシーな『博多ひとくち餃子』、ミネラルたっぷりの深層海塩に柚子を使用した『辛子明太子』など、福岡博多ならではの味をはじめ、同町で加工した『うなぎ蒲焼き』や香ばしく脂の乗った『銀だら』、毎日の食卓にうれしいいろいろな料理ができる4種類のボリュームの『ハンバーグ』や背ワタ処理済みで下ごしらえ不要の『大型むきえび』など、種類豊富に選べる。

申し込みは、インターネットが便利で簡単。各七つのインターネットサイトで対応しており、自分の使い勝手に合わせて選んでほしい。「ふるさと納税ワンストップ特例制度」の対象自治体なので納税額の確定申告が不要。サラリーマンなど給与所得者にとっては特にうれしい話だ。

（ライター／今井淳二）

新宮町への
ふるさと納税は
インターネットが
便利で簡単！

楽天
ふるさと納税

ふるさと
チョイス

ふるなび

新宮町のふるさと納税について詳しくはこちら
新宮町 ふるさと納税　検索

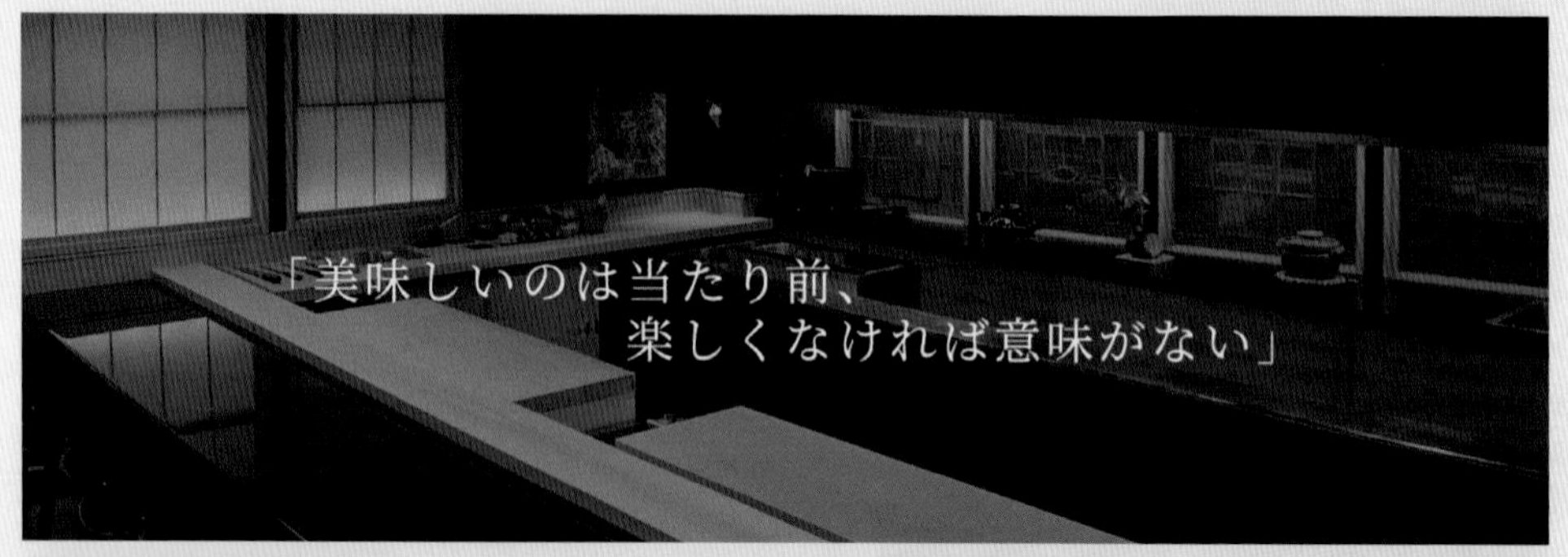
「美味しいのは当たり前、
楽しくなければ意味がない」

その独特な料理は、時として一部の人からは疑問視されることもあるというが、彼自身の想いとしては「美味しい」といわれ続ける料理人でありたいというただそれだけのこと。

新たな可能性を提示する和食エンタテインメント

『御和食みうら』は、東京青山にある会員制料理店。和食のイメージを覆すエンタテインメント性溢れる料理の数々でお客様を魅了している今注目を集める料理店だ。代表の三浦雄太さんは、もともと料理とは全く違う職種の仕事をしていたものの、料理人である父親の影響を受け25歳で料理の世界に身を置いたという異色の経歴の持ち主。遅咲きながらも東京や京都での修行、小料理屋で料理長になり、ミシュランを獲得。その後、蕎麦屋やふぐ料理屋で働き、フリーランスになる。わずか32歳でミシュランの星を獲得するなどその実力も確かなものだ。

『御和食みうら』のコンセプトは、「美味しいのは当たり前、楽しくなければ意味がない」。そのコンセプトをもとに食を楽しむ空間を視覚と会話から生み出したいと、すべての調理工程をカウンター前で行っている。一日の終わりである晩御飯は、楽しい時間であることが一番大切との想いから、高級な食材をシンプルに使うのではなく、あえて手をかけたエンターテイメント性溢れる料理を提供。その視覚

㊖ 12:00～ 2時間制　19:00～ 一斉スタート
㊡ 日曜日・隔週月曜日　完全予約制
昼 13,200円（税込）～　夜 22,000円（税込）～

御和食みうら

おわしょくみうら

✆ 090-2282-3411　✉ miura@owasyoku.com
㊟ 東京都港区南青山3-2-3 カトレアビル3F
https://www.owasyoku.com/

的にも楽しめる料理の数々と軽快なトークで、華やかな空間を演出している。また、出汁は昆布漁師から直接買い付けている利尻昆布を使っていたり、その他の食材や調味料も現地に自ら赴き、生産者に会い仕入れるなど食材と常に向き合い、料理へと落とし込んでいる。さらに器や花器も日本各地の現代作家の作品で揃えるなど細部にわたるこだわりも大きな魅力。料理と一体となった器の美しさも同店を人気たらしめている理由の一つだ。コースの最後にはラーメンやカレーを提供することもあるというが、それらの料理も立派な「和食」と捉えているがゆえ。コースの中で、親しみやすく、純粋に美味しいと感じてもらえる料理を一品は提供したいという想いもあるのだという。

時代の変化に合わせつつも、自分が信じる料理を追求している。そんな三浦さんの信念と研鑽を積んできた日本料理の技術のもと生み出された個性あふれる料理は、まさに和食エンターテインメント。その予想を覆す多種多様な和食はリピーターも多い。形式にとらわれない自由な発想や遊び心、季節ごとに変わる食材で和食の新たな世界観を提示する『御和食みうら』で日本料理の新たな可能性を感じてみてはいかがだろうか。

（ライター／長谷川望）

つまんない毎日にハナビラタケ。

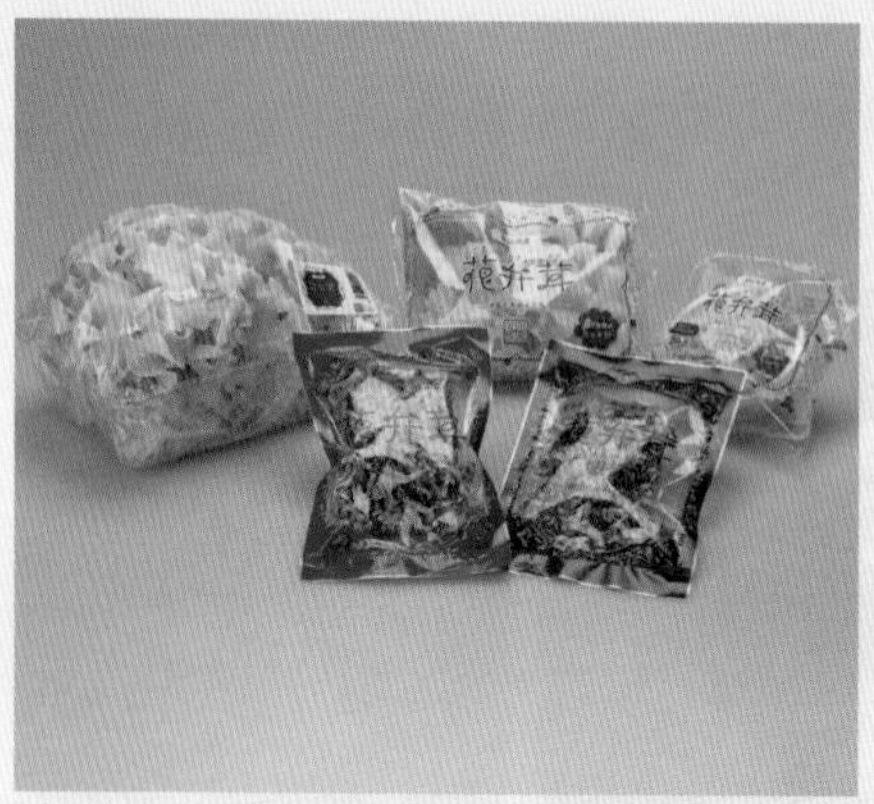

β(1-3)グルカン・ビタミンDが豊富な近年話題のスーパーフード「ハナビラタケ」。

「サラダドレッシング&はなびら茸サラダ」
ドレッシングは、中華の鉄人、五十嵐美幸シェフが考案!

“つまらない”快調な毎日へ

美容と健康に救世主スーパーきのこで快調に

近年話題のスーパーフード『ハナビラタケ』。夏から初秋にかけて標高1000m以上の高山地帯に生息するカラマツなど針葉樹の根元で発生するが、めったに見つけることができないため、「幻のキノコ」とも呼ばれている。30年ほど前に人工栽培に成功しているが、今でも流通量は極めて少ない。

花弁状に波打った形と美しい色合いの『ハナビラタケ』は、キノコ類に含まれる食物繊維の中でも、免疫力強化やコレステロール値上昇抑制効果のあるβグルカンを豊富に含み、腸内環境を整える効果は群を抜いている(その含有量は舞茸の1・6倍とも)。腸内環境を整えることで便秘改善だけではなく、代謝が上がりダイエットに効果を発揮したり、美肌効果もあったりと、美容や健康に敏感な女性に注目されている食材だ。健康に良いだけではなく、その美味しさも人気の秘密。一般的なキノコとは異なり、プリプリ、コリコリの食感が楽しめ、さらに豊かな香りも楽しめる。

Webでは、薬膳料理家である谷口ももよさんの「24節気と薬膳かんたん美人レシピ」を展開中!

天然のはなびら茸は、希少なことから「まぼろしのきのこ」と呼ばれている。

「24節気と薬膳美人レシピ」はこちらから。

一年を通じて安定供給できる体制を確立した安心・安全なハウス栽培。

こちらからも検索できます。

「花びら茸のおみそ汁」

「花びら茸の和風スープ」

株式会社 森の環

もりのわ

0766-36-1810 info@morinowa.co.jp
㊟ 富山県高岡市葦附1239-55
https://morinowa.co.jp/

希少な『ハナビラタケ』の生産高日本一を誇るのが富山県高岡市の『株式会社森の環』。2020年から『ハナビラタケ』の量産化の取り組みをスタート。初秋だけではなく、ハウスで温度や湿度を徹底管理して栽培することで、一年を通じて安定供給体制を確立。今や日本一の生産高へと登りつめた。安心・安全のために、培地(=菌床)にも国産材料を使用。栽培に使用する水は日本有数の軟水であり、飲用可能な富山県の美しい地下水を使用している。また、環境負担軽減にも取り組み、地熱や太陽光など再生可能エネルギーの活用、包材、流通の見直しなど、地球に優しい新しい農業にも挑戦している。

オンラインストアでは、株採の「生はなびら茸」を販売。熱湯に約30秒ほどくぐらせてそのままサラダのように味わったり、炊き込みご飯やスープ、炒め物など幅広い料理に活用できる。好きな時に気軽に使える「乾燥はなびら茸」は、料理にそのまま入れたり、乾燥したままミキサーにかけパウダーにし、ポタージュにすることも。

また、規格外のハナビラタケや野菜を生かした加工食品作りにも注力。フリーズドライのスープや味噌汁などを販売している。地方の産物メーカーとコラボした佃煮なども開発中だ。

(ライター/播磨杏)

第四回全国豆腐品評会最優秀賞「農林水産大臣賞」受賞

宮古島の若き店主が作るおばあの豆腐と日本一の豆腐

沖縄県は、本土とは違う亜熱帯の気候風土を持ち、さらには琉球王朝の時代から台湾や中国などと盛んな人的・文化的往来があったため、独特の食文化を発展させてきた。そして今では観光などで沖縄を訪れる多く人々を魅了する要素の一つともいえるだろう。また、この独自の食文化が、沖縄の人たちの健康と長寿を支えてきたともいえるだろう。

そんな沖縄独自の食材として知られているのが『島豆腐』。主に沖縄県で作られている豆腐で、「ゴーヤチャンプルー」など炒め料理にも使われるように水気を抜いてかたく仕上げてあり、濃厚なコクとほんのり塩味がついているのが特徴。一般的な豆腐と違い、すり潰した大豆を加熱前に絞った豆乳から作られるため、島豆腐は豆腐の約1・3倍ものたんぱく質を含んでいるという。

そんな島豆腐作りの伝統を守りながら、現代人の好みにあった製品も作り出しているのが沖縄県宮古島の『まごとうふ』。祖母が地道に手掛けていた豆腐作り、生搾りや地釜炊きといった昔ながらの

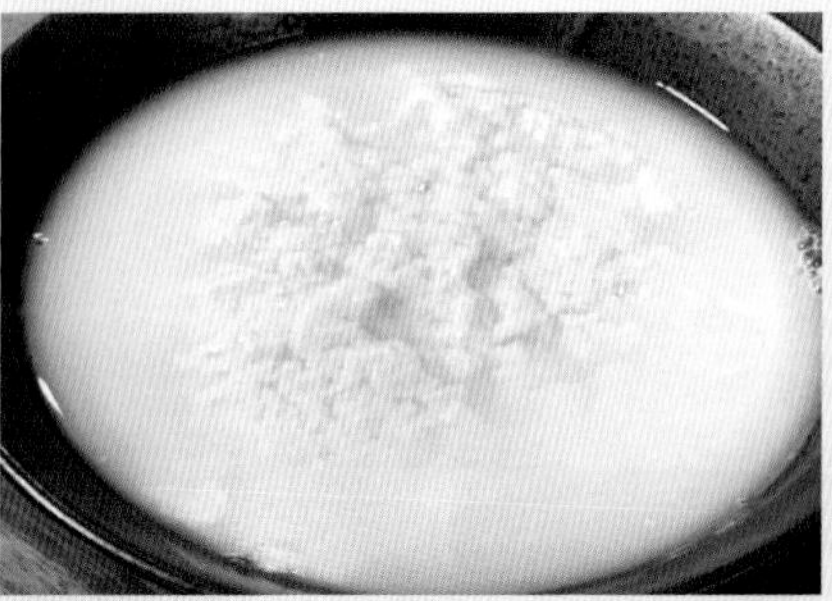

『ゆし豆腐』

『濃厚おぼろ豆腐と
じーまーみ豆腐のセット』
3,000円(税込)

『じーまーみ豆腐』

『島豆腐』

『四種の
豆腐セット』
2,800円(税込)

宮古島 まごとうふ

0980-79-5341 magotofu.miyakojima@estate.ocn.ne.jp
住 沖縄県宮古島市平良下里1
https://magotofu.com/ @magotofu

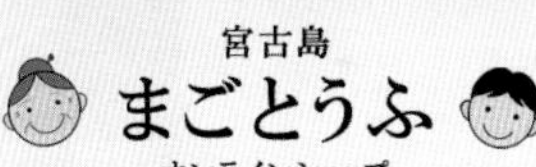

https://shop.magotofu.com/

こちらからも
検索できます。

製法をしっかり受け継いだ店主(孫)が、その思いと志を忘れず、さらに皆に覚えてもらいたいと『まごとうふ』と名付けた。

現在の看板メニューでもある『濃厚おぼろ豆腐』は、厳選した非遺伝子組換大豆を柔らかな豆腐に仕上がるよう特性を活かしてブレンド。大豆のコクと甘みを引き出すように絶妙な加減で炊き上げ、濃厚ながらもプルプルとした食感になるように独自の製法で作り固めた『おぼろ豆腐』だ。2018年の全国豆腐品評会では、最優秀賞農林水産大臣賞、つまり日本一にも輝いた逸品。

また、祖母の代から変わらない沖縄伝統の味『島豆腐』や『ゆし豆腐』も評判で、落花生を使った沖縄の郷土料理である「ジーマーミ豆腐」を『まごとうふ』の豆乳で作っている『じーまーみ豆腐』も人気だ。

これらの商品は、『まごとうふ』のオンラインショップでもお取り寄せ可能。豆腐やおからを使ったヘルシーな豆腐スイーツも好評発売中。

(ライター/今井淳二)

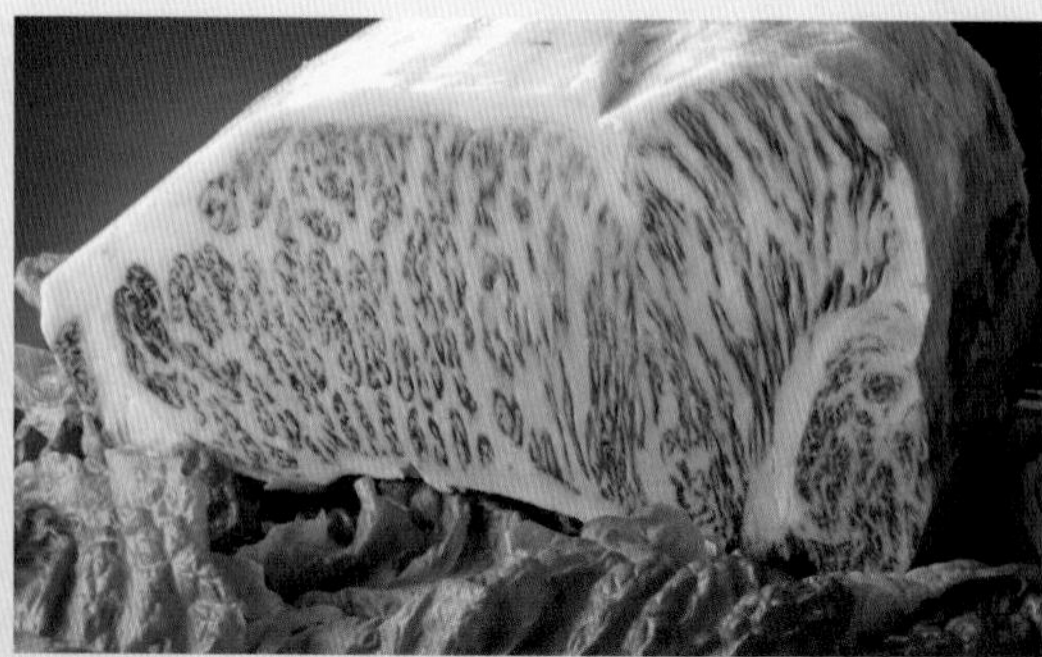

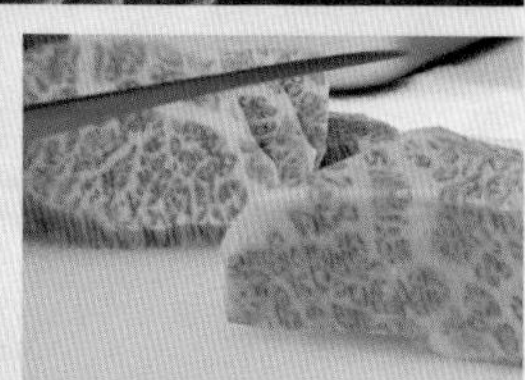

『霜降りセット』（特選カルビ、特選ロースなど5〜6人前）10,800円（税込）

『ファミリーセット』（上カルビ、ロース、タンなど5〜6人前）5,480円（税込）
『ヘルシーセット』（ホルモン、レバー、ミノ、ハツ）1,920円（税込）など

㊢ ランチ11:00〜15:00（LO14:30）
ディナー17:00〜22:30（LO22:00）
㊡ 木曜日

焼肉 おおつか 鹿沼店

0289-60-7530
㊟ 栃木県鹿沼市西茂呂3-52-13
https://www.yakiniku-ootuka.com/

「とちぎ和牛」卸売業者直営だからできる価格と品質

シンプルな料理だからこそ、焼き方、そして何よりも肉の質が美味しさを左右する焼肉。栃木県の『焼肉おおつか』では、最新の遠赤外ロースター効果によって炭と変わらず、ふっくらジューシーに肉を焼き上げていただくことができる。使っているお肉は、近年品評会で最高位の賞を何度も受賞している銘柄牛「とちぎ和牛」。『おおつか』は、この「とちぎ和牛」を多く取り扱う牛肉卸売業「丸金おおつか」の直営。優れた目利きで選びぬかれた品質バツグンの「とちぎ和牛」をリーズナブルにいただけると評判の焼肉店だ。

2021年10月にリニューアルオープンした『焼肉おおつか鹿沼店』は、木工の町鹿沼を象徴するように店内に鹿沼組子などの木工製品が随所にあしらわれた落ち着いた趣がある。人気の栃木牛『上カルビ』は、他では特上カルビクラスのお肉との声も。店長発案の『カルビラーメン』や和牛の切り落とし部位を使ったランチメニューの『ハンバーグ』も好評。

（ライター／今井淳二）

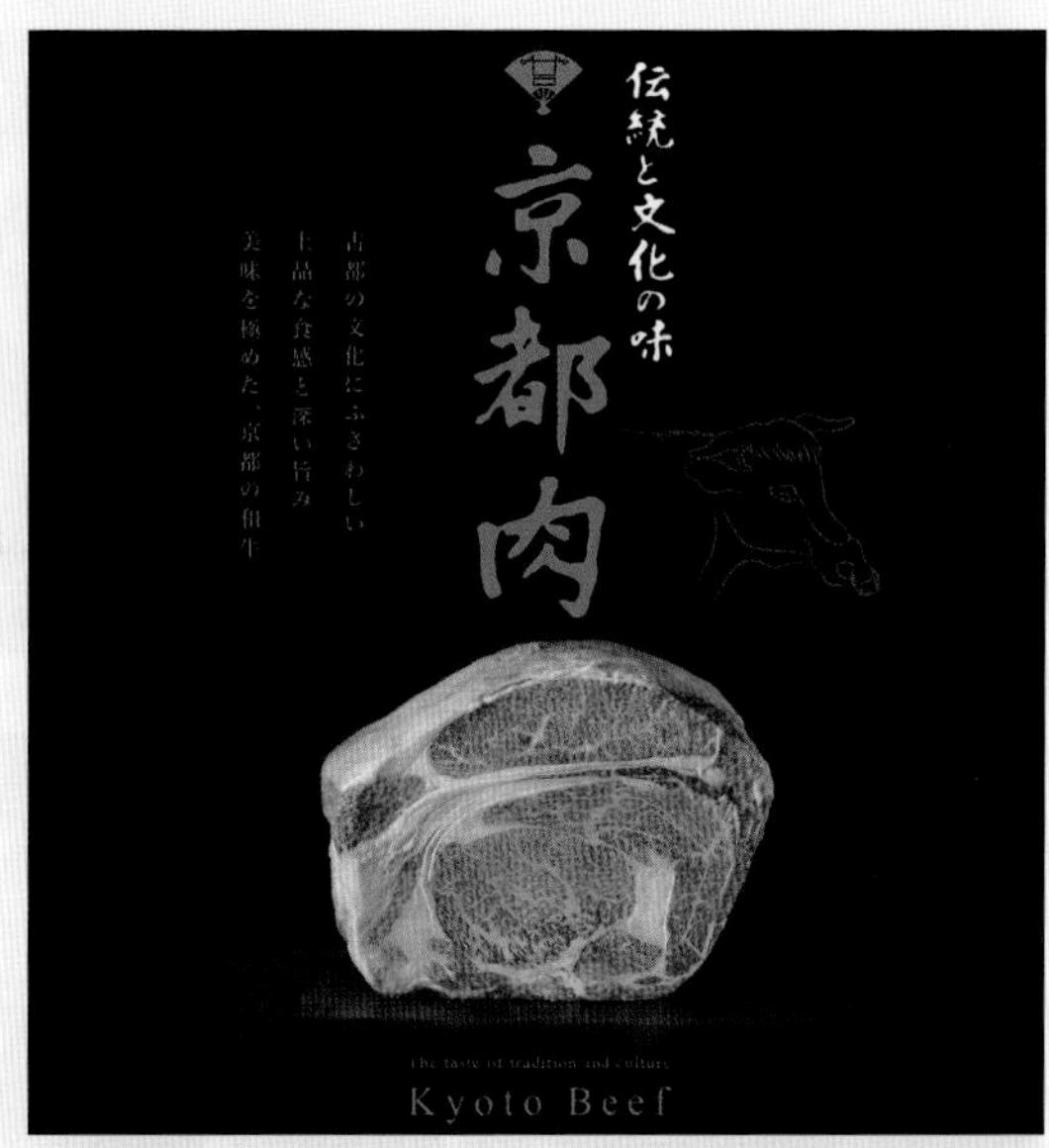

伝統と文化の味
京都肉
古都の文化にふさわしい
上品な食感と深い旨み
美味を極めた、京都の和牛
The taste of tradition and culture
Kyoto Beef

こちらからも
検索できます。

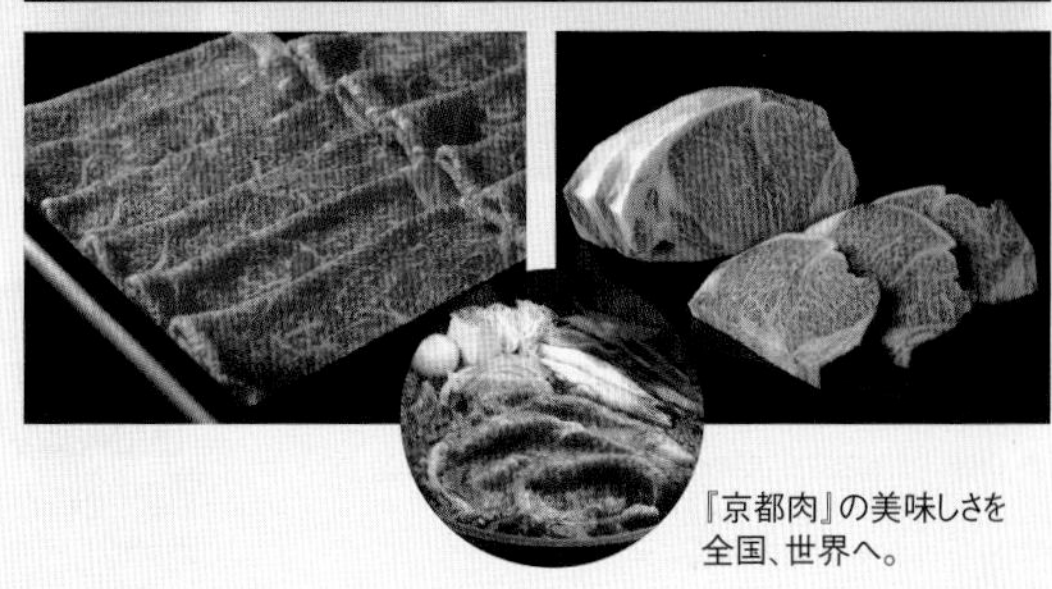
『京都肉』の美味しさを
全国、世界へ。

京都肉牛流通推進協議会
きょうとにくうしりゅうつうすいしんきょうぎかい

075-681-8781　info@kyoto-meat-market.co.jp
㊟ 京都府京都市南区吉祥院石原東之口町2 京都食肉市場株式会社内
http://www.kyoto-meat-market.co.jp/

牛肉好きに知ってもらいたい 上品な味わいの雅な牛肉

京都は、鎌倉時代から続く伝統的な和牛の生産地。中でも主な産地である亀岡・南丹地域は、清らかな水と空気に恵まれると同時に、夏と冬の寒暖差の大きい山間の盆地特有の厳しい気候。そこで最も長い期間、一頭一頭丹念にじっくり育てられた黒毛和牛は、豊かな風味と口溶けの良い脂が特長。上品な舌ざわりとしつこくない味わいで松阪、神戸などの著名なブランド牛肉にもまったく引けをとらない。全国規模で行われている食肉コンテストでも京都府出品牛が近年上位の成績を納めているのが何よりの証だ。

『京都肉』は、全体的な生産量は数ある黒毛和牛の中でも少なく、地元京都の小売店や料理店、焼肉店などが取り扱いの中心だが、近年ではネットショップによる販売やふるさと納税の返礼品としても好評で、その味わいの良さが注目されており、一度食べたら忘れられない味だ。

（ライター／今井淳二）

『あかね和牛すきやき用ロース』500g 6,000円(税込)

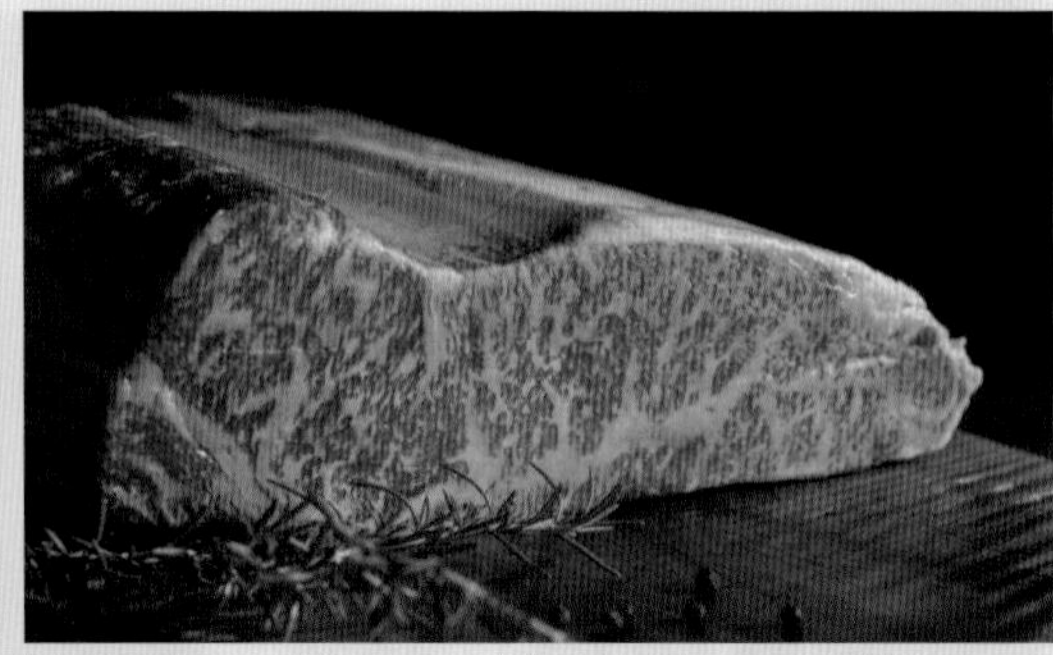
『あかね和牛ステーキ用サーロイン』約250g×3 9,000円(税込)

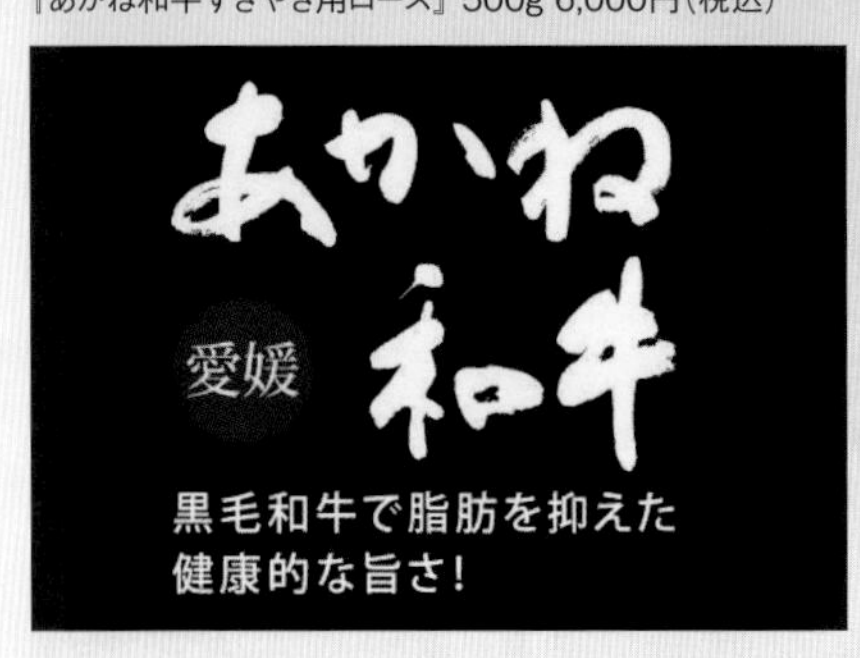
あかね
愛媛
和牛
黒毛和牛で脂肪を抑えた
健康的な旨さ!

『あかね和牛焼肉用モモ』500g 3,000円(税込)

愛媛あかね和牛普及協議会

えひめあかねわぎゅうふきゅうきょうぎかい

☎ 089-912-2576 ✉ chikusan@pref.ehime.lg.jp
㊟ 愛媛県松山市一番町4-4-2
https://akane-wagyu.jp/

公式ECサイトをチェック!

『あかね和牛』には、愛媛ならではの飼料として柑橘類の搾りかすやアマニ油が与えられている。

脂肪を抑えたヘルシーな黒毛和牛

日本がバブル景気に沸いた頃からだろうか、牛肉はたっぷりサシの入った和牛が高級で美味しいとされてきた。近年では健康志向の高まりとともに、脂肪も少なく比較的低カロリー、その上、タンパク質やLカルニチン、鉄分なども豊富に含まれたヘルシーな赤身肉の人気も高まり、専門に提供する飲食店まで登場している。

そんな中、愛媛県のブランド牛『愛媛あかね和牛』が脂肪を抑えた健康的な旨さの黒毛和牛と注目を集めている。赤身と脂身のヘルシーなバランスの肉質を作るため、愛媛の特産品である柑橘類の搾りかすや必須脂肪酸が豊富な健康油アマニ油を与えるといった厳格な飼料給与マニュアルを制定。それに則り、愛媛県内の指定肥育農家で育てられた和牛だけが『愛媛あかね和牛』を名乗れる。

『愛媛あかね和牛』で黒毛和牛の旨味をじっくりと味わうには、焼肉がオススメ。各部位で個性の違う味わいを楽しめる。まだ流通量が少ないお肉なので確実に購入するなら、ぜひ公式ネットショップで。

(ライター/今井淳二)

㊖ 18:00～22:00
（LO21:00）
㊡ 木曜日

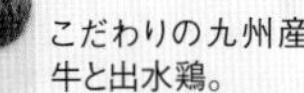

こだわりの九州産牛と出水鶏。

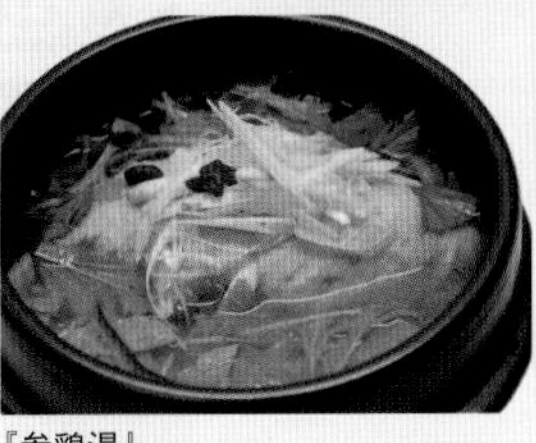

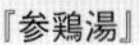

『参鶏湯』

『さくらユッケ』

ログハウスで食べる韓国料理・焼肉 慶尚園

けいしょうえん

0996-62-0550
㊟ 鹿児島県出水市上鯖淵5869-1
慶尚園 検索　@keisyouen

自然に囲まれたログハウスで美味しい焼肉を

ツルの渡来地として有名な場所、鹿児島県出水市にある『慶尚園』。昭和58年創業で、2023年今年は40周年。市街地から移転した店舗は、自然に囲まれログハウスになっており、山小屋に泊まりに来たような佇まいで見た目も雰囲気も抜群。

店舗では、こだわりの九州産牛や出水鶏など国産食材で選りすぐりの上質な素材を使用した焼肉が味わえ、お肉は旨味と柔らかな食べやすさ、ボリューム満点で、子どもからお歳を召した方まで大満。また、自然に恵まれた地元の新鮮野菜もたっぷり使用しており、お肉も野菜もバランスよく取れる。『参鶏湯』や『さくらユッケ』なども堪能できる。ログハウスの温かみあるお店に、ぜひ足を伸ばしてほしい。

甲殻類不使用の手作り『無添加キムチ』や『韓国ジュース』の自販機を導入して話題。店舗前でこだわりの逸品が24時間販売中なので、いつでも買いに来れるのが嬉しい。

（ライター／高田千浪）

『黒毛和牛カルビ』

『国産牛レバー』

焼肉 中村屋

『国産黒毛和牛ホルモン』1kg（200g×5パック）6,480円（税込）

焼肉 中村屋
なかむらや

☎ 086-281-2552 ✉ info@yakiniku-nakamuraya.jp
㊟ 岡山県岡山市南区妹尾2327-1
https://yakiniku-nakamuraya.jp/

美味しくて笑顔になる極上の和牛ホルモン

国産牛にこだわる岡山県の焼肉屋『株式会社中村屋』は、「黒毛和牛」を中心に豊富なメニューがある。お店の味をそのままご提供できるオンラインショップ。オススメなのは、極上の『国産黒毛和牛ホルモン』だ。新鮮さをそのままでお届けできる真空パックなので、衛生面も安心。解凍してすぐに調理できる。

店主が厳選して選んだホルモンは臭みがなく、プリプリでジューシー、極上の旨味を味わえ、純粋に脂身の美味しさを堪能できる。食べた瞬間、肉厚の脂が口の中でとろけ、ハフハフしながらみんなが笑顔になるはずだ。ホルモンはコラーゲンが豊富だけでなく、ミネラル、ビタミンなどを多く含んでおり、もつ鍋にもピッタリ。ホルモン焼きのメには、岡山県津山市名物『ホルモンうどん（ホルモン焼きうどん）』も最高だ。

家族や友人みんなの笑顔が見れる『国産黒毛和牛ホルモン』をぜひお試しあれ。

（ライター／高田千浪）

『米の娘ぶた みそ漬けセット』(「モモ大吟醸酒粕味噌漬け」120g×3、「ロース大吟醸酒粕味噌漬け」100g×2、「ロース赤ワイン味噌漬け」100g×2) 4,536円(税込)

大商金山牧場ロングセラー
自然豊かな山形を味わう。
米の娘ぶた
山形県産豚
みそ漬け

米の娘ちゃんは山形県の大商金山牧場で飼育されているブランド豚「米の娘ぶた」の公式キャラクターです
米とホエーの至高の風味
山形県産
米の娘ぶた®
Komenokobuta

株式会社 大商金山牧場
たいしょうかねやまぼくじょう

0234-43-8629 k.taisho_shop@taisho-meat.jp
㊟ 山形県東田川郡庄内町家根合字中荒田21-2
https://www.taisho-meat.co.jp/

こちらからも
検索できます。

豊かな自然と良質な餌で育った銘柄豚肉の味噌漬け

山形県の北西部、豊かな自然に囲まれた庄内町の『株式会社大商金山牧場』は、安心・安全な食を通じて、人を、地域を、社会を元氣にしたいと品質の良い豚肉を飼育から加工、商品化、販売までをトータルに行っている。家畜のし尿や食品残渣などを利用したバイオガス発電によるエネルギーを積極的に活用するなど環境に配慮した企業活動にも定評がある。

『大商金山牧場』ブランドの『米の娘ぶた』は、国産の飼料用米に乳成分のホエーを合わせた餌を食べて育った山形を代表する銘柄豚。肉質がやわらかく、脂身があっさりと甘いのが特長。銘柄豚のコンテストでグランドチャンピオンにも輝いたことがある。

『米の娘ぶたみそ漬けセット』は、通販でも人気の商品。風味と旨味の豊かな山形県産のみそをベースにじっくり漬け込んだ『ロース大吟醸酒粕味噌漬け』『ロース赤ワイン味噌漬け』『モモ大吟醸酒粕味噌漬け』と、三つの味わいが簡単焼くだけで楽しめる逸品だ。

(ライター/今井淳二)

『大山鶏串焼き盛り合わせ』8本 1,680円(税込)

蔵元直送の生一本純米酒。

『セレクトモーニング』
1品 150円(税込)〜

営 11:00〜14:00　17:00〜22:00
日曜日16:00〜21:00
休 水曜日・第1、3火曜日

コース料理 5,500円(税込)〜

鶏串割烹 **和**

カズ

✆ 03-6410-7447　✉ kappou.kazu@.icloud.com
住 東京都大田区山王3-29-3
https://kappoukazu.com/

こちらからも
検索できます。

自慢の大山鶏串と銘酒 旬の逸品が自慢

2021年に東京・大森にオープン以来、コロナ禍で人々の会食意欲が弱まるなかでも確かな目利きによる厳選鶏串や一品料理、そして心地よいサービスを提供し、早くも多くの人たちから愛されている名店が『鶏串割烹 和』だ。

オープンキッチンで開放感のある店内は、和モダンのテイストが漂う落ち着いた雰囲気。看板メニューは、『串焼き』。ジューシーで旨味があるブランド鶏「大山鶏」の『串焼き盛り合わせ』は、広島から直送される純米酒をはじめとする豊富な各地の地酒との相性抜群。そして毎日変わる職人渾身の「本日のオススメ料理」。これ目当ての常連客も急増中だという。

『和』では、バラエティ豊かなお得なランチメニューも人気だが、地元の人たちや近隣にお勤めの人たちから大好評なのが、一品150円で自分の好みのおかずをチョイスできる『セレクトモーニング』。平日だけでなく、日曜日にも実施しているという。

美味しいだけでなく、朝・昼・晩と利用できるのは、嬉しい限りだ。

(ライター/今井淳二)

『土佐あかうしのスジ煮込み鍋』780円（税込）

オススメポイント！

- しっかり煮込まれた土佐あかうしのスジ肉
- スープには黒潮町産のサトウキビ蜜が効いてます！残ったスープをご飯にかけると2度おいしい！
- ヒダヒダが特徴 食感が楽しいコンニャク
- 豆腐と厚揚げが鍋っぽさを演出！

株式会社 **黒潮町缶詰製作所**
くろしおちょうかんづめせいさくしょ

☎ 0880-43-3776　✉ info@kuroshiocan.co.jp
㊟ 高知県幡多郡黒潮町入野4370-2
https://kuroshiocan.co.jp/

希少な「土佐あかうし」牛スジ煮込みの鍋料理

『黒潮町缶詰製作所』は、四国、高知県の西部太平洋に面した砂浜の美しい小さな町だ。ここから、非常時だからこそ美味しいものを食べてほしいとの願いが込められた、従来の缶詰のイメージを変え、アレルゲンを使用せず、日常のごはんのおかずにもなる安心・安全な缶詰が次々と生まれている。

オススメは、高知のブランド牛「土佐あかうし」を使った牛スジ煮込みを、手のひらサイズの鍋料理にした『土佐あかうしのスジ煮込み鍋』。もはや缶詰というより、「鍋料理」とはワクワクするネーミングに心ときめく。アウトドアに持って行くのも良さそうだ。蓋を開ければ、スジ肉、こんにゃく、豆腐に厚揚げと缶詰とは思えないほどの食材の数々。スープは、地元黒潮町のサトウキビ蜜を効かせたすっきり後味で、ご飯にかけると二度おいしい。

「土佐あかうし」は、日本の肉用牛である和牛のうち、高知県内でしか改良されていない褐毛和種・高知系の通称で、一頭一頭が血統管理されているブランド牛。希少な牛のスジ肉を生かしたグルメな逸品を、ぜひ堪能してもらいたい。

（ライター／高田千浪）

『ベーコン』
250g
1,620円（税込）

「レイモンハウス元町店」
函館のふもとで異国情緒に溢れた佇まいも人気。

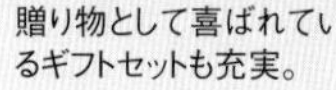

贈り物として喜ばれているギフトセットも充実。

函館カール・レイモン

はこだてカール・レイモン

0120-39-4186　info@raymon.co.jp
㊟ 北海道函館市鈴蘭丘町3-92
https://www.raymon.co.jp/

本場ドイツの味を真心込めて今に伝える老舗

有名な函館山からの夜景の他にも、北海道の新鮮な海の幸を味わえる函館朝市や洋食の老舗「五島軒」など、函館は食も楽しめる町として多くの観光客を集めているが、ぜひお土産として、またはお取り寄せしてほしいのが老舗ハム・ソーセージブランド『函館カール・レイモン』だ。

20世紀初頭、函館にて本場ドイツの製法でハム・ソーセージを作っていたカール・ワイデル・レイモン氏の味を忠実に受け継ぎ、厳選された豚肉と手間と時間を惜しまない昔ながらの製法、添加物を最小限にして丁寧に作られるハム・ソーセージは絶品。

中でもオススメが『ベーコン』。新鮮な豚バラ肉を厳選し塩漬け。丁寧に燻煙を繰り返して作られる美味しさの秘密は、何といっても脂身の美味しさ。スモーキーでほんのりと甘みも感じられる脂は、軽く炙っていただくのが一番美味しい。『布巻ロースハム』や『あらびきソーセージ』も人気で、詰め合わせとして大切な方への贈り物にピッタリだ。

（ライター／今井淳二）

『王冠桜柄 有田焼カレー（小） 2個セット』
寄附金額 12,500円

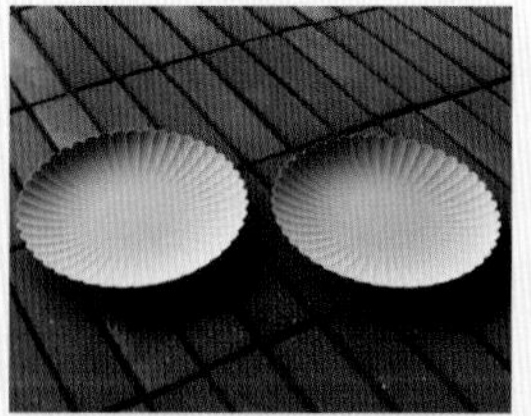

『1616/ TY Palace Plate 220 2枚セット』寄附金額 25,000円

『有田焼 Cloud×Moon 4点セット』
寄附金額 30,000円

『佐賀牛 ローストビーフ 400g』 寄附金額 15,000円

『有田焼 黒マット 吉祥雪輪5寸皿 5枚セット 深海三龍堂』
寄附金額 30,000円

『棚田米』

有田町
ふるさと納税
特設サイト

有田町 ふるさと納税 検索

『有田町』は、「棚田」という特長的な景観を持つ稲作地でもあり、県下有数の畜産地でもある。

「重要伝統的建造物群保存地区」に選定されている「有田千軒」と呼ばれる街並み。

有田町役場 総務課

ありたちょうやくば

☎ 0955-46-2111 ✉ furusato@town.arita.lg.jp
㊟ 佐賀県西松浦郡有田町立部乙2202
https://furusato-arita.com/

歴史と伝統、自然が育んだ物産をふるさと納税で

世界に誇る日本の磁器発祥の地として知られる佐賀県有田町。江戸後期から明治・大正期の町並み「有田千軒」は、重要伝統的建造物群保存地区にも選定、磁器生産により栄えた往時を偲ばせる。そんな有田町は、「ふるさと納税」でも人気のある市町村の一つだ。その理由としては、町の代名詞でもある「有田焼」や豊かな自然に育まれた農作物など魅力的な返礼品のラインナップ。

今も多くの窯元がしのぎを削っている「有田焼」の中には、伝統を守りながらもオリジナル性あふれるファッショナブルな作品も数多く、2～3万円の納税額からでも選べる。全国駅弁ランキングNo．1に輝いた「有田焼カレー」は、28種類のスパイスを使用し、水や素材にこだわり、じっくり煮込んだ本格派の焼カレー。また、きめ細やかなサシの「佐賀牛」は、ステーキやすき焼き・しゃぶしゃぶ用のお肉はもちろん、旨味たっぷりの赤身を生かした「ローストビーフ」も人気。日本の棚田百選にも選ばれた「岳の棚田」で育った甘みのある美味しいお米もオススメ。

（ライター／今井淳二）

代表取締役 森淳一さん

『美濃ハツシモ』
5kg 3,240円(税込)
厳格な栽培基準をクリアした
岐阜を代表する「幻の米」。

農業生産法人 株式会社 森ライス

もりライス

☎ 058-243-5377 ✉ gifunokome@moririce.co.jp
㊟ 岐阜県岐阜市芥見大船1-26-2
https://moririce.co.jp/

『美濃ハツシモ』のほかにも発売中。
『にこまる』(もっちりした少々粘りけのある大粒のお米)
『ミルキークイーン』(モチモチのお米)
『みつひかり』(甘みがある粘りの強いお米)
『コシヒカリ』(一般的になじみのあるお米)　すべて 5kg 2,430円(税込)

岐阜のお米『ハツシモ』を生産者直売で

安心・安全な農作物の育成、および人にも環境にも優しい農業のため、岐阜県が設けた農業規格「ぎふクリーン農業」は、国内でも厳しい基準であると知られている。この規格を遵守し、消費者のための「考える農業」を実践しているのが、岐阜市の『株式会社森ライス』だ。収穫した米を乾燥・籾摺り(もみすり)・精米まで一貫して行い、地域の直売所はもとより、自社通販で全国へも直接販売。顔の見えるカタチで消費者にお米を届けている。

複数の銘柄をを作っているが、中でもオススメは岐阜のご当地米『ハツシモ』。岐阜県で生まれたこのお米は、歯ごたえのある大粒でツヤが良く、ねばりが少ないので冷めても美味しいのが特長。お弁当やおにぎりにぴったり。近年ではプロの料理人からも注目されているが、ほぼ岐阜県内でしか生産されていないため、「幻の米」とも呼ばれることも。同社を通じてぜひ一度食べてみてほしい。他にも『ミルキークイーン』や『コシヒカリ』といった人気銘柄米にも注目。

(ライター／今井淳二)

日替わりカレーも人気。

営 11:00〜14:00　17:00〜20:00
休 水･木･金曜日

Instagram

創作スパイスカレーとガパオのお店 **きなこカリー**

090-6160-3878
住 神奈川県藤沢市湘南台6-27-3
きなこカリー 検索　@kinako_curry

創作スパイスカレーとガパオのお店。

13年かけて生み出した日本人好みのタイカレー

日本人の国民食ともいわれているカレー。独自の進化を遂げた昔ながらの日本のカレーライスの人気もさることながら、今、全国に専門店も増えているのが、カレーの本質であるスパイスを重視し、異国情緒すら感じさせるスパイスカレー。

そんな中でかつてのブームもあり、以前から支持を集めているのがタイカレー。世界一美味しいカレーともいわれるマッサマンカレーを筆頭にグリーンカレーなどが挙げれられるが、これらに使われているココナッツミルクが苦手な日本人も多く、今回紹介する『きなこカリー』のオーナーもそんな一人。

定番の『チキンカレー』は、店名でもある愛猫「きなこ」に因んで隠し味にきな粉を使った優しい味わい。日替わりのカレーは、ココナッツミルクを控えめに使った『創作タイ風カレー』、さらにご飯がすすむタイ料理『ガパオ』との合盛りも人気だ。

（ライター／今井淳二）

濃厚なコクと
上品な甘味の
絶品たまご

tanabe egg farm
田辺養鶏場。

忍野のたまご『うま味のピンク玉』

忍野のたまご『コクの赤玉』

『忍野のたまご』
30個入 1,300円(税込)
50個入 2,000円(税込)

田辺養鶏場。

たなべようけいじょう

☎ 0555-84-3429 ✉ tanabe@oshino.info
㊟ 山梨県南都留郡忍野村内野1743
https://tanabe-egg-farm.com/

濃厚なコクと上品な甘み 山梨の絶品たまご

山梨県の忍野村で、親子三代に渡り絶品たまごを生産する『田辺養鶏場。』のオリジナルブランド『忍野のたまご』が大人気だ。

「コクの赤玉」は、黄身が濃厚でコクがあり、もっちりとした食感。しっかりとした味わいと甘みがあるので卵かけごはんやすき焼きなど生で食べるのにぴったり。卵焼きやオムライスなど調理すると、いつもとは違う逸品になる。さくら色の殻が美しい「うま味のピンク玉」は、うま味成分が高く、さっぱりした味わい。クセがないのでどんな料理にも合わせやすく、洋食レストランや和食料理店から人気。白身も大きく、起泡性が高い特長もあり、洋菓子店からも重宝されている。

おいしさの秘密は、富士山の伏流水をはじめとする忍野村の清廉な水、魚粉、ゴマ、海藻をメインとしたこだわりのエサと自然に溢れた飼育環境。そこに三代に渡って継承されたノウハウを活かした育て方で誕生する逸品だ。その日採れたばかりの卵をすぐに発送してくれるので、全国どこにいても新鮮で美味しい卵が食べられる。

（ライター／播磨杏）

『〜とろける〜とりっぷりん』

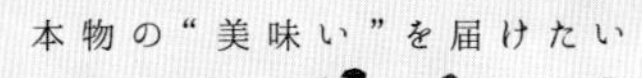

本物の"美味い"を届けたい

伊藤養鶏場

『なま掛け親子丼セット』

伊藤養鶏場

いとうようけいじょう

042-531-6587 tottofarm@gmail.com
㊟ 東京都立川市西砂町1-67-7
https://tottofarm-ito.com/

「東京うこっけい卵」で本物の味を追及 有名シェフもうならせ6次産業に挑む

東京・立川市で60年の歴史を刻む『伊藤養鶏場』の『東京うこっけい卵』は、度々メディアでも取り上げられ、今ではミシュランで星を獲得する料理人達をも魅了している。新しく自動販売機を導入したオシャレな直売所も立ち上げ、6次産業化にも力を入れている。親子丼有名店とコラボした『なま掛け親子丼』をはじめ、有名フランス料理店でソーシエを勤めた有名料理人とフレンチトースト、ジェラート、パスタなどで『東京うこっけい卵』を使用した新しい商品を次々と展開。パスタは、麺に『東京うこっけい卵』を練り込み、ソースはフランスで一番といわれたお店でソーシエを務めていただけあり本格的だ。すべての商品が冷凍になっており、湯せん、もしくはレンジで1分加熱するだけで食べられる。「本物の美味いを届けたい」。その思いで妥協せず、本気で美味しいと思える卵を追求し、加工品にもこだわりを持ち納得のいくものを商品化。同じ品種の鶏でもエサの違いで卵の味を変化させ、ベースの飼料だけで産ませた『通常タイプ』と20種類ものブレンドを加えて「美味」を追求した『極鳥プレミアム』の2種類のタマゴを作り、加工品にうまく使い分けるというのも生産者ならでは。他にも飲めるプリン『とろけるとりっぷりん』や珍しい燻製の『燻らの黒い宝石』なども販売し、人気を博している。

（ライター／工藤なるみ）

『焼肉のたれ』
（特選黒ラベル）
200g 648円（税込）
『焼肉のたれ』
（特選赤ラベル）
200g 594円（税込）

『焼肉のたれ』（特選黒ラベル）
225g 788円（税込）

『焼肉のたれ』（特選赤ラベル）
225g 680円（税込）

『しゃぶしゃぶごまだれ』
220g 680円（税込）

こちらからも
検索できます。

有限会社 **鳥寛**
とりかん

045-934-2115 corp.torikan@gmail.com
㊟ 神奈川県横浜市都筑区佐江戸町678-6
https://www.torikan.net/

いつもの料理を格別な料理に お肉のたれ

肉料理や野菜料理の調味料を製造している『有限会社鳥寛』の『しゃぶしゃぶごまだれ』『焼肉のたれ』は、いつもの一品を格別な料理に変身させてくれる優れもの。最近お料理がどうも変わり映えしないとお嘆きのあなたにピッタリだ。

看板商品の『しゃぶしゃぶごまだれ』は、クリーミーで濃厚な味わい、甘味とコクが絶妙で後からくるピリッとした味がなんともいえず後を引く美味しさ。豚の冷しゃぶサラダ、お酢を加えてドレッシングなどにもアレンジが効く。

『焼肉のたれ』は、特選黒ラベル・赤ラベルの2種。主な違いは、「にんにく」「生姜」「ごま油」の使用量で、コクや風味が濃厚な黒ラベル、赤ラベルは黒ラベルと比べコクや風味を程よく抑えて仕上げてある。じっくり煮込んだ甘からい醤油ベースで食通向けの本格派の味わいだ。

炒め物や調理での風味付け、お肉の下味などに使えてレシピが広がり料理も楽しくなる。

（ライター／髙田千浪）

福岡県・長浜鮮魚市場直送！ 博多の名店「たつみ寿司」監修

絶品鮮魚をご自宅で

職人の技が光る握り寿司に！

お祝いの席にピッタリちらし寿司も！

旨みたっぷりお刺身にも！

握りラボ 検索
https://nigirilabo.com/

握りラボ YouTube 検索
https://nigirilabo.com/

握りラボ×たつみ寿司

にぎりラボ×たつみずし

050-3129-1014　info@tatsumi-sushi.com
㊟ 福岡県福岡市中央区長浜2-4-134
https://tatsumi-sushi.com/

名店のお寿司を自宅で再現 定期的に味わえる究極のセット

福岡県は博多・長浜の魚市場近くにて創業以来約半世紀、地元の食通に愛され続けている名店『たつみ寿司』。九州一帯および全国から集まる素材を、匠の技と創意で握られるお寿司は、それ一貫で完成された料理と評されている。その『たつみ寿司』が福岡中央卸売市場とタッグを組み、定期的に届けてくれるのが『匠の鮮魚便』。内容は、福岡中央魚市場にて、その日に水揚げされた新鮮なお魚を切身(冊)の状態でお届けするサービス。脂ののった季節ごとの魚(3～4人前)、『たつみ寿司』のシャリにも使用している専用米(3合用)とすし酢、そして名店のレシピと、名店の味を家庭でも再現できるセットだ。3～4人前作れる。プロが確かな目利きで選りすぐる旬の魚は、「身が活きている」と評判。市場に水揚げされたその場で職人が丁寧におろしてから届けてくれるのもうれしい。また、提供されるレシピ、ユーチューブによる懇切丁寧な解説動画で、本格的なお寿司や魚料理を作ることができたと喜びの声も多数。こうしたことが圧倒的な満足度、リピート数としても現れている。

(ライター／今井淳二)

『葉わさびとろろおろしそば』1,380円(税込)

営 11:00〜　休 水・木曜日(変更の場合あり)

『鴨汁セイロ』1,430円(税込)

ウイスキー好きなマスターが揃えた品々の中には、貴重な逸品も!

そば処 茶屋

ちゃや

☎ 0266-73-0026
住 長野県茅野市ちの3502-1
そば処 茶屋 検索

こだわりのそばとウイスキー&プロテイン

長野県・茅野駅前の『そば処茶屋』は、日本三大奇祭の御柱祭で使用される綱が目印。駅前の商業ビル一階に位置し、お買い物や仕事の方で賑わう。テレビ番組でも紹介されたことがあり、「諏訪神社」や「蓼科高原」などに行った際、立ち寄る常連のお客様も多い。

360度山に囲まれた茅野の麓、自然豊かで水も美味しい。その水を使用した蕎麦にこだわりのつゆ。その水で茹でる蕎麦も格別に美味しい。また、蕎麦以外にお酒も豊富。地元のお酒はもちろん、ウイスキー好きなマスターが30種類以上のウイスキーを取り揃えてお客様をもてなす。なかなか入手できないウイスキーも必見。

そんな蕎麦屋のメニューには、「プロテイン」の文字が。筋トレが趣味のマスターが独自で配合し作成したプロテインが飲める。登山の後、ゴルフの後に「プロテイン」を飲むとクエン酸効果で疲れも軽減。食事も良し、つまみで一杯も良し、そんな『そば処茶屋』へぜひ立ち寄ってみては。

（ライター／高田千浪）

『パンダそうめんギフト』
4,000円（税込）

オンラインショップ　https://zettaipanda.theshop.jp/

『パンダそうめん』（黒100g×2束、白100g×1束）1,000円（税込）

ぜったいパンダ®商店　株式会社 ぜったいパンダ

ぜったいパンダしょうてん

088-674-5680　zp@zettaipanda.com
㊟ 徳島県名西郡石井町石井字重松720-9
https://zettaipanda.com/

遊び心がぎゅっとつまった笑顔が溢れるそうめん

徳島県・半田の優れた気候や吉野川の清らかな水、良質の小麦から丁寧に作られる徳島県名物の「半田そうめん」。一般のそうめんよりやや太めでもちもちした食感と喉越しの良さが特長だ。

エクステリアの設計・施工を行う『株式会社ぜったいパンダ』が、「お客様に笑顔になって貰いたい」という想いから銀河一おいしい「白滝製麺」と協力して開発したのが『パンダそうめん』。

商品名は、「半田」と「パンダ」の語呂が似ていることに由来する。白い麺と竹炭入りの真っ黒い麺の2種の麺を組み合わせてパンダの顔に盛り付ければ、思わず心が踊ってしまいそうなほどキュートなそうめんに大変身。親子や友人とそうめんアートを楽しんだ後は、SNSにアップするのもオススメ。

庭のプロたちの遊び心がぎゅっと詰まった『パンダそうめん』、ぜひこの夏のお供に。

（ライター／彩未）

『クリームチーズの西京味噌漬』
648円（税込）

『しば漬風味おらがむら漬』
394円（税込）

『千枚漬』
1,134円（税込）

『ニシダやの定番お漬物セットF』
3,562円（税込）

京つけもの　ニシダや

075-561-4740　info@nishidaya.com
㊟ 京都府京都市東山区今熊野池田町6
https://nishidaya.com/

漬物にうるさい京都の人が推す本物

一年を通じて日本中はもとより世界中からたくさんの人が訪れる古都・京都。そんな京都で食べてみたい、お土産に買って帰りたいと、特に日本人が挙げるのが京都ならではの味、京漬物。多くの老舗から新興のお店が揃う中、地元京都の人たちが美味しいと勧めるのが『京つけものニシダや』だ。丸の中に色鮮やかな大原女のイラストが特徴的な同店の包み紙は、まさに京漬物の象徴と言っても過言ではない。

一番人気は、『しば漬風味おらがむら漬』。古来よりあるしば漬をヒントに、本来ナスがメインであるところをキュウリに変えて初代が作り上げたオリジナル漬物。ご飯のお供、お茶請けにもぴったりで、押しも押されもしない同店の看板商品だ。壬生菜や大根、奈良漬など定番のほか、冬季限定のすぐき、千枚漬、夏季限定の水ナスと旬の味も楽しめる。また、今人気急上昇中なのが、『クリームチーズ西京味噌漬』。クリーミーなチーズに西京味噌の芳醇な香りと風味が加わりやみつきになる逸品。

（ライター／今井淳二）

店長兼パティシエ
みいちゃん

『バスク風チーズケーキ5号』

『くまさんケーキ』

『宝箱ケーキ』

営 基本は日曜日、ホームページてにお知らせ。

『チョコと薔薇のケーキ』

『パンダのホワイトムース』

『推し活スイーツ』

『くまさんのチョコムース』

みいちゃんのお菓子工房

みいちゃんのおかしこうぼう

✉ info@mi-okashi.com
住 滋賀県近江八幡市上田町1257-18
https://mi-okashi.com/　@mizuki.okashi.koubou

言葉にできない気持ちを込めた優しいスイーツ

生まれ持った精神障がい（不安障がい）のため、自宅以外では声を出すことどころか、身体を動かすこともままならず、学校に通うことも困難だった少女「みいちゃん」。そんな彼女が唯一自分を表現できる方法がお菓子作り。自分の気持ちを精一杯こめて作るお菓子の数々は、素晴らしい表現力とセンスに溢れていた。そんなみいちゃんを店長兼パティシエとしてお菓子やケーキを売る小さなお店が『みいちゃんのお菓子工房』。大好きなお菓子作りを続けながら、一生懸命学校に通っていたため、週末のみの完全予約制で限定的に開店していたが、学校卒業を期にグランドオープン。大好きないちごを中心に季節のフルーツをあしらったケーキや焼菓子にはファンも多く、知る人ぞ知る地元の小さな名店となっている。さらにお菓子作りと同様、今、みいちゃんは「Shiningchildren」というメタバースの世界でも活躍中。現実社会で生きていくことが困難な、同じような悩みを持つ子どもたちの支えにもなりつつある。

（ライター／今井淳二）

『かわいのジャム』
紅玉
100g
700円（税込）

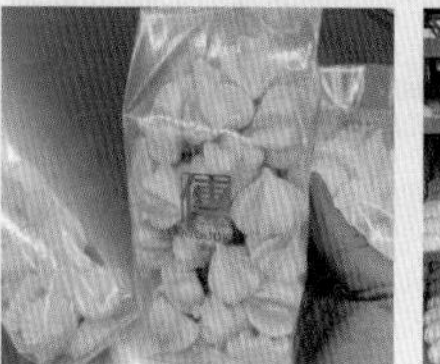

米飴のメレンゲは砂糖屋さんへの商品開発。

3時間以上焼く『ジューシーフルーツメレンゲ』。

クッキー缶『しょっぱい缶 野菜とチーズのクッキー』
4,000円（税込）

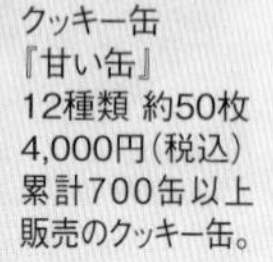

クッキー缶
『甘い缶』
12種類 約50枚
4,000円（税込）
累計700缶以上販売のクッキー缶。

※原材料価格の高騰に伴い、価格改定の可能性あり。

発送日の朝に焼成するスコーン。

一番人気の『ドレンチェリーのクッキー』。

お菓子工房 かわい

おかしこうぼう かわい

090-6558-6360 okashikoubоukawai@gmail.com
㊟ 奈良県香芝市尼寺2-55-2 シャトー泉1-C
https://masaokoubou.com/

詳細はこちら。

元気を与えてくれる小さなお菓子工房

自分たちの作るお菓子で元気になってもらいたい、笑顔をプレゼントしたいと、奈良県の小さな工房にて夫婦二人で日々お菓子やジャム作りに励んでいるのが『お菓子工房かわい』。クッキーやフィナンシエ、スコーンなどの焼菓子を中心に、生産者との連携を大切に、国内外より厳選した材料を取り寄せて作るお菓子や季節のジャムの数々は、素朴な手作りの良さが感じられるとリピーターも多い。

注文を受けてから焼き上げる完全受注スタイルで、季節に応じて様々なお菓子を販売している。他にも地元活性化のためにお菓子教室やイベントも定期的に開催。お家でできるお菓子・ジャム作りを教えている。

『お菓子工房かわい』では、ジャムは季節ごとに果物を変えて製作。2022年は、『マーマレードジャム』が品評会で銅賞を受賞。今年2023年は金賞を目指し、さらに工夫をこらして美味しいジャムを目指している。マーマレードが発売になったら要注目だ。

（ライター／今井淳二）

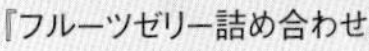

『フルーツゼリー詰め合わせ』

『キャラメルロール』

㊖ 10:00〜18:30
㊡ 火・水曜日
（祝日の場合営業、
振替休日あり）

フランス菓子のお店 アン・プルミエ

048-976-8668
㊟ 埼玉県越谷市弥十郎395-1
http://www.anpremier.jp/

『カボチャのモンブラン』

厳選材料と洗練された腕前で地元に愛される洋菓子店

フランス料理のエッセンスを落とし込んだ、華麗な中にも洗練された味わいのお菓子を味わえるのが埼玉県越谷市の『フランス菓子のお店アン・プルミエ』。フランスで料理とお菓子の修行を重ね、帰国後は都内のレストランやホテルで活躍したオーナーシェフが、念願の地元でオープンさせた洋菓子店だ。イートインスペースもあり、ケーキなどお菓子の他にも淹れたてのコーヒーも楽しめる。

材料に使う小麦粉や果物などは、シェフ自ら産地や農家を訪れて吟味した国産厳選品。北海道産の新鮮なミルクを使用し、キャラメルの香ばしさがアクセントの『キャラメルロールケーキ』や生キャラメルとチーズのコクが溶け合う『生キャラメルチーズケーキ』、ふわっとなめらかな『半熟ちーず』などが人気。他にも契約農家直送のフルーツを使ったプティガトーやジャム、マドレーヌ、フィナンシェ、ガレットなど10数種類の焼き菓子、季節によってはカヌレ、ショコラなども好評だ。

（ライター／今井淳二）

『チーズ薫るフィナンシェ』1個 183円（税込）

『チーズ薫るフィナンシェ 詰合わせ』7個入 1,414円（税込）
14個入 2,829円（税込）　21個入 4,244円（税込）

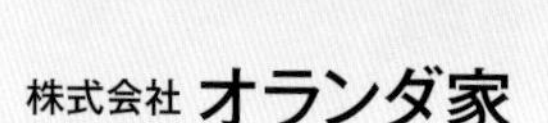

株式会社 オランダ家

オランダや

043-241-4111
㊟ 千葉県千葉市美浜区新港211
https://orandaya.net/

大人や男性にも喜ばれる シックな焼菓子

千葉県内に約40店舗を展開し、小さな子どもからお年寄りまで県内のスイーツ好きに人気を誇っているのが和洋菓子店『株式会社オランダ家』。焼菓子から素朴な和菓子、新鮮フルーツを使ったショートケーキ、記念日が楽しくなるアニバーサリーケーキまで品揃えも豊富。

お菓子作りには、全国屈指の農業県でもある千葉県産の素材を使用。酪農国オランダ産の発酵バターをふんだんに使用したパイ生地など並々ならぬこだわりが秘められており、全国からのお取り寄せ注文も多く集まっている。

今注目の新製品『チーズ薫るフィナンシェ』は、バターをたっぷり使って焼き上げたしっとりした食感。そこにオランダ産エダムチーズのコクと旨味が口いっぱいに広がり、コーヒー、紅茶などティータイムはもちろん、辛口の白ワインなどアルコール類とも相性が良く、贈り物にもぴったり。

（ライター／今井淳二）

<グルテンフリー>　ソフトタイプ 6個セット 2,760円（税込）
ハードタイプ 6個セット 2,760円（税込）

『筋肉ラスク』
3袋セット
2,400円
（税込）

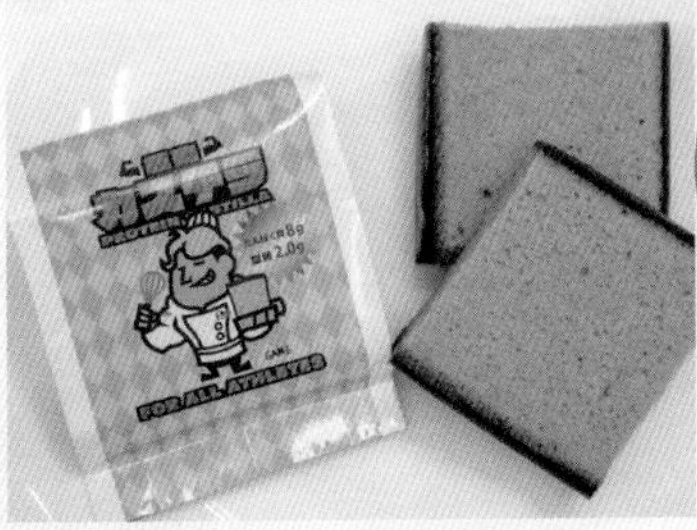

『筋肉カステラ』
ソフトタイプ 6個セット
2,760円（税込）

https://kinniku.base.shop/
@kinniku_castilla

『筋肉カステラ』
ハードタイプ 6個セット
2,760円（税込）

ケーキ屋 プロップ 明石市

078-947-6722　0120-014-262
kinniku_castilla@rainbow.plala.or.jp
㊓ 兵庫県明石市大久保町福田2-7-8

アスリートにも大人気
素材にこだわった筋肉カステラ

兵庫県明石市にある『プロップ』のパティシエ渡辺勝二郎さんが通うキックボクシングジムで、減量と体力づくりで苦しむ選手たちの姿を見たことをきっかけに開発されたプロテイン配合の『筋肉カステラ』。「アスリートが安心して摂取できるお菓子を作りたい」「練習中にも片手で食べることができないか」との渡辺さんの優しさと思いやりがこもった逸品だ。２０２０年秋から開発を本格的にスタートし、完成までに2年近くかかったという。

素材や味、食感などにもこだわり、「高たんぱく質」「低脂肪」「低カロリー」でハードタイプとソフトタイプの2種類を用意。それぞれに小麦粉の代わりに米粉を使ったグルテンフリータイプと小麦粉使用のオリジナルタイプがある。ハードタイプは、ダイエットのお供に、ソフトタイプはおやつや間食にオススメ。アスリートの方やちょっと太っちゃったかなとボディが気になる女性にもピッタリだ。

『筋肉カステラ』から作られた、数量限定・不定期販売の『筋肉ラスク』も好評だ。

（ライター／高田千浪）

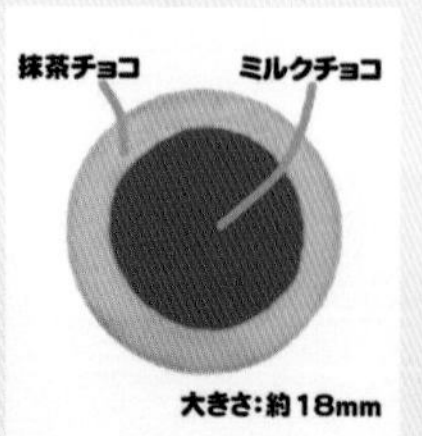

てん茶を石臼で挽いた宇治抹茶のみ使用。

京都 舞妓の茶本舗
抹茶ぼーるちょこ

宇治抹茶を使用したお菓子も続々。

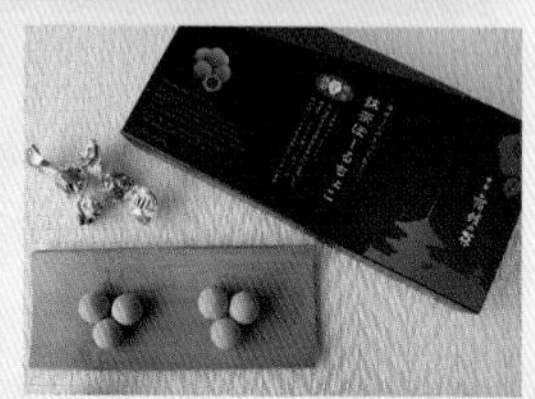

『抹茶ぼーるちょこ』
60袋入 486円（税込）　120g箱 1,080円（税込）

株式会社 舞妓の茶本舗
まいこのちゃほんぽ

☎ 0120-71-0077　✉ HPのお問い合わせフォームより
㊟ 京都府京田辺市普賢寺上大門2-1
https://www.maiko.ne.jp/

老舗の抹茶の味わいとミルクチョコのコラボ

創業以来、「茶一道（ちゃひとすじ）」に歩んできた『舞妓の茶本舗』は、日本屈指の玉露や抹茶、煎茶やほうじ茶など、本当においしいお茶を届けたいという思いのもと、こだわりのお茶の味を世に送りだしている老舗。

お茶とともに販売しているのが『舞妓さんのとっておき　抹茶ぼーるちょこ』だ。ミルクチョコレートに、石臼挽き宇治抹茶を贅沢に使用した抹茶チョコレートをコーティング。二層になった2種類のチョコレートと表面にまぶした抹茶パウダーが絶妙のバランスで、口の中で美味しくとろける極上の味わい。和と洋の見事な融合が楽しめ、一度食べたら病みつきになりそうな美味しさ。

家族でのお茶の時間に、ちょっとしたギフトにオススメ。ぜひお試しいただきたい。お求めは公式通販サイトで。

（ライター／村田泰子）

『抹茶ラテ』
1,080円
(税込)

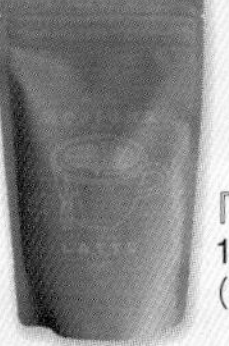

『ほうじ茶ラテ』
1,080円
(税込)

『CHAKAN』各1,080円(税込)
白／『強火の煎茶』3g×2個　『葉っぱのほうじ茶』3g×2個
『抹茶入の玄米茶』3g×2個
緑／『かぶせの煎茶』3g×2個　『茎のほうじ茶』3g×2個
『日本の紅茶』3g×2個

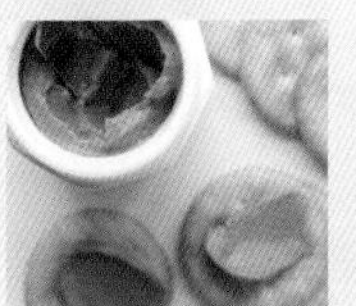

パンやクラッカーに
どうぞ。

抹茶
クリームチーズ

ほうじ茶
クリームチーズ

チャボさんのお茶

チャボさんのおちゃ

072-241-0956　banchaya.chabo@gmail.com
住 大阪府堺市堺区出島海岸通4-6-6
オンラインショップ　https://banchaya.thebase.in/

Instagram
@banchaya_chabo

現代人のライフスタイルにも違和感なく寄り添えるお茶

日本初の煎茶飲料が登場しておよそ40年。今では水代わりに常飲している人も多く、缶・ペットボトル・紙パックなど様々な形でコンビニなどでも手軽に購入できるようになった。反面、旧来の急須などで淹れるお茶を飲む機会は少なくなっているのも現状だ。

実家の日本茶専門店を継いだ店主が、もっと手軽にもっと日常に、茶葉から淹れる本格緑茶を楽しんでもらいたい、と2016年に再スタートさせたのが『チャボさんのお茶』。

茶葉は、ホット・水出しどちらでも美味しく淹れることができる国産のオリジナルブレンドで全6種類。手間や作法が不要なティーバッグが世代を問わず人気。お茶はあくまでも「脇役」との考えから、食事やティータイムに限らず、日常の一コマに寄り添えるライフスタイルの一部として提案している。デザイナーが手掛けるオシャレで可愛いパッケージもその一つ。また、「市販のラテは甘すぎる」というお客様の声から作られたラテシリーズやクリームチーズは、ギフトとしても好評だ。

(ライター／今井淳二)

八女市は、平均気温や年間降水量で排水性や保水性も良い酸性土壌。

香り豊かな『八女茶』。

『八女 ウーロン茶』
3g×10個 540円(税込)

『八女 紅茶』
2.5g×10個 540円(税込)

『抹茶入り 白折』
150g
540円(税込)

『煎茶 八十八夜』
100g
1,080円(税込)

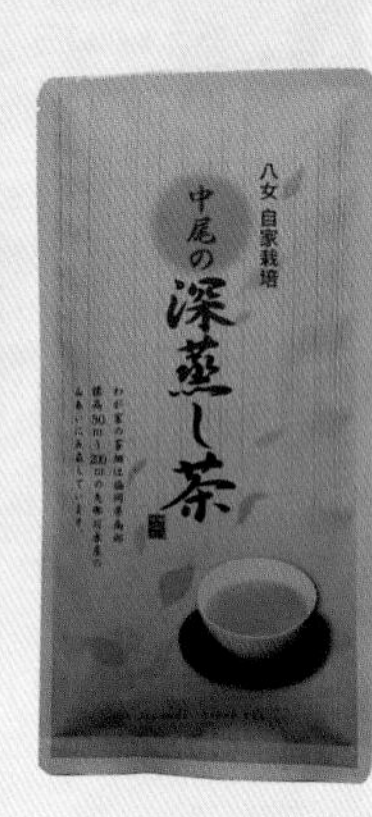

『煎茶 深むし茶』
100g
750円(税込)

中尾製茶園

なかおせいちゃえん

0943-37-0400 info@nakao-yamecha.jp
㊟ 福岡県八女市立花町下辺春3992
https://www.nakao-yamecha.jp/

農薬不使用 甘い香りと深い味わいのお茶

福岡県八女市立花町にある『中尾製茶園』は、創業時から八女茶の栽培・製造・販売をしており、他にも紅茶・ウーロン茶・玄米茶・ほうじ茶なども自社工場にて製茶・加工している。

お茶作りで重視しているのは香りが一番いいときを見計らってお茶を摘むこと。農薬不使用で環境にも体にもやさしい栽培法を実施している。「八女茶」は、一番茶の新芽の柔らかい部分を使って作っており、お湯を入れると深く美しいグリーン色になり、旨味のコクが強い。通常三番茶のところを二番茶までの収穫で止め、茶の木を休ませ、次の茶葉に厚みを持たせている。茶の木に対して優しさを感じる。

生産者の技術と努力によって、「八女茶」は高い品質を誇っており、2020年度まで全国茶品評会にて「玉露の産地賞」を20年連続で受賞。グリーンの色がフレッシュで、飲んだ後も甘い香りがいつまでも続き、深い味わいが楽しめるとあって人気も高い。

(ライター/髙田千浪)

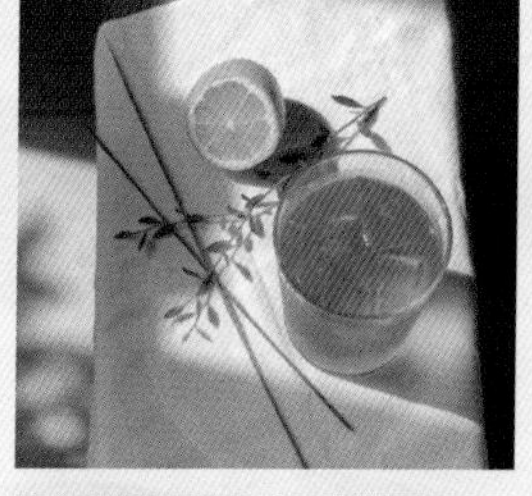

営 11:00〜19:30　休 不定休

Jasmine Herb tea cafe

ジャスミン ハーブ ティー カフェ

092-600-9500　jasmine_ohori@icloud.com
住 福岡県福岡市中央区草香江1-8-24 フローラ大濠
Jasmine ハーブ ティー カフェ 検索　@jasmine_ohori

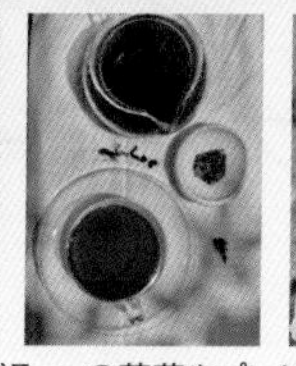

オリジナルブレンドティーの茶葉やプレゼントギフトも用意。

ちょっと疲れた身体と心にハーブティー時間

体を温めたり、自律神経を整えたりと体の調子に直接働きかけるものから、不安やストレスを緩和、リラックスさせてくれたり、心の状態を平穏にしてくれたりと、様々に謳われているハーブティーの効果・効能。自分に合ったハーブティーを知りたい、試しに飲んでみたい、そんな時はハーブティーの専門カフェを訪れてみては。福岡市民憩いの場として多くの人々が訪れる大濠公園。そのすぐそば、ホッと一息つくのにもぴったりなのが『Jasmine Herb tea cafe』。優しいハーブの香りに包まれた落ち着いた店内では、数あるハーブの中から常時約30種類のハーブティー、そして特製チーズケーキやホットサンドもいただける。ハーブティーは食事とスイーツのマリアージュが意外にも合うので、試してもらいたい。人気は、好みやその日の気分によって選んでみたい「6種類のオリジナルブレンドティー」。リラックス・フラワー・ピンク・ブルー・レッド・アイケアブレンドとそれぞれの色・香りが楽しめる。自分にはどんなハーブティーが合ってるのか分からない人でも気軽に相談を。オススメを教えてくれる。

（ライター／今井淳二）

姫路の「山陽百貨店」出店。

株式会社 フレアフードファクトリー

055-269-6506　frarefoodfactory@outlook.jp
㊟ 山梨県甲府市宝1-24-16
https://frarefood.shop/

「五つの無」が特長のぶどう果実を丸ごと搾ったストレートジュース

山梨のぶどうジュース工房『株式会社フレアフードファクトリー』が製造・販売する『Pj珠（ピー・ジェー・ジュ）』は、ぶどう果実を丸ごと搾ったストレートジュース。添加物が一切入っていない無加糖、無加水、無濾過、無調整、無添加の「五つの無」が大きな特長。ジュースに果肉を残したり、果皮を敢えて搾りだした果実感も美味しさの理由の一つだ。

また、果実の持つポリフェノール類や栄養素をそのままジュースに封じ込めているので健康効果も期待大。マイルドで飲みやすく、子どもから大人まで幅広い層に人気の『フルーティ甲州』や糖度25度でお子様、そして甘党の方にオススメの『ベーリーA 25』、果肉と果皮のマリアージュ、果皮の栄養素、そして果皮のつぶ食感が特長の『巨峰マリアージュ』など商品ラインナップもバラエティ豊かに展開。

ぶどうジュースのほかにも、トマト嫌いでも飲めると評判の『フルーティとまとジュース』もオススメ。

（ライター／長谷川望）

※フルボトルは参考イメージです。セット商品には含まれません。

『わいんたび日本遺産ワイン編コンプリートセット Aセット』
100ml×6本（マスカット・ベーリーA2021 A+、御坂甲州2018、2020ルバイヤート マスカットベーリーA 樽貯蔵、大善寺ワイン 赤、ハラモ甲州 シュールリー 2021、くらむぼん 樽甲州 2021）6,600円（税込）※オリジナルリーフレット付

『わいんたび日本遺産ワイン編3本セット Cセット』
100ml×3本（マスカット・ベーリーA 2021 F+、甲州ヴィンテージ2021、2019 ルバイヤートロゼ）3,300円（税込）
※オリジナルリーフレット付

日本ワイン140年の歴史と今を、味わってください。
わいんたび

こちらからも
検索できます。

株式会社 **近畿日本ツーリスト商事**
きんきにっぽんツーリストしょうじ

☎ 03-6777-9665
㊟ 東京都千代田区神田和泉町1-13 住友商事神田和泉町ビル14F

近畿日本ツーリスト e-MARKET

「近畿日本ツーリスト e-MARKET」
https://web-ecstore.knts.co.jp/

旅する気分で味わう グラス1杯サイズワインセット

『わいんたび』は、日本全国のワイナリーで生産される日本ワインを、昨今人気のグラス一杯分の少量サイズに詰め替え、複数のワイナリーのワインを一度に楽しめるセット。お土産や試飲にも最適で、旅行会社だから実現できた、ありそうでなかったセットだ。美味しく飲みながら、お気に入りの日本ワインを見つけられるのも、一度にいろいろ楽しめる『わいんたび』ならでは。ワイン好きにも、友人や家族との飲み比べパーティにもオススメだ。２０２３年春に販売開始された『わいんたび 日本遺産ワイン編』は、ワイン文化日本遺産協議会との共同企画で、日本ワインの１４０年史の「歴史」を感じながら、その地を旅している気分で「今」のワインを味わえるスペシャルな商品。１００年以上の老舗ワイナリーのオススメワインを飲み比べながら楽しむことができる。山梨・勝沼と茨城・牛久の日本遺産の構成文化財に指定されている五つのワイナリー（牛久シャトー、原茂ワイン、丸藤葡萄酒工業、勝沼醸造、くらむぼんワイン）と「ぶどう寺」とも呼ばれる大善寺の参拝者がいただける自家製ワインをすべて楽しめるコンプリートセットや三つのワイナリーを楽しめる３本セットなど五つのラインナップで用途に合わせて選べるのも嬉しい。他のエリアのセットも順次販売予定らしいので、日本全国をワインで旅する気分を楽しんでみたい。（ライター／髙田千浪）

首里城下の三蔵元、瑞泉、瑞穂、識名の泡盛をブレンド。豊かな味わいに仕上がり、ぜひ水割り、ストレート、オンザロックで。

『ひやみかさ首里城』
30度
720ml 1,500円（税込）
6本セット 7,920円（税込）

商品の送料についてはサイトで確認を

『山原くいな古酒』
43度 1.8L 2,882円（税込）
古酒の深い旨味を存分に堪能できる。

『山原くいな古酒』
30度 1.8L 2,365円（税込）
飲みやすさに定評があり、ストレートやロックがオススメ。

泡盛横丁 有限会社 喜屋武商店

あわもりよこちょう

098-868-5270 FAX 098-861-5295
住 沖縄県那覇市前島3-4-16
https://www.e-awamori.co.jp/

清らかな清水が醸し出す力強く深い味わいの古酒

沖縄地方独特の酒である泡盛。沖縄県内では島しょ地域も含めて約47の醸造所が製造しており、作られている泡盛は実にバラエティに富んでいる。そんな泡盛や熟成酒である古酒（クース）を全国へ発信しているのが「喜屋武商店」。同社が運営する泡盛専門の通販サイト『泡盛横丁』では、人気の泡盛から入手困難な希少な古酒まで数多くの商品が取り扱われている。ショッピングサイトでは、泡盛の種類や飲み方についての解説ページもあり、泡盛初心者から自宅で古酒を育てているようなマニアまで多くの泡盛ファンが利用している。

今回、紹介するのは、「やんばる酒造」の『古酒山原（やんばる）くいな』。NHK朝の連続テレビ小説「ちむどんどん」の舞台ともなった沖縄・山原地方、2021年にユネスコ世界自然遺産に登録された田嘉里川上流の自然水を使用し、じっくりと3年以上貯蔵させた古酒100％。芳醇な香りと甘い呑み口が特長。度数43度で骨太ながらも飲みやすい味わいに仕上がっている。

（ライター／今井淳二）

『ひ乃はら物語』25度 500ml 2,420円（税込）

『ひ乃はら物語 HINOKI』
25度 500ml 11,000円（税込）※限定300本

㊖ 11:00～17:00（LO16:30） ㊡ 月･火曜日

ひのはらファクトリー

042-588-5170 info@wb-hf.com
㊟ 東京都西多摩郡檜原村4023-1
https://www.hinoharafactory.com/

檜原村より誕生 世界初のヒノキのお酒

島を除くと、東京都で唯一の村である檜原村。都心から2時間で、大自然を満喫できる。村の93％が森に囲まれていて、夏は涼しく、冬は滝が氷結する寒さだ。

そんな大自然に囲まれた檜原村より、ヒノキそのものを醸造した世界初の木の酒『ひ乃はら物語ＨＩＮＯＫＩ』が発売。自治体が「村民が誇りをもって暮らせるように」と取り組んできた施策の一つで「何もないけれど木がある。戦後、先人が残してくれた木がある。この木を生かしきるぞ！」との熱い想いが込められているという。

檜原村のじゃがいも焼酎『ひ乃はら物語』と檜原産ヒノキのお酒をブレンドした単式蒸留焼酎『ひ乃はら物語ＨＩＮＯＫＩ』は、森林資源に対する探究心と酒造りという日本の伝統文化の融合。檜原村から世界へ、新しい挑戦が始まっている。

これから暑くなる夏、氷をたっぷり入れて、深い森の香りが魅力の世界初ヒノキのお酒を飲んでみてはいかがだろうか。

（ライター／髙田千浪）

牛肉好きにはたまらない 香りと口溶けの銘牛

平成20年度全国肉用牛枝肉共励会名誉賞受賞
受賞者 五戸町 沼沢邦夫氏
©あおもり倉石牛銘柄推進協議会

美しい自然に囲まれた青森県五戸町。この地で育つ『あおもり倉石牛』は、良質な赤身と美しい霜降りが特長。口の中でとろけるような上質さを持ちながら、大自然の野趣を感じさせる風味と評判で、品評会では名だたる全国のブランド牛を押しのけて日本一に輝いたこともある逸品。年間出荷頭数はわずか400頭ほどで、幻とも評されている銘牛だ。すき焼き・しゃぶしゃぶ・ステーキなどで、この未体験の味わいをぜひ。

（ライター／今井淳二）

あおもり倉石牛銘柄推進協議会

あおもりくらいしぎゅうめいがらすいしんきょうぎかい

0178-61-6335
㊟ 青森県三戸郡五戸町大字倉石中市字上ミ平19-1
あおもり倉石牛 検索

人気イタリアンの新店オープン 絶品料理がお取り寄せ可能

『国産無菌豚のポルケッタ"野菜のシチリア風トマト煮込みとクリーミーポテト添え"』330g 1,980円(税込)

イタリアンカラーの豚の看板が目印。

2023年3月、東京・神楽坂の毘沙門天前にオープンした『OSTERIA PORCO VINO』。新橋で人気のイタリアン「MI CASA」「ILCOVO」の姉妹店だ。イタリア伝統のポルケッタをはじめとする国産ブランド肉や季節食材を盛り込んだ料理と多彩なワインを堪能でき、お通しのトリッパと白インゲン豆のトマト煮は、なんと食べ放題。グランドメニューとは別に、日替わりメニューも用意。テーブル席、ソファ席、カウンター席、さらに個室もあるので様々な場面で利用できる。絶品の本格イタリアンは、『MIKASA BAR ONLINE』でお取り寄せも可能。

（ライター／高田千浪）

OSTERIA PORCOVINO

オステリア ポルコヴィーノ

03-5579-8536
㊟ 東京都新宿区神楽坂4-2 山本ビル2F
https://mikasa-bar.com/

肉厚10ミリの柔らかな牛タンを自宅で

宮城県仙台市に店をかまえる『昆布〆牛タン専門店 味重』。昆布〆とは、昆布で食材を漬け込むことにより、昆布の旨味成分を食材に移し、香りを立たせて水分を抜き、食材の旨味を凝縮させる古くからある技法。その技法を応用し、手作業で丁寧に仕込んだ牛タンを四日間漬け込むことで、牛タン本来の旨味を凝縮させている。通販ショップでは、柔らかで肉厚な10ミリのタン中、タン元を楽しめる。昆布で熟成し、旨味を凝縮した牛タンをぜひ自宅で。

（ライター／奈良岡志保）

『昆布締め牛タン』 250g 3,980円（税込）

こちらからも
検索できます。

昆布〆牛タン専門店 味重
みじゅう

080-4517-9885　FAX 022-291-6860　info@mijyuu.com
住 宮城県仙台市宮城野区幸町5-12-7 三井会館1F
https://www.mijyuu.com/

お酒を心から楽しむ罪悪感のないおつまみ

今やすっかり食材として認知され、様々な商品・メニューとして世に出ている大豆ミート。『クラシエフーズ株式会社』の『あぁ牛タン』は、大豆を主原料に独自製法で牛タンのような肉厚な弾力と風味を再現した肉厚半生ジャーキーだ。お酒のおつまみにぴったりな塩ダレにガーリックと黒胡椒が効いた濃厚で食べごたえのある味わいながら、コレステロール90％オフ、1袋89キロカロリーと低カロリーにして、食物繊維入りと嬉しい逸品だ。

（ライター／今井淳二）

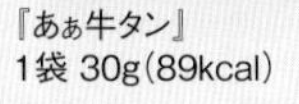

『あぁ牛タン』
1袋 30g（89kcal）

クラシエフーズ 株式会社

お客様相談室　0120-202903
住 東京都港区海岸3-20-20
https://www.kracie.co.jp/

話題沸騰！目にも楽しい三陸の「体験型」海鮮丼

東北・三陸地方の海の幸を牛乳瓶に詰めてパッケージ。ほかほかのご飯に自分でそのままかければ、美味しくて色も鮮やかな海鮮丼ができあがるのが『川秀商店』の『瓶ドン』。岩手県宮古市の新名物として早くもテレビや各メディアでも紹介され始めた逸品だ。透明な牛乳瓶の最上段にイクラ、中段にそれぞれウニ・アワビ・サーモン・イカ・タコの全5種類で下段にはメカブ。映える見た目に、味は海鮮の旨さを生かした優しい味わい。

（ライター／今井淳二）

『瓶ドン』
（イカ、タコ、ウニ、アワビ、サーモン）
単品 980円（税込）～
5本セット 6,700円（税込）

こちらからも
検索できます。

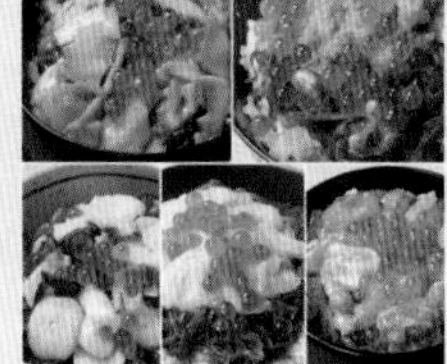

旬の季節商品『瓶ドン（毛蟹）2本セット』 3,200円（税込）
※時期により売り切れの場合あり。

川秀商店オンラインショップ　株式会社 川秀

かわしゅうしょうてんオンラインショップ

0193-65-7220　shop-kawashu@echna.ne.jp
住 岩手県下閉伊郡山田町境田町2-1
https://shop-kawashu.com/

食卓が豊かになるユニークなネーミング

毎日の食卓に欠かせない一品となっているシラス（ちりめん）を、白いご飯はもちろん、パンやパスタと合わせても美味しく仕上げたのが『中日本海産株式会社』の『PanPastaMesica?（パンパスタメシカ）』シリーズ。海産物のプロが目利きした国産シラスと世界の厳選食材との新しいマリアージュ。紀州南高梅と合わせた王道から、チーズと合わせた個性派まで全6種類。どうやって食べてみようか、考えるのも楽しみになる。名古屋市の「ふるさと納税」でも人気の逸品だ。

（ライター／今井淳二）

『PanPastaMesica?』6種6個セット 5,508円（税込）

中日本海産 株式会社

なかにほんかいさん

052-671-2219　order@nakanihon-kaisan.com
住 愛知県名古屋市熱田区川並町2-22
https://nakanihon-kaisan.com/ppm/　@panpastamesica

もはや革命!『本格タコ刺し』水を入れて10分待つだけ!

日本の食品加工技術、特にフリーズドライ技術に関しては、世界一であると多くの人が認めているのではないだろうか。そんな最新の技術を駆使して生まれたお刺身が、『株式会社ヤマニ野口水産』の『本格タコ刺し』だ。パッケージに水を入れてそのまま10分待つだけで、北海道増毛産のミズダコの濃厚な旨味と潮の香りが蘇る。キャンプやアウトドアにも手軽に持っていける。内容量20gで、2~3人前の美味しいタコ刺しが楽しめる。

(ライター/今井淳二)

『本格タコ刺し』
20g 880円(税込)

株式会社 ヤマニ野口水産
ヤマニのぐちすいさん

0164-42-1127 onodera@noguchisuisan.co.jp
㊟ 北海道留萌市東雲町1-30
http://www.noguchisuisan.co.jp/

焼き立て熱々の『今川焼き』が味わえる

新潟県長岡市の駅前にある『YAKI-YAKIやまと』の『今川焼き』は、この店の一番人気で6種類の豊富なラインナップ。あんこ、クリーム(生クリーム・カスタード)、チーズ、マヨコーン、チョコと、甘い系&しょっぱい系両方あって迷ってしまう。焼き立てを希望の場合は、予約も可能だ。生地は厚めでむっちりしていて美味しい。また、『たこ焼き』もタコが大きめで、熱々をパクッと頬張ると幸せ感が増す。ほかにも『たこサンド』などが楽しめる。食べ歩きにもぴったりだ。

（ライター／髙田千浪）

『今川焼き』昔ながらの懐かしい味を守り続けている。

『たこ焼き』

営 10:00〜19:00
日曜日10:00〜16:30
休 月曜日

YAKI-YAKIやまと 長岡駅前店
ヤキ - ヤキやまと

0258-32-7229 yakiyaki.yamato@gmail.com
住 新潟県長岡市大手通1-3-12
YAKIYAKI やまと 検索

ボリューム満点富士市のご当地グルメ

『おこたま』とは、富士市の朝市で生まれたご当地グルメ。お好み焼きを卵と二緒に地元産食材などを挟んで大判焼き機で焼いたものだ。『おこたま本舗』では、桜海老やじゃこねぎ、海産物をはじめ、ベーコンなど種類豊富な『おこたま』が味わえる。手軽に食べられ、ボリューム満点。お子様からお年寄りまで大人気で、おやつにもピッタリ。どこか懐かしい味が地域の人にも愛されるオススメの逸品だ。お取り寄せしてみんなでワイワイ食べてみては。

（ライター／髙田千浪）

『おこたま桜えび3個パック』
1,296円(税込)
『おこたまベビーホタテ3個パック』
1,296円(税込)など。
『おこたま人気商品3個パック』などあり。

こちらからも検索できます。

おこたま本舗
おこたまほんぽ

0545-54-1144 kentoppfujiten@yr.tnc.ne.jp
住 静岡県富士市伝法2734-1
https://okotama.shop-pro.jp/

ミルクが美味しい牧場直営のイタリアン

貴重な乳牛アングラー種などを飼育し、高品質な乳製品を送り出す北海道伊達市の牧場が運営する『洋麺茶屋牧家』。自慢のチーズやミルクを使ったパスタ・ピザ・デザートが評判だ。オススメは、素材の美味しさをストレートに感じられるパスタ『トマトとモッツァレラ』とピザ『マルゲリータ』。牧場直送のモッツァレラチーズは、フレッシュなミルクの風味とモチモチの食感がたまらない。同じくミルクの美味しさが生きる『ミルクレープ』も人気。

（ライター／今井淳二）

『トマトとモッツァレラ』　『マルゲリータ』

㊒ 8:00〜24:00（LO23:30）※8:00〜10:00 モーニングメニュー
㊡ 無休

洋麺茶屋 牧家
ぼっか

✆ 0142-21-4040
㊟ 北海道伊達市梅本町57-1
https://www.bocca.co.jp/

富士山の水で手作りする幻の納豆

国指定重要文化財の星野家住宅敷地内にて、富士山の名水を使い、昔ながらの手作り納豆を作っている『富士納豆製造所』。しっかりとした歯ごたえを残しつつも、ふっくらやわらかな中粒納豆は、多くの納豆好きから愛されている。富士山麓産の大豆を独自の切り割り製法で仕上げた『富士納豆ひきわり』は、旨味の濃い大豆に塩分を抑えカツオだしの効いたさっぱりタレ、かき混ぜた後のふわふわ食感がご飯によく絡む至高の逸品。

（ライター／今井淳二）

※写真は2個パック

『富士納豆ひきわり』
45g×24個バラ
2,400円（税込）
45g×2個パック×4（8個）1,900円（税込）
（『富士納豆』オンラインショップより）

「おろし卵納豆」レシピ

「キムチ納豆ドレッシング」レシピ

富士納豆製造所

ふじなっとうせいぞうしょ

0554-22-0006　info@fujinatto.jp
住 山梨県大月市大月町花咲193
https://fujinatto.jp/

食べる人の笑顔を想い 材料も製法も妥協しない

地元の人たちのみならず、伊勢を訪れた観光客にも人気のベーカリー『コクリコルージュ』。パンの基本材料である小麦粉、水、バター、塩に徹底的にこだわり、パンの種類によって国産はもちろん、フランスなどからも最適の素材を取り寄せる。オススメは、看板商品でもある『バイカラークロワッサン』。バターが香るサクサク生地、色とりどりのカラフルなクロワッサンの中には、それぞれの色に応じた味のクリームチーズが味わえる。

（ライター／今井淳二）

㊌ 6:00～19:00
㊡ 年末年始

コクリコルージュ

0596-36-6677
㊟ 三重県伊勢市御薗町王中島字垣溝766
https://coquelicotrouge.jp/ @coquelicotrouge_jp

毎日でも通いたい バラエティなワッフル

2023年2月にオープン以来、スイーツ好きの間で話題になっているのが東京・渋谷のワッフル専門テイクアウトカフェ『WEP wafflefactory』。ホイップクリームやクリームチーズに果肉入りソース、茶葉などを練り込み、フルーツ、チョコなどをトッピングした『ワッフルサンド』、シンプルにフレーバーを楽しむ『ベーシックワッフル』。どちらも日本一のこだわりタマゴを使用し、発酵バターで生地を香ばしく焼き上げた。期間限定のワッフルもあるので、ぜひ足を運んで楽しんでみては。

（ライター／今井淳二）

㊌ 8:30～17:00 ㊡ 火曜日

WEP wafflefactory

ウェップ ワッフルファクトリー

03-6416-8242
㊟ 東京都渋谷区神山町25-17
@wafflefactory.wep ワッフルカフェ wep 検索

関西みやげにはちみつのバターワッフルクッキー

関西のうまいもんをお届けする大阪『株式会社千勝堂』の新商品『大阪はちみつバターワッフル』。様々なご当地の食材で数々のお菓子を提供してきた同社が「木岡養蜂園」のはちみつ100%使用し、ほのかな甘さとバターの香りでコーティンしたワッフルクッキーだ。サクサク感が決め手の一度食べたらやめられない美味しさ。8月3日の「蜂蜜の日」には、夏休み期間中キャンペーンも推進。大阪に遊びに行ったら、ぜひ探してみよう。

（ライター／工藤なつみ）

『大阪はちみつバターワッフル』
6個入 378円(税込)
12個入 756円(税込)
18個入 1,080円(税込)

株式会社 千勝堂
せんしょうどう

072-440-4060
㊟ 大阪府岸和田市小松里町2034
https://www.rakuten.co.jp/sensyoudou/

こだわりの詰まったチーズケーキ

チーズケーキ大好きな方に朗報。宮崎県宮崎市広島にあるチーズケーキのテイクアウト専門店『Wonderful Cheesecake』は、シェフの梅木秀章さんが材料の配合や分量にこだわり、約2年の歳月をかけてできあがった珠玉のチーズケーキが味わえる。焼きたてを急速冷凍しており、半解凍でのジェラート風や全解凍でケーキと2種の食べ方ができ、よくばりさんにピッタリ。オンラインショップで購入可能なので。大切な人へ、そして自分への贈り物にもぜひ。

（ライター／髙田千浪）

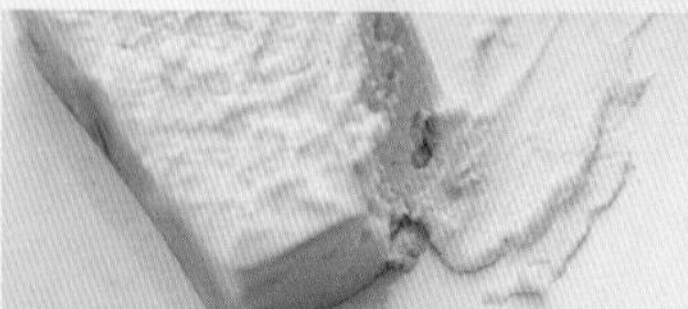

『宮崎ワンダフルチーズケーキ』1本 3,800円(税込)

Instagram

Wonderful Cheesecake
ワンダフル　チーズケーキ

0985-72-9515
㊟ 宮崎県宮崎市広島2-3-12 伊尾喜ビル
https://wonderfulch.base.shop/ @wc.miyazaki

現役CAが考案した おしゃれな限定スイーツ

新潟県との県境近い山形県温海地区、日本海の水平線に沈む見事な夕日が見られる国道7号線沿いにある『道の駅あつみ しゃりん』。ここでしか買えない限定スイーツとして今話題なのが『あつみバターサンド』だ。庄内・鶴岡市の名産である「だだちゃ豆」「ばら」「庄内柿」を練り込んだバタークリームをくるみ入りの香ばしいクッキーでサンド。上にデコレーションした「だだちゃ豆」、「庄内柿」、ばらの花びらが華を添える逸品だ。

（ライター／今井淳二）

『あつみバターサンド』各種（だだちゃ豆、ばら、庄内柿）各440円（税込）
3個セット 1,400円（税込）

道の駅あつみ しゃりん

0235-44-3211 ✉ atsumi_syarin@yahoo.co.jp
㊟ 山形県鶴岡市早田字戸ノ浦606
https://www.at-syarin.com/

奇跡のとろける食感 極上のわらび餅

70年以上続く老舗の和菓子屋『お亀堂』は、四季折々の和菓子を幅広く取り揃えている。10年前から500回以上の試作・研究を重ねた奇跡の『とろけるわらび餅』を販売。和菓子では通常使わない特殊な希少素材を使うことで、常識を超えた柔らかな触感を実現。箸で持ち上げると零れ落ちるほど、とろ〜んととろける食感。きな粉は、全国約50種類の中から厳選。国産大豆100%深煎りの「黒須きな粉」を贅沢に使用。

(ライター／奈良岡志保)

『とろける
わらび餅』
小200g
780円(税込)
大350g
980円(税込)

お亀堂
おかめどう

0532-45-7840　okamedoiwata@okamedo.jp
住 愛知県豊橋市南小池町164
https://okamedo.jp/

濃厚な八女抹茶生クリーム 至福の抹茶大福

テレビ番組でも紹介された『お茶の星野園』の大人気『抹茶大福 茶々一福』は、モッチモチの求肥に『星野園』自慢のビターな八女抹茶をふんだんにまぶした大福。一口食べるとたまらない旨味が広がる。抹茶生クリームと抹茶餡の程よい苦味と甘味で贅沢なハーモニー。大きめの大福を丸ごとパクッとかぶりつくのがオススメだ。お子様やお年寄りには、一口大にしてカット。美味しさ抜群、本格的な八女抹茶たっぷりの大福をぜひお土産に。

(ライター／髙田千浪)

『抹茶大福 茶々一福』
10個入 2,322円(税込)
15個入 3,213円(税込)
20個入 4,104円(税込)

お茶の星野園
おちゃのほしのえん

093-371-1177　shop@hoshinoen.shop-pro.jp
住 福岡県北九州市門司区柳町1-9-31
https://hoshinoen.shop-pro.jp/

羊羹の概念を覆した職人技の『珈琲羊羹』

ごく一部の常連のお客様にしか口にできなかったという『御厨光琳』の『珈琲羊羹』。総料理長の鈴木清さんが2016年にJAL国内線ファーストクラス機内食用にプロデュースした特別ブレンドのオリジナル羊羹だ。試行錯誤しながら現代風にアレンジした商品で、機械を使わず手作業で何時間もかけて作り上げる職人技の逸品。白インゲン豆の餡に、秋田産はちみつや男鹿の塩を隠し味に使用している。こだわりの『珈琲羊羹』をぜひお試しあれ。

（ライター／高田千浪）

※写真はイメージです。パッケージなど変更になる場合もあります。

総料理長
鈴木清さん

『珈琲羊羹』
15個入
3,240円（税込）

2016年のJAL記者発表。

『御厨光琳』店舗

御厨光琳
みくりやこうりん

018-832-2002　nakaichi@kourin.net
住 秋田県秋田市中通1-4-3 なかいち2F
http://www.kourin.net/

素材本来の味にこだわったせんべい

昭和2年創業、米の選定から生地作り、焼き上げまで自社一貫生産を行う『せんべいや喜八堂』。国産うるち米の上質米のみを原料とし、ほとんどの商品に保存料、着色料、添加物、化学調味料を使用しない。素材の味、自然の味を大切にした昔ながらのこだわりの製法で職人が一枚一枚丁寧に焼き上げる。5種類のこだわりせんべいが入った『喜八堂お試しセット』は、お得なお値段で老舗の味わいを堪能できる。

（ライター／奈良岡志保）

しょうゆ
のり
せん太郎
ごま
さらめ

『喜八堂お試しセット』（職人手焼きしょうゆ10枚×1、濃口職人手焼きせん太郎25g入×2、喜八のりせんべい10枚×1、喜八ごませんべい10枚×1、喜八ざらめせんべい8枚×1）3,000円（税込）

せんべいや 喜八堂
きはちどう

04-7198-0250　support@senbei.co.jp
住 千葉県野田市木間ヶ瀬5175
https://www.senbei.co.jp/

大人向けも大人気
見ても食べても楽しいキャンディー

埼玉県越谷にある『Mr.CANDY』は、工房を備えたキャンディー専門店。棒付きの大きなキャンディーやレインボーカラーのコットンキャンディー（綿飴）などもある。「リッチクラウド」という大人向けコットンキャンディーシリーズ『みたらしきなこ』が店主黒瀧将実さんのオススメ。甘さとしょっぱさが交互に味わえる、食べると止まらなくなる美味しさだ。色とりどりの可愛いキャンディーは何歳になってもワクワクするはず。工房では、楽しいキャンディー作りの様子が見学できるかも。

（ライター／高田千浪）

子どもに人気の『レインボー・コットン・キャンディー』650円（税込）

『ミスターキャンディーミックスバッグ』390円（税込）
大人向けコットンキャンディー『みたらしきなこ』650円（税込）など

㋮ 11:00〜18:00　㋔ 不定休

キャンディー専門店 **Mr.CANDY**
ミスター．キャンディー

048-973-7272　mr.candy9625@gmail.com
㊟ 埼玉県越谷市蒲生茜町42-1 平林第一ビル104
@mr.candy2022

スペシャリストの
コーヒーで一杯を体験を

広島県福山市にある自家焙煎のコーヒーの専門店『SUIREN+CoffeeRoaster』。オーナーは、珈琲の生豆状態から良い珈琲であることを判定できるQグレーダーという国際資格を有し、ジャパンコーヒーロースティングの大会で第5位という実力者でもあるコーヒーのスペシャリスト。自ら足を運んで仕入れた豆をこだわりのオランダ製の焙煎機で焙煎するコーヒーは、香り高く、これまで飲んだものとは一味も二味も違う極上の味。ぜひ、コーヒーの魅力にはまって欲しい。

（ライター／高田千浪）

『ハンドドリップコーヒー』400円（税込）〜
『自家焙煎コーヒー豆』100g 880円（税込）

㋮ 9:00〜19:00
㋔ 水曜日

SUIREN+CoffeeRoaster
スイレンプラスコーヒーロースター

084-976-8523　info@suiren-plus.com
㊟ 広島県福山市駅家町坊寺230
https://suirenplus.base.ec/

丸々と大きくジューシーな フルーツを真摯に作る農園

栃木県で徹底した土作りと減農薬、安心安全にこだわった肥料で梨と桃を中心に生産。さらにそれらを使った加工品の製造・販売を行うなど新しいカタチの農業を目指しているのが『生井果樹園』。「食べて人に笑顔になってほしい」と、病害虫の防除や剪定にもとことん注力して育ったフルーツは、甘くみずみずしいと評判。採れたての果実はもちろん、ジャムやコンポート、ジュースなどの加工品も直売所や近隣の道の駅などで購入できる。

（ライター／今井淳二）

『桃ジュース』
1,400円（税込）など

『梨』5kg3,000円（税込）
3kg1,800円（税込）

Instagram

ステーキソース
『Pear Steak Sauce』
（醤油・塩）
各650円（税込）

生井果樹園 ~NAMAI FRUITS GARDEN~

なまいかじゅえん

090-5553-8656
住 栃木県芳賀郡芳賀町給部19-41
生井果樹園 検索 @namai_kajuen

話題のIPAから 気分もアガる一本が登場

近年のクラフトビール人気で注目されているのがIPAと呼ばれるアルコール高めでホップを多く使用した香り高いビール。その発祥地であるイギリス発のIPAブランド『BREWDOG（ブリュードッグ）』から厳しい日本の夏にもぴったりな『HAZY JANE GUAVA（ヘイジージェーングアバ）』が登場。パイナップル、マンゴーなどのフレーバーに南国感を際立たせるグアバのエッセンスをプラス。苦味を抑えたスムースな飲み心地が魅力。

（ライター／今井淳二）

『HAZY JANE GUAVA』
330ml
参考小売価格
390円（税別）

ブリュードッグ・カンパニー・ジャパン 株式会社

03-6433-5361 hello@brewdog.jp
住 東京都渋谷区恵比寿南2-4-1
https://www.brewdog.jp/

「スカイラウンジ」

真っ青な海に浮かぶ真っ白な船でのクルージング

レジャーの多様化により年々人気の高まるクルージング。豪華客船による外洋クルーズなどはかける日数や金額が大きく、気軽に楽しめるレジャーというに少し無理があると思うが、内海や近海を洒落たクルーズ船で周遊するなんてのは、たまのバカンスに非日常を楽しむ手段として良いのではないだろうか。それが沖縄屈指の南国リゾートで体験できるとしたら。

沖縄本島よりはるか280㎞、八重山諸島の一角である宮古島は、日本一ともいわれる青く美しい海に豊かな自然、夜は満点の星空、さらに本土からの直行便の増加や宿泊施設の充実などにより、以前にも増して国内からはもちろん、インバウンドで日本を訪れる外国人からも注目を集めている。

そんな宮古島で、食事を楽しみながらのクルージングを楽しめるのが白亜のクルーズ船『モンブラン』号だ。

『ランチクルーズ』
大人 5,000円(税込)　小学生 2,500円(税込)
『ディナークルーズ』
大人 8,000円(税込)　小学生 4,500円(税込)

水族館のような「アクアビュー」。

ホテルのような落ち着いた空間。

ベイクルーズ宮古島 モンブラン

0980-72-6641　hayate27@miyako-net.ne.jp
㊟ 沖縄県宮古島平良字下里108-11 マリンターミナル2F
https://www.hayate-montblanc.com/

総トン数619t、3層のフロアからなる同船だが、そのエントランスを一歩踏み入れると、伝統的な英国の客船を彷彿させる華麗なインテリアに目を奪われ、否が応でもこれから始まるクルーズへの期待を高めてくれる。

ランチ・ディナービュッフェが味わえるダイニングでは、大きくとった窓一面に広がる宮古ブルーと呼ばれる青い海を眺めながら、シェフ自慢の料理の数々をいただける。デッキに上がれば、南国の風をきって海の上を進む爽快感、水平線に沈むロマンチックな夕日に気分も高揚するだろう。また、子どもたちに一番人気なのが船底に設けられたボトムデッキ。展望ガラスを設置してあり、神秘的に青く光る海中や様々なサンゴ、色鮮やかな熱帯魚たちを見渡せる。

クルーズコースは波穏やかな内海がメイン。所要時間は1時間半〜2時間くらいと、子どもからお年寄りまで安心して楽しめる。貸切プランやチャータープランもあり、洋上ウエディングも可能だ。

(ライター／今井淳二)

『星空フォトツアー』
1名 中学生以上 6,000円(税込)　小学生以上 3,000円(税込)

『ビーチウェディングフォト』
1ポイント 35,000円(税込)　2ポイント 55,000円(税込)

『星空ウェディング』1組 30,000円(税込)

宮古島の美しい星空を写真に残すフォトツアー

エメラルドグリーンの海だけではなく、息をのむような美しい星空で人々を魅了する宮古島。『宮古島 Jooycamera』では、その星空を堪能できる『星空フォトツアー』を行っている。島の中でも満点の星が見えるイチオシの絶景スポットで写真が撮れるオリジナルのツアーだ。宮古島は視界が開けているので、天候によっては星座や流れ星をはじめ、銀河系も撮影できるという。瞬く星空を楽しむ感動のひと時をカメラマンTAKUさんに撮影してもらえるので「思い出を形に」と、女性やカップルに大人気だ。星空をバッグにしたシルエット撮影も好評。

また、ライティングや電飾を使って特別な演出を施す『星空ウェディング』も評判だ。撮影時間は、20時～3時の間で約20～30分。季節や天候により日没、月の状況も変わるので、プロによる判断で絶好なタイミングを狙う。日によっては1組しか対応できない日もあるので、早めの予約がオススメ。データは2～3日で受け渡してもらえる。

『ウミガメツアー』 1名 7,000円(税込)

カメラマン TAKUさん

予約は公式
LINEより。

※詳しくはホームページで、またはお問い合わせを。

宮古島 Jooycamera

ジョーイカメラ

070-7462-3905 jooycamera@gmail.com
https://www.jooycamera.com/
@jooycamera.miyako

宮古島で一番ウミガメが生息するというTAKUさんオススメビーチでの『ウミガメシュノーケルツアー』も人気。浅瀬でウミガメに出会える宮古島だからこそ、安心して参加できる。OMSB水難救助員の資格を持つTAKUさんが丁寧に教えてくれるので、シュノーケル初心者も大歓迎だ。

「宮古島を効率よく楽しみたい」「綺麗な写真もいっぱい欲しい」そんな方にオススメなのが『フォトジェニックツアー』。宮古島を知る尽くしたスタッフに、オススメスポットを案内してもらいながら、写真も撮影してもらえるという嬉しいプラン。伊良部島をメインに、巡る場所も相談しながら決めることができる。

在住カメラマンだからこそ知る撮影ポイントで行う『ビーチウエディングフォト』、フォトジェニックツアー＋ウミガメと泳ぐフォトツアー＋ドローンツアーが一日で体験できる『宮古島一日満喫ツアー』なども用意。

貴重な思い出を、プロの写真によって形に残す、いつもとは違った旅にでかけてみてはいかがだろうか。

(ライター／播磨杏)

「バーベキューサイト」1炉3時間 1,100円(税込)
各施設利用時 環境整備費
(2023年4月1日より必要となります)
高校生以上 200円(税込)/小中学生 100円(税込)

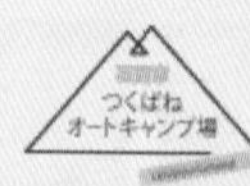

つくばねオートキャンプ場

「オートキャンプサイト」
1泊 5,500円(税込)
日帰り 2,750円(税込)

「フリーサイト」
1泊 2,200円(税込)
日帰り 1,100円(税込)

「管理棟」多目的室(10:00〜16:30) 2時間 2,200円(税込)
受付、売店、コインロッカーなどあり。

「こもれびサイト」
1泊 2,200円(税込)
日帰り 1,100円(税込)

「ケビン棟」定員5名
平日 16,500円(税込)
土・日曜日・祝日の前日を含む
22,000円(税込)

石岡市つくばねオートキャンプ場

いしおかしつくばねオートキャンプじょう

0299-42-2922 camp-tsukubane@bh.wakwak.com
㊟ 茨城県石岡市小幡2132-14
https://tsukubane-camp.com/

充実の施設・イベント・周辺観光で退屈しないキャンプ場

茨城県石岡市、筑波山の麓に位置する『石岡市つくばねオートキャンプ場』は、首都圏から2時間程度と訪れやすい好立地ながら、四季それぞれの顔を見せてくれる豊かな自然に囲まれたオートキャンプ場として、ソロキャンパーから家族連れまで人気が高いキャンプ場。

快適に過ごせるバンガロータイプの「ケビン」、芝生が気持ちいい「フリーサイト」、落ち着いた林間、ソロキャンプ向けの「こもれび」、電源完備の「オートキャンプサイト」と、人数規模や過ごし方に合わせてサイトも選べる。

また、食品・消耗品の販売にキャンプ・BBQ用品のレンタルも完備しているので手ぶらでも日帰りキャンプから本格キャンプまで楽しむことができる。

近隣にはやさと温泉「ゆりの郷」や「いばらきフラワーパーク」など観光施設も多く、キャンプ場でもキーホルダーや万華鏡つくり、料理教室など一年を通じて多彩なイベントを開催中。多角的にレジャーが楽しめる。

(ライター/今井淳二)

㊕ 大人 1,900円（税込） 小人 1,100円（税込）
㊤ 9:30〜17:00（最終16:30） ㊡ 無休

とりっくあーとぴあ日光

とりっくあーとぴあにっこう

0288-77-3565 info@trickart-pia.com
㊟ 栃木県日光市小佐越1-4
http://trickart-pia.com/

観て・触れて・写真を撮って遊べる美術館

『とりっくあーとぴあ日光』は、観て・触れて・写真を撮って遊べる不思議体験ミュージアム。屋内型テーマパークなので、雨の日でも暑い日でも天候を気にせずおもいっきり遊ぶことができ、家族連れにも安心だ。

テレビや映画で見た事がある世界の名画や彫刻にいろいろな仕掛けがあり、面白いトリックアートが満載。本来なら美術館では触れたり写真撮影など厳禁だが、ここでなら触ったり写真を撮ることができる。

館内は四つのエリアで構成されていて、世界的名画や彫刻の「世界の名画と彫刻エリア」、日光ならではの華厳の滝などの「オリジナル作品エリア」、動物たちが檻から出ている「トリックアニマルアートエリア」、ピラミッドを探検しながら出口を探す「エジプトへの旅エリア」と心躍る仕掛けがたくさん。VR体験や迷路もあるので、子どもも大人も飽きることはない。展示作品を利用しての謎解きイベントも開催、何度行っても楽しめる。

（ライター／髙田千浪）

「BBQ食材（予約制）」
1人前 1,800円（税込）

「オリジナル
ミニ食パン」
300円（税込）～
※写真はイメージです

<オンシーズン>（GW・7/1～9/30）
●バンクフォースルーム 大人 9,000円（税込）～
（大人3名以上）
●ダブルルーム 大人 11,500円（税込）～
●ツインルーム 大人 12,500円（税込）～など。
オフシーズンやワーケーションもあり。

「ツインルーム」

「ダブルルーム」

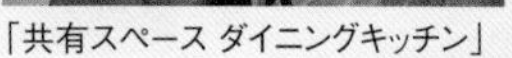

「共有スペース ダイニングキッチン」

「浴室」

ぬくもりの宿 亀吉大家
かめよしおおや

04992-7-0520 ✉ kameyoshiooya@gmail.com
㊟ 東京都新島村式根島213-1
https://kameyoshiooya.com/

美しい海と緑が広がる式根島
女将のおもてなしが素敵な宿

『ぬくもりの宿 亀吉大家』は、東京都式根島にある素泊まり専用の宿。東京から船に乗り、約3時間で到着するエメラルドグリーンの海と島一面に緑が広がる小さな島。絶景が見渡せる天然温泉もあり、夜はきらめく満天の星が観える。

女将さんのおもてなしと気さくな人柄が素晴らしいとリピーターが多く、船の出港時刻までゆったりと過ごせるので、またすぐに行きたくなる宿だと評判が高い。

約10帖のダイニングキッチンを自由に利用でき、食事の時間を気にすることなく自分スタイルで過ごせる。全室個室のルームキー付きなのでプライベート空間もばっちり。

また、星空の下でBBQが楽しめるのも魅力の一つで、旅行者同士が火を囲みながら、コミュニティの場にもなっているという。都会の喧騒を忘れて、式根島の自然に癒されてみては。

（ライター／髙田千浪）

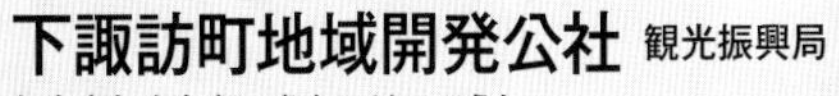

しもすわ今昔館おいでや『星ケ塔ミュージアム矢の根や』
☎ 0266-27-0001
㊎ 9:00〜17:00（臨時休館または開館時間が変更になる場合があります）
㊕ 大人600円（税込）　小中学生 300円（税込）

透明度が高くキラキラ輝く黒曜石。

くぼみとして残る縄文時代の黒曜石採掘跡。

『星ヶ塔遺跡』特別見学ツアーの様子。

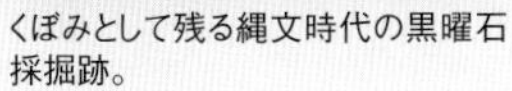

下諏訪町地域開発公社 観光振興局

しもすわまちちいきかいはつこうしゃ

☎ 0266-27-1800
㊟ 長野県諏訪郡下諏訪町3289
https://shimosuwaonsen.jp/

縄文人が魅了された黒曜石 下諏訪町から全国各地へ

黒曜石とは、マグマの一部が急速に冷え固まってできた火山岩。ガラスのような特性と神秘的な色・輝きを持ち、古くは旧石器時代から重宝され、ナイフや斧、矢じりなどの加工品として使われていた。日本にも各地に産地が点在しており、その中でも本州で最大といわれる原産地が、長野県下諏訪町にある『星ヶ塔黒曜石原産地遺跡』。縄文時代の黒曜石を採掘していた遺跡で、約3・5万平方メートルの範囲に縄文前期から晩期までの黒曜石採掘跡が193ヵ所分布していることが現在までの調査で明らかになっており、縄文時代の資源開発と流通を考えるうえで極めて重要な遺跡として、2015年に国の史跡に指定された。現在は、この遺跡の発見・発掘者である宮坂氏がガイドする「観光体験プログラム」でのみ見学可能。縄文人が発掘したとされる日本で唯一の黒曜石岩脈採掘坑を遺跡の発見・発掘者本人の丁寧な解説付きで見学できるため、大変好評になっている。また、『星ヶ塔遺跡』の採掘坑ジオラマや町内の出土品の展示を行っている、『星ケ塔ミュージアム矢の根や』は、気軽に黒曜石について学ぶことができる施設となっている。

（ライター／今井淳二）

手ぶらでも楽しめる今どきのキャンプ場

御嶽山から流れる木曽川の上流の秋神川沿い、ソロからファミリーまで一年を通じて楽しめるのが自然環境に優しい岐阜県高山市のEVオートキャンプ場『新くるみランド』。EV自動車も5台まで充電可能。テント、タープ、テーブルなどテントセットも10セット用意。他にもBBQセットも。また、敷地内には、男女別トイレ・シャワールームも完備。釣り堀遊びやテントサウナまで楽しめる。Wi-Fi完備でゲームや動画も思いのまま。

（ライター／今井淳二）

ベーシックプラン
1サイトあたり
3,000円
（税込）〜
チェックイン
12:00
チェックアウト
11:00

こちらからも
検索できます。

新くるみランド

しんくるみランド

090-6585-7587　kurumiland@outlook.jp
㊟ 岐阜県高山市朝日町胡桃島122
https://www.kurumiralwith.com/　https://shinkurumiland.com/

西郷恵一郎庭園

佐多民子庭園

佐多直忠庭園

平山亮一庭園

佐多美舟庭園

平山克己庭園

森重堅氏庭園

開園 9:00～17:00
㊕ 大人 530円・小人（小中学生）320円
団体30名以上／ 大人 430円／小人250円
㊋ JR鹿児島中央駅より車で約60分
詳しくはホームページを。

知覧武家屋敷庭園

ちらんぶけやしきていえん

☎ 0993-58-7878 ✉ chiran-bukeyashiki-teien@ia3.itkeeper.ne.jp
㊟ 鹿児島県南九州市知覧町郡13731-1
https://chiran-bukeyashiki.com/

270余年の歴史を今に伝える知覧の町並み

鹿児島県知覧町といえば、温暖な気候と豊富な日照時間により育まれた香り高い緑茶「知覧茶」や戦時中には陸軍の特攻隊基地があり、多くの若い命が散っていった悲しい歴史を持つ町としても知られているが、この地は「薩摩の小京都」といわれ、生け垣と石垣が美しい武家屋敷が今も残っている。

『知覧武家屋敷庭園』は、そんな七つの庭園と屋敷を含む国の名勝にも指定された重要伝統的建造物群保存地区。見事に手入れされた枯山水、池泉式の庭園と日本家屋のコントラストは、古都の風格にあふれている。そしてさらなる見どころは、屋敷を囲む石垣。日本の他の地域に残る武家屋敷の石垣は、野石乱積みが多いそうだが、知覧の石垣はきれいな切石整層積みが中心。生け垣と共に清潔感あふれる風景には、薩摩武士の気骨がうかがえるようだ。

屋敷群を中心とした街並み一帯がミュージアム。疲れたらちょっと一休みしながら、のんびりと散策してほしい。

（ライター／今井淳二）

無垢な大地と水が育む

雄大な阿蘇の自然に恵まれた 無農薬栽培米

熊本県の『農業生産法人 ASO AGROSSTYLE』では、阿蘇外輪山に囲まれた盆地帯で農薬や化学肥料の使用を半分以下に抑えた特別栽培米、さらに堆肥や米ぬか・緑肥のみ与え、除草もすべて人の手で行う無農薬栽培米も手掛けている。こうした米作りを可能にしているのが、阿蘇カルデラ一帯に湧く豊富できれいな湧水、そして健康的な稲を育む土作りだ。『premium rice』シリーズは、優れた食味、食感、素晴らしいツヤが特徴。中でもプレミアムな味わいで人気の品種が「ミルキークイーン」。平成生まれの比較的新しい品種でモチモチとした食感が特徴。低アミロースで冷めても固くなりにくく、お弁当やおにぎりに最適なお米。

代表取締役 竹岡徹さん

一品一品時間をかけ厳選した商品だけを販売。阿蘇の大地に感謝し、「本当にいい作物を全国の人に送り届ける」という信念のもと、こだわり続けている。

『令和3年産 特別栽培米ひのひかり』
2kg 1,100円（税込）

『令和3年産 特別栽培米こしひかり』
2kg 1,200円（税込）

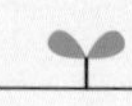
『令和3年産 特別栽培米ひとめぼれ』
2kg 1,100円（税込）

『令和3年産 特別栽培米みるきーくぃーん』
2kg 1,300円（税込）

農業生産法人 株式会社
ASO AGROSSTYLE
0967-32-1187　aso@aso-agrosstyle.com
熊本県阿蘇市三久保216-33
http://aso-agrosstyle.com/

佐渡の乳製品

優しい甘み・香り
爽やかな風味漂う

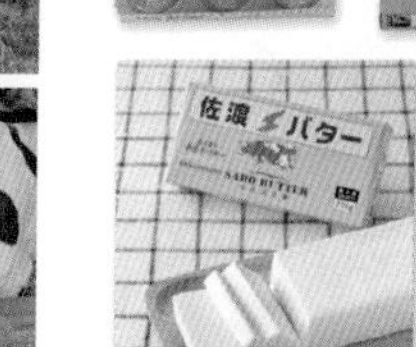

『佐渡バター』
（有塩／無塩）200g
1,200円（税込）

『雪の花チーズみそ漬け』
3種セット 3,564円（税込）

佐渡市認証米
コシヒカリ

『朱鷺と暮らす郷』

『朱鷺と暮らす郷』の売上の一部は、トキの生育環境の整備に使われている。

佐渡島の酪農家たちは、高度な衛生管理を取り入れて家畜を飼養する「クリーンミルク生産農場」に取り組んでいる。そして、毎朝搾る新鮮で安全・安心な牛乳を、四季の乳質を大切にし、ファームメイド製品に仕上げるのがこだわり。搾りたての生乳と佐渡海洋深層水を使った塩のみで作る『佐渡バター』は、極上の口どけ。甘さと香りのバランスが絶妙だ。絞ってから6時間以内の新鮮な生乳で作る各種チーズは、牛乳本来の風味が活かされている。『雪の花チーズみそ漬け』は、チーズ職人と味噌蔵人が本気で作った至極の逸品だ。

佐渡乳業HP

佐渡乳業
オンラインショップ

島の産物をお届けする
オンラインショップ

さどまるしぇ

さどまるしぇ

『佐渡農業協同組合』『佐渡市』『ヤマト運輸株式会社』との三者連携によるECプラットフォーム。少量から業務用単位まで、『佐渡農業協同組合』が取り扱う『佐渡米』『おけさ柿』『乳製品』『直売野菜』のほか海産物、加工品も取り揃えている。

https://sado-sanchoku.net/

佐渡農業協同組合

新潟県佐渡市原黒300-1

✉ kouho@ja-sado-niigata.or.jp

✆ 0259-27-6161

JA佐渡ホームページ

http://www.ja-sado-niigata.or.jp/

もちもちで食べ応え十分 太麺やきそば

もちもち
新食感
甲州やきそば
むし
要冷蔵
ソース付

通は、ぶっとく!
もっちもちの新食感!!
甲州やきそば

大正8年に創業し、伝統を守り続け、100年目を迎える山梨県の『株式会社飯嶋製麺所』。オススメは、代々伝わるレトロ製法でしっかりと作り上げているもちもち麺がやみつきとなる『甲州やきそば』。口いっぱいに広がる満足感と、ソースや肉、野菜の風味がたっぷりと麺にからまる味わいは、何とも絶妙なバランス。『巨峰ざおら』は、山梨市牧丘の特産である巨峰をふんだんに使い、ポリフェノールをたっぷり含み、香りと甘味が特長のツルツルとコシのある冷やした麺を季節の野菜をたっぷり入れた温かいつゆにつけて食べる逸品。

『巨峰ざおら』

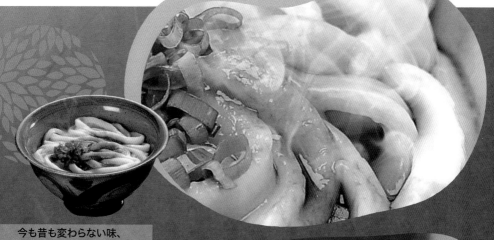

旬のフルーツを使った五感で味わう新感覚の和菓子

くず

京都市北区で季節の生菓子やこだわりの和菓子を扱う『和菓子いけだ』は、「五感で味わう」をモットーに食感や味だけでなく、色や形、香り、菓子の銘にまでこだわった和菓子が人気を博す名店。旬のフルーツを使い、四季の変化が感じられる菓子を作り続けている。

京のくずあそび

葛を素材にした新感覚の和スイーツ。さっぱりした口当たりに様々なフルーツのピューレを詰め込んだ上品な逸品。
10本セット A・B 2,500円（税込）
16本セット A・B 4,000円（税込）
など。
Aの内容／白桃、青りんご、ブルーベリー、温州みかん、アサイーベリーMIX、抹茶
Bの内容／パイン、しまなみ檸檬、サイダー、和梨、アサイーベリーMIX、マンゴー

わらび餅

黒糖わらび餅

わらび餅本来の食感はそのままに沖縄の波照間産黒糖を生地に練り込んだコクのある風味が特長のわらび。
400g 1,050円（税込）

和菓子 いけだ

㊔ 10:00～18:00　㊡ 日曜日・不定休あり

E-mail/info@wagashi-ikeda.jp

TEL 075-495-9170　京都府京都市北区紫野下柳町48-3　https://wagashi-ikeda.jp/

五感・心身が満たされるレシピを検索

食生活を豊かにする情報サイト

「食善・食禅・食膳・食前」をコンセプトに、五感を刺激し心身ともに満たされる食を共有して食の課題を解決する食情報メディア『食ZENラボ』。一般的なレシピサイトとは一味違い、五感、体調別、栄養素、色彩・器、四季、行事、地域別、サスティナブル考慮レシピ等新しい切り口でレシピ検索可能。また、読者投稿「みんなのレシピ」掲載では、編集部による編集後記も人気を集める。地域の希少食材や郷土料

食ZENラボ

https://shokuzenlab.com/

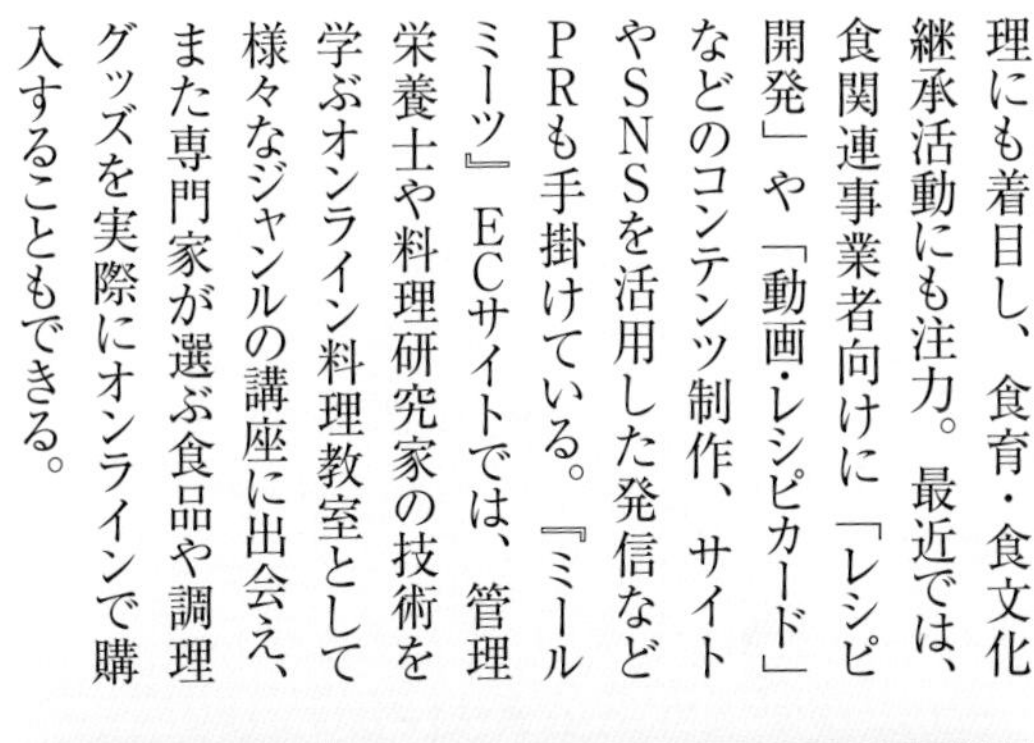

理にも着目し、食育・食文化継承活動にも注力。最近では、食関連事業者向けに「レシピ開発」や「動画・レシピカード」などのコンテンツ制作、サイトやSNSを活用した発信などPRも手掛けている。『ミールミーツ』ECサイトでは、管理栄養士や料理研究家の技術を学ぶオンライン料理教室として様々なジャンルの講座に出会え、また専門家が選ぶ食品や調理グッズを実際にオンラインで購入することもできる。

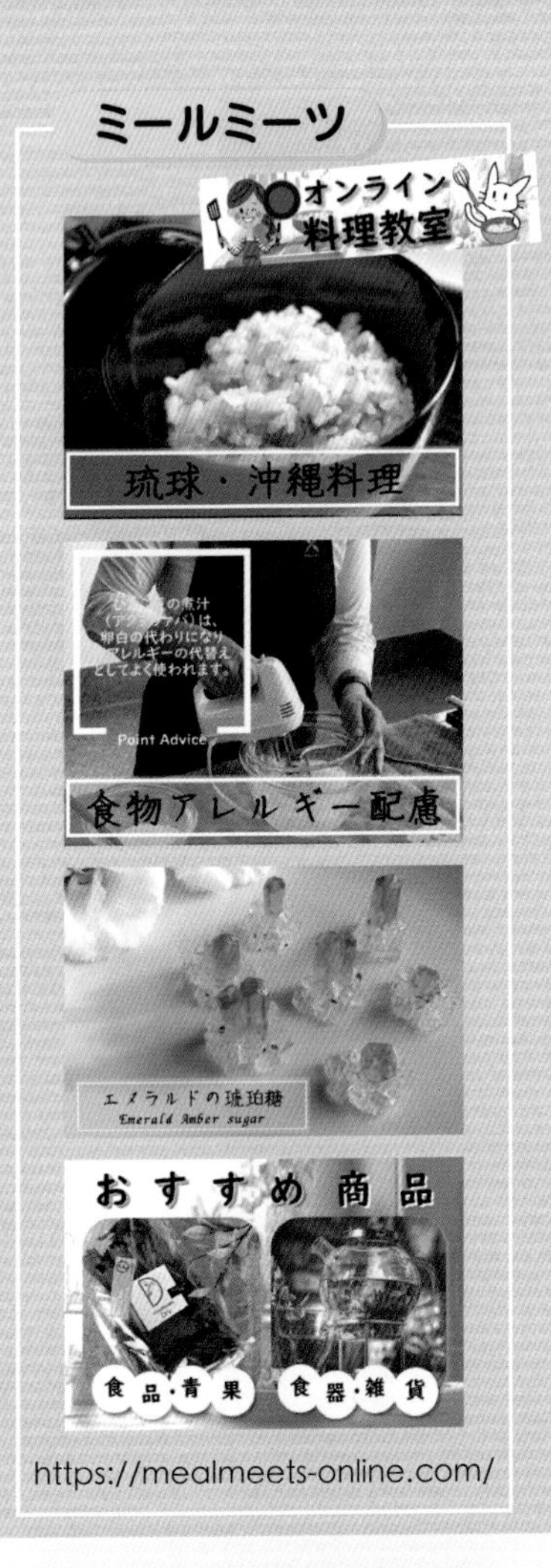

ミールミーツ
オンライン
料理教室
琉球・沖縄料理
Point Advice
食物アレルギー配慮
エメラルドの琥珀糖
Emerald Amber sugar
おすすめ商品
食品・青果
食器・雑貨
https://mealmeets-online.com/

食ZENラボ

運営／株式会社インフィニティラボ

TEL／050-3708-8887
E-mail／support@infinitylab.co.jp
沖縄県那覇市久茂地1-1-1-9F

https://infinitylab.co.jp/

食プロモーションサービス
For Client
レシピ/メニュー開発・撮影
食コンテンツ活用/レンタル
レシピ・PR発信/広告

「食関連事業者向けサービス」

「日本にとってハンガリーをより近い国にすること」を目標に活動する『株式会社 La Barat』では、代表の飯塚隆志さんが現地で味わい、惚れ込んだトカイワインなどのハンガリーワインを中心に取り扱っている。世界三大貴腐ワインのトカイワインは、蜜の香りと味わいを楽しめる稀有な飲み物で、ハンガリー東部トカイ村とその周辺でのみ製造されるブランド品。仕入先は、トカイワインのワイナリーも所有する「Mark Wines Ltd.」。貴腐ワインだけではなく、赤・白・ロゼ・スパークリングも取り扱っている。農業大国ハンガリーは、ワイン以外の食品も評価が高く、中でも鮮度抜群のアカシア蜂蜜が有名。『La Barat』では、それに加えてニシンやフォアグラも輸入販売を計画している。また、駐日ハンガリー大使館で3回目のイベントなども開催し、両国の架け橋としての活動も行う。トカイ地区のワイナリーなどを訪ねるツアー企画も予定されており、今後の動きに目が離せない。

トカイにあるワイナリー・NAARのセラー。

2002年ヴィンテージの極甘口トカイワイン。琥珀色が示す通り豊潤な味わいだ

おとぎ話に出てくるようなブダペストの風景。

ドナウの真珠。昼間でも十分にきれいだ。

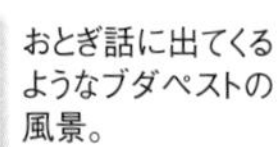

東京・三田の駐日ハンガリー大使館でのピアノイベント。

株式会社 La Barat
https://labarat.com/

Tel/090-7204-6106
E-mail/iizuka@labarat.com
兵庫県西宮市仁川町5-3-73

2回目のイベント募集記事が検索できます。

Tokaji

Mark Winesの大きなセラーで、オーナーのKiss氏と記念撮影する飯塚さん。

Wine

蜜のような貴腐ワインを通して

美食王国ハンガリーとの架け橋に

ビアポン・ダーツ・カラオケが楽しめる

大人に大人気のアミューズメントバー

ビアポンバー
Beer Pong Bar GROVE

夕方から
早朝まで営業
酒類・食事メニュー豊富

「ビアポン」というアメリカ発祥のゲームやダーツ、カラオケ、お酒が楽しめる大人のアミューズメントバーが運営する『Beer Pong Bar GROVE』が人気だ。東京で21店舗、横浜で3店舗を展開、夕方から翌朝5時まで営業し、終電に乗り遅れた人たちも含め、食べ、飲み、賑やかにゲームに打ち興じたりしながら楽しい時間を過ごしている。『GROVE』には、このゲームをデジタル化した日本初上陸のビアポンマシン「ハイポン」が導入され、センサーがカップに入ったピンポン玉を自動で感知する仕組みで、大迫力のグラフィックやサウンドが場を盛り上げる。店舗はどこも学校の教室ほどの広さで、お客様同士の仲を一気に深めるほか、貸し切りにもちょうどいい空間だ。店内には、ゲーム機やカラオケ機器だけでなく、巨大スクリーンもある。酒類も豊富でカクテルやワインも含め100種類以上ある。食事メニューは、クイックメニューからがっつり系まで揃う。

老犬介護も任せられる

ペットホテル＆グルーミング

栃木県日光市のペットホテル＆グルーミングサービス『ペッテルほ〜ぷ』は、オーナーが30年以上動物病院の経営を行っている実績があり、グルーミング、エステなども行っているので安心して預けられる。ペットの表情や行動で性格・健康状態を把握しケアしてくれる。ペット用の簡素カプセルも完備しているので、皮膚が弱っていたり、ケガの後遺症などのケアにも親身にいろいろ相談にのってくれる。

消臭・殺菌効果の有るチップを敷き詰めたドッグラン。60分 300円。

アンチエイジング酸素カプセルも有り。

ペッテルほ〜ぷ

TEL.0288-25-3519

栃木県日光市森友410-28

https://www2.hp-ez.com/hp/pettel-hope/

<ペットホテル>

宿泊 3,000円（税別）〜
◉IN　9:00〜12:30　OUT 12:00
◉IN 12:45〜16:00　OUT 17:00
一時預かり　9:00〜17:00
1時間 300円（税別）〜

登録番号／栃木県動愛セ14保 第010号
動物取扱責任者／徳本美津枝
有効期限／2024年6月2日

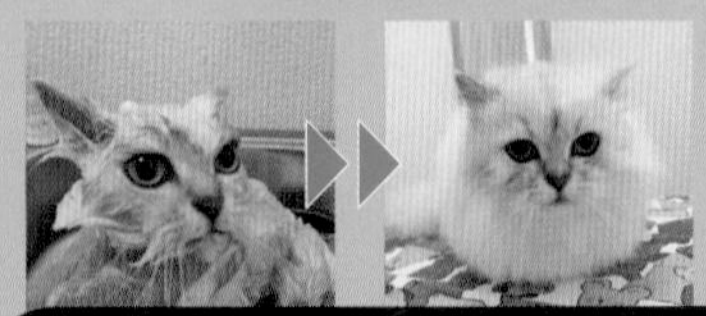

宿泊時には、シャンプーやカット、ヒアルロン酸を用いた足裏マッサージといったグルーミングも大人気。

3 美容と健康を手に入れる スポット&アイテム

**美容や健康を維持するために
いろいろな技術や知識も発達している。
そんな注目の最新の美容や
健康の情報をご紹介。**

芸能関係者もお忍びで通う♪ 絶妙な力加減が絶品
渋谷駅近の和×ラグジュアリー人気スパサロン

『ヘッド、足つぼのみショートコース』30分 3,980円(税込)
『組み合わせメニュー(タイ古式、ヘッド、アロマリンパ)』
50分 8,250円(税込) 70分 11,550円(税込) 90分 14,850円(税込)など

代表取締役兼セラピスト
家平有希さん

東京都・麻布十番駅より徒歩約1分と駅近ながら都心の喧騒を忘れられる癒し処だと話題なのが、最上級リラクゼーションサロン『名前のないSPA』。港区ホットペッパー口コミランキング1位を獲得した、タレントやスポーツ選手も通う人気サロン『LAPiS LAzuLi』の新規系列店だ。オーナーを務めるのは、フィットネストレーナー、モデル、ダンサーなど幅広く活躍しているYUKIさん。その他、様々なサロンでトップクラスの実績を持つセラピストたちが多数在籍しており、その確かなオールハンド技術が光る。

特筆すべきは、指圧とゆっくり伸ばすストレッチ要素を取り入れた、独自のタイ古式マッサージ。全身をしっかりと伸ばしながらほぐして血行を促進し、筋肉に溜まった老廃物を徹底的に排除していく。さらにアロマリンパマッサージを行い、しぶとい凝りや疲労感を撃退。癒されながら体のむくみや疲れがスッキリし、施術後には驚くほど体が軽くなる。時間の無い方

SPA総合研究所
スパそうごうけんきゅうしょ
☎ 03-6275-1800
㊟ 東京都港区麻布十番3-5-7 麻布カジタビル304
https://namae-nai-spa.com/

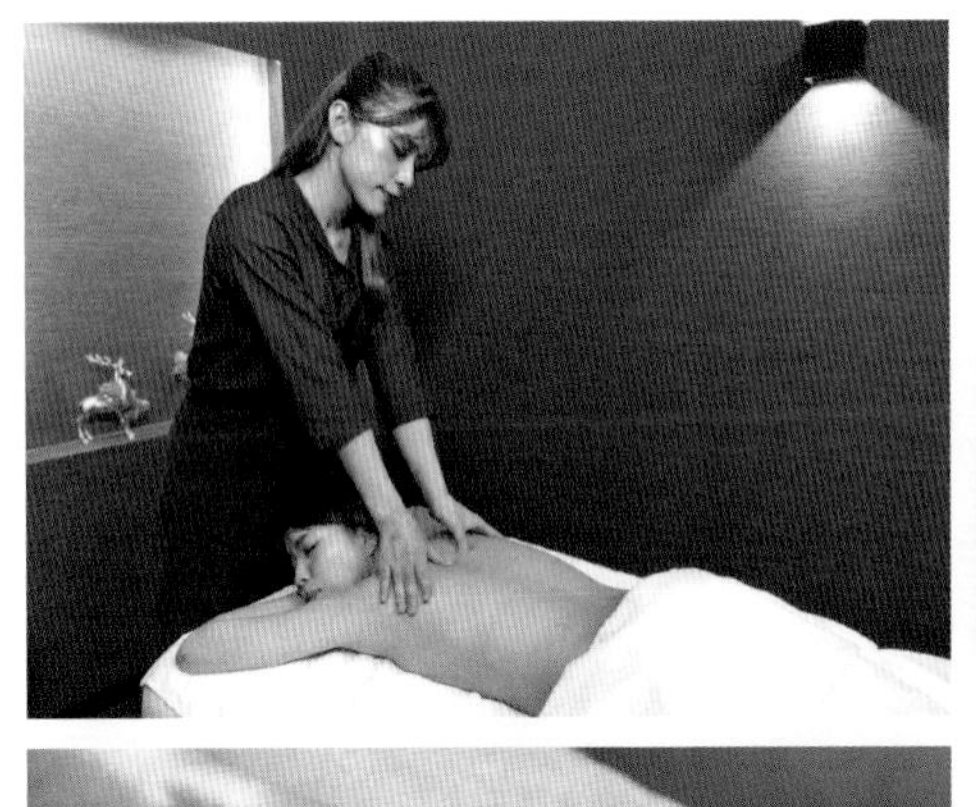
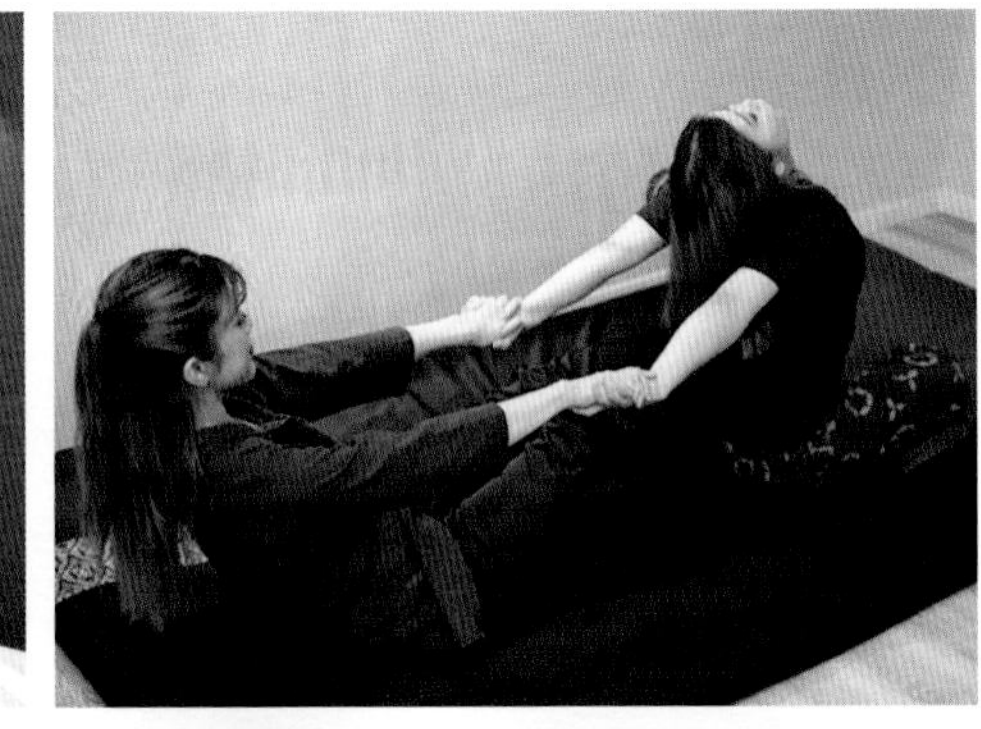
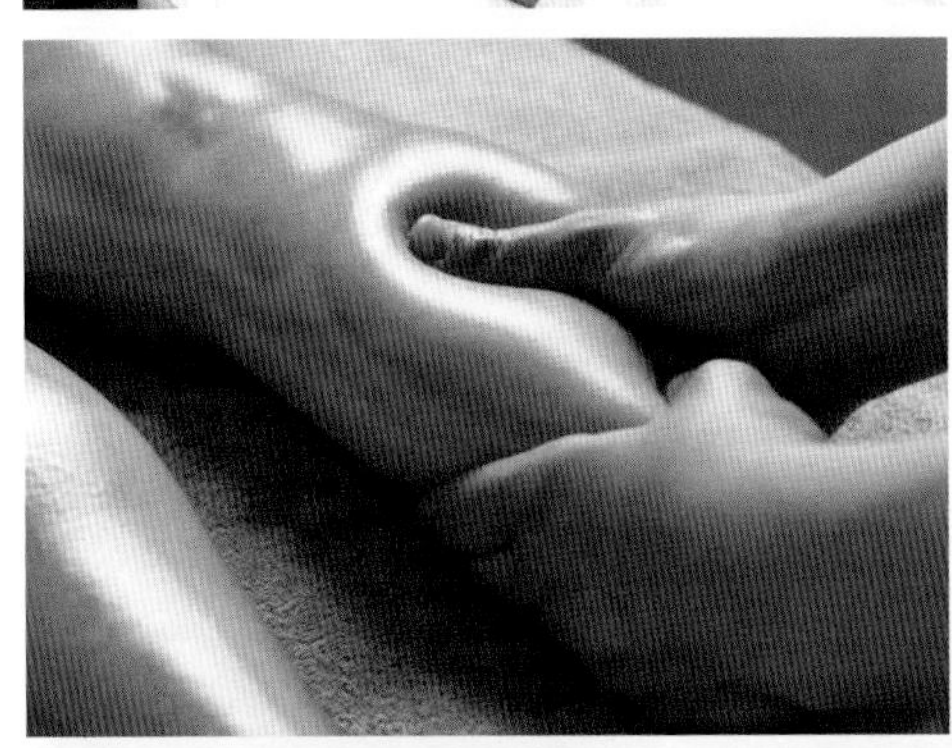
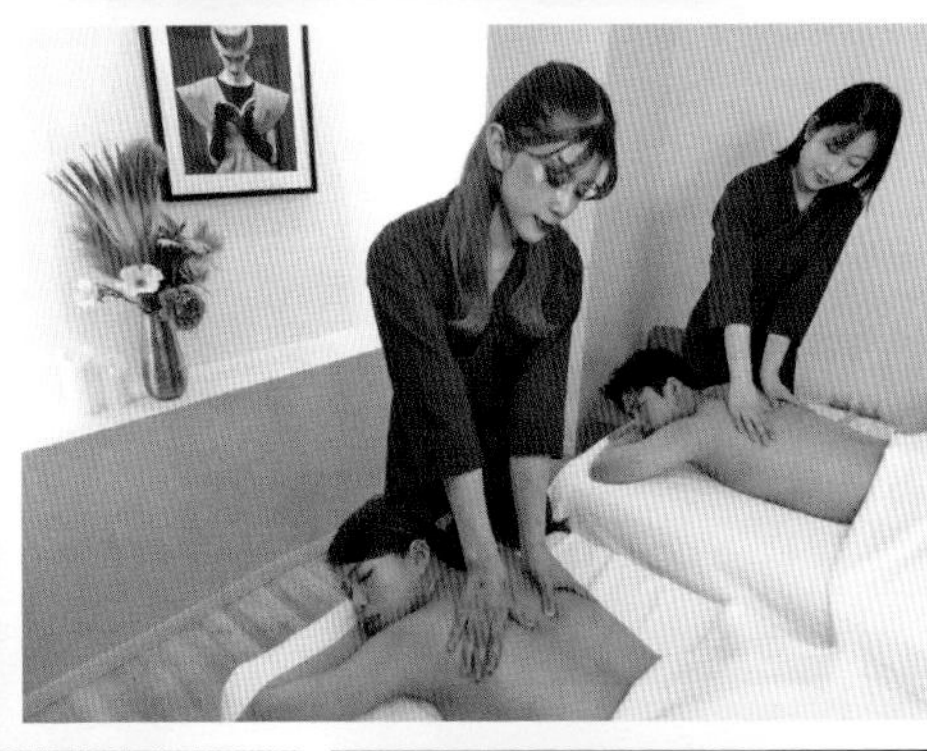
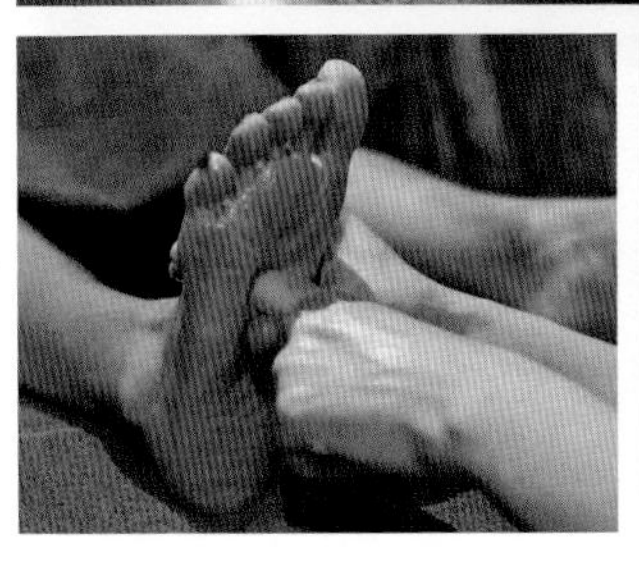
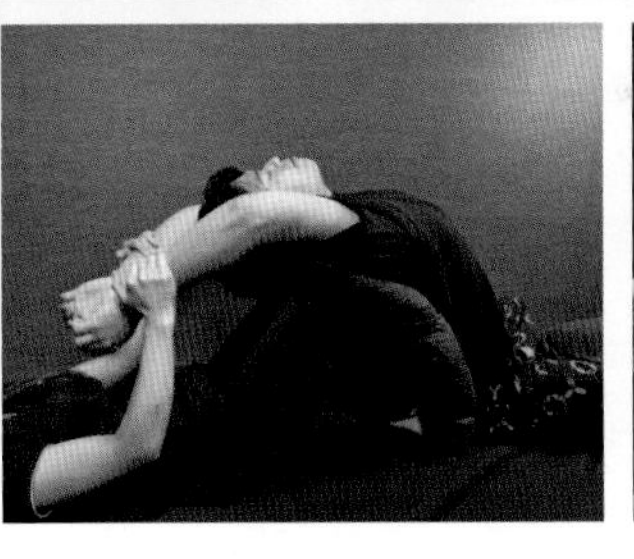
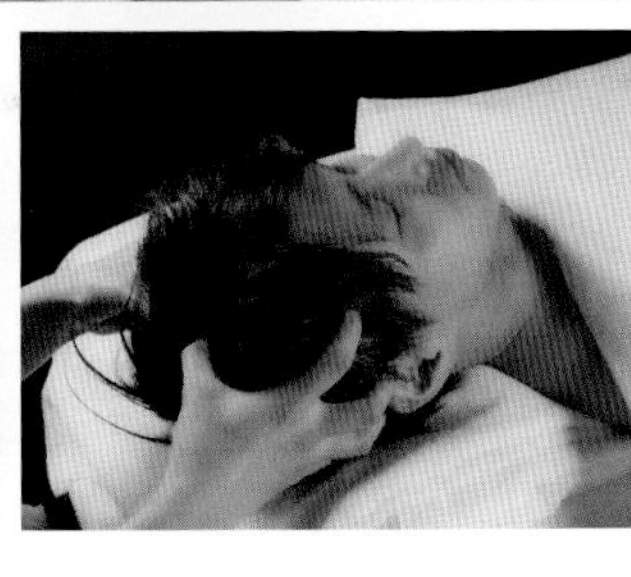

には30分制のショートコース、色々と試したい方にはその日の気分や身体に合わせて担当セラピストがタイ古式、ヘッド、アロマリンパなどをカスタマイズしていくスペシャルコース、友人や恋人の記念日に利用したい方にはペア割など、様々なメニューが揃っている。

店内は、安らぎを与える温かみのある色合いの間接照明に、シンプルながらセンスの光るブラウンのインテリアが配置。和モダンなプライベート空間とアロマの香りに癒される、居心地の良い雰囲気となっている。また、営業時間は早朝9時から深夜24時までなので、仕事帰りでもゆっくり利用可能だ。

「キャリア経験豊富で多くの支持を得ている実績ある人気ののセラピストたちが、皆様の悩みに寄り添い、共に改善を目指していきます。ホスピタリティにも徹底的にこだわった居心地抜群のサロンで、癒しのひと時をお過ごしください」

（ライター／山根由佳）

家庭でできる「よもぎ蒸し」一式
職人手作り唯一無二の作品で健康に

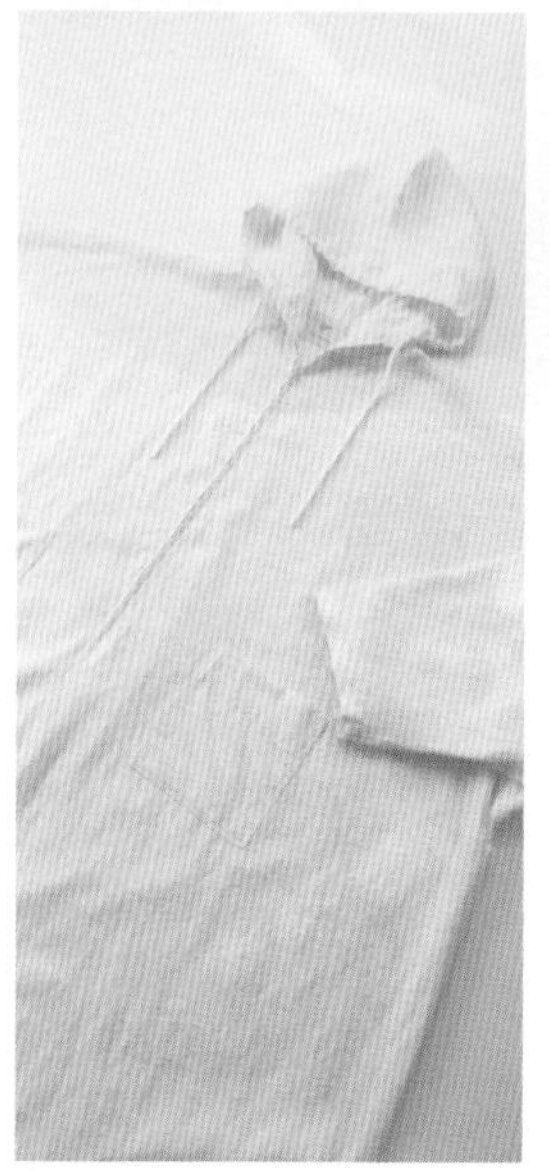

『麻のガウン』
(オーガニックヘンプ100%)

女性に嬉しい効能。自然の恩恵を皮膚から摂取。

マントの中で薬草を煮たせ、その蒸気を皮膚に直接当てて粘膜に摂取していく「よもぎ蒸し」。健康と美しさを引き出してくれる薬草蒸気浴だ。「生薬の効能×温め」で、婦人科疾患・冷え性改善、美肌効果、アンチエイジング、ダイエット、デトックス、ホルモンバランスの調整など女性にしい効能が多く、注目を浴びている。

『MARL JAPAN 株式会社』では、日本六古窯の一つとして有名な地で、家庭でもできる本格的な「よもぎ蒸し」一式セットを手作りし、販売している。日本全国を駆け巡り、約3年の年月をかけて誕生させた至高のアイテムだ。本体に使用するのは、純国産黄土100%。黄土には人間の体にとって大切な鉄分と有機物が豊富に含まれる。多量の遠赤外線が放出するので、麻草を煮出すと、磁器や土鍋などに比べ、約80倍もの違いがあるという。さらに黄土は、体内から不純物などを引き寄せる力があり、デトックス効果も高めてくれる。

MARLJAPAN 株式会社
マールジャパン
☎ 03-6872-6701 ✉ info@marl-japan.shop
㊟ 東京都中央区銀座1-12-4 N&E BLD.7F
https://marl-japan.com/ https://marl-japan.shop/

『麻草」
300g（約20回分）
1kg（約66回分）
3kg（約200回分）

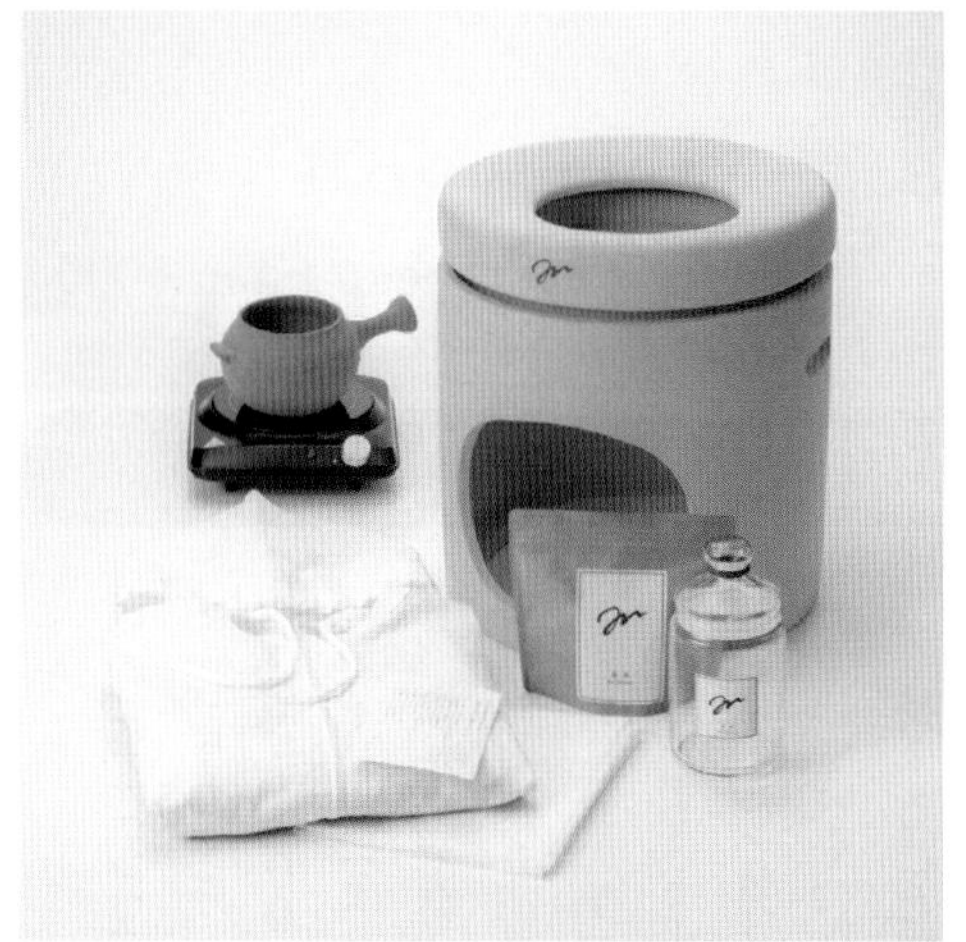
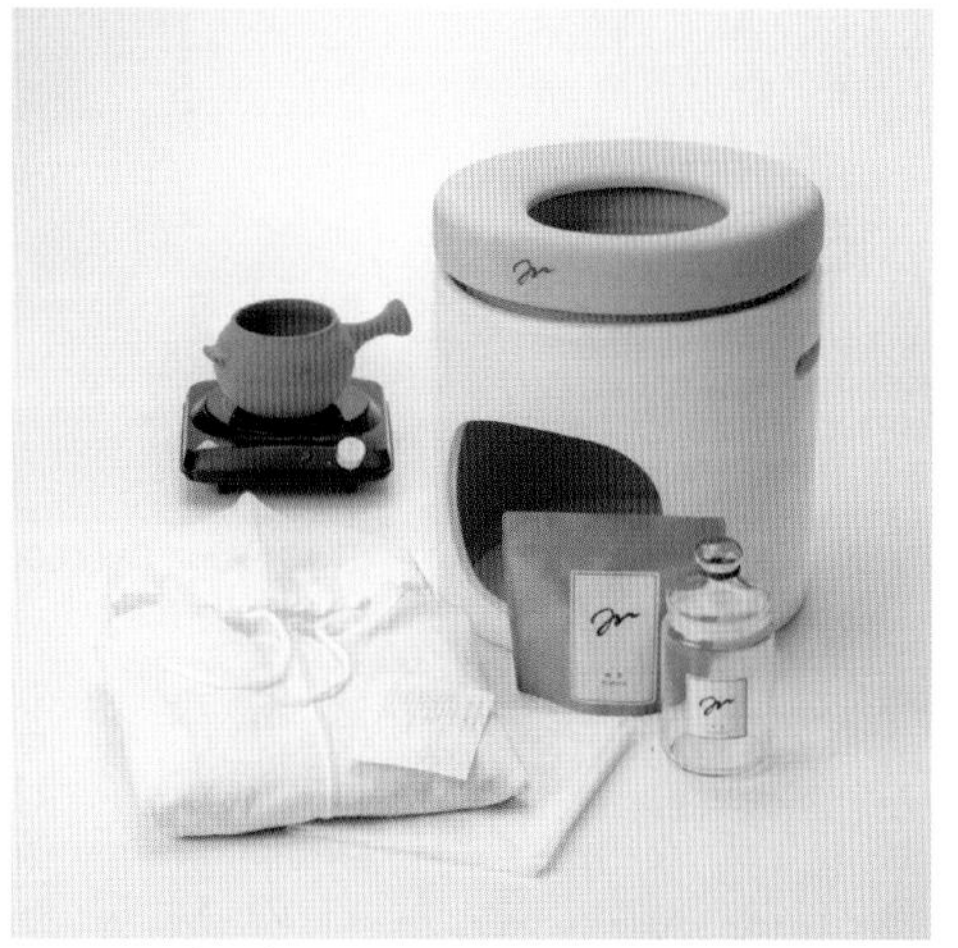
『黄土スチームケア』素焼きセット 217,800円（税込）　ホワイトセット 250,800円（税込）

本体、座椅子、黄土壺は、指定史跡に認定されている由緒ある窯元の職人が一つひとつ、手作りで心を込めて製作。温度・湿度の違いなどで焼き上げ方は異なるので、プロの目で丁寧に温度や時間調整などをしていく。時間と労力がかかり、大量生産はできないが、唯一無二の作品が完成する。マントには、上質で希少価値のある麻を贅沢に100％使用。素肌に優しく、アトピーなど敏感肌の方も安心して着用できる。

数年かけて完成させた自慢の逸品「麻草」は、整腸・冷え性などへの作用があるという麻のほか、整腸・新陳代謝向上などに効果的な炭、生理不順やダイエットなどに効果のある艾葉、疲労・体力低下・記憶力低下を抑制する人参、風邪・解熱に効く薄荷、利尿・むくみに効果的な茯苓など、10種類以上の生薬を独自配合でブレンド。この「麻草」1種類で、幅広く効能をカバーするので、他には何もいらない。

（ライター／播磨杏）

若返り成分「NMN」高純度
国内原料国内生産のアンチエイジングアイテム

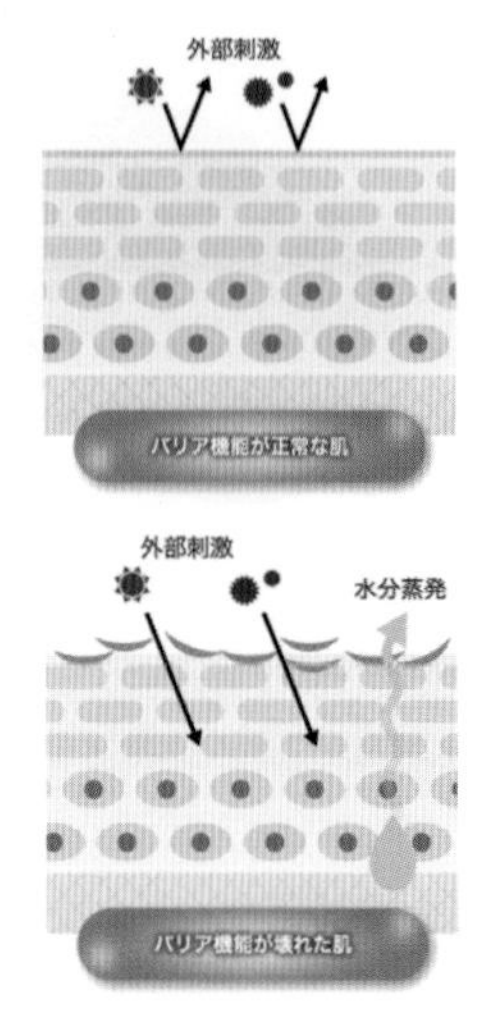

成分中に界面活性剤、合成界面活性剤が使われているため、バリアが破壊されてしまいアレルギー肌や水分が蒸発。『NMN Fresh Fiber 6000』は界面活性剤や合成界面活性剤は不使用。

『NMN Fresh Fiber 6000』 6000㎎ 9,350円（税込）

注目のアンチエイジングコスメが、『ELEGADOLL』の『NMN Fresh Fiber 6000』。最高特殊技術により「NMN」100%、微細粒子ウルトラファイバーにより吸収効率を最大限に追求した革命的なコスメだ。

若返りの鍵を握り、医療分野でも大注目の美容成分「NMN」とは、ニコチンアミドモノヌクレオチドの略称で、ビタミンB3の一種。加齢によって減少していく「NMN」の細胞内濃度を維持することでハリ・ツヤUP、抗シミ・シワ対策に大きく貢献。さらに美容効果だけではなく、血糖値を下げるなど糖尿病改善、免疫力のUP、骨密度低下の防止、目など身体の機能低下を防ぐなどの効果も。医療業界でも注目されている成分だ。

『NMN Fresh Fiber6000』は、国内原料使用、国内工場生産で、高純度の純粋な「NMN」のみを使用。「NMN」は溶けやすく、長い時間水分に使っていると効力が薄れるので使う度に水で溶かせるパウダー式を採用。「NM

ELEGADOLL
エレガドール
03-5288-7027 info@elegadoll.jp
㊟ 東京都千代田区丸の内1-8-3丸の内 トラストタワー本館20F
https://www.elegadoll.jp/

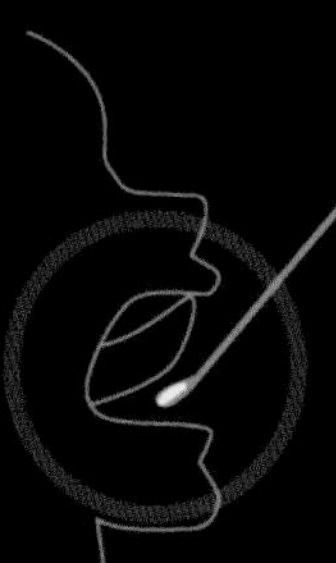

『PURE β-NMN Powder10000 Ultra Fiber』13,750円（税込）

N」100%をダイレクトに肌へ届けられる。

　また、同時に使いたいのが、『PURE β-NMN Powder 10000 Ultra Fiber』。国内原料使用、国内工場生産で、高純度99・7%の純粋な「NMN」を効率よく体内に吸収させる舌下吸収型パウダーだ。添加物など余分な成分は一切含まず、本当に質の良い「β-NMN」99・7%だけを安心して摂取できる。

　こちらも吸収力を考慮した舌下摂取型というパウダー仕様。舌の下（裏）にはたくさんの血管が通っていて、舌下で溶かすことにより、粘膜から血管へ効率良く摂取できる。吸収の妨げになる胃酸の影響を受けないのも舌下摂取の大きな利点で、カプセルタイプの「NMN」の吸収率が10～20%なのに対し舌下吸収タイプ50%以上の吸収率になるという。だからこそ即効性が高い。身体の内と外からのケアしで、いつまでも健康で美しく。

（ライター／播磨杏）

肌に革命を82種の酵素配合コラーゲンとプラセンタ選べる美容ドリンク

『プラセンタ82X サクラプレミアム』
500g 14,500円(税込)

『コラーゲン82X サクラプレミアム』
500g 12,000円(税込)

なりたい肌へ導く。美味しく続ける美容習慣。美味しく飲みやすいので続けやすく「こんな美味しい美容ドリンクは飲んだことがない」との声も多い。

美肌のための成分とダイエット・アンチエイジング効果のある酵素を美味しく効率的に摂取できる『株式会社MASHIRO』のヒミツの美容習慣『82Xビューティードリンク』は、アサイー、グアバ、ドライプルーン、黒ゴマ、玄米、昆布、アガリクスなど82種の素材を使用した植物発酵エキスを配合した美容酵素ドリンク。老化物質やメラニンの生成を抑制し、肌の真皮でコラーゲンやエラスチンの生成を促すという桜の花エキスを配合している。用途に合わせて、「コラーゲン」「プラセンタ」の2種類が揃う。

乾燥肌のお悩み対策には「コラーゲン」。海の栄養から生まれるフィッシュコラーゲンを12000㎎配合し、保湿力をサポートするヒアルロン酸やコラーゲンの働きを高めるコンドロイチン、椿種子抽出物、ローヤルゼリーなどを組み合わせ、かさつきに負けないしっとり質感のうるおい肌へ導いてくれる。マンゴーとパッションフルーツのトロピカルな味わいだ。

株式会社 MASHIRO
マシロ
0978-37-1184
㊟ 大分県宇佐市南宇佐2453-1
https://82x.jp/

『コラーゲン 82X シハル』
500ml（50ml×10本）4,200円（税込）

『82X The Pink COLLAGEN』
1箱10本入り 2,800円（税込）

『82X AI Serum（美容液）』
10ml 5,800円（税込）

『82X AI Cream（美容クリーム）』
10g 5,800円（税込）

年齢肌が気になる方は「プラセンタ」。ビタミンや必須アミノ酸などの栄養を豊富に含むことでエイジングケアにも使われる人気成分豚プラセンタエキスが45000㎎も配合されている。他にもフィッシュコラーゲン、保湿力をサポートするパイナップル果実抽出物（セラミド含有）、多くのミネラルを含むココナッツパウダー、エイジングケアに力を発揮するコエンザイムQ10などが配合され、ハリツヤのある若々しい肌へ。こちらはオレンジとライチの味わい。ビタミンやミネラルも豊富に含んでいることから、美容だけではなく、健康面にも効果的。その優れた効能と上質な天然成分が豊富に配合されていることから近隣のアジア諸国でも強い人気を誇る。高級美容製品ラインの確固たる地位を確立し、今や市場では30秒に1本の間隔で消費されているほど。他にもリンゴ幹細胞培養液など最先端の美容成分を配合した美容液やクリームなどスキンケア商品も扱っている。

（ライター／播磨杏）

シャワーヘッドに革命児
シルクの気泡を纏う泡のシャワー

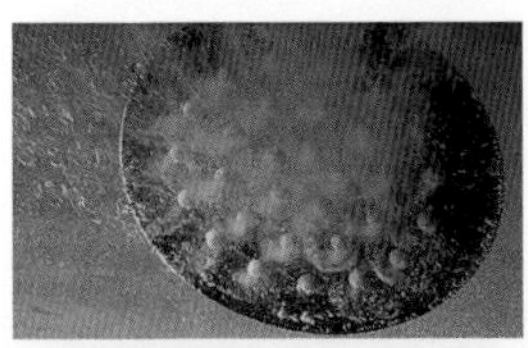

『マイクロバブルシャワーヘッド シルクプレミアム』
(ホワイト/ブラック)
サイズ/全長150×幅45×奥行40㎜
重さ/約150g
25,000円(税込)

独自の気体・液体混合技術「iMIX」テクノロジーによって、高性能のマイクロバブル製品を開発販売する『株式会社アクアソリューションズ』。「水」と「空気」を混ぜることで超微細気泡を生成でき、空気を自吸するため高い生成効率を実現させた。

注目の商品が自社ブランド『ZOE』の『マイクロバブルシャワーヘッド シルクプレミアム』は、シルクのような泡のシャワーを実現させたシャワーヘッドだ。微細気泡の圧倒的な生成量と密度で、シャワーを浴びているというより、気泡を纏っているような感覚を味わえる。気泡が毛穴の奥に浸透し、皮脂や汚れを浮かび上がらせて除去。摩擦レスでしっかりとした洗浄効果があるので、石鹸が使えない敏感肌の方にもオススメ。クレンジングで落としきれなかったメイクもしっかり落としてくれるので美肌効果、肌荒れ防止にも。髪への効果は1度使うだけでも分かるほど。頭皮がスッキリして、髪はしっとりサラサラ、ツヤ感もアップする。

ZOE　アクアソリューションズ 株式会社

070-9084-6324　satoyo@aqua-soln.sakura.ne.jp
㊟ 山形県鶴岡市井岡字和田327-19
https://imix.jp/

STORES
購入はこちらから。

ZOE
SHOWER HEAD
マイクロバブル
シャワーヘッド
圧倒的な自吸量と微細気泡生成量。
本物を追求したいユーザー向け。
バスタイムで、至福のひと時を。

山形県鶴岡市の工業製品として、初めて「ふるさと納税返礼品」に登録。

真鍮板バージョン

ステンレス板バージョン

水中気泡化の様子。

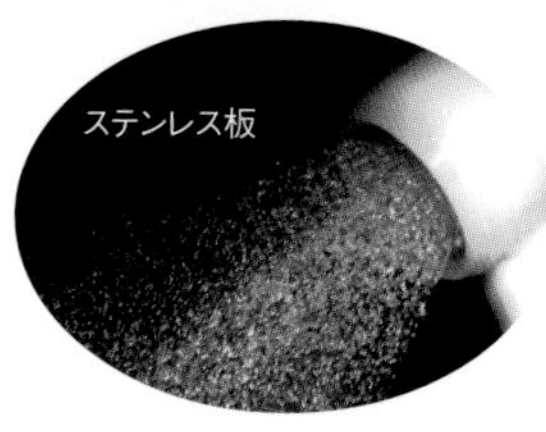

また、通常のシャワーに比べ、約45％も節水できるというのもポイント。計算しつくされた流線の広がりで洗える面積を確保し、広範囲かつ短時間で洗い流せる。高性能ながら、コンパクトなデザインで、出張や旅先に持ち運ぶことも可能。国内外問わず、様々なシャワーに対応するアダプターが付いており、出先でも工具なしで簡単に取り付けられる。

また、身体や髪だけではなく、お風呂掃除にも一役。石鹸の残りがあると泡立つので、サッと流してヌメリを取り、菌の繁殖を防ぐ。気泡が含まれている水は汚れが蓄積しにくく、配管洗浄にも効果的だ。

『アクアソリューションズ』はシャワー会社ではなく、宇宙産業やエネルギー効率の改善技術を手がける会社。正式な特許技術と流体力学を基とした設計解析、データによる性能の裏付けが取られているという信頼性が、他のシャワーヘッドとの違いを大きく語る。

（ライター／播磨杏）

今ある歯と歯ぐきの健康を考えた入れ歯安定剤

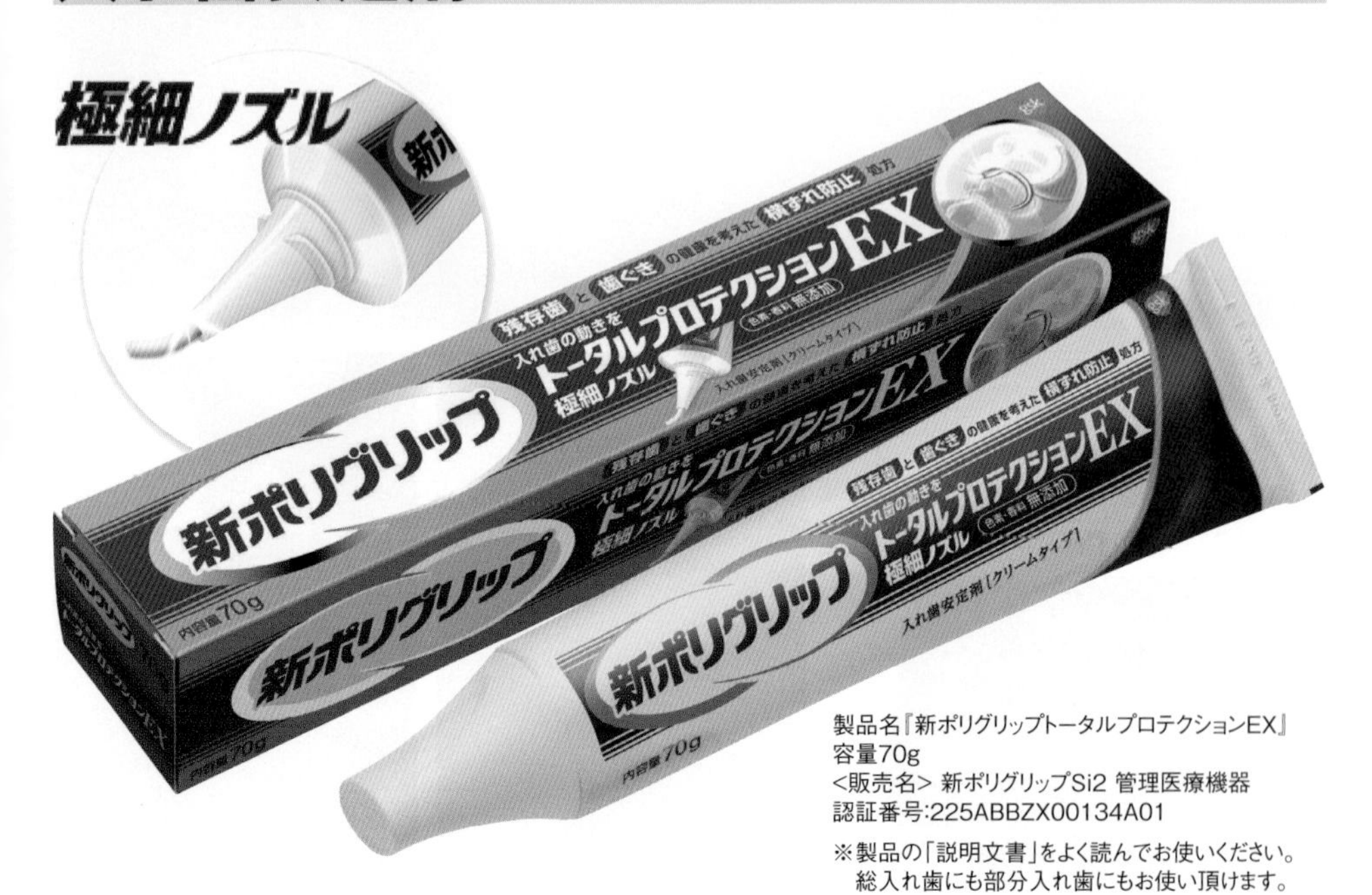

製品名『新ポリグリップトータルプロテクションEX』
容量70g
<販売名> 新ポリグリップSi2 管理医療機器
認証番号:225ABBZX00134A01

※製品の「説明文書」をよく読んでお使いください。
総入れ歯にも部分入れ歯にもお使い頂けます。

『グラクソ・スミスクライン・コンシューマー・ヘルスケア・ジャパン株式会社』の入れ歯安定剤の新製品が好調だ。『ポリグリップ』から3年ぶりに新発売した『トータルプロテクションＥＸ』は、２０２２年９月の発売以来、義歯安定剤市場を席捲し、異例のヒットとなった。入れ歯使用者の今ある歯と歯ぐきの健康を考慮した入れ歯安定剤。総入れ歯と比較して部分入れ歯の使用者が圧倒的に多くなってる背景を踏まえ、部分入れ歯使用者にフォーカスして開発された。横ずれ防止処方と極細ノズルの採用で小さな部分入れ歯にも塗りやすいのが大きな特長。横ずれ防止処方は、「部分入れ歯だから必要ない」と考えがちだが、「食事中、入れ歯が少し動く」「入れ歯が今ある歯に負担をかけているか心配」といった悩みの原因は、微細な横ずれであることが多い。また、横ずれが繰り返されることで隣の歯や歯ぐきに負担がかかり、歯の寿命を縮めてしまう恐れもある。そんな背景もあり、同シリーズでは初となる横ずれ防止処方を採用。カルボキシメチルセルロー

こちらからも
検索できます。

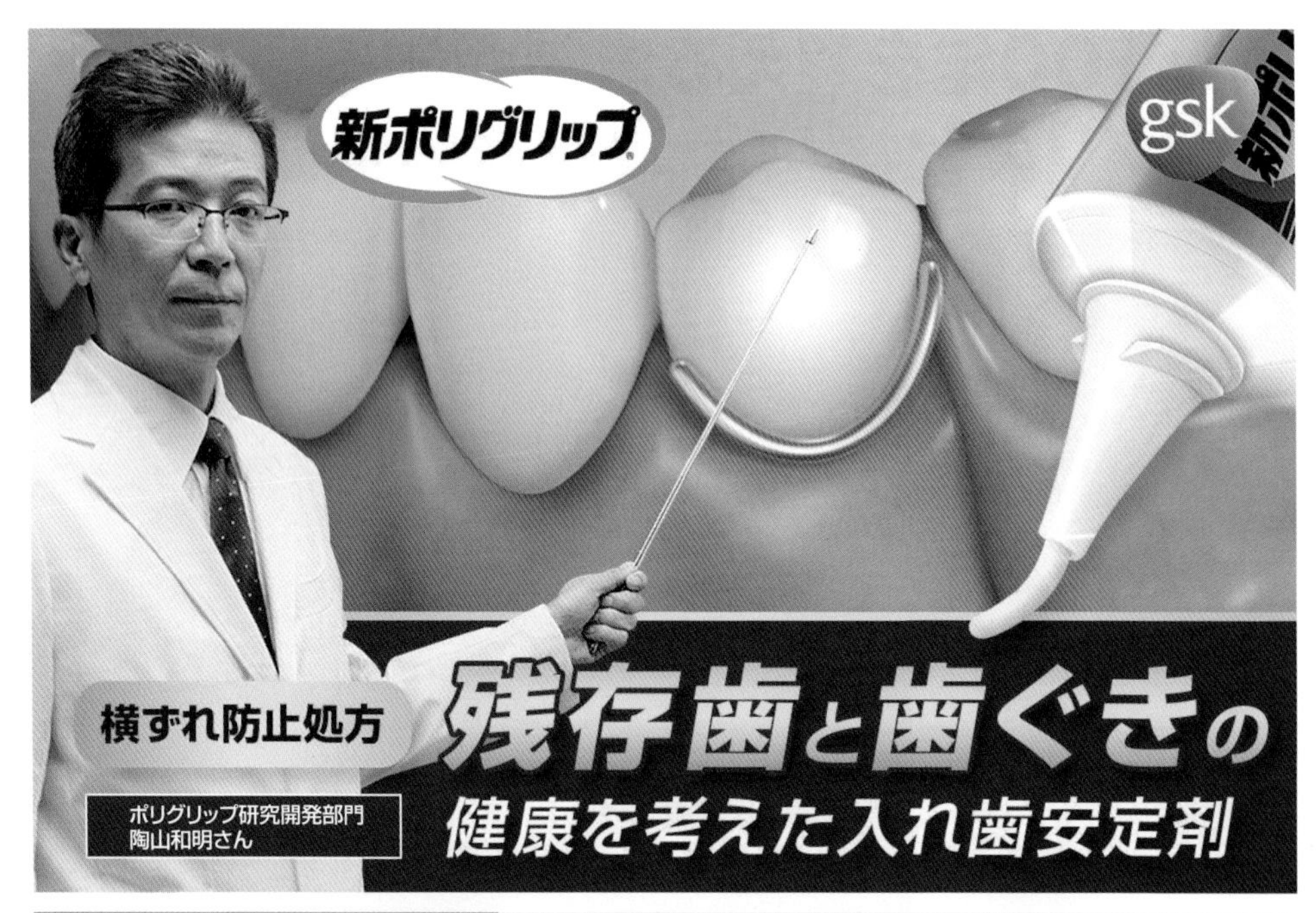

新ポリグリップ
gsk
横ずれ防止処方
残存歯と歯ぐきの
健康を考えた入れ歯安定剤
ポリグリップ研究開発部門
陶山和明さん

部分入れ歯の横ずれ（イメージ図）

義歯はお口の中で様々な動きをしている。その動きが、隣接するバネがかかった歯に伝って歯や歯ぐきの負担となっている可能性がある。『新ポリグリップトータルプロテクションEX』は、自社評価において、水平回転方向の力を与えた際の抵抗力が従来品（ポリグリップ無添加）より高いことを確認しており、義歯の横ずれを軽減する処方となっている。

スという増粘成分を従来品よりも多く配合することで、義歯の横ずれを軽減し、バネのかかる今ある歯への摩擦や入れ歯があたる歯ぐきの負担を軽減してくれるだろう。また、極細ノズルは、適量を塗れてクリームが薄く広がり、部分入れ歯の細かなパーツにも使いやすい。少量でもピタッとフィットしてくれるので、安定感に対する悩みも軽くなると思われる。色素、香料、防腐剤、アルコールを無添加。無香料なので、食べ物の味をほとんど変えることなく、食事を楽しむことができるという。気になる使い方、外し方も簡単。ポイントは、必ず口を水ですすいでから装着、脱着すること。成分は、溶けて飲み込まれることを考慮して開発されている。同製品が伸びて歯ぐきと接着し、すき間を密封してくれるので「食事中、細かな食べカスがよく挟まる」といった入れ歯使用者にありがちな悩みが緩和される可能性がある。今ある歯への負荷軽減や入れ歯の使用感向上を考えている方は日々の生活に取り入れてみてはどうだろうか。

（ライター／長谷川望）

創業100年を超える老舗が贈る ベジタリアン、ヴィーガン対応食品

『グラノーラ』
160g 929円
(税込)

『グラノーラ』
130g 929円
(税込)

『黒ゴマクリーム』
135g 492円(税込)

穀物・卵乳菜食のポリシーを掲げ植物たんぱく食品、ゴマ加工品などを製造している『三育フーズ株式会社』では、ベジタリアンやヴィーガンの方々にもおいしく食べられる商品を多数取り揃えている。

定番商品の『黒ゴマクリーム』は、一瓶に約36000粒分のセサミンやカルシウムなどの高い栄養素を含み、風味豊かな黒ゴマの美味しさが特長。食パンはもとより、アイスクリームや白玉団子、ゴマ和えにも使用できる。『グラノーラ』は、1977年から愛され続けている同社の職人が作るロングラン製品。全粒オーツ麦や小麦胚芽、アーモンドなどの良質な素材がたっぷり含まれており、特にたんぱく質とビタミンB1の供給源としてオススメ。素材が持つ自然の栄養素だけを使い、毎日食べても飽きのこない風味に仕上げている。

ヴィーガン商品も充実している。『植物生まれのホワイトソース』は、有機カシューナッツをベースに厳選したシン

三育フーズ 株式会社
さんいくフーズ
0438-62-2921 vege-info@san-iku.co.jp
㊟ 千葉県袖ケ浦市長浦拓1-1-65
https://san-iku.co.jp/

こちらから
購入できます。

オンラインショップ
https://vegetus.jp/

『植物生まれの ホワイトソース』
160g 378円(税込)

DANIEL LABO https://daniel-labo.com/

『ヴィーガンバーグ』
120g
421円(税込)

『ニックポック』
65ml
695円(税込)

『ヴィーガンハム』350g 1,080円(税込)

プルな素材だけで作られた植物性のホワイトソース。開封してすぐに食べることができるので野菜にそのまま添えるもよし、温めてパスタソースやグラタンに使用するなど様々な使い方で楽しめる。『ヴィーガンハム』は、同社が美味しいヴィーガン生活を応援するために立ち上げたヴィーガンブランド「ダニエルラボ」商品の一つ。動物性原料不使用の純菜食対応のハムで、開封前は常温保存可能。動物性原料不使用とは思えない旨みが特長。『ヴィーガンバーグ』は、大豆を使った肉厚ジューシーなパテが特長の食べごたえ十分なヴィーガン向けハンバーグ。付属の爽やかなトマト風味の野菜ソースが素材のおいしさを引き立ててくれる。『ニックポック』は、代替肉（大豆ミート）の素材臭をマスキングしてくれる有機しょうゆの加工品で、有機しょうゆと塩を原料に、スモークの特殊技術で燻製。加えるだけで肉質を感じさせる「香り」を高め、代替肉を美味しく食べることができる画期的な商品だ。

（ライター／長谷川望）

α波の眠りを誘うオールハンド 癒されながら美肌を手に入れる

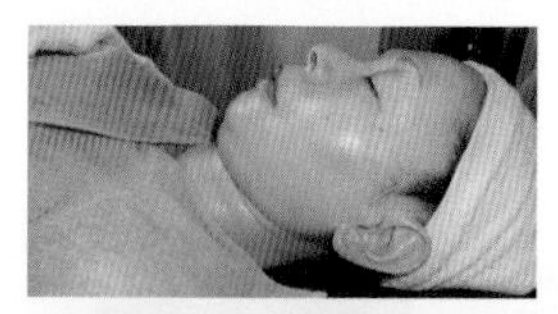

健康的な素肌美を叶える『アーバンシリーズ』。

オーナー・ビューティアドバイザー
髙橋早苗さん
「2023年で20周年を迎える『セレンナチュレ美顔ルーム』は、より一層みなさんを美肌へと導いていきます」

ツボを刺激されることで血行が良くなり、ハリのある肌に。

シミ・しわ・くすみ・たるみ・吹き出物・敏感肌などでお悩みの方にオススメしたいサロンが『セレンナチュレ美顔ルーム』。神奈川県横浜市保土ヶ谷区の静かな環境に佇む女性の隠れ家だ。オーナーの髙橋早苗さんが行うのは、東洋医学で用いられる経絡・経穴（ツボ）のマッサージを取り入れたオールハンドの美顔エステ。器具は一切使わず、髙橋さんのゴッドハンドのみで施術する。

人間が本来持っている素肌美を取り戻すための美容方法で、身体の根本的な部分から改善。続けることで効果が永久に持続する。波が寄せては返すような心鎮まるリズムと絶妙なハンドの感触は、α波の眠りへと誘う心地よさ。ツボを刺激することで、肌の再生機能を蘇らせ、ハリと透明感、潤いに溢れた美肌へ生まれ変わる。使用するのは、万能美容成分スクラワン配合の自然化粧品「アーバンイクストール」。サロンは、1日3名までの完全予約制なので待ち時間がない。

（ライター／播磨杏）

営 10:00〜17:00
休 不定休

セレンナチュレ 美顔ルーム

セレンナチュレ びがんルーム

090-4817-2174　045-334-0358　info@selen-nature.com
住 神奈川県横浜市保土ヶ谷区帷子町2-67-1ストークマンション保土ヶ谷・石田108
http://www.selen-nature.com/

ドームサウナ&もみほぐし&酸素キャビン スペシャルメニューが体を元気にさせる

㊔ 11:00〜23:00
㊡ 無休

細かい気配りや心地よい温度感の会話を心がけている。明るいスタッフは、全員女性。

『O²nmomi course』
(『ドームサウナ』30分、
『もみほぐし』30分、
『酸素キャビン』60分)
120分 7,920円(税込)

岡山の温泉地が拠点の「からだすっきり館」がプロデュースする温活&免疫力に特化した倉敷の『温 momi ×酸素 cabin』。

『ドームサウナ』で代謝UPし、温泉後のように体を緩ませ、体温上昇効果で身体をほぐれやすくさせる。その後、しっかりと筋肉をもみほぐすことで、血液の流れをスムーズにして体のコリを解消。さらに『酸素キャビン』を取り入れることで疲労の回復や集中力、基礎代謝を向上させるという、まさに夢のようなメニュー。『酸素キャビン』で心地よくなり寝てしまいそうだ。帰宅時には、『ドームサウナ』効果で脂肪も燃焼されるのでダイエット効果も抜群。心も体もスッキリと願ったり叶ったりだ。続けることで基礎体温、36・5℃~37・0℃を目指せるので免疫力アップ、『酸素キャビン』で高濃度酸素を取り入れ、体をリフレッシュと健康的な体づくりができる。全身デトックスで夏バテを乗り越えよう。

(ライター/髙田千浪)

温momi×酸素cabin
おんモミ×さんそキャビン
✆ 090-2480-5944
㊟ 岡山県倉敷市笹沖443-2-1F
https://logement.jp/onmomi/

新感覚『鍼灸×インディバ』女性の心と身体を整えてくれる鍼灸院

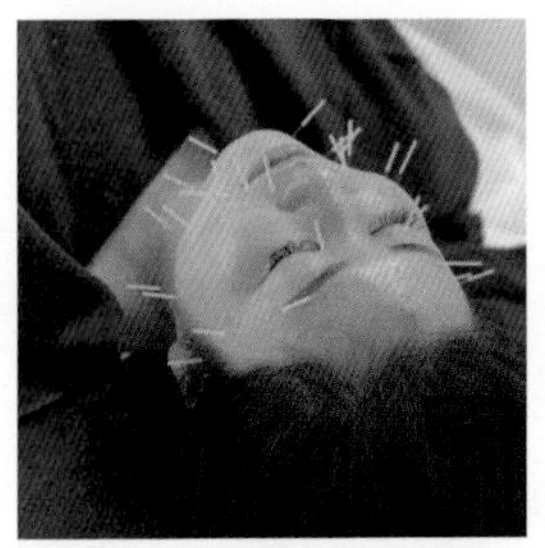
美容鍼灸

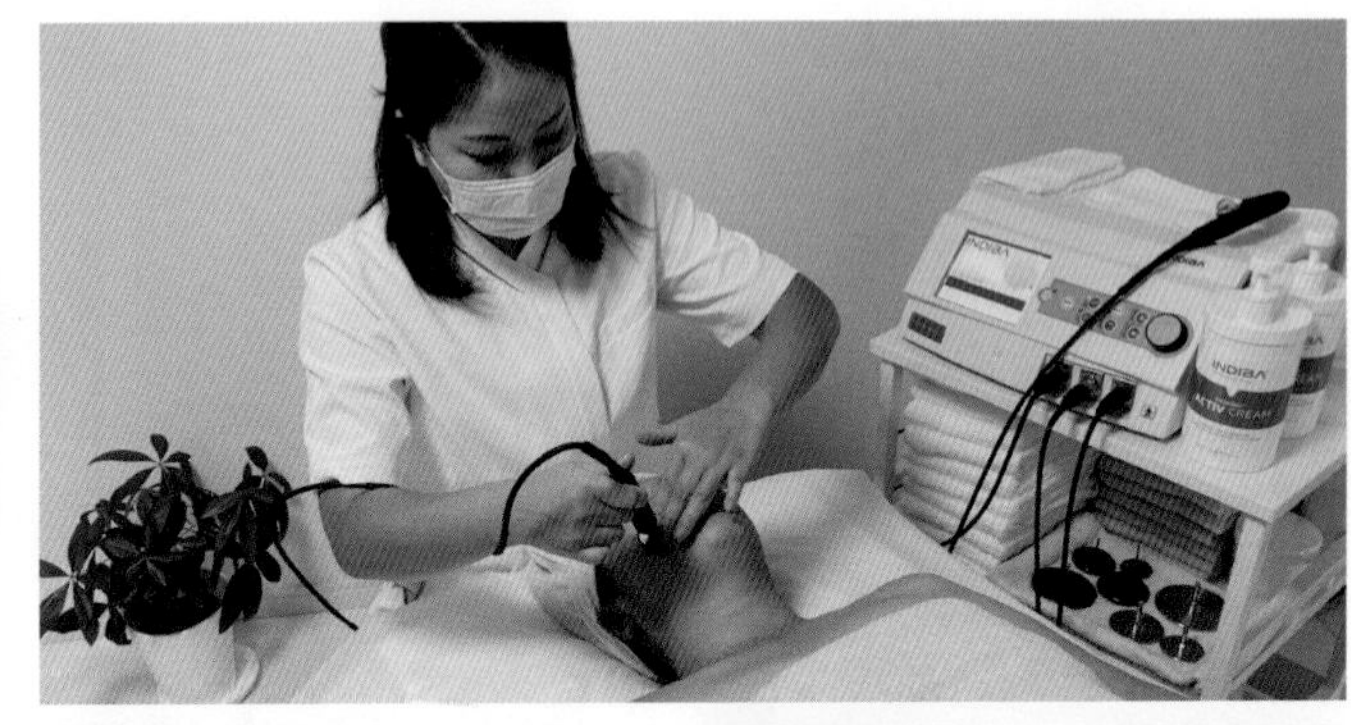

代表・院長 市古麻沙子さん

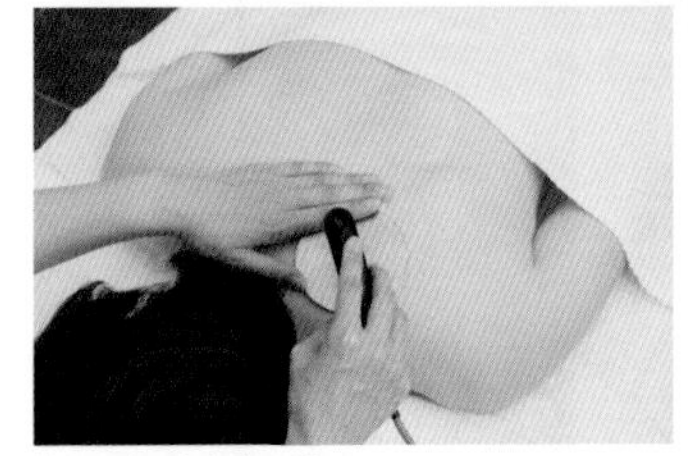
『インディバボディー』
90分 16,800円（税込）

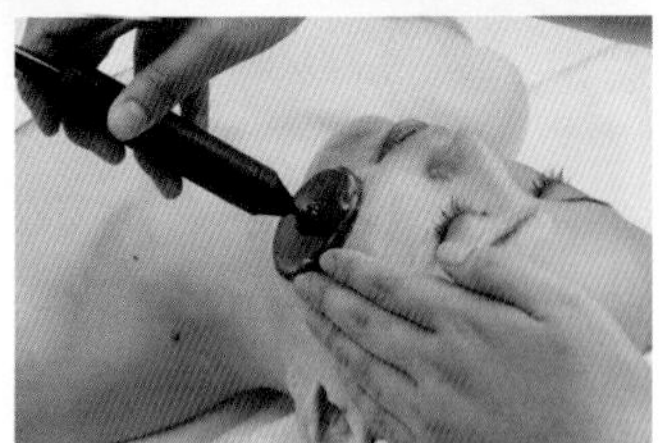
『インディバフェイシャル』
60分 13,800円（税込）

「身体の内側から整えて心と身体を健康に」をモットーとする女性鍼灸師による女性専用のサロン『インディバ鍼灸院 苑花』。鍼灸とインディバを融合させた新感覚のケアを受けられる鍼灸院だ。インディバとは、浅・深層筋へアプローチし体を芯から温めてくれる高周波温熱機。相性の良い鍼灸と合わせることで、頭痛、肩こりや腰痛、生理痛、便秘、疲れなど慢性的な身体の不調や自律神経の不調からくる頭痛やめまいなどにアプローチする。また、『美容鍼』や『インディバフェイシャル』などの施術も人気。シミ、シワ、たるみ改善、肌のトーンアップなど美容効果だけでなく、眼精疲労や頭重にも効果的なのでデスクワークの方にもオススメ。親身なスタッフが揃い、一人ひとりに合わせたオーダーメイドの施術を行うのが魅力の一つ。様々なコースを組み合わせ、それぞれの悩みに寄り添ったケアを行う。女性による女性専用サロンで、癒しの時間を過ごしてみては。

（ライター／播磨杏）

インディバ鍼灸院 **苑花**
そのか
☎ 03-6452-2246 ✉ sonoka.hariq.2020@gmail.com
㊟ 東京都目黒区鷹番1-14-1 シェーンハイム鷹番402
https://sonoka.fem.jp/

女性鍼灸師の優しく手厚い施術とカウンセリング
心身一如で不調を整えてくれるひと味ちがう鍼灸院

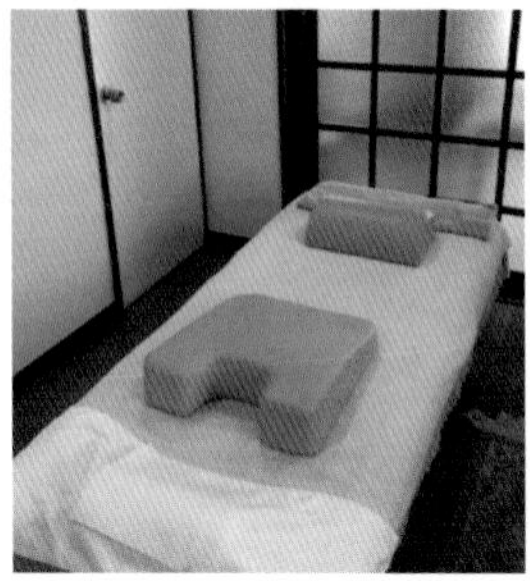

㊟ 9:00～12:00　14:00～19:00
（土・日曜日・祝日は要確認）
㊡ 不定休

院長 宮﨑紫さん

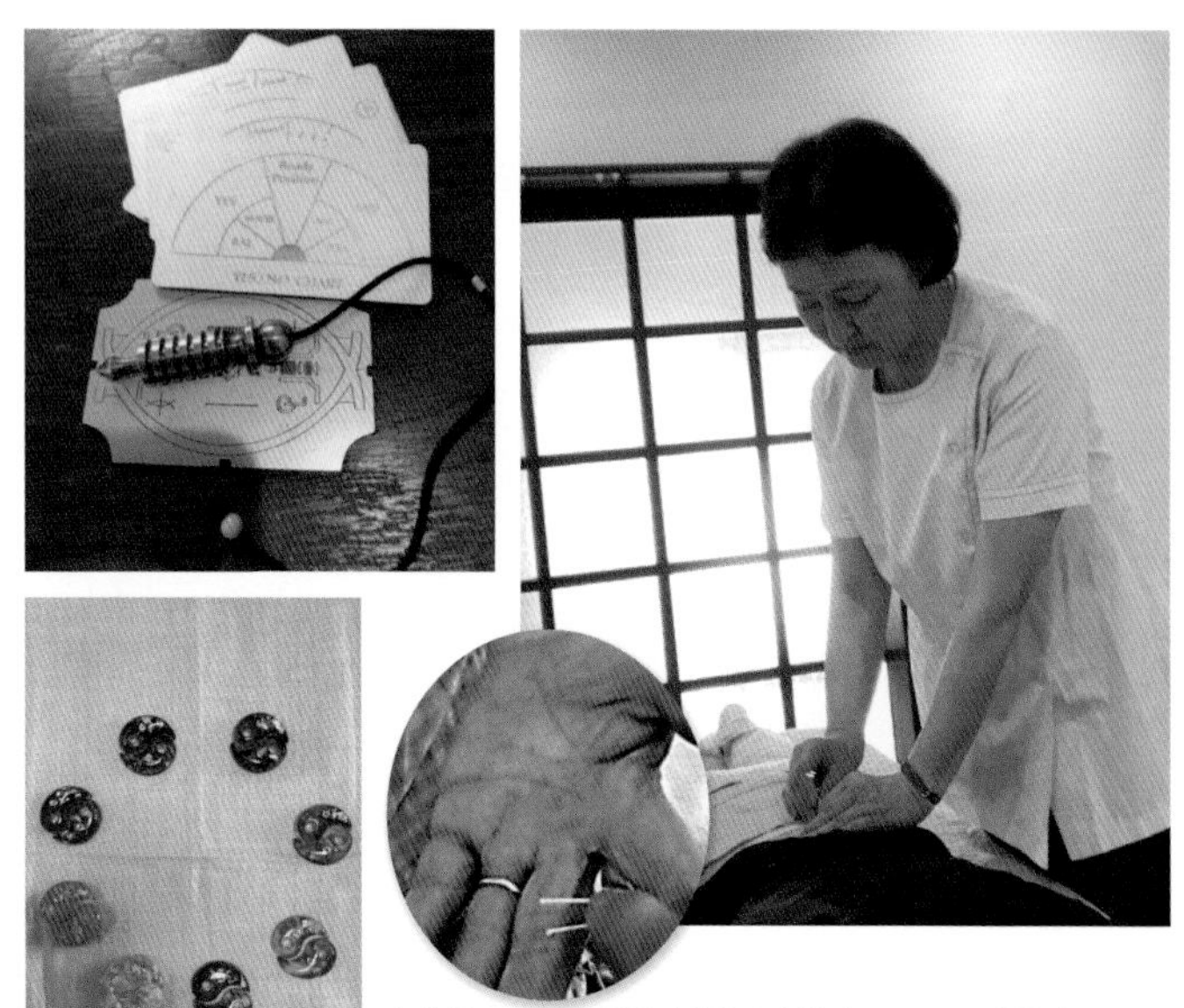

初検料 2,000円（税込）鍼灸自由診療　6,000円（税込）
『ダウジング鍼灸』15,800円（税込）
『勾玉セッション』10,000円（税込）など。

病気やケガなどハッキリとした症状に対処する西洋医学に対し、東洋医学は体の不調を整え、改善する、あるいは未然に防ぐといった特長があり、女性特有の体の不調にこそ鍼灸治療は有効だという。『癒佳里の灸』の女性鍼灸師宮﨑紫さんは、自ら体験した体の不調をきっかけに東洋医学・東洋思想を学び鍼灸師になった。心理学も学び、体の痛みを除きながらトータルに心身を整える術を会得。女性鍼灸師が施術してくれる鍼灸院として、眼精疲労による首、肩凝り、頭痛、腰痛などの諸症状はもちろん、婦人科特有の辛い症状にも一人ひとりに寄り添ったオーダーメイドの施術で対応している。特に好評なのが、同鍼灸院ならではの鍼灸とダウジング・ソウル・セラピーを融合した『ダウジング鍼灸』。不調の根本原因をダウジングによって探り出し、人それぞれが持つ波動を調律。必要に応じて鍼や灸を施術することで全身のバランスを整えてくれる。また、不安や恐怖などの感情を統合し、潜在意識の岩戸の扉を開いて、本来の自分を取り戻す集合意識覚醒『勾玉セラピー』も行っている。

（ライター／今井淳二）

鍼灸院 **癒佳里の灸**
ゆかりのきゅう
✆ 045-822-8421　✉ ikaruganosato18467@gmail.com
㊟ 神奈川県横浜市港南区下永谷3-2-5
https://www.yukarino9.com/

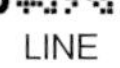

LINE

セサミオイルでハリツヤ美白
老舗ごま油屋が手がけるスキンケア

『ピュアセサミオイル[ビタミンC誘導体配合]』30ml(約1ヵ月分)
通常価格4,070円(税込)
ごまの天然成分とビタミンCのタッグで、使うたび、美しく、明るい肌へ!

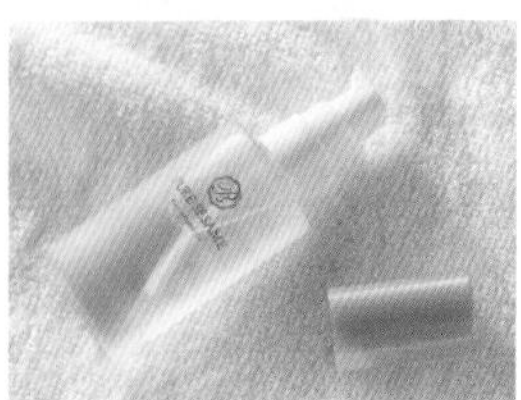

『ピュアセサミオイル[クラシック]』30ml(約1ヵ月分)
通常価格3,080円(税込)
ごま100%の美容オイル。無添加重視の方にオススメ。

スキンケアシリーズ『PURE SESAME』

創業298年の老舗ごま油屋『竹本油脂株式会社』が開発したスキンケアシリーズ『PURE SESAME』。世界各地のごま畑へと出向き、厳選したごまを使用した美容オイルをはじめとする化粧品を販売している。オススメは、新発売の『ピュアセサミオイル[ビタミンC誘導体配合]』。その名の通り、ごまの天然美容オイルにビタミンC誘導体を配合、ブライトニングの領域まで進化した美容オイルだ。肌にスーッと浸透するリノール酸、肌を柔らかくほぐすオレイン酸もバランスよく含まれ、肌本来の活力に働きかける。伸びの良い肌触りで有用成分が角層の隅々まで浸透。美しいツヤと透明感のある明るい肌に導いてくれる。最もオススメの使い方は、化粧水前に導入美容液として使用すること。洗顔後、一番につけるだけで、シワ、くすみ、毛穴など女性のお悩みに大活躍する逸品だ。シリーズの美容液クレンジング、化粧水、乳液もお取り寄せコスメとして人気だ。（ライター／播磨杏）

竹本油脂 株式会社
たけもとゆし
☎ 0120-78-2000 ✉ tc-customer@takcosmeshop.jp
㊟ 愛知県蒲郡市港町2-5
https://www.takemoto-cosmetics.co.jp/

PURE SESAME®

こちらからも検索できます。

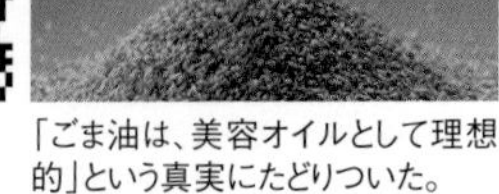

「ごま油は、美容オイルとして理想的」という真実にたどりついた。

ハリ・ツヤ・弾力を与える
ウマプラセンタ化粧品シリーズ

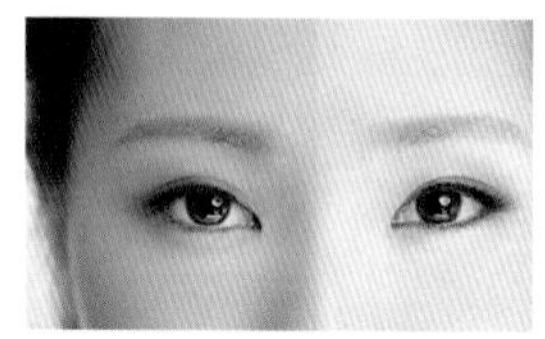
1本使い切る前に効果がわかる。

『LNCディアセラム』
35ml 11,000円(税込)

エイジフリーの素肌へ毎日のケアをサポート。

女性の肌は、歳とともに若いときのようなツヤやハリが少なくなり、透明感がなくなってくる。年齢に負けない素肌を維持するためには本当に効果のあるスキンケアが必須だ。『株式会社日本生物製剤』の『LNCプラセンタルスキンケア』は、そんな女性たちのために開発された。全アイテムに国内最高濃度*1の北海道産ウマプラセンタエキスを配合。ステップや目的に応じてエイジングケアを高める機能性ビタミンC誘導体、ヒアルロン酸、セラミドなども贅沢に配合し、肌に弾力とハリ・ツヤを与え、透明感あふれる肌へと導く。シリーズ内でプラセンタ配合最高値の『LNCディアセラム』は、肌年齢の加速をゆるやかにすることを目指してつくられた美容液。角層の細胞間脂質を持ち上げるように結びつき、肌をひきしめて毛穴が目立たないようにする。エイジングケアのためのスペシャルアイテムとして、年齢肌のポイントケアにもトータルケアにもオススメだ。

(ライター/村田泰子)

株式会社 日本生物製剤
にほんせいぶつせいざい
03-3481-6061 shopinfo@jbp-shop.jp
住 東京都渋谷区富ヶ谷1-30-22
https://jbp-shop-jp.myshopify.com/

※1 2020年8月現在『株式会社日本生物製剤』調べ

累計売上100万本を突破した EYEサロンで大人気のまつ毛美容液

美容液×持続性・デザイン性のアップ。まつ毛パーマの仕上がりが変わる。

『フェニックス アイ カールアップコーティング』8ml 3,850円(税込)(※サロン専売品)

まつげパーマ1ヵ月後

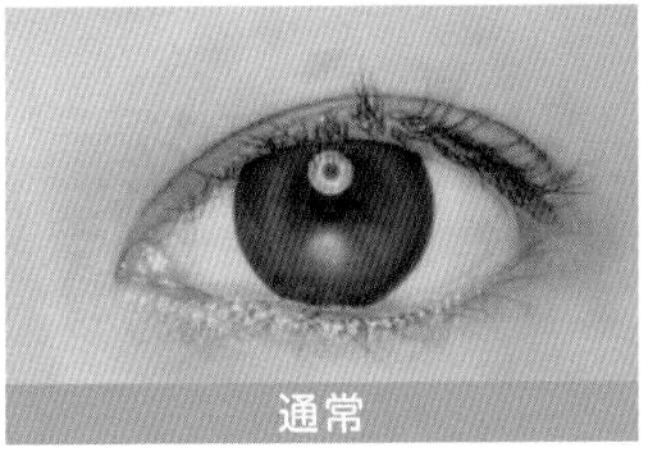

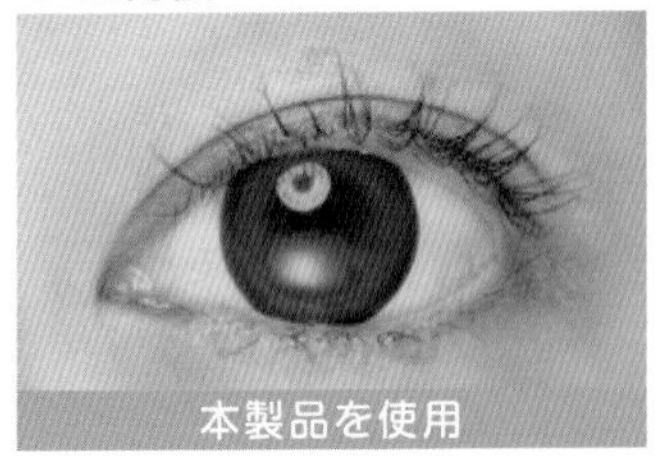

「株式会社 Plan S」のコスメブランド『ODETTE EYELASH COSMETICS』のまつ毛パーマコーティング美容液『フェニックス アイ カールアップコーティング』が全国のサロンで話題だ。シリーズ累計売上100万本を突破した人気商品だ。独自開発のカールキープフィルム成分が、まつ毛を上向きにキープ。塗りやすいブラシと粘度の高いジェルがまつ毛を持ちあげ、バラつきを防ぎ美しくスタイリングできる。コーティング効果も抜群で、皮脂や汗、衝撃や摩擦など外部からの汚れやダメージを防ぎいで保護し、飛躍的に持続力が向上する。また、高濃度で配合された美容成分により、トリートメント効果も発揮。抜け毛、切れ毛、乾燥などのダメージをケアし、ツヤ・ハリ・コシをアップさせる。抗菌・殺菌作用のある植物エキスも配合されているので、細菌や寄生虫(まつげダニ)を防ぎ、まつ毛の衛生環境を整える効果も。まつ毛を美しく整え、まつ毛パーマのデザイン力と持続性を向上させる万能美容液だ。(ライター／播磨杏)

ODETTE EYELASH COSMETICS　株式会社 Plan S
オデット
03-6459-3566　order@odette.co.jp
㊟ 東京都渋谷区恵比寿
http://www.odette.co.jp/

至高のバスト美容液、贅沢な美容成分と優雅な香りで理想の美バストへ

『Royal Heart Essence Milk』
33,000円（税込）

「ホームケアで理想のバストへ導く」ことを目指し、開発されたのが『LUNLUMO』のバスト美容液「Royal Heart Essence Milk（ロイヤルハートエッセンスミルク）」。開発者の知識と経験を元に完成させた至高の美容液だ。厳選した30種類の美容成分を贅沢に配合することで、バストの肌にふっくらとした柔らかさとシルクのようななめらかさと潤いを与える。艶やかなハリと透明感のあふれる肌質へ導き、触れたくなるようなバストへと。上質で優雅な香りは、高貴なラ・フランスと華やかな花々に、蜂蜜の甘く優しい香りのエッセンスを加えたもの。使うたびに癒され、女性としての気分も上がる。さらに使う人によって新たな香りが花開き、あなただけの香りになっていく。「バストケアを通し、自分を癒し大切にしていくことで自己肯定感を高め、前向きに生きていくことを提案する」

女性本来の美しさを最大限に引き上げることに真摯な『LUNLUMO』の製品はプロ仕様で、サロンでも使われている。

（ライター／播磨杏）

ラフランスの香りや上質で華やかな花々の香りに癒される。

30種類の美容成分を贅沢に配合。

LUNLUMO ランラン 株式会社
ルンルーモ
03-6403-9182 ✉ info@ran-run.shop
㊟ 東京都港区南青山2-2-15 ウィン青山942
https://www.ran-run.shop/ @lunlumo_official

瑞々しい肌になれる保湿ジェルと話題の成分配合のハンドクリームで素肌美人に

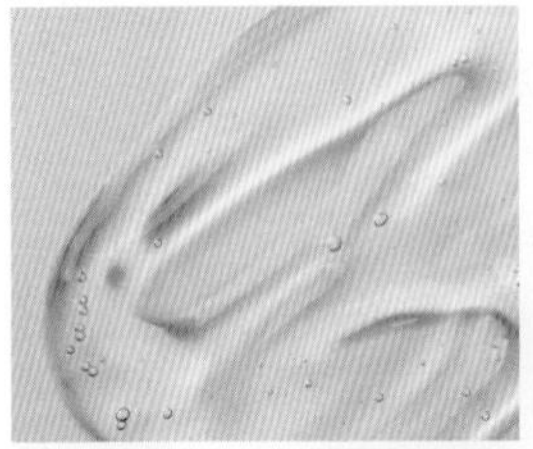

『モイスチャーベールF』は、塗るだけでお肌の上にバリアゾーンを作るという発想。

『モイスチャーベールF』
110g 5,500円(税込)

CBDは、ケンタッキー州のオーガニック畑で栽培されたヘンプから抽出。

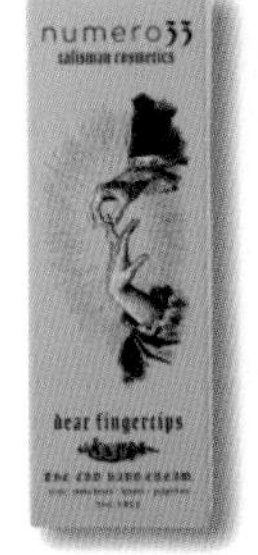

『CBDハンドクリーム dear fingertips』
100g 5,170円(税込)

化粧品や健康食品などの製造・販売を手がけている「株式会社 Dada」。同社が手掛けるブランド『BEAU BEAUTY』の保湿ジェル『モイスチャーベールF』は、ジェルタイプの保湿クリームでお肌に潤いのベールを作り、水分をキープする。ぷるんとした質感のジェルで無香料・無色透明なジェルは、豆乳やコメ発酵液など、5種類の発酵成分を配合していて自然由来で安心。顔だけでなく全身に使えるのでとても便利だ。

話題の成分CBDを配合したハンドクリーム『CBDハンドクリーム dear fingertips』は、うっとりとするような心地よい香りと軽やかなテクスチャーで、乾燥に負けないしっとりとしたみずみずしい手肌へ導く。CBDは植物由来の成分、スキンケアの分野では炎症を鎮める作用など注目されている成分の一つだ。

どちらの製品も、お肌を美しく瑞々しくしてくれので、ぜひ試してみては。

(ライター/高田千浪)

BEAU BEAUTY　株式会社 Dada
ボー ビューティ
03-5206-4505　shop@dada-beauty.co.jp
㊟ 東京都文京区関口1-3-6 大林ビル4F
https://beau-beauty.shop/

「いつもでも美しくありたい」願いが叶う 生シルク配合スキンケア・ヘアケア

『アミノ酸シャンプー&トリートメントセット』8,900円（税込）
『BIOND5点セット』 30,800円（税込）

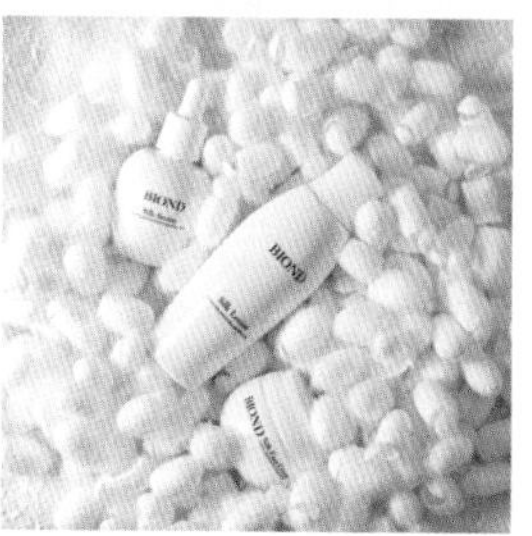

『BIONDスキンケア3点セット』
22,209円（税込）

鹿児島薩摩川内市産の繭から生まれた生のシルクエッセンスを贅沢に配合した天然由来成分のスキンケアとヘアケアブランド「株式会社バイオアース」の『BIOND（ビオンド）』。原料にこだわり、高い保湿力と浸透力をもつ生のシルク成分が肌と頭皮へ良質な潤いを与えてくれる。開発のきっかけは、テレビで蚕の遺伝子が100%解読されたと知ったことからだという。

「蚕で新しい商品を作りたい。そして、環境に優しい次世代に繋げていくことのできる製品を世の中に生み出したい」。そんな熱い思いが詰まった商品は、約7年を経て実現した。

シルクはアミノ酸組成が人の天然保湿成分のアミノ酸組成と非常に似ているため、皮膚や髪の毛に対する吸着性や浸透性に優れていて保湿効果があり、お肌への潤いを長時間保つ。肌バリア機能の改善、美白効果もあり「いつまでも綺麗でいたい」そんな女性の永遠の願いが叶うこと間違いなし。

（ライター／髙田千浪）

BIOND 株式会社 バイオアース
ビオンド
0996-29-5205 info@bioearth.jp
㊓ 鹿児島県薩摩川内市都町3965-2
https://biond.jp/ https://bioearth.jp/

kuwatokaiko

BIOND

UV・美白・肌荒れ 三つのケアができる日焼け止め

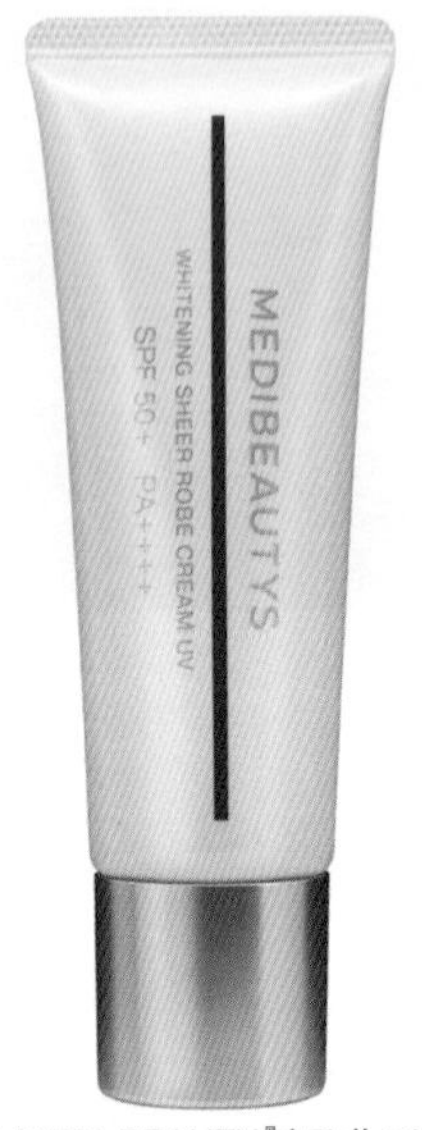

JC MEDI BEAUTY『ホワイトニング シアローブクリーム UV』
50g 5,500円（税込）　医薬部外品

まるで透明のドレスをまとったような肌の一体感! アーバンUV対策クリーム。

「自由が丘クリニック」は、丁寧なカウンセリングと高い医療技術で様々な悩みに対応し、著名人やセレブリティな方々が多く通っているという。そんな海外でも有名な美容クリニックから生まれた日焼け止めクリームが、UV・美白・肌荒れのトリプルケアでシミができる仕組みに注目した『ホワイトニング シアローブクリーム UV』。国内最高スペック（SPF50+、PA++++）で美白有効成分・抗炎症成分・保湿成分配合のあらゆるシミの原因をケアする優れものだ。

暑い夏の朝、お化粧する際にベタつくのはぜひとも避けたい。このUVクリームをぬれば、肌にすーっと伸び、みずみずしい使用感でスッキリ。白浮きせず、素早く透明な仕上がりでファンデーションも厚塗りにならず崩れにくい。顔・全身に使用でき、1本で美白ケア・日中保湿・スキンケアが同時にできる高機能クリームなのでお得感もあってオススメだ。

（ライター／髙田千浪）

株式会社 自由が丘クリニックドクターズプロダクト
じゆうがおかクリニックドクターズプロダクト
☎ 03-5701-9680　✉ contact@jcdp.co.jp
㊟ 東京都目黒区八雲3-12-10
https://jcdp.co.jp/

肌を潤す天然成分がたっぷり入ったバスソルトで心身ともにリラックス

瀬戸内海産のバスソルト
天然成分で素肌をいたわります
頭皮から
体・顔のお肌から
ミネラル補給・
スキンケア
完全無添加
100%
EPSOPIA
Bath cosmetics
『EPSOPIA』
600g 2,980円(税込)

『EPSOPIA』600g 2,980円(税込)　2個セット 3,980円(税込)
浴槽たっぷりのお湯にスプーン1杯入れるだけ。量を調整して半身浴、足湯などにも便利。

100%瀬戸内海産の『EPSOPIA』は、天然成分を豊富に含んだバスソルト。配合されているマグネシウムが浸透圧の高いミネラルや熱を逃さず、お肌や頭皮をいたわりながら体を芯からあたためてくれる。着色料・合成香料・防腐剤などが一切含まれていないので、赤ちゃんからお年寄りまで、またお肌が弱い方にも使うことができる。肌にしみたり、痒くならない優しい肌あたりがとても心地良く、女性たちにも人気だ。1袋にたっぷり約45回分が入っており、毎日の入浴や半身浴、足湯など色々楽しめる。体のデトックスと電解質のバランスを整え、心身ともにリラックス。使うたび肌がしっとりなめらかになり美肌効果も。

特殊製法で99・5%以上塩分を抜いているので、お湯は無色無臭。追い焚きや循環式風呂にも安心。

夏場はついシャワーで済ませがちだが、『EPSOPIA』を入れたお風呂にゆっくり浸かり、冷房の冷えや夏バテを回避したい。

(ライター/高田千浪)

EPSOPIA　株式会社 HappyAdwords
エプソピア
027-384-8221　shimada@happy-adwords.com
㊟ 群馬県高崎市倉賀野町2460-1
https://epsopia.happy-adwords.co.jp/

EPSOPIA
Bath cosmetics

美容と健康に腸内環境を整えてスッキリした毎日を

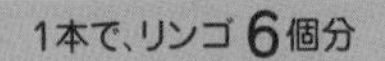
1本で、リンゴ 6個分

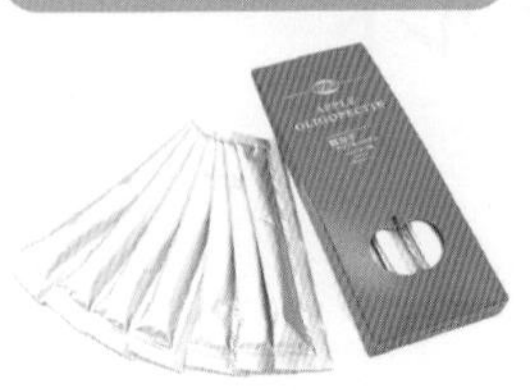

『低分子アップルオリゴペクチンゼリー』1,500円(税込)

アップルエイト
(2g×30本入)
ステック2gで
生りんご約22個分
含まれています

『低分子アップルオリゴペクチン粉末』9,800円(税込)

世界唯一の特許技術
APPLE OLIGO PECTIN Drink
アップルオリゴペクチンドリンク
後味サッパリ
お腹スッキリ
笑顔でニッコリ
国立富山大学医学部
田澤賢次名誉教授と
30年間共同研究開発

『低分子アップルオリゴペクチンDrink』
注目の成分を美味しく摂取。若返り、ガンや糖尿病抑制にも効果あり。

医薬品健康食品の開発販売を行う『成田製薬株式会社』が注目している成分が「アップルペクチン」。善玉菌の働きが低下すると便秘だけではなく、消化不良・栄養不足・免疫力低下につながるが、「アップルペクチン」は小腸で消化されずに大腸まで行き届き、乳酸菌の餌になることによって善玉菌の働きを手助けをしてくれる。また、活性酸素消去、ガンの抑制、糖尿病抑制などの結果も明らかになっている。まさに健康と美容の救世主的成分だ。

『成田製薬』では、「アップルペクチン」を気軽に、かつ効率的に摂取できる製品を開発販売。オススメは、『低分子アップルオリゴペクチンDrink』。ポリフェノール、カリウム配合で、デトックス効果や免疫力UPにも効果的。サッパリした味わいで飲みやすい。りんごジュースを合わせた食べやすいスティックゼリーやパウダータイプもある。

（ライター／播磨杏）

成田製薬 株式会社
なりたせいやく
☎ 0120-442-580 ✉ info@naritapharm.com
㊟ 東京都台東区西浅草2-8-2
https://www.naritapharm.com/

水素で初めての「機能性表示食品」女性の睡眠の質を高める機能

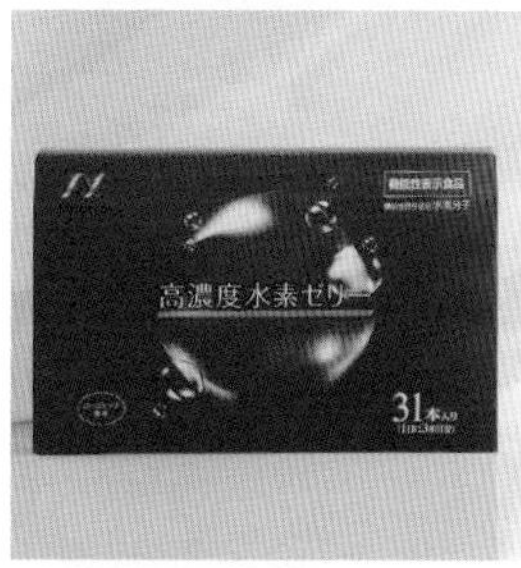

『高濃度水素ゼリー』
31本入 5,400円（税込）
（賞味期限は製造後最大13ヵ月）

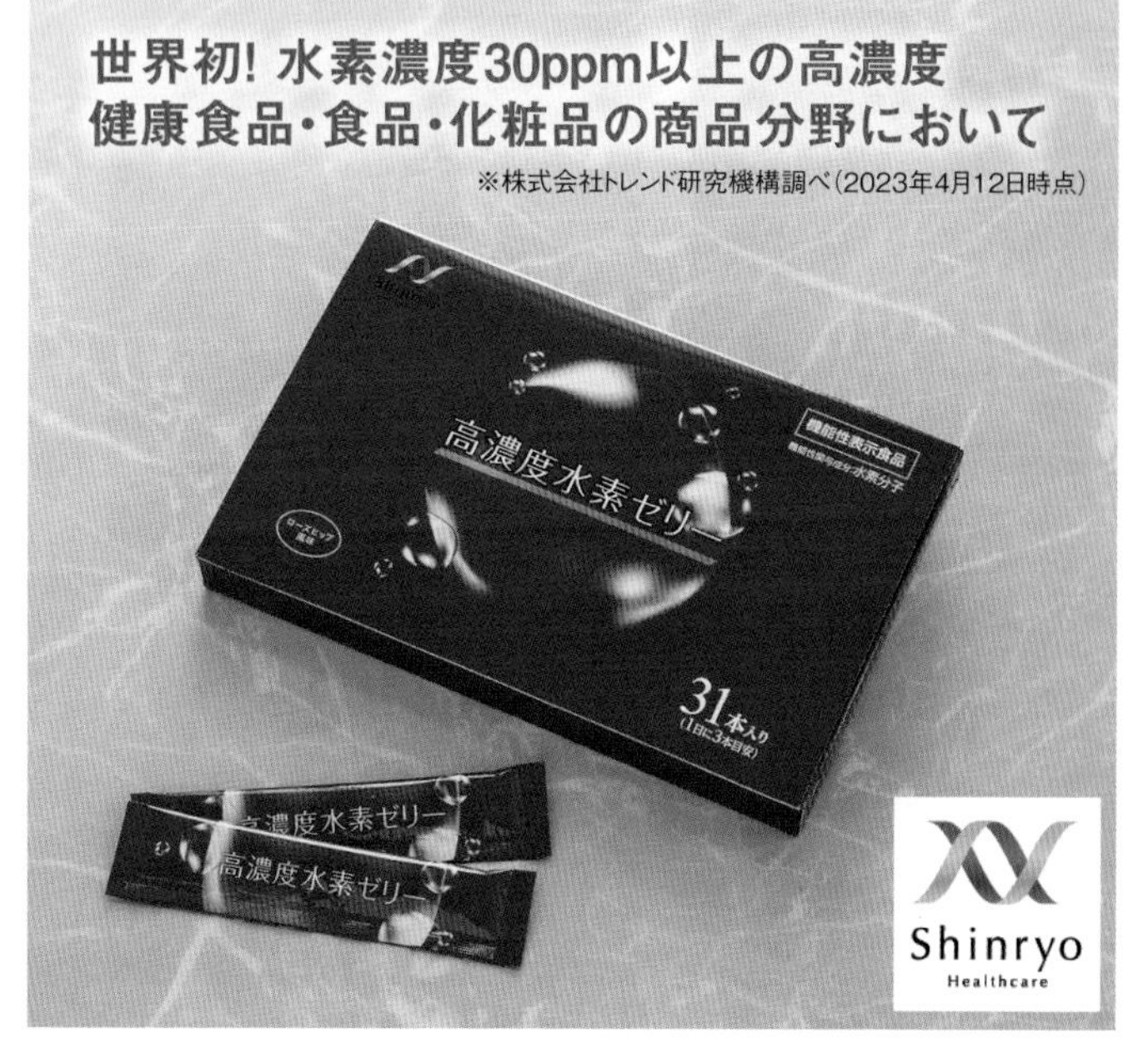

世界初! 水素濃度30ppm以上の高濃度
健康食品・食品・化粧品の商品分野において
※株式会社トレンド研究機構調べ（2023年4月12日時点）
機能性表示食品
高濃度水素ゼリー
31本入り
高濃度水素ゼリー
高濃度水素ゼリー
Shinryo
Healthcare

日々、溜まってしまいがちなストレスにより、活性酸素が増えることで老化が進んだり、体調を崩したりするが、水素を摂取することにより予防できるという。『Shinryo Healthcare』の特許商品『高濃度水素ゼリー』は、水素を体内に吸収することで、血液の循環が良くなり代謝が上がって痩せやすい体質になり、ダイエット効果・デトックス効果が期待できる。1本に市販の水素水1リットル分の水素を含有。コンパクトなアルミパウチで個別包装することで持ち運びにも便利。いつでもどこでも好きな時に手軽に美味しく水素を摂ることができる優れもの。2023年3月に水素商品として、初めて「機能性表示食品」としても受理された。機能性関与成分「水素分子」。機能性は、ストレスを抱えている女性の睡眠の質の向上だ。水素の他にお肌のハリに欠かせないエラスチンやコラーゲン、脳や目、疲労回復に効き目があるアスタキサンチン、抗酸化作用のローズヒップも配合されている。いつまでも健康で若々しくいたい人にオススメだ。

（ライター／髙田千浪）

Shinryo Healthcare
シンリョウ
0120-070-757 healthcare_info@ml.shinryo-gr.com
㊟ 福岡県北九州市八幡西区黒崎3-9-22 RISO黒崎駅前ビル
http://shinryo-healthcare.com/

美容や健康が気になる方

忙しい朝の時間短縮に

スポーツなど
体を動かすときに

次世代のエイジングケア成分NMNを高配合！
51種の成分をキレイと美容を全力サポート

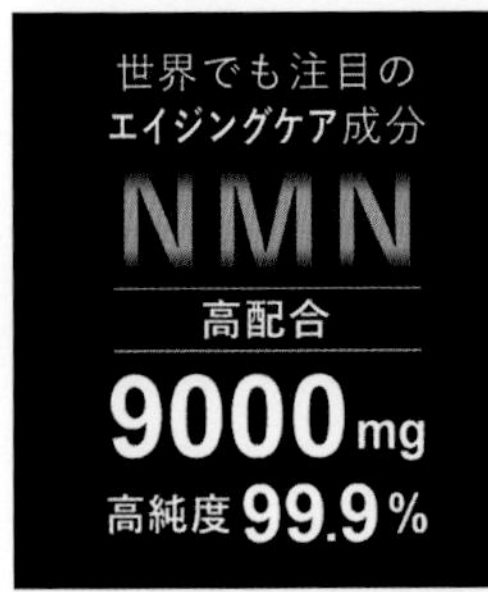

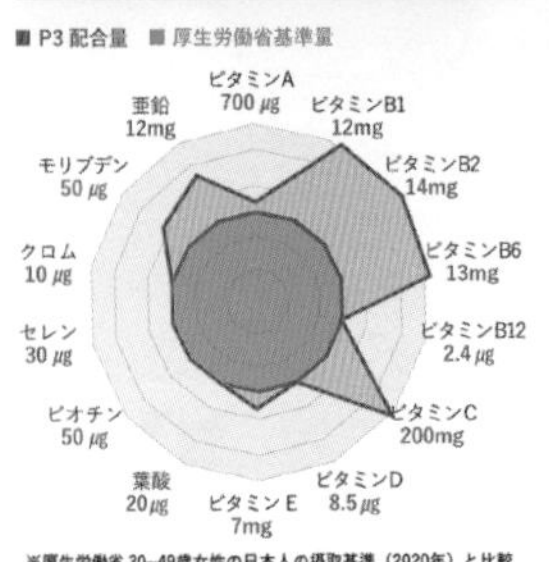

基準以上の14種類の成分を含む51種。
※成分は2023年5月時点での情報。

『P3』14,040円（税込）

美容と健康を保つには、化粧品や美容医療だけでなくインナーケアも大切と感じたカリスマYouTuberのヒカルさん。自身が飲んでいた13万円相当のサプリを手軽に飲めるようにと医師監修の元で新たに開発したのが『株式会社LADDER』の『P3』。厳選した原料から酵母発酵法で生成した純度99・9％の高級エイジングケア成分「NMN」を1箱あたり9000㎎も配合している。美容や若返りに効果があると世界的にも注目を集めている「NMN」は、代謝機能の改善や骨密度の強化、免疫力の強化などをサポートするが、加齢とともに消費される。「NMN」を効率よく体内に補うことで、いつまでも若々しく元気な生活に。他にも食事の中で不足しがちな14種のビタミン・ミネラル、51種の美容サポート成分をバランスよく配合。一日9粒をパウチした1包を飲むだけ。毎日続けることで美容と健康を全力でサポートしてくれる。今後もアップデートしていく予定。（ライター／彩未）

P3 株式会社 LADDER
ピースリー
050-5358-0630 ✉ info@pthree.jp
㊟ 東京都港区西麻布2-13-6ケイズ西麻布7F
https://ladder.co.jp/ https://pthree.jp/shop/

PERFECT
PERSONALIZED
PROGRAM

米由来のサプリで一日のシリカ摂取
美容ミネラルで快適な毎日に

『コメからとるシリカ』
60粒（約30日分）2,916円（税込）

代表取締役 西本和彦さん

もう、お水をたくさん飲む必要はありません。
たったの2粒で一日分のシリカを補えます。
コメから
とるシリカ！
高濃度
非結晶ケイ素
シリカ
含有量
52mg
※2粒中
食物繊維
230mg
※2粒中
国産

体内にも必須のミネラルであるシリカを気軽に摂取できる『BOOMPLUS株式会社』の『コメからとるシリカ』は、農薬不使用、石川県産のもみがらを純精製加工し、パウダー状にしたものをギュッと凝縮し、タブレットにしたサプリメントだ。

農薬不使用のもみがらそのままの素材なので、2粒で52mgものシリカ含有量で一日の摂取量を簡単に補える。亜鉛、マンガン、ヨウ素などシリカと相性のよいミネラル7種もバランスよく配合。もみがら由来の食物繊維も豊富に含まれている。

シリカは、美容成分で欠かせないコラーゲン、ヒアルロン酸、エラスチンを結びつける役割があるといわれ、美肌を保つには欠かせない。また、健康のバランスを保つイオインバランスを調整したり、めぐりケア、トイレ習慣にも効果が期待できるという。健康にも美容にも嬉しい成分だ。今までシリカ水を飲んでいたという方もシリカを摂取したことがない方も、ぜひお試しを。（ライター／播磨杏）

BOOMPLUS 株式会社
ブームプラス
0744-41-6901 ✉contactus@boomplus.co.jp
㊟ 奈良県橿原市市川西町935-28
https://www.rakuten.co.jp/yamatomahoroba/

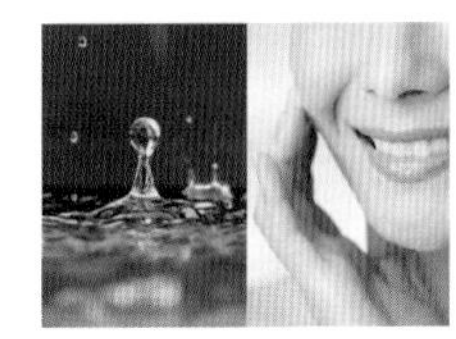

孟宗竹エキスで身体の内側から美しく
病気改善に加えてアンチエイジング効果

『華美粧』
130g 16,500円（税込）

孟宗竹エキスが難病を癒す
医学の常識を根底からゆるがす
必須ホルモンを発見
ガン・アトピー性皮膚炎・糖尿病・緑内障・白内障・視力回復・シワ・シミ・花粉症・
パーキンソン病・アルツハイマーなど
アサジ水
華美粧
Gel

『孟宗竹エキス
バンブリアン』
1L 12,960円（税込）

孟宗竹エキスを配合したスキンケア商品を販売している『フォレストラボ』。孟宗竹エキスとは、孟宗竹から抽出された天然成分で、アンチエイジング効果や病気改善に効果があるといわれている今、注目の天然成分だ。

『孟宗竹エキスバンブリアン』は、「アブシジン酸」「ジベレリン」「サイトカイニン」といった三つの植物ホルモンが老化を防ぎ細胞を修復し、免疫力を高めてくれる。一日100ccを目安に摂取すればカラダ全体のバランスを整えてくれる。

『華美粧』は、孟宗竹エキス35%配合の全身美容ジェルでシミやシワの改善といったアンチエイジング効果が期待できる。顔に塗るだけでなく、ふくらはぎに塗ったり、左手の甲の中指と人差し指の間をマッサージしたりする使い方も効果的。

（ライター／長谷川望）

フォレストラボ

090-6415-0692　FAX 050-1496-7828
㊟ 広島県三原市皆実6-15-14
https://forest-labo8.com/

保育士がいて無料託児ができる
忙しいママたちも安心の鍼灸整骨院

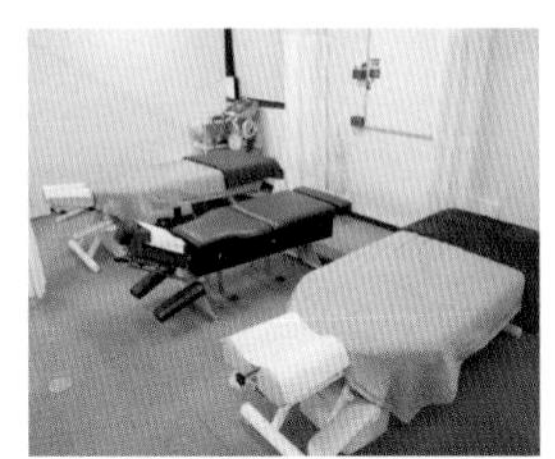

㊢ 9:00～12:00　13:00～19:30
土曜日
9:00～12:00　13:00～18:00
㊡ 木・日曜日・祝日

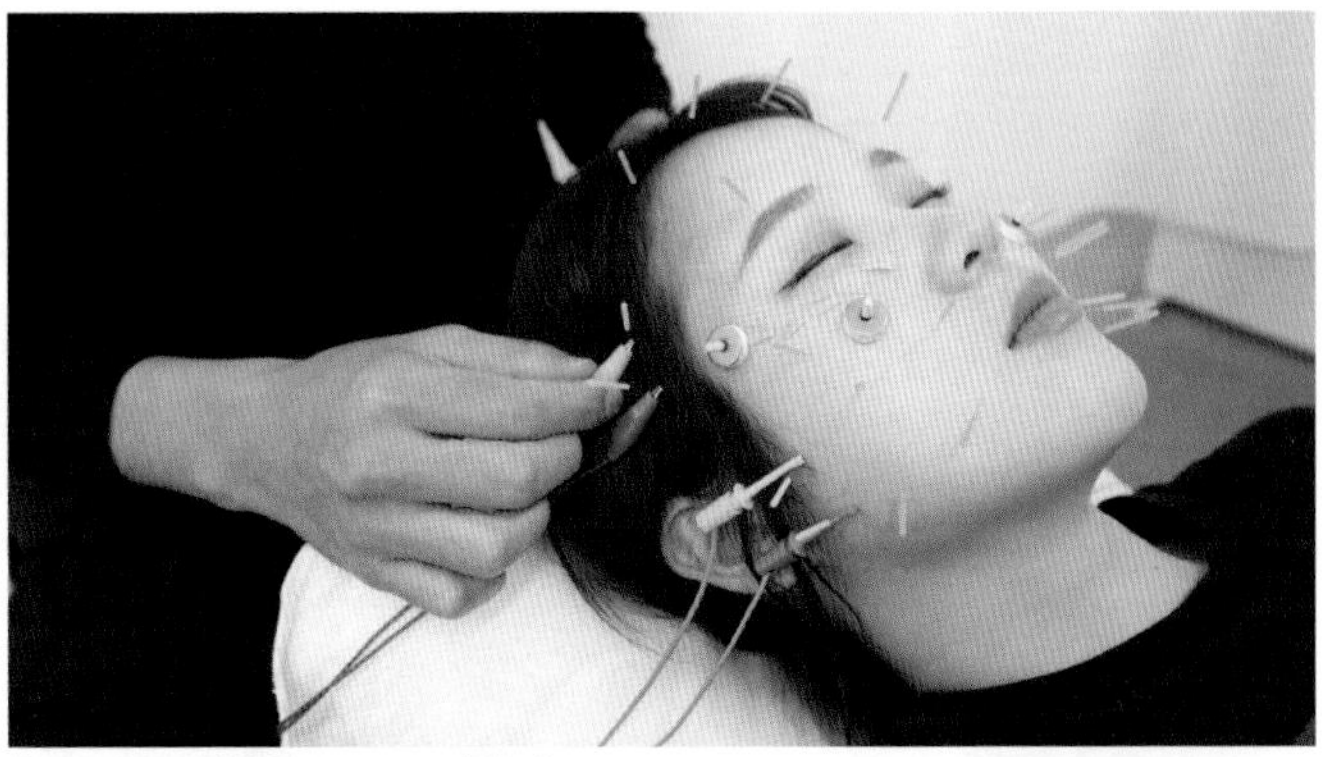

『小顔・美肌美容鍼』11,000円（税込）

院長 竹田英加さん

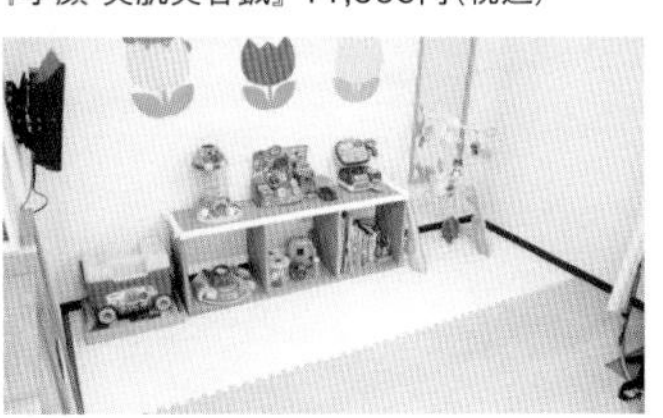

お子様も安心して預けられる。

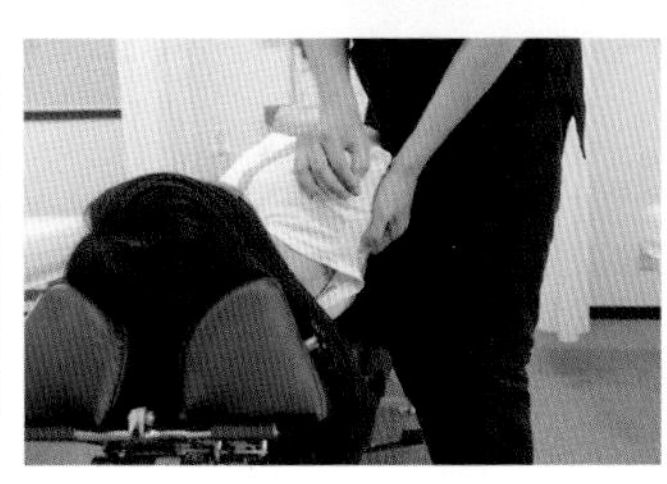

長野県松本市にある『ゆず鍼灸整骨院』は、美容と健康に特化した整骨院。整骨院の名前にもある「ゆず」の花言葉は「健康美」。花言葉のように不調や悩みを改善して健康的に美しい身体づくりのお手伝いしている。

美容鍼、産後骨盤矯正などによる美にアプローチするメニューやマッサージや鍼灸による健康的な身体を目指すメニューまで幅広い。いつまでも若々しくありたい方には、『小顔・美肌美容鍼』が人気のメニューでオススメ。小顔マッサージと美容灸の効果でたるみ・くすみ・むくみが改善し、肌がトーンアップすると評判だ。

また、保育士が常駐しており、無料託児もあるのでお子様連れでも安心。子育てに忙しいママもゆっくりと施術を受けることができ、心身ともにリフレッシュでき喜ばれている。また、交通事故によるむちうちに悩む方への施術も可能。「誰もが健康的に美しく笑顔で過ごせるお手伝い」を目指している。

（ライター／髙田千浪）

ゆず鍼灸整骨院
ゆずしんきゅうせいこついん
✆ 0263-88-5887　✉ yuzutake0715@gmail.com
㊟ 長野県松本市寿南1-34-3 オフィス田川1F東
https://yuzutake.jp/

鍼灸師・理学療法士の視点から頑固な肩こりや腰痛を本気で治す

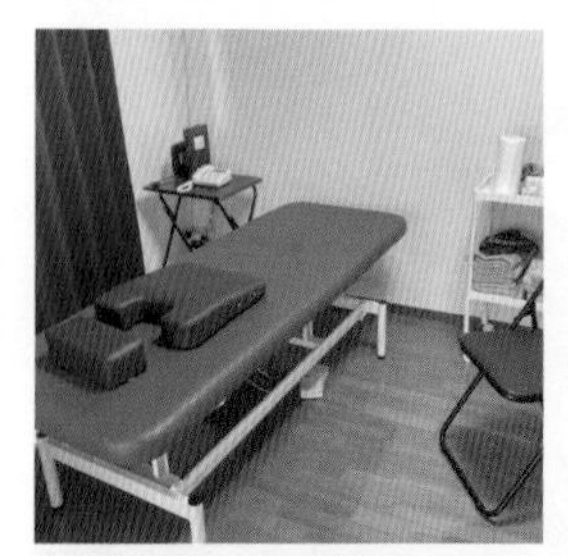

㊝ 9:00～20:00　㊡ 不定休

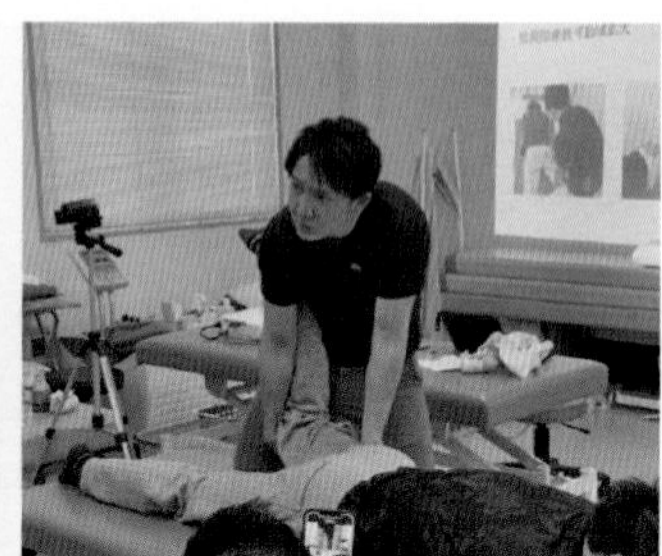

院長 高野幸平さん
身体の状態を把握して、根本的な改善を目指す。

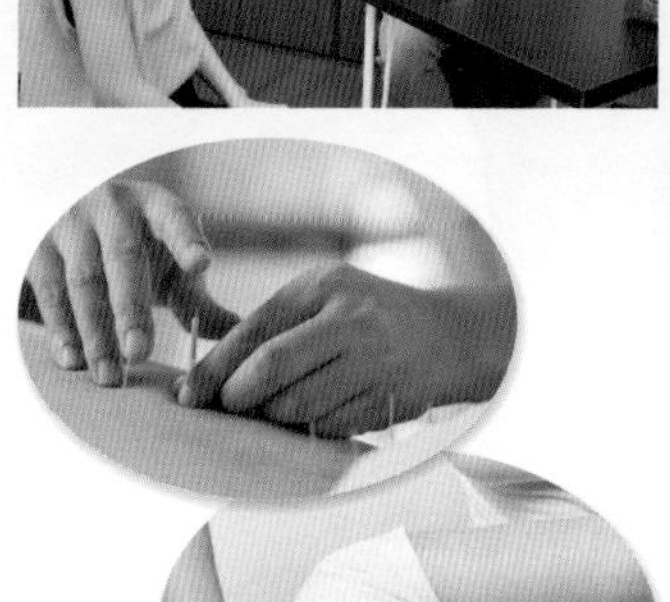

初回60分 12,000円（税込）
2回目以降 クイック 15分 4,200円（税込）
スタンダード 30分 8,000円（税込）
ロング 45分 12,000円（税込）

埼玉県川口市で唯一、肩こり・腰痛を専門に治療を行う『治療院春の風』で辛い思いをしている患者さんと真剣に向き合うのは、院長の高野幸平さん。国家資格である鍼灸師、理学療法士だけでなく、国際ライセンス（国際マッサージ協会認定、Mulligan Concept 認定）も持っている鍼灸・整体のスペシャリストだ。

これまでに鍼灸整骨院や総合病院、整形外科クリニックなどで培ってきた豊富な知識や技術、経験から根本的な原因を突き止めて施術する。

鍼灸治療自体は東洋医学だが、「科学的根拠に基づいた治療がしたい」という想いから理学療法士の道に進み、西洋医学に基づいて鍼灸治療を行っている。しっかりとした問診と身体の検査、丁寧な施術、的確なアドバイスで、身体の状態を把握し根本から改善する。本気で治したい考えている方にオススメの治療院だ。

（ライター／彩未）

治療院 **春の風**
はるのかぜ
048-446-6683　harunokaze.acp.pt@gmail.com
㊟ 埼玉県川口市坂下町1-12-9 emビル1F
https://harunokaze-hatogaya.com/

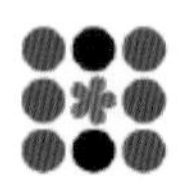

鍼灸 × 整体
治療院　春の風

ITと融合した最先端のトレーニングギア
動体視力・反射神経向上に

日本初！
動体視力・俊敏性の向上に
STROBE GLASS

REAXION
元ヤクルトスワローズ
吉田大成 選手

『REAXION』
4個セット 32,780円(税込)
6個セット 49,280円(税込)
12個セット 99,090円(税込)

『ストロボグラス』
21,780円(税込)

『X BALL』
10,780円(税込)

X-BALLをバウンドさせて、青く点灯したら左手
パープルは右手で取り、反射神経を鍛えます。

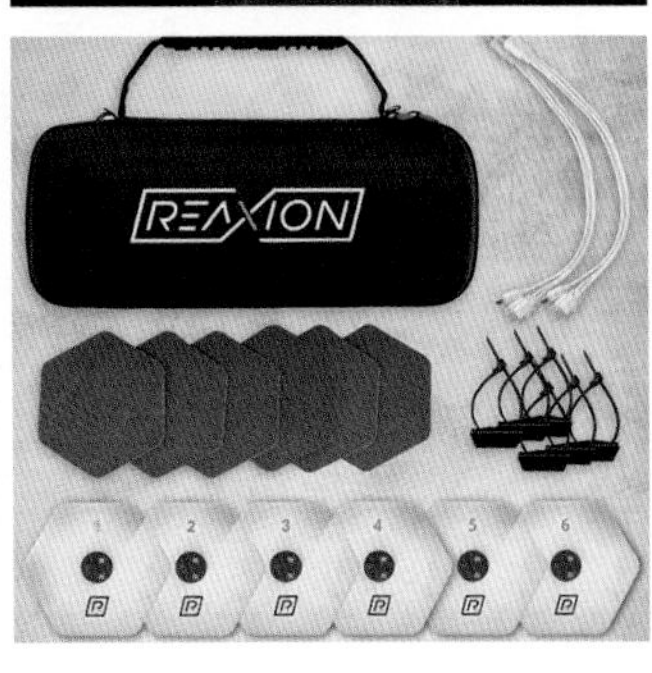

今、ITとトレーニングを融合させて開発した最先端の動体視力・反射神経のトレーニングギアが、プロ野球選手などトップアスリート業界で注目されている。『REAXION』は、壁や地面などに貼り付けて使用。点灯しているランプを素早く消したり、6色に光るランプから特定の色を見つけて消したり、など20種類以上のトレーニングモードを選べる。『X-BALL』は、ボールをバウンドさせて青く光ったら右手で取るなど、光る色によってどう反応するかで反射神経を鍛える。シンプルなので小さなお子様も楽しみながらトレーニング可能。『STROBE GLASS』は、両目遮断、片目遮断モードなど、レンズを小刻みに暗くして「見る」情報量を減らし、限られた情報でどのように正しい判断ができるかをトレーニング。動体視力の向上に加え、周囲視が上がり、周りの状況がよく見えるようになる。動体視力や反射神経の向上は、集中力向上や高齢者の認知症防止などにも効果的だ。

（ライター／播磨杏）

株式会社 スマートスタート

☎ 03-3556-9988 ✉ info@smasta.co.jp
㊟ 東京都千代田区六番町1-1 恩田ビル3F
https://reaxion.jp/

『REAXION』
公式ホームページ

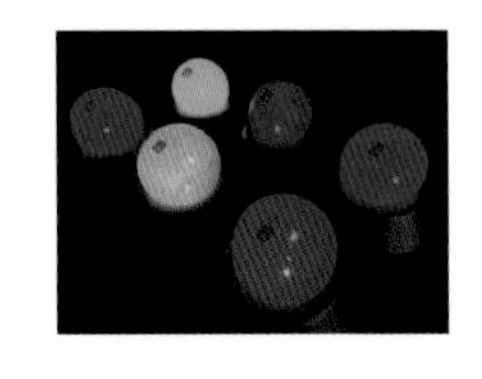

世界中で3万人以上が愛用
寝るだけで筋肉のこりをほぐす枕

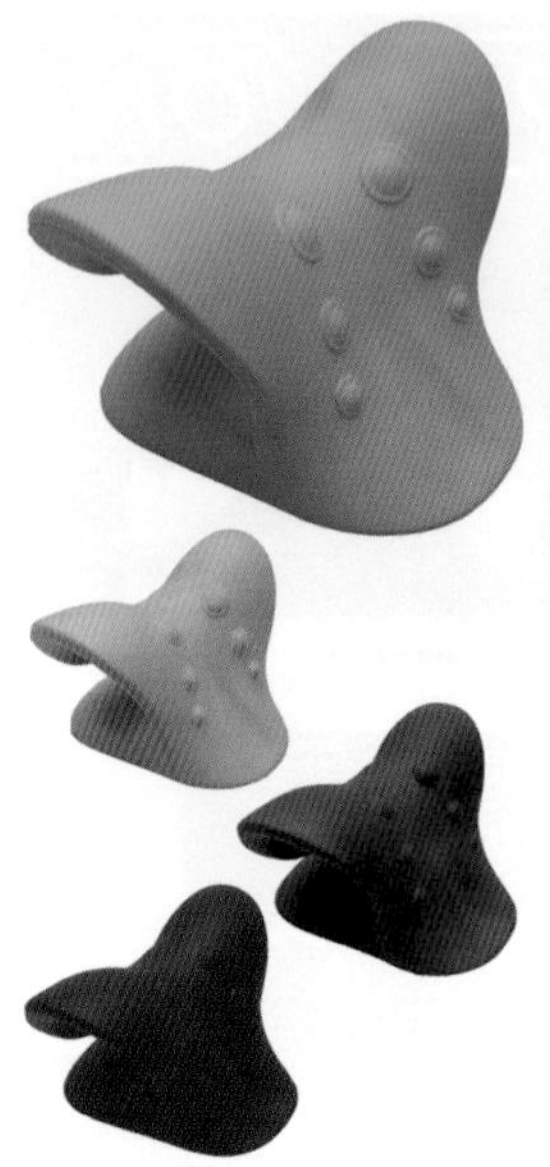

『Neck Stretch Pillow』
3,480円(税込)

Neck Strech Pillow
~首をしっかりストレッチ~

自然な曲線のデザインと六つの突起による指圧効果。

『Smile Healthcare Store』は、お客様に笑顔になっていただけるようにと思いを込めたヘルスケアショップ。健康にフォーカスした商品を多数展開していく。

オススメは、『Neck Stretch Pillow』。世界中で3万人以上に愛用されている商品で、頭の重さを利用した自然な曲線デザインと六つの突起による指圧のような効果が特長。一日5分~10分の使用で自然にストレッチでき、首や肩の筋肉のこりをほぐしてくれるので、スマホやPCの使いすぎで首や肩が凝り固まってしまっている方にぴったり。電池や充電が不要かつコンパクトサイズなので持ち運びにも便利。自宅でのリラックスタイムやテレワークの合間に気軽に使える。

カラーは、ライトブルー、ダークブルー、ピンク、ブラックの4色展開。自分へのご褒美はもちろん、プレゼントにもオススメ。

(ライター/長谷川望)

smile healthcare store
スマイル ヘルスケア ストア
050-6876-1042 smile.health.care.store@gmail.com
https://smile-healthcare-store.com/

HPで使用できるクーポンコード
「hit10off」で
10%OFF
(2023年12月31日まで)

こちらからも
検索できます。

画期的ないびき対策
上気道を拡げて呼吸をサポート

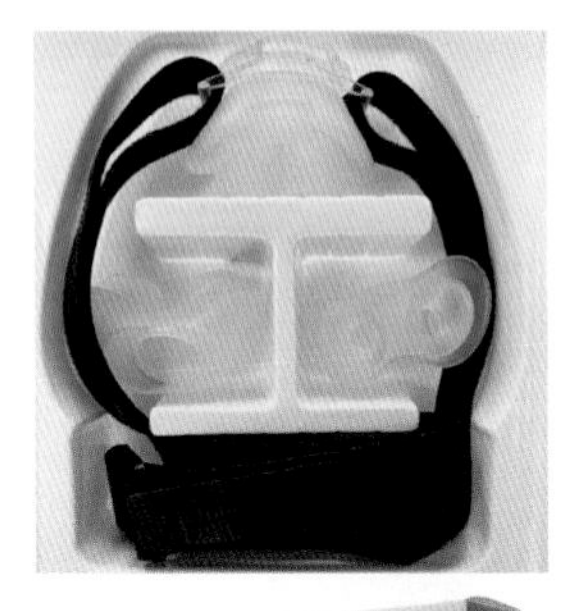

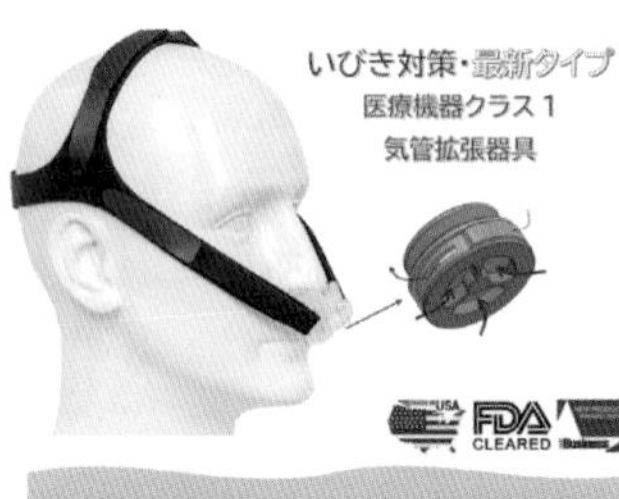

いびき対策・最新タイプ
医療機器クラス1
気管拡張器具
FDA CLEARED
米国睡眠療法分野－2021年度新商品賞を受賞

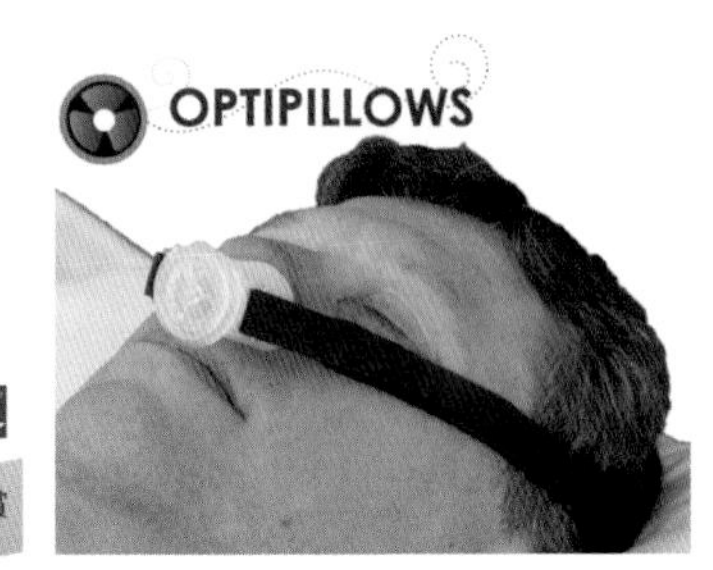

米国FDA医療機器クラス1　認証済
日本医療機器クラス1　認証済

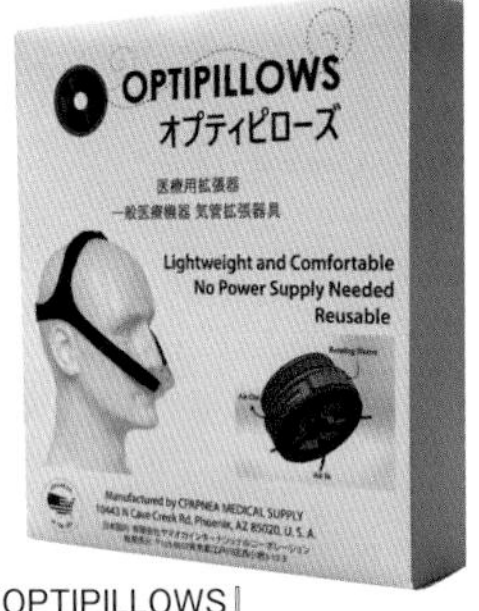

『OPTIPILLOWS』
（S･M･L）19,800円（税込）

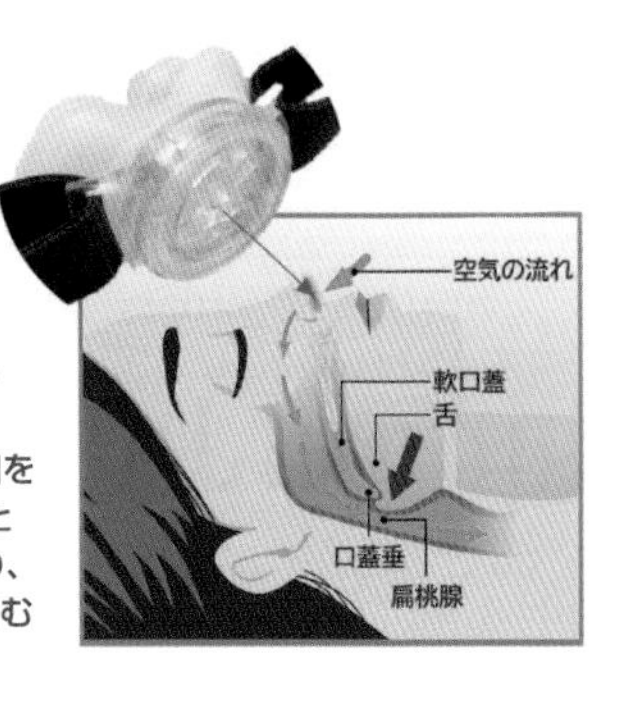

『有限会社ヤマオカインターナショナルコーポレーション』の画期的なイビキ対策グッズ『OPTIPILLOWS（オプティピローズ）』は、医療機器クラス1の気管拡張アイテム。息を吐出し終わる時に上気道は狭まり、吸込む時に舌根や口蓋垂が上気道を邪魔していれば、それらが振動していびきが生じる。そこで、息を吸込む前に上気道を拡げておけば、いびきは減少もしくはなくなる。『オプティピローズ』は、「呼気時気道陽圧法」によって上気道を拡げることにより、根本的にいびきを改善させることを実現。独自設計の空気量調節バルブにより、吐く息を調節して上気道・鼻孔を膨らませ、空気がスムーズに通るようになる。世界初、呼気量を調節できる設計で、呼気の減少に徐々に慣れることができる。

欧米では数年前より販売されているが、日本には初上陸。医学的にも認められている同製品、試してみては。

（ライター／播磨杏）

有限会社 ヤマオカインターナショナルコーポレーション

03-6806-9515　info@yamaokainternational.com
㊓ 東京都江戸川区西小岩3-12-3-1F
https://yamaokainternational.com/

健康専守グッズを世界から
ヤマオカ インターナショナル コーポレーション
Yamaoka International Corporation

手をかざすだけ上向きに液体を噴出
衛生的でオシャレな感染対策グッズ

キューブデザインモデル『LJ-01』

コンパクトモデル『LJ-02』

上向き自動液体噴出装置
LiquidJet
リキッドジェットシリーズ

ひょうご新商品調達認定制度
認定商品

どちらも特許取得済。

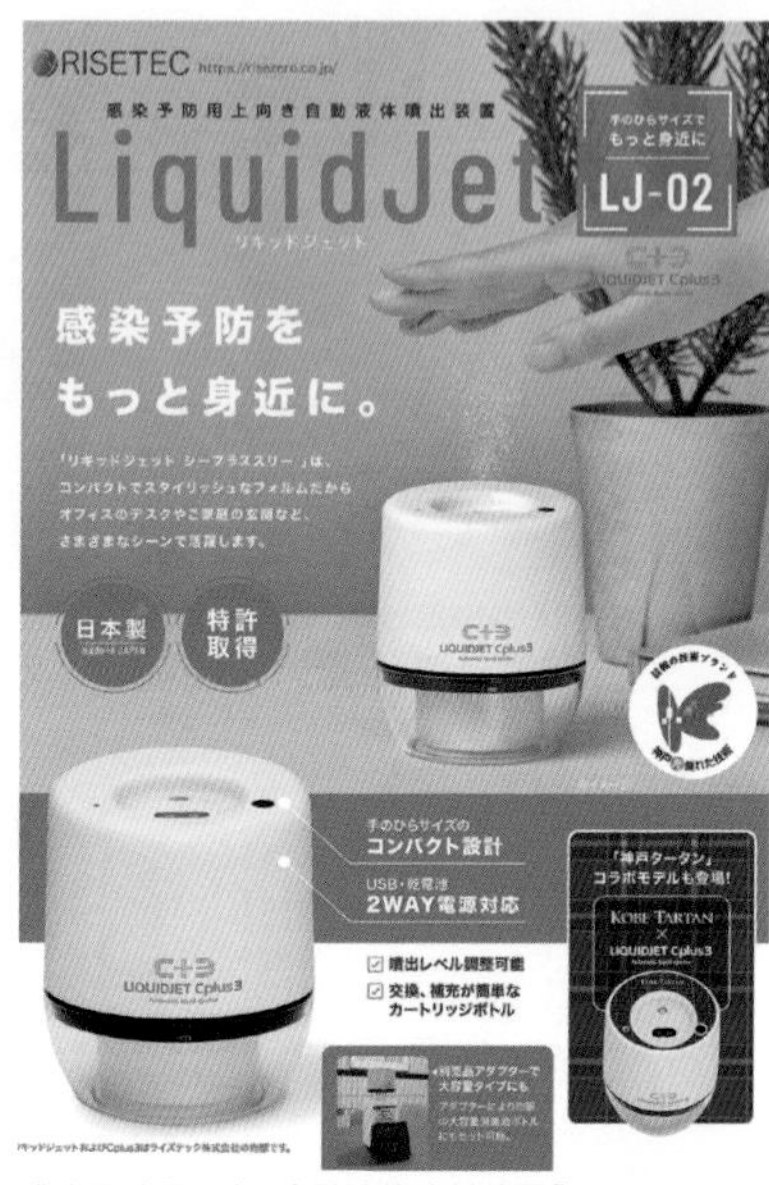

感染予防用上向き自動液体噴射装置『リキッドジェットCplus3』オープン価格
「神戸発・優れた技術」認定

標準モデル

大容量モデル
（オプションアダプター使用時）

家庭など様々なシーンで大活躍。台所や玄関など家族での感染予防にも、今、主婦やOLなど女性に人気沸騰。

センサー感知で触れることなく、清潔に除菌液を塗布することができる世界初の噴出装置『リキッドジェット』は、『ライズテック株式会社』が開発した上向き自動液体噴出装置。本体に触れる必要がなく、手をかざすだけで適量の消毒液や除菌液が上向きに噴出するので衛生的だ。ポンプ式のように液だれの心配がないので、お手入れも楽々。特許技術により、少量でも手のひら全体に行き届く設計で、液の使い過ぎがなく経済的。乾電池も使用できるので、電源の場所を気にせず、玄関や屋外などどこにでも設置できる。会社や学校など多くの方が利用する場所には、電池寿命長持ちのキューブタイプ、家庭やオフィスのデスクなどにはコンパクトモデルと、使うシーンに応じて2種類の大きさがあり、あらゆるシーンに適応する。また、オプションの充電器で駆動することもでき、好みのデザインや文字を入れるカスタムオーダーも可能。引き出物や記念品、贈りものなどにも人気だ。（ライター／播磨杏）

ライズテック 株式会社

078-652-1229　info@risezero.co.jp
㊟ 兵庫県神戸市長田区苅藻通り7-4-27 別棟2F
https://risezero.co.jp/

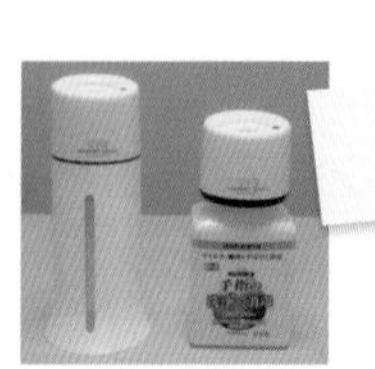

市販の消毒ボトルにも装着できる。

お洒落なパッケージが女性に大人気「黒素材濃縮エキス」が入った漢方由来の本格酵素

『黒とよもぎの美漢酵素』30包 8,802円(税込)
オンランショップ https://store.claro.jp/

Claro
クラロ
03-6824-2877 support@store.claro.jp
住 東京都港区南青山2-15-5
https://claro.jp/

近年注目をあつめる「フェムテック」。そのなかで今注目の新ブランド『Claro』が手掛けた『黒とよもぎの美漢酵素』。漢方で妊活のための体づくりやエイジングケアに良いとされる黒米・黒豆・黒ゴマなどの黒素材濃縮エキスを30%も配合したオリジナル酵素だ。ヨモギをはじめとする野草を中心に85種類の原料で作られており、漢方由来なのに黒蜜のような味で飲みやすく、これまでの酵素のイメージを大きく覆す。腸活や妊活のための体づくりに加え、冷えやむくみの解消、肌や髪のぱさつきを抑えるなど、女性に嬉しい効果が。

(ライター/今井淳二)

「まゆ毛専用美容液」で美しい眉毛へ

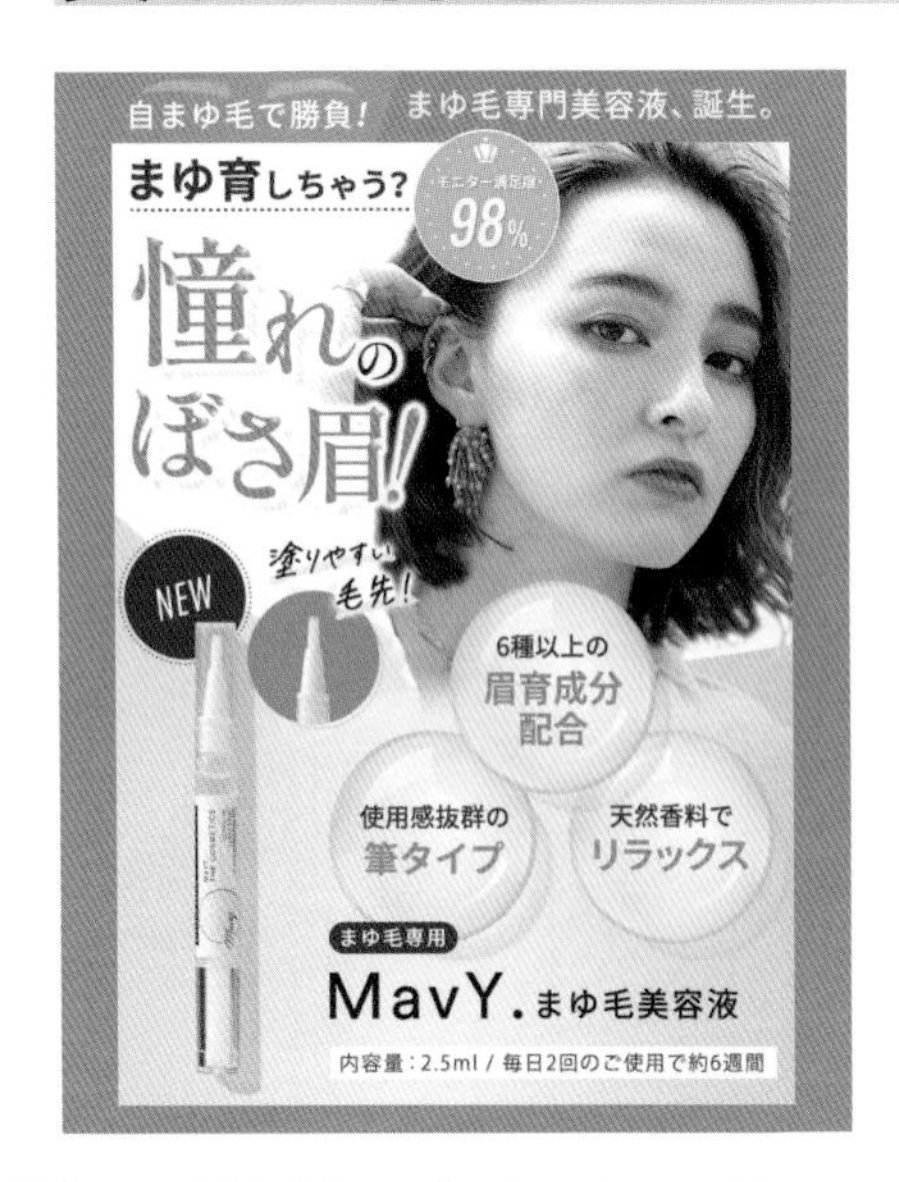

株式会社 MavY.
マヴィ.
0120-139-773 mavy.since2022@gmail.com
住 大阪府大阪市北区梅田1-1-3 大阪駅前第3ビル 29F-1-1-1
https://mavy.co.jp/

『株式会社MavY.』の『MavY.まゆ毛美容液』は、顔の印象の8割を決めるともいわれている眉毛専用の美容液。まゆ毛の形に悩んでいる方や生え揃わない方などにオススメだ。筆タイプの塗りやすい毛先で、使いやすさ抜群。成分は、パントエア菌LPS、リデンシル・キャピキシルを高配合。精油を配合させ、クラリセージ・レモングラスがふわっと香る。人口着色料など七つのフリー成分でお肌に優しい美容液。まゆ毛で悩んでいた方の救世主となる「まゆ毛専用美容液」だ。

(ライター/髙田千浪)

青汁が爽やかフレッシュな レモンティー味になって新登場

『国産青汁×レモンティーAole-アオレ-』
90g 通常価格 3,280円（税込）

株式会社 Anc
エーエヌシー
052-253-6221 info@anc.nagoya
㊟ 愛知県名古屋市東区泉1-16-7 K21ビル3F
https://aole.jp/lp1/

『株式会社Anc』の『国産青汁×レモンティー Aole-アオレ-』は、苦味が強い青汁を爽やかなレモンティー味に変身させた子どもから大人まで美味しく飲める画期的な青汁。大麦若葉の成分はそのままにスッキリした味わい。毎日飲めるようにと何度も試作を重ねて調整し、ようやく完成させたという。農薬・化学肥料を一切使わず、大麦若葉、ケールなどスーパーフードをバランスよく配合。

（ライター／髙田千浪）

地域の人々の健康を守るため
献身的な治療を
提供しているクリニック。
これからも多くの人の健康に
寄与していく。

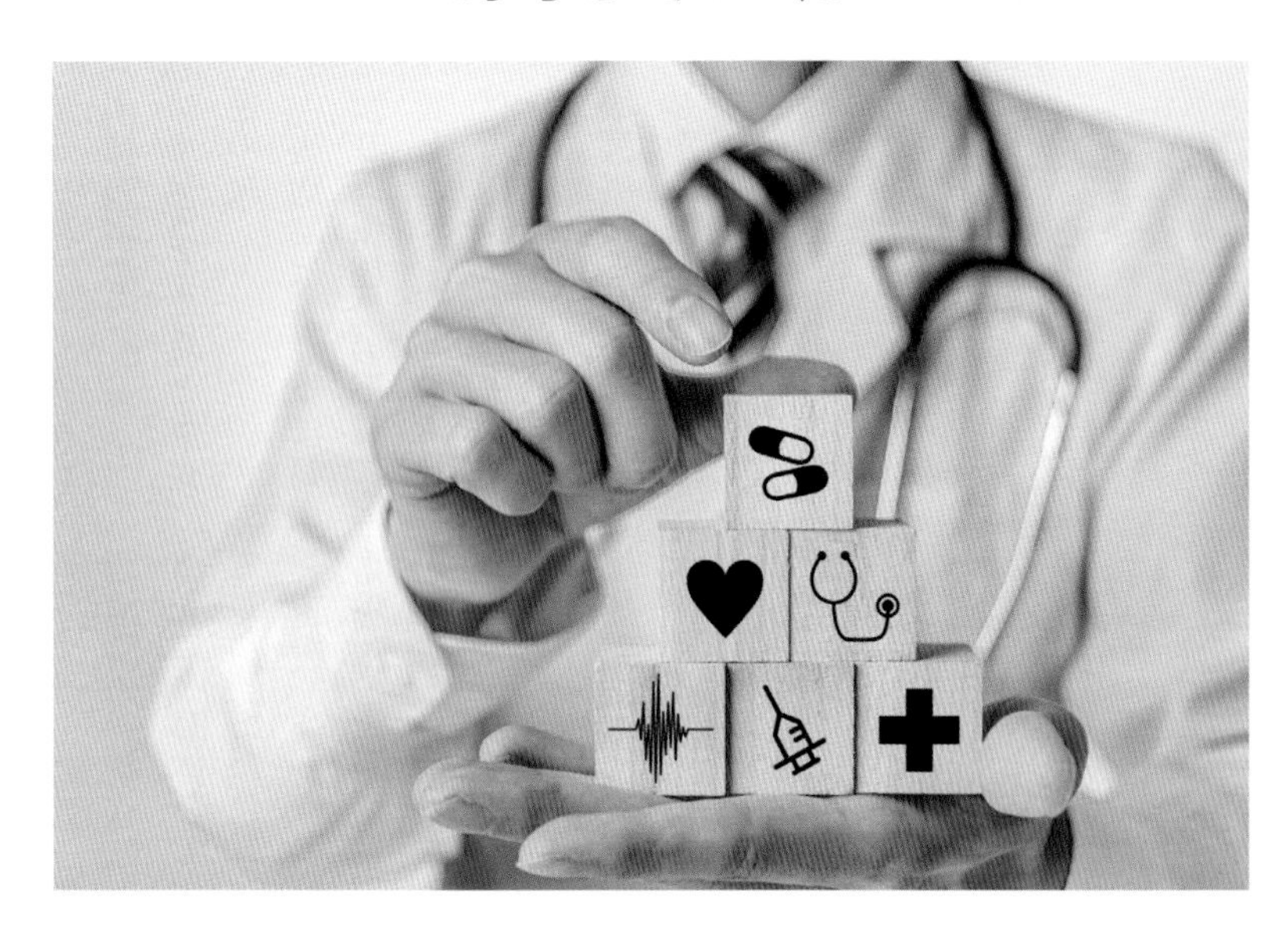

地域医療に貢献して40年の歴史を刻む回復期リハビリと慢性期患者の病棟

地域とともに40年。最新施設・高度医療設備を完備。

松本裕史 院長
群馬大学医学部卒。2003年、『羽生総合病院』院長就任。日本外科学会認定医、日本消化器外科学会認定医、日本胸部外科学会認定医。

新病院新築移転で前進
地域完結型医療を提供

埼玉県羽生市の『羽生総合病院』が2023年9月、開院40周年を迎える。166床の埼玉医療生協の病院としてスタート、2018年に26の診療科と311床を擁する新病院に移転して新たな歩みを始めた北埼玉地区最大の医療拠点。20年間経営を担ってきた松本裕史院長は、世界中から難病患者が訪れる米ミネソタ州のメイヨー・クリニックをモデルに質の高い診療体制を追求し、2024年4月の運用開始を目指して『回復期リハビリテーション病棟』と『慢性期患者に対する病棟』から成る新病棟の増築にも着手、新たなステージへと歩を進める。

「当病院は、長年にわたり医療施設の不備に苦しんでいた北埼玉地区で医療法人徳洲会の協力を得て開院し、地域医療に貢献してきました。院長に就任してからの20年間は、診療体制を拡充しながら歩んできましたが、特に新病院の新築移転ができたことは大きな前進でした。まだ発展途上ですが、高度の医療技術を持つ医師の招聘、先進医療技術や機器の導入でがん治療や健診部門の増強が実現し、地域完結型の医療が提供できる基盤ができた

建設中の『回復期リハビリテーション病棟』と『慢性期患者に対する病棟』。

医療法人 徳洲会 羽生総合病院
はにゅうそうごうびょういん
048-562-3000 hanyuhp@fureaihosp.or.jp
㊟ 埼玉県羽生市下岩瀬446
http://www.fureaihosp.or.jp/hanyuhp/

ことで、私が追求してきた医療の理想形に近づいたと思っています。また、2022年に『医療法人徳洲会』に経営を移譲したことも、医療連携、経営安定につながっています」

新病棟は本館裏の駐車場を利用した、本館ともつながる3階建ての病棟。容態が危機状態から脱し、身体機能の回復を図る人が利用できる回復期リハビリ病棟、重度の肢体不自由者や脊椎損傷など重度障害者、重度の意識障害者などが入院できる障害者病棟から成り、それぞれ40床を擁し、医療スタッフも増員する。

「これまで当病院は、救急患者さんを常に受け入れるという方針の下、急性期疾患の診療に重点を置いてきましたが、新病棟ができれば急性期、回復期、慢性期の各段階の疾患をワンストップでカバーする診療体制が整います。当病院の患者さんだけでなく、他の医療機関から紹介された患者さんも受け入れ、高齢者を地域で支える地域包括ケアの一翼を担うものです。また、障害者病棟は新型コロナウイルス感染症のようなパンデミックが起きた時には、感染した患者さんを受け入れ、治療する病棟にもなり、地域医療への貢献度が一段と高まると思っています」

秋に開院40周年を記念する式典などを開催する準備を進めているが、松本院長はスタッフと一丸となって新たなステージに臨む決意を表明する予定だ。

（ライター／斎藤紘）

受付

健診待合室

女性待合室

人間ドック待合室

診療施設救急センター、血液浄化センター、外来化学療法センター、日帰り手術センター、内視鏡センター、リハビリテーションセンター、サポートセンター、臨床試験センター、健康管理センター。

低侵襲手術で背骨周りの様々な疾患治療 高齢化で増える脊椎圧迫骨折にも対応

小切開で入院期間短縮
骨粗しょう症検査推奨

一般に背骨といわれる脊椎やその中を通る脊髄という中枢神経の疾患は腰痛や手足のしびれ、運動障害、歩行障害などの症状をきたし、ＱＯＬに大きく影響する。様々な病態があるこの疾患の治療で受療者一人ひとりに適合した低侵襲手術を追求する診療方針を貫き、声価を高めているのが『苑田第三病院・東京脊椎脊髄病センター』だ。病院長でもある星野雅洋センター長は、「最小侵襲脊椎安定術ＭＩＳＴ研究会（現ＭＩＳＴ学会）」の発起人として脊椎脊髄疾患に対する低侵襲治療をリードしてきた日本脊椎脊髄病学会外科指導医。

同センターは、腰椎すべり症や腰部脊柱管狭窄症、腰椎椎間板ヘルニアなどの腰椎変性疾患、頚椎椎間板ヘルニアや頚椎症性骨髄症などの頚椎変性疾患といった背骨に関わる疾患全体に対応する。低侵襲の手術治療を象徴するのが『最小侵襲脊椎安定術ＭＩＳＴ』だ。

「『ＭＩＳＴ』は、脊椎の固定や制動、安定化により脊椎機能の正常化を目指す低侵襲脊椎手術の総称です。例えば、腰椎が前後にずれてしまう腰椎変性すべり症の場合、神経の圧迫を取り除いたあとに、

星野雅洋 センター長
日本大学医学部卒。日本脊椎脊髄病学会外科指導医。日本整形外科学会専門医、日本リハビリテーション医学会専門医。MIST学会監事。

TOKYO SPINE CENTER
SONODA

診 9:00～11:30 休 日曜日・祝日

医療法人社団 苑田会 東京脊椎脊髄病センター
とうきょうせきついせきずいびょうセンター
03-5837-5111
住 東京都足立区伊興本町2-5-10 苑田第三病院内
http://www.sekitsui.net/

不安定な骨同士を固定する必要がありますが、従来は10㎝以上の皮膚切開を置いて背筋を広範囲に骨からはがして病変部位に達して、除圧と固定を行っていました。それが『MIST』では片側に約3～4㎝、2㎝、1㎝の3箇所の皮膚切開を置き、特別な開創器を挿入して、背筋を分けるように病変部に到達して手術を行います。皮膚切開が小さいため術後の痛みが従来法に比べ少なく、入院期間が短縮され、背筋に対する負担も少なくて済みます」

星野センター長は、骨粗しょう症を原因とする脊椎圧迫骨折について長年研究を続け、最新の低侵襲手術で治療する。

「脊椎圧迫骨折は、背骨が押しつぶされて変形してしまう骨折です。骨粗しょう症が大きな原因の一つで、高齢化と共に増えています。治療で行う手術は経皮的椎体形成術BKPといい、脊椎の骨折に対し骨セメントを注入して固定する術式です。背骨の両脇を2箇所、5㎜程度切開し、小さな創から骨折した脊椎の中にバルーンを入れてそれを膨らませた後に骨セメントを充填します。術後すぐに疼痛が取れるのも特長です」

高齢化で骨粗しょう症が増えていることから、同センターでは骨密度の検査などによって発症リスクを把握することを推奨している。

（ライター／斎藤紘）

「アンギオグラフィ」を導入し、神経の癒着に伴う炎症へのカテーテル治療（膜外癒着剥離術）。

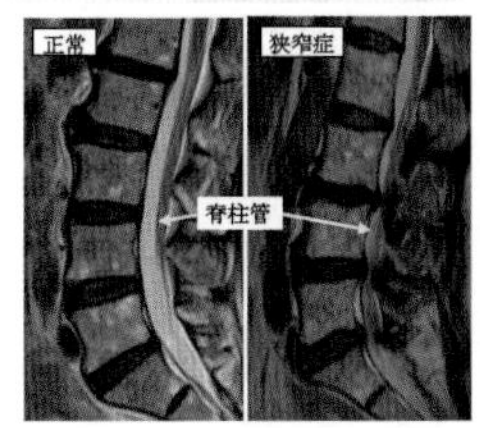

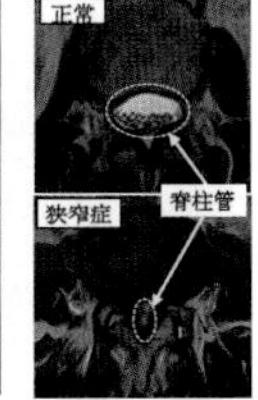

赤矢印：狭窄がある部位

腰部脊柱管狭窄症

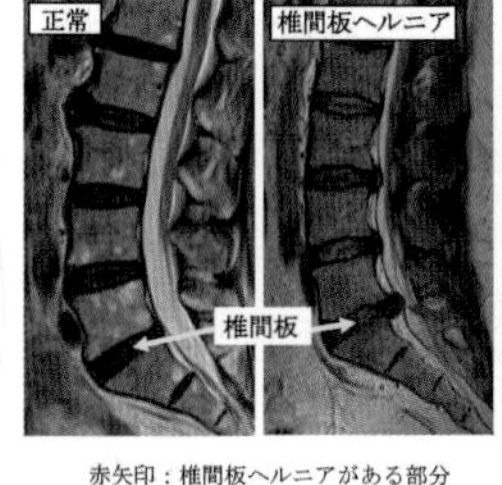

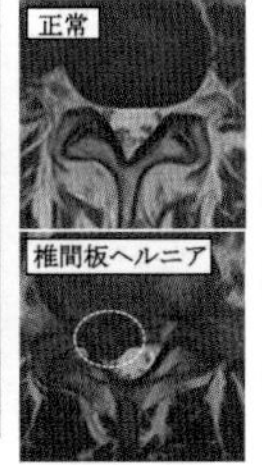

赤矢印：椎間板ヘルニアがある部分

腰椎椎間板ヘルニア

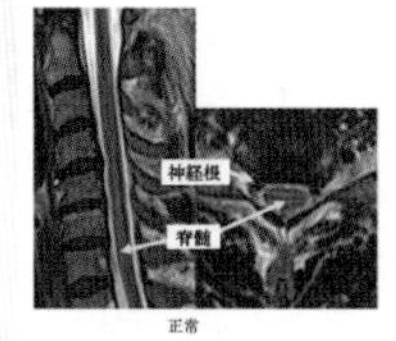

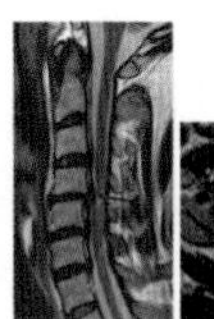
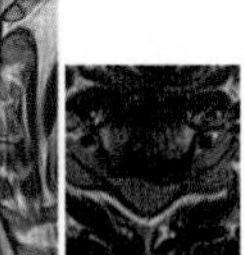

正常　頸椎症性脊髄症　頸椎症性神経根症

頸椎症（頸椎症性神経根症・頸椎症性脊髄症）

低侵襲手術の術後より、手術方法や脊椎疾患の特長を熟知した脊椎専門セラピストによる患者さんに合わせたオーダーメードなリハビリテーションを提供。

医療法人社団 苑田会
東京脊椎脊髄病センター

こちらからも検索できます。

東武線竹ノ塚駅西口より徒歩約10分

高齢化が進む地域医療を担うかかりつけ病院 糖尿病の最適治療を生活に組み込む指導も

定村慎吾 院長（左から2人目）
医学博士・日本内科学会総合内科専門医・日本血液学会専門医。
藤井雅一 内科部長（左から3人目）
医学博士・日本内科学会総合内科専門医・日本糖尿病学会専門医、指導医。

地域のかかりつけ病院
糖尿病教育入院に力

福岡県嘉麻市の『社会保険稲築病院』は、「一般社団法人福岡県社会保険医療協会」が運営する福岡県内にある7病院の一つであり、73年の歴史を刻む地域の医療拠点。かつて炭鉱で栄えた嘉麻市は高齢化が進み、2025年には高齢化率が43・8%になることが予想されている。同病院では、今後増加していく介護が必要な高齢者が、住み慣れた地域で自分らしい暮らしを家族と共に最後まで送れるよう、積極的に支援している。この地域の保健・医療・福祉において、地域包括ケアシステムの中核として貢献している。

外来診療は、内科・小児科・整形外科・眼科・皮膚科・神経内科・泌尿器科・リハビリテーション科があり、入院診療は地域包括ケア病棟・回復期リハビリテーション病棟・医療療養病棟の計144床と同施設内に開設されている介護医療院37床を擁する。定村伸吾院長のもと、「回復期から慢性期の医療を通じて患者さんの自立生活を支援し、介護部門を利用して可能な限り在宅生活を支援していくこと。在宅の生活、療養が困難になった方に対しては、緩和ケアをはじめ尊厳ある人生の最終ステージを過ごすための医療と介護を提供していくこと。」とその方針は常に患者さんとその家族に寄り添う。

一方、同病院で特に力を

藤井雅一 内科部長（九大での実験の様子）

診 月〜土8:30〜12:30　13:30〜17:00
（診療科曜日で異なる）
休 日曜日・祝日・土曜日午後

一般社団法人　福岡県社会保険医療協会 社会保険 **稲築病院**
いなつきびょういん
0948-42-1110
住 福岡県嘉麻市口春744-1
http://inatsukihospital.jp/

入れている診療領域の一つは藤井雅一内科部長(日本糖尿病学会専門医・指導医)が担当する糖尿病である。

「生活習慣病である糖尿病は、患者さん個々をとりまく環境が血糖コントロールに大きな影響を及ぼします。当院では、幅広い年齢層の患者さんが受診され、現役世代では働き方に準じた様々な生活パターンに寄り添う方針を、高齢の方々では御家族との関わりにも重点を置き、継続可能な最善の方針を一緒に考えてまいります。普通の日常の中に確固たる治療があり、未然に血管合併症を防ぎ健やかな生活を送ることができるようサポートしてまいります」

同部長が考える明確な診療方針だ。

長い付き合いが必要な糖尿病とどう接していけばよいのか、この難しい問題を患者と共に模索し、より最適な治療内容を目指していく。また地域の診療所(開業医)との連携を深めることで、個々の患者さんの生活背景を把握し、できる限り日常生活に溶け込むような治療法の提案も行っている。さらに、糖尿病治療の必要性・重要性の理解を深め、生活習慣の自己管理を学ぶことができる糖尿病教育入院も積極的に行い、病診連携を後押しする。

同病院のもう一つの特色は、九州大学大学院医学研究院臨床検査医学と協働して抗肥満薬の創薬共同研究を行っているという点である。糖尿病・高血圧・脂質異常症をはじめとする様々な生活習慣病の起点となる肥満治療をターゲットとして、最新の予防医学発展へも貢献している。

予防医学・生活習慣病から回復期・慢性期・終末期医療までの幅広い医療分野と生活をサポートする介護分野で高齢化社会を支えるユニークな地域のかかりつけ病院といえるだろう。

(ライター/斎藤紘)

介護医療院でのカンファレンスの様子。利用者の記録はすべてipadで行う。睡眠管理センサーも実施中。

回復期・地域包括ケアを担うリハビリスタッフ。若い力で病院を支える。

介護サービス部門の会議の様子。利用者との満足度や事業所の資質向上に向けて病院と一丸になって取り組む。

地域包括ケア推進会議(コロナ前)の様子。地域の高齢者施設や介護サービス事業所、民生委員などが病院に会して地域課題を議論。

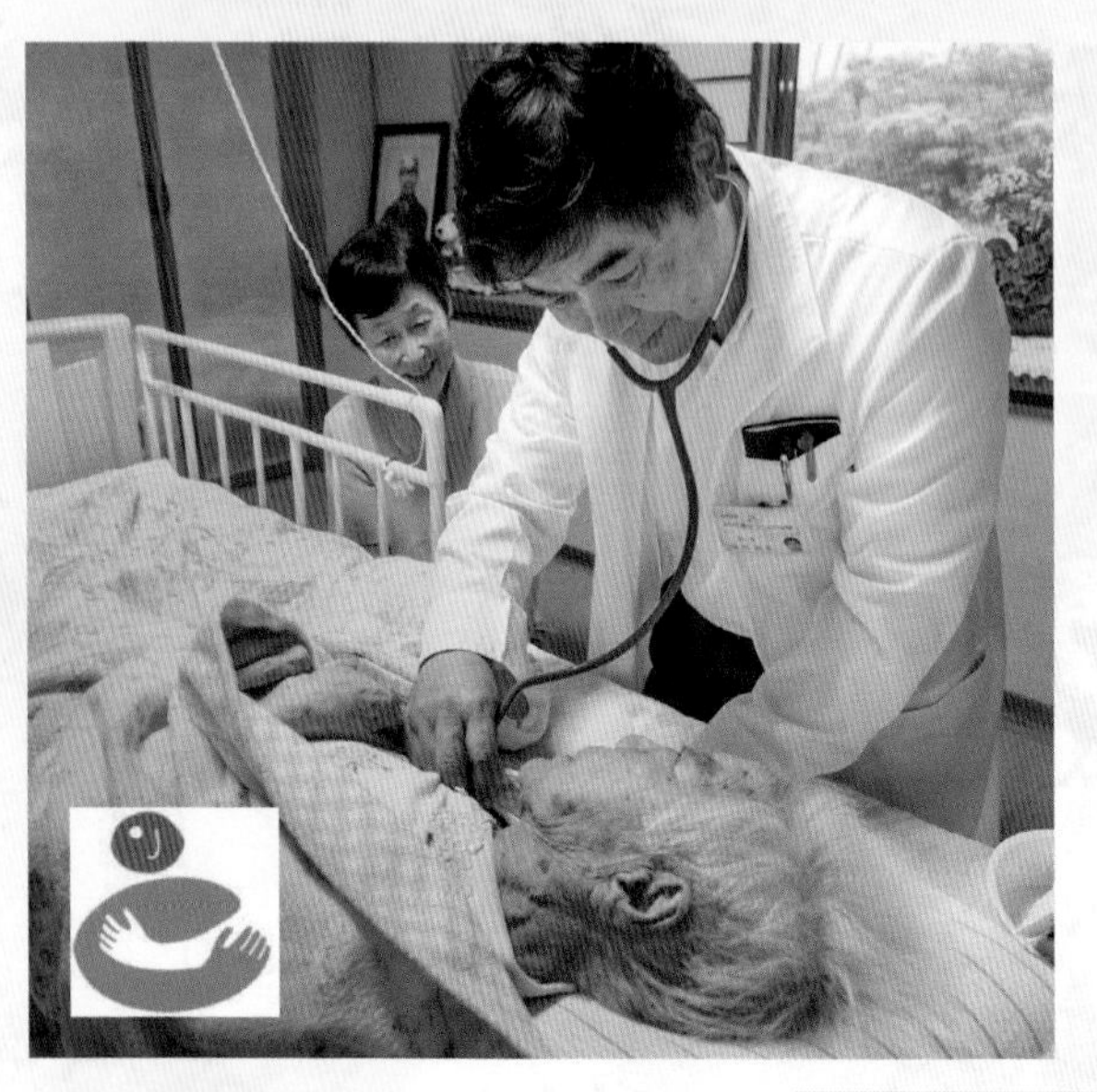

ウイズウイルスを意識し感染症対策実施コロナ禍の教訓を忘れず在宅医療に注力

5類感染症に移行後も高齢者の感染防止徹底

新型コロナウイルス感染症が2023年5月から季節性インフルエンザと同様の5類感染症になり、社会の緊張感が緩みだしたが、感染すれば重症化しやすい高齢者を対象にした医療現場では気の抜けない日々が続く。約20年前に在宅医療専門の診療所を開設し、モデルとなる診療体制を構築した『ひだまりクリニック』の福田幹久理事長は「備えがなかったことがパンデミックを招いたというのがコロナ禍の教訓」と指摘、アフターコロナではなく、ウイズウイルスを意識しながら感染症対策を怠らず、高齢化時代の医療ニーズに応えていく決意だ。

「国内では3千4百万人に近い人が感染し、7万4千人を超える人が亡くなったコロナ禍の教訓は、伝播性と病原性が強い未知のウイルスに対する日頃からの備えがいかに重要かということです。特に感染した高齢者は持病の悪化、体力や免疫力の低下に伴って死亡するケースが目立っています。クラスターが発生した施設の6割強が高齢者施設で、第8波では死亡者の9割超が70歳以上というデータもあります。基礎疾患のある高齢者が利用する在宅医療では、医療従事者も

福田幹久理事長
滋賀医科大学卒業後、鳥取大学医学部第二外科入局。1992年、鳥取大学で医学博士の学位取得。国立松江病院呼吸器外科医長を経て、2004年『ひだまりクリニック』を開院。外科認定医、胸部外科認定医、消化器外科認定医、麻酔標榜医、産業医。講演活動でも活躍。

「在宅医療」なら患者も家族も笑顔になれる
福田幹久
うまくいく、在宅医療の秘訣が満載。

「在宅医療」なら患者も家族も笑顔になれる
現代書林刊
1,300円+税

在宅医療なら患者さんも家族も笑顔に

在宅療養支援診療所 ひだまりクリニック
0859-37-5188 info@hidamariclinic.jp
住 鳥取県米子市車尾南1-12-41
http://www.hidamariclinic.jp/

利用者様もご家族も感染症対策は最重要課題なのです」

福田理事長は、胸腺の加齢変化に関する免疫学的研究で医学博士の学位を取得、国立松江病院呼吸器外科医長を経て2004年に開院、現在の在宅医療の利用者は約390人にのぼり、平均年齢は80歳だ。医師と看護師で複数のチームを組み、利用者宅を訪問する時は検査機器を携帯し、医療措置や栄養管理からがん終末期の緩和ケア、看取りまで行うが、感染症対策に万全を期して診療に臨む。

「在宅医療は、重症化に繋がる基礎疾患のコントロールが一番大事ですが、在宅医療の現場にウイルスを持ち込まない、持ち込ませないことが大原則です。医療従事者側は、日頃から健康管理に気をつけること、診療に当たってはマスクや手袋などの個人用防護具の着用や手洗いの励行などの標準予防策、室内の消毒や換気、寝具類の洗濯などの指導を徹底することも重要です。利用者の方がデイサービスを利用したり、介護するご家族が外出したりするときは感染に注意し、発熱など体調に変化があったときには速やかに連絡することも大事です」

今後は、訪問時以外でもオンラインで適宜指導助言できる通信環境の整備も必要になるとみている。

（ライター／斎藤紘）

訪問看護の内容
1.健康チェック
血圧・体温・脈拍などを測定します。
2.身体の清潔
入浴介助や清拭・足浴などを行います。
3.医療器具の管理
4.床ずれの予防・手当
5.日常生活の介助・介護予防
6.お薬の管理と指導
きちんと薬が飲めているかの確認をします。
7.介護相談・アドバイス
8.その他
終末期ケア
快適な在宅療養を願って・・・
私達訪問看護師がお手伝いします！
こんなときに、ご相談ください
親が認知症になってしまった
退院が決まったけれど介護の仕方がわからない
家族でできるリハビリがしたい
介護に疲れてしまった
身体の状態に変化があって不安！
チューブや医療器具をつけての退院・・・
できれば最期を家で迎えたい
介護の悩みをどこに相談したらいいのか？

ひだまり訪問介護ステーション　✆ 0859-37-5189

2017年10月に新社屋を増設。

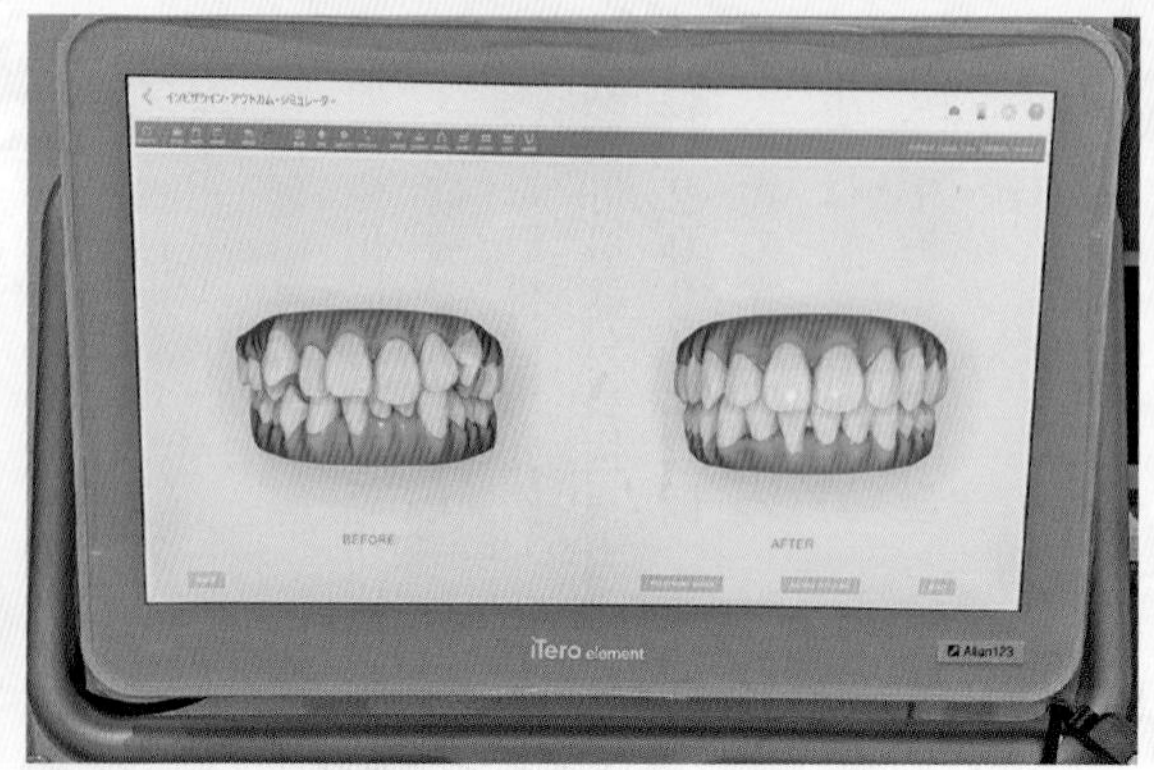

口腔内スキャナー『iTero』

様々なメリットを生む 矯正歯科に高評価 透明で取り外しできる マウスピース使用

三次元スキャナを利用 歯周病の治療にも注力

『多摩府中うめはら歯科』は、歯学博士で日本補綴歯科学会専門医である梅原康佑院長の高度な医療技術と専門知識、最新鋭の検査治療機器による的確、高精度の診療で評価を高めた歯科医院だ。中でも光学口腔3Dスキャナとマウスピースを利用して悪い歯ならびや噛み合わせを治し、機能性や審美性を回復させる矯正歯科が評判になり、受診者が後を絶たない。

「噛み合わせが悪いと、歯がよく磨けず、虫歯や歯周病になりやすかったり、よく噛めなくて胃腸に負担がかかったりしますので、矯正治療が必要となります。歯並びを整えると、こうした問題が解決するとともに、歯が健康に保たれる、正しい発音が出来るようになる、顔つきが変わるといった良い効果がもたらされます」

矯正治療で主に使うのが米アライン・テクノロジー社が提供するインビザライン®システム。「インビザライン®システムは、金具やワイヤーを使わず、取り外し可能な透明なマウスピース型の装置を一日20時間以上装着し、1~2週間ごとに新しいマウスピースに交換していくことによって歯をゆっくり移動させて歯並びを治す歯科矯正法です。装着し

梅原康佑 院長
北海道大学歯学部卒。東京医科歯科大学大学院卒。歯学博士。2017年『多摩府中うめはら歯科』開院。2021年『医療法人社団TFUD』設立。2023年6月1日『多摩府中うめはら歯科南口院』開院。

マイクロスコープ（歯科顕微鏡）を使用することで、より正確な診療が可能となり、治療のレベルが格段に向上。

医療法人社団 TFUD **多摩府中うめはら歯科**
たまふちゅううめはらしか
042-306-9877　tama.fuchu.umehara.dental@gmail.com
㊟ 東京都府中市八幡町1-4-7parkN-1F
https://umeharadental.com/

ているのを気づかれることはほとんどなく、歯磨きの際に取り外しすることができます。治療では、iTero elementという光学口腔内3Dスキャナで口腔内を細部までスキャンし、精密な歯型を採取し、歯並びのシュミレーションに基づいて治療計画を立て、それに合わせて必要数のマウスピースを最初の段階で作製しますので、頻繁に歯科医院へ通って歯型を取る必要はありません。矯正期間や費用、治療開始のタイミングなどお一人ひとりに合った提案をさせていただきます」

梅原院長は、口腔粘膜細胞と骨形成因子に関する研究で歯学博士の学位を取得したほか、外れず、よく噛め、しかも美しい入れ歯を作るためのBPS（生体機能的補綴システム）クリニカル認定医の資格も持つ。歯周病の治療にも力を入れ、公益社団法人日本糖尿病協会の登録歯科医にも認定されている。

「昨今、全身疾患と歯周病には密接な関係があるということがわかってきています。例えば、歯周病のケアをすることにより、糖尿病の状態がよくなるケースもあります。歯周病を単にお口の中だけの病気ととらえず、全身に影響を与える病気ととらえることが今後必要になってくるでしょう。地域の皆様の全身と口腔内の健康を守るべく研鑽に努めいきたいと思っています」

2023年6月1日には、府中市宮西町ザ・パークハウス府中1階にて『多摩府中うめはら歯科南口院』が新規開院。さらなる地域貢献を目指している。

（ライター／斎藤紘）

院内は清潔感あふれる広々とした空間で、利用者がリラックスできるよう配慮されている。

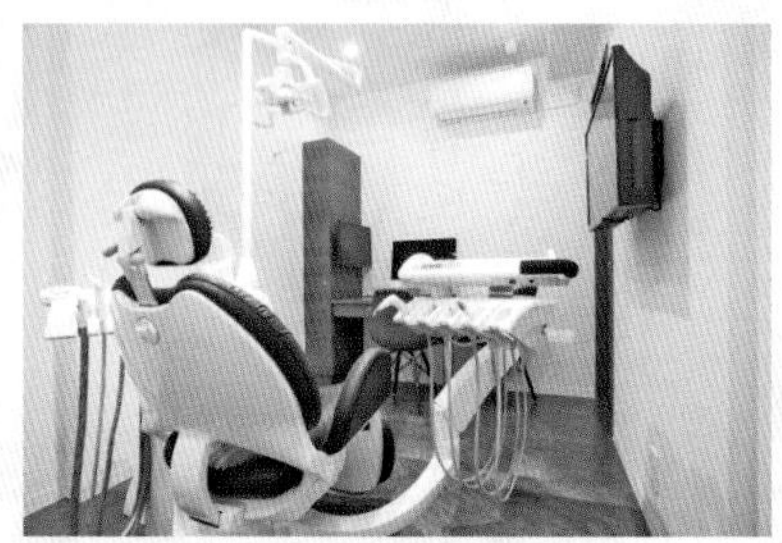

診察室は「完全個室」と「半個室」があり、治療中、他の患者さんと顔を合わせないようになっており、プライベートなことを含め、些細なことも相談できる環境が用意されている。

㊟ 9:00～13:00 14:30～19:00
（土・日曜日14:00～17:00）
㊡ 月曜日・祝日
提携無料駐車場、駐輪場あり。

しっかり噛める
磁性アタッチメント義歯
健康寿命の延伸や
認知症防止効果を指摘

稲垣輝行 院長
愛知学院大学歯学部卒。1992年『稲垣歯科』開院。磁性アタッチメント義歯の開発研究に国の認可前より携わり、治療実績は1,000症例超。2015年、博士（歯学）の学位取得。日本磁気歯科学会所属。

千症例超える治療実績
保険適用で普及に注力

厚労省の全国歯科疾患実態調査によると、後期高齢者の8割超が何らかの義歯を使っているという。この状況下で経済産業省が「QOLの向上に貢献する技術」と推奨するのが、磁石でしっかり固定し、着脱も簡単な磁性アタッチメント義歯だ。『稲垣歯科』の稲垣輝行院長は、この義歯に関する研究で歯学博士の学位を取得、研究開発段階から携わった国内屈指のスペシャリスト。2021年から健康保険が適用されたこともあり、認知症予防効果など利点を指摘ながら普及に力を入れる。

「磁性アタッチメント義歯は、残っている歯根に磁性金属を埋め込み、入れ歯の裏側に小さいネオジウム磁石を埋め込んで固定させる義歯です。磁石1個の大きさは米粒ほどですが、最大1000gのものを吊り上げることができ、ピッタリと固定されるのでよく噛めるようになります。グラついてあきらめていた歯も抜かずに歯の根っこを利用できるうえに、止め金が必要ないので、見た目もスッキリと自然で上品です。しかも、シンプルな構造なので、装着、取り外しが簡単でお手入れも楽にできます。前歯にバネが見えたり、バ

『磁性アタッチメント義歯』

CTインプラントセンター併設
㊟ 9:30～12:30 14:00～19:00
（土曜は17:30まで）　㊡ 木・日曜日・祝日

医療法人 恒輝会 **稲垣歯科**
いながきしか
☎ 0568-78-2525　✉ inagaki@komaki-dent.jp
㊟ 愛知県小牧市高根2-324
http://www.inagaki-dent.com/

ネがかかる歯に負担がかかって傷んだりする従来のバネ式入れ歯の課題を解決したのが磁性アタッチメント義歯なのです」

稲垣院長は、よく噛めるようになることは生活の質の向上や健康寿命の延伸にもつながると指摘する。

「磁性アタッチメント義歯は、硬いものも噛みやすい設計で、基本的に食べるものは選びません。また、噛む力が歯根に伝わりやすいので、自分の歯で噛んでいる感覚を得ることができ、食生活が大きく変化して、健康寿命の延伸にもつながるでしょう。さらに、歯の下には歯根膜という器官があり、物を噛むと歯は歯根膜に沈み込み、歯根膜の下にある血管が圧縮されて血液が脳に送り込まれます。その結果、脳が活性化し、認知症防止にも役立つのです」

稲垣院長は、母校愛知学院大学歯学部を卒業後、第一補綴学講座に入局して研究を重ね、歯学博士の学位を取得した研究論文「三次元有限要素法による歯冠外磁性アタッチメント義歯に関する応力解析」は、「義歯設計を行う上で、貴重な新知見を提供し、歯科補綴学、歯科保存学および関連諸学科に寄与するところが大きい」と評価された。アタッチメント義歯による治療は、1000症例超にのぼる実績を持つ。

（ライター／斎藤紘）

世界最小被曝レベルの
歯科用CT
ドイツ製「ガリレオス」

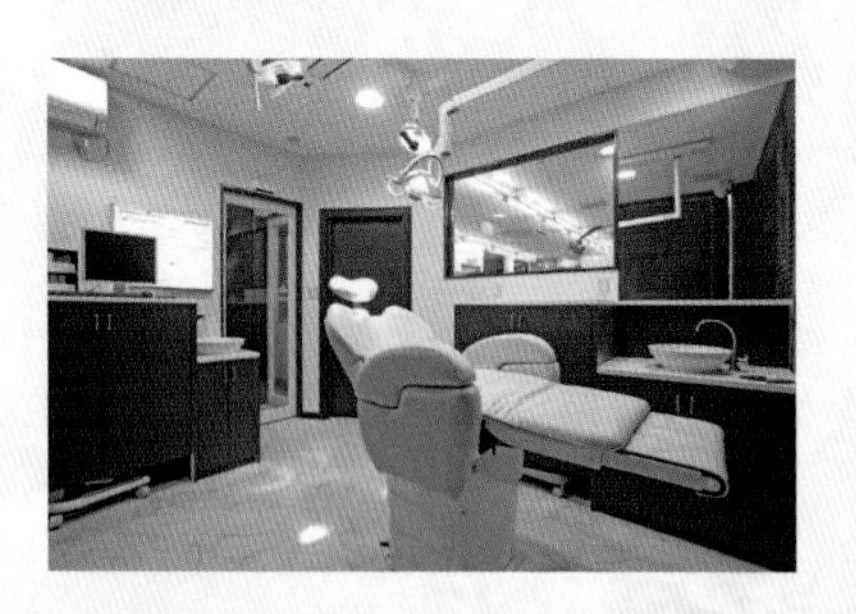

内科全般の治療と並行し
がん検診に注力
経鼻内視鏡による
検査で早期胃がん発見

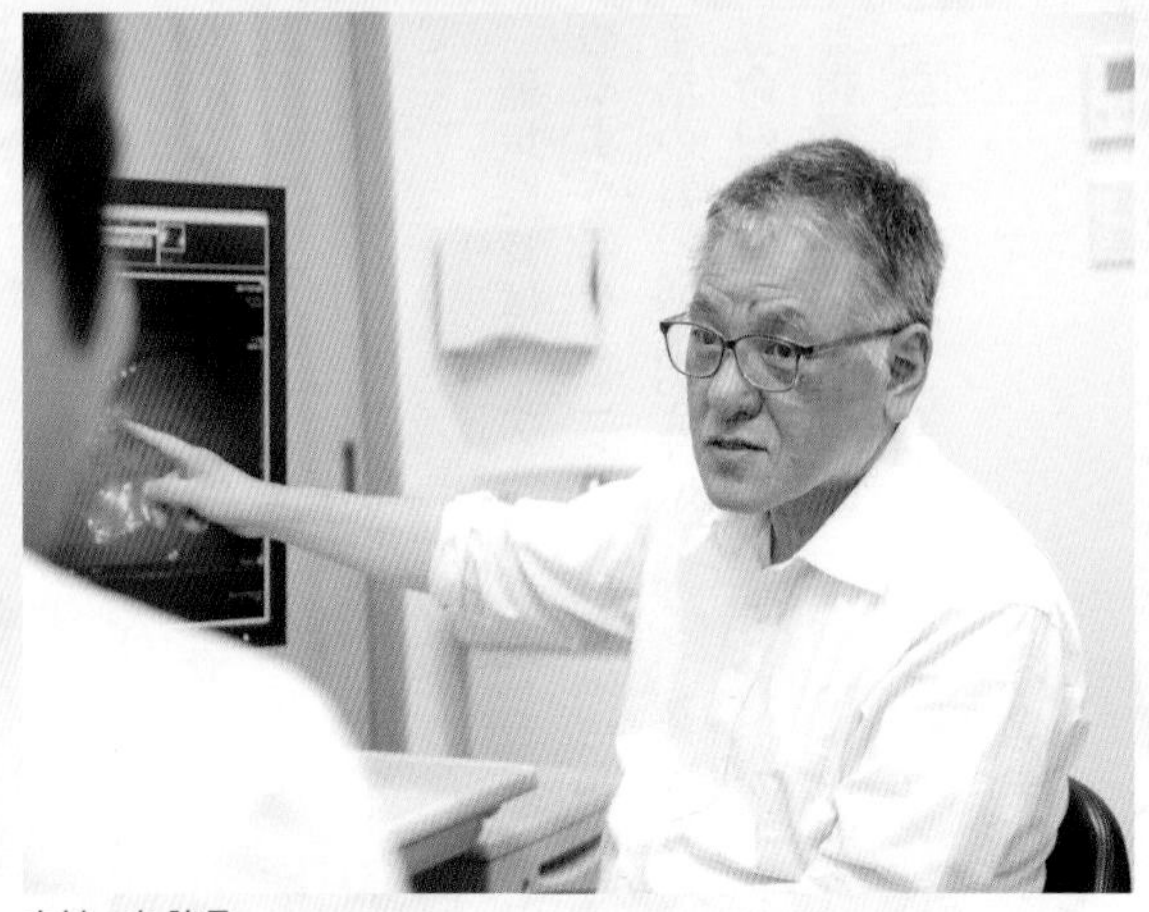

木村一史 院長
早稲田大学教育学部卒。教師、青年海外協力隊員を経て福島県立医科大学卒。ピロリ菌を発見した豪州のバリー・マーシャル博士のもとピロリ菌の研究。複数の病院勤務を経て、2016年『ヴィナシス金町内科クリニック』開院。2020年6月に『医療法人社団 ヴィナシス金町内科クリニック』として法人化。医学博士。

精度が際立つ診断技術
ピロリ除菌治療で実績

『ヴィナシス金町内科クリニック』は、病気の早期治療につながる病変の早期発見、特にがん罹患数と死亡者数で上位を占める肺がん、胃がん、大腸がんの検診に力を入れている医院。医学博士の木村一史院長による診断は精度が高く、遠方からも多くの受診者が訪れる。

同クリニックでは、消化器系の疾患を中心に感染症治療、生活習慣病の管理など広く内科全般に対応するのと並行して、がんなどを調べる特定健康診査、長寿医療健康診査、基本健康診査、肺、胃、大腸のがん検診を実施。中でも受診者が多いのが、胃がんの原因になるピロリ菌を発見した豪州のノーベル賞博士の下で研究し、鼻から極細の最新鋭レーザー内視鏡を挿入し、体に負担をかけずに胃を精密に検査する経鼻内視鏡検査のスペシャリスト、木村院長による胃がん検診だ。

「胃がんは早期発見と内視鏡治療で完治が望める病気。多くの早期胃がんを見つけ、ピロリ除菌治療を通して胃がんの予防に努めてきた経験を生かし、健康づくりをサポートしていきたいと思っています」

（ライター／斎藤紘）

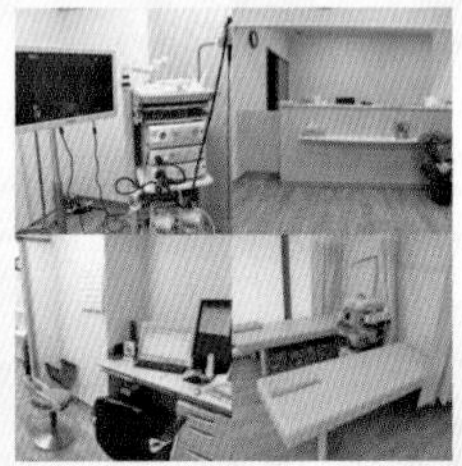

ピロリ菌の発見で、ノーベル賞受賞したオーストラリアのマーシャル博士と木村一史院長。

NTT東日本関東病院と連携し、大腸検査と早期胃癌の治療をお願いしている。

こちらからも
検索できます。

医療法人社団 ヴィナシス 金町内科クリニック
ヴィナシス かなまちないかクリニック
03-5876-9416
住 東京都葛飾区金町6-2-1 ヴィナシス金町ブライトコート2F
https://www.clinic-kanamachi.com/

佐賀県初『EMARO』使用 内視鏡手術後の痛みを軽減し 身体の回復がより早く

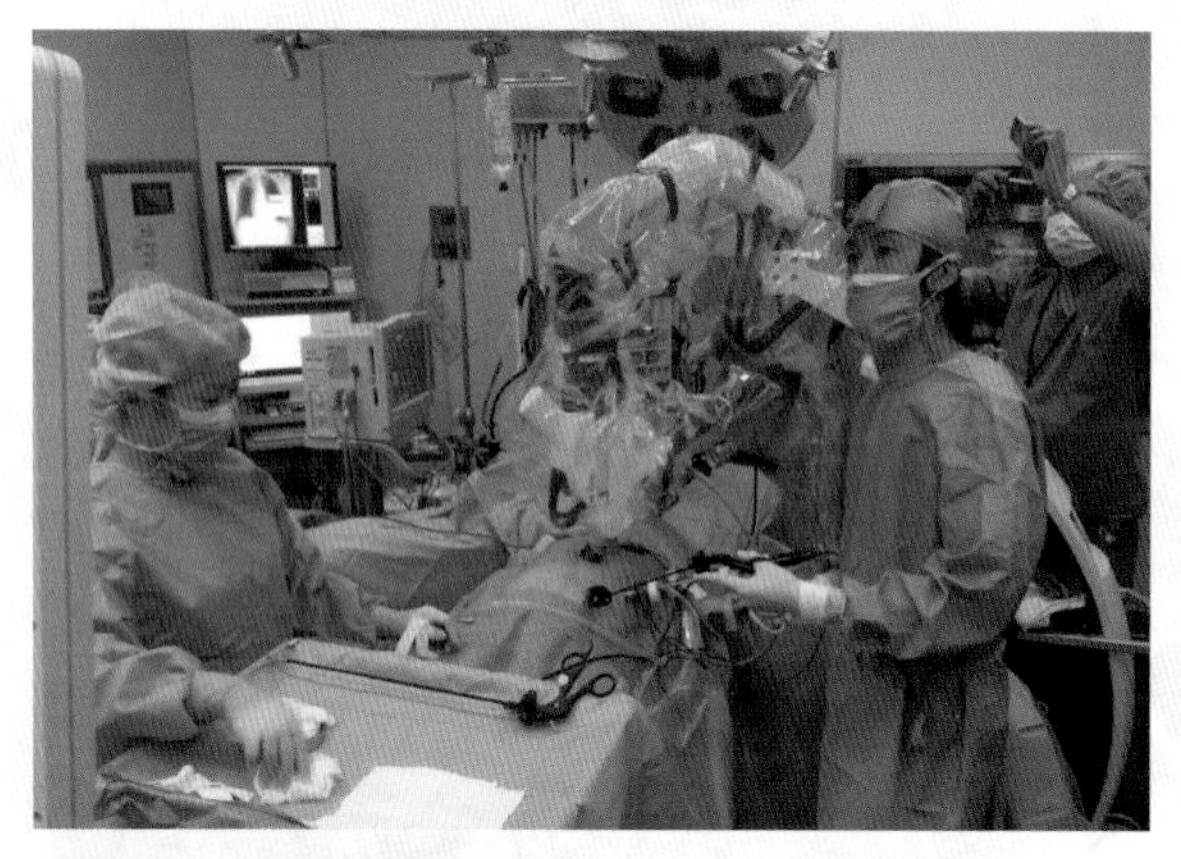

空気制御でロボットを滑らかに動かす

佐賀県内で初めて内視鏡支援ロボット『EMARO（エマロ）』を使用した『特定医療法人静便堂白石共立病院』。『EMARO』は、ジャイロ付きのヘッドセンサーを装着した術者が頭を左右に振ることによって操作できる仕組み。足元にフットスイッチがあることにより、複雑な操作が可能となる。従来の内視鏡手術では、術者の指示にしたがってカメラを動かすスコピスト（手術支援者）との意思疎通の難しさが課題だった。『EMARO』は、術者自らが操作して内視鏡手術を行えるため、タイムラグが起きずスムーズな治療が行える。

『EMARO』を用いて大腸がんや虫垂切除、鼠径ヘルニアなど様々な治療を行ってきた脇山幸大外科医長は、「『EMARO』を使った患者さんは術後に痛みを訴える割合がかなり少ない」と語っている。

空気圧制御で機械を動かしているため、腹腔内でカメラと鉗子がぶつかってもその衝撃を吸収する。開口部にかかる負担が少なく、術後の回復も早い。ほとんどが術後3日以内、長くても1週間ほどで回復し、退院することができる。

（ライター／彩未）

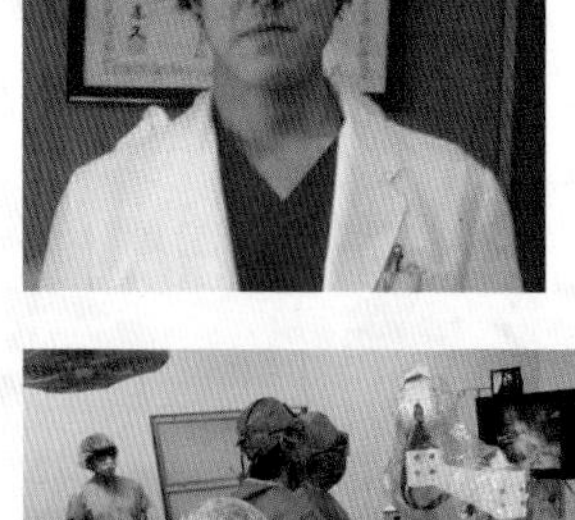

脇山幸大 外科医長
医学博士。佐賀医科大学医学部卒。佐賀大学医学系研究科・博士課程医学部専攻卒。日本外科学会専門医・専門研修指導医。日本消化器外科学会専門医・消化器がん外科治療認定医。難病指定医。

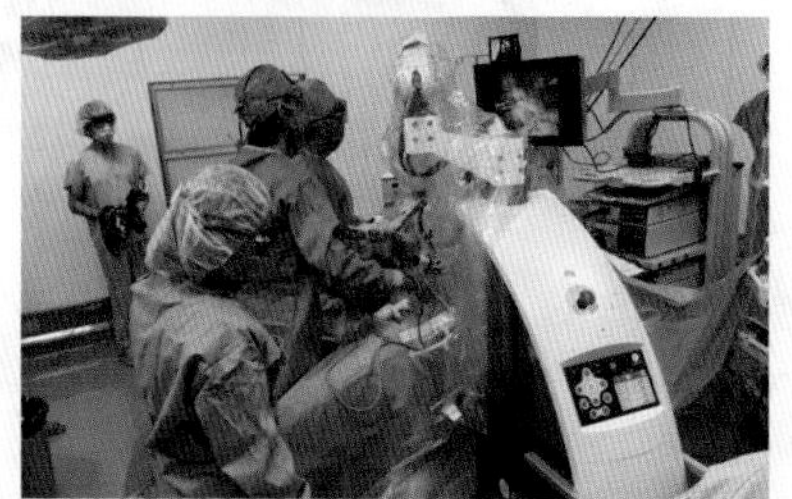

㊟ 8:30〜17:30　㊡ 日曜日・祝日・木曜日午後

特定医療法人 静便堂 **白石共立病院**
しろいしきょうりつびょういん
☎ 0952-84-6060
㊟ 佐賀県杵島郡白石町大字福田1296
http://shiroishikyouritsu.jp/

先進的医療体制が整う腎臓病治療の拠点 血液透析のシャントの日帰り手術で実績

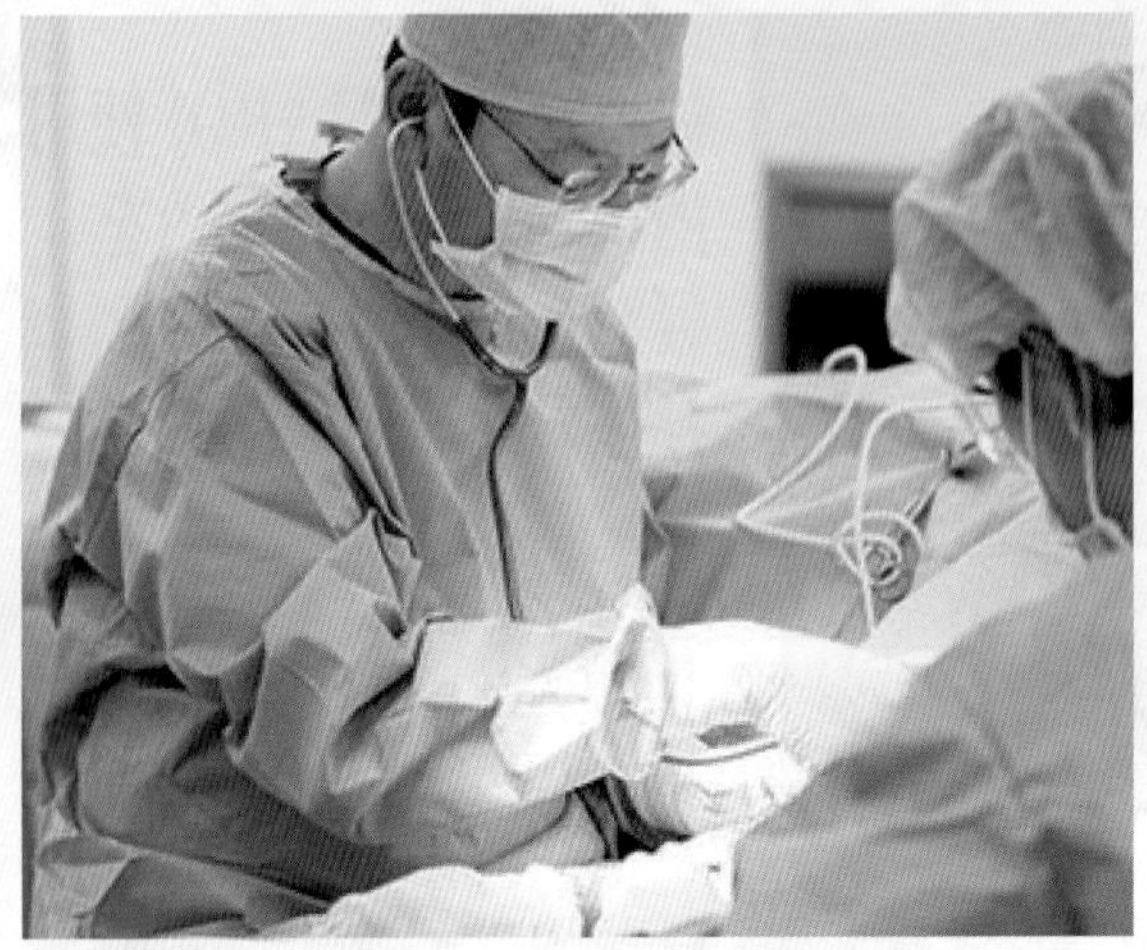

池田潔 院長
大分大学医学部卒。日本透析医学会評議員。日本内科学会認定内科医、日本透析医学会透析専門医・指導医。元日本透析学会バスキュラーアクセス改訂ガイドライン作成メンバー。

診療に生かす研究成果 在宅での血液透析指導

『池田バスキュラーアクセス・透析・内科』は、腎臓病の専門医や透析技士、看護師が結集し、49の透析台や最新の治療、検査機器を備えた腎臓病治療の一大拠点。医療体制を統括する池田潔院長は、血液透析で血液を体外に取り出すための経路「バスキュラーアクセス（シャント）」の作製や修復に関するガイドラインの改訂に携わった日本透析医学会透析専門医。体に負担のかからない透析技術の研究を続け、その成果を日々の診療にフィードバックして最適化するスタンスを貫く。

同院では、すべてのシャント手術を池田院長自ら執刀し、局所麻酔で約30分～1時間の手術を基本的に日帰りで行っている。シャントの狭窄や閉塞などが起きた場合に風船付きのカテーテルを用いて詰まりを治すシャントPTAという手術は、開院以来約8000例にのぼる。動脈硬化などでシャント作製が難しい場合には、留置カテーテルで対応する。また、透析を行うための機器を家庭に設置し、留置カテーテルへの接続方法や片付けの仕方などを指導して行う在宅血液透析も進めている。

（ライター／斎藤紘）

㊟ 腎臓内科・シャント予約外来・一般内科（予約制）
10:00～13:00　14:00～16:00
手術・シャントPTA 10:00～17:00
人工透析 月～土8:30～10:00開始
月・水・金16:00～18:00開始
㊡ 日曜日・祝日

医療法人 心信会 池田バスキュラーアクセス・透析・内科
いけだバスキュラーアクセス・とうせき・ないか
0120-281-604
㊟ 福岡県福岡市中央区白金1-20-3 紙与薬院ビル 1F・2F
https://www.fukuoka-vaccess.jp/

甲状腺疾患の
超音波診断技術の進化牽引
微小な病変の
早期発見による治療で実績

『医療法人社団生全会 池袋病院』は東京都指定2次救急医療機関として24時間救急医療体制をとる一般病床を36床有し、機能的・社会的リハビリテーションなどの療養を主体とした療養型病床群60床を併せ持ち、急性期医療から社会復帰までの一貫した医療の行える、総病床数96床のケアミックス型の救急指定病院。

超音波診断の基準開発
病状に即し治療法選択

体にとって大切なホルモンを分泌する甲状腺。その疾患の超音波診断技術の進化を牽引してきたのが『池袋病院』の川内章裕院長だ。昭和大学外科時代にびまん性及び結節性甲状腺腫の超音波診断基準を開発した日本超音波医学会超音波専門医。その基準で即して「乳腺・甲状腺外科」で行う精緻な診断が病変の早期発見、治療につながっている。

「甲状腺腫は甲状腺全体が腫れたり、しこりができたりする病気で、悪性の腫瘍を甲状腺がんといい、乳頭がん、濾胞がん、低分化がん、髄様がん、未分化がん、悪性リンパ腫などの種類があります。診察では高解像度超音波装置による検査や穿刺吸引細胞診などで良性か悪性かを判断し、がんの種類を特定し、核医学検査やCTスキャンなどで隣接臓器などへの転移の有無も調べます。画像診断の進歩で微小な病変も発見されるようになり、早期発見、治療につながっています」

治療は、がんの進行の程度や体の状態を見極め、手術のほかアイソトープ治療、放射線外照射療法、化学療法など最適の方法で進める。

（ライター／斎藤紘）

川内章裕 院長
医学博士。日本甲状腺学会認定専門医、日本超音波医学会指導医、日本外科学会指導医。昭和大学講師。著書「乳腺・甲状腺超音波診断アトラス」。

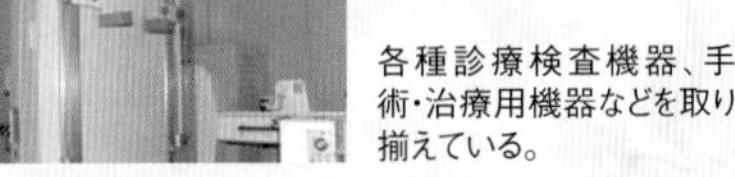

各種診療検査機器、手術・治療用機器などを取り揃えている。

㊟ 9:00～12:30　13:30～17:00
土曜日9:00～12:30
㊡ 日曜日・祝日

医療法人社団 生全会 **池袋病院**
いけぶくろびょういん
✆ 03-3987-2431　✉ ikebukuro2clinic@gmail.com
㊟ 東京都豊島区東池袋3-5-4
http://www.ikebukuro-hp.com/

生活復帰に向け模擬訓練を実施 一軒家だからこそできるユニークなリハビリ

『リハビリシミュレーションハウス』

住宅改修の準備も可能 様々な介護施設も運営

脳卒中や骨折を患った後の機能回復を図る北海道最大規模の総合リハビリテーションランド、『花川病院』で日常生活への復帰を目前にした利用者に好評なのが『リハビリシミュレーションハウス』だ。敷地内にある一軒家をリフォームしてリハビリで活用できるように整備し、病院内の環境では体験できない動作練習が行えるのがその理由だ。

自宅の環境に近い急な傾斜の階段での練習や手すりが付いていない場所、カーペット上での歩行などの練習を繰り返しできるだけでなく、自宅の玄関、居室の手すり設置、段差解消などの住宅改修や福祉用具の選定などのシミュレーションを具体的に行うこともできる。このほか、在宅復帰後も支援できるように、訪問リハビリや訪問診療も実施している。

『医療法人喬成会』は、介護老人保健施設『オアシス21』、サービス付高齢者向け住宅「花ぴりか」、看護小規模多機能型居宅介護支援サービス事業所「ナースイン花ぴりか」、居宅介護支援事業所「ホットライン21」なども運営、住み慣れた地域で暮らせる環境も整えている。

（ライター／斎藤紘）

医療法人喬成会
生駒一憲 副理事長
『医療法人喬成会』には、回復期リハビリテーション病棟を持つ『花川病院』のほか、介護老人保健施設「オアシス21」、サービス付高齢者向け住宅「花ぴりか」などあり、各施設の状態に応じて利用していただき、地域の皆様の生活向上と健康増進に役立ていきたい。

菅沼宏之 院長
北海道大学卒。日本リハビリテーション医学会指導医、認定臨床医、リハビリテーション科専門医、日本摂食嚥下リハビリテーション学会認定士。

「オアシス21」

「花ぴりか」

診 外来診療 9:00〜12:00
外来リハ 木曜日（予約制）
訪問診療、訪問リハ
9:00〜17:00
休 土・日曜日・祝日

医療法人 喬成会 **花川病院**
はなかわびょういん
☎ 0133-73-5311 ✉ hanakawa@kyouseikai.jp
住 北海道石狩市花川南7条5-2
http://kyouseikai.jp/hanakawahp/

変形性関節症の治療に再生医療を活用 血液成分や幹細胞で疼痛や炎症を緩和

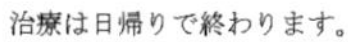

治療は日帰りで終わります。

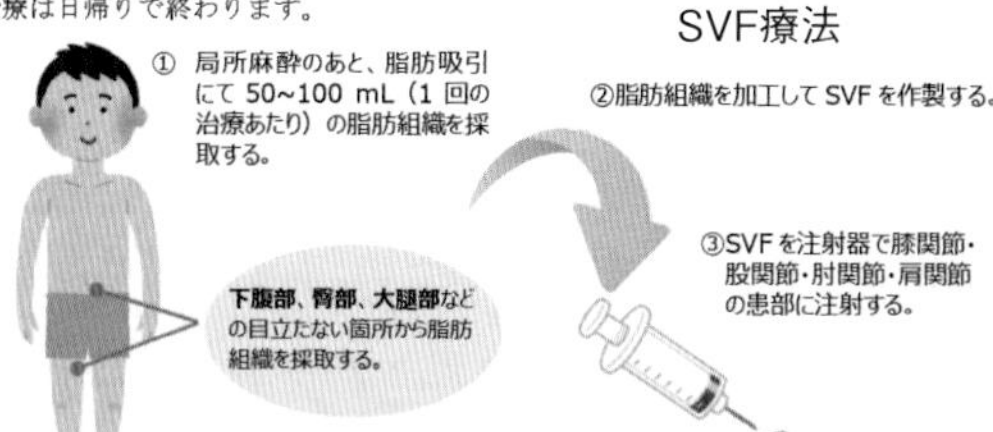

SVF療法
① 局所麻酔のあと、脂肪吸引にて 50~100 mL（1 回の治療あたり）の脂肪組織を採取する。
下腹部、臀部、大腿部などの目立たない箇所から脂肪組織を採取する。
②脂肪組織を加工して SVF を作製する。
③SVF を注射器で膝関節・股関節・肘関節・肩関節の患部に注射する。

手術療法以外の選択肢
スポーツ傷害にも有用

関節内の軟骨が劣化して関節が変形し、炎症や痛みが出たり、関節の動きが悪くなったりする変形性関節症。高齢化と共に増えるこの疾患に対し再生医療を取り入れた治療法で声価を高めているのが『仙川整形外科』の日下部浩院長だ。幹細胞を含む脂肪由来の間質血管細胞群SVFを使う療法と多血小板血漿PRPを用いる療法の二つの療法だ。

「再生医療を取り入れた治療法は、薬などによる保存療法と手術の中間的な治療法。『SVF療法』は、患者さんから採取した脂肪組織から作製したSVFを関節腔内に注入し、幹細胞などの働きで疼痛を軽減し炎症を抑えます。『PRP療法』は、患者さんの血液から遠心分離機で多血小板血漿を分離濃縮して患部に注射し、修復因子によって関節内の組織を修復するものです。SVFは脂肪採取後約2時間、PRPは採血後約30分で精製してその日のうちに投与しますので、日帰りできるのも大きな特長です。手術を避けたいといった場合などの選択肢になります」

『PRP療法』は、テニス肘やゴルフ肘などスポーツ傷害にも有用という。

（ライター／斎藤紘）

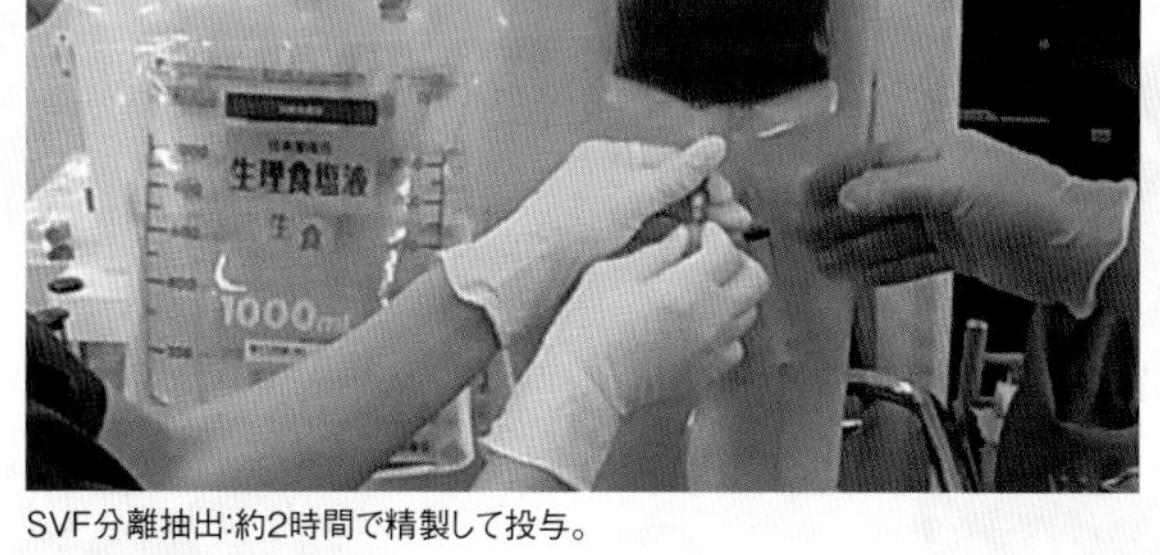

SVF分離抽出:約2時間で精製して投与。

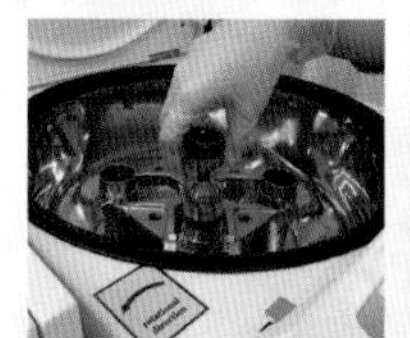

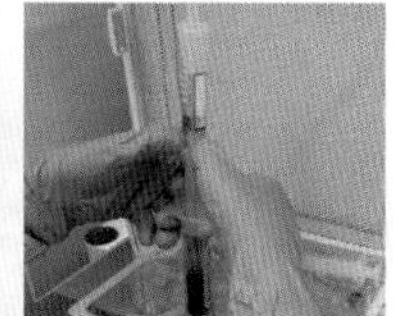
PRP分離抽出:約30分で精製して投与。

日下部浩 院長
慶應義塾大学医学部卒。米国留学などを経て2018年開院。日本整形外科学会専門医、日本小児整形外科学会評議員、日本小児股関節研究会幹事。

診 9:00〜12:30　14:30〜18:00
休 木・日曜日・祝日・土曜日午後

仙川整形外科
せんがわせいけいげか
03-3305-0088
住 東京都調布市仙川町3-2-4 ウィステリア仙川1FA
https://sengawa-ortho.jp/

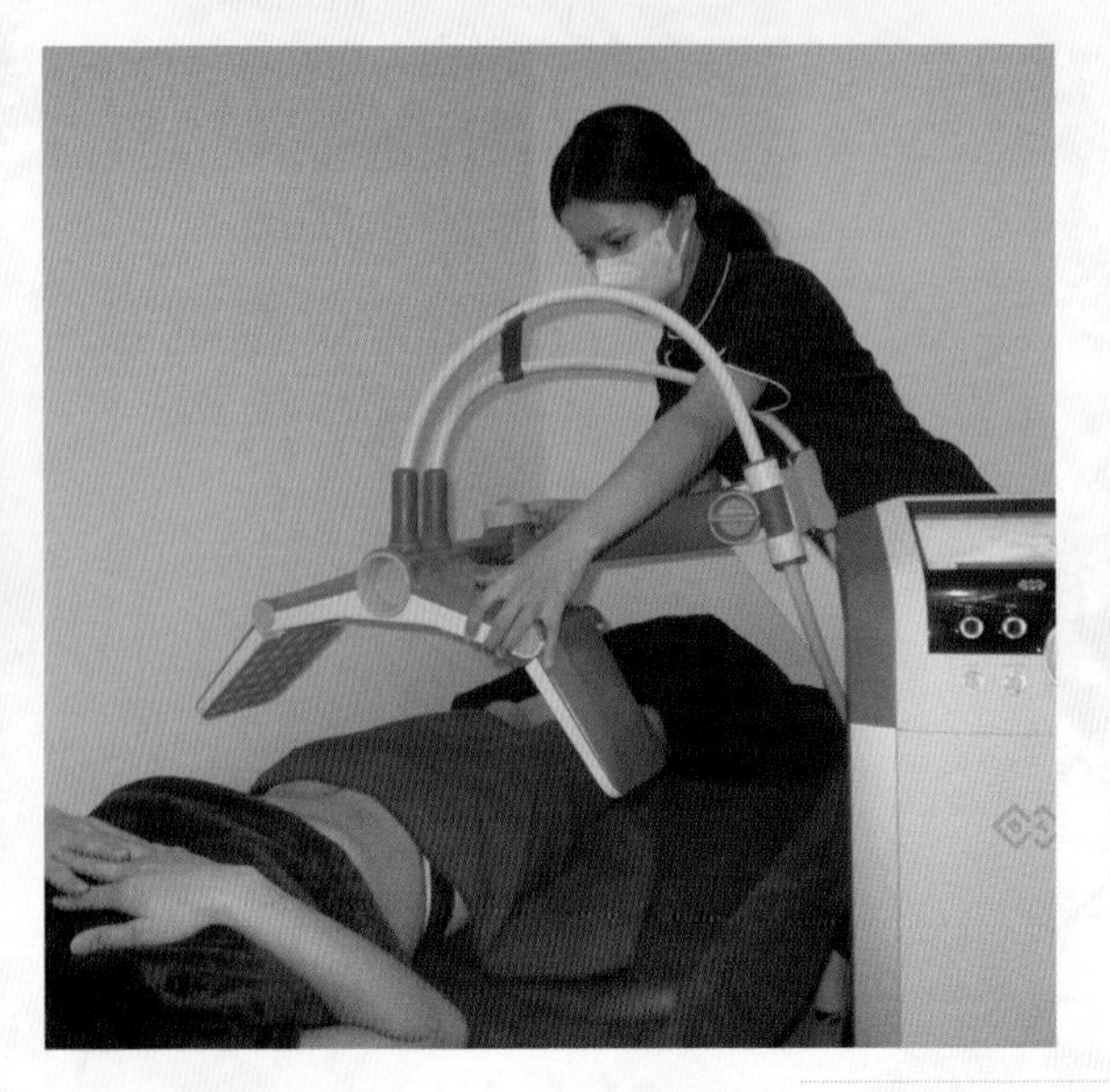

女性が願う健康的なメリハリボディ実現 最先端医療機器使い脂肪をコントロール

高周波で脂肪組織破壊 抗肥満薬の注射施術も

健康的で見た目にも満足のゆくメリハリボディを目指す女性に支持されているのが東京・銀座の『リバースクリニック』だ。橋口華子院長は、医療痩身に長年取り組んできた日本内科学会認定内科医。最先端の医療技術や機器を使い、内臓脂肪、皮下脂肪、脂肪肝に代表される異所性脂肪の3種類の脂肪をコントロールし、女性の願いを叶えてきた。

痩身施術の代表例が英国BTL社製で医学科学的に脂肪減少のプロセスが証明されている医療痩身マシン『VANQUISH ME（ヴァンキッシュミー）』やさらに早く、高い効果が期待できる『スペシャルVANQUISH ME』を使い、高周波で脂肪のみを狙って加熱し、脂肪組織を破壊する治療法。ぽかぽか温かく、寝ているだけでダウンサイジングができるのが特長だ。このほか、食欲抑制効果のあるホルモンから成る抗肥満薬GLP-1を使う「GLP-1注射」、メスを使わないフェイスリフトの「HIFU高密度焦点式超音波施術」、肌の若返りやシミ、そばかす、くすみ、たるみなどの改善が期待できる「ピコセカンドレーザー施術」なども行う。

（ライター／斎藤紘）

橋口華子 院長
東京逓信病院循環器内科、朝日生命糖尿病研究所丸之内病院などを経て開院。日本内科学会認定内科医。日本糖尿病学会会員。

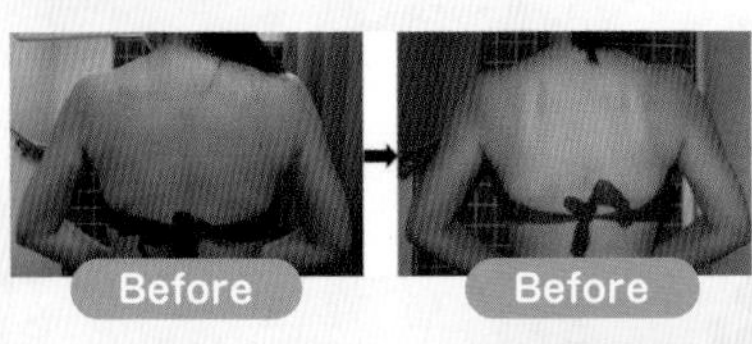

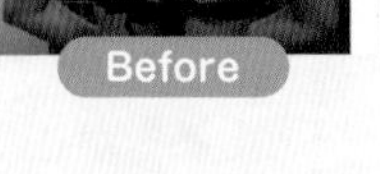

『VANQUISH ME』

診 11:00～13:00
13:00～20:00
(完全予約制 土日祝～18:00)
休 月・火曜日

リバースクリニック

☎ 03-6272-6364 ✉ contact@rebirthclinic.info
住 東京都中央区銀座4-10-6 G4ビル8F
http://www.rebirthclinic.info/

地域の医療格差を是正
陸前高田で復興
最新医療地域密着
歯科医院

気仙地域への愛親子で叶える地元への想い

岩手県陸前高田で開業して40年の歴史を持つ『吉田歯科医院』。震災で全壊してしまったが、2ヵ月という早さで現在の地に移転、開業した。吉田正紀院長が率いるスタッフ一同の「気仙地域の方により良い治療の提供と良好な食生活を取り戻してもらいたい」という思いと地域の愛が実現させた復興作業だったという。同院が掲げているのは、「地方でも都会と同等、それ以上の治療を提供する」ことだ。インプラント治療や顎関節症・口腔顔面痛の治療などにも精通し、精密な治療が可能な手術用顕微鏡マイクロスコープなども設備。気仙沼～陸前高田～大船渡～釜石などの方も、これまで内陸にいかないと受けられなかった治療を気軽に受けられるような態勢づくりに尽力している。患者さんの話をよく聴き、一緒に課題を模索、解決できる方法を提案し、最適な治療法で進めていく。また、医療ホワイトニングにも評価が高い。オフィスホワイトニングで一気にトーンアップさせ、ホームホワイトニングに切り替えて希望の白さに近づけていくというシステムが女性から好評価を得ている。

（ライター／播磨杳）

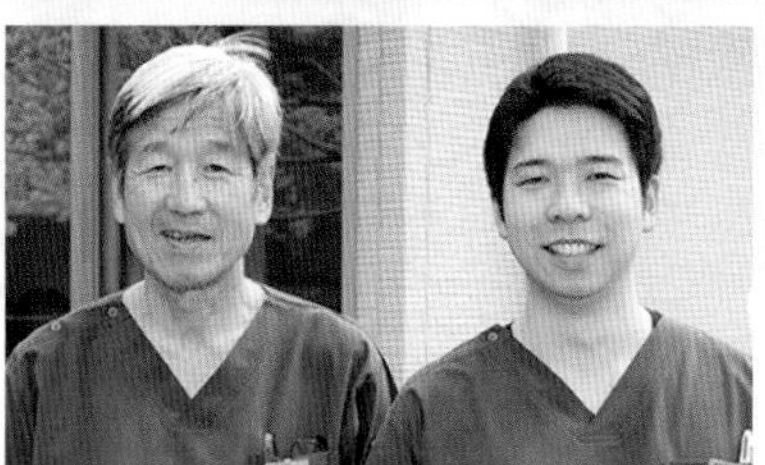

左／吉田正紀 院長
神奈川歯科大学卒業、東京女子医大病院口腔外科勤務。都心部と地方の医療格差是正に尽力。
右／吉田重之 副院長

㊟ 9:00～12:00　14:00～18:00
（木、土曜は午前中のみ）
㊡ 日曜日

吉田歯科医院
よしだしかいいん
0192-54-4566
㊟ 岩手県陸前高田市高田町鳴石22-9
https://yoshidadentalclinic.com/

サロンの様な空間でリラックスしながらセレックやホワイトニングで白く美しい口元に

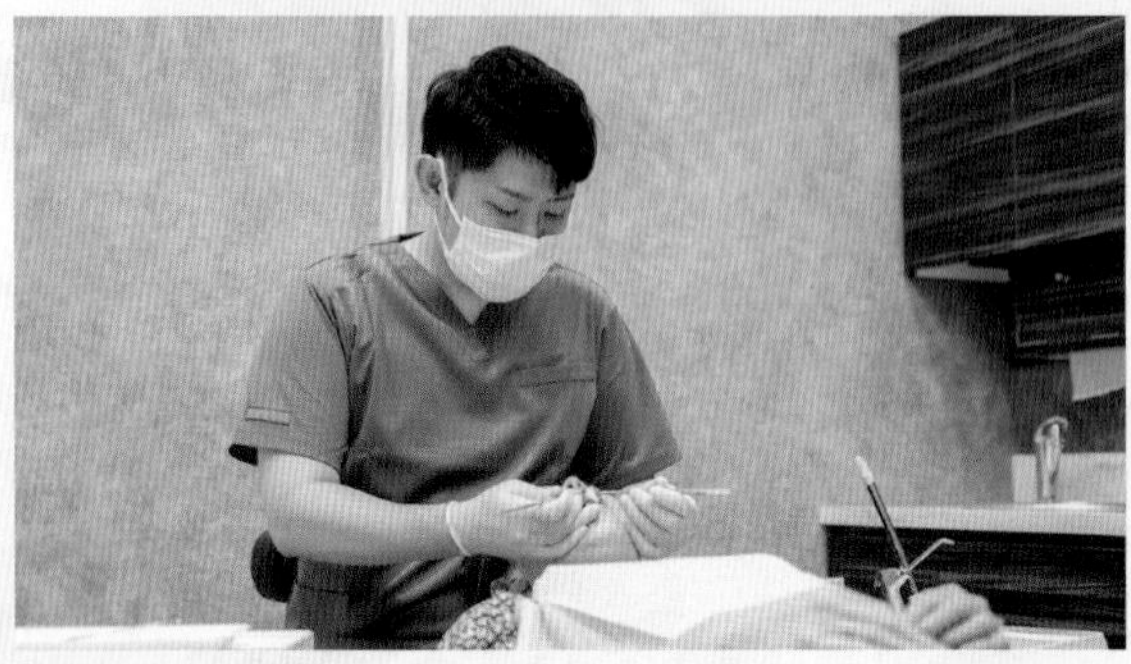

『セレック治療』
通常通り虫歯を除去し、形を整えた後、患部を3D光学スキャナーで撮影して、画像を元にセラミック修復物の設計をし、その日のうちに治療を終わらせることができる。

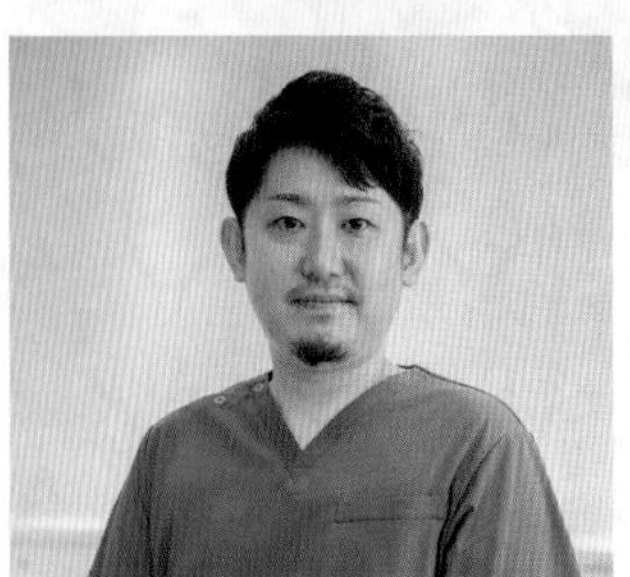

福江幸佑 院長
日本歯科大学卒。駒津歯科医院の臨床研修、江戸川区の歯科医院で勤務医を経て、2022年『福江歯科クリニック』を開院。日本インプラント学会、日本歯科審美学会に所属。

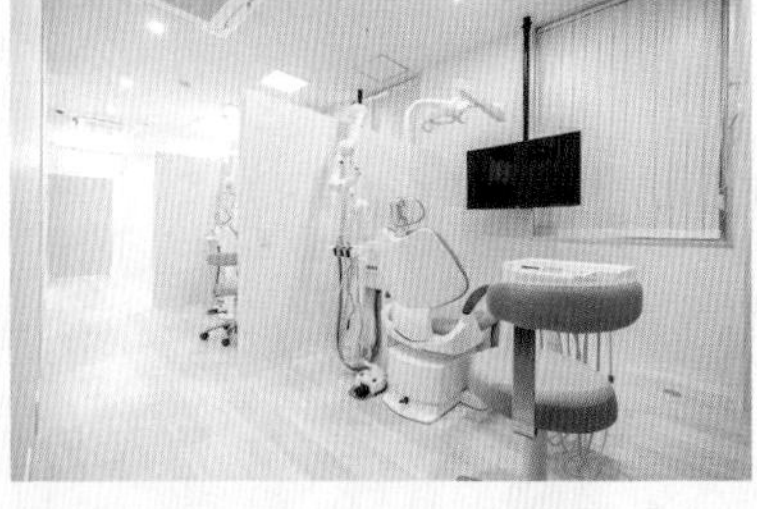

診 9:30～12:30　15:00～20:00
休 木・日曜日・祝日

福江歯科クリニック
ふくえしかクリニック
03-5879-5102
住 東京都江戸川区中央1-3-4 TRENDCENTERビル4F
https://fukue-dental-clinic.jp/

苦手意識があっても自然と足が向く場所に

患者さんのライフスタイルに合わせた診療を提供できるクリニックを目指すのは、『福江歯科クリニック』院長の福江幸佑さん。よくわからないまま治療を受けてしまうことがないよう、患者さんに寄り添った治療を心がけている。

院内は、サロンを思わせるような明るく落ち着いた雰囲気があり、歯科に苦手意識を持っていても緊張しない。バリアフリー設計・キッズスペース完備で小さなお子様から高齢者まで安心して通院できる環境を追求している。

もちろん感染対策にも抜かりはない。医療用空気清浄機の設置や最高水準のクラスB滅菌器による器具の滅菌などで院内は常に清潔。患者さんのニーズに合わせて幅広く治療や施術を提供。なかでも最新のオフィスホワイトニング『BRILLICA』を導入したホワイトニングが人気。

最新の小型機器を使用するため、短時間で効果を実感し、施術中寝たきりでなく携帯を使用することも可能。一日で歯の修復物の設計・製作を可能にするセレックシステムを活用したワンデートリートメントやインプラント治療なども積極的に行う。

（ライター／彩未）

切らない施術で
シワやたるみをスッキリ
歯科のサポートで
より美しく

子どもでも楽しく通える怖くない歯科

『医療法人聖昊会大野歯科クリニック』は、岐阜県内の歯科クリニックで初めて『HIFU』の施術を導入。『HIFU』とは、たるみの原因となる筋膜に超音波を当て、筋膜を収縮させることにより皮膚をリフトアップし、フェイスラインのもたつきや二重顎などを改善する美容法。コラーゲンの生成を促進するため、14日ほど経つとお肌のハリや艶がアップし、シミやニキビ跡などの肌トラブルの改善効果も期待できる。一度の施術で約1ヵ月効果が持続するが、繰り返しお手入れすることで効果が長続き。皮膚を切ったり火傷させたりせずに施術ができるため、顔が腫れにくい。歯のホワイトニングやクリーニングと合わせることで、より美しさがアップするという。また、ママとこどもの歯医者さん加盟クリニックとして、小児歯科、小児矯正にも力を入れる。小児歯科専門医と子育て経験豊富なスタッフが対応し、保育士が在籍しているので、預かりサポートも充実。キッズスペースやかわいい壁紙、天井についたテレビなど子どもが楽しめる様々な工夫も。怖さを感じないよう配慮された治療で歯科が苦手でも楽しく通える。赤ちゃん歯科セミナーを定期的に開催している。

（ライター／彩未）

松原有為子 院長
朝日大学歯学部卒。日本小児歯科学会小児歯科専門医。日本歯内療法学会、日本アンチエイジング歯科学会に所属。アロマテラピーアドバイザー、子育て心理学カウンセラーを取得。

㊟ 9:00～12:30
月・土曜日14:00～18:00
火曜日14:00～17:30
水・金曜日14:00～18:30
㊡ 木・日曜日・祝日

医療法人 聖昊会 大野歯科クリニック
おおのしかクリニック
058-384-8855
㊟ 岐阜県各務原市鵜沼東町2-56-9
https://st-sky.net/

咬筋にアプローチ
噛み締めや歯ぎしり改善
筋肉を緩めて
小顔効果も期待大

親子でハピネスを届ける地元の歯科医院

「すべての患者様にハピネスを提供する」ことを使命として掲げている山口県宇部市厚南の『厚南ハピネス歯科』は、厚南で生まれ育った西山文敏さん親子が開院した歯科医院だ。ホワイトボードを使った丁寧な治療説明などで高い評価を得ている。

注目の施術が「咬筋ボツリヌス注射」。有効成分を筋肉に注射することで、歯ぎしりやくいしばりによる歯や歯周組織、顎関節を保護。無自覚の噛み締めも改善されることにより、歯や筋肉の負担が減少する。歯が欠けるリスクも下がり、健康な歯が長持ちさせることができる、肩こりや偏頭痛も緩和。小顔効果も期待大で、女性から好評を得ている。他にも、綺麗な顔を目指すマウスピース矯正、フッ素ケアによるお子様の虫歯予防、ホワイトニングや「コンフォート加工」を施した義歯も評判だ。待合室、診療室共にこだわりのスピーカーを設置し、音響にもこだわっている。

また、ハイフやメディカルコスメでのエステなどを行うフェイシャルサロン『HI FULL!』が併設されており、歯と共に肌や身体を同時にケアすることも可能だ。

（ライター／播磨杏）

西山文敏 院長
山口県厚南で生まれ育ち、九州歯科大学卒業。数年間の勤務を経て、40年以上の経験を持つ歯科技工士の父とともに『厚南ハピネス歯科』を開設。「優しさ」「安心」「安全」「快適」「便利」「低価格」をコンセプトに掲げ、人々にハピネスを提供している。

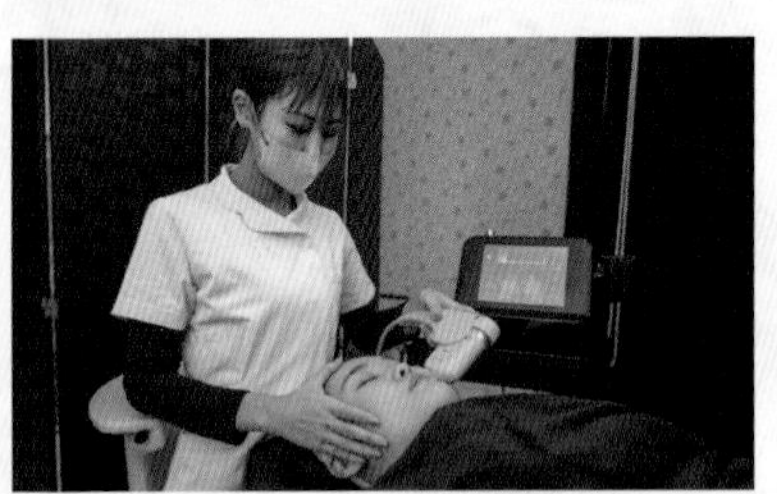
お得に利用できるフェイシャルサロンを併設。

診 9:00〜12:30　14:30〜18:30
（土曜日は16:30まで）
休 水・日曜日・祝日

厚南ハピネス歯科
こうなんハピネスしか
0836-43-6800
住 山口県宇部市厚南北1-3-23 際波グランフォート3
http://konan-happiness.net/

幅広い世代の希望に合わせて最適な治療を提供する地域密着型の歯医者

萩尾美樹 院長
東京歯科大学大学院卒業。大学病院勤務を経て、2018年『萩尾歯科医院』院長に就任。博士(歯学)、歯科医師臨床研修指導歯科医、日本老年歯科医学会認定医。

子どもから大人まで頼れる地域の歯科医院

『萩尾歯科医院』は、子どもから高齢者まで幅広い年代の患者さんが通っている地域の歯医者さん。来院が困難な場合は訪問診療も行っているため、様々な問題に対応している。同院は年齢を重ねても口元の美しさを保ち、QOLを落とさずに健康に生活できることを目標としている。そのため、検査結果に基づいて個々のライフスタイルや希望に寄り添った治療方法を提案してくれる。その際に、提案した治療方法のメリットやデメリットをしっかりと説明してくれるため納得して治療を受けられる。お口の中全体の問題点を洗い出し、治療計画を立案し治療を行っていくため、治療前後で見た目も機能も改善していることが実感できる。予防歯科にも力を入れており、治療開始後から治療と並行して歯科衛生士らによるPMTC(専門家による専用の器具を用いて行うプラーク・歯石除去、歯面研磨、フッ化物の塗布のことを指す)といわれる専門的な口腔ケアが行われる。同院では、日々のセルフケアを重要視しており、磨き残しが多い場所を確認し、歯ブラシの持ち方・当てる角度・歯磨き粉の使用量・歯ブラシの交換時期の目安・歯間ブラシやワンタフトブラシといった補助的な清掃用具の提案・使用方法の指導といった細かなことまで口腔衛生指導を行っている。治療終了後は定期的にPMTCを行うことで良好な状態をキープ。ホワイトニングも行っているので、噛み合わせといった機能の改善だけでなく、歯を白くすることで見た目の改善も叶えることができる。

(ライター/彩末)

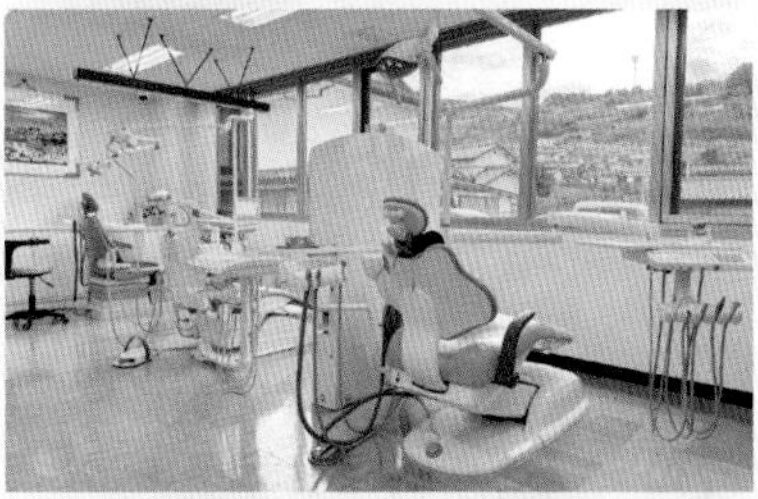

萩尾歯科医院
はぎおしかいいん
0957-74-5100 ✉ hagio.dentalclinic@gmail.com
㊟ 長崎県雲仙市小浜町北木指814-2
https://www.hagiodc.com/

column

相談者の素質や才能を引き出して適職を提案

必要なオンライスキルをアドバイス

NGH（米国催眠士協会）認定ヒプノティストの資格証。

NORIKO ISHIBASHI
いしばしのりこ
TEL/080-4096-5858　E-mail/n.ishibashi58@gmail.com
東京都渋谷区神宮前2 INSIDE
https://noriko-stone.com/
Youtube INSIDE ヒプノシス 音声ファイル 検索
こちらからも検索できます。

人生100年時代。何を生業にしていくか、人生の折り返し地点で悩まれる方が増えてきているように思います。「転職をしたいけれど何をしたら良いのか分からない」「会社が副業OKだけれどどんなことができるのか分からない」そんな方たちからの適職相談にも応じています。皆さまとお話していて感じるのは、お仕事の種類をあまり知らない方が多いということ。

例えば、YouTuberが職業となっているように、10年前や20年前とは随分社会が変わり、様々な職種が出てきています。仕事を進める際には、オンラインスキルが必須となり、会社員と副業の二足の草鞋でお仕事する方やフリーランスとしてお仕事する方など、働き方の自由度も広がりました。ご相談者には、ご自身の素質や才能に気づいていない方も多いので、その点を挙げながら、どのような職種が合うのか、またどのような働き方が合うのか、といったことをお話しています。

夢や希望をお持ちの方には、現実的に実現可能なのか、といった点から具体的にアドバイスを行います。ご自身が望むことと得意なことが異なる場合にはハッキリとお伝えするので、「厳しい」と感じる方もいらっしゃるかもしれません。ただ、これまでセッションを受けた方のほとんどが「あの時言ってもらえて良かった」と仰っています。私も様々な職種・働き方を経験してきましたので、その経験を踏まえ、親身になってお話を伺います。

主宰
石橋典子さん

学習院大学法学部政治学科卒。実業家の祖父からビジネスについてレクチャーを受け、大学卒業後は民間気象事業会社、クリエイティブ事業会社にてセールス・マーケティング・ブランディング業務に携わる。現在はカウンセラーとして、様々な業界のクライアントにメンタルヘルスの大切さを伝えている。

5 キラリと光るアイデア！注目のアイテム

試行錯誤を重ねながら、
知恵と工夫で暮らしや生活に役立つ
アイテムを開発し
販売している。

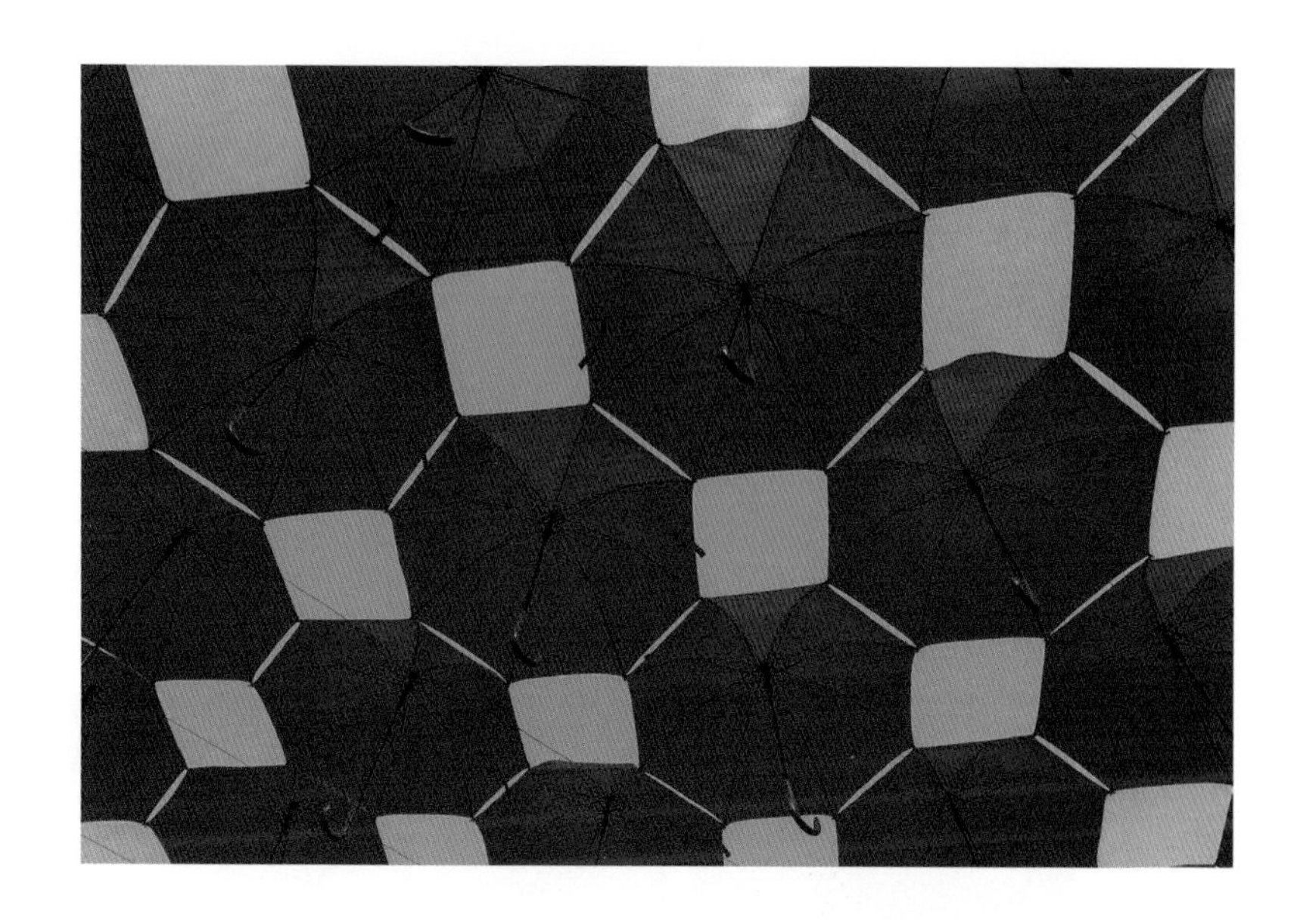

準備も撤収も簡単なステンレス製BBQグリル誕生

BBQはもちろんソロキャンプにもオススメ

『株式会社野村鐵工所』は、1945年創業の新潟県十日町市にある製造業者。精密製缶を軸に精密板金や溶接加工、機械加工から建築金物まで様々な製造技術を有する県内でも屈指の製造業者として高い信頼を獲得している。ご提案から加工・完成までを一貫生産できる生産体制とお客様のニーズに対しての柔軟な対応力が強み。そんな高い技術力を守る同社が今回、制作したのがステンレス製小型BBQグリル『俺のグリル』。「釣った魚を焼いて食べたい」という純粋な想いから開発が始まったといい生産は全て自社工場。雪国十日町で金物を製造し続けてきた同社の金物製造のノウハウが詰まった逸品に仕上がっている。本体にはさびにくいステンレスSUS430を採用。強度を考慮した1ミリの厚さで、ずっしりとした重みを感じる仕様だ。非常にこだわったという焼き網には、サビや腐食に強い高級ステンレスであるSUS304を採用。内側には遮熱板が備わっており、グリル本体の熱焼けによる変色を防ぎ、ステンレスの輝きを長く保っ

ステンレス製小型BBQグリル『俺のグリル』22,000円（税込）　意匠登録出願中　商標登録済

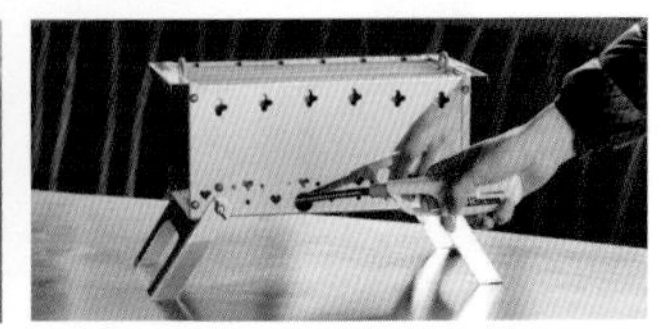

組み立てサイズ
約W34×D18×H22.5㎝
総重量 約3.5㎏

俺のグリル

てくれる。また、焼き網にありがちな格子状タイプではなく縦格子タイプなので洗うのも簡単で、重量感があるため肉などが網に付きにくいという。さらに、脚部分は畳んで収納可能。本体はコンパクトで持ち運びや管理がしやすいのも嬉しい。z忘れてはならないのは実際に食べ物を焼く際の使いやすさ。焼き肉や焼き鳥はもちろん、両サイドには串焼き用の穴も開いており、魚やマシュマロなど様々なものを焼くことができる。串焼き用の穴は計14ヵ所と多く、差し込む場所によって角度が変わるので焼きたいものに応じて使い分けることも可能。着火の際も着火口を備えており、熱い思いをせず着火できる。こだわりのつまった『俺のグリル』で炭火焼のおいしさを堪能してみてはいかがだろうか。下部の空気穴がかわいいハート型になった『あたいのグリル』も同時販売中。

（ライター／長谷川望）

株式会社 野村鐵工所
のむらてっこうじょ
025-757-0257
info@nomura-tekko.co.jp
㊟ 新潟県十日町市川治乙2246-1
https://www.nomura-tekko.co.jp/

ふるさと納税QR

『俺のグリル』

『あたいのグリル』

『あたいのグリル』
22,000円
(税込)

愛好家が魅了する
高級小型スピーカー
銀座山野楽器に常設
業界初の2層型多機能ホーン

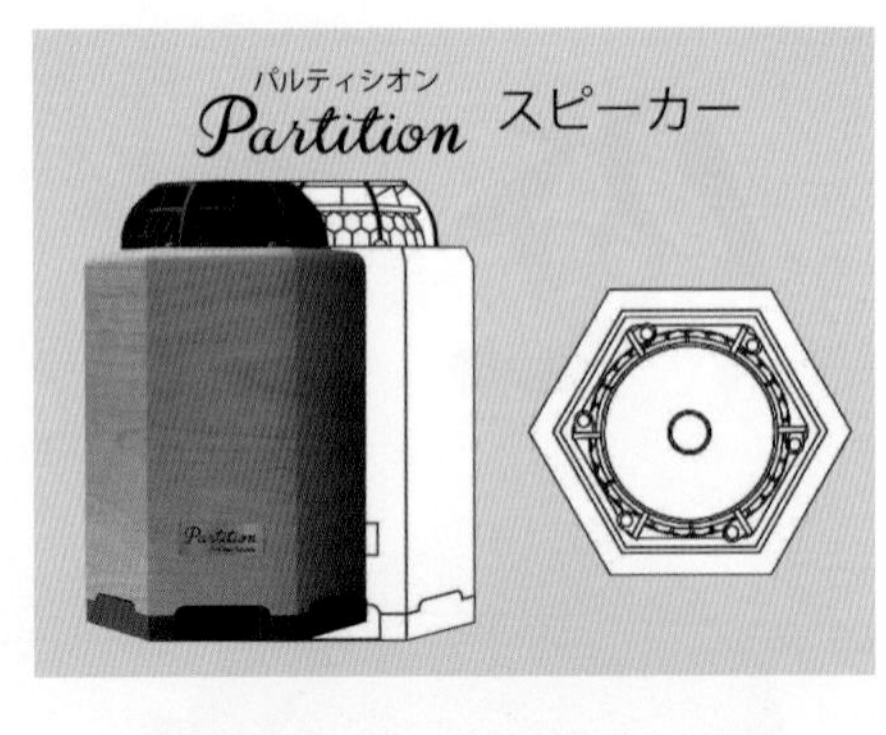

音響空間が一瞬で変わるデザインに優れた形状

オーディオ愛好家の心を鷲掴みにした高級小型スピーカー、『Partition（パルティシオン）』・『MOA（モア）』・『iot（イオット）』がある。同心円を描き、エネルギー減衰せず遠方まで伝わっていく平面スピーカーを利用したコンパクトでデザイン性にも優れたスピーカーで、1台で「音楽ホールやライブハウスで聴いているような立体空間を楽しめる」のが支持される理由だ。JAZZの聖地「ブルーノート東京・青山」でも多数採用されている次世代スピーカー（8㎝フルレンジ）に加えて、2層型多機能ホーン構造の理想的な全方位スピーカーが完成している。『エジソンのホーンテクノロジー』を駆使することで、小さな声でも効率よく音圧を高める特性は見事である。

『Partition』は、六角柱の無垢木製筐体で多様化したライフスタイルに最適なデザイン。『MOA』は、3D・CADと3Dプリンターで成形したポット状のお洒落な形状。共にBluetooth接続でスマホの音楽を流してテレビと接続すれば、シアターさながらの立体音響を楽しめる。

『MOA（Miracle of Audio）』
超小型アンプ付きシングル
96,800円（税込）
超小型アンプ付きペア
184,800円（税込）

Bluetoothで楽しめるコンパクト設計。置場所に困らない小型アンプを採用。小型ながらも迫力のある重低音に感激。

2台使用すれば迫力満点のライブハウスに。

S08真空管オーディオ
クリアサウンズの音を聴いたとき、
私は自分の音に出逢った！
分身と思えるスピーカーに出逢ったのは
初めての事だった。
音旅演出家®ヴァイオリニスト
クリアサウンズ ミュージックアドバイザー
大迫淳英

いい音なら、
『イオット(iot)』スピーカー。

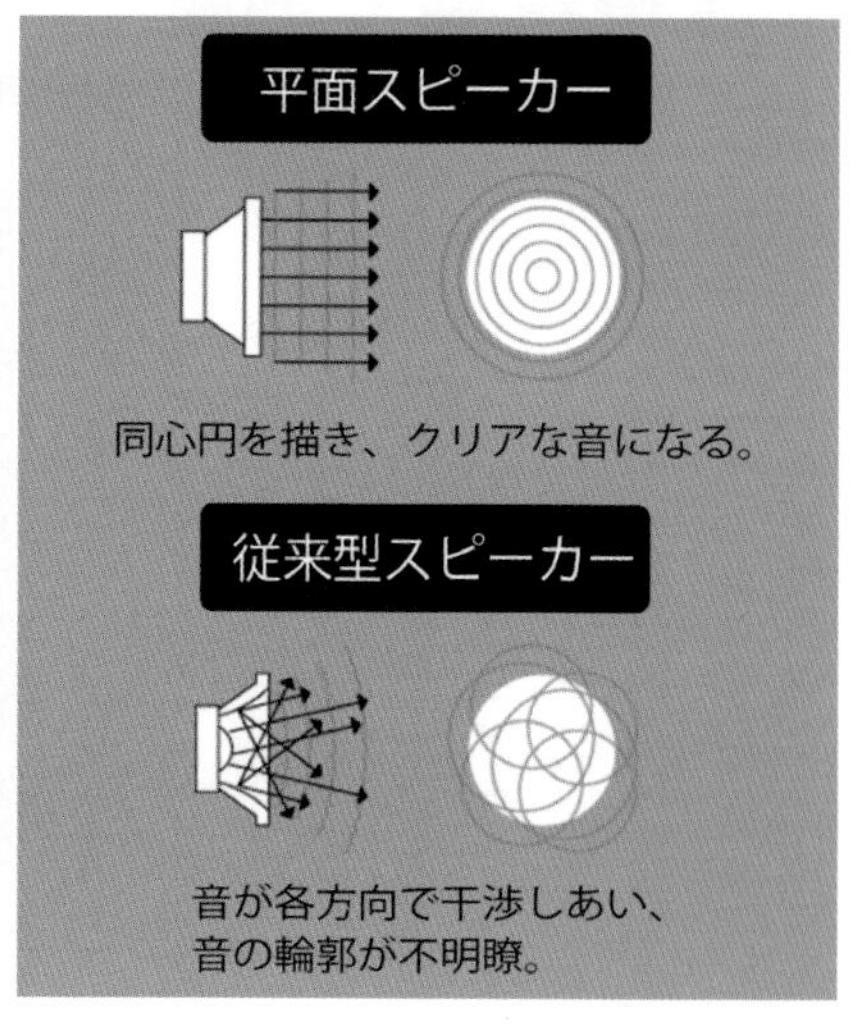

『イオット』は、6㎝フルレンジ平面スピーカーを採用した完全球体のスピーカーで小型アンプが付属し、本体が均一に微振動するので360度に音が放たれる。小型でありながら平面スピーカーの再生能力を最大限に発揮した人気のオーディオだ。

定番の『S08真空管オーディオ』は、S08平面スピーカーと真空管を併用することにより、CDでもレコードのようなアナログ効果を発揮できる。ピアノ・弦楽器、ヴォーカルなどが、温かみのある抜けの良い音で聴こえる。

どちらも小型でありながら驚くほど優れた音質を提供することでユーザーの音楽体験を向上。プロのヴァイオリニストも大絶賛するなど専門家からの評価も高い。

「銀座山野楽器本店4F」と「名古屋高島屋10Fハンズ男の書斎」に常設しているので、試聴されたい方はぜひ来店し、平面スピーカーの良さをお聴きいただきたい。

（ライター／長谷川望）

クリアサウンズ　株式会社 白川

042-208-4733
mail@clear-sounds.com
㊟ 東京都小金井市緑町2-4-1 サンロイヤル小金井
https://www.clear-sounds.com/

こちらからも
検索できます。

革命的殺菌装置
電源一つで使用可能
紫外線+オゾンの力
医療現場で活躍

あらゆる環境を完全殺菌し
人々の安全を確保する
『クリーンライザー』

機器も空間も一台で様々な施設で普及が加速

医療機器のリサイクルや医療モニターの修理、X線装置・X線管球の試験、機器の殺菌・消毒などで実績を挙げ、医療・福祉施設の現場環境をサポートしている『株式会社アドニス本澤』が販売しているのが殺菌装置『クリーンライザー』。目には見えない菌やウイルスに対する安易な殺菌消毒の現状を懸念して開発された紫外線自動回転照射装置だ。監修者は、首都大学東京教授であり、NPO法人「バイオメディカルサイエンス研究会」常任理事を務める菅又昌実教授。紫外線と同時に定量のオゾンガスも放出するダブル効果で医療機器・各種部品から室内空間までを殺菌消毒する。CT・寝台・MRIヘットコイル・マンモ・Cアーム操作卓をはじめとする大型医療機器から付属パーツ類までに至る小物まで様々な製品に対し、公的検査機関により各種効果が立証されており、「藤田医科大学病院」「横浜市立大附属病院」などすでに全国2500ヵ所以上の医療機関で導入されている。また、空気中の菌類の繁殖、食品を介した感染、

オフィスの殺菌処理

導入機関

- ◯藤田医科大
- ◯横浜市立大付属病院
- ◯岐阜厚生連病院すべて
- ◯奈良県立病院
- ◯春日部医療センター
- ◯春日部医師会
- ◯ふじみの救急病院　ほか多数。

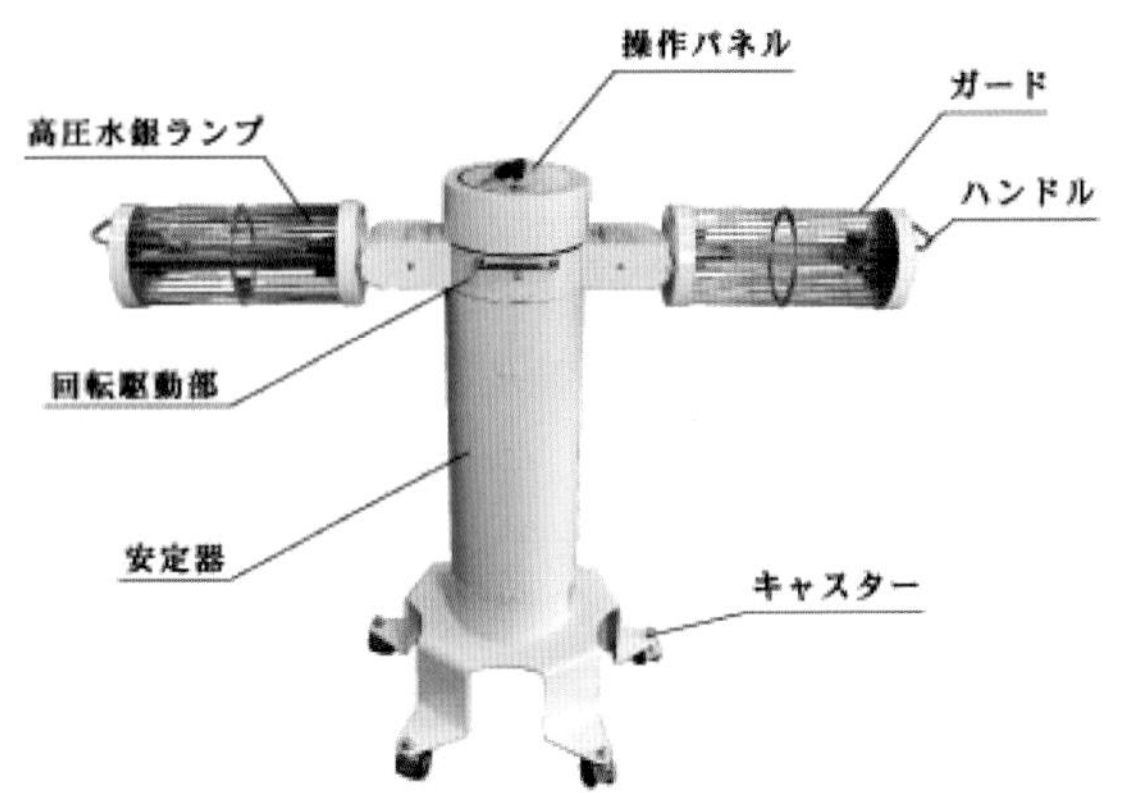

※ 殺菌有効範囲：40㎡～50㎡

春日部市との災害協定。

動物からの感染など、あらゆる環境を完全殺菌し、安全を確保することができるので、介護施設や公共施設、学校、飲食店、宿泊施設などでも普及が加速している。殺菌力の強さと即効性に優れ、インフルエンザ蔓延時の空気殺菌は約1時間で完了するという。従来のような次亜塩素酸水の噴霧による空間除菌では、医療施設やオフィスなど精密機器や電子機器のある場所では大きな制限があった。『クリーンライザー』は、電源一つで場所や条件を問わずに使用でき、あらゆる空間に設置できるということも魅力。殺菌効果については、認定特定非営利活動法人バイオメディカルサイエンス研究会が受託し、学者で構成する評価委員会が実験を通して行った評価でも確認された。2020年には、春日部市が自治体として初めて導入。同市とは「新型コロナウイルス等感染拡大防止における殺菌消毒業務に関する協定」も締結している。

（ライター／播磨杏）

株式会社 アドニス本澤
アドニスほんざわ
048-752-1031
info@adonis-h.co.jp
㊟ 埼玉県春日部市南栄町5-6
http://www.adonis-h.co.jp/

こちらからも
検索できます。

ADONIS HONZAWA

「ニューノーマル」時代に必須なアイテムを多数展開

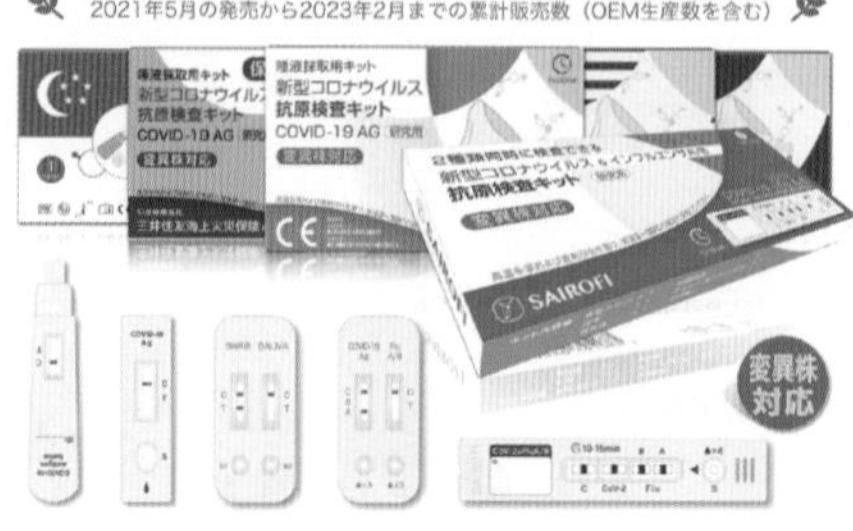

快適に日々の暮らしができる製品づくり
「人」と「環境」「社会」に優しい製品づくり

『サイロフィ生命科学株式会社』は、医療機器及び衛生用品の製造販売を通して、社会の健康なくらしづくりに貢献したいと設立された企業。２０２０年以降、世界的な新型コロナウイルスの感染症流行で急速に浸透した新しい生活様式である「ニューノーマル」な時代をより快適に過ごしていけるよう医療機器製造販売事業や衛生用品開発販売事業、ＯＥＭ製造事業などを展開している。

そんな同社が販売している『研究用新型コロナウイルス抗原検査キット』は、「ニューノーマル」時代に必須なアイテム。この抗原検査キットは、痛みのない唾液より簡単にセルフチェックすることができるタイプで、世界累計販売数２億を突破するなど高い信頼を獲得しているアイテムだ。

コロナ禍でペットと過ごす時間が長くなり、家族として迎える人も増えている。

また、動物から人へ、人から動物へ伝播可能なウイルスも多数存在しているため、人間と同じように簡単にウイルスチェックできるキットがあればよりペットの健康を気軽にチェックできるようにな

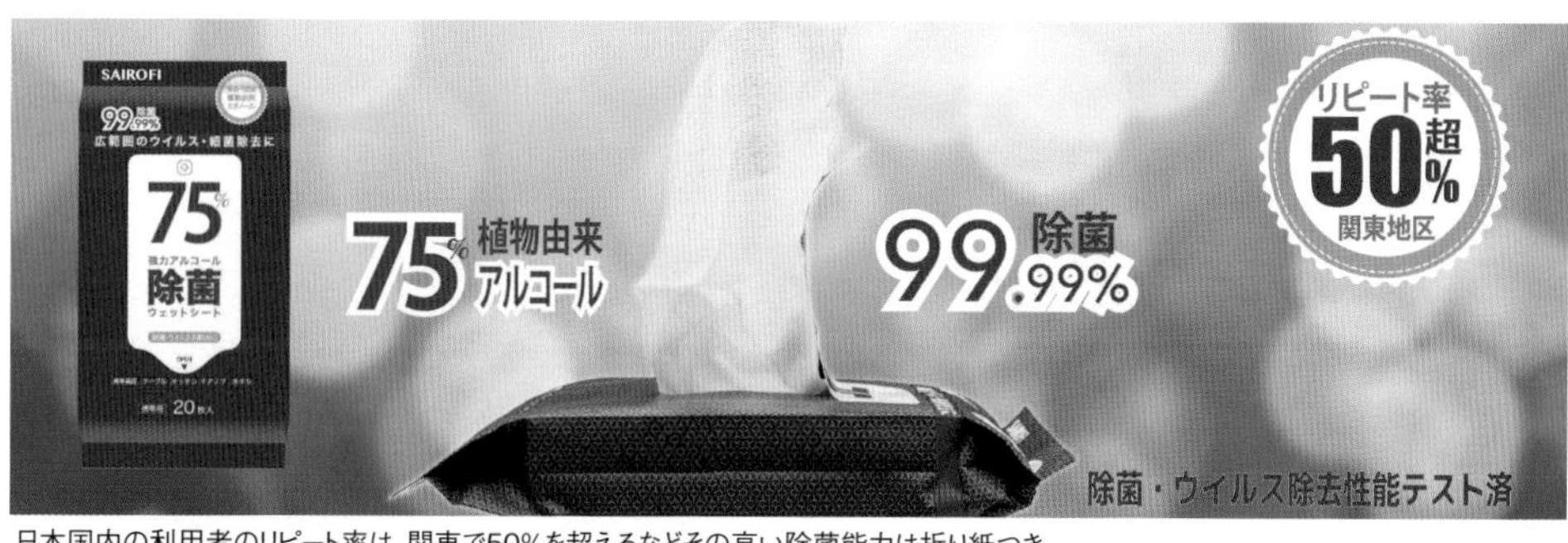

日本国内の利用者のリピート率は、関東で50%を超えるなどその高い除菌能力は折り紙つき。

ることから『研究用ペット専用ウイルス抗原検査キット』を発表予定。採血不要の唾液や糞便といった体外分泌物から簡単に検査できる十数種類の検査キットをラインナップ。世界的に広がっている人、動物、環境の衛生に関わる者が連携して取り組む「OneHealth（ワンヘルス）」という考え方のもと、人とペット双方の健康をサポートしていく。

『75%アルコール除菌ウェットシートEX』も「ニューノーマル」時代には欠かせない同社が販売するアイテムの一つ。75%以上の濃度のアルコールを配合しており、99.99%の強力な除菌効果を発揮、拭くだけで簡単に除菌してくれる。主成分のエタノールは、植物由来の食品添加物規格に基づいており、食品に触れる場所でも安心して使用できる。携帯に便利なサイズなので、いつでもどこでも手軽に使用できる点も魅力。家庭ではもちろん、会社や老人介護施設などでの手摺、ドアノブ、テーブル、身の回り品など幅広く使用可能。

近年、新型コロナウイルス感染症により、急激にマスクや除菌シートなどの不織布製品の需要が増加している。これらの不織布製品の主な素材であるプラスチック製品の廃棄によって、環境汚染問題が深刻化している。同社は、環境に配慮したCO_2の排出を抑える素材を使用した製品の開発の推進に取り組んでいる。2022年は、焼却しても有害ガス発生しない自然分解可能な植物由来の不織布を使用したエコマスクを発売。2023年は、生分解可能な不織布を使用した除菌シートも発売予定だ。

（ライター／長谷川望）

サイロフィ生命科学 株式会社
サイロフィせいめいかがく
03-6908-8909
info@sairofi.co.jp
東京都新宿区西新宿7-4-6
https://www.sairofi.co.jp/

遊び心と上品さ 大人カジュアル すべてを叶える セレクトショップ

トレンド感×エイジレス 長く愛せるアイテム

「カジュアルでも細見えに・大人向けのちょいトレンド・上品さを忘れずに」

このキーワードに惹かれる方にぴったりなお店が『Talent Voler』。遊び・トレンド・女性らしさがテーマの大人カジュアルファッションを叶えるセレクトショップだ。

長年のバイヤー歴とスタイリスト歴を持つ代表の中島友貴さんの審美眼によるセレクトはシンプルかつ、独特なデザインやトレンドを取り入れたアイテムばかり。素材感を活かしたものにもこだわっている。トップス、ボトムス、アウターから靴やバッグ、アクセサリーなど小物まで商品は幅広く、トータルでコーディネート可能。飽きのこないデザインと、しっかりとした縫製のものが集められているので、何年も着続けられる。

WEBショップの他、池袋西武や横浜高島屋、千里阪急など様々な百貨店からも引っ張りだこ。インスタライブ配信も実施。サイズ感や身長に合わせたコーディネートを提案している。

（ライター／播磨杏）

『チュールビスチェセット トップス』
15,400円（税込）

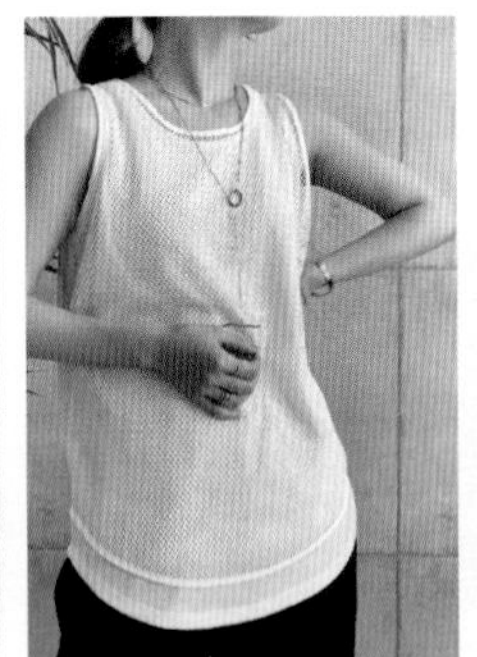
『メッシュレイヤード タンクトップ』
8,800円（税込）

『サイドメッシュ 2wayカットワンピース』
16,500円（税込）

Talent Voler
タラン ヴォレ
080-3863-2424
㊟ 大阪府大阪市東淀川区菅原4-10-7
https://yunb.thebase.in/

プロプレーヤーが究極の履き心地を実現・制作アンダーウェア

お気に入りに出会えた快適な心地よさ

肌着は衣服の一番下に着けるため、デザイン性よりも肌触りや機能性を重視したいもの。特にスタイルを気にする女性に向けては、各種補正下着が数多く商品として市場に出回っているが、それに比べ男性用の下着には機能的なものの絶対数はまだ少ない。

2013年、カナダのプロスノーボーダーが開発した『BN3TH（ベニス）アンダーウェア』は、男性のために作られた最高の穿き心地を追求したアンダーウェア。ムレや擦れによる不快感の元となるフロント部分内部に、立体設計のポケットを付けて優しく包み込むことで得られるホールド感とゆとり。安定したポジションで快適に、アクティブに過ごすことができる。

生地には吸湿性・通気性に富み肌触りも良い上、型崩れもしにくいテンセルや、柔らかく丈夫なリサイクルポリエステル、抗菌・消臭・防汚効果の高い新素材を使用。デザインもボクサーパンツ（丈長）、トランクス（丈短）、前開きタイプのトランクスと、好みや着用シーンに合わせて選べる。

（ライター／今井淳二）

『CLASSIC TRUNK SOLID/ACAI』4,180円（税込）

『CLASSIC TRUNK PRINT/DESERT BLOOM DARK NAVY』5,280円（税込）

『CLASSIC TRUNK SOLID/BAJA 2』4,180円（税込）

『CLASSIC BOXER BRIEF PRINT/BEACH BLANKET BLACK』5,280円（税込）

『BN3THアンダーウェア』

BN3TH ベニス
株式会社 チャーリー
☎ 03-3402-9622
✉ mypakage@charlie-trading.co.jp
㊟ 東京都渋谷区神宮前3-15-10 原宿ハイツ401
https://www.bn3th.jp/

BN3TH
RADICALLY BETTER UNDERWEAR

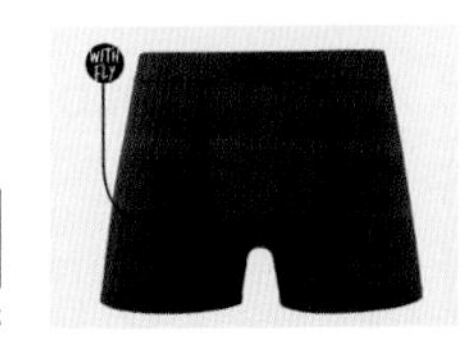

とってもかわいくて小粋な着物ばかり ペットとイベントを和装で楽しむ

3種類の「小千谷縮」を合わせたて作った家族お揃いの着物。

世界初の犬猫用呉服店 負担の少ない縫製を追求

世界初の犬猫専門の呉服店『和bien®』の『わんころも・にゃんごろも®』は、大型犬にも対応できるオール・オーダーメイドの本格犬猫用着物。着物の事を熟知した和裁士が一つひとつ丁寧に作り、着物本来の美しさとスムースな動きの邪魔をしないための工夫が施されている。

素材は、地元の新潟県産を推奨。麻織物で有名な「小千谷縮」は、風を纏う織物と表現されるほど、軽くて涼しい。一方、和製デニムという表現がぴったりな「亀田縞」は丈夫でとっても柔らかい。双方とも動物の肌には優しく、自宅で簡単に洗濯もできる。

大事にしまっておいた着物を犬や猫とお揃いの羽織にするなど様々なリメイクも行っている。また、七五三や特別なお祝い用に正絹の「晴れ着」の貸し出しもある。

2024年には、フランス「パリ」で行われる「Japan expo」と「ルーブル美術館」に『わんころも・にゃんごろも®』の出展が決まっている。

（ライター／彩未）

着物は「小千谷縮」。羽織は墨流し作家の手染めの作品。

シックな色柄が特徴の「亀田縞」。帯は「小千谷縮」で貝ノ口結び。

古着とデッドストック商品で作った正絹の晴れ着。

犬猫専門の呉服店 和bien® 和美縁
わびえん
050-3032-1156
info@wabien.com
㊟ 新潟市中央区古町通7番町934-4
https://wabien.com/ @wabien_

「亀田縞」

「小千谷縮」

大阪あべのにオープン アクセサリー 雑貨とカフェ 野球のお店

ハンドメイドの
アクセサリー。

手作りスイーツと共にカッコ可愛い雑貨探し

ハンドメイドアクセサリー作家&講師の筒井レイナさんが、2023年4月にオープンさせた『しおさい』。アクセサリー雑貨とカフェ、野球のお店。店名は、昔から好きだったという寺岡呼人さんの曲名から。筒井さんは麻雀レッスンプロでもあり、ストラップやアクセサリー、ボールペン、名刺入れ、スマートフォンケースなど、麻雀駒をモチーフに手作りした「麻雀グッズ」アイテムが人気。筒井さんがこだわっているのは、可愛さだけではなく、スマートさやカッコ良さも意識すること。店舗では、自身の作品だけではなく筒井さんセレクトの様々な作家の作品も販売している。カフェでは、おうちパンマスターの資格を持つ筒井さんによる手作りスイーツやドリンクを用意。ふわふわミルクかき氷やメロンフラッペ、フレンチトーストやドーナツなどが楽しめる。

可愛いお店でありながら、同時に野球グッズも展示しているという異色な雰囲気も面白く、話題となっている。

(ライター／播磨杏)

筒井レイナさんが好きなものをいっぱい詰め込んだお店『しおさい』。手作りスイーツやドリンク、軽食も楽しめ、古着も販売している。

しおさい

✉ truetruemoon@gmail.com
㊟ 大阪府大阪市阿倍野区旭町2-1-1 あべのマルシェ1F
Instagram @2017milky
Twitter @2017milky

オーナー
筒井レイナさん

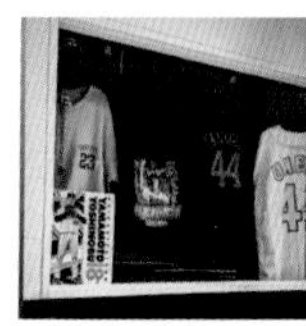

ラグジュアリーを日常に魅力を引き出す特別なジュエリー

アンティークな趣もある心に響くジュエリー

「心に響くジュエリー」をコンセプトにデザインから制作まで一貫して行っている『hinaryhimary』。大切にしていることは、「身につけたときに心が動くかどうか」。アンティークジュエリーの華やかさを現代の感覚で捉えなおし、ラグジュアリーを日常に着けられるようなデザインにこだわっている。

「華やかに」「可愛く」「上品に」。着ける人のなりたい姿を自在に演出してくれるジュエリーの数々は、業界で長年の経験を経たデザイナーの技術の賜物だ。

ペンダントは、小さなブルームーンストーンを夜空の星座に見立ててデザインしたもの、アコヤ真珠の周りに小さなダイヤモンドを散りばめたものなど、どれもが繊細かつ上品、そして華やか。アンティークジュエリーの趣も感じられ、独特の魅力がある。

「ファーストジュエリー」として、初めてジュエリーを購入する方向けの、手頃なシンプルペンダントも用意。

（ライター／播磨杏）

Luxury Collection

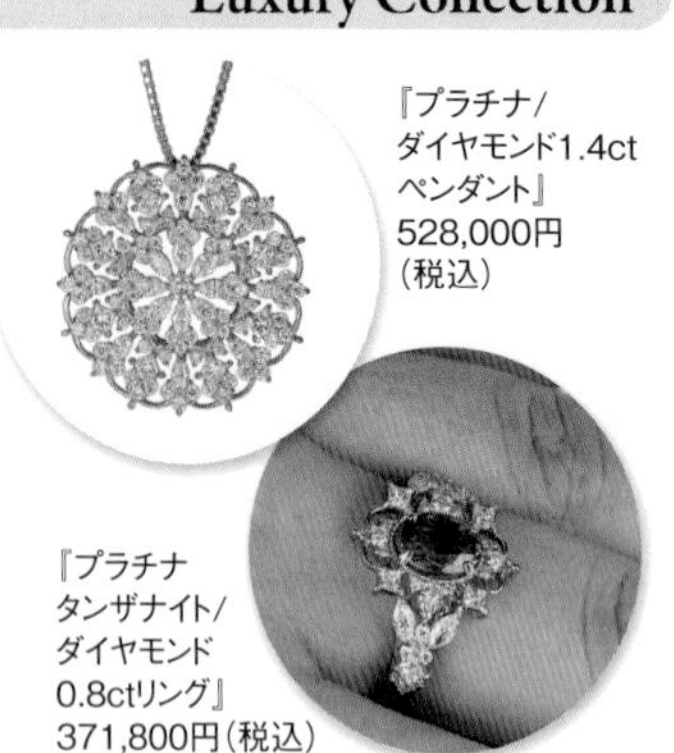

『プラチナ/ダイヤモンド1.4ctペンダント』528,000円(税込)

『プラチナタンザナイト/ダイヤモンド0.8ctリング』371,800円(税込)

Casual Collection

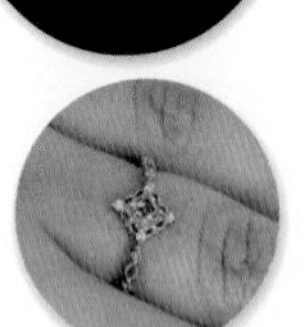

『K18/コイン型ペンダント』49,500円(税込)

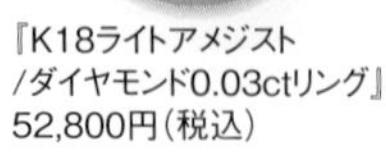

『K18ライトアメジスト/ダイヤモンド0.03ctリング』52,800円(税込)

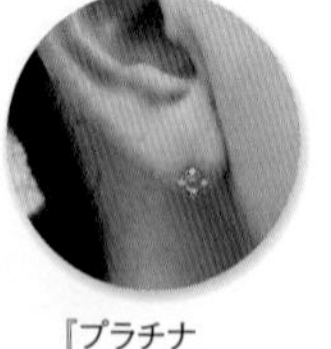

『プラチナブルートパーズ/ダイヤモンド0.04ctピアス』27,500円(税込)

hinaryhimary
ヒナリーヒマリー
090-8563-7755
hinaryhimary@yk2.so-net.ne.jp
㊟ 山梨県甲府市徳行1-1-15-C2
https://hinaryhimary.base.shop/

ファーストジュエリー『K10YGダイヤモンド0.03ctペンダント』13,200円(税込)

美しい仕立てと日本古来の技術を組み合わせた革製品を販売

利便性と美しい見た目を両立した革財布

素材の魅力を十分に引き出した美しい仕立てと日本古来の高い技術である風琴マチ、菊寄せ、ネン引きを巧みに施した革財布が人気の『Lavetta』。オススメは、オリジナル商品『Rugato（ルガト）』シリーズ。厳選されたベルギー産ショルダー革を使用したシンプルな仕立てが特長。

日本の伝統技術である風琴マチを採用し出し入れしやすい利便性と美しい見た目を両立している。カードサイズのポケットも10口あり収納も十分。美しくて使いやすい、そんな逸品が誕生した。

ヴィンテージのような味わいを愉しめるラウンドファスナーや経年変化を楽しめる革が魅力の『Mostro（モストロ）』シリーズやベジタン鞣し、コシのある革に合う迷彩柄、革の良さを引き出す職人技と使いやすさも収納力もいい『Elvacaro（エルヴァケーロ）』シリーズ、カラーバリエーション豊富で贈り物にもぴったりな『コインケース』シリーズも展開中。購入は、公式オンラインショップから。

（ライター／長谷川望）

『Rugato（長札・小銭入無）』
35,200円（税込）
『Rugato（ラウンドファスナー）』
41,800 円（税込）

『Mostro
（コンパクトラウンドファスナー）』
19,800円（税込）

『Elvacaro
（ラウンドファスナー）』
30,800円（税込）
『Elvacaro
（コンパクトラウンドファスナー）』
24,200円（税込）

『Coin Case』
3,960円（税込）

ラ・ヴェッタ 株式会社

0796-34-8388
㊟ 兵庫県豊岡市城南町20-7
https://lavetta.jp/

La vetta
ラ・ヴェッタ株式会社

スマートなデザイン
驚きの収納力
バッグをお供に
素敵な旅にでよう

ごちゃっとしない 快適に運ぶをとにかく追求

２０２１年12月より、『株式会社ヴァーテックス』は、香港発のバッグブランド『NORDACE』の日本正規輸入販売店として取り扱いを開始した。

コンセプトは、冒険・スタイル・革新的デザイン。スッキリしたシルエットと高い機能性で人気ナンバーワンの『Siena（シエナ）』や地中海のコミノ島をイメージして作られた旅行向きの『comino（コミノ）』など複数のシリーズが展開中。

飽きのこないスタイリッシュさと「快適に物を運ぶこと」に強いこだわり持ち、ポケットがたくさんついているので、スッキリ収納することができる。厳選された生地を使用し、縫製もしっかりしているので耐久性も高い。リュックやボストン、トートなどデザインも豊富でデイリー使いにも長旅にもどんどん使える。

お気に入りのバッグと一緒に旅に出れば、きっと素敵な出会いに巡り会えるはず。

（ライター／彩未）

NORDACE ノルディス　**株式会社 ヴァーテックス**

025-282-9051

㈱ 新潟県新潟市江南区両川2-3927-15

https://www.vertex-group.co.jp/

ノルディス全45種類は右のQRコードより「いただきプラザ楽天市場店」にて購入が可能です。

いただきプラザ楽天市場店

シンプルで上品
使いやすさも抜群
毎日を美しく彩る
おしゃれアイテム

お出かけや通勤・通学も万能に活躍するバッグ

シンプルで上品なデザインと使いやすさにこだわったアイテムが手に入るショップが『Style On Bag』。バッグや財布、小物、生活雑貨から帽子まで幅広いアイテムを扱っている。オリジナルブランド『LIZDAYS®』は、機能性の高さとバリエーションの豊富さに加え、手に取りやすい優秀プライスで支持を集めるブランド。使いやすさ抜群であり、「あったらいいな」を叶える幅広い商品ラインナップで沢山のニーズに応える。オススメは、高見えすると人気のテープハンドルデザインバッグの新作『2WAYトートバッグ』。見た目以上の収納力でA4書類や500㎖のペットボトルもしっかり収まるサイズ感。三つ仕切りと充実したポケット数で荷物の整理がしやすい構造。型崩れを防ぐパイピングを施しているので、カチッと綺麗なシルエットを維持。取り外し可能なショルダーベルトはほど良く太さがあり、肩に食い込みにくく負担を軽減するよう考慮している。上品なシボ加工で普段使いからきれいめなシーンまで幅広く合う万能トートになっている。

（ライター／播磨杏）

『2way トートバッグ』
<lz-51307> 4,950円

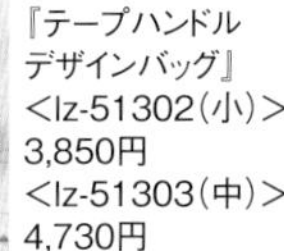

『テープハンドルデザインバッグ』
<lz-51302(小)>
3,850円
<lz-51303(中)>
4,730円

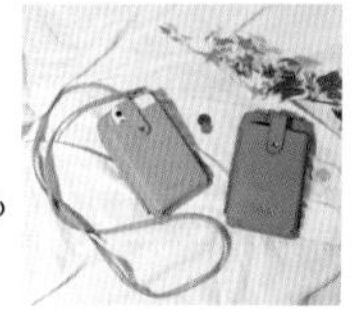

人気の『スマホショルダー』もバリエーション豊富。
<lz-69103> 4,730円

LIZDAYS® Style On Bag
リズデイズ
06-4303-4830 ㈾ 平日12:00〜15:00
style-on@e-mail.jp
㊟ 大阪府大阪市中央区松屋町8-15
https://www.rakuten.ne.jp/gold/style-on-bag/

こちらからも検索できます。

多彩なバリエーション 生活や好みに合わせて 長く使い続けたくなる モジュラー家具

ライフスタイルの変化もパーツの交換で対応

店舗什器などを手掛ける「株式会社店研創意」の子会社『ENEN株式会社』が、「家具で生活を楽しくする」をコンセプトに提供する『KUUM(クーム)』シリーズ。ユーザーに長く使ってもらえるようデザインや使いやすさ、耐久性、メンテナンスのしやすさなどにとことんこだわって開発されたモジュラー家具だ。豊富な素材やカラーなど、パーツを組み合わせて、幅広いテイストに対応。第一弾は、チェア、ソファーとテーブルの3カテゴリーを展開。さりげなくインテリアに色を差し込み、おしゃれで居心地の良い空間を楽しめる。お部屋の模様替え、ライフスタイルの変化にもパーツを交換することで対応が可能だ。

2023年3月より「Makuake」で先行販売されていたが、5月に待望の1号店が東京・自由が丘にオープン。実寸大家具の3D表示やカードクリッピングなどリアル店舗だけのコンテンツを楽しむことができる。実際に『KUUM』家具に触れて使用感を確かめたり、自分好みの家具を探してみては。

（ライター／彩未）

大型LEDビジョンによる実寸大3D家具表示

『KUUM テーブル』

自由が丘店 内観

『KUUM ソファ』

ENEN 株式会社
エネン
✉ support@enen-interior.com
㊟ 大阪府大阪市中央区久太郎町3-4-12
https://enen-interior.com/

オンラインストア
こちらからも検索できます。

自由が丘店
㊟ 東京都目黒区
自由が丘
2-10-14

つらい首こりや肩こりに さよなら 高機能ワークチェアで悩みをすっきり解決

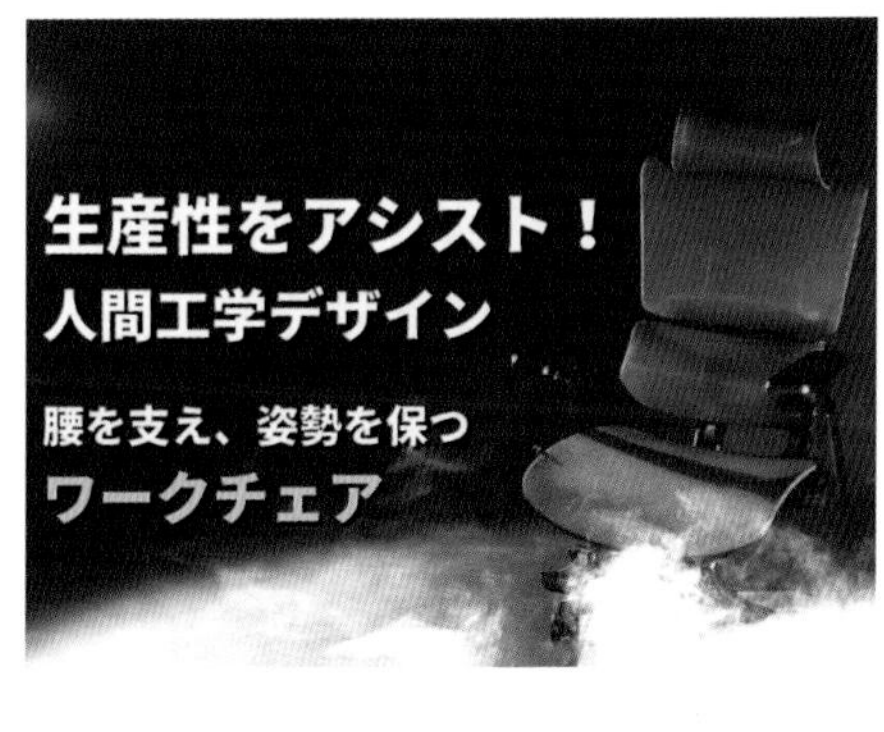
生産性をアシスト！
人間工学デザイン
腰を支え、姿勢を保つ
ワークチェア

デスクワークの強い味方 人間工学で正しい姿勢

『Rasical Japan 合同会社』が人間工学に基づいて設計した『GrowSpicaPro（グロウスピカプロ）』は、腰をしっかりと支え、作業中の姿勢を正しくキープできるハイテク高機能ワークチェアだ。腰背部分が突起しており、座ると背骨が自然なカーブを描く設計になっている。さらに独立可動式のランバーサポートは、５段階まで細かく調整可能で、常に腰椎が自然なカーブを描く。同時に背もたれの高さ調節機能がついており、作業中の姿勢が崩れないよう完璧にサポートする。楽な姿勢のまま作業できるので、無理な姿勢による身体の不調を防いだり、作業中の集中力がアップ。背中や首の負担を軽減し、つらい肩こりや首こりなどを改善する。休憩時や仮眠時は、レバーを後ろに倒してリクライニング。快適な背もたれに身体を預けてリフレッシュすれば、作業もより一層はかどる。

『GrowSpicapro』は、たくさんの支援を頂き、クラウドファンディングにて３７７８万円の実績がある。悩みを抱えている方の救世主だ。ぜひ解決を。

（ライター／彩未）

『GrowSpicaPro』

Rasical Japan 合同会社
ラシカル ジャパン
050-1807-3231　support@rasical.com
㊟ 京都府京都市下京区中堂寺南町134
公益財団法人京都高度技術研究所8B03
https://www.rasical.com/

Rasical

こちらからも検索できます。

高品質メッシュで快適な座り心地。

天然シルク100%
極上の肌触りで
ワンランク上の睡眠と
美肌&美髪をGET

最高級シルクで寝ている間に髪と肌をケア

シルクは人の肌に近い成分で形成されているので、その保湿性、吸収性は綿の約1・5倍といわれるほど。吸放湿性、天然の抗菌作用があり、汗ばんで蒸れやすい夏や乾燥する冬など1年を通して快適に使える。

最高級6Aランクの天然シルクを100%使用したアイテムを販売するWEBショップ「TODAY & ALWAYS」のオススメは、自社ブランド『THE KINU』シリーズの『シルク枕カバー』。髪と肌に潤いを与え、翌朝の髪のおさまり、ツヤが変わったという声多数。シルクの保湿力で髪の乾燥やパサつき、寝グセのお悩みを解決してくれる。つややかで柔らかな肌触りもたまらない。極上の睡眠へ誘い、短時間でもしっかりとしたヘアケア・スキンケアが可能。

他にも『シルクナイトキャップ』と『シルクアイマスク』もイチオシ。『シルクアイマスク』は、アイケアの後に使うとシルクに含まれる保湿成分セリシンが美容液の効果を引き立て、目元のアイジングケアにも。

（ライター／播磨杏）

『シルク枕カバー』
2,960円（税込）

『シルクアイマスク』1,580円（税込）

THE KINU　TODAY & ALWAYS
ザ キヌ
0736-25-8025
info@kiipoint.co.jp
㊟ 和歌山県伊都郡かつらぎ町丁ノ町2468
https://www.rakuten.ne.jp/gold/mujina/

こちらからも
検索できます。

『シルクナイトキャップ』
紐タイプ
1,780円（税込）

『シルクナイトキャップ』
ゴムタイプ
1,780円（税込）

被るだけで
朝のスタイリングの時間の短縮に
目指せツヤさらあさ髪

パサついた髪も寝ている間にさらさらに

『Munny』は、20代〜30代の女性の「おしゃれに過ごそう、かわいく過ごそう」をコンセプトにしたホームウェアショップ。中でも『シルクナイトキャップ』は、シュシュもついたリピーターの絶えない商品。髪の毛の最大のダメージである乾燥と摩擦のダメージから守り、枝毛、パサつき、切れ毛、寝癖を防止、しっとりとツヤツヤした髪の毛を保つことができる。

シルクは、人間の髪や肌と同じタンパク質で構成されていることから摩擦が非常に少なく、綿の1・3倍〜1・5倍の吸水性があり、放湿性も綿に遜色ない特徴をもっている。湿度の高い夏は、高い吸湿性によって蒸れにくく、乾燥する冬は、高い保湿性によって髪と頭皮を乾燥から守ってくれる。

性別、年齢に関係なく使える『シルクナイトキャップ』で忙しい朝をゆっくりな時間に変えてみては。

シルクを中心に天然素材の肌に優しい素材を使用した『シルクナイトキャップ』でヘアケアを。

（ライター／奈良岡志保）

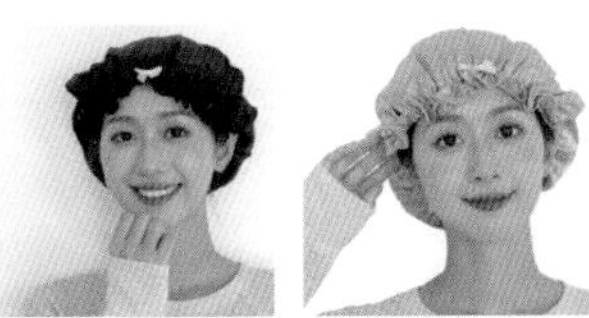

『シルクナイトキャップ』（ブラック、サーモンピンク、ネイビー、ピンク、ホワイト）3,000円（税込）

『シルクナイトキャップ』（ベージュ、ブラック、グレー、ネイビー、ピンク、ピンクパープル）3,000円（税込）

Munny
ムニー
093-287-5578
info@munny-jp.com
㊟ 福岡県北九州市若松区畠田3-1-31
https://munny-jp.com/

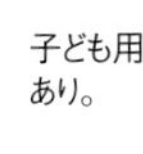

LINE公式アカウント
友だちを募集中。

子ども用あり。

サウナー必見!
あったらいいなを叶える
「ハット、マスク、タオル」
1枚三役のサウナアイテム

「ととのう」を追求した進化型サウナタオル

『合同会社 Atsumeru』代表のよこづかしんのすけさんと130年以上の歴史を誇る大阪・泉州タオルをプロデュースする『株式会社 ferice』のコラボで生まれた「菊しんタオル」(実用新案登録済)は、サウナハット、マスク、洗う、などタオル1枚で多機能な進化型サウナタオルだ。

タオルの穴を片方の耳にかけ、鼻と口を覆い反対の耳下にひっかけ、頭の上にかぶせる3ステップの簡単装着。熱くなりやすい頭、顔を守ることでのぼせにくく、身体を芯まで温め、深部体温を上げやすい。しっかり固定されるので動いても外れにくく、ストレッチをしても安心。110cmと長め設計なので、装着したままで額の汗を拭うことも可能。外気浴の際には、顔から下まで隠すことができるのも便利だ。「後晒し(あとさらし)」という「泉州タオル伝統の製法により、吸水性が高く、手触りふわふわ。大阪・泉州の小さな工場で、肌に優しい天然素材を使って職人が丹精込めて作り上げている。また、天然成分を原料とした「ハイブリッド触媒加工」により、部屋干しでもイヤな臭いが残らない。

(ライター/播磨杏)

❶穴を片方の耳にかける。

❷反対の耳にひっかける。

❸頭にかぶせて完了。

サウナハットとマスクも兼ねる。

『菊しんタオル』
4,580円(税込)

タオルのあいている部分。
【実用新案登録済】

製造販売元/株式会社 felice
フェリーチェ
06-6228-5880
info@kikukaze-towel.jp
http://atsumeru.co.jp/kikushin.towel/archives/clp/yasashiijibun

ご購入はこちらから。

菊風 と Atsumeru
菊しんタオル
進化型サウナタオル

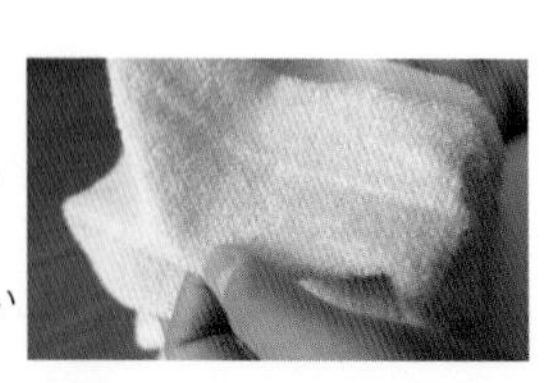

部屋干しでも臭わない
ハイブリッド触媒加工。

健康で快適な毎日を頑張るあなたに高性能アイテム癒しと喜びをお届け

『LuLufeelフットマット』

足を癒す高性能EMS珪藻土マットやプロテインも

健康で快適な暮らしをサポートするアイテムを自社開発・自社販売する『株式会社オリジンツリー』。オススメの『LuLufeelフットマット』は、電気筋肉刺激（EMS）で足の筋肉を刺激し、疲れた足を癒してくれる。類似品も多くある中、同製品は必要最低限の機能のみを搭載することによって、EMSプレートをより高品質なものにした。9段階の強度、6つのモードを選択可能。薄型コンパクトデザインなので収納や持ち運びも楽。

『BOOMIE 珪藻土マット』は、高品質の珪藻土を利用し、水分を素早く吸収して乾燥させる。柔らかく肌触りが良い素材なので、素足で踏むとリラックス効果も。滑りにくい素材なので安全性も抜群だ。

『sia+プロテイン』は、ソイプロテインとホエイプロテインを組み合わせた高性能プロテインパウダー。植物性、動物性、両方のタンパク質をバランスよく摂取できるので、筋トレにもダイエットにも効果的。こだわりの味わいは、つい飲みたくなる美味しさだ。

（ライター／播磨杏）

『sia+プロテイン』

『BOOMIE珪藻土マット』

株式会社 オリジンツリー

047-773-2432
info@origin-tree.com
㊟ 千葉県千葉市美浜区中瀬1-3 幕張テクノガーデンCB棟
https://www.origin-tree.com/

強靭な突っ張り棒
楽天で人気
簡単な設置で
部屋の悩みを解決

女性でも設置楽々で驚くほど強力な固定

通販サイトで人気No．1に輝く突っ張り棒が『Trade-ABC』の『ステンレス製つっぱり棒』。突っ張り棒はすぐに落ちてきそうで不安、という方もいるだろうが、同商品は太く安定感のあるスプリングが、強く盤石に固定されているので強度も弾度もバツグン。自由自在に伸縮でき、女性でも簡単に取り付けられるのに耐荷重性が非常に高く、喜びと驚きの口コミが多く上がっている。賃貸だから壁に穴を開けられない、という方にもぴったりだ。

壁に設置する側面には、防水防サビの滑り止めラインが施されているので、浴室のタオル掛けや窓の吹き出し口などに設置することも可能。タイル、ガラス、木、石膏やコンクリートなどあらゆる素材の壁にもぴったり固定できる。「クローゼットが小さい」「デッドスペースを有効に使いたい」「部屋の仕切りにカーテンをつけたい」など様々な用途に大活躍するアイテム。２本使えば収納棚としても活用可能。

（ライター／播磨杏）

2.5cm
5cm
支柱部分の直径：2.5cm
円形部分の直径：5.0cm

円形端部の取り外しが可能です。
カーテンを取り付ける場合は、
円形部分を外して支柱に
カーテンを取り付けます。
1.4cm 1.3cm

『ステンレス製つっぱり棒』
サイズ／35㎝〜最大220㎝d

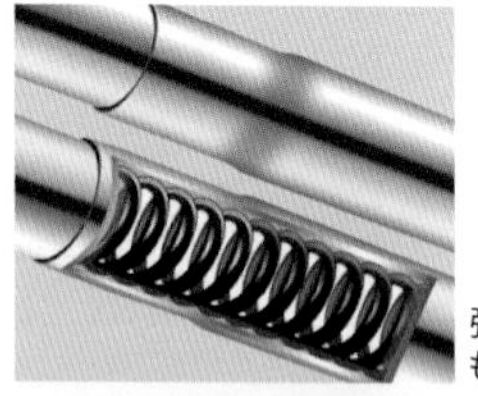
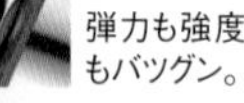

弾力も強度もバツグン。

防水・防サビの滑り止めライン付き。

Trade-ABC 楽天市場店
トレード - エービーシー
090-7332-6386
info@trade1.com
㊟ 千葉県佐倉市ユーカリが丘4-1-W2002
https://www.rakuten.ne.jp/gold/trade-abc/

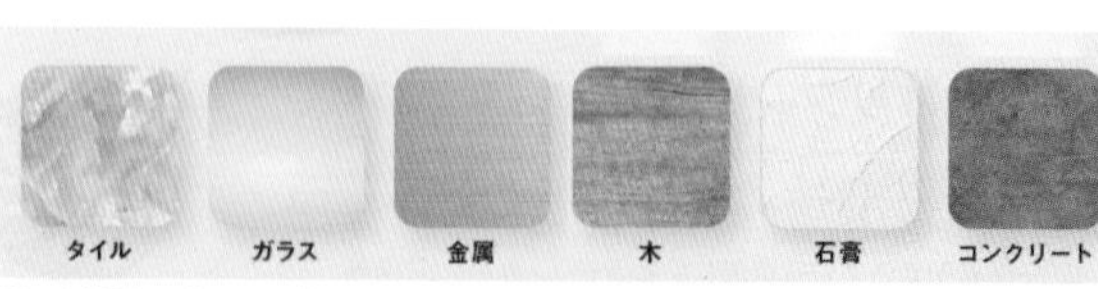

どんな材質の壁にも取付可能。

アメリカ製の片切りスイッチでおしゃれ空間を演出

様々なシーンにおしゃれを演出

サロンや美容室などでよく見かける細い棒状のスイッチがスタイリッシュでかっこいいと感じたことがある方も多いのではないだろうか。細部までこだわりぬいた外観が、素敵なスタイリングにしてくれるかもというお店への信頼に直結するため、細部まで力を入れる美容室は多い。

『株式会社 R.C.Company』から発売中の『アメリカ製片切りスイッチ・片切りスイッチ／コンセント』は、ブレーカーの様に細い棒状のスイッチを上下、または左右に動かしてオンオフを切り替えるタイプ。レトロ感が人気のスイッチで、日本製のスイッチをアメリカ製片切りスイッチに取り替えるだけで、簡単におしゃれ空間を演出することができる。ホワイトやブラック、シルバー、レッドなどカラー展開が豊富で色違いで組み合わせられる。

お店の様々なシーンのようなアメリカ製の片切りスイッチで、おしゃれさがぐっと増すのでオススメだ。ぜひ、お部屋のスイッチを変えてみては。

（ライター／彩未）

『アメリカ製片切りスイッチ／コンセント』（ベージュ）
2,200円（税込）

『片切りスイッチEATON』
（ダークブラウン） 550円（税込）

ボックスの付属ネジで取付してください。

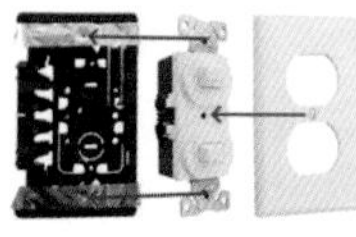

本体の付属ネジは必要ございません。　スイッチコンセント型同様

株式会社 R.C.Company
アール．シー．カンパニー
06-6781-5519
info@rc-company.jp
㊟ 大阪府東大阪市西岩田2-6-24
https://www.rc-company.jp/

独特な棘と形状
希少品種の
「アガベ」を
輸入・販売

M.H
MONSTER HOUSE
アガベ専門店
モンスターハウス

クールな見た目で
ワンランク上の空間を演出

「趣味の時間をちょっとカッコよく」をテーマに希少品種である「アガベ」の販売や各種アイテムの製作・販売を行っている『アガベ専門店モンスターハウス』。カッコイイと思った個体を海外から輸入、適した環境で育成して健康な個体を販売している。初心者の方も安心して購入できるようにYoutubeで育成方法を配信したり、疑問や質問を販売ページからの問い合わせも受け付けている。お部屋に飾るのはもちろん、ガレージやお店に飾れば空間をギュッと引き締めてくれるのでワンランク上の空間を演出してくれる。水やりは、週1回から2週間に1度でも良いという育てやすさと美しさと強さを兼ね備えた見た目からリピーターなることも多く、同じ品種の株を何株も購入しコレクションしている方も多数いるという。また同店では、「徒長しないように」「健康にカッコ良く育つように」との願いが込められたプラントタグ『ヤバスギルアガベタグ』も販売中。カッコいいプラントタグで「アガベ」をカッコよく育てよう。

（ライター／長谷川望）

置いた空間をギュッと引き締めて、ワンランク上の印象を与える植物。

アガベ専門店 **モンスターハウス**

☎ 09066126432
✉ ss052@ut.chu.jp
㊟ 愛知県名古屋市南区平子2-24-12 フジタビル3F（運営／デザイン事務所ストヌタ）
https://monster-house.stores.jp/

『モンスターボウル』
980円
（税込）

『アガベチタノタ白鯨』
（鉢付き WW-04）
39,000円（税込）

ノコギリを通じて喜びと感動を 機能性・デザインも優れたノコギリ

愛され続けて40年！ 切れ味と断面がキレイ

林業従事者や大工といったプロフェッショナルから、DIYや庭の手入れに使用するアマチュアまで、手に馴染むハンディなノコギリとして海外でも愛されている「シルキーブランド」の各種ノコギリ。製造元の『株式会社ユーエム工業』は、刃物の町としてもしられている兵庫県小野市で1919年の創業以来、独自の技術と想像力でノコギリの切れ味、使いやすさを追求してきた。1984年には、世界ではじめてハンドルにゴムを採用したノコギリ『ゴム太郎』シリーズを発売、今なお多くの人々に支持されている。『ゴム太郎』は、ハンドルをゴム製にすることにより、剪定や枝打ち、型枠工事などの際、手に手袋・軍手をはめていたり汗をかいても滑りにくく、強く握り込まなくても力を逃がすことがないので100%引く力を刃に伝えることができる。また、刃に施した「アサリ無し鏡面研磨」により、スムーズに、また切断面も美しく仕上がる。折りたたみ式の『ゴムボーイ』シリーズも『ゴム太郎』同様、今や職人必携の道具といえる。

（ライター／今井淳二）

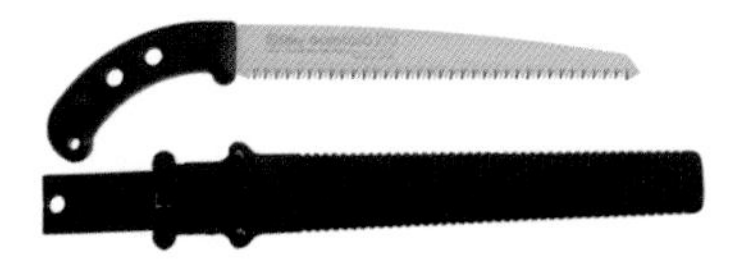
『ゴム太郎 荒目』

『ゴム太郎2段切り』

『ゴム太郎プロ剪定』

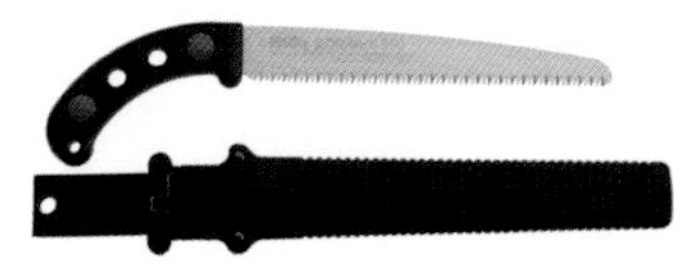
『ゴム太郎根切』

株式会社 **ユーエム工業**
ユーエムこうぎょう
0800-600-6111
✉ silky@silky.jp
㊟ 兵庫県小野市来住町1015-1
https://www.silky.jp/

ペットボトルの特性・形状を生かし活用する新しいタイプの容器

アイデアで無限に広がる用途

透明度が高く衛生的、軽くて丈夫なことからソフトドリンクや飲料水など各種液体用の容器として利用されているペットボトル。そんな各種プラスチック容器製造のリーディングカンパニーとして、地球環境に配慮した原料の模索や工場における再生可能エネルギーの活用など「SDGs」への取り組みも積極的に行っている『株式会社東北タチバナ』が、ペットボトルの可能性を無限に広げる『スマートボトル』を開発・発表した。

上部がキャップとして大きく開き、スイーツや惣菜などの食品、おもちゃや雑貨など様々なモノを入れることが可能だ。使い勝手は、ペットボトルと同様。ユニークな「魅せる陳列」でお客様の興味をひくことも。一般的な350㎖、500㎖ボトルと同じサイズなので自動販売機で売ることもできる。

カプセルトイのように何が出るかわからないといった遊び心のある販売方法などアイデアもふくらむ。

（ライター／今井淳二）

自動販売機でも使える万能容器『スマートボトル』

株式会社 **東北タチバナ**
とうほくタチバナ
0198-24-6356
info@ttpg.co.jp
㊟ 岩手県花巻市椚ノ目第6地割114-1
https://www.ttpg-hp.info/

遊びながら みるみる覚えられる 子どもから大人まで 楽しめる英単語ゲーム

ビンゴゲームで英語力を育む『Zingo（ジンゴ）』

小学校で英語の授業が必修になった今、未就学児のうちから英語に慣れ親しむことは大事になっている。そんな中、アメリカで子ども大人も夢中になれる言葉遊びゲームが日本にも登場。日本では『ブリオジャパン株式会社』が取り扱うシンクファンの早期英語学習ゲーム『Zingo（ジンゴ）』。英語とビンゴゲームを融合したアクションゲーム。「ジンゴマシーン」と呼ばれる可動式のケースに英単語が書かれたタイルをセットし、「ジンゴマシーン」をスライドするとタイルが2枚ずつ出てくるので、プレイヤーは配布されたカードに同じ単語が書かれていたら、その英単語を素早く叫ぶ。一番早く叫んだ人がタイルを得ることができ、9マスを一番早く埋めることができた人が勝ちとなる。英単語には、それぞれイラストも付記されており、視覚的に理解できるので、英語に慣れていない子どもでも楽しく遊びながら学べるようになっている。また、数字だけでより簡単に楽しめる『ジンゴ1-2-3』や英会話でよく使う単語が入った『ジンゴ・サイトワード』もある。

（ライター／今井淳二）

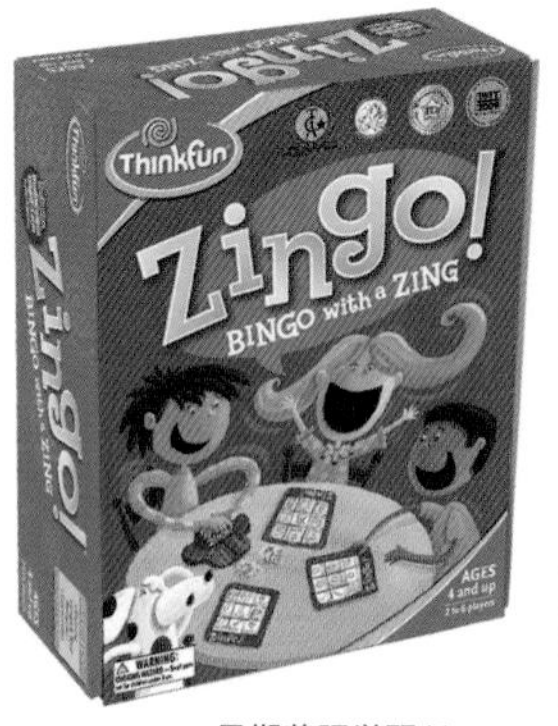

早期英語学習ゲーム『Zingo』

ブリオジャパン 株式会社

03-5766-5032（マーケティング部）
info.japan@brio.net
住 東京都渋谷区東3-12-13 ベリータ8F
https://www.briojapan.com/

こちらからも
検索できます。

縁起物の富士山と和柄の包装紙 幸せを呼び込むトイレットペーパー

富士山ふふふロール

富士市の風光明媚な土地から風雅で風流なパッケージ

日本で最初にトイレットペーパーを製造・販売した『新橋製紙株式会社』から、富士山と縁起の良い伝統的な和柄を組み合わせた包装紙で包んだトイレットパーパー『富士山ふふふロール』が発売。

カラフルな色合いの雄大な富士山が描かれた「紗綾」「七宝」「市松」「亀甲」「菱」「青海波」の6種類のパッケージで見た目からもふふふっと微笑んで幸せになる。富士山×和柄の組み合わせは、お中元やお歳暮、贈り物として、また海外の友人へのお土産にも喜ばれる。

ロール本体は、上質古紙を100％使用し、無漂白・無香料を徹底。薬品は極力使わず製造しており、肌に優しい。紙厚は、市販品と比べ約1・5倍と超厚手25g／mで、トイレだけではなくティッシュ代わりや食器を洗う前の拭き取りなど色々と使用できる。

キャリーケースも富士山の持ち手がついており、こんなトイレットペーパーがあれば、トイレの神様も喜んでくれるに違いない。

（ライター／髙田千浪）

「紗綾／SAYA」

「七宝／SHIPPO」

「市松／ICHIMATSU」

「亀甲／KIKKO」

「菱／HISHI」

「青海波／SEIGAIHA」

『富士山ふふふロール』（同柄8ロール入）3,300円（税込）寸法／幅114㎜×長さ65m　仕様／シングル

新橋製紙 株式会社
しんばしせいし
0545-52-0906
sales.promotion@shimbashi-paper.jp
㊟ 静岡県富士市依田橋町1-5
https://shimbashi-paper.jp/

『富士山ふふふロール』の売り上げの一部は富士山のために寄付されます

人を不快にさせる数々の悪臭包んでなくす画期的な防臭袋

驚くほど臭わない！
驚異の防臭素材
BOS
ボス
防
臭
袋

様々なシーンで重宝すると評判

医療の分野で出る便を収容・回収するため、強力な防臭効果を持つ袋として開発された素材を応用し、様々な臭いに対する問題解決のお役に立ちたいとの想いから誕生した『クリロン化成株式会社』の防臭袋『BOS（ボス）』シリーズ。袋の素材すべてが同じであるため、防臭性能も同様であるが、用途によって選びやすいよう商品がラインナップされている。ポケットティッシュのように持ち歩いて多用途に使える『どこでも臭わない袋』から、生ゴミをゴミ出しができる日まで臭わせずに置いておける「生ゴミ用」。ペットのお散歩の必需品「犬・猫うんち用」。「ベビーおむつ用」「大人おむつ用」など。さらに『BOS』の技術を活かし、災害時などに設置できる非常用簡易トイレセットも注目されている。

『クリロン化成』では、食品をはじめ、医薬品や工業製品など包装用の多種多様なフィルムを扱ってきた。長年に渡り培ってきた包む技術で強力なニオイもシャットアウトする。

（ライター／今井淳二）

臭いトラブル解決！
使用済みおむつ
ペットのうんち
生ゴミ
その他の悪臭物
01
臭う物を袋に入れる
02
袋の口を数回ねじる
03
しっかり結ぶ
04
そのまま捨てる
パッケージデザインいろいろ
おむつが臭わない袋
うんちが臭わない袋
生ゴミが臭わない袋

臭わない袋シリーズ

持ち歩きに便利なポーチ付きのものや有名書家とコラボしたファッショナブルな箱など色も模様もカラフルに揃い、選ぶのも楽しくなる。

© 2022 臭わない袋BOS

クリロン化成 株式会社
クリロンかせい
06-6327-8188
bos-bos@kurilon.co.jp
㊟ 大阪府大阪市東淀川区南江口1-3-20
https://bos-bos.com/

こちらからも検索できます。

BOS 公式 WEB SHOP では、様々なデザインや袋サイズを取り揃えています。

まるで魔法の絨毯 水の上を飛ぶ 新感覚 ボード

海だけでなく湖や川 好きな場所で楽しめる

「株式会社SEアミューズメント」は、プエルトリコのLiftFoils社と日本国内における独占総代理店契約を結び、『LIFT eFoil（リフトイーフォイル）』の販売を開始した。

ボード下の水中翼が水の流れを捉えることで得られる揚力でボードがふわりと持ち上がる仕組み。ほとんど水面に接しないため、まるで魔法の絨毯で水の上を飛んでいるかのような浮遊感を楽しめる。波がなくても楽しめるので湖や川でもOK。一定の水深と広さがある場所であれば、好きな場所でライディングができる。電動モーターとスクリューを備え、手元のリモコンでスピード調整するため、初心者でも気軽にチャレンジできることも人気の秘密。

低価格を実現し、耐久性が高いFシリーズとオールカーボン製の軽くて高級感があるCシリーズが発売中。

水の上を飛ぶように進む、今までにない新感覚のボードで素敵なマリンライフを楽しもう。

（ライター／彩未）

eボックス
バックウィング
マスト
プロペラ&モーター
バッテリー
ボード
フロントウィング

『LIFT eFoil』

「Fシリーズ」

「Cシリーズ」

株式会社 SEアミューズメント
エスイーアミューズメント
050-2018-0581
info@se-amuse.jp
㊟ 神奈川県横浜市中区海岸通4-20-2 YT馬車道ビル
https://www.se-amuse.jp/

EVに新しい選択肢 狭い道路にもぴったりの電動小型車両

これからの時代を牽引するガソリン不要小型EV

カーボンニュートラルへの取り組みが活発する中、日本でも2035年までにガソリン車の新車販売を終了を目指し、様々なEV車が発売、普及も加速してきている。だが、バイクなどの小型車両についてはまだ数も少なく、安全基準を満たしていない危険な輸入品も横行している。

『モービルジャパン株式会社』は、地球環境に優しく、省エネで経済的、安心安全で安価な乗り物としてこれからの時代を担う小型EV車両を日本の車両保安基準で生産・販売をしている。原付電動自転車バイク『まめ吉Ⅱ』、電動三輪ミニカー『佐吉』、3人乗り多目的電気トライク『伊達な奴』と、名前もユニークながら機能やフォルムも特徴的な車種が揃うなか、今、人気なのが電動リーントライク『海神／KAIJIN』。独自のリーン機構により、スクーターバイクのようなスタイリッシュな走りを実現。フル充電で最大100㎞の走行が可能。ヘルメットも不要で普通免許で運転できる。

（ライター／今井淳二）

原付電動自転車バイク『まめ吉Ⅱ』
165,000円（税込）～242,000円（税込）

電動三輪ミニカー『佐吉』
327,800円（税込）

電動リーントライク『海神／KAIJIN』
437,800円（税込）～514,800円（税込）

モービルジャパン 株式会社

022-355-9591
somu@mjtrike.scom
㊟ 宮城県仙台市宮城野区中野5-5-12
http://mjtrike.com/

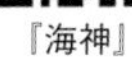
『海神』

『まめ吉Ⅱ』

『佐吉』

常識を覆す機能性
常時取り付け型で
簡単・便利
革命的なサンシェード

設置・片付け・収納要らず快適なカーライフへ

『株式会社 shinplus』が生み出したのが、常時取付け型の革新的なサンシェード『シンシェード』。オートストッパー、自動巻き取りで、従来のサンシェードの設置時間は約10分の1に短縮。使用する時は「下に引く」、片付ける時は「ボタンを押す」だけ。常時取り付け式なので収納場所もいらない。

従来のサンシェードは、使い捨てに近いものであったが、同製品は頑丈かつ軽量なアルミ素材を使用していることで繰り返し使える。無駄のないシンプルでスタイリッシュなデザインも魅力的だ。高い反射性と優れた遮光性を持ち、日光をしっかりと遮断。機能性も高い。車種別にサイズ展開も豊富で、愛車にぴったりなものを選べる。

これまで煩わしくて使用しなかった場面でも簡単に使えると使用頻度は上がる。車内での休憩や食事中、アウトドアなどでの車中泊、駐車中の車内の高温防止など、あらゆる場面で活躍。カーライフをより快適にしてくれるアイテムだ。（ライター／播磨杏）

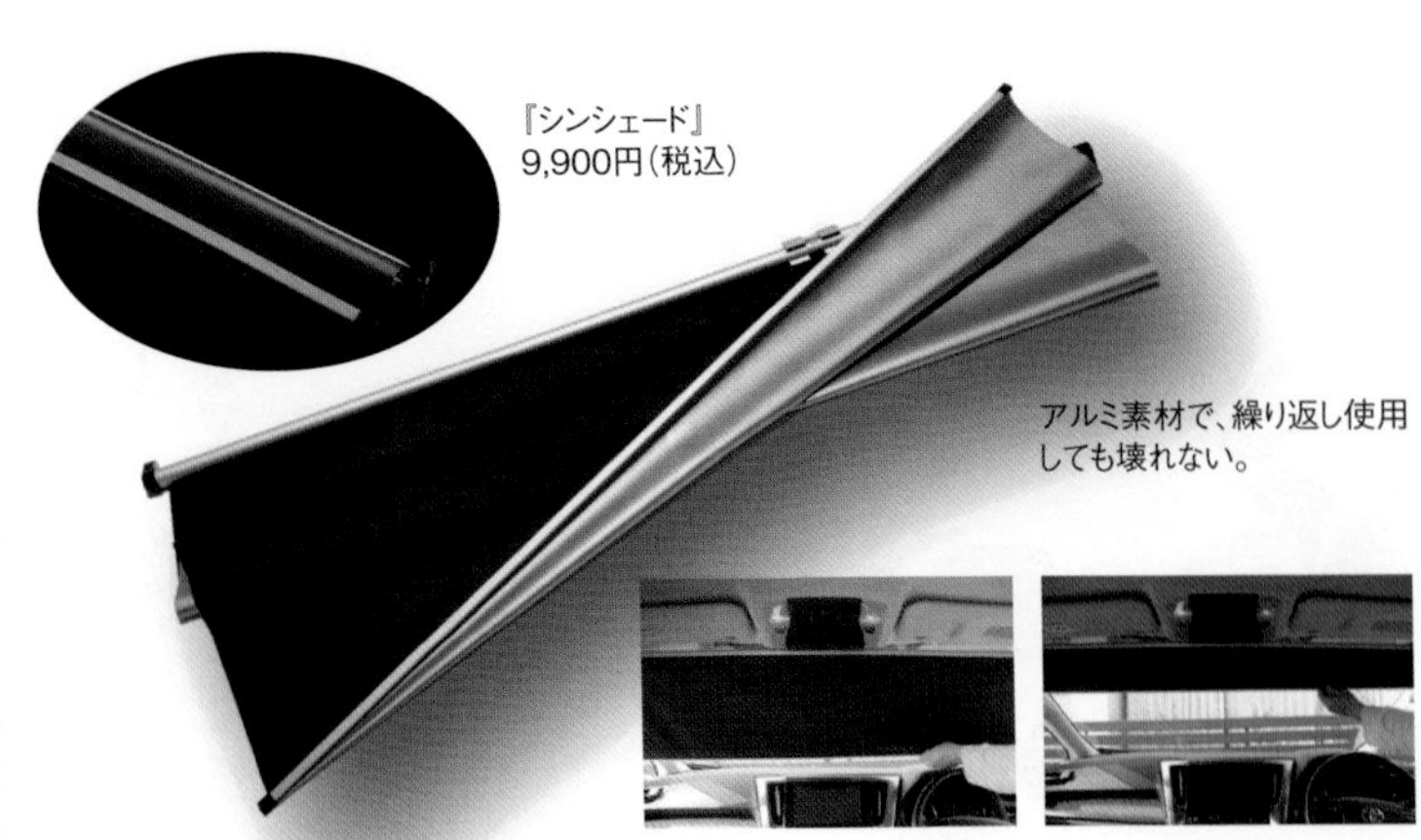

『シンシェード』
9,900円（税込）

アルミ素材で、繰り返し使用しても壊れない。

株式会社 shinplus
シンプラス
052-655-6330
info@shinplus.jp
㊟ 愛知県名古屋市中川区中郷3-131
https://shinshade.com/

購入はこちらから。

LINE

気になるホイールの汚れを低減しっかり効いて止まるブレーキパッド

純正ブレーキパッドでは、ホイールに赤茶けた鉄粉が付着し、黒ずんでいるのが一目で分かる。
（1000㎞走行後）

Mタイプを装着するだけで、鉄粉の付着を大幅に低減できる。
（1000㎞走行後）

ホイールが最も汚れにくいストリート用パッド

マイカーの個性をグッとアップするアルミホイール。それなりの値の張るカスタムだし、常にピカピカきれいにしておきたいもの。しかし、走っているうちにしつこい黒ずみやサビに悩まされることも。その原因の一つともいえるのがブレーキパッドだ。制動時にブレーキローターをブレーキパッドが押さえつける摩擦により、ブレーキローターが金属カス（ブレーキダスト）となりホイールに溜まってしまうのだ。

レーシングカーだけでなく一般車用も開発しているブレーキパーツの専門メーカー『株式会社ディクセル』では、制動の際にブレーキローターを削らずにしっかりと減速できる『ブレーキパッドMタイプ』を販売中。ブレーキローター、パッド双方による金属カスの発生を大幅に低減することでホイールも汚れにくく、洗車や部品の交換の頻度も少なくなるということは環境保護にもつながる。効果は多くの過酷なテストやユーザーの声でも実証済みで、車を乗り換えてもリピートするユーザーが多いブレーキパッドだ。

（ライター／今井淳二）

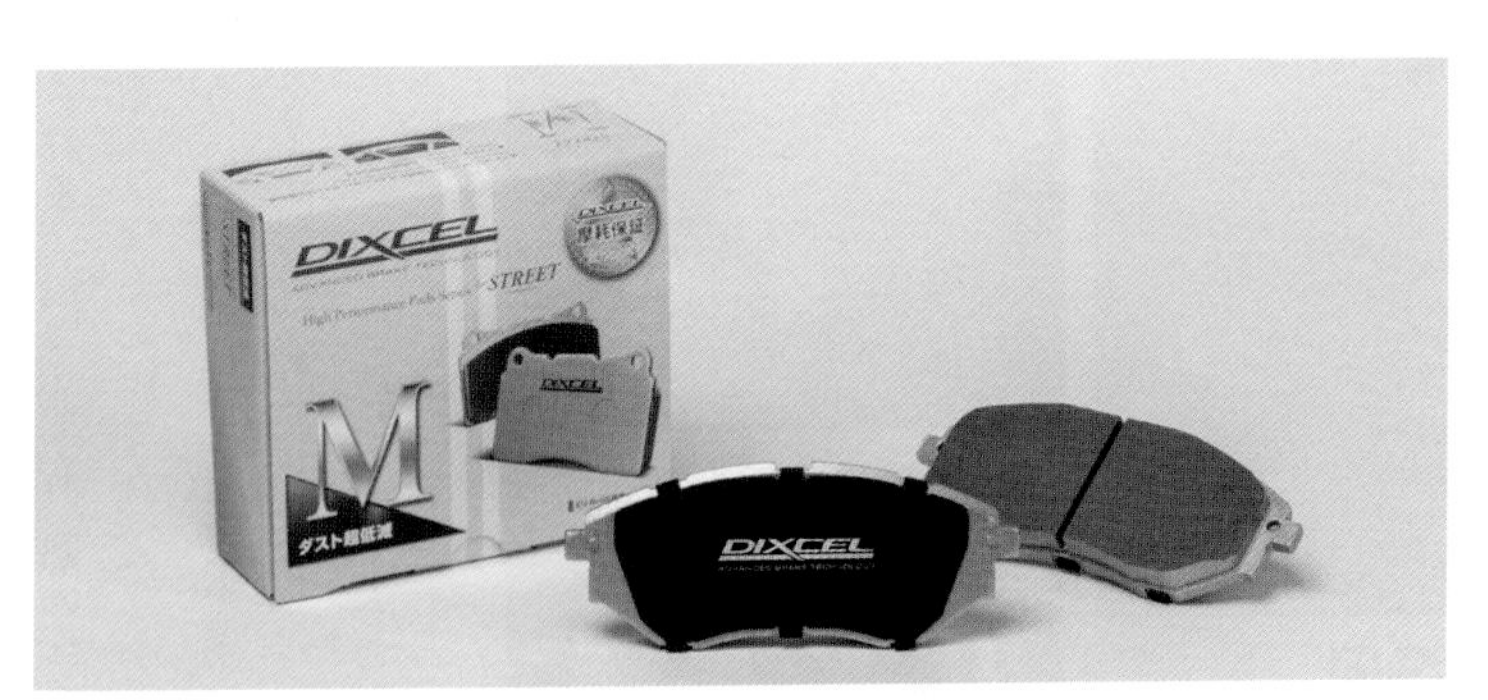

『ブレーキパッドMタイプ』
<軽自動車用> フロント 13,640円（税込）〜　リア 13,640円（税込）〜
<国産普通車用> フロント 18,700円（税込）〜　リア 17,490円（税込）〜
<輸入車用> フロント 19,910円（税込）〜　リア 19,910円（税込）〜

株式会社 ディクセル

06-6340-0121
info@dixcel.co.jp
㊟ 大阪府摂津市西一津屋3-3
https://www.dixcel.co.jp/

サイトでは分かりやすいマンガで紹介。

熱伝導が良く肉がふっくらとジューシーに焼けるグリルプレート

シーンに応じて組み替えるグリルプレート

IH鍋のパイオニア『株式会社フジノス』の『モジュラーグリルプレート』は、焚き火のような直火はもちろん、家庭用IH調理器にも対応している。シーンに応じて組み替えることができ、キャンプでも屋内でも気軽に調理を楽しめる。ガスコンロや電気コンロにも使用可能なのでとても便利だ。工具不要で簡単に取り外し&付け替えができ、気軽に使えて面倒がない。

『モジュラーグリルプレート』の凄さは、ステンレスの保温力とアルミの熱伝導性を合わせもつ「アルミクラッド三層鋼」。アウトドアでの調理は、焚き火やバーナーなどの炎が安定しない場合が多く、プレートの全面には熱ムラができ、ステーキなど焼きムラになりがちに。その点、『モジュラーグリルプレート』は熱伝導・均熱性・板厚なので、ステーキ全体を均一に焼き上げふっくらとジューシーに美味しく仕上げてくれる。口コミでも「熱の伝わりがよくムラなくお店で食べたステーキのよう。軽いし、後片付けも楽。理想的なグリルプレート」と大好評。

（ライター／髙田千浪）

『9w.(クオウ) モジュラーグリルプレート ベーシックセット』
9,000円(税込)

こちらからも検索できます。

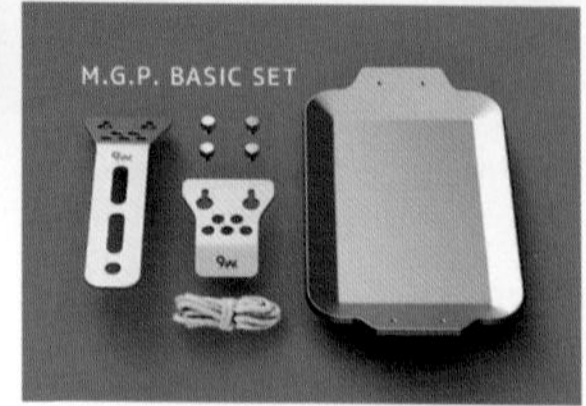

株式会社 フジノス

0256-93-3211
info@fujinos.co.jp
㊟ 新潟県燕市吉田下中野1583-1
https://www.fujinos.co.jp/

『コンプリートセット』
18,800円(税込)

『スペシャルセット』
14,900円(税込)

コンパクトでスタイリッシュセイフティな薪割りスタンド

アウトドアに本物の道具を叩いて割る簡単薪割り

鍛冶が盛んなモノづくりの町、新潟県・燕三条の「角利産業株式会社」の新アウトドアブランド『KAKUREGA』より、初心者や子ども、ベテランまで安全に薪割りができる『折りたたみ薪割りスタンド』が発売される。

アウトドアの醍醐味である焚き火を楽しむ際にナイフやナタなどで薪を割る作業は、慣れていない人には時として危険を伴う場合も。『折りたたみ薪割りスタンド』があれば、付属の専用収納バッグから取り出し、広げるだけですぐに使用できる。見た目もスタイリッシュで、ワンアクションで折りたため、スリムに収納が可能。何かと荷物が増えるアウトドアには嬉しいアイテムだ。

また専用刃は、三条市で製造。熱処理した刃物鋼を使用した刃は、切れ味抜群。独自の構造により、使わない時は刃を収納することができ、持ち歩くのにも安心。ケガなど気にすることなく、子どもたちも夢中になって薪を割ることで、より一層キャンプが楽しめること間違いなしだ。

（ライター／髙田千浪）

『折りたたみ薪割りスタンド』24,750円（税込）
2023年8月1日、一般発売予定。

KAKUREGA 角利産業 株式会社
カクレガ
0256-34-6111
info@kakuri.co.jp
㊟ 新潟県三条市東本成寺3-3
https://www.kakuri.co.jp/

奇妙な洋装雑貨店
ダークで可愛い
魔力溢れた品揃え
魔女魔法使い御用達?!

魔女やファンタジーが好きな大人のための奇妙な洋装雑貨店『マギカバザール』。現実とファンタジーの狭間の番人、店主リザが集めた魔力溢れるアイテムが揃う不思議なお店だ。人気No.1は、『失われた時を刻む時計〜インパクトがある個性派Bag〜』。不思議の国アリスのようなレトロデザインは、実際に動くリアル時計。魔女の正装ワンピースなどちょっぴりダークで可愛いコーデにぴったり。『白い妖精のピアス』など個性的なアクセサリーもオススメ。

（ライター／髙田千浪）

『失われた時を刻む時計〜インパクトがある個性派Bag〜』
13,800円（税込）

『鍛冶屋見習い〜異世界ファンタジー「あのシャツ」』
6,980円（税込）

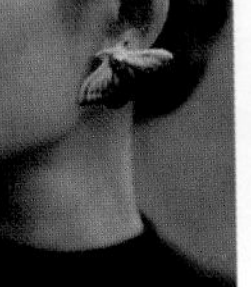

『黄昏の舞〜白い妖精のピアス〜』
5,980円（税込）

『四は棄てよ〜魔女の正装ブラックワンピース〜』
9,980円（税込）

奇妙な洋装雑貨店 **マギカバザール**

✉ magica.bazaar@gmail.com
https://www.magica-bazaar.com/

こちらからも検索できます。

宝石とデザインを
組み合わせて
パワーを発揮する
ヒーリングジュエリー

宝石（パワークリスタル）とデザイン（パワーコンテナ）を組み合わせた『KRAACH』の『ヒーリングジュエリー』。願いに合わせた宝石を選び、身につけることで自分自身がパワースポットとなる。チャクラの象徴である蓮の花モチーフとワンポイントのダイヤモンドが、宝石のエネルギーをさらに高める。「ガーネット×アメシスト」は、愛と成功を勝ち取る人生に導いてくれる。「ペリドット×アメシスト」は、穏やかな人生を送りたい方に。

（ライター／播磨杏）

ヒーリングジュエリー

宝石の魔法で、素晴らしい人生を

クリスタルヒーリングのメソッドで仕上げた新しい体験、ヒーリングジュエリーブランド

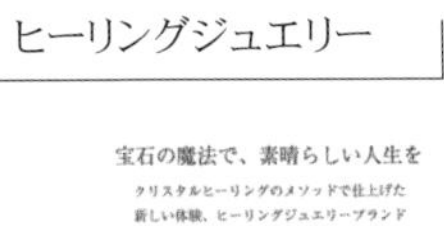

『-HASU- ブレスレット』
93,500円（税込）〜

『-HASU- ピアス』
115,500円（税込）〜

『-HASU- ネックレス』
96,800円（税込）〜

magic of crystal **KRAACH**
クラッチ
✆ 03-5738-8974
✉ contact@kraach.jewelry
㊟ 東京都渋谷区代々木5-8-5 代々木パビリオン6F
https://kraach.com/

イヤホンサウンドの新境地を切り開く最高音質旗艦モデル

ワイヤレスイヤホンの黎明期より約13年、業界を牽引し続けてきたブランド『SOUNDPEATS』では、新たな音の境地へ挑んだ新製品『Opera 05』を発表した。イヤホンの心臓であるドライバーを3基も搭載。ハイレゾ音源対応で限りなく原音に近いリアルな臨場感と立体感を実現。もちろん、ノイズキャンセリングと外音取り込み機能を搭載。必要に応じて快適なリスニング環境を構築してくれる。姉妹機でハイコスパの『Opera 03』も登場。

（ライター／今井淳二）

『Opera 05』13,999円（税込・送料無料）
『Opera 03』10,999円（税込・送料無料）

SOUNDPEATS AUDIO
サウンドピーツ オーディオ
✉ support@soundpeatsaudio.com
㊟ 中国広東省深セン市龍華区匯海広場B区1309
https://jp.soundpeats.com/

書いてくくるだけ自由な発想で「書く」を楽しむ大人向けノートブック

書き心地の良い紙に自由にペンを走らせ、バインダーにくくるだけ。自分のアイディア力や行動力を刺激するルーズリーフ型ノート『NOLTY notebook kukuru』シリーズが「株式会社日本能率協会マネジメントセンター」のブランド『NOLTY』から発売中。ノートパッドのレイアウトはビジネスユース4種に加え、ライフログ4種が新登場。毎日を「くくる」大人のためのカスタマイズ型ノートブック。「書くこと」でアイディアがどんどん広がる経験を楽しんでみては。

（ライター／彩未）

『NOLTY notebook kukuru』
ノート 880円（税込）〜935円（税込）
オーガナイザー 1,650円（税込）
アクセサリー類 440円（税込）〜1,320円（税込）

NOLTY® 株式会社 日本能率協会マネジメントセンター
ノルティ
✆ 03-6362-4555
㊟ 東京都中央区日本橋2-7-1 東京日本橋タワー
https://nolty.jp/

陶器のイオンボトルで水道水を美味しくお酒はまろやかに

『Homeland』は、日本の作り手たちと生み出す「使い勝手の良い、長く使いたいもの」を作るキッチンツールプロジェクト。『信楽焼イオンボトル』は、ラジウム鉱石を含む原土を使用した陶器のボトル。このボトルで一昼夜ほどおくことにより、水道水でもお酒類でも美味しく変化したような味になる。天然鉱石の効果には寿命がないともいわれ、ボトル自体が割れない限り半永久的に使用が可能。ぜひ『イオンボトル』でおいしい水を味わってみて。

（ライター／奈良岡志保）

こちらからも検索できます。

『信楽焼イオンボトル』（ダイヤ白、ダイヤ斑点、プレーン白、プレーン斑点）7,700円（税込）

Homeland ホームランド　株式会社 アスプルンド
03-3769-0788
info@homelandnippon.com
東京都港区三田3-13-16 三田43MTビル5F
https://homelandnippon.com/　@homeland_nippon

洗い一瞬 茶葉も珈琲豆もOK 茶こしなしで漉せる 新感覚の急須

手軽に茶葉や豆を楽しんでもらえるようにという想いで開発された『株式会社AO Labo.』の『ちゃpod』は、緑茶や紅茶だけでなく珈琲も楽しめる優れもの。三つの小さな突起がついた蓋と本体との間にできた隙間から茶葉を線でこすという新しい発想で茶こしいらずを実現し、特許を取得。本体と蓋だけの超シンプル構造なので、使用後の急須のお手入れが一瞬で終わるのも嬉しいポイント。忙しい人、疲れている人に新しいpod。

（ライター／彩未）

『ちゃpod』3,470円（税込）　アマゾンにて購入可能。

株式会社 AO Labo. アオ ラボ
0774-80-4302
contactao@aolabo.net
京都府宇治市木幡陣ノ内9-77
https://www.aolabo.net/
ちゃ Pod　検索

関の包丁はついに おいしい切れ味を手に入れた 食材のうま味を引き出す 奇跡の包丁

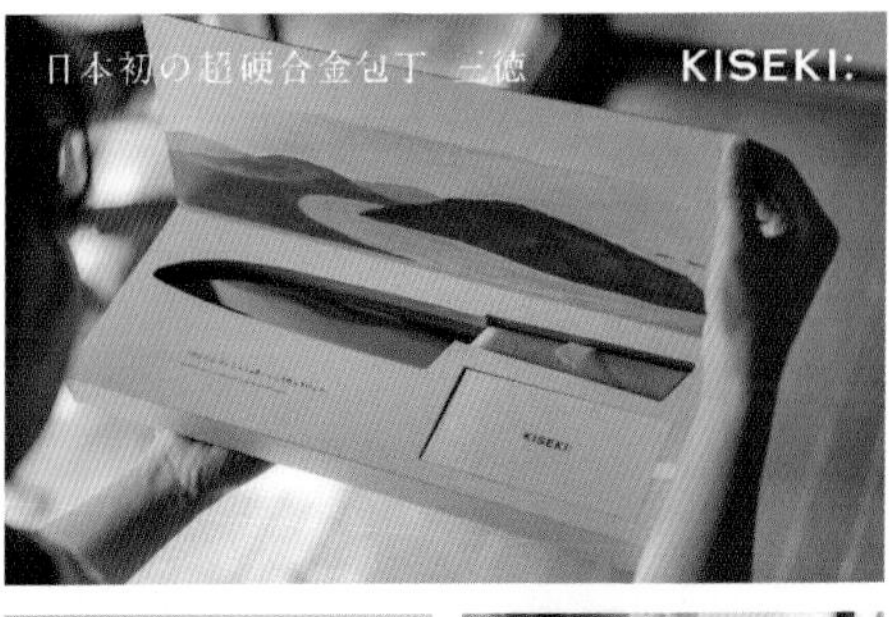

クラウドファンディングや一般販売開始後話題沸騰の『KISEKI:』は、日本で初めて量産化に成功した超硬合金包丁。ダイヤモンドに次ぐ硬さをもつ超硬合金製の刃先は切れ味に優れ、力を入れることなく食材に切れ込んでいく。驚くほどの切れ味が食材の繊維を傷めず、素材本来の旨みが料理をおいしくしてくれる。『KISEKI:』は、単なる包丁のブランドではない。「新しい刃物のあり方」を考えるブランドだ。（ライター／彩未）

『ミズナラ』『ヤマザクラ』『ブナ』 34,650円（税込）

KISEKI: 福田刃物工業 株式会社
キセキ
0575-28-3022
info@kiseki-products.jp
㊟ 岐阜県関市小屋名353
https://kiseki-products.jp/

こちらからも検索できます。

雨にも風にも 負けない アウトドア必携の ゴムバンド

普段の生活シーンの中で欠かせないゴム紐。昭和初期の創業以来、手芸業界向けに商品を開発販売をしてきた「川村製紐工業株式会社」では、アウトドアブランド『GEAR FIT』を立ち上げ、高機能ゴムバンド『グリップゴムバンド』を開発・販売。伸縮性と耐久性に優れ、滑り止め機能も備えている。テントやリュックなど各種アウトドアギアの結束、自転車への固定などに機能を発揮する。アウトドア専門店や同社ネットショップで販売。（ライター／今井淳二）

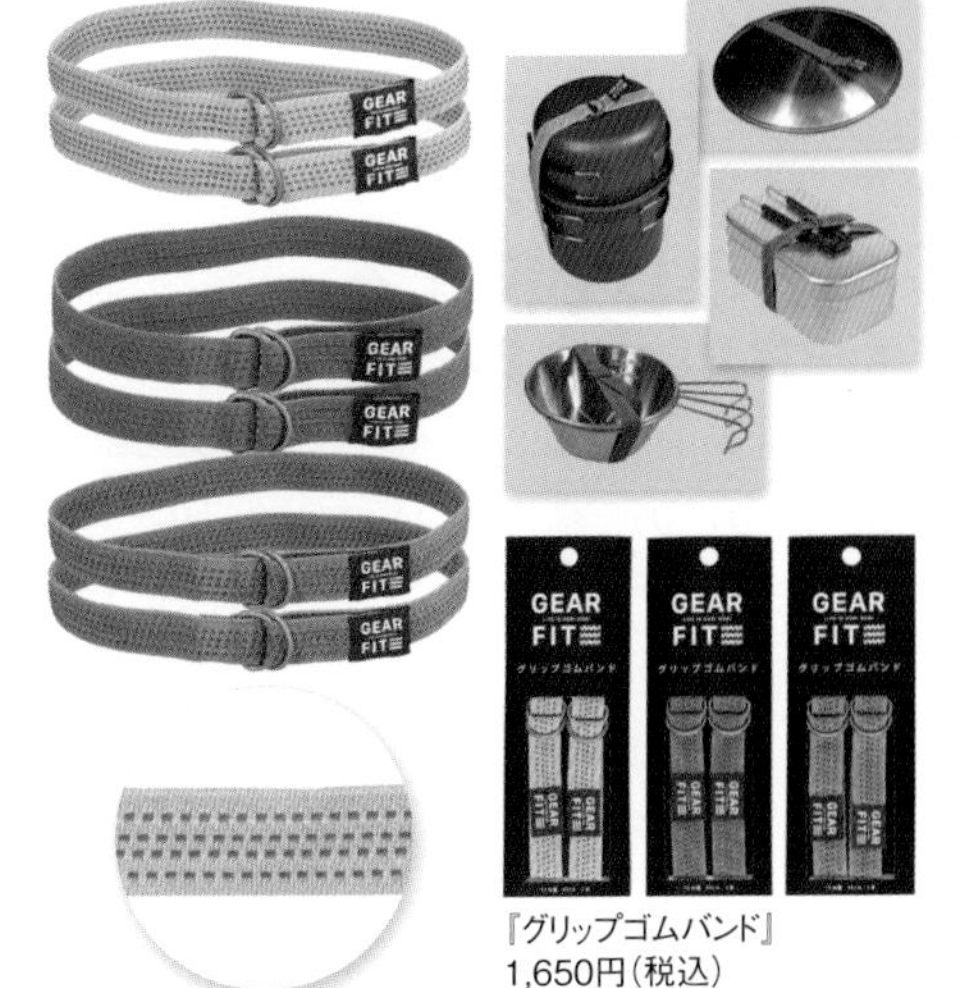

『グリップゴムバンド』
1,650円（税込）

GEAR FIT 川村製紐工業 株式会社
ギアフィット
0572-22-3345
info@seichu.co.jp
㊟ 岐阜県多治見市白山町1-1-5
https://seichu.co.jp/

おうち時間が楽しくなるやさしい木製香炉

全国の作家さんが手掛ける、優しい木のぬくもりに溢れる雑貨を販売しているオンラインショップ『Cheers』。置物からアクセサリーまで各種揃う中、オススメは『小さな家の香炉』。お香を焚くと家の煙突から煙が立ち上るユニークな香炉。本体には、丈夫なナラの木を使用。明るい色合いと木目は、和洋どんなお部屋にもぴったり。お香の香りとともにゆらゆらと立ち上る煙を眺めてリラックスタイムを。おうち時間、癒しや自然を感じてみよう。

（ライター／今井淳二）

『小さな家の香炉』
4,200円（税込）
お香（10個）とセットで
4,970円（税込）

スタイリッシュな
『小さな木の香炉』
4,200円（税込）

Cheers
チアーズ
📞 03-5577-3230
✉ info@cheers-shop.jp
https://www.cheers-shop.jp/

こちらからも
検索できます。

赤ちゃんから高齢者まで安心して使えるアルコール除菌剤

『群栄化学工業株式会社』が販売する『食品に使われるものだけでつくったアルコール除菌剤』は、食品添加物としても使われる成分のみを配合した除菌剤で、子どもたちをはじめ、様々な方が安心して使うことができる。「ピュアトース」はでんぷんから作られる食品用の素材で、高い保水性で食品への採用実績をもつ。口コミでも「肌への優しさに関してはアルコール系除菌液の中では一番」との声も。生活用品全般に幅広く効果を発揮するので心地よく毎日を過ごすことができる。

（ライター／高田千浪）

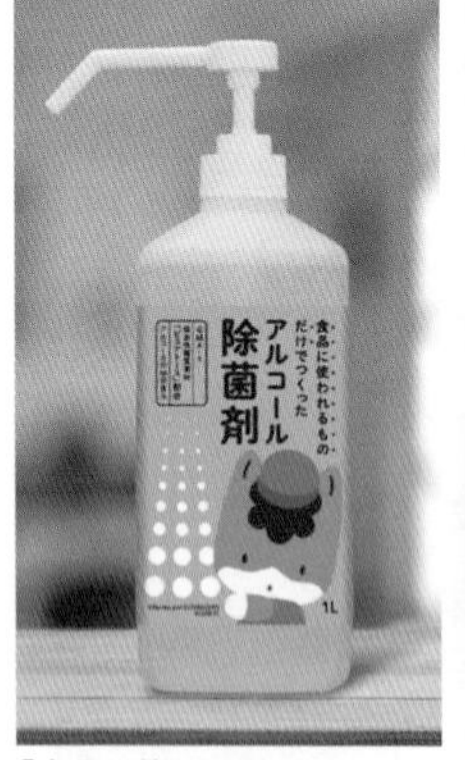

『食品に使われるものだけでつくったアルコール除菌剤』
1000ml 1,404円（税込）　※各種ECサイトで販売中。
キッチンまわりや食卓、食器類、食品（除菌・保存・鮮度保持）、玄関やトイレ、ドアノブ、赤ちゃんの玩具や育児用品など様々なシーンで利用できる。

群栄化学工業 株式会社
ぐんえいかがくこうぎょう
📞 027-353-1800
✉ btoc_takasaki@gunei-chemical.co.jp
㊟ 群馬県高崎市宿大類町700
https://www.gunei-chemical.co.jp/

ヨーロッパで大人気 かわいい トラベルピロー＆ アイマスク

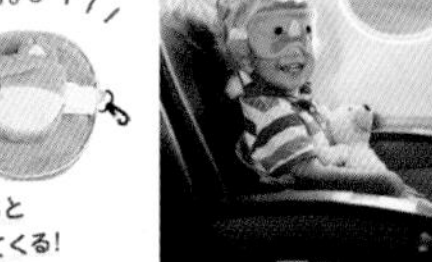

『relaxeazzz アイマスク付もちもちピロー』3,278円（税込）

コロナ禍の2020年に欧州で発売を開始し、3年で20万個以上売れた人気のトラベル＆睡眠グッズがついに日本初上陸。『relax eazzz アイマスク付もちもちピロー』は、アイマスク×トラベルピロー（携帯枕）×ぬいぐるみが一つになった革新的なデザインで、本国イギリスと日本で雑貨アワードをダブル受賞。飛行機や車の移動中に、ソファでの休憩用に、キャンプ枕や避難所グッズ用にと用途も多彩。かわいい動物柄に、しっとりモチモチの肌触り。子どもから大人まで使え、洗濯もできて衛生的。

（ライター／奈良岡志保）

relaxeazzz 株式会社 ナイトレインボー
リラクシーズ
☎ 0594-26-1902
✉ info@relaxeazzz.jp
㊟ 三重県桑名市南魚町51
https://relaxeazzz.jp/

将来のために 手軽に楽しめる クロスワードパズルで 脳トレ

『クロスワードパクロス』毎月26日発売 680円（税込）
（写真は2023年6月号）

高齢化社会が進む中、認知症対策にクロスワードがオススメだ。『アイア株式会社』が出版する月刊誌『クロスワードパクロス』は、知識や語彙力を増やすことができる。また、手書きで答えを書くことで、スマホでは味わえない脳と手の協調性も向上し、長時間楽しめるだけでなく、脳の健康にも良い影響を与える。鉛筆1本で家でも旅行先など、どこでも脳トレができる。解き進めて豪華賞品もゲットでき、脳にも気持ちにも楽しいはず。

（ライター／髙田千浪）

アイア 株式会社 出版事業部
✉ pakurosu@aiia.co.jp
㊟ 東京都渋谷区渋谷1-1-5-6F
http://www.aiia.co.jp/
https://pakurosu.jimdofree.com/（クロスワードパクロス）

大切な猫ちゃんに食べてもらいたい安心・安全の美味しいキャットフード

より多くのペットに食を通じて健康を届けたいと健康的でおいしい製品を作り続けている『デビフペット株式会社』。肉食の猫のために「肉」本来の持つ美味しさにこだわった新ブランド『Kariyudo（カリユド）』シリーズが登場。肉を食べ応えのある大きさにカットし、とろみタイプに仕上げ、着色料・発色剤不使用で安心・安全なキャットフードだ。味に敏感な猫にもピッタリ。ラインアップは、「ビーフ」「ササミ」「チキン」「ポーク」。グルメなあなたの猫もきっと喜んでくれることだろう。（ライター／髙田千浪）

『Kariyudo ビーフ』

『Kariyudo ササミ』

『Kariyudo チキン』

『Kariyudo ポーク』

猫用総合栄養食
内容量95g オープン価格

デビフペット 株式会社
03-3941-4171
㊟ 東京都文京区本駒込2-29-24 パシフィックスクエア千石3F
https://www.dbfpet.co.jp/

海外の愛犬家に絶大な人気のトリーツサプリが日本上陸

サプリメントを摂ることで不足しがちな栄養を補う。これは人間だけに限らず、犬や猫などペットにも非常に有用。製造メーカー「H&H Group」のペット用プレミアムサプリメント『Zesty Paws』は、業界最高品質の食材と最新の動物栄養学に基づき、人間用と同レベルのクオリティで作られたペットのための機能性健康食品シリーズ。大切な家族の一員だから、いつまでも健康で長生きしてほしい。アレルギーケアや関節サポートなど海外で実績がある製品だから安心だ。（ライター／今井淳二）

Zesty Paws

プレミアムサプリメント『Zesty Paws』

WePet SugaJapan 株式会社
ウィペット
03-6284-2359
support@suga-japan.co.jp
㊟ 東京都台東区上野3-16-3
https://www.wepet.jp/

良質な天然シルクの優しい感触の歯ブラシ ワンちゃんにも安心して歯磨きできる

『フワフワシルク歯ブラシ』
2,200円(税込)

世界遺産・富岡製糸の職人が手作りした高品質な天然素材の絹で安心・安全『株式会社フロンティアーズ』のデンタルケア『ふわふわシルク歯ブラシ』。天然シルクなので、優しい感触で愛犬に痛みを与えず、口臭や歯石、口内のネバネバや歯茎の老化防止にピッタリだ。歯周病が進むと痛むので食欲もなくなり、栄養不足にも。いつまでも元気でいて欲しい、そんな願いを日々の歯磨き習慣でトラブルを予防し、共に幸せな時間を過ごしたい。

(ライター/髙田千浪)

株式会社 フロンティアーズ

03-6809-3859
info@f-rontiers.com
㊟ 東京都港区芝3-15-13 YODAビル7F
http://fuwa-fuwa.jp/ @fuwafuwa_tooth

犬にも自然にもやさしいにこだわった葉山生まれのペット専用固形ソープ

『RIOTS』(ライチ&ピーチ、ホワイトムスク、ジャスミン&リリーなど12種類) 2,200円(税込)

神奈川県・葉山の海岸には、犬と一緒に海や季節を共に感じる人が多く住んでいる。そんな葉山で生まれた地球に優しいペット専用のナチュラルソープバー『RIOTS(リオッツ)』は、ぜんぶで12種類の香り。落ち着きある香りや柑橘系、無香料など自然原料から作られ、有効成分を凝縮した固形石鹸。液状シャンプーより部分洗いがしやすく経済的。ボトルを使わないので地球環境にも優しい。人用の高級石鹸にも使われる上の上質な成分を贅沢に配合してる。

(ライター/髙田千浪)

RIOTS HAYAMA 株式会社 ライチデザインワークス
リオッツ
0468-97-7853
info@riotssoap.com
㊟ 神奈川県横須賀市佐島の丘2-8-12
https://www.riotssoap.com/

vanlife vibes brand 車で気ままな自由旅「VANLIFE」でとびっきりのじぶん時間！

自由な時間や心の豊さを求めて、車で気ままに旅をする「VanLife」を楽しむ人が増えている。「VANLIFE でとびっきりのじぶん時間！」をコンセプトに様々なアイテムを発信する『caravel works』から発売中の『Reversible poncho（リバーシブルポンチョ）』は、オーバーシルエットと光沢感がオシャレと人気急上昇中のアイテム。防・撥水加工が施された生地は軽く、強風や雨などから身を守ってくれ、寝具の代わりとしても重宝する。アイデア次第で楽しみ方が変わる逸品だ。

（ライター／彩未）

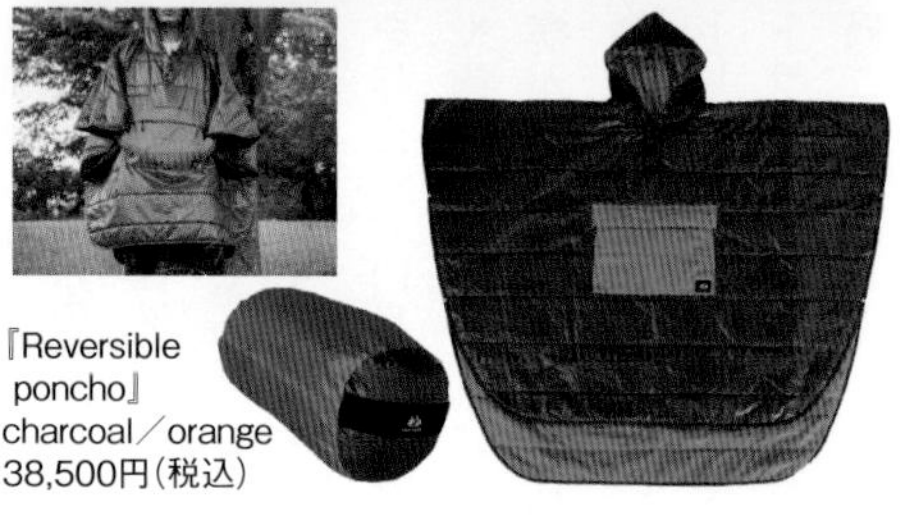

『Reversible poncho』
charcoal／orange
38,500円（税込）

caravelworks
カラベルワークス
✉ caravelworks@gmail.com
http://caravelworks.official.ec/
@caravelworks

原料から製造時使用後までエコな新時代のバイオ燃料

アイヌ語で「暖かい」という意味。

『モミガライトPopke』約3kg 1,100円（税込）
約5kg 1,500円（税込）　約10kg 1,800円（税込）

お米の収穫時に大量に発生するもみ殻を有効利用し、安全かつ効率的で、自然にも優しいと注目されているのが『穴太商店』のもみ殻固形燃料『モミガライトPopke（ポプケ）』。原料のもみ殻は、減化学肥料・減農薬なうえ、製造時に接着剤など薬剤を一切使用していないので、燃焼時に有害物質は発生しない。さらに灰は、肥料としても活用できる。高熱により虫などが駆除されているので長期保存が可能。燃焼時間も薪より長いといいことづくめだ。

（ライター／今井淳二）

穴太商店
あのうしょうてん
0120-910-827
✉ service@anou-group.co.jp
㊟ 千葉県木更津市潮浜2-1-51
https://anou-group.co.jp/

ホイールやサイドミラーに水を寄せ付けない撥水スプレー

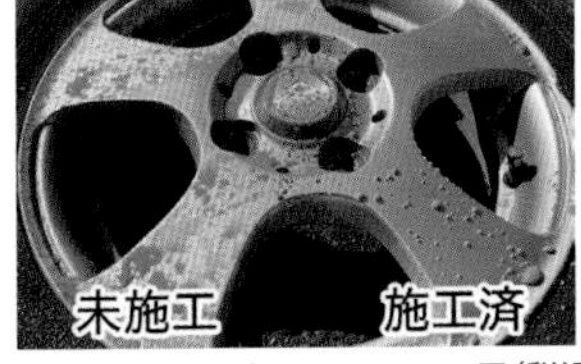

『ダストレスコート』200ml 2,980円（税込）

いつまでも美しく乗りたい愛車。水アカや泥汚れから守りたいと撥水加工を施してみたけれど効果がイマイチという人に朗報。水が全く付かない撥水を超えた〝超撥水〟コーティングスプレーが『P·i t☆1』の『ダストレスコート』。最先端の撥水技術を各種取り入れ、一本に結集。従来の撥水のように水が流れていくのではなく、まるでピンポン玉のように水滴が弾け飛んでいく。シュッと一吹きするだけで誰でも簡単に施工できる。

（ライター／今井淳二）

Pit☆1 株式会社 **極東**
ピットワン
058-387-6788
iwata@m-1s.com
㊟ 岐阜県岐阜市柳津町栄町100
https://pit-1.com/

自宅でカンタン施工コーティング剤を塗り重ねるだけ美しく輝くゴルフクラブに

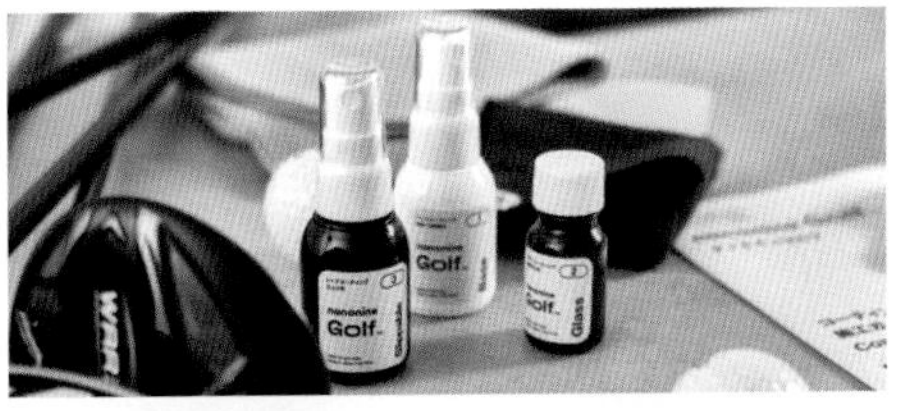

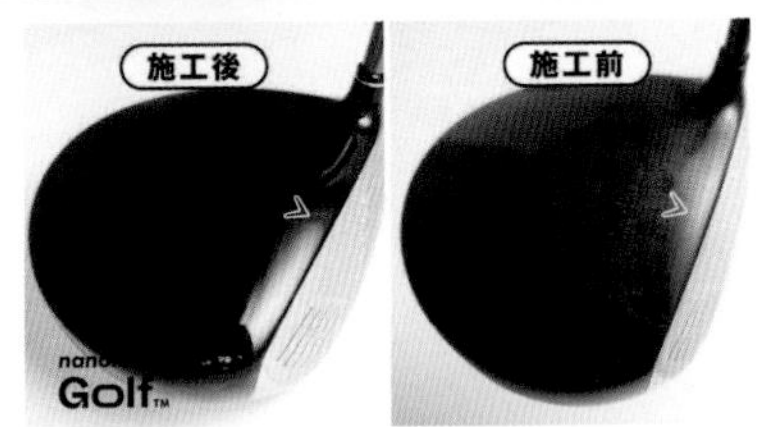

『ゴルフクラブ専用コーティングセット ナノナインGolf』
約15本のクラブに施工可能で、1セット18,700円(税込)
1本あたり約1000円で施工できる高コスパ。
「Amazon」で好評発売中。

『株式会社ナノナイン.com』の『ゴルフ用ガラスコーティングセット』は、ゴルフクラブを美しく保ちたい方にオススメ。独自技術によるマルチレイヤー構造を採用し、「ベースコート」「ガラスコート」「トップコート」の3種のコーティング剤を組み合わせることで、これまでになかった防傷・防汚性を発揮し、しなやかな強靭さと美しい艶感をもたらす。新品だけでなく、現在愛用のクラブも塗るだけで簡単に美しさと輝きを取り戻す。大切なゴルフクラブを傷や汚れから守ってくれる。

（ライター／彩未）

株式会社 **ナノナイン.com**
ナノナインドットコム
03-6882-0138
info@nanonine9.com
㊟ 東京都墨田区錦糸1-2-1 アルカセントラル14F
https://www.nanonine9.co.jp/

業界初
急な嘔吐に対応
嘔吐特化型
使い捨てエプロン誕生

『M．C．F』の『おうとマチック』は、「無かったらと思ったらゾッとする」をコンセプトに誕生したハンズフリー、嘔吐特化型エプロン。「物理的保険」という発想で日常のまさかに備えるために開発された。乗り物酔いに不安がある方や居酒屋、カラオケ店などで泥酔により嘔吐の危険性がある方へ事前に装着しておけば、急な嘔吐に襲われてもしっかりキャッチしてくれる。タクシー、バス、飛行機などの人員輸送業界、居酒屋などの飲食店、医療福祉業界にも活躍の場があり、もちろん一般家庭にて車酔い対策にも。

（ライター／長谷川望）

TAXI
折りたたんで
持ち運びラクラク！
防水加工！子供から大人まで対応！
独自設計で嘔吐に特化！
公式サイト

『おうとマチック』オープン価格
2023年秋発売予定。

M.C.F
エム．シー．エフ
080-2895-8000
r.kakui.mks@gmail.com
㊟ 広島県竹原市吉名町3003-1
https://kakuzo-jirushi.com/

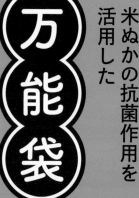

コロナも落ち着いて、日本の経済を立て直すために、これからの日本経済を支える企業がここに。

希少価値のある高級馬毛製品が好評
世界初の馬毛織物の製造方法を発明

気品ある光沢と風合い
すべての過程が手づくり

動物系織物の素材の中でも希少性が高い高級素材として欧州の貴族階級に愛用されているホースヘア、馬毛。特有の光沢を放ち、しなやかでハリがある100%馬の尻尾の毛で織物を織り、帽子や装飾品などを作る国内唯一の会社が北海道札幌市の『蓮馬株式会社』だ。セレクトされた商品だけを扱う通販サイトに出品された製品は注文から手に入るまで1年待ちというほどの人気だが、これらの製品を生み出す原点になったのが会長の古田峰王さんが約20年前に発明した世界初の馬毛織物の製造方法だ。馬毛織は、1800年代から欧州の貴族階級に愛用され、パリのベルサイユ宮殿やドイツ・ポツダムのサンスーシ宮殿の椅子などにも利用されてきた。国内では馬毛はブラシ類や画筆、擦弦楽器の弓、洋服の芯地などに利用され、古くは曲げわっぱの裏漉し器にも利用されてきた。

岐阜出身の古田さんは青年期、飛騨高山で職人が馬毛を編んで作る裏漉し器に魅了され、廃れ行く伝統技術を継承する道に進んだ。新たな製品開発を目指す中で、馬毛だけで織った織物がないことを知り、研究を重ねて辿り着いたのが世界初の馬毛織物の製造方法だ。

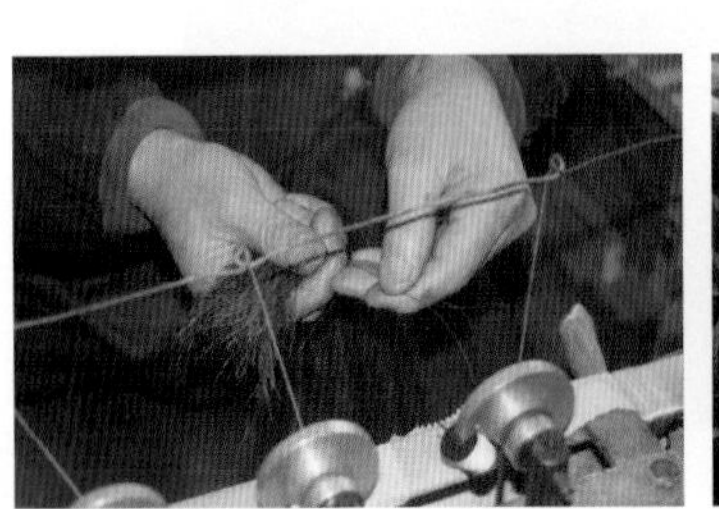

馬と高山

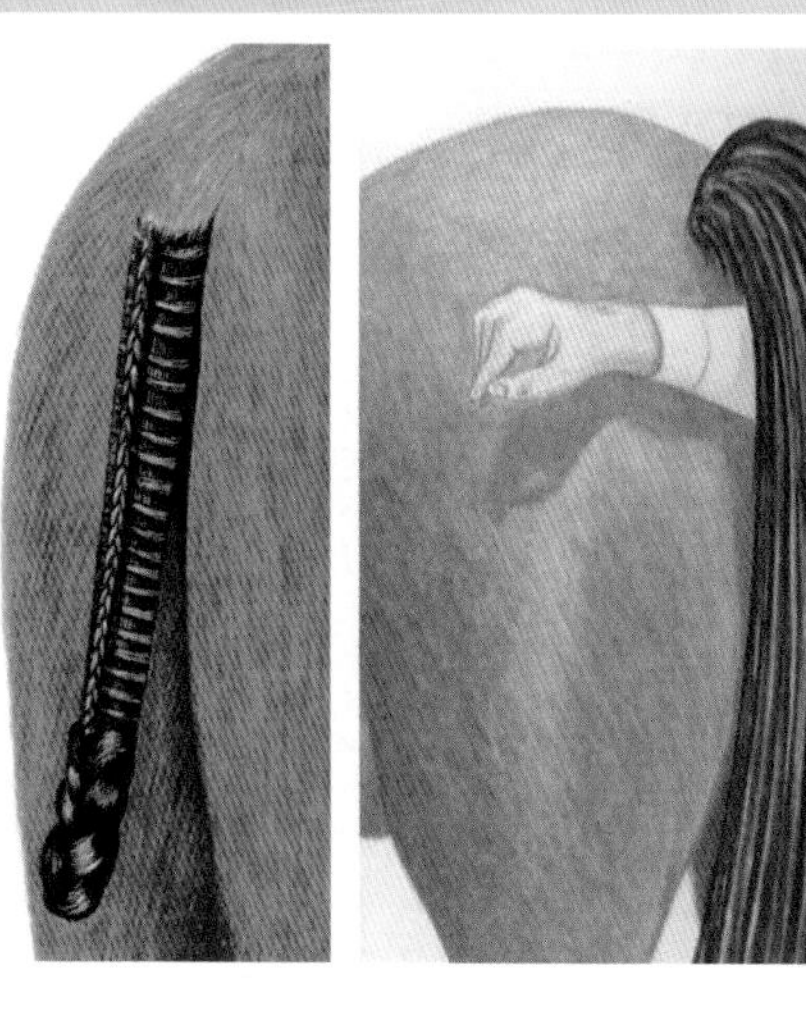

「従来の馬毛織物は、横糸は馬毛ですが、縦糸は綿や麻の混紡で、100％の馬毛製品ではなく、馬毛特有の光沢や風合いを完全に織物に反映することができなかったのです。ヨーロッパの馬毛織は馬毛とポリエステル繊維で編んだものです。また、68センチの尻尾の毛を撚った糸で織っても68センチ四方の織物しかできず、製品を作ることはできません。これらの課題を解決したのが馬毛織物の製造方法です」

この製造方法は、機織りと235工程から成り、要の技術は長さの揃った馬毛の束を準備し、この馬毛束から馬毛を一本一本取り出して、4本1組として長さ方向へ仮止め手段を用いて連結して一本の馬毛糸を形成することだ。仮止め手段は織布後に除去される。この馬毛糸を横糸縦糸として

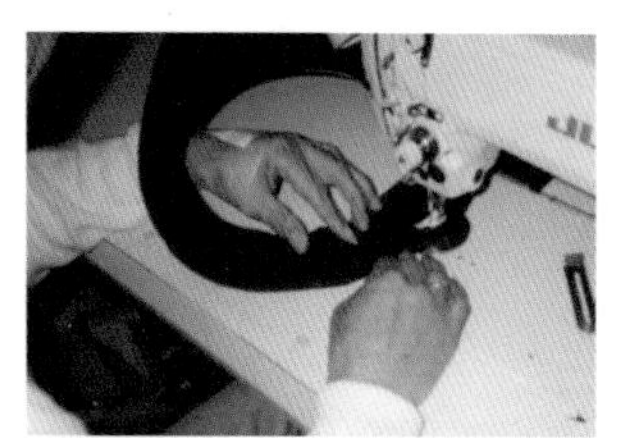
帽子の加工

織作業

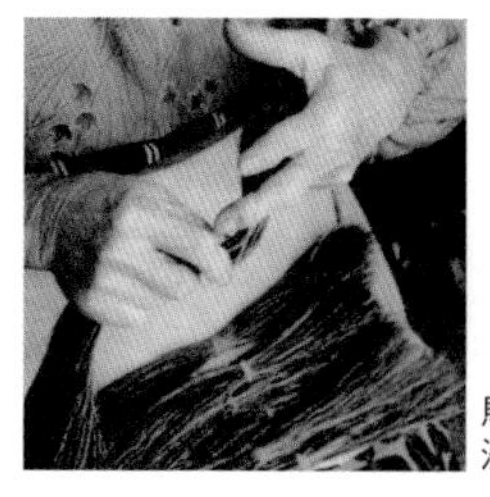
馬毛の洗浄

日本でなじみの浅い、馬毛（ホースヘアー）の発信、
普及を行うドイツ（ベルリン）の『OLBRISH』。

創立40周年
日本初上陸ブランド"OLBRISH"
Made in Germany

織り、幅110㎝の馬毛織物の反物を作ることを可能にした。

また、使う馬毛は色別に仕分けして洗浄し、シャンプーとリンスでトリートメントを施した後、長さ別に分別し、指の感触で一定方向に馬毛が流れるように揃え、一本ずつ光に透かして汚損、枝毛、虫食い、色、艶、太さなどを目視により検査する。一頭の馬の馬毛で人手によるこのような厳しい検査を通過するのはわずか約30gという。

古田さんは馬毛織師として、この織物を「馬毛『飛翔織』」と名付け、ブランド化した。製品開発に当たっては、19世紀以降、家内工業で毛織物材料を大量に製造し、中欧の繊維大国といわれるチェコの職人に織機を提供して機織りを依頼。また、世界から馬毛が集まるイタリアの馬の毛市で馬毛を調達する生産体制を構築した。完成した馬毛織物は、ドイツの専門機関で検品してもらった後に輸入する徹底ぶりだ。

この体制下で作る製品の代表格が帽子。馬の尻尾の毛の中から汚れや傷のないものを1本ずつ選別し、縒り合わせて、黒、茶、白など天然の色をミックスして織り上げた織物を素材に手作りで作ったものだ。無着色のため馬毛本来の気品ある光沢と風合いがあり、天然の弾力に富み、通気性がよく、夏は涼しく、冬は暖かいのが特長だ。帽子背面中央にあるびん皮でサイズの調整ができ、お手入れも人用のシャンプーリンスを使って洗うことができる。

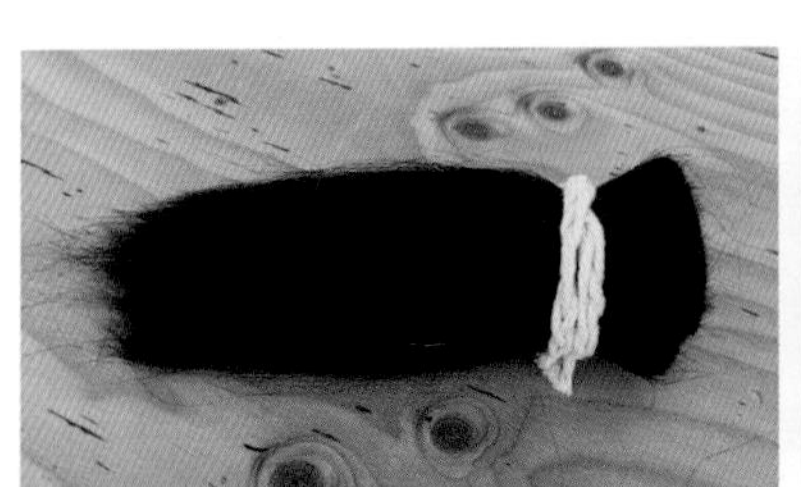

男女兼用の『中折ソフト帽子』は5、6~60㎝のフリーサイズ。羽根のような軽さながらM張りが強く天然の記憶作用を持つ、馬毛ならではの特性から型崩れしにくく、遊び心がありながらも、主張しすぎない高級感溢れた帽子だ。つば幅は前6㎝後5㎝。

女性用の『ハイバック帽子』は、サイズが56~60㎝のフリーサイズ。びん皮でサイズ調整が可能だ。ハイバックのシンプルなデザインはどんな装いにもマッチする。つば幅は前10㎝、後8㎝。

女性用の『つば広帽』は、サイズが59㎝のフリーサイズ。日差しの強い日の散歩などに最適だ。つば幅は約8㎝。

男女兼用の『キャップ帽』はサイズが59㎝のフリーサイズ。ゴルフや散歩など幅広いシーンで使える。つば幅は約9㎝。

帽子のほかの製品の代表格は、『馬毛二重のれん』。古田さんが約2千頭分の最上級の馬毛を使い、脱色や着色など一切せずに約3年かけて織り上げた逸品。表面の白と茶色のストライプは白馬と茶馬毛を使って表現、裏面は茶馬毛のみを使い、飾られた時には凛とした風格と重厚な存在感に圧倒される。掛け軸にもなる美しさだ。

『ランチョンマット』は、サイズが縦35㎝横45㎝。馬毛と麻で透かし風に織り上げたもので、シンプルでスマートなデザインで通気性も抜群だ。

『四つ葉のクローバー仕立てバッチ』は、サイズが直径6・5㎝。しっとりと深みのある色合いと質感、硬質な感触は他にはない独特の存在感を放つ淑女のワンポイントアクセサリーだ。

『コサージュ』は、サイズが直径8・5㎝、花部分の高さ3㎝。シンプルなデザインのうえ、機能性が高く、帽子に付けてエレガントに、外してカジュアルに、幅広いシーンで活躍するお洒落なアイテムだ。

『ホースヘアブレスレット』は、サイズが腕周り21㎝、重さが10g。本物のサラブレッドのタテガミを使用し、両サイドに高級感のあるクリスタルをあしらったシンプルかつ高級感のあるファッションアイテムだ。

『馬毛二重のれん』と『ランチョンマット』は、古田さんが自宅の織機で自ら作る。帽子や『コサージュ』『四つ葉のクローバー仕立てバッチ』は、大阪の専門メーカー、『ホースヘアブレスレット』は福島のメーカーで古田さんの設計デザインによるOEM相手先ブランド製造方式で製作している。

『馬毛二重のれん』

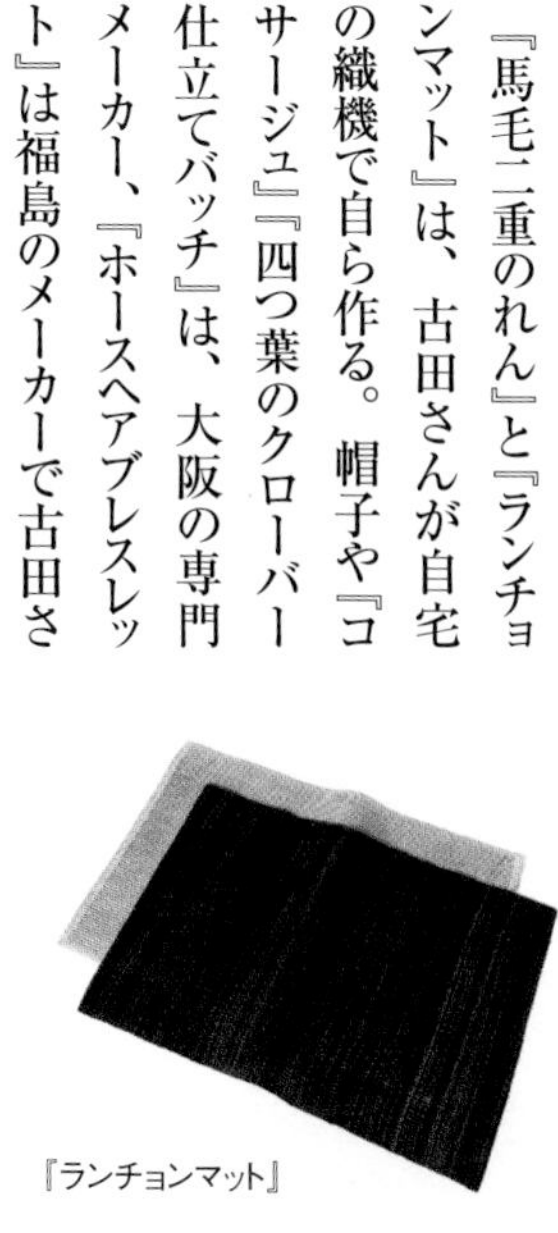
『ランチョンマット』

ハイバック帽子
中折れソフト帽子
キャップ帽
つば広帽
コサージュ
ブレスレット

Arcade

Kimono

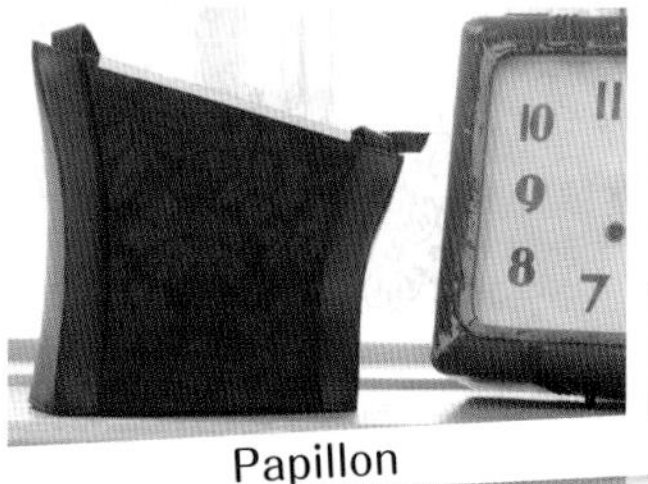

Papillon

Venus

Wave

「当社の作品は、すべての過程が手づくりです。1日に織れる織物の量は、毎日8時間織り上げても30㎝前後であり、反物になるまで6ヵ月かかります。帽子の場合、そこから製品化するまでさらに3カ月要します。生産量に制限がある希少な製品で、お手に届くまで時間がかかりますが、しなやかで張りがあり、季節を問わずに楽しめ、耐久性にも優れている馬毛織製品を末永く愛用して頂きたいと思っています」

（ライター／斎藤紘）

蓮馬 株式会社
れんま
☎ 011-738-3040
✉ info@renma.co.jp
㊟ 北海道札幌市北区北38条西4-1-22-111
http://renma.co.jp/

CRMを通して世界の中の日本の価値向上と笑顔広がる世界の実現

CRMとAIで電子行商人を生み出す 電子商取引の劇的イノベーション

究極のマーケティング CRMを研究し進化追求

海外ブランドを持たず、日本にしか拠点がない日本のオーナー社長が国際的な影響力を持つ米国の日刊経済新聞、ウォール・ストリートジャーナル（WSJ）で日本を代表する次世代のリーダーとして紹介された。『顧客関係管理（Customer Relationship Management CRM）』の第一人者、『アーカス・ジャパン株式会社』代表取締役の松原晋啓さん。顧客の情報を管理し購買行動を分析するマーケティングツールの最高峰『CRM』をベースに、相手が何を求めているかを想像し、行動に移す海外にはない日本特有の文化「おもてなし」精神のようなサービスで消費者一人ひとりにアプローチし、購買行動に着実に結びつける仕組みを人工知能AIで実現、e-commerce（EC電子商取引）に大きな進化をもたらした功績が評価されたためだ。

『CRM』は企業全体で顧客を深く理解し、顧客満足度を高めることで収益性を向上させていく経営戦略。1990年代後半、世界最大のコンサルティングファームである「アクセンチュア」によって概念が確立された。『CRM』との関わりについて松原さんはWSJの記事の中で次のように語っている。

業務プロセスの自動化や情報の一元化・管理をお求めの方

CRMの機能の相談やより良い使い方をお求めの方

導入コンサルや分析、使い方の講義などをお求めの方

食を通じて健康でより豊かな生活を実現する場所

電子行商人プラットフォーム

Arcury

『Aecury』は、「食べることをプラットフォームにていねいな暮らしをプロデュースする」をコンセプトに、食や健康について関心のある方に向けて、最適な食品・健康関係のサービスを提案するマッチングサイト。「食」と「IT」の力を通じて、人とモノ・人と地域をつなげることで、より健康で、より豊かな生活の実現を目指す。

「私が『CRM』に関わるようになったのは、日本マイクロソフトで『CRM』製品を立ち上げるために結成されたチームの一員に選ばれたことがきっかけです。当時、セールスフォースは支配的なプレーヤーでした。そこで、実験を重ねた結果、これまで営業に使われてきたCRMを、ホスピタリティを提供するという新しいコンセプトで推進することにした。この戦略には、販売に関連する顧客基盤の確立とリピーターの確保が含まれていました。また、病院や学校など、売買にかかわらない幅広い関係者に採用された商品により、国内『CRM』の売上比率を他国をはるかに上回る水準まで高めることに成功し、市場シェアのトップを確保しました」

この成功体験から『CRM』の可能性をさらに高めたいという思いが高まり、2020年に設立したのが『アーカス・ジャパン』だ。ここで松原さんが開発したITサービスの象徴が2022年1月にリリースしたCRMの進化形『Arcury(アーキュリー)』だ。

『CRM』とAI(人工知能)を組み合わせて松原さんが考案した『EMOROCO』を組み込んだ「e-Merchant 電子行商人」と呼ばれる次世代のECプラットフォーム。顧客が来るのを待つ従来のECとは異なり、自ら売りに行く行商人のような働きをする仕組みで、顧客一人ひとりに向き合う『パーソナライズドCRM(Personalized CRM)』でもある。

「社内に散らばった顧客に関する様々な情報を集約、分析し、とりまとめて組織の全体最適化を図る『CRM』に基づく経営のあり方は、顧客中心

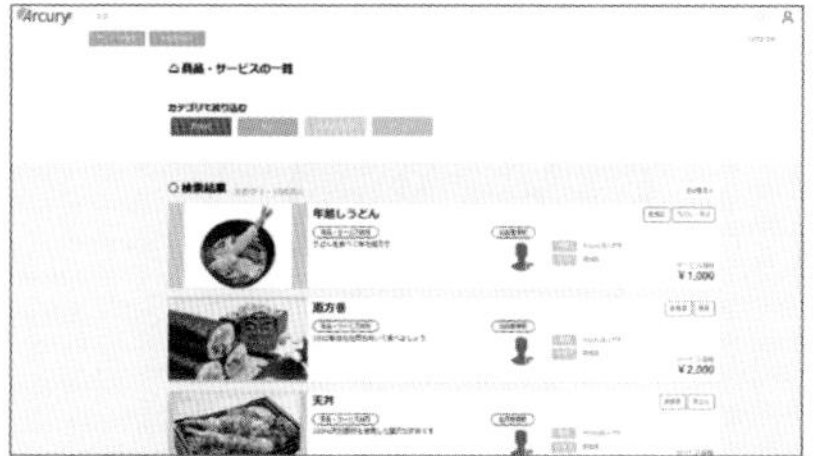

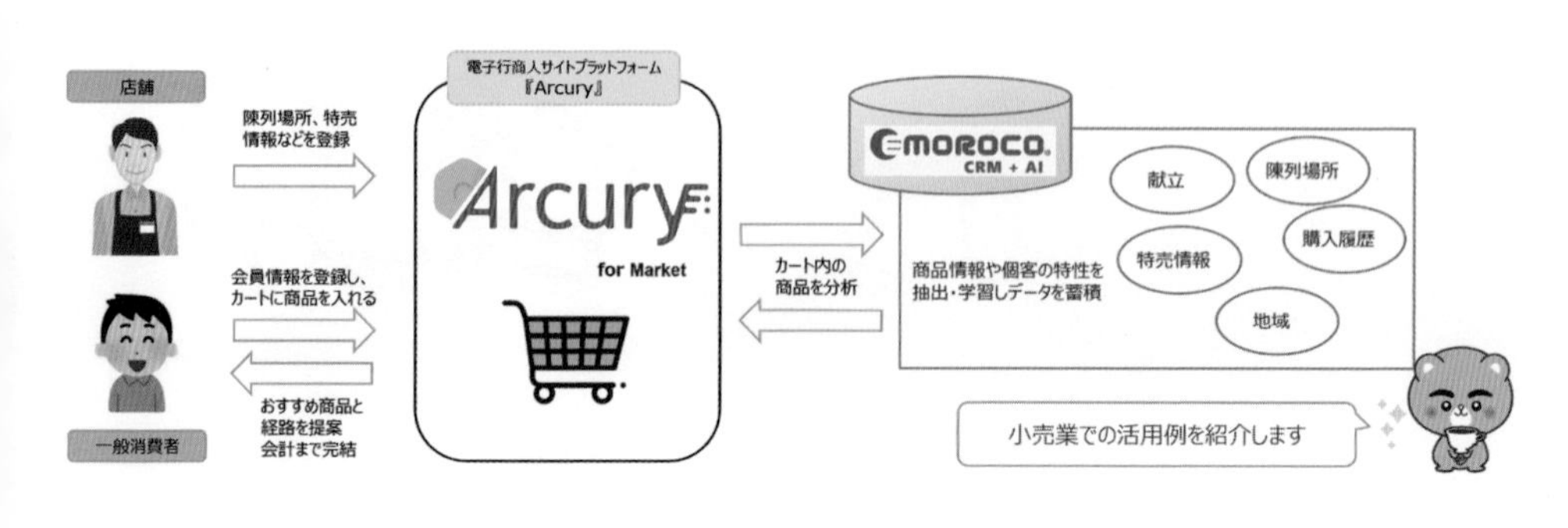

主義です。企業を生き物に例えると、『CRM』はいわば頭脳。『CRM』を導入することで、それまでバラバラに動いていた手足が一つの生き物として、考え行動できるようになります。今では業界を問わず、中小企業でもCRMは必須です。『Arcury』は、AIを取り入れたCRMによって細かなニーズを的確に汲み取り、自ら売りに行く行商人のイメージで、e-Merchantと呼んでいます。高精度なマッチングにより、お客様が本当に欲しいと思っている商品を提案できることが強み。動画で商品を販売するライブコマースや、実店舗とオンラインを統合したスマートショッピングカートなど、多彩な機能もカスタマイズできます」

これを可能にしたのが『EMOROCO』。『CRM』にAIを融合させた世界初のエモーショナルソリューションだ。

「従来の『CRM』機能に加えて、顧客サービスに特化した人工知能サービスと学習データベースを持ち、『CRM』の顧客情報から人工知能のアルゴリズムを用い、顧客の性格や感情を含む深い情報を導き出し、パーソナライゼーション、個客化を行います。そうすることで、『CRM』システムに蓄積された顧客情報からAIのアルゴリズムを用いて顧客一人ひとりをプロファイリングし、CRMの原則である1顧客1IDで効果的なOne to Oneマーケティングを実現できるようになりました。AIは情報を蓄積すればするほど成長し、より精度が高まっていく自己進化型のシステムなので、企業の成長とともに、よりハイレベルなサービス提供につな

EMOROCO

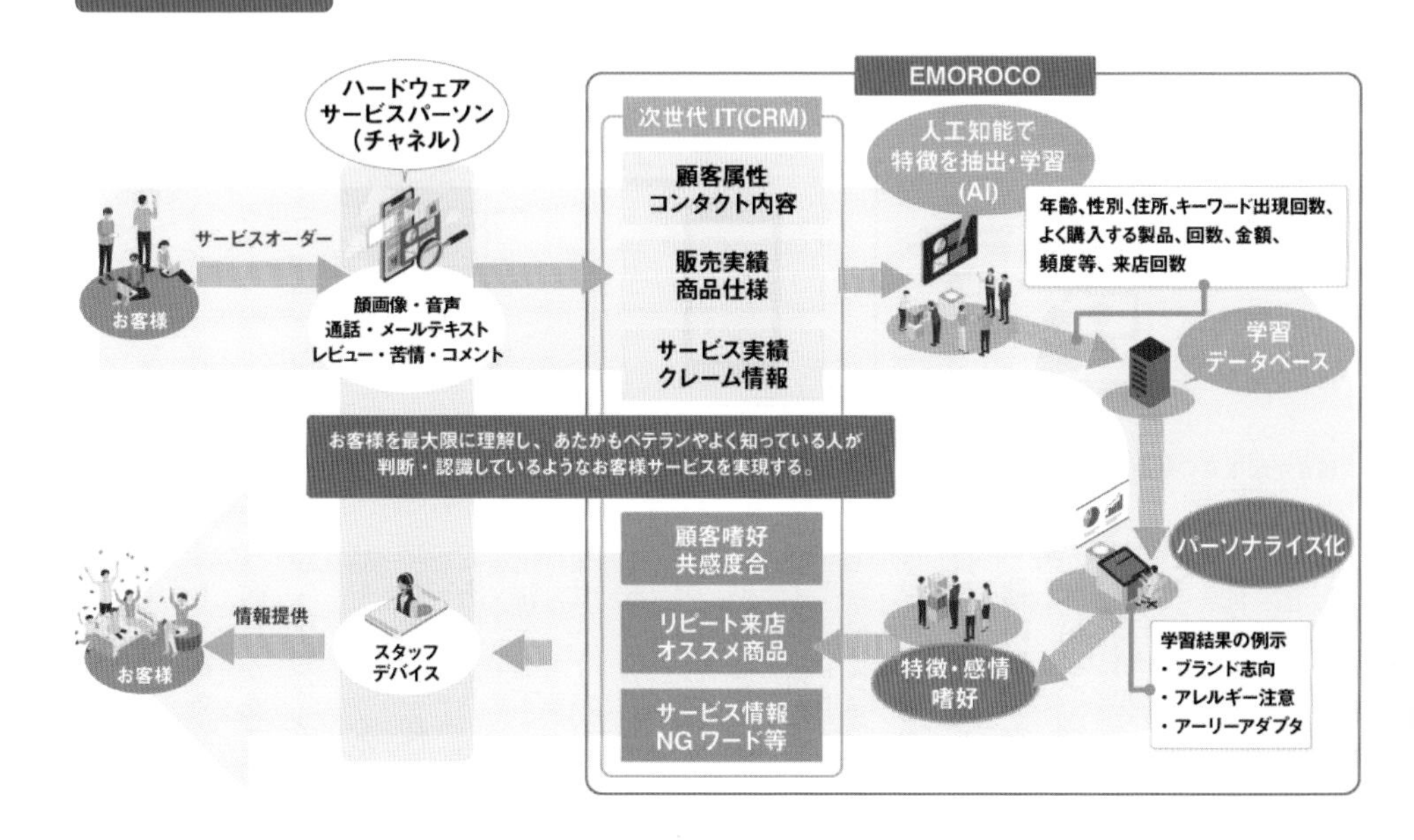

EMOROCOは、EMOtional Analysis（感情分析）、RObot（ロボット）、COgnitive（人工知能）の各機能を搭載したCRMソリューション。従来のOne to Oneを謳うCRMに比して新世代（CRM3.0）のCRMコンセプト「パーソナライズドCRM」に基づいて開発されているため、顧客の感情を"見える化"することで、より精度の高い顧客サービスの提供が可能。

がるのです」

いままでのe-commerceにはない、こうした機能を持つ『Arcury』の開発には、松原さんの現状認識が投影されている。

「先進国では、顕在欲求は既にある程度満たされています。その先にあるのが潜在的な欠乏欲求。欲求はあるものの明確な自覚がなく、何を欲しているのか自分でも理解できていないものです。顧客の潜在欲求を読み解き、顧客一人ひとりにアプローチし、商品の購入を促すことができれば、営業がいなくても商品が勝手に売れるというマーケティングを実現できるはずです。その一方で、現状のECには大きな課題があります。ECサイトを訪問して商品を選択し、購入するという流れが一般的ですが、それだけではサイトに訪

代表取締役社長
松原晋経さん

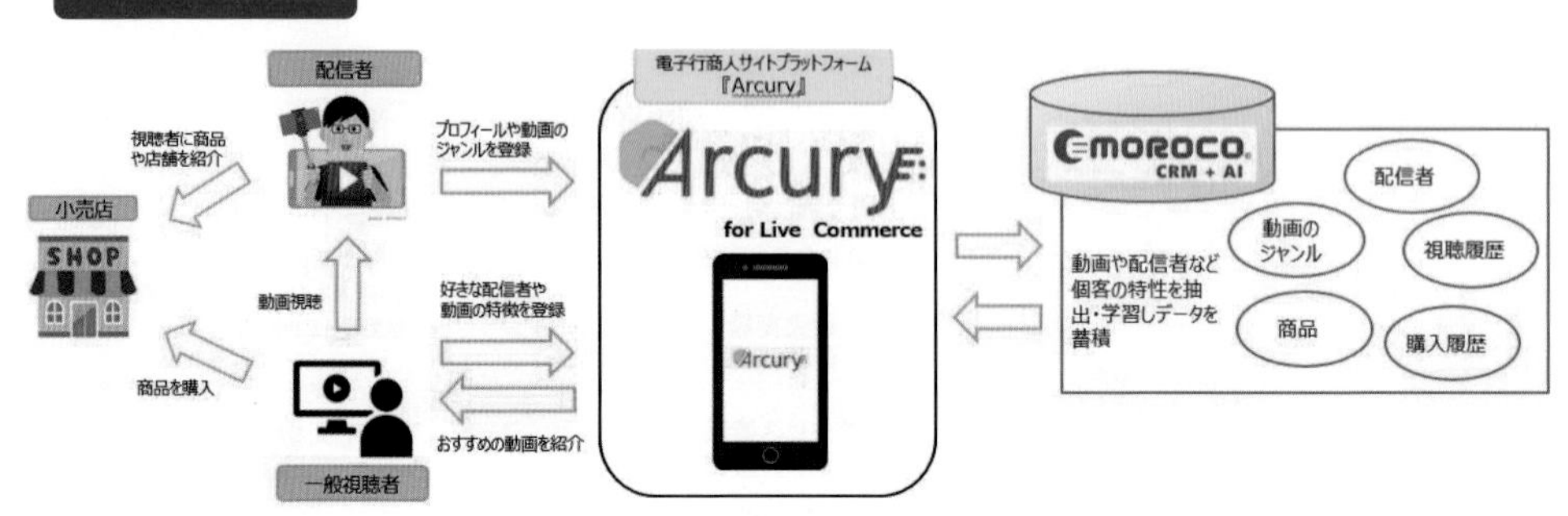

視聴者が配信者の動画を視聴し動画内で紹介された商品を購入できるサービス。

問してもらえなければ購入してもらう機会は得られないですし、顧客からもニーズに合う商品があるのかを分かってもらうことができません。商品やサービスを推薦するレコメンド機能を有するECサイトであっても、的外れなお勧め情報を出すことも少なくありません。これらの課題を解決することが重要と考え出したのが『Arcury』なのです」

松原さんは、『Arcury』をベースに新たなITサービスとして『Arcury for Live Commerce』を2022年9月から提供を開始した。『Arcury』と動画配信を用いて、視聴者が配信者の動画を視聴し、動画内で紹介された商品を購入できるサービスだ。

「従来の通販サイトでも動画を活用したものもありますが、単なる説明にとどまっており、新たな購買を促すのには不十分といえます。これに対し、『Arcury for Live Commerce』は、視聴者の閲覧履歴や購入履歴から『EMOROCO』が視聴者の好みを学習し、ニーズに沿った内容の動画を提案ことで、リアルな顧客体験をECで実現できるのです。一般視聴者が1視聴当たりの視聴料金と任意での投げ銭を動画配信者に支払い、動画配信者側は各地域の名物や商品を紹介することで各小売店の販売を促進するビジネスモデルも可能です」

もう1つのサービスが『Arcury for Location』。『Acury』と位置情報を用いて、狩猟やイベント、災害時の救助活動などチーム内の動きをリアルタイムで把握し、作戦の計画から遂行、評価までを支援するサービスだ。端末登録機能、

Arcury for Location

狩猟、イベント、災害時の救助活動など、チーム内の動きをリアルタイムで把握し、作戦の計画から遂行・評価までを支援するサービス。

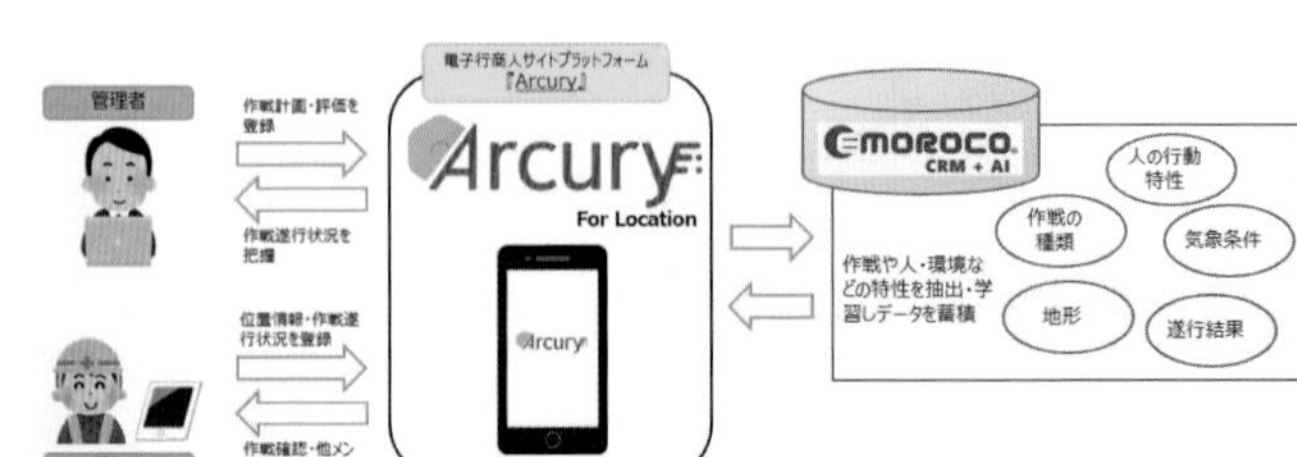

作戦一覧機能、作戦登録機能、作戦計画機能、作戦遂行機能、作戦評価機能などを備え、ＡＩが作戦分析、作戦遂行後の評価結果から類似パターンを学習し、効率よく作戦遂行が行える計画を提案する。タブレットやスマートフォンで簡単に利用できる。これらのサービスは、優れた機能だけでなく、顧客サイドに立ったリーズナブルな料金設定も特長だ。導入にあたっての初期費用や月額費用はかからず、必要なのは、売上が発生したときの手数料のみ。手数料も従来のサービスと比べ安価に設定されている。

松原さんは、企業の成長のために『Arcury』の普及に力を注ぐだけなく、停滞する日本の経済を立て直しに欠かせない地方創生に活用することも視野に入れる。

「停滞している日本の経済を立て直すには、地方の企業が元気になり、地域が活性化することが必要です。『Arcury』の様々なツールをフル活用し、行政、病院、学校、店舗、観光などあらゆる情報をポータル化して連携させることで世界の注目を集める町をつくることうができると考えています。行政サービスや観光案内、物件マッチングなどあらゆる情報を提供できるほか、教育や医療ともスムーズに連携できます。ローカルの５Ｇ第５世代移動通信システムやドローン向けのＩｏＴと連携させて災害時の人命救助に役立てることも可能です。莫大な費用をかけずに、進化した『ＣＲＭ』で町おこし、地域活性化ができるのです」

おもてなし精神に通じる『Arcury』、その原点である『ＣＲＭ』の研究を深め、その進化形を追求し続ける松原さんの意志に揺るぎはない。

「当社のＩＴサービスを通じてＣＲＭの認知度を高め、一人でも多くの企業がグローバルに戦えるようにしていきたいと思います。おもてなし文化を育んできた日本人は、世界中で最も『ＣＲＭ』をうまく扱う素質を有しているのです。顧客との絆を築くことに長けた日本に世界一のＣＲＭ市場を築き、顧客へ専門性の高い商品を提供できる全国の中小企業が手を取り合って成長していける新たな時代の創造につなげたいと思っています」

（ライター／斎藤紘）

アーカス・ジャパン 株式会社

06-6195-7501
info@arcuss-japan.com
㊟ 大阪府大阪市淀川区西中島5-9-6 新大阪サンアールビル本館3F
https://www.arcuss-japan.com/

こちらからも
検索できます。

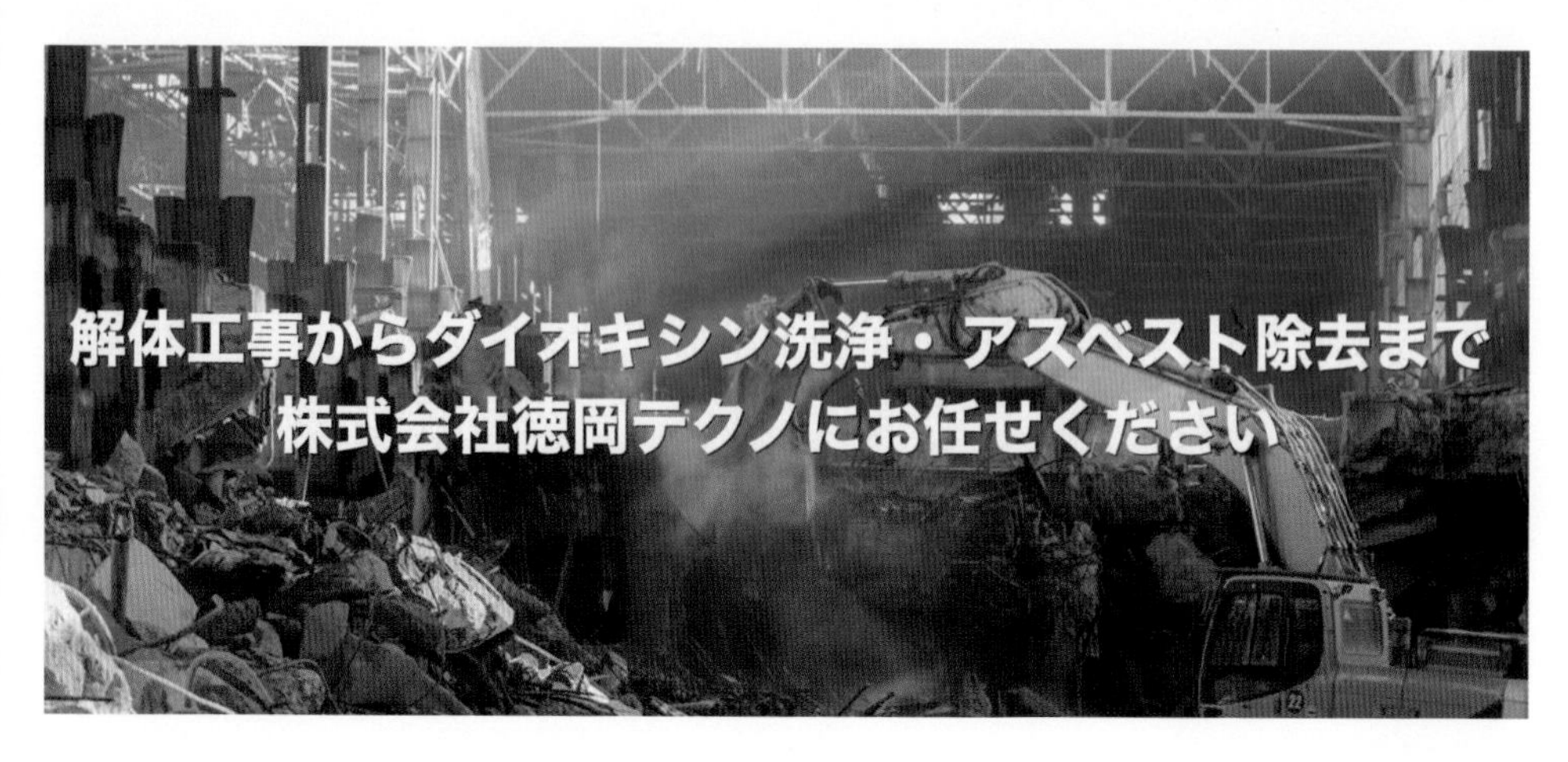

解体工事からダイオキシン洗浄・アスベスト除去まで
株式会社徳岡テクノにお任せください

画期的な公害防止装置誕生 脱炭素化の機械装置

50年以上の施工実績 環境保全のパイオイニア

　大型焼却炉、清掃工場などの解体工事を中心に、ダイオキシンの洗浄・除去工事やアスベストの除去工事など様々な事業で環境を考え、整える活動を行う『株式会社徳岡テクノ』。解体やダイオキシンの除染のほか、焼却炉や産業の施設も作っている。昭和39年の創業御から、50年にわたり産業廃棄物の処理や環境を守るための各種の公害防止装置を開発してきた。焼却炉を始めとする破砕機や選別ラインなどの各種プラントを数多く手掛けてきた同社が近年開発したのが脱炭素化の機械装置『Non-co』。一酸化炭素が排出されたものを低く抑える公害防止装置だ。経産省の補助金対象にもなっており、現在同社の焼却炉に設備されている。

　このような装置は、役所などへの様々な申請が必要となり、施設の設置許可や中間処理業などの許認可なしでは設置できない。これらの煩雑な手続きを何度も経験しているからこそ、設計・施工を可能とした同社渾身のプラントだ。また、中間処理業、収集運搬業、最終処分場での申請や処分方法、環境面での様々な場面のコンサルティングも行っている。

　近年では海外からの依頼も増えている。中国の上海市内の嘉定区で、一般廃棄物の焼却

「アスベスト除去」

「ダイオキシン除去洗浄工事」

能力日量1000トンの清掃工場の設置プランニングを中国国立大学の復旦大学の仲介でコンサルタントを行った。2022年にはフィリピンで、ウレタンを燃焼できる『ボイラー焼却プラント』を納品。ベトナムやタイなどでの焼却プラントの製造、設置計画を進めているという。

施設についても、クライアントのニーズや予算にあわせて、一軸破砕機や振動の振るい機、各種化学プラントなど各種中古機械などの販売、設置を手掛け、工場の移設の際の施設の解体工事や組立工事なども行う。

一酸化炭素や二酸化炭素は、企業ごとの規定の排出権利が余ると余剰枠を他企業に販売できるようになった。排出量を抑えると利益が上がることから、この仕組みを通じて環境課題や経営に貢献していく。

環境や産業廃棄物に関するトータルコンサルタントとして同社の活躍に目が離せない。

（ライター／播磨杏）

「解体工事」

株式会社 徳岡テクノ
とくおかテクノ
06-6360-4996
info@tokuoka-p.com
住 大阪府大阪市北区紅梅町2-17 第8田渕ビル307
https://techno.tokuoka-p.com/

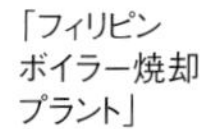

「フィリピン
ボイラー焼却
プラント」

M&A事業で社会に新たな価値提供を目指す

グループ企業の基盤を活かした手厚い支援が魅力

『CRGインベストメント株式会社』は、後継者不足や経営者の高齢化に悩む中小企業と新規事業の獲得を目指す企業をマッチングさせるM&A仲介のサポートで実績を重ねている事業会社。

同社は、グロース市場に上場している総合人材サービス企業『CRGホールディングス株式会社』のグループ会社という一面も持つ。

「成長を愉しもう。」を企業理念として掲げ、『働くことの幸せ』をより多くの人に届ける事を目指す『CRGホールディングス株式会社』を頂点としたグループ企業の持つ基盤を活かしながら同社独自の知見やノウハウを活用しM&Aを通した新たな社会的価値の創造を目指している。

そんな同社が軸として展開しているのが『自己勘定投資事業』と『M&A仲介・アドバイザリー事業』の二つ。

『自己勘定投資事業』では、現代のニーズに即した新たな付加価値を提供する、スタートアップの企業への増資、株式譲渡、事業譲渡、資本業務提携や業務提携などを含む戦略的投資を行っている。共創するスタートアップの企業及び中小企業の新たなサービスや先進技術と「CRGグループ」の持つノウハウや知見を掛け合

5つの強み

1 自己資金での出資サポート

2 事業投資で培った外部とのネットワーク

3 上場会社のグループ会社

4 グループ会社を活用した人材課題のサポート

5 完全成功報酬制

『CRGグループ』全体で売り手様、買い手様を支援。

わせることで社会への新たな価値提供を実現している。

マイノリティ・マジョリティを問わない双方にとっての最適解を追求した出資形態で、よりインパクトの強い取組みを目指しているという。

『M&A仲介・アドバイザリー事業』では、より満足していただける買い手様とのマッチングを心掛ける。企業のマッチングでは、自己勘定投資を通して築いた幅広い分野の企業とのネットワークを活用するほか、M&Aや事業承継に精通したコンサルタントが買い手様の選定から条件交渉などM&Aの成立までの全プロセスを支援。

また、「CRGグループ」の人材サービス事業も活用し、M&A実行時や実行後の社内統制に必要な中間管理職以上の人材や若手人材、外国人人材など多種多様な人材の紹介ができるのも強みの一つ。双方のコミュニケーションを円滑にするための資料作成や面談時における支援も行っているなど、初期的な相談から一貫して手厚い支援を受けることができる。

（ライター／長谷川望）

「M&Aや事業承継に精通したコンサルタントが企業選定から条件交渉などM&Aの成立までの全プロセスを支援しております。お気軽にご相談下さい」

CRGインベストメント 株式会社
シーアールジーインベストメント
03-5989-0857
㊟ 東京都新宿区西新宿2-1-1
新宿三井ビルディング37F
https://crg-ivm.co.jp/

こちらからも
検索できます。

業界初のLINE集客システム

LIBOT

ビジネス特許申請中

ファンがファンを呼ぶ 超集客型LINEシステム

新規集客から顧客管理・業務効率化・リピート獲得まで
公式LINEの運用、マーケティングがLIBOT１つで!!

LINE利用の初の集客システム好評 友だちを連鎖的に増やす独自の導線

紹介に応じて特典付与 顧客管理機能など搭載

世界で2億人超、国内でも8千万人超のアクティブユーザーを誇るSNSソーシャル・ネットワーキング・サービスLINEを利用した集客システムとして圧倒的な存在感を示しているのが『株式会社AIBOT』が開発した『LIBOT』だ。企業や店舗がLINE上にアカウントを作り、友だち追加してくれたユーザーに直接情報を届けることができる「LINE公式アカウント」の機能を拡張、顧客のネットワークを使用して新規顧客を獲得していくマーケティング戦略、リファーラルマーケティングを「LINE」上で初めて実現したシステムで、新規集客だけでなく、顧客管理、業務効率化、リピート獲得などの多様な機能を備えているのが支持される理由だ。

『LIBOT』の集客機能の最大の特長は、ユーザーが自然に口コミしたくなる導線を作ったことだ。デフォルトのリッチメニューの中に「友だちにオススメ」ボタンがあり、紹介した側と紹介された側の両方が企業や店舗が設けた特典を得ることができ、それが誘い水になって友だちから友だちへの紹介が連鎖的に増えていく仕組みだ。友だち追加だけでなく、友だち紹介人数がLINE上ですぐに確認できるため、目

友だち追加

他社ツール

~~新規集客~~

他社ツールは集客(友だち追加)が前提のツールが多く、
大多数のお客様には意味を成さない結果に。。

運用/リピート育成

リピート獲得向き

LIBOT

新規集客

運用/リピート育成

新規集客(友だち追加)
リピート獲得向き

LIBOTだけの強み

『LIBOT』だけの
集客システム

導入実績例

700アカウント以上!!

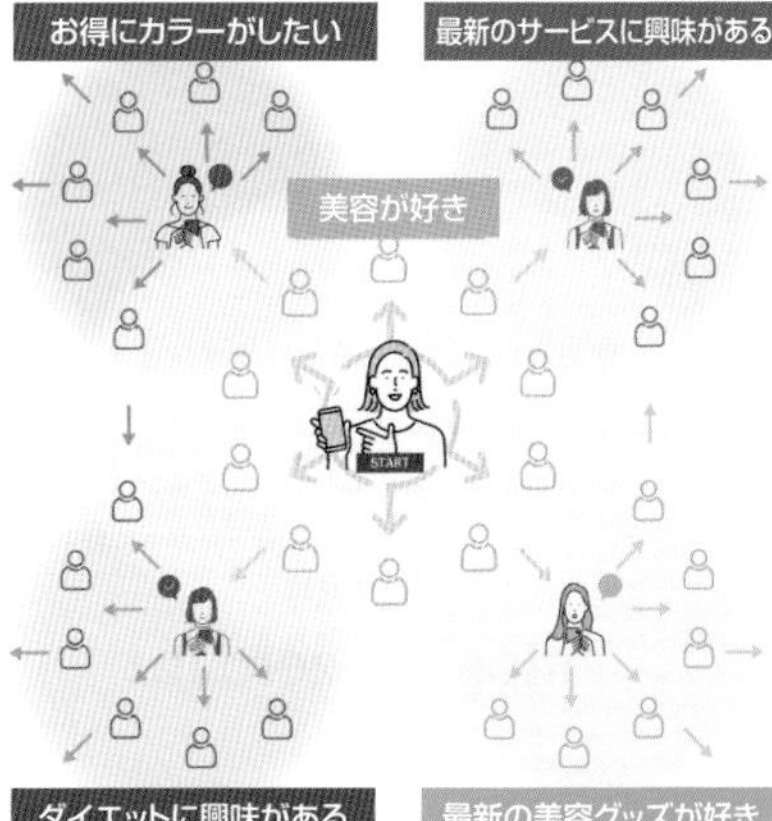

標の特典までの目安が分かり、意欲的に紹介する動機につながる。特典内容は、企業や店舗が自由に設定することができる。また、管理ページで誰が誰を紹介したか、2次紹介以降も確認することが可能だ。

集客以外の機能も、友だち紹介時にポイントを付与するポイント機能、友だち人数や配信通数、紹介発生数などのデータ分析ができる顧客管理、紹介経路を可視化する紹介ツリー、自動応答のBOTモードとチャットモードを併用することが可能な個別チャット、LINE内で予約ができる予約機能、友だちをカテゴライズするオートタグ、ユーザーの属性ごとに最適な配信を行うセグメント配信、アンケートを回収し情報を管理できるアンケート機能、獲得したデータをCSV形式で排出できるCSV出力など多岐にわたる。

代表取締役の伊吹哉太さんは、コロナ禍で新規売上の低下に悩む企業に向けて同サービスを開発したという。デジタルが進み、情報溢れる時代であるからこそ、口コミという信頼性の高い情報のニーズが高くなくなり、そこにアプローチできるのが『LIBOT』ということだ。今後は同サービスのさらなる展開やアップデートとともに、新たなサービスの開発に社内一丸となり取り組んでいる。

（ライター／斎藤紘）

代表取締役
伊吹哉太さん

株式会社AIBOT
エーアイボット
03-6822-6789
info@ai-bot.co.jp
㊟ 東京都港区芝浦3-17-11-1001
https://ai-bot.co.jp/

こちらからも
検索できます。

安否確認・防災・備災支援サービス

crosszero for ビジネス

クロスゼロ

https://x-zero.jp/

災害から従業員を守るソリューション 安否確認・防災・備災支援サービス

クラウドとアプリ活用 防災万般の機能を搭載

1923年の関東大震災に因むと同時に台風の襲来が多いとされる二百十日に設定された防災の日は、災害への備えに思いを致す日だ。多くの従業員を抱える企業などの組織には備えに対する責務が重くのしかかるが、その備えのソリューションとなるサービスがある。建設業向け施工管理ソフトウェアの開発で一頭地を抜く「株式会社建設システム」。同社のブランド『KENTEM』の安否確認・防災・備災支援サービス『クロスゼロ(CROSSZERO)』は、防災のDX推進を目的に開発されたもので、クラウドサービスとアプリ利用のWEBサービスで構成され、BCP(事業継続計画)にも役立つサービスだ。

様々な機能があるが、災害から身を守ることを重視したのが「防災情報機能」。気象庁から配信される地震や津波、台風などの情報やSNSから取得した身近な発災情報などを配信して警戒を促す機能だ。

中核となるのが「安否確認機能」。自然災害や火災、テロ攻撃などの情報と連携し、発災時に従業員のスマホに安否確認の回答を求めるPush通知やメールが自動配信される。回答フォームは択一式や自由記入方式があり、自由にカ

<ベーシックプラン>
上限ユーザー50人
66,000円(税込)／年間
上限ユーザー100人
105,600円(税込)／年間
上限ユーザー200人
132,000円(税込)／年間など
BCP対策プランやリスクゼロプランもあり。

大切な人の「今」を確認

「安否確認」

家族間でも皆で災害を知り、備えることができる『家庭用クロスゼロ』もApp Store、Google Playで無料公開中だ。

安否確認

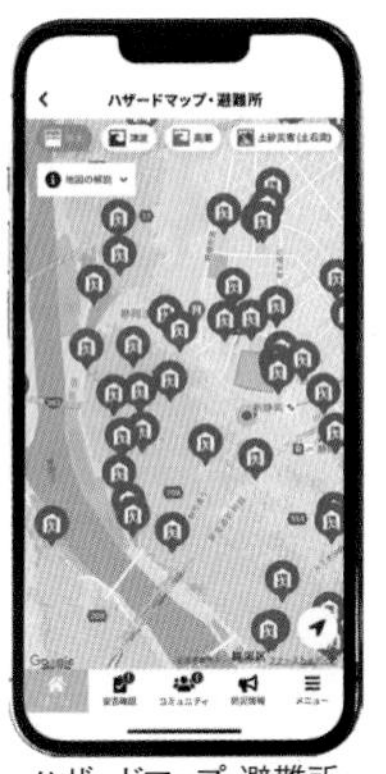

ハザードマップ・避難所

防災トリセツ

リスク共有

安否確認、防災情報だけでなく、災害に対する備えから避難行動・情報伝達までサポート。

スタマイズすることもできる。配信エリアは管理者が設定したり、従業員が5つまで自由に設定したり、現在位置を配信エリアに指定したりすることができる。管理者が回答結果を確認するが、複数の従業員をCSV形式で一括登録することが可能だ。

「リスク共有機能」は、発災場所や発災内容の投稿、従業員が発見したリスクを共有することができる。「家族機能」は、発災時に家族向けに安否確認のメールを配信、位置情報の共有やチャットで家族の安否が確認できる。「掲示板機能」は発災後の被害状況などの情報を効率的に共有ができる。

このほか、防災備蓄品について事業拠点や家庭ごとに備蓄量の過不足や消費期限による備蓄品の入れ替えなどの管理に活用できる「備蓄管理機能」、災害種別ごとに知識、備え、発生時や避難時のカテゴリーで災害について学ぶことができる「防災トリセツ機能」、事業所や事業拠点の災害リスクや避難所の位置を確認できる「ハザードマップ避難所情報機能」、BCPマニュアルや防災に関するマニュアル、避難経路や緊急連絡先などの書類の管理に活用できる「ファイル共有機能」、防災・備災に必要なリテラシーを身に付けるために動画で学習ができる「防災検定機能」も備わる。

（ライター／斎藤紘）

KENTEM 株式会社 建設システム
ケンテム
0570-200-787
spl@kentem.co.jp
㊟ 静岡県富士市石坂312-1
https://www.kentem.jp/

こちらからも
検索できます。

STUDIO US
未経験から
プロの動画クリエイターになる
Become a
professional
video creator
一生涯のスキルが、
自由な働き方を実現する。

未経験から最短2ヵ月でプロの動画クリエイターへ

目的に合ったコースを自分のペースで学習可能

現代社会で動画制作は重要なスキルとなり、未経験者でも最短2ヵ月でプロの動画クリエイターになることができる動画制作オンラインスクール『studioUS』が今、注目を集めている。運営会社である「株式会社AHGS」代表取締役の荒川雅樹さんは、「自分の価値は、自分で創る。」をヴィジョンに掲げ『studioUS』をはじめとするオンライン教育プラットフォームの運営やセブ島留学、スクール運営など様々な教育事業を展開。

新しいことを学びたい、成長したいという人をサポートしオリジナルの付加価値を生み出せる人材を育てることを目指している。「自分の価値を自分で創れる人」を世の中にたくさん輩出することを通じて社会貢献したいという想いを胸に多様なチャネルで人の成長を支える事業を創造している。

『studioUS』は、単に動画制作を学ぶだけでなく、実際の仕事に活かせるスキルを学ぶことができるのが最大の特長。

コースは、「動画編集コース」「動画クリエイターコース」の三つが用意されており、目的に合ったコースを選べる。オン

受講生同士のオンラインコミュニティがあるので、生徒同士で支え合って学習を続けることができる。

ポートフォリオ作成も簡単にでき、仕事の取り方講座も充実で安心。

案件紹介などのサポートもあるので、受講中に実績を積める。

未経験から動画制作スキルを
身に付けたい!
動画編集で
副収入を得たい!
本業収入を上げて
キャリアアップしたい!
フリーランスとして動画制作や
映像編集を仕事にしたい!

ラインでの受講なので、自宅や好きな場所での受講が可能だ。パソコンやスマートフォンを使って動画教材にアクセスし、自分のペースで学習。700本を超える豊富な動画教材でPremiereProやAfterEffects、Photoshopといった主要なツールの使い方や実践的なスキル、仕事の取り方まで1つのコースでプロの動画クリエイターとなるためのスキルを身につけることができる。また、プロ講師による定期的なライブ授業も実施、実践的なスキルや現場でのノウハウを直接学ぶことができ、講師との対話や質問によって、より深い理解を得ることも可能。

動画クリエイターは、場所を選ばず仕事ができるので、フリーランス・在宅ワークに最適だ。高単価・高収入のため、収入が倍増する可能性もある注目の職種。「未経験から動画制作スキルを身に付けたい」「動画編集で副収入を得たい」。そんな方にオススメのオンラインスクールだ。

(ライター／長谷川望)

未経験から2ヵ月で稼ぐことができる。

LINE

ホームページ

TOKE MATCH
借りたいと貸したいを、繋ぐ。

貸すも良し借りても良しの腕時計シェアリングサービス

長期的な投資や副業の一環としてもオススメ

『TOKEMATCH 』は、高級ブランド時計を月額制でレンタルできるユーザーと高級ブランド時計を預託するオーナーを繋ぐシェアリングサービス。購入するよりも経済的なサブスクリプションと売却するよりも実利的なシェアリングエコノミーを掛け合わせた新しい形の腕時計ライフとして注目を集めている。

大きな特長は時計を貸す側、借りる側双方にメリットがある点。レンタルする側は、すべての手続きをオンラインで完結で腕時計をレンタル可能。ロレックスやオメガ、カルティエといった人気ブランドを中心に取り揃えられた50本以上のストックの中から、自身のプランに基づきお好きな腕時計をレンタルできる。プランはブロンズプランやシルバープラン、ゴールドプランなど計5プラン。レンタル料金は中古市場における時計の評価額に基づいて設定されているので、ライフスタイルやシチュエーションに分けて選択できる。レンタルする時計は、すべて専門の鑑定士による真贋鑑定済み。メンテナンスやサイズ調整して発送してくれるので、届いたその日から楽しめる。

ルイヴィトン

カルティエ

タグ・ホイヤー

オメガ

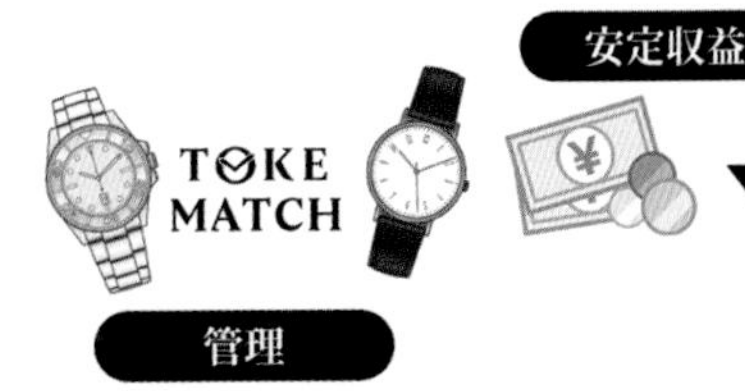

管理

管理

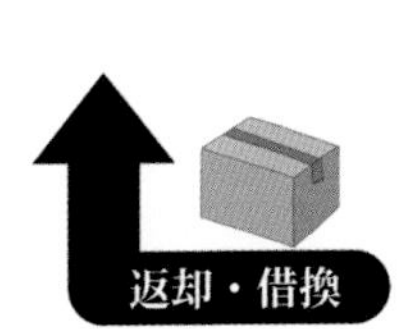

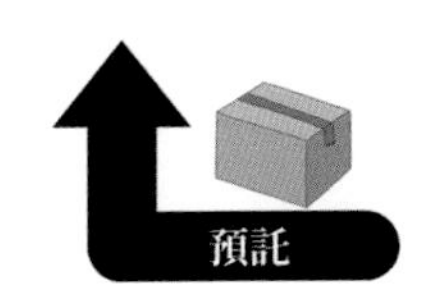

返却・借換

ユーザー

預託

オーナー

時計を貸す側（オーナー側）の大きなメリットは、通常のレンタル使用料に加えて月額の預託使用料も付属する点。預託使用料は、中古市場における時計の評価額に基づき、プラン毎に分類される仕組みだ。預託使用料は、利用者のレンタルの有無にかかわらず毎月発生するので、オーナー側は預託使用料による安定した収入を得ることができる。また、メンテナンスやクリーニングといった管理も一切不要。一旦、時計を預ければそういった面倒な維持やケアも負担してくれる。

　高級ブランド時計は持っているだけでも大きな資産であることは間違いない。だが自宅で眠らせているだけでは宝の持ち腐れなのも事実。『TOKEMATCH』を活用して長期的な投資や副業の一環として時計を運用してみるのも良いかもしれない。累計預託本数1000本達成を記念した「評価額に応じて初回預託使用料1％UPキャンペーン」や新規レンタルユーザー限定の「2本目レンタル Amazon ギフト券プレゼントキャンペーン」などお得なキャンペーンも実施中。

（ライター／長谷川望）

プラン	預託使用料（オーナー）	レンタル料（ユーザー）
シルバープラン 評価額60万円以下	¥9,900/月	¥19,800/月
プラチナプラン 評価額150万円以下	¥19,900/月	¥39,800/月
ゴールドプラン 評価額100万円以下	¥14,900/月	¥29,800/月
ブラックプラン 評価額150万円以上	ASK/月	ASK/月

SHARING ECONOMY ASSOCIATION JAPAN

※『TOKEMATCH』は、シェアリングサービスを安心して利用できる環境作りと法的整備を推進するシェアリングエコノミー協会の正会員です。

TOKEMATCH　合同会社 ネオリバース
トケマッチ
0120-39-1091
info@toke-match.com
㊟ 大阪府大阪市中央区常盤町1-4-1-608
https://toke-match.com/

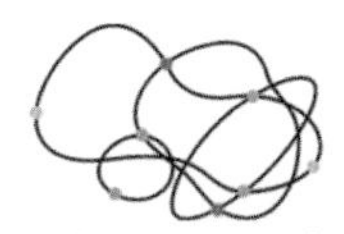

タイルカーペットのリユースで「SDGs」に貢献

丸洗いすることで見違えるほど綺麗に

日本のオフィスビルや商業施設、空港、病院など様々な施設で使用されているタイルカーペットは、毎年約2500万㎡生産される内、約2000万㎡が貼り替え需要。貼り替え後のカーペットは、ほとんど廃棄されているのが現状でその総重量は約10万トンに上るという。そんな現状を解決しようとタイルカーペットのリユースで「SDGs」に貢献しているのが『株式会社エムシープランナーズ』。三つのサービスを軸にタイルカーペットリユース事業を展開している。

一つ目がお客様の現場に洗浄マシンを持ち込んで洗浄するリセット施工サービス。カーペットの汚れを洗い流してくれる『丸洗いリセット施工』を行うことで綺麗なフロアに。二つ目は、使用済みタイルカーペットを回収・再生しリユース品として販売するサービス。オフィスビルの原状回復工事などで貼り替えられたタイルカーペットを買取・回収し、同社のリユースセンターで『丸洗いリセット洗浄』を行って衛生的に再生、リユースカーペット『エシレ』として販売している。カーペットの洗浄を行うリユースセンターでは、障がい者・高齢者の就労支援も行っている。洗浄作業は過度な熟練を要さな

『丸洗いリセット施工』

衛生的に再生されたリユースタイルカーペット『エシレ』。

リユースカーペット『エシレ』を使用した張り替え工事。

丸洗いリセット洗浄作業

いため、知的障がい者や高齢者が戦力となって活躍中だ。

そして三つ目がリユースカーペット『エシレ』を使用した敷設工事を行うサービス。『エシレ』のラインナップの中からカーペットを選択し、敷設工事も行うというものだ。このサービスを通した廃棄物量の削減効果CO_2の排出抑制効果が地球環境保護に有効と評価され「エコプロアワード2019」で優秀賞も獲得している。

同社では、リユースしたタイルカーペットを自然災害で被災された方の生活再建に役立てる被災地支援も行っている。被災した住居は、ボランティアなどの支援を得ながら復旧作業が行われるが、資材の多くは被害者が自費で購入しなければならないといい、費用を抑える一案としてリユースカーペットが役に立っているという。

同社は今後も「タイルカーペットを無駄に捨てない社会を目指して!」を企業目標にタイルカーペットのリユースを通して大幅な廃棄物削減とCO_2削減で地球環境保護への貢献を目指していく。

（ライター／長谷川望）

株式会社 エムシープランナーズ

03-6666-2766
info@mc-planners.com
㊟ 東京都江東区北砂1-11-5
https://www.mc-planners.com/

こちらからも
検索できます。

千葉県大網白里市の「タイルカーペットリユースセンター」。

建物を清潔に保つ次世代工法で世界進出
新たな清掃とガラスコーティングのコラボ

水道水ガラス化で特許
環境にも優しい新技術

建材の種類を問わず、建物の内側外側を美しく清潔に保つ次世代型メンテナンス技術として世界的に注目されているのが『株式会社システムブレイン』の特殊洗浄剤を使った新たな清掃と特許技術のガラスコーティングを組み合わせた『ナノメンテSB工法』だ。2023年5月にドイツ・エッセンで開催された国際見本市「E-world2023」に出展して称賛され、ガラスコーティング機材と特殊洗浄剤、施工ノウハウをフランチャイズ方式で販売する事業は世界26ヵ国に広がっている。

同工法のキーテクノロジーは、『システムブレイン』代表取締役社長の神田智一さんが2014年に国際特許を取得した「セラミックス複合体を有するシリンダー装置及びそれを用いた塗液循環システム」。二酸化ケイ素の高分子初期縮合体と電気石とを焼結したセラミックス複合体を充填したシリンダーへ水を循環させ、二酸化ケイ素溶液を作成するもので、通常の水道水をセラミックを含んだ装置を通して散布するだけでガラスコーティングを施すことができる画期的な技術だ。コーティングの被膜は、20～60ナノメートル程度と極めて薄く施工性に優れているうえに、化学薬品が一切含ま

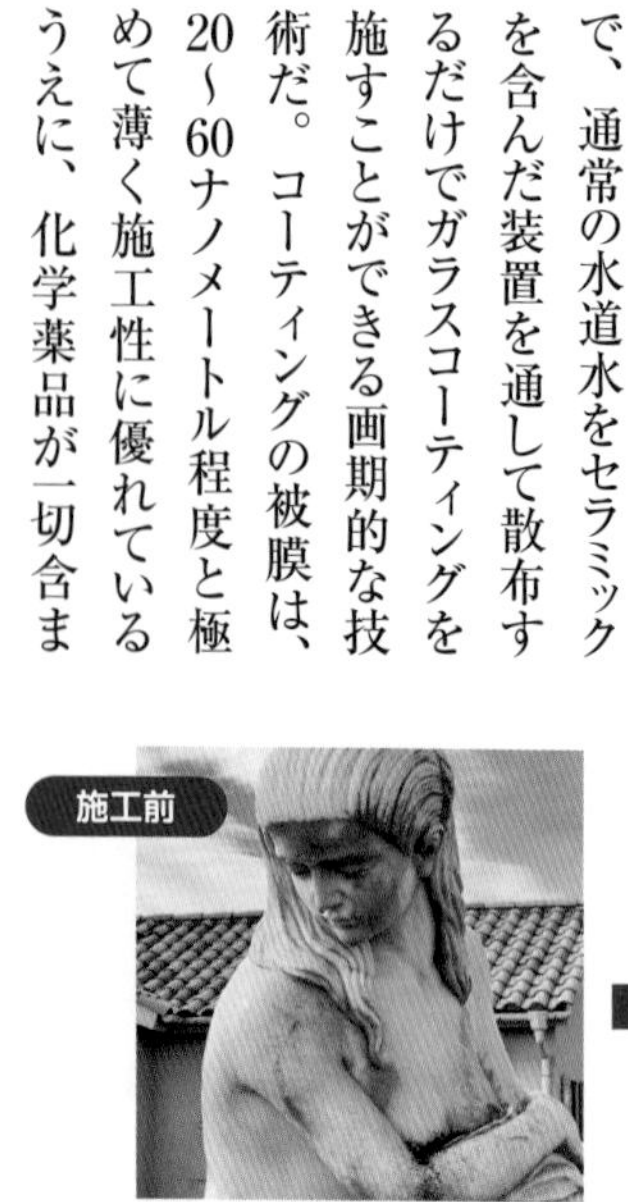

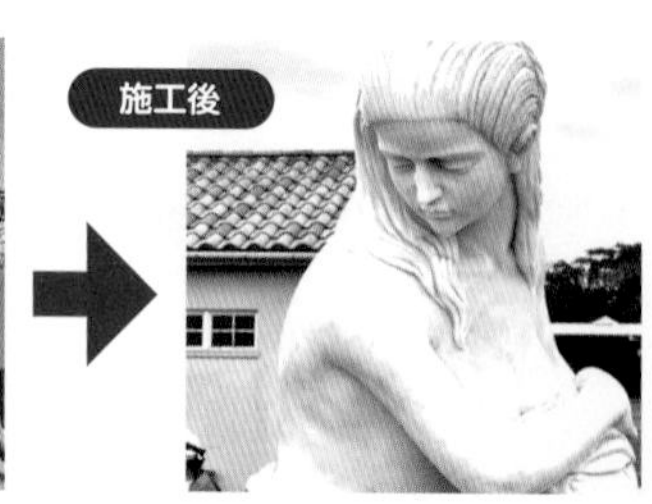

れない環境に優しい技術であることも特長だ。

一方、特殊洗浄剤を使った新たな清掃は、カビや汚れをブラシでこすり落としたり、強酸性の化学薬品を使ったりする清掃方法とは異なり、食品添加物レベルの原材料で作られた人体にも環境にも限りなく優しい特殊洗浄剤を対象部位に吹き付け浸透させ、汚れの元を浮き出させて洗い落としながらカビを根元から分解し取り除き、雨じみや錆などの頑固な汚れも除去する清掃技術。汚れを除去した上でガラスコーティングを施す合わせ技で、洗浄直後の美しさが長期間持続し、メンテナンスの頻度が減り、トータルコストを抑えることを可能にするのが『ナノメンテSB工法』だ。

同工法の施工対象素材は、コンクリート、ブロック、レンガ、モルタル、プラスチック、ジプトーン、鏡、金属面、木材、石材、塗装面、クロス、ゴムなど、また対象物はビルやマンションの内装、外壁、一般住宅、商業施設、ホームセンター、病院、ホテル、食品工場、温泉施設、店舗、公共施設、浴室、台所、厨房、トイレ、看板、空調設備など広範囲にわたる。『ナノメンテSB工法』を世界中に広げるのが神田さんの目標だ。

（ライター／斎藤紘）

SUSTAINABLE DEVELOPMENT GOALS

株式会社 システムブレイン

03-5326-3435
info@systembrain.cc
住 東京都新宿区西新宿3-7-1 新宿パークタワーN30F
https://systembrain.cc/　https://nano-shine.com/

世界環境サミット「IN SDGs VIRTUAL CITY 2020」グランプリ受賞。

世界環境サミット

花の移動販売店『Mohala』お花の予約・注文も可能。

お店のない花屋、Mohala

花がいっぱいの移動販売店が好評 植物の知見生かし庭づくりにも対応

イベントでの販売も可 庭周りの困り事も解決

「たくさんの方にお花と小さな幸せの出会いがありますように」

15年間超の経験がある庭師であり、樹木医とグリーンアドバイザーの資格も持つ『株式会社大和グリーン』代表取締役の峯岸幸範さんがキッチンカーを利用して始めた花の移動販売店『Mohala（モハラ）』が好評だ。週5日、埼玉と東京の数カ所の定点を回り、観葉植物や蘭、ドライフラワー、花苗、花木、園芸雑貨などを展示、販売しているが、幼稚園や老人ホームなどの各種イベントに出向くサービスもある。

『Mohala』はハワイ語で花が咲く、成功するなどを意味する言葉。花の移動販売店では新鮮な季節の生花のほか、葉の形や色彩、模様などを楽しむ観葉植物や贈答品用の蘭も多数取り揃えている。花の魅力を最大限引き出すオリジナルデザインの手作りドライフラワーもフラワーギフトとして人気だ。日本各地の生産者が手塩をかけて育てたものの中から峯岸さんが選んだガーデニング用の花苗や花木や花の魅力を引き出し、植物をおしゃれに飾るリースやスワッグ（壁飾り）、ミニアレンジメントなど同社のスタッフであるフラワーコーディネーターによるハンドメイドの雑貨類も豊富に揃えてい

<埼玉県>川口本店、上尾支店、川越支店　<千葉県>松戸支店
<東京都>西東京支店、赤羽支店、上野支店、足立支店、葛飾支店、練馬支店
<神奈川県>横浜支店

高所作業も安心して依頼できる。

オリジナルハンドメイド雑貨

園芸（花苗・花木）

ドライフラワー

スタッフ 相原穂香さん

スタッフ 刑部夏奈さん

る。花の生け方、飾り方、観葉植物の手入れの仕方や魅力を引き出す配置、花苗や花木の植え方や育て方、庭作りまでアドバイスするワークショップも開き、庭で花木を栽培している愛好家に喜ばれている。かき氷や綿菓子も販売し、子どもたちにも人気だ。

峯岸さんは、造園会社で公共緑地の管理などに携わった経験に加え、樹木の生理、生態を理解し、樹木の健康状態を診断して治療を行う樹木医や植物の育て方についての正しい知識や園芸・ガーデニングの魅力や楽しさを伝えることのできる日本家庭園芸普及協会認定のグリーンアドバイザーの資格を生かし、関東一円を営業エリアに、本格的な造園や外構周りの新設工事、修理などを手がけている。

また、高齢者家庭で手入れができず、放置された小さな庭の木の手入れや雑草除去、害虫駆除、時には門扉などのエクステリアの補修なども快く引き受け、「庭周りの悩みにスピーディに対応してくれる植木屋さん」として頼りにされている。

「花木の販売と庭造りを通じて、もっともっと人と出会い、つながりを増やし、笑顔の花を咲かせていきたいと思っています」

（ライター／斎藤紘）

代表取締役
峯岸幸範さん

大和グリーン

だいわグリーン

0120-187-394 ✉ info@daiwagreen.com
本社 ㊟ 埼玉県さいたま市緑区原山3-6-2
川口本店 ㊟ 埼玉県川口市柳崎5-7-19
https://mohala-daiwa.com/

季節のお花でフラワースクールやワークショップなどを開催。ただ今、開催場所を募集中。

風光明媚な地で安らぎの生活を満喫
施設運営の隅々まで光る入居者目線

都会の喧騒とは別世界
充実のリゾートライフ

都会の喧騒や窮屈さとは別世界の自然に恵まれた環境と清浄な空気の中で安らぎに満ちた生活を満喫。国内屈指のリゾート地、箱根の山裾、神奈川県小田原市で「一般財団法人長寿会」が運営する介護付有料老人ホーム『長寿園』を終の棲家に選んだ入居者たちに笑顔をもたらす理由だ。

眼下に相模湾のパノラマを望み、裏山では蜜柑狩りやタケノコ狩りが楽しめ、沢ガニにも逢える。春には梅や桜、初夏には紫陽花が咲き、秋には紅葉が山を彩る、そんな風光明媚な地にある『長寿園』は、日本の老人ホームの草分けとして昭和29年に開設された。

居室は、ワンルームタイプから2人で暮らせる2LDKタイプまで17タイプ、計146室があり、全居室が南東向きで日当たりは良好、部屋ごとに眺望が異なる。共用スペースも充実し、窓辺の緑が楽しめるロビー、眺望抜群の屋上テラス、自然の中に溶け込めるウッドデッキテラス、図書室、水屋も備えた茶室、映画鑑賞が楽しめるDVDルーム、大浴場、介護予防のトレーニングもできる教養娯楽室、ダンスやカラオケ、クラブ活動ができる大ホール、ビリヤードルーム、植物栽培が楽しめる菜園、相模湾が一望できる食堂ラウンジ

機能訓練室

大浴場

食堂

ロビー

展望ラウンジ

図書室

DVDルーム

屋上テラス

ウッドデッキ

大ホール

などがある。園内に内科の診療所もあり、医療体制も安心だ。

食事にも心遣いがある。年数回ほど厨房スタッフも交えた意見交換会を開いて、入居者から味や食材の硬さなどについて聞いて改善に努め、残さずに食べてもらえるように食材を細かくカットしたり、アレルギーや嗜好で食べられないものは可能な限り代替えしたりして対応する。調理に使う水も地下100mから汲み上げたミネラル豊富な敷地内の専用地下水だ。

イベントも年中行事や行楽、バイキング、上映会、日本全国から取り寄せたスイーツが楽しめるサロンなどバラエティに富む。2022年11月からは、健康音楽教室を開始。ピアノ伴奏で基本的な発声法を楽しく学びながら、上気道を鍛え、免疫力を高めることを目指す。

外出する時に園のシャトル便を利用できるのも好評だ。小田原駅便が平日4往復、箱根湯本駅の隣駅の入生田駅への便が午前6時半から夜8時まで、12時台をのぞき毎時間1～4本運行する。箱根湯本で日帰り温泉を楽しんだり、小田原のまち歩きしたりできる。

施設、設備、運営の隅々まで入居者目線が光る有料老人ホームの理想形がここにはある。

（ライター／斎藤紘）

食事の一例

公益社団法人全国有料老人ホーム協会正会員 **長寿園**
ちょうじゅえん
☎ 0120-737-757
㊟ 神奈川県小田原市入生田475
https://www.chojuen.or.jp/

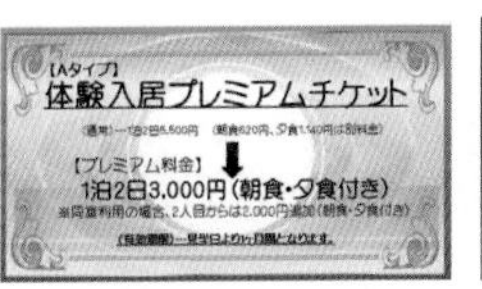

【Bタイプ】
体験入居プレミアムチケット
【プレミアム料金】
1泊2日2,000円（朝食・夕食付き）

一日一組限定、見学会開催。
参加された方にもれなく「体験入居プレミアムチケット」プレゼント!!

メタルロード工法

『メタルロード工法(立体ラーメンプレハブ桟道橋)』は
主に山間部の急傾斜面の道路建設に適した、
JFEシビルの独自工法です。

安心・安全・効率的に施工できる工法

山間部、急斜面に適した杭式道路工法

日本は、地震や台風などの自然災害も多く、常にどこかで整備・修復が行われ、大変な労力と時間、費用がかかっている。

中山間地域や急斜面で道路建設を効率化できるのが『JFEシビル株式会社』の『メタルロード工法』だ。同工法は主桁と横桁、鋼管杭を剛結により一体化、その上に床版を備えた立体ラーメン構造体を基本構造とし、急斜面においても優れた耐荷力を発揮する。軽量で短尺な部材で構成しているため、狭小地や複雑な地形にも柔軟に対応できる。大規模な掘削や埋戻しもなく環境にも優しい。景観に配慮する必要がある国立公園や都市公園内においても採用されている。

また、手延べ式施工により既存道路交通を確保したまま施工を進めることができるため、交通量増加に伴う拡幅工事にも有効だ。

（ライター／今井淳二）

床版
横桁
格点部
主桁
杭頭ブロック
鋼管杭

『メタルロード工法』基本構造

JFEシビル 株式会社
ジェイエフイーシビル
03-3864-3661
doboku-metal@jfe-civil.com
㊟ 東京都台東区蔵前2-17-4 JFE蔵前ビル4F
https://www.jfe-civil.com/

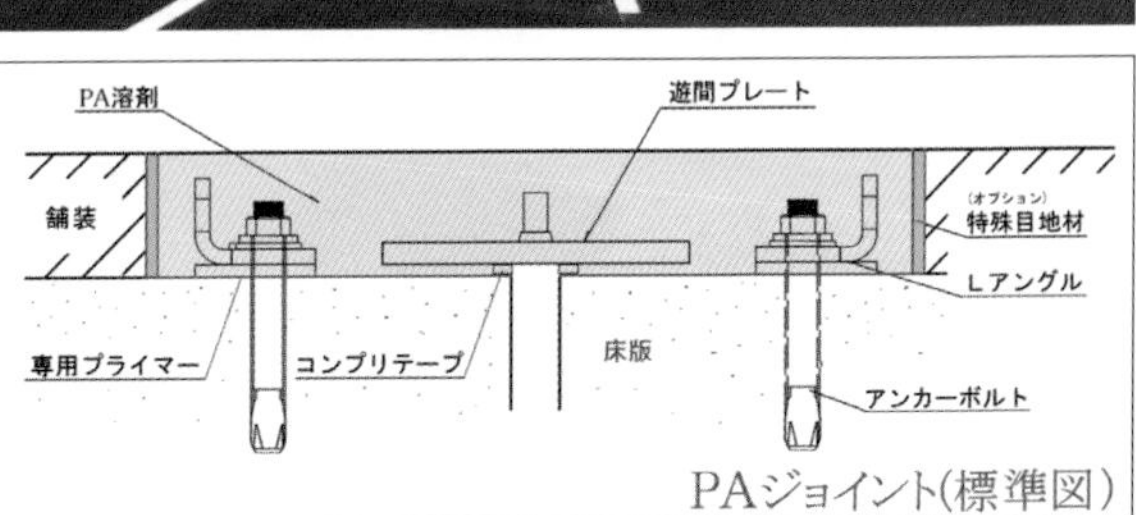

気温による橋の伸縮吸収に威力発揮 欧州発の埋設型ジョイント装置が普及

施工可能な箇所が拡大 優れた止水性と静粛性

一見、動きがなさそうに見える橋も気温により微妙な伸縮を繰り返している。その伸縮を吸収させるため、橋のジョイント部に設置する伸縮装置で普及が進んでいるのが『一般社団法人PAジョイント®協会』が推奨するヨーロッパ発の特殊合成樹脂製埋設型伸縮装置『PAジョイント®』だ。従来の埋設型伸縮装置と比べ、耐久性が大幅向上するなど、優れた特性を持つのが普及する理由だ。『PAジョイント®』は、樹脂故に360度方向に伸縮性を有することから、横目地だけでなく縦目地、斜め目地にも対応可能なため、従来の埋設型では施工できなかった箇所にも設置できるのが大きな特長。完全止水性の特殊溶剤を型枠を組めばいかなる形状にも施工できる上に、耐震性、静粛性にも優れている。2014年の導入以来、コスト軽減や養生時間の短縮など国内環境に適合させるローカライズ改良を行った結果、汎用性が広まり、普及に弾みをつけた。

(ライター/斎藤紘)

可能な表面形状
クロス交差、突合せ接合、90°角合わせなど、
型枠を組めば いかなる形状にも対応可能。

ヨーロッパで開発された埋設型伸縮装置『PAジョイントR』
NETIS登録番号:KK-160033-A
高い耐久性を誇る埋設型伸縮装置。
二次止水不要。耐震性能も実現。

一般社団法人 PAジョイント®協会
ピーエージョイントきょうかい
075-315-2500
info@pa-joint.com
京都府京都市右京区西京極東向河原町5-3
https://pa-joint.com/

標準作業

浚渫

揚土

解砕

混合

ーマディックスー
MUDIX工法

浚渫・運搬　固化処理　再利用

廃泥土を適切に処理し資源として活用する再生技術

削残土や河川・湖沼からヘドロなど資源化

泥土のリサイクル・リユース・リデュースの推進・普及を図っている『泥土処理研究会』では、2003年2月に施行された「土壌汚染対策法」に基づく措置・対策として『MUDIX（マディックス）工法』の推進・普及・技術向上に努めている。「建設事業への廃棄物の利用技術の開発」というテーマをもとに開発された泥土の処理技術『MUDIX工法』。処理対象の泥土を円筒状の混合室へ投入すると流下する過程でセメント系固化材や石灰など土質改良材と混合撹拌し下部排出口より排出。水分を多く含む泥土を良質な土へと改良することで、港湾の埋め立てや地盤沈下区域のかさ上げ、道路の路体、堤防盛土などへと活用できる。さらに、泥土の処理能力が大きく経済的な上、騒音・振動が少なく、クローズドシステムだから粉塵や悪臭の発生もない安全で無公害な処理方法だ。

（ライター／今井淳二）

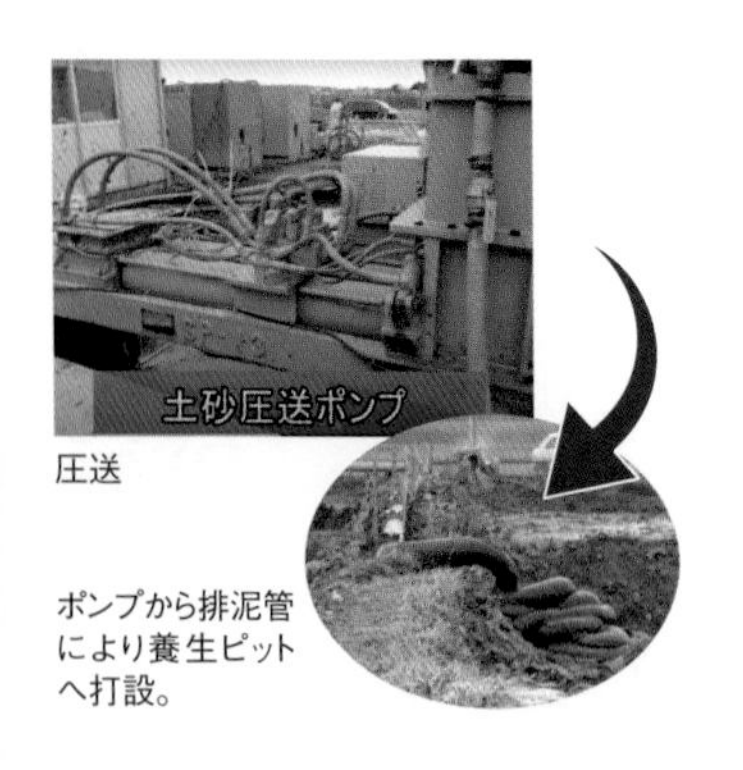

圧送

ポンプから排泥管により養生ピットへ打設。

再利用

養生、改良数時間後。

泥土処理研究会
でいどしょりけんきゅうかい
☎ 03-3272-6502　✉ deido-ml@deidoken.gr.jp
㊟ 東京都中央区日本橋室町1-13-7 PMO日本橋室町
（伊藤忠TC建機株式会社内）
https://www.deidoken.gr.jp/

日本初上陸 6輪バギー『砂浜特掃車』

※清掃システムの特許取得済み。
※2019年に同社の海洋環境美化事業が経営革新計画として宮城県に認定される。

美しい海浜を守る砂浜特掃車活躍 土砂災害流木や軽石除去にも利用

海水浴場の救助活動も 流木使い着火剤を開発

『株式会社S・T・K工業』の『砂浜特掃車』が活躍するシーンを広げている。日本初上陸の6輪全地形対応車バギーと代表取締役佐藤哲也さんの特許技術で開発した牽引式清掃システムを組み合わせたもので、砂浜のゴミや流木だけでなく、土砂災害の流木の除去、海底火山の爆発などで漂流する軽石の回収、海水浴場で溺れた人の搬送救助までできる優れものだ。『砂浜特掃車』は、あらゆる地形の砂浜に対応する便利さを備え、油圧式装置、先端でゴミを収集する爪、ゴミを巻き上げるローラー、ゴミ収納容器から成る清掃システムは、砂浜の生態系を崩すことなくゴミを収集する。軽石の除去は、波打ち際に設置して軽石を捉えた網をバギー二台で牽引、軽石を『砂浜特掃車』で回収し除去する。同社は、海の流木の活用策として、流木を洗浄、塩抜き、乾燥、チップ化して加工した焚き火用の着火剤も開発した。

（ライター／斎藤紘）

特掃車での道なき所でも流木回収。

株式会社 S·T·K工業
エス・ティー・ケイこうぎょう
0229-25-4944
stk@stk-kogyo.com
宮城県遠田郡美里町青生字柳原100-4
http://www.stk-kogyo.com/

こちらからも検索できます。

ギフトボックス

海の流木をリサイクル加工した着火剤おにぎりチップ。

日本国内はもとより、EU諸国、ASEAN地域など海外でも活躍。

オリジナルステレンス材の採用で優れた吐出力、吸引力、定量性を実現

異物混入リスクやポンプ停止リスク抑制も

『ナカキンポンプ』は、1950年創業の老舗鋳造メーカー『株式会社ナカキン』独自開発のサニタリーロータリーポンプ。最大の特長は、鋳造→加工→組立に至るまで一貫して自社で生産できること。安定して高品質な製品を提供している。さらにオリジナルステレンス材の採用により、接液部分のローターとケーシングの間にクリアランスを設けた非接触ポンプである点。最小限に抑えられたクリアランスを維持することで、従来の非接触ポンプには無い優れた吐出力、吸引力、定量性などを実現。移送液の滞留を抑えた設計とCIP洗浄に適した構造で、食品メーカー、医薬品・化粧品メーカーなど分野を問わず活躍している。異物混入リスクの抑制や接触部の焼付きによるポンプ停止リスクの抑制、ポンプの耐久寿命が長くなるといったメリットもある。また、『ナカキンポンプ』を搭載することで、安定した充填を可能にした充填機やリアルタイムで計測しながら吸引ができるドラム缶吸引機も同社の技術力が光る製品だ。

（ライター／長谷川望）

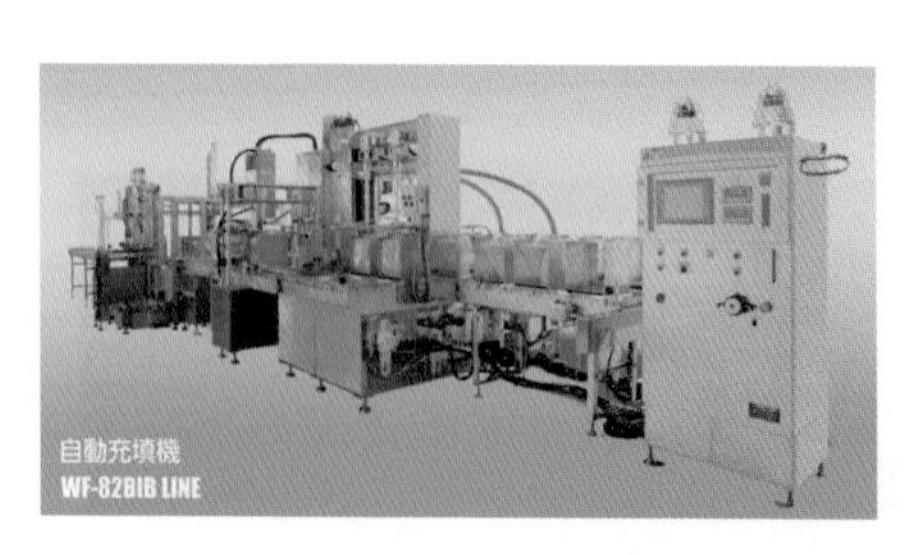

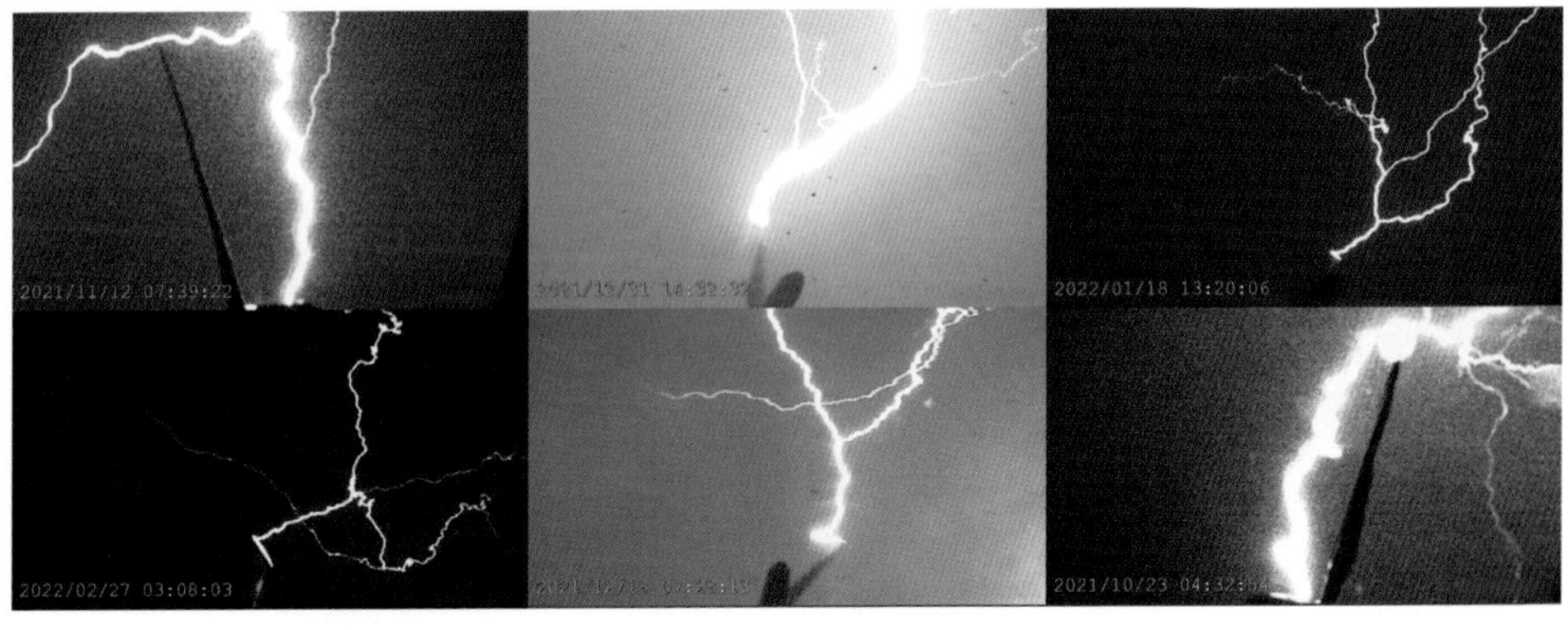

本システムで実際に撮影した稲妻（雷道）の画像例。冬季雷のため風車の羽から空に向かって雷道が伸びているものが多い。つまり羽に強力なエネルギーが集中し、最悪の場合、大きなトラブルに繫がる。

風力発電事業者に貢献 風車用落雷モニタリングシステム

リアルタイムで雷を検知 影響を最小限に

超高感度高倍率ズームカメラ、遠赤外線カメラなどを開発し、特殊カメラシステム設計製造まで行う『株式会社 D-eyes』。中部大学、山本和男教授の研究成果を活用し、「ケイプラス株式会社」「株式会社エイプス」とともに開発を進めているのが『風車用落雷監視カメラシステム Lightning-Eyes』。落雷によるシステム停止中の稼働率の影響を最小限に抑えるモニタリングシステムだ。同社の誇る超高感度カメラが風車の稼働状況を24時間365日観測し、雷の閃光を正確に検知する。リアルタイムで検知できるので、素早く点検を行い、再稼働させることが可能となる。近赤外線撮影モードでは、目視では見ることが困難な環境下でも、風車を撮影可能に。撮影パラメータ外部制御機能によって、カメラが持つ様々なパラメータをネットワーク回線を通じて外部から制御できる。他にも利便性抜群な機能を多数搭載。

（ライター／播磨杏）

カメラ配置例
あらゆる稲妻を捉えるため、設定の異なる2台の特殊カメラで捕捉。出力画像にAI処理を施し落雷箇所を特定する。

株式会社 D-eyes
ディ アイ
072-242-7678
info@d-eyes.net
㊓ 大阪府堺市北区中百舌鳥町2-34
https://d-eyes.co.jp/

洋上風力発電
風力発電所は、風の良い日本海側沿岸部に集中する。今後は更に風車が大型化し、海岸線から洋上（落雷頻度の多い方向）へと開発が進む。

最先端の分散免震技術で建物倒壊をゼロへ

免振効果と非共振効果で キラーパルス・大型地震対策

大きな地震の揺れが建物に入力すると、建物が変形して躯体にダメージを受けて、続けて2度目のキラーパルスといわれる大きな地震に共振した建物は倒壊に至る。最近では、阪神淡路大地震、熊本地震、トルコ地震がそれで、大量の建物倒壊が発生した。今後想定される南海トラフ地震、関東直下型地震、日本海溝地震などでもこのキラーパルスが予想されている。そんな中、『SMRC株式会社』より、分散免振の新しい概念で、熊本地震地震で被害0の『UFO-E』が新開発のエンジニアリングプラスチック製の新商品『エンプラ UFO-E』が新発売された。地震加速度(力)の減衰が、グラフで見える化できるのは『UFO-E』のみ。住宅における耐震構造、制振構造は、躯体に地震力が生で入るので、地震力が増幅または減衰する力(加速度)の測定は困難とされており、地震力が直接躯体に入力するので、躯体にダメージが発生し、2度目の震度7クラスの地震でキラーパルスの被害を受ける可能性があるが、『UFO-E』の分散免振効果を利用又は併用することで倒壊リスクが減少する。

(ライター/彩未)

地震応答加速度グラフ
(KobeNS60%:単位×100gal)
青は入力地震加速度、赤は免振後の加速度
※東洋大学工業技術研究所による。

京都大学中川准教授解析によるWallstat建物倒壊シミュレーション動画。耐震等級3の建物で、右がUFO-E仕様、左がUFO-E無、赤が破壊想定部分を示す。

SMRC 株式会社
スマーク
03-6276-9350
ご購入、代理店希望のお問い合わせの方は、
販売元 北日本ユーフォー販売株式会社 011-633-2015
https://www.smrci.jp/

DOORCOM

QRコード　暗証番号　RFIDカード

集合住宅や戸建住宅のセルフホームセキュリティからオフィス、ホテルなどの施設管理まで美しく洗練されたデザインとハイスペックなデバイスとクラウド技術であなたへ未来の生活を提供できるサービス。

もっとスマートな生活を！顔認証やスマホで対応できる

オフィスの入退室管理やホームセキュリティまで

スタイリッシュなロビーインターフォン『Akuvox R29C』は、タッチディスプレイで直感的な操作ができ、オートロックなどと連動。顔認証、QRコード、RFカード、暗証番号など様々な認証でオートロック解錠が可能。また大画面室内モニターにより、鮮明な画像で来客者確認ができ、その履歴は機器内に保存されるため、在宅・外出時も安心。スマホアプリでは、いつでもどこでもインターフォンとの通話ができる。アプリでインターフォンの映像を確認し、オートロック解除も遠隔操作で可能。最大4台まで登録できるので、家族での利用もできる。無線LANやLTEなどの技術で、集合住宅や戸建て住宅では、新築だけでなくインターフォンのリニューアルも容易にし、統合されたスマートセキュリティーとして利用できる。施設管理者は、インターフォンを管理するクラウドシステムにより現地に行かなくても機器の動作状況の確認、居住者の変更、居住者へのメッセージ送信ができ、管理業務の軽減につながる。

（ライター／今井淳二）

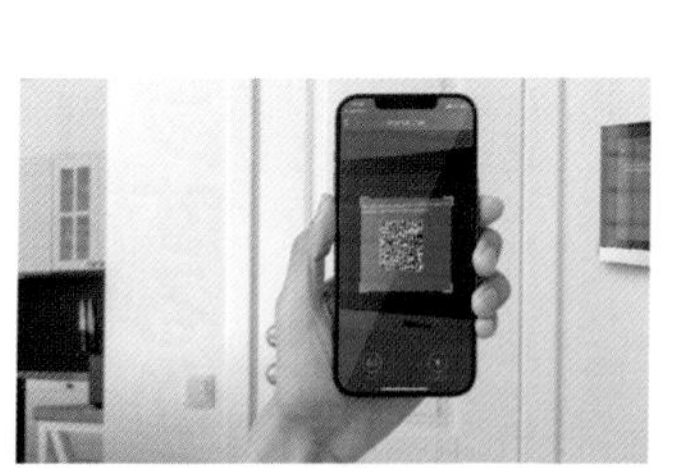

オフィスやホテルなどの入退室管理も可能としたアクセス製品もラインナップし、クラウドシステムを利用して、入室の許可申請や履歴を確認することができ、テレワーク中のオフィス管理やホテルの無人チェックインなど新たな分野への広がりを見せている。

DOORCOM 株式会社
ドアコム
03-4574-3005
sales@doorcom.jp
㊟ 東京都港区芝浦3-4-1 グランパークタワー32F
https://doorcom.jp/

こちらからも
検索できます。

reddot winner 2022

幸運モチーフのLINEスタンプ 運がどんどんアップするかも

熱血プロ集団をバックアップ「朱雀くん」スタンプ

『株式会社ハンナ』は、奈良を中心に関西・四国・中国・九州・関東・東北まで対応する大型から小型貨物輸送、運送・配送を行う会社。同社のロゴである朱雀をモチーフとしたキャラクター「朱雀くん」のLINEスタンプは、トラックドライバーさんにとって便利なスタンプだ。「おはようございます」などの挨拶や運転など多い方が使用できる「渋滞…」「只今運転中です」など、誰にでも使いやすい日常的なフレーズ。丸っとして可愛い朱雀くんがお返事してくれるので微笑ましい。「朱雀」とは、天の四方を司る神獣である四神の一つで、南方角を守護をする赤い大きな翼を持つ鳥で想像上の生き物。火を操る美しい鳥として知られ、その大きな翼で災いや悪霊を追い払い、逆境に打ち勝つ力と幸運を与えてくれると信じられていてる。「朱雀くん」を使ったら幸せがやってくるかも。ぜひ使ってみよう。

(ライター/髙田千浪)

株式会社 ハンナ

0742-63-8787
hanna@hanna-tp.co.jp
㊟ 奈良県奈良市北永井町372
https://www.hanna-tp.co.jp/

ハンナLINEスタンプ『朱雀くんスタンプ』は下記URLより。
https://store.line.me/stickershop/product/14261760/ja

新刊
『おしゃれな庭の舞台裏
365日 花あふれる庭のガーデニング』

花と緑の情報がいっぱい 植物が好きになる専用サイト

植物の知識が身につき 全国の花ファンとの交流も

『GARDEN STORY』は、花と緑のある暮らしを提案するWebマガジン。草花や樹木の栽培方法、ガーデニング、収穫やレシピなど花と緑にまつわる情報を毎日配信。ガーデニングや園芸、野菜づくりなどのプロフェッショナルが執筆・監修する記事が掲載されているので、育て方などがわからないときには強い味方になる。季節に合わせて花や野菜の育て方などもタイムリーに配信している。サイトに無料会員登録すると、お好きな記事をお気に入り登録できるほか、メルマガを購読できる。ウェブショップでは、選りすぐりのツールや植物にちなんだアクセサリーなども購入可能。有料会員になると、毎月開催のオンラインサロンへの参加や専門家への質問ができるほか、抽選で特別なプレゼントも。花や緑が好きな人、ガーデニングや家庭菜園を楽しんでいる人には、役に立つ内容が満載。

（ライター／村田泰子）

「GARDEN STORY CLUB」
花と庭を愛する人が集まる有料会員コミュニティ。

GARDEN STORY
ガーデン ストーリー
03-6805-0675
info@ gardenstory.jp
㊟ 東京都港区西麻布4-22-8 麻布ポイント302
https://www.gardenstory.jp/

ウィリアムス・モリス柄の植木鉢やヘンプソープなどを販売。

ウェブショップ https://www.gardenstory.shop/

DIYに役立つ商品多数ハワイアン雑貨屋

部屋の雰囲気をオシャレにしてくれる

『有限会社ワールドクリーン』は、賃貸アパートの管理・清掃業務やリフォームを手がけ、心地良い住環境の実現に力を注いでいる。建築物であるHOUSE（家）に、人が住んで暮らしの灯が灯るとHOME（おうち）へと変わる。その時に生まれる「心地」を提供することを大切にしている。

同社が運営するハワイアン雑貨屋『NEEds PARK』がリニューアルオープン。DIY&リフォーム・リノベーションベースをコンセプトに、「おうち」への想いを「心地」に変えていく発信の場としてリスタート。塗料や材木などの商品はもちろん、部屋の雰囲気をグッとオシャレにしてくれる海外雑貨も豊富に取り揃えている。また、海外風の部屋を彷彿とさせるセンスが光るディスプレイは、お店を訪れるだけで部屋作りの参考にもなる。横浜へ訪れた際には、ぜひ一度足を運んでみては。

（ライター／長谷川望）

有限会社 ワールドクリーン

045-309-1210
info@worldclean.jp
㊟ 神奈川県横浜市緑区中山1-7-21 インペリアルアーク103
http://worldclean00zero.com/

国内外からセレクト兵庫県の古着屋さん

唯一無二に出会えるお宝探しの古着屋巡り

好みのデザインとぴったりなサイズに出会うと運命を感じる楽しさ。「一期一会」に出会える古着屋好きに紹介したいのが、兵庫県西宮市の『古着屋本舗 by SPINNS』。韓国をはじめとする東南アジア、その他海外よりバイヤーが仕入れたこだわりの古着を多数取り揃えている。

明るくカジュアルな雰囲気の店内には、唯一無二、そしてリーズナブルなパーカー、Tシャツ、パンツ、スカート、ワンピースなどが所狭しと並ぶ。様々な色合い、柄ものがセンス良く陳列されているので楽しくお宝探しができる。工夫を凝らしたオリジナルのポップも魅力的。レディースもメンズも豊富な品揃えだ。

運営している「株式会社シャイニー」の思いは、「服で喜ぶ顔をより多く届けたい」。服で人とつながるビジネスとして、服好きのスタッフによる、服好きのためのお店づくりに尽力している。

（ライター／播磨杏）

服で喜ぶ顔を多くの人に届けている。

服で人とつながるビジネス展開。

古着屋本舗 by SPINNS　株式会社 シャイニー
ふるぎやほんぽ バイ スピンズ
080-5353-5280
info@shiny.in.net
住 兵庫県西宮市平松町2-15-903
https://shiny.in.net/

SH Shiny CO.,LTD

子育てに悩むママにピッタリ 最短2週間で解決できるメソッド

これからの時代 大きな差がつく子育て

子育て中の親御さんは毎日忙しく、人知れずストレスや悩みがあるのでは。「ORDERMADEplus 株式会社」代表取締役の亀かなさんは、教員として日本・海外の学校に8年間勤務、教員2年目に行ったオーストラリアの小学校での経験をきっかけに、脳科学に興味を持ち、帰国後、脳科学・心理学・アロマを研究。脳科学やオックスフォード・スタンフォードの教育、教員の経験などを基にした、あなたにぴったりな子育ての答えが見つかる『OH!!子育て』。

遺伝子検査・脳分析・腸内検査を柱に、分析結果から、食事・睡眠・運動・アロマという観点で各専門家がプログラムを組んでいく。ストレス耐性度や性格、睡眠の質、考え方の癖までわかるので、子どもたちの中にある眠った才能を開花させ最大限に生かすにはどうすべきかが見つけられるという。「おうちdeオックスフォード・スタンフォード」の教育が受けられる。子育てのストレスがなくなり、親も子も自分の人生に夢中になれる、そんな素晴らしいメソッドを試してみてはいかが。

（ライター／髙田千浪）

「ORDERMADE plus 株式会社」代表取締役 亀かなさん

OH!!子育て　ORDERMADEplus株式会社
オー！！ こそだて
070-1507-2778
info@ordermadekosodate.com
㊟ 東京都中央区銀座1-22-11 銀座大竹ビジデンス 2F
https://ordermadekosodate.com/

LINE

公式 LINE お友達追加でプレゼント中!
❶無料個別相談(先着10名様)
❷割引券1万円分

協育の伴奏者 Accompanist

教員経験と経営の知見生かした異色の経営コンサルタント登場

経営者や学校法人対象 オンラインのコーチも

教育理論で経営者を、経営理論で学校法人をそれぞれサポートする異色のコンサルタントがいる。『協育の伴奏者（アカンパニスト）』代表の角幸範さん。30年の教員経験と企業経営アドバイザー検定知識試験合格が裏付ける経営に関する知見の相乗効果を生かした取り組みで、七つのメニューを設けたＺｏｏｍによるオンラインコーチングも実施中だ。

経営者向けは、人材育成やモチベーションの向上など人の成長に関わる悩みや課題、事業承継候補となる子息の学校選びに関する悩みなどについて、学校法人向けでは、法人経営や広報募集活動、マーケティング、組織改革などの悩みなどについて個別相談で解決策を示す。オンラインコーチングでは、企業のエグゼクティブコーチング、キャリアアップや起業、副業を目指す女性へのコーチング、大学法人向けコンサルティングなどのメニューがある。

（ライター／斎藤紘）

代表 角幸範さん

協育の伴奏者（アカンパニスト）
きょういくのばんそうしゃ
☎ 03-5530-8223
✉ sumiy-pc-nara@outlook.com
㊟ 東京都江東区有明3-7-26 有明フロンティアビルB棟9F
https://accompanist-for-all.jp/

激動の時代に、弱者が勝ち続けるためのWEBサービスを提供する三刀流マーケター

デザインよりも戦略重視！勝てるホームページを作成

国内の85％（約305万社）は小規模事業者といわれる。インフレに増税、世界情勢不安など先行きの見えない時代にスモールビジネスが生き残るには戦略が必要だ。『ぞろ屋合同会社』が提供するのは、モノやサービスを必要とする人に正しく届けるWEBサービス。中でも『勝てるホームページ作成』は、日本最大級のスキルマーケット「ココナラ」のWEB制作ランキングで17000件以上あるサービスのうち数十回ランキング1位を獲得した実績をもつ。ホームページは24時間365日ユーザーの悩みに寄り添い、販売につなげ、見込み客を自動で育成できる営業ツール。『ぞろ屋』なら、徹底した消費者目線で、デザイン、キャッチコピーや文章構成など「勝てるホームページ」作成をまるごとおまかせすることが可能。人との縁やコミュニケーションを大切にする会社だからこそ納得の仕上がりに。ソムリエとしての顔ももつ代表、内田正彦さんが、WEBクリエイター、マーケターの三刀流で、日本を強くする！

（ライター／彩未）

"勝てる"ホームページ制作

●基本料金
500,000円(税込)〜

"勝てる"ホームページの作り方講座

●ベーシック講座
297,000円(税込)

●スポットコンサルティング
30分 15,000円(税込)〜

●全国の書店で販売中！
凡人以下の僕が成功するための3つの戦略
なぜ借金500万円「クビ候補」崖っぷち会社員が年収1千万到達できたのか？

ぞろ屋 合同会社
ぞろや
090-6371-3396
info@zoroya.co.jp
https://zoroya.co.jp/

Call-liveで実現する新しい働き方

事業者　　**お客様**

オフィス　カフェ

Call-Live

欲しかった機能を付加したオンライン接客ツール

ビジネスはリアルタイムに

長く続いたコロナ禍により、いサービス・接客の形の変化していった。対面によるサービスの提供・販売などは、Ｚｏｏｍなどを利用してパソコンやスマホで離れた場所同士でも行えるようになった。インターネットを利用したサービスを提供している『アルティメット』が開発したオンライン接客ツール『Call-live（ライブコール）』は、場所や時間を問わず離れた場所とのビデオ通話ができるほか、様々な機能を付加した多機能ビデオ通話システム。Ｚｏｏｍのようにアプリのダウンロードは不要で、開設した専用ページのＵＲＬを相手に伝えればＯＫ。予約機能やリマインダー機能で通話スケジュールを管理したり、『Call-live』を通じて課金も可能など既存のビデオ通話システムでは難しかったことも手軽に行える。英会話など各種レッスン、コンサルティングやカウンセリング、オンライン対面販売などビジネスも可能性も無限に広がる。

（ライター／今井淳二）

Call-liveで一元化

専用リンク　予約機能　リマインダー　自動課金

カスタム課金　チャット　レポート　一括管理

アルティメット

090-5290-8589
info@call-live.com
㊟ 福岡県福岡市中央区天神2-2-12 T&Jビルディング7F
https://call-live.com/

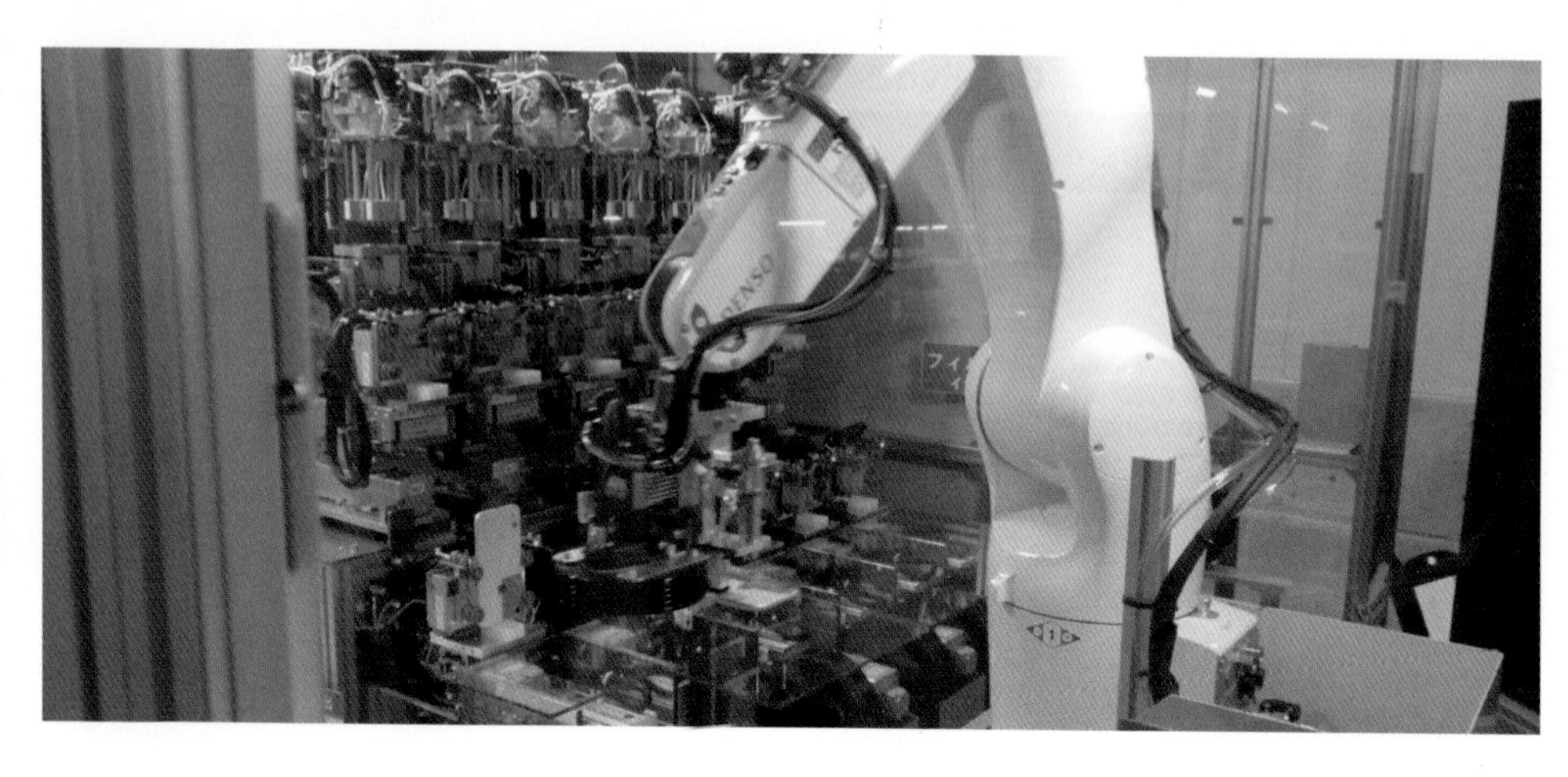

中古スマートフォンのキズをAIで自動判定

処理能力は一日22時間稼働 最大880台

モバイル端末、PCなど中古製品として商品化する再生化BPOを請け負う『株式会社CDRエコムーブメント』。中古スマートフォンに残存する個人情報などのデータ消去、カメラやディスプレイ面の機能確認の検査及び外装のキズの検査を行い、グレード判定(品質格付)までの工程を、ロボットにより完全自動化で行える『C-DreAm(シードリーム)』を開発・発表した。端末を投入するだけで、ロボットに取り付けたカメラの画像認識でiphoneとAndroidが混在していても端末の大きさ、形状を判断。自動での消去、検査を実現した。さらには、外観検査においてAIによる自動グレーディング(品質格付)システムを開発した。キズのレベルをAIが自動で判定してグレーディングを行うことで、検査品質を統一し、製造業における品質バラつきの課題解決に寄与する。今後もリユース事業を通じて社会に貢献する。

(ライター/今井淳二)

C-DreAm

AIによる判定結果

B

表面　裏面

AIを用いた外観検査では、撮像からAI判定まで6秒の高速化を実現。4側面4角も次期バージョンでリリース予定。

タッチやスクロールなど指先の動作もロボットが自動実行。全行程をワンストップで行える。

株式会社 CDRエコムーブメント
シーディーアールエコムーブメント
03-6205-7847
info@cdrem.co.jp
㊟ 東京都千代田区丸の内2-1-1 明治生命館8F
https://www.cdrem.co.jp/

ポケットWi-Fiの新時代
使う分だけギガチャージ！
NEO CHARGE WiFi
ネオチャージWi-Fi
契約不要
365日
工事不要
トリプルキャリア対応

【初期設定済みモデル】
初回『100GB付き
ポケットWiFi』
25,000円（税込）

契約要らずですぐに使えるポケットWiFi

使う分だけ後からギガも購入できる

移動中や屋外などでも動画やゲームを存分に楽しみたい人にとって、ポケットWiFiは必要不可欠なアイテムだが、契約やギガ制限など煩わしい問題もつきまとう。そこで紹介したいのが、面倒な契約不要、月額利用料0円で手軽に使い始めることができるチャージ式のポケットWiFi『ネオチャージWiFi』だ。

購入時は、まず100GB分のギガを使用することができるようになっており、使用に伴いGB数がなくなったらその都度「追加GBチャージ」を別途購入してチャージすることができ、用途や頻度など使う人に合わせた利用ができる。チャージされたGB有効期間は365日、トリプルキャリア対応で通信速度も早く、バッテリーも4000mAhで大容量だから長時間の使用にも安心。これから初めてポケットWiFiを使ってみようという人にもオススメ。

（ライター／今井淳二）

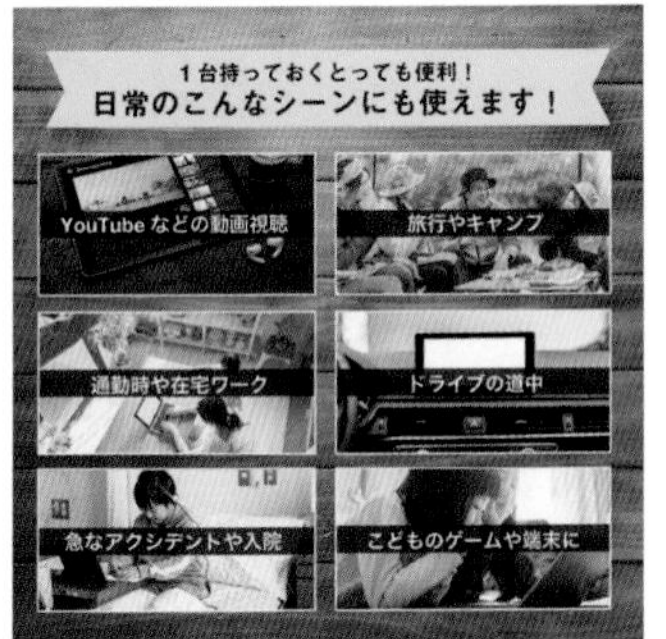

ネオチャージWiFi　株式会社 H.R.J
ネオ チャージワイファイ
0566-95-3050
neochargewifi@gmail.com
愛知県知立市西町本田21-1
https://neocharge.shopselect.net/

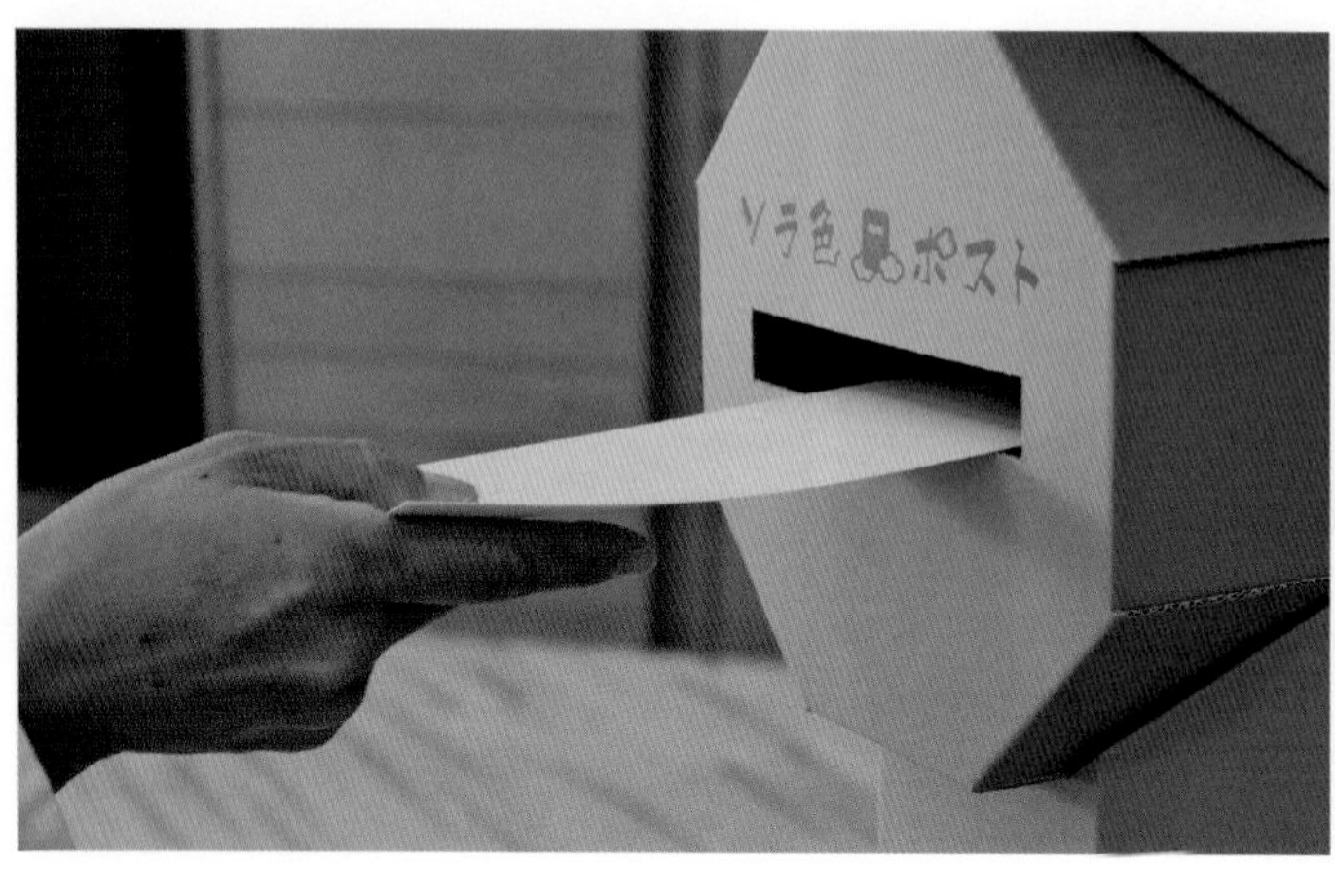

もう届かない故人への想い 空の彼方へ届けます

グリーフケアの視点から生まれた『ソラ色ポスト』に手紙を託す

故人と最後のお別れができなかったり、身近に悲しみを分かち合える人がいなかったりと、大切な方を失った悲しみ(グリーフ)を抱えた人に向けた冠婚葬祭互助会ジョインの葬祭部門『平安典礼』オリジナルの『ソラ色ポスト』。同社はグリーフケアに力を入れており、少しでも悲しみを癒すきっかけになればという想いから自社施設に設置している。ポストは涙の雨が晴れた後の澄んだ空をイメージした空色で、サスティナブルな段ボール素材でできたどこか懐かしい円柱型。故人に伝えたい感謝の言葉や言えなかった気持ち、近況報告などを綴った手紙を投函することができる。手紙はお焚き上げで供養し、空の彼方にいるあの人まで届けてくれる。手紙は一切開封されないので、体裁を気にして本音が書けないということもない。東北や北海道の複数の葬祭社がこの理念に賛同し、設置する施設が広がっている。

自分の想いにじっくりと向き合い、悲しみが癒え気持ちがすっきりするきっかけになる。手紙に想いを綴ることで、心の奥に残っていた悲しみやモヤモヤと向き合い、一歩前に踏み出してみてはいかがだろうか。

(ライター/彩未)

「プレミアムグルメ盛籠」

「プレミアムフラワリーボックス」

葬儀の現場から「SDGs」を目指すため、脱プラスティックを目指した新しい形のフラワーギフト「プレミアムフラワリーボックス」や「プレミアムグルメ盛籠」も開発し、新しい時代の「フューネラルギフト」として注目されている。

平安典礼 株式会社 ジョイン
へいあんてんれい
023-633-8000
住 山形県山形市元木1-13-25
https://www.heian-tenrei.com/

Service

2013年より『国内初』となる
意思能力鑑定サービスを提供しております

遺言能力・意思能力®鑑定

特許出願中
Patent pending

『遺言能力（意思能力®）鑑定』で生前・没後のトラブルを回避

専門医と共に精密に鑑定 幅広い事例の実績

国内初となる『遺言能力（意思能力®）鑑定』を行う『メディカルリサーチ株式会社』では、これまでに生前・没後合わせて300件以上の実績を持つ。有数の権威ある専門医の協力のもと、没後の相続トラブル事案、生前の遺言作成や不動産売買などにおけるトラブル回避などに幅広く活用されている。

同社では、当時の遺言作成者の意思能力®の程度やどの分野（見当識、記憶、計算、復唱など）で欠落があるのかなどを主治医の診断書、カルテの記載、介護保険の主治医意見書、介護記録、処方内容などを精査し鑑定書を出している。また、これから遺言や事業承継などを行う場合には、事前にこれらの鑑定が可能に。認知症と診断を受けている場合でも遺言能力（意思能力®）鑑定が対応する分野は多岐にわたる。

（ライター／播磨杏）

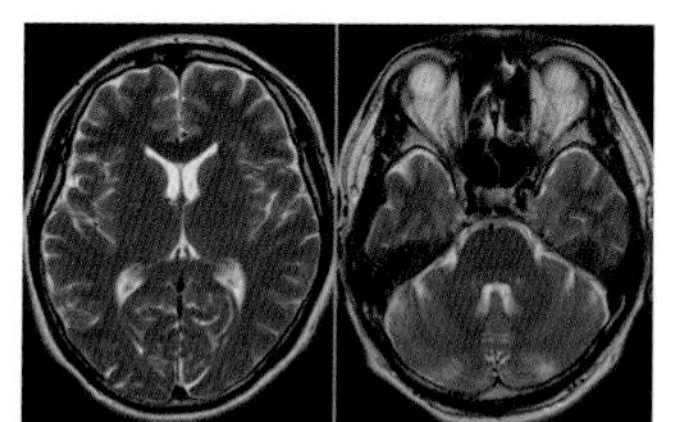

アルツハイマーの場合の事例
画像鑑定として脳MRIを精査し、既に脳の縮小を認めた画。

メディカルリサーチ 株式会社

03-6285-2848
mr.company@medicalresearch.co.jp
東京都千代田区鍛冶町1-10-4 丸石ビルディング6F
https://medicalresearch.co.jp/mental-capacity/

こちらからも
検索できます。

規模の大小を問わず ダクトならお任せを

埼玉県の『大共設備工業株式会社』が扱うのは、主にダクトと呼ばれる空気の通り道。冷暖房による冷風や温風を運ぶ「空調用」、汚れた空気と新鮮な空気を入れ替える「換気用」、火災時に煙を外へ排出する「排煙用」などその役割・機能は様々。人が快適に安全に暮らし、働き、過ごすための生命線ともいえる設備だ。豊富な経験と確かな技術力をもとに、新設から改修・修理を一手に引き受け、地元でも厚い信頼を得ている。

（ライター／今井淳二）

建物に張りめぐらされるダクト。火災時や排煙時にも、重要な役割を果たす。

代表 細沼昇さん

大共設備工業 株式会社
だいきょうせつびこうぎょう
048-458-3565
㊟ 埼玉県新座市中野1-3-12

空容器問題に率先して挑む カプセルトイのトップランナー

子どもはもちろん、大人をも夢中にさせてしまうカプセルトイ。小さな店先からショッピングモール内での大量設置など随所で見かけるようになったが、同時に空カプセルの回収も問題に。カプセルトイの専門店『#C-pla』を運営する『株式会社トーシン』では、空きカプセルを投入して遊べるオリジナルマシンを店内に設置することにより、空きカプセルの高い回収率を実現。専門業者により再資源化で脱プラの促進に励んでいる。

（ライター／今井淳二）

『#C-pla』

株式会社 **トーシン**
011-792-2151
sapporo@toshin.jpn.com
㊟ 北海道札幌市東区東苗穂13条3-1-10
https://toshin.jpn.com/

ビジネスの強い味方 ハイテクなAR名刺

株式会社 ARサービス
ARサービス開発部
拡張 現実

名刺のQRを
スマホで読み込む
会社のロゴを
写すと
写真が現れる

『AR名刺サービス』お試し期間30日作成 500円（税込）
各種オプションあり。

初対面の相手により強く印象を残したいとお悩みの方にオススメなのが『株式会社SIT11』が提供する『AR名刺サービス』。名刺についているARマーカーをスマートフォンで読み取るとサイトに登録した絵や写真が飛び出してくる。投影する画像は、商品の紹介やプロフィール、SNSのアカウント情報など、使い方は多岐に渡る。『AR名刺』の活用で場が盛り上がること間違いなし。まずはお試しで作成してみてはいかが。

（ライター／彩未）

株式会社 SIT11
エスアイティーイレブン
090-9131-3549
info@sit11.com
㊟ 山梨県甲斐市島上条1467-2
https://sit11.com/　https://sit11ar.stores.jp/

『スマート・チューター』 AI×VRビジネス英会話学習

JavaScriptのプログラマーです

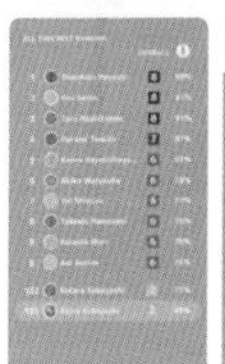

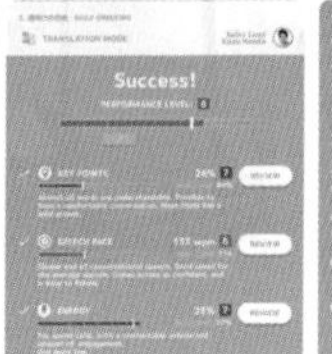
Success!

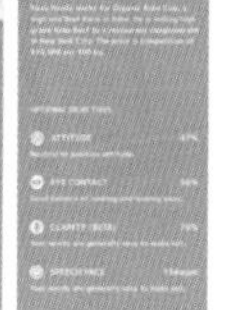

こちらからも
検索できます。

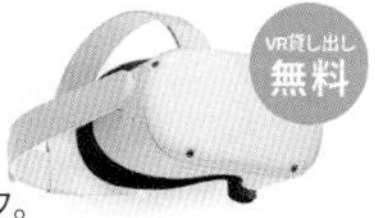
VR貸し出し
無料

『Smart Tutor』
バリュープラン 9,800円（税込）／月
スマートプラン 12,800円（税込）／月
プレミアムプラン 24,800円（税込）／月
クーポンコード【HIT50】で初月5,000円オフ。

新しい時代のゲームやエンターテイメントとして定着しつつあるVR技術。そして近年、格段に進化したAIを活用して、家に居ながらにしてリアルなAI人物との実践的英会話練習ができるのが『Smart Tutor』。スケジュールの調整やスクールに通う手間もなく、自分のペースで学習ができる。また、学習を進めていく上でのプランや改善点などもAIが管理。学習の要であるVRデバイスも無料でレンタルしてくれる。

（ライター／今井淳二）

Smart Tutor 株式会社 プラスワン・ジャパン
スマート・チューター
050-3704-2016
support@plusone.space
㊟ 東京都港区赤坂8-4-14 青山タワープレイス8F
https://www.plusone.space/　@plusone.space

60分で明日が変わる女性専門のコーチングサロン

CuoRelease
代表　廣田左希子さん
様々な経験を経て、女性専門サポートの活動を行う。日本実務能力開発協会認定コーチ、上級心理カウンセラー資格を保有。どんな悩みにも寄り添う親身なカウンセリングに定評。

大人たちの学びのコミュニティも運営中

『CuoRelease』は、福岡県糟屋郡志免町の女性専門のコーチングサロン。女性が抱える様々な悩みや問題に対して、豊富な経験を持つ女性コーチが親身に寄り添い、カウンセリング型コーチングを通じて問題解決へ向けて一緒に取り組んでくれる。自分自身に対して自信がなく、何事も全力で取り組まなければ自分に価値がないと感じてしまう方や周囲と自分を比べて落ち込んでしまう方、他人が自分の思い通りに動いてくれないことにいら立ちを感じてしまう方など、訪れる女性が抱える悩みや問題は様々。そのどんな悩みも受け止め、自分自身が思い描く人生を歩めるよう親身に寄り添ってくれるのが同サロンの特長だ。

セッションメニューも豊富で、自分に合ったセッションを選択できる。初めての方であれば、『体験コーチング』、自分自身を苦しめる原因となる思い込みや捉え方を探り出し正しい思考へと修正していく『マインド・コーチング』など様々なメニューを展開している。セッションはマンツーマンで行われ、話したことが外部に漏れることもないのでその点も安心だ。また、2023年秋にはゼロからコーチングを学べるコーチング入門編コースコも開講。コーチングとは何かを知るとともに、楽しく技術を身に付けられるクラス形式のコースとなる。

一般的なコーチングスクールとは少し異なり、廣田さん自身が経験し、学んできたものを取り入れ、単にマニュアル化するのではなく、自身の魅力を引き出しながらコーチング技術が使えるようになる。職場や家庭内、その他様々な人間関係で役立てることができる。

同社の代表を務める廣田左希子さんは、『子供達が自信と自己肯定感を抱くポジティブマインド育成サロン』というコミュニティ運営もしている。

〝してはいけない教育〟が主流となっている現在の日本において、子どもたちが自己肯定感を高め、自発的に発言行動できる人間へと育てることを目的とした大人たちの学びのコミュニティだ。子どもの教育に関する記事やコーチングの視点から「思考のクセ」や「物事の捉え方」関する記事をそれぞれ月に6～8本購読できるほか、コミュニティメンバーからのお悩みや質問へ回答する音声や動画コンテンツも配信している。コミュニティメンバー同士でのオンライン交流会も開催しており、お互いの悩みを語り合える環境も整っている。

サロンではプライバシーを大切にし、緑を多く取り入れたリラックスできる空間を準備している。

「子どもにきつくあたってしまう」「子どもへの接し方が分からない」「子育てに自信がない」そんな方には、ぜひ参加して欲しいオススメのサロンだ。

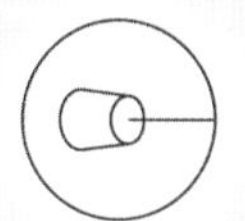

CuoRelease

CuoRelease

Tel／090-5927-1680
E-mail／sakiko@linkenterprice.com
福岡県糟屋郡志免町別府東2-12-18
https://cuorelease.com/

こちらからも
検索できます。

『体験コーチング』

50分 5,500円（税込）

『マインド・コーチング』

50分 14,300円（税込）
4回コース（50分×4回）
52,800円（税込）など。

今の大ヒットはこれだ!!

住宅や医療、食品に美容や健康他各種サービスなど、人々の豊かな暮らしを支える上で欠かせない、且つこの先、世間の耳目を集めるであろう企業や人物を、一年に一度、多岐にわたり紹介した一冊。

監修／石井洋行　大室徹郎
進行／加藤真一
表紙・本デザイン／イープル

※価格、電話番号、ホームページアドレスなどの情報は2023年7月現在のものです。

2023年度版 今の大ヒットはこれだ!!

2023年7月7日初版第１刷

編集人　加藤　真一
発行者　柿崎　賢一
発行所　株式会社 ミスター・パートナー
〒160-0022 東京都新宿区新宿2丁目15番2号岩本和裁ビル5F
電話 03-3352-8107　FAX 03-3352-8605
http://www.mrpartner.co.jp

発売所　株式会社 星雲社（共同出版社・流通責任出版社）
〒112-0005 東京都文京区水道1丁目3番30号
電話 03-3868-3275　FAX 03-3868-6588

印刷・製本　磯崎印刷株式会社

ISBN978-4-434-32447-5

※本誌で掲載された情報は一部を除き、2023年7月現在のものです。
※情報の内容は変更される場合がございます。あらかじめご了承ください。